Bürgerliche und kleinbürgerliche ökonomische Sozialismuskonzeptionen

(1848–1917)

AKADEMIE DER WISSENSCHAFTEN DER DDR

Schriften des Zentralinstituts für Wirtschaftswissenschaften

Nr. 14/1

Bürgerliche und kleinbürgerliche ökonomische Sozialismuskonzeptionen

(1848–1917)

Herausgegeben in deutscher Sprache
von Werner Krause

AKADEMIE-VERLAG · BERLIN
1976

Titel der russischen Originalausgabe:
Буржуазные и мелкобуржуазные экономические концепции социализма
Москва 1974, издательство «Наука»

Ins Deutsche übersetzt von Rainer Sämisch, Kunibert Schwarz, Gernot Zellmer

Leiter des Autorenkollektivs: Ju. Ja. Ol'sevič

Einleitung: Ju. Ja. Ol'sevič
1. Kapitel: Ju. Ja. Ol'sevič
2. Kapitel: G. Rudolph
3. Kapitel: G. Rudolph
4. Kapitel: A. Schönbach, W. Krause
5. Kapitel: E. König
6. Kapitel: N. K. Figurovskaja
7. Kapitel: I. I. Štern
8. Kapitel: S. R. Kirillov
9. Kapitel: A. I. Šejn
10. Kapitel: S. M. Suchorukova
11. Kapitel: S. V. Pronin, V. P. Šabanov
12. Kapitel: F. Ja. Poljanskij
13. Kapitel: N. S. Šuchov
14. Kapitel: M. V. Spirina
15. Kapitel: E. S. Troickij
16. Kapitel: L. G. Superfin

Erschienen im Akademie-Verlag, Berlin, Leipziger Str. 3–4

Lizenznummer: 202 · 100/51/76
Umschlaggestaltung: K. Salzbrunn
Gesamtherstellung: IV/2/14 VEB Druckerei »Gottfried Wilhelm Leibniz«,
445 Gräfenhainichen/DDR · 4796
Bestellnummer: 752 860 3 (2158/14/1) · LSV 0305
Printed in GDR
DDR 25,– M

INHALTSVERZEICHNIS

EINLEITUNG

Der Kampf des Marxismus-Leninismus gegen die bürgerlichen und kleinbürgerlichen ökonomischen Theorien über den Sozialismus

Der Kampf der Ideologien ist ein immanenter Bestandteil des Klassenkampfes. Der ideologische Kampf in der gegenwärtigen Entwicklungsetappe ist vor allem eine Erscheinung des grundlegenden Klassengegensatzes unserer Epoche – des Gegensatzes zwischen dem System des aufstrebenden Sozialismus und dem System des absterbenden Kapitalismus. Der ideologische Kampf entfaltet sich unter Bedingungen, da die Sowjetunion mit Erfolg den Leninschen Kurs der friedlichen Koexistenz von Ländern mit unterschiedlicher sozialökonomischer Ordnung verwirklicht. „Die KPdSU ging und geht davon aus, daß der Klassenkampf der beiden Systeme – des kapitalistischen und des sozialistischen – im Bereich der Wirtschaft, der Politik und natürlich auch der Ideologie fortdauern wird. Anders kann es auch nicht sein, sind doch die Weltanschauungen und die Klassenziele des Sozialismus und die des Kapitalismus einander entgegengesetzt und unversöhnlich."[1]

Im Mittelpunkt des gegenwärtigen ideologischen Kampfes stehen die Fragen der Theorie und Praxis der Errichtung des Sozialismus und Kommunismus. Auf dem XXIV. Parteitag der KPdSU, der die Theorie des wissenschaftlichen Sozialismus weiterentwickelte, wurde die These vom Aufbau der entwickelten sozialistischen Gesellschaft in der UdSSR aufgestellt und begründet sowie ein konkretes Programm des weiteren Voranschreitens auf dem Wege des kommunistischen Aufbaus erarbeitet. Dieser schöpferische Beitrag zur revolutionären Wissenschaft und Praxis des Marxismus-Leninismus ist eine außerordentlich wirksame Waffe im Kampf der Arbeiterklasse gegen ihre ideologischen Gegner – die Interessenvertreter des Monopolkapitals und des Kleinbürgertums.

Die Probleme der Möglichkeit und Notwendigkeit der Ablösung des Kapitalismus durch den Sozialismus, der sozialökonomischen Struktur und Gesetzmäßigkeit der neuen Gesellschaft, der Ziele, der wirtschaftlichen Effektivität und der Methoden der Leitung dieser Gesellschaft sind zwangsläufig Gegenstand des theoretischen Kampfes des Marxismus-Leninismus mit seinen Gegnern. Während die Ideologen des äußersten rechten und konservativen Bürgertums nach wie vor offen gegen die Ideen des Sozialismus auftreten und dabei die Möglichkeit und Notwendigkeit, die wirtschaftliche Rationalität und die Vorzüge dieser Gesellschaftsordnung gegenüber dem Kapitalismus verneinen, spricht sich ein

[1] L. I. Breshnew, Das Sowjetvolk zeigt der Menschheit neue Horizonte und neue hohe Ideale, Berlin 1973, S. 55.

beträchtlicher Teil des reformistischen Flügels der Bourgeoisie sowie die Mehrheit der kleinbürgerlichen Ideologen weiterhin für den Sozialismus aus, allerdings nicht für den wissenschaftlichen Sozialismus, sondern für einen „wahren“, einen „demokratischen“, einen „nationalen“, einen „humanen“ Sozialismus und dergleichen „Sozialismen“ mehr. Hinter solchen pseudosozialistischen Losungen verbirgt sich jedoch im Grunde ein mehr oder minder klar umrissenes sozialökonomisches System als Ausdruck von Interessen, die den grundlegenden historischen Interessen der Arbeiterklasse fremd sind. Friedrich Engels schrieb von jenen Leuten, „die den Arbeitern von der Unparteilichkeit ihres höheren Standpunkts einen über allen Klassengegensätzen und Klassenkämpfen erhabenen Sozialismus predigen“, sie seien „entweder Neulinge, die noch massenhaft zu lernen haben, oder aber die schlimmsten Feinde der Arbeiter, Wölfe im Schafspelz“[2].

Die Geschichte hat in dem Streit zwischen dem proletarischen, marxistisch-leninistischen Sozialismus und den reformistischen und revisionistischen pseudosozialistischen Theorien längst das Urteil gesprochen. Da aber die Existenz der bürgerlichen und kleinbürgerlichen Sozialismuskonzeptionen durch ganz bestimmte Klasseninteressen bedingt ist, leben diese, kaum daß sie in dieser oder jener Form besiegt worden sind, in anderen Formen wieder auf. Die Enthüllung des Charakters der bürgerlichen und kleinbürgerlichen Theorien vom Sozialismus ist eine Aufgabe von aktueller Bedeutung. In der Entschließung des XXIV. Parteitages der KPdSU heißt es, daß „der Kampf gegen den Antikommunismus und Antisowjetismus sowie gegen den rechten und ‚linken‘ Revisionismus und gegen den Nationalismus weiterhin eine wichtige aktuelle Aufgabe bleibt“[3].

Das Verhältnis der Klassenkräfte, der sozialen und politischen Kräfte der gegenwärtigen kapitalistischen Gesellschaft verändert sich unablässig. In den entwickelten kapitalistischen Ländern sind in der Zeit seit Beendigung des zweiten Weltkrieges Millionen von einstigen Kleinbauern und kleinen Pächtern zu Proletariern geworden. Die wissenschaftlich-technische Revolution, die eine Vielzahl neuartiger komplizierter Produktionen hervorbringt, hat zu einem Wachstum der hochqualifizierten Arbeitskraft geführt. In allen Teilen und Zweigen der Wirtschaft nimmt die Rolle der wissenschaftlich-technischen Kader zu. Der Anteil der im Dienstleistungsbereich Beschäftigten erhöht sich fortlaufend. Der staatsmonopolistische Kapitalismus ruiniert die Kleineigentümer in allen Wirtschaftsbereichen und reproduziert die sozialen Zwischenschichten in neuen Formen.[4] Die Armee der Proletarier wird dabei immer größer.

2 Friedrich Engels, Anhang zur amerikanischen Ausgabe der „Lage der arbeitenden Klasse in England“, in: Karl Marx/Friedrich Engels, Werke (im folgenden MEW), Bd. 21, Berlin 1962, S. 255.

3 Entschließung des XXIV. Parteitages der Kommunistischen Partei der Sowjetunion zum Rechenschaftsbericht des Zentralkomitees der KPdSU, in: XXIV. Parteitag der Kommunistischen Partei der Sowjetunion. Schlußworte, Direktiven, Resolutionen, Moskau/Berlin 1971, S. 11.

4 Die Quellen dieser Prozesse zeigte Lenin an der Wende zum 20. Jahrhundert auf: „In

In den Entwicklungsländern beteiligen sich die breiten Massen der Werktätigen in zunehmendem Maße am ökonomischen, politischen und ideologischen Kampf gegen den Imperialismus und die Reaktion im eigenen Land.

Infolge der Veränderungen, die sich im weltweiten Kräfteverhältnis zugunsten des Sozialismus vollziehen, sowie unter dem Einfluß der inneren Prozesse und Widersprüche in den kapitalistischen Ländern differenziert sich die Klasse der Bourgeoisie. Auf der einen Seite formieren sich jene Gruppierungen des Finanzkapitals, die unmittelbar die Rüstungsindustrie und die internationalen Monopole vertreten und sich durch ein besonders reaktionäres und aggressives Verhalten in der Wirtschaft, Politik und Ideologie hervortun, auf der anderen Seite die gemäßigt reformistischen Gruppierungen des Groß- und Kleinbürgertums.

Unter den gegenwärtigen Bedingungen ist es besonders wichtig, die historische Bedingtheit der konkreten Richtungen der bürgerlichen und kleinbürgerlichen Ideologie zu berücksichtigen. Die Annahme, bei dieser Ideologie handele es sich um eine statische Erscheinung, ist falsch, und eine zu stark vereinfachende Betrachtungsweise ist geradezu gefährlich.

Für die Kritik der gegenwärtigen Theorien des bürgerlichen und kleinbürgerlichen Sozialismus hat Lenins große methodologische Bedeutung, daß der Marxismus, um die historische Entwicklung in ihrer ganzen Tragweite absehen zu können, das „komplizierte Netz von gesellschaftlichen Verhältnissen und Übergangsstufen von einer Klasse zur anderen, von der Vergangenheit zur Zukunft“[5] analysiert. Es darf nicht außer acht gelassen werden, daß neben den klassendeterminierten bürgerlichen und kleinbürgerlichen Theorien „konfuse, eklektische, zwischen dem kleinbürgerlichen und dem proletarischen Sozialismus liegende Anschauungen“[6] existieren.

Auf dem XXIV. Parteitag der KPdSU wurde die Notwendigkeit eines verstärkt offensiv geführten ideologischen Kampfes unterstrichen. „Die Hauptsache in der ideologischen Arbeit der Partei sind die Propagierung der Ideen des Marxis-

allen europäischen Ländern, darunter auch in Rußland, schreiten die ‚Bedrängung‘ und der Niedergang des Kleinbürgertums unaufhaltsam vorwärts ... Zugleich mit dieser ‚Bedrängung‘ des Kleinbürgertums in Landwirtschaft und Industrie entsteht und entwickelt sich ein ‚neuer Mittelstand‘, wie die Deutschen sagen, eine neue kleinbürgerliche Schicht, die Intelligenz, deren Leben in der kapitalistischen Gesellschaft auch immer schwieriger wird und die in ihrer Masse diese Gesellschaft unter dem Gesichtspunkt des Kleinproduzenten betrachtet. Es ist ganz natürlich, daß das völlig unvermeidlich eine weite Verbreitung und ständige Neuentstehung kleinbürgerlicher Ideen und Lehren in den mannigfaltigsten Formen zur Folge hat“ (W. I. Lenin, Les beaux esprits se rencontrent, in: Werke, Bd. 6, Berlin 1956, S. 432f.).

5 Vgl. W. I. Lenin, Karl Marx, in: Werke, Bd. 21, Berlin 1960, S. 48.

6 W. I. Lenin, Kleinbürgerlicher und proletarischer Sozialismus, in: Werke, Bd. 9, Berlin 1960, S. 441.

mus-Leninismus und der unversöhnliche offensive Kampf gegen die bürgerliche und revisionistische Ideologie."[7]

Gegenstand der marxistischen Kritik jeder konkreten Richtung der bürgerlichen und kleinbürgerlichen Ideologie ist sowohl die theoretische Interpretation des Kapitalismus als auch die Einstellung dieser Richtungen gegenüber der Theorie und Praxis des wissenschaftlichen Sozialismus und ihre entsprechenden programmatischen Schlußfolgerungen.

Das Ziel der vorliegenden Arbeit besteht darin, die theoretische und praktische Haltlosigkeit der bürgerlichen und kleinbürgerlichen *ökonomischen* Konzeptionen zum Sozialismus einschließlich der antimarxistischen Ansichten zur Theorie und Praxis des wissenschaftlichen Sozialismus sowie den fiktiven Charakter der „Alternativprogramme" des bürgerlichen und kleinbürgerlichen Pseudosozialismus aufzuzeigen.

Die Schwierigkeiten bei der Erforschung der antimarxistischen Sozialismuskonzeptionen resultieren vor allem daraus, daß im Verlauf der Geschichte eine Vielzahl von ineinander übergreifenden „sozialistischen" Konzeptionen entwickelt worden ist, deren Spektrum vom „wahren Sozialismus", dem „christlichen Sozialismus", „ethischen Sozialismus" und dem „Agrarsozialismus", den anarchistischen Theorien zum Sozialismus, dem „Fabiersozialismus", dem „Kathedersozialismus", dem „Volkstümlersozialismus", dem Revisionismus, dem „demokratischen Sozialismus" usw. usf. bis hin zum nationalen Sozialismus reicht. Auf der Grundlage der marxistisch-leninistischen Methodologie sind der Klassencharakter und die Rolle aller dieser Konzeptionen aufzudecken.

Ein anderes ernstes Problem bei der Untersuchung der antimarxistischen Konzeptionen ergibt sich aus der Frage, inwiefern sich die jeweilige ökonomische Sozialismuskonzeption in die allgemeine Ideologie, in die politökonomische Schule und in das praktische Programm der betreffenden Richtung einfügt. Zwischen der allgemeinen Ideologie, der Theorie und dem Programm sind bei ein und denselben bürgerlichen und vor allem kleinbürgerlichen Theoretikern nicht selten Unterschiede oder gar Widersprüche festzustellen.

Eine weitere Aufgabe besteht darin, den wesentlichen Kreis von theoretischen und praktischen Schlüsselproblemen der Ökonomie des Sozialismus zu bestimmen, um die die Auseinandersetzung zwischen dem Marxismus-Leninismus und den verschiedenen antimarxistischen Richtungen geführt wird.

Die genannten Probleme sind natürlich nur im Rahmen bestimmter historischer Etappen der Entwicklung des ökonomischen, politischen und ideologischen Klassenkampfes zu lösen. Marx schreibt, daß „die Entwicklung der politischen Ökonomie und des aus ihr selbst erzeugten Gegensatzes Schritt hält mit der *realen*

[7] Entschließung des XXIV. Parteitages der Kommunistischen Partei der Sowjetunion zum Rechenschaftsbericht des Zentralkomitees der KPdSU, in: XXIV. Parteitag der Kommunistischen Partei der Sowjetunion. Schlußworte, Direktiven, Resolutionen, Moskau/Berlin 1971, S. 25.

Entwicklung der in der kapitalistischen Produktion enthaltenen gesellschaftlichen Gegensätze und Klassenkämpfe"[8]. Im Zusammenhang damit ergibt sich das Problem der wissenschaftlichen Periodisierung des Kampfes des Marxismus-Leninismus gegen die bürgerlichen und kleinbürgerlichen ökonomischen Sozialismustheorien.

Lenin wies 1915 auf die Periodisierung der neuen Geschichte in drei historische Epochen hin, die in der marxistischen Literatur allgemein üblich ist. „Die erste Epoche, von der großen französischen Revolution bis zum deutsch-französischen Krieg, ist die Epoche des Aufstiegs und des vollen Sieges der Bourgeoisie. Es ist dies die aufsteigende Linie der Bourgeoisie, die Epoche der bürgerlich-demokratischen Bewegungen im allgemeinen und der bürgerlich-nationalen im besonderen, die Epoche, in der die überlebten feudal-absolutistischen Institutionen rasch zerbrochen werden. Die zweite Epoche ist die Epoche der vollen Herrschaft und des Niedergangs der Bourgeoisie, die Epoche des Übergangs von der fortschrittlichen Bourgeoisie zum reaktionären und erzreaktionären Finanzkapital. Es ist dies die Epoche der Vorbereitung und langsamen Kräftesammlung seitens der neuen Klasse, der modernen Demokratie. Die dritte, eben erst anbrechende Epoche bringt die Bourgeoisie in die gleiche ‚Lage', in der die Feudalherrn während der ersten Epoche gewesen sind. Es ist dies die Epoche des Imperialismus und der imperialistischen wie auch der durch den Imperialismus ausgelösten Erschütterungen."[9]

Diese marxistische Charakterisierung der drei Epochen weiterentwickelnd, bezeichnete Lenin später den Sieg der Großen Sozialistischen Oktoberrevolution als das Ereignis, das die dritte historische Epoche abgegrenzt und ihren Hauptinhalt bestimmt hat. Er nannte die Oktoberrevolution einen „welthistorischen Schritt . . ., der in die Weltgeschichte als Ablösung einer Epoche durch eine andere eingegangen ist"[10], und zwar durch die „Epoche der Herrschaft der *neuen* Klasse"[11]. Der Hauptinhalt dieser Epoche ist „ein kriegerischer Wettkampf zweier Methoden, zweier Formationen, zweier Wirtschaftssysteme – des kommunistischen und des kapitalistischen"[12].

Lenins Herangehen an die Periodisierung der Geschichte insgesamt entsprechend muß die Geschichte des Kampfes des Marxismus-Leninismus gegen die bürgerlichen und kleinbürgerlichen Sozialismustheorien in eine Reihe von Perio-

8 Karl Marx, Theorien über den Mehrwert. Dritter Teil, in: MEW, Bd. 26.3, Berlin 1968, S. 491.

9 W. I. Lenin, Unter fremder Flagge, in: Werke, Bd. 21, Berlin 1960, S. 135.

10 W. I. Lenin, Über die Innen- und Außenpolitik der Republik. Bericht des Gesamtrussischen Zentralexekutivkomitees und des Rats der Volkskommissare an den IX. Gesamtrussischen Sowjetkongreß, 23. Dezember 1921, in: Werke, Bd. 33, Berlin 1962, S. 156.

11 W. I. Lenin, Zum vierten Jahrestag der Oktoberrevolution, in: Werke, Bd. 33, Berlin 1962, S. 35.

12 W. I. Lenin, Rede in der Aktivversammlung der Moskauer Organisation der KPR(B) vom 6. Dezember 1920, in: Werke, Bd. 31, Berlin 1959, S. 452.

den unterteilt werden, denen die objektiven historischen Etappen des Klassenkampfes bis hin zum Kampf zwischen den entgegengesetzten sozialökonomischen Systemen zugrunde liegen.

Die erste, die Anfangsperiode des Kampfes gegen die bürgerlichen und kleinbürgerlichen Sozialismustheorien umfaßt den Zeitraum Mitte der 40er bis Anfang der 70er Jahre des vorigen Jahrhunderts. In dieser „Periode der Stürme und Revolutionen" wurden die Ideen des wissenschaftlichen Sozialismus ausgearbeitet, wuchs das Klassenbewußtsein des Proletariats und wurden unter den werktätigen Massen die zuvor dominierenden Ideen des bürgerlichen und kleinbürgerlichen Sozialismus allmählich zurückgedrängt und entlarvt. „Gegen Ende der ersten Periode (1848–1871), der Periode der Stürme und Revolutionen, *stirbt* der vormarxistische Sozialismus", schrieb Lenin.[13]

Die nächste, verhältnismäßig ruhige Periode erstreckt sich von der Zeit der Pariser Kommune bis zur ersten russischen Revolution. In dieser Periode schlagen die Ideen des wissenschaftlichen Sozialismus im revolutionären Proletariat tiefe Wurzeln, so daß die Vertreter bürgerlicher und kleinbürgerlicher Theorien zur Änderung ihrer methodologischen Prinzipien und Theorien, zu einer Anpassung an den Marxismus gezwungen sind. Zahlreiche bürgerliche und kleinbürgerliche Theoretiker beginnen sich als Marxisten auszugeben. „Die Dialektik der Geschichte ist derart, daß der theoretische Sieg des Marxismus seine Feinde zwingt, sich als Marxisten zu *verkleiden*. Der innerlich verfaulte Liberalismus versucht, sich als sozialistischer *Opportunismus* neu zu beleben."[14]

Die zweite Epoche ist nach Lenin durch die „tiefen inneren Widersprüche innerhalb der modernen Demokratie"[15] gekennzeichnet.

Potresov und Trockij entwickelten eine Konzeption, der zufolge die zweite historische Epoche durch die absolute Herrschaft der „alles durchdringenden Idee der schrittweisen Entwicklung" charakterisiert gewesen sein soll, und sie führten darauf den Opportunismus in der Arbeiterbewegung zurück. Lenin ließ dieser unwissenschaftlichen Konzeption, die dadurch, daß sie die realen historischen Prozesse entstellt reflektierte, die Klassenwurzeln des Opportunismus verschleierte, eine vernichtende Kritik zuteil werden. „In Wirklichkeit *verhielt es sich nicht so* – das wußten wir ganz genau. Kein einziges, buchstäblich kein einziges der großen kapitalistischen Länder Europas blieb während dieser Epoche von dem Kampf zwischen den zwei gegensätzlichen Strömungen innerhalb der modernen Demokratie verschont. In jedem der großen Länder nahm dieser Kampf, ungeachtet des im allgemeinen ‚friedlichen', ‚stagnierenden', verschlafenen Charakters der Epoche, zuweilen die stürmischsten Formen an, die bis zu Spaltungen führten."[16]

[13] W. I. Lenin, Die historischen Schicksale der Lehre von Karl Marx, in: Werke, Bd. 18, Berlin 1962. S. 577.

[14] Ebenda, S. 578.

[15] W. I. Lenin, Unter fremder Flagge, in: Werke, Bd. 21, Berlin 1960, S. 140.

[16] Ebenda.

Die russische Revolution von 1905 leitete eine historische Etappe sozialer Erhebungen in Asien und in Europa ein, die in der Entlarvung der opportunistischen Konzeptionen vom „sozialen Frieden" und vom „klassenlosen Sozialismus" sowie der aus dem „kleinmütig verzweifelten Anarchismus" hervorgegangenen Konzeptionen ihre Widerspiegelung erfuhr. Lenin schrieb 1913: „Jede der drei großen Epochen der Weltgeschichte nach dem Aufkommen des Marxismus brachte ihm neue Bestätigungen und neue Triumphe. Einen noch größeren Triumph aber wird dem Marxismus als der Lehre des Proletariats die kommende geschichtliche Epoche bringen."[17]

Die erste mit der dritten Epoche vergleichend, schrieb Lenin: „Die Bourgeoisie hat sich aus einer aufsteigenden, fortschrittlichen Klasse in eine absteigende, verfallende, innerlich abgestorbene, reaktionäre Klasse verwandelt. Eine ganz andere Klasse ist – im großen geschichtlichen Maßstab – zur aufsteigenden Klasse geworden.[18]

Der Rechtsopportunismus war bemüht, den prinzipiellen Unterschied zwischen der ersten und der dritten Epoche zu vertuschen und damit den Inhalt und die Richtungen des ökonomischen, politischen und ideologischen Klassenkampfes unter den Bedingungen des Imperialismus und der allgemeinen Krise des Kapitalismus zu verfälschen und den Sozialnationalismus, die nationalistische Linie des Opportunismus zu rechtfertigen. Es ist im wesentlichen die Linie, die heutzutage sowohl vom rechten als auch vom linken Revisionismus weiterverfolgt wird.

Die dritte historische Epoche – die Epoche des weltweiten revolutionären Übergangs vom Kapitalismus zum Sozialismus – ist zugleich die Epoche des Triumphes des wissenschaftlichen, des proletarischen Sozialismus und der Krise des vulgären, bürgerlichen und kleinbürgerlichen Sozialismus. Die antimarxistische Bewegung kann von einer zeitweiligen Belebung und Verbreitung bestimmter Formen des bürgerlichen und kleinbürgerlichen Sozialismus begleitet sein. Der objektive Verlauf des Kampfes der beiden Weltsysteme, der Aufbau des Sozialismus und Kommunismus in den Ländern des sozialistischen Weltsystems und der Anschluß immer neuer Staaten an dieses System, die sich vom Kapitalismus lösen, entlarven jedoch den Pseudosozialismus und entziehen ihm seine sozialen Wurzeln.

Seit dem Sieg der Oktoberrevolution gründet sich die marxistisch-leninistische Kritik der bürgerlichen und kleinbürgerlichen Theorien über den Sozialismus nicht mehr allein auf geschichtstheoretische Argumente und die Analyse der kapitalistischen Widersprüche, sondern in erster Linie auf die Praxis des sozialistischen Aufbaus in der UdSSR. Und auch die Gegner des wissenschaftlichen Sozialismus haben sich auf die neuen Bedingungen eingestellt: Im Mittelpunkt ihrer

[17] W. I. Lenin, Die historischen Schicksale der Lehre von Karl Marx, in: Werke, Bd. 18, Berlin 1962, S. 579.

[18] W. I. Lenin, Unter fremder Flagge, in: Werke, Bd. 21, Berlin 1960, S. 138.

antimarxistischen Angriffe steht nunmehr die wirtschaftliche Praxis des ersten sozialistischen Staates.

Bis zum zweiten Weltkrieg, als die UdSSR das einzige sozialistische Land der Erde war und die Grundlagen der neuen Gesellschaft schuf, wurde der theoretische Kampf zwischen dem Marxismus-Leninismus und den bürgerlichen und kleinbürgerlichen Sozialismuskonzeptionen vor allem um die Frage der historischen Bedingungen für die Realisierung der Grundprinzipien des wissenschaftlichen Sozialismus, der Triebkräfte, Wege und Formen des Übergangs vom Kapitalismus zum Sozialismus geführt.

Nach dem zweiten Weltkrieg, als der Triumph der sozialistischen Kräfte zur Entstehung eines sozialistischen Weltsystems geführt hatte und in der UdSSR die entwickelte sozialistische Gesellschaft errichtet wurde, erhielt der Kampf gegen die antimarxistischen ökonomischen Sozialismuskonzeptionen einen neuen Inhalt. Gegenstand dieser Auseinandersetzung sind nunmehr der Charakter des Systems der sozialökonomischen Verhältnisse der sozialistischen Gesellschaft (einschließlich der Fragen der Klassenstruktur, des Produktionsmitteleigentums, der Verteilungsprinzipien, der planmäßigen Wirtschaftsführung, der Ware-Geld-Beziehungen), die Wechselwirkung des Systems des Sozialismus mit den Prozessen der gegenwärtigen wissenschaftlich-technischen Revolution und Probleme der Effektivität und Optimalität der sozialistischen Reproduktion sowie die Probleme der Beziehungen zwischen den Ländern des sozialistischen Weltsystems.

In allen historischen Entwicklungsetappen hat der Marxismus also gegen eindeutig bürgerliche Theorien gekämpft und gleichzeitig den Widerstand überwunden, der ihm von seiten der Lehren des nichtmarxistischen Sozialismus entgegengesetzt wurde. Im Jahre 1908 gab Lenin einen gedrängten historischen Überblick über diesen Kampf: „In der ersten Hälfte der vierziger Jahre rechneten Marx und Engels mit den radikalen Junghegelianern ab, die auf dem Standpunkt des philosophischen Idealismus standen. Ende der vierziger Jahre trat der Kampf auf dem Gebiet der ökonomischen Lehren in den Vordergrund – der Kampf gegen den Proudhonismus. Die fünfziger Jahre bildeten den Abschluß dieses Kampfes: Kritik an den Parteien und Lehren, die im stürmischen Jahr 1848 in Erscheinung getreten waren. In den sechziger Jahren verschob sich der Kampf vom Gebiet der allgemeinen Theorie auf ein der unmittelbaren Arbeiterbewegung näherliegendes Gebiet: Vertreibung des Bakunismus aus der Internationale. Anfang der siebziger Jahre trat in Deutschland kurze Zeit der Proudhonist Mülberger in den Vordergrund, Ende der siebziger Jahre der Positivist Dühring. Doch der Einfluß des einen wie des anderen auf das Proletariat war schon verschwindend gering. Der Marxismus trug bereits unbestreitbar über alle anderen Ideologien in der Arbeiterbewegung den Sieg davon. ... Doch als der Marxismus alle einigermaßen in sich geschlossenen, ihm feindlichen Lehren verdrängt hatte, begannen die Tendenzen, die in diesen Lehren zum Ausdruck kamen, nach anderen Wegen zu suchen. Formen und Anlässe des Kampfes änderten sich, doch der Kampf selbst ging weiter. Und das zweite Halbjahrhundert der Existenz des Marxismus begann (in den neunziger Jahren des vorigen Jahrhunderts) mit dem Kampf einer dem Marxismus feindlichen Strömung innerhalb des Marxismus."[19]

Eine fundierte Kritik des bürgerlichen und des kleinbürgerlichen Sozialismus war bereits in solchen frühen Arbeiten von Marx und Engels enthalten wie „Die deutsche Ideologie" (1845–1848), „Das Elend der Philosophie" (1847) und „Manifest der Kommunistischen Partei" (1847–1848).[20]

Lenin hob 1895 in dem Artikel „Friedrich Engels" jenes hauptsächliche Merkmal hervor, wodurch sich die Weltanschauung von Marx und Engels bereits in den 40er Jahren von den zahlreichen Richtungen der sozialistischen Literatur unterschied.

„Schließlich betrachteten damals fast alle Sozialisten und sonstigen Freunde der Arbeiterklasse das Proletariat nur als ein *Geschwür* und sahen mit Entsetzen, wie zugleich mit dem Wachstum der Industrie auch dieses Geschwür wächst. Deshalb sannen sie alle darüber nach, wie man die Entwicklung der Industrie und des Proletariats hemmen, wie man das ‚Rad der Geschichte' aufhalten könnte."[21]

Nicht zufällig entwickelten Marx und Engels daher die Grundprinzipien des wissenschaftlichen Sozialismus im Kampf gegen die bis dahin vorherrschenden bürgerlichen und kleinbürgerlichen Vorstellungen über den Sozialismus.

Unter Hinweis auf die ähnliche Situation in Deutschland 1844 und in Rußland am Vorabend der Revolution von 1905 schrieb Lenin: „Die Hauptverkünder des Kommunismus waren damals Leute vom Schlage unserer Volkstümler, ‚Sozialrevolutionäre', ‚Volkssozialisten' usw., d. h. im Grunde genommen biedere Bourgeois, die mehr oder minder gegen die Regierung aufgebracht waren."[22]

Und 1913 schrieb Lenin in seinem Artikel: „Der Briefwechsel zwischen Marx und Engels. Engels als einer der Begründer des Kommunismus": „Der sechsundzwanzigjährige Engels bereitet dem ‚wahren Sozialismus' ... eine geradezu vernichtende Niederlage ... Eine ‚antiproletarische, kleinbürgerliche, staubingische' Lehre, ‚bloße Duselei', ‚allerhand Menschheitsstreben', ‚abergläubische Gespensterfurcht vor dem Löffelkommunismus', ‚friedliche Beglückungspläne' für die Menschheit – das sind Äußerungen von Engels, die sich auf *alle* Arten des vormarxschen Sozialismus beziehen."[23]

Im „Manifest der Kommunistischen Partei" wird im Grunde das Resümee der

[19] W. I. Lenin, Marxismus und Revisionismus, in: Werke, Bd. 15, Berlin 1962, S. 20.

[20] Kritische Bemerkungen an die Adresse des deutschen kleinbürgerlichen Sozialismus sind bereits in Marx' und Engels' Frühschrift „Die heilige Familie" (1844) enthalten. In der 1844–1845 geschriebenen „Lage der arbeitenden Klasse in England" charakterisiert Engels eingehend den englischen utopischen und bürgerlichen Sozialismus und zeigt dessen Verhältnis zur Arbeiterbewegung auf (MEW, Bd. 2, Berlin 1957, S. 450 bis 455).

[21] W. I. Lenin, Friedrich Engels; in: Werke, Bd. 2, Berlin 1961, S. 6.

[22] W. I. Lenin, Der Briefwechsel zwischen Marx und Engels, in: Werke, Bd. 19, Berlin 1962, S. 552.

[23] Ebenda, S. 553.

gesamten vorausgegangenen kritischen Arbeit von Marx und Engels gezogen. Hier werden die grundlegenden Theorien des wissenschaftlichen, des proletarischen Sozialismus bereits einem ganzen System klassendeterminierter Richtungen des antiproletarischen Sozialismus, des feudalen sowie verschiedener Formen des bürgerlichen und kleinbürgerlichen Sozialismus, entgegengesetzt. „Ein Teil der Bourgeoisie wünscht den sozialen Mißständen abzuhelfen, um den Bestand der bürgerlichen Herrschaft zu sichern." Und weiter heißt es: „Die sozialistischen Bourgeois wollen die Lebensbedingungen der modernen Gesellschaft ohne die notwendig daraus hervorgehenden Kämpfe und Gefahren. ... Sie wollen die Bourgeoisie ohne das Proletariat. ... Eine zweite, weniger systematische, nur mehr praktische Form dieses Sozialismus suchte der Arbeiterklasse jede revolutionäre Bewegung zu verleiden. ... Unter Veränderung der materiellen Lebensverhältnisse versteht dieser Sozialismus aber keineswegs Abschaffung der bürgerlichen Produktionsverhältnisse, die nur auf revolutionärem Wege möglich ist, sondern administrative Verbesserungen, die auf dem Boden dieser Produktionsverhältnisse vor sich gehen, also an dem Verhältnis von Kapital und Lohnarbeit nichts ändern, sondern im besten Fall der Bourgeoisie die Kosten ihrer Herrschaft vermindern und ihren Staatshaushalt vereinfachen." Im Zusammenhang mit der Entlarvung des bürgerlichen Sozialismus kennzeichnete das „Kommunistische Manifest" auch jene „revolutionäre Literatur" als „reaktionär", die „einen allgemeinen Asketismus und eine rohe Gleichmacherei" lehrt und die Position des politisch-ideologisch unreifen „Vorproletariats" zum Ausdruck bringt.[24]

In den Arbeiten von Marx und Engels werden die allgemeinen ideologischen Quellen und methodologischen Grundlagen für die Herausbildung der bürgerlichen und kleinbürgerlichen ökonomischen Konzeptionen zum Sozialismus aufgezeigt. Dazu gehören: die bürgerliche Vulgärökonomie, der metaphysische Idealismus und der reaktionäre Utopismus.

Der im ersten Drittel des 19. Jahrhunderts vollzogene Eintritt des Proletariats in die Arena des selbständigen politischen Kampfes bildete die objektive Grundlage für die Krise der englischen klassischen politischen Ökonomie, des französischen utopischen Sozialismus und der deutschen klassischen Philosophie – der in dieser Periode entstandenen Formen der Ideologie der bürgerlichen Gesellschaft.

Aus der klassischen bürgerlichen politischen Ökonomie gelangte deren vulgäres Element, die bürgerliche Vulgärökonomie, zu selbständiger Existenz.

Den qualitativen Unterschied zwischen der klassischen und der zu seiner Zeit herrschenden vulgären bürgerlichen politischen Ökonomie aufzeigend, bestimmte Marx die generelle Richtung und die Stufen in der Evolution der bürgerlichen Vulgärökonomie und legte deren politisch-ideologische Strömungen dar.

Neben den Klassikern, die von ihm als „fatalistische Ökonomen" bezeichnet

[24] Karl Marx/Friedrich Engels, Manifest der Kommunistischen Partei, in: MEW, Bd. 4, Berlin 1959, S. 488f.

wurden, hob er (im Rahmen der Vulgärökonomie) die „Romantiker“ hervor, die sich als blasierte Fatalisten aufspielen und von der Höhe ihres Standpunktes einen stolzen Blick der Verachtung auf die menschlichen Maschinen werfen, die den Reichtum erzeugen. „Kommt alsdann die *humanitäre Schule*, ... Die ganze Theorie dieser Schule besteht in endlosen Unterscheidungen zwischen Theorie und Praxis, zwischen den Prinzipien und den Resultaten, zwischen der Idee und der Anwendung, zwischen dem Inhalt und der Form, zwischen dem Wesen und der Wirklichkeit, zwischen dem Recht und der Tatsache, zwischen der guten und schlechten Seite. Die *philantropische* Schule ist die vervollkommnete humanitäre Schule. Sie leugnet die Notwendigkeit des Gegensatzes, sie will aus allen Menschen Bourgeois machen; sie will die Theorie verwirklichen, soweit dieselbe sich von der Praxis unterscheidet und den Antagonismus nicht einschließt.“[25]

Und gerade die Konzeptionen der „humanitären“ und der „philantropischen Schule“ dienten in erster Linie als Quellen der ökonomischen Ideen des bürgerlichen und kleinbürgerlichen Sozialismus, den Marx als „Vulgärsozialismus“ bezeichnete.[26]

Die bürgerliche politische Ökonomie nach Ricardo teilt sich in zwei Lager. „Die einen, kluge, erwerbslustige, praktische Leute, scharten sich um die Fahne Bastiats, des flachsten und daher gelungensten Vertreters vulgärökonomischer Apologetik; die anderen, stolz auf die Professoralwürde ihrer Wissenschaft, folgen J. St. Mill in dem Versuch, Unversöhnbares zu versöhnen.“ Die anderen „suchten die politische Ökonomie des Kapitals in Einklang zu setzen mit den jetzt nicht länger zu ignorierenden Ansprüchen des Proletariats. Daher ein geistloser Synkretismus, wie ihn John Stuart Mill am besten repräsentiert. Es ist eine Bankrotterklärung der „bürgerlichen“ Ökonomie, welche der große russische Gelehrte und Kritiker N. Tschernyschewski in seinem Werk „Umrisse der politischen Ökonomie nach Mill“ bereits meisterhaft beleuchtet hat.“[27]

Auch die klassische Periode in der Entwicklung des utopischen Sozialismus fand ihren Abschluß, und der utopische Sozialismus wandelte sich aus einer revolutionär-kritischen Theorie in eine Spielart reaktionärer oder konservativer sozialpolitischer Doktrinen.

Die Widersprüchlichkeit in den Ansichten der Begründer des utopischen Sozialismus zur Wirtschaftsorganisation der künftigen sozialistischen Gesellschaft war vor allem darauf zurückzuführen, daß in der damaligen Epoche der Klassenkampf des Proletariats noch nicht entwickelt war. Nach Auffassung der utopischen Sozialisten sollte die künftige Gesellschaft einerseits die Klassenantagonismen und die Ausbeutung beseitigen, anderseits wurde diese neue Gesellschaft als ein Mittel zur Aussöhnung von Arbeit und Kapital betrachtet und die Beibe-

[25] Karl Marx, Das Elend der Philosophie, in: MEW, Bd. 4, Berlin 1959, S. 142.

[26] Karl Marx, Theorien über den Mehrwert. Dritter Teil, in: MEW, Bd. 26.3, Berlin 1968, S. 445.

[27] Karl Marx, Das Kapital, Nachwort zur zweiten Auflage, in: MEW, Bd. 23, Berlin 1962, S. 21.

haltung des Privateigentums der Bourgeoisie für möglich erachtet. Außerdem wurde eine evolutionäre Entwicklung sozialistischer „Enklaven“ angenommen, die innerhalb des ihnen fremden Organismus des bürgerlichen Systems gebildet werden sollten. Als sich der Kampf zwischen Proletariat und Bourgeoisie dann verschärfte, entnahmen die Epigonen den Arbeiten der großen utopischen Sozialisten besonders die unwissenschaftlichen Elemente und bildeten daraus eine Art vulgären Sozialutopismus.

Marx und Engels zeigten im „Manifest der Kommunistischen Partei“ die historisch zwangsläufige Evolution des kritisch-utopischen Sozialismus und Kommunismus zum bürgerlichen und kleinbürgerlichen Sozialismus auf. „Die Bedeutung des kritisch-utopischen Sozialismus und Kommunismus steht im umgekehrten Verhältnis zur geschichtlichen Entwicklung. In demselben Maße, worin der Klassenkampf sich entwickelt und gestaltet, verliert diese phantastische Erhebung über denselben, diese phantastische Bekämpfung desselben allen praktischen Wert, alle theoretische Berechtigung. Waren daher die Urheber dieser Systeme auch in vieler Beziehung revolutionär, so bilden ihre Schüler jedesmal reaktionäre Sekten. ... Allmählich fallen sie in die Kategorie der oben geschilderten reaktionären oder konservativen Sozialisten und unterscheiden sich nur noch von ihnen durch mehr systematische Pedanterie, durch den fanatischen Aberglauben an die Wunderwirkungen ihrer sozialen Wissenschaft.“[28]

Auf dem Gebiet der Philosophie brach die Bourgeoisie mit der Dialektik und dem Materialismus und kehrte von Hegel und Feuerbach zurück zum methaphysischen Idealismus, zum Subjektivismus und zum Pfaffentum.

Die wissenschaftlichen Elemente der klassischen bürgerlichen und vorproletarischen Theorien hat sich der Marxismus kritisch angeeignet, während ihre vulgären (oberflächlichen), unwissenschaftlichen Elemente in das Arsenal der bürgerlichen und kleinbürgerlichen Sozialismustheorien eingingen.

Trotz aller Vielfalt in der Genesis der einzelnen Konzeptionen des bürgerlichen und kleinbürgerlichen Sozialismus sind einige mehr oder weniger gemeinsame Grundlagen dieser Konzeptionen erkennbar.

Eine Quelle des bürgerlichen und kleinbürgerlichen Sozialismus ist die bürgerliche Vulgärökonomie, die die Gesamtheit der äußerlichen Prozesse und Beziehungen der kapitalistischen Reproduktion systematisiert und apologetisch interpretiert. Aus der bürgerlichen Vulgärökonomie schöpfen die bürgerlichen Sozialisten ihre Argumentation zur vermeintlichen Notwendigkeit der Erhaltung des privaten Eigentums (oder zersplitterten Gruppeneigentums) an den Produktionsmitteln zwecks Gewährleistung der „Effektivität“ der Wirtschaft, zur Möglichkeit einer „Harmonie“ der ökonomischen Interessen im zersplitterten Marktsystem sowie das Instrumentarium der staatsmonopolistischen Wirtschaftsregulierung.

[28] Karl Marx/Friedrich Engels, Manifest der Kommunistischen Partei, in: MEW, Bd. 4, Berlin 1959, S. 491.

Eine zweite Quelle sind gewisse reaktionäre Ideen des utopischen Sozialismus und des einfachen Gleichheitskommunismus, so die Idee von der „Versöhnung der Klassen", der Möglichkeit der „allmählichen Etablierung des Sozialismus im Rahmen der kapitalistischen Gesellschaft", der Notwendigkeit einer Reglementierung und „Standardisierung" auf dem Gebiet der Befriedigung der Bedürfnisse und der Entwicklung der Fähigkeiten der Persönlichkeit usw.

Eine dritte methodologische Grundlage und Quelle des bürgerlichen und kleinbürgerlichen Sozialismus sind schließlich der philosophische Idealismus und die Metaphysik in ihren verschiedenen Formen, denen die bürgerlichen und kleinbürgerlichen Theoretiker ihre Vorstellungen vom Sozialismus als einer Gesellschaft entlehnen, die adäquat irgendeine ewige „Natur des Menschen" widerspiegelt, die die „schlechten" Merkmale der Ausbeuterordnung beseitigt und die „guten" erhält.

Marx, Engels und Lenin verwiesen wiederholt auf den engen Zusammenhang, der zwischen den bürgerlichen und kleinbürgerlichen Sozialismuskonzeptionen sowie der bürgerlichen Vulgärökonomie, den reaktionären Elementen des Utopismus und dem Idealismus besteht.[29]

Das Ziel der Theorien des bürgerlichen und kleinbürgerlichen Sozialismus war und bleibt es, die Arbeiterbewegung den Interessen von sozialen Kräften unterzuordnen, die der Arbeiterklasse fremd sind. Theorien, mit denen das Groß- und Kleinbürgertum Schiffbruch erlitten hat, werden stets unverzüglich gegen neue ausgetauscht; die reformistischen Ideologen der Bourgeoisie und der anderen nichtproletarischen Klassen lassen nicht einen Augenblick von ihrem Bemühen ab, die Arbeiterklasse ideologisch und politisch zu beeinflussen.

Marx und Engels führten gegen derlei Versuche, ganz gleich, ob sie innerhalb

[29] Die Quellen der Konzeption Proudhons, dessen Idealismus und Metaphysik charakterisierend, schreibt Marx: „Er entlehnt den Ökonomen die Notwendigkeit der ewigen Verhältnisse; er entlehnt den Sozialisten die Illusion, in dem Elend nur das Elend zu erblicken. ... Die Wissenschaft reduziert sich für ihn auf den zwerghaften Umfang einer wissenschaftlichen Formel; er ist der Mann auf der Jagd nach Formeln" (Karl Marx, Das Elend der Philosophie, in: MEW, Bd. 4, Berlin 1959, S. 143).
Den Anarchismus Bakunins charakterisierte Engels als „Verquickung" der Philosophie des „Ausläufers der Hegelschen Philosophie" Stirner mit Proudhon (Friedrich Engels, Ludwig Feuerbach und der Ausgang der klassischen deutschen Philosophie, in: MEW, Bd. 21, Berlin 1962, S. 291).
Die Vertreter des kleinbürgerlichen wahren Sozialismus haben nach den Worten von Marx und Engels „einige französische und englische kommunistische Ideen aufgenommen und mit ihren deutsch-philosophischen Voraussetzungen verquickt" (Karl Marx/Friedrich Engels, Die deutsche Ideologie, in MEW, Bd. 3, Berlin 1959, S. 441).
Vgl. u. a. folgende Arbeiten Lenins: Von der Volkstümlerrichtung zum Marxismus, in: Werke, Bd. 8, Berlin 1958, S. 72; Kleinbürgerlicher und proletarischer Sozialismus, in: Werke, Bd. 9, Berlin 1960, S. 442; Über das Genossenschaftswesen, in: Werke, Bd. 33, Berlin 1962, S. 460.

oder außerhalb der Arbeiterbewegung unternommen wurden, einen kompromißlosen Kampf.

Im letzten Viertel des XIX. Jahrhunderts wurden in Deutschland und in England neue Richtungen des *Bourgeoissozialismus* aus der Taufe gehoben: der Kathedersozialismus und der Fabiersozialismus. Politökonomische Basis der ersten Richtung war die sogenannte jüngere Historische Schule, die der anderen die Grenznutzenschule und die Produktionsfaktorentheorie sowie einige andere ökonomische Theorien. Die politische Manifestation der Ideen des Bourgeoissozialismus war in Deutschland das Programm des Staatssozialismus und in England das Programm des rechten Trade-Unionismus.

Die genannten Richtungen des Bourgeoissozialismus unterscheiden sich der Form nach sehr stark voneinander, weil die Strukturen des deutschen (halbjunkerlichen, protektionistischen, halbagrarischen, militaristischen) und des englischen (hochkapitalistischen, Freihandels- und kolonialistischen) bürgerlichen Staates wesentlich differierten. Formal waren diese beiden Richtungen der bürgerlichen Ideologie sogar miteinander verfeindet.

Das Wesen des Kathedersozialismus und des Fabiersozialismus war das gemeinsame Bemühen, die Bourgeoisie reformistisch gegen die aufstrebende Arbeiterbewegung zu schützen und mit aller Kraft gegen den Marxismus zu kämpfen.

Engels analysierte und kritisierte diese Konzeptionen des Pseudosozialismus sehr eingehend, und er hielt in seinen Briefen die Marxisten zu schonungsloser Entlarvung der theoretischen Haltlosigkeit und politischen Schädlichkeit beider Richtungen an.

Am 16. Februar 1884 schrieb Engels an Kautsky: „Es wäre gut, wenn jemand sich die Mühe geben wollte, den grassierenden Staatssozialismus an einem Exempel klarzulegen, das in voller praktischer Blüte steht in *Java*. ... Hier sieht man, wie die Holländer auf der Grundlage des alten Gemeindekommunismus die Produktion von Staats wegen organisiert und den Leuten eine nach ihren Vorstellungen ganz komfortable Existenz gesichert haben; Resultat: Erhaltung des Volks auf der Stufe naturwüchsiger Dummheit und Einkassierung von 70 Millionen Mark jährlich (jetzt wohl mehr) für die holländische Staatskasse."[30]

Zu den Kathedersozialisten gehörten dieselben bürgerlichen Vulgärökonomen, die auch den Kern der jüngeren Historischen Schule in der politischen Ökonomie bildeten (Adolph Wagner, Gustav v. Schmoller, Lujo Brentano, Werner Sombart u. a.). Engels kennzeichnete diese Strömung als „karrieristischen Sozialismus", ihre Vertreter als „bismarcktreue Karrieresozialisten".

Der amerikanische bürgerliche ökonomische Theoriehistoriker Seligman interpretiert das Auftreten der jüngeren Historischen Schule als Verschwörung gegen die auf der Grenznutzentheorie basierende bürgerliche politische Ökonomie.[31] In

[30] Friedrich Engels, Brief an Karl Kautsky vom 16. Februar 1884, in: MEW Bd. 36, Berlin 1967, S. 109.

[31] Ben P. Seligman, Osnovnye tečenija sovremennoj ėkonomičeskoj mysli, Moskva 1968, S. 23.

Wirklichkeit aber waren die beiden genannten Richtungen eine Reaktion auf die Verbreitung des Marxismus in der anwachsenden proletarischen Bewegung; sie traten beide mit dem Anspruch auf, das beste „Gegenmittel“ gegen den Marxismus zu sein und befehdeten einander vor allem aus Konkurrenz um diesen Anspruch.

In England, das seine Monopolstellung auf den Weltmärkten, seine Freiheitstraditionen und seine zahlenmäßig starke Arbeiteraristokratie noch bewahrte, war die Liaison der marktwirtschaftlichen, marginalistischen und individualistischen Konzeptionen mit der fabianistischen Theorie der evolutionären Entwicklung besonders gefährlich. „Ihr Hauptzweck ist, wie drüben, den *Bürger* zum Sozialismus zu bekehren und so die Sache peacefully und constitutionally einzuführen“, schrieb Engels.[32]

In England hat die Kritik am Fabianismus dazu beigetragen, daß sich ein Teil der Arbeiterschaft von seinem Einfluß befreite und zu einer selbständigen, wahrhaft marxistischen Strömung in der Arbeiterbewegung formierte.

Engels' Kritik am marginalistischen, fabianistischen Sozialismus und an der jüngeren historischen, kathedersozialistischen Strömung hat nicht nur historische und methodologische Bedeutung. Es gibt heute reformistische Konzeptionen, die unzweifelhaft Nachfahren dieser „Sozialismen“ sind. So stellen die bürgerliche Konzeption des Marktsozialismus und die damit eng verquickte Theorie vom „allgemeinen Wohlfahrtsstaat“ eine erweiterte und (unter anderem durch den Keynesianismus) ergänzte Variante der fabianistischen Interpretation der Theorie von Jevons und Menger dar. Andererseits besteht eine offensichtliche Verbindung der derzeitigen reformistischen Theorien von der „neuen Industriegesellschaft“, der „postindustriellen Gesellschaft“ und anderen zur jüngeren Historischen Schule und ihrer Reflexion in den Konzeptionen des Kathedersozialismus. Bei den Theoretikern des Kathedersozialismus finden wir zahlreiche Thesen, die vom gegenwärtigen bürgerlichen Reformismus und dem Rechtsrevisionismus wiederaufgegriffen wurden. Das betrifft zum Beispiel Albert Schäffles Postulate der Trennung von Volkswirtschaft und Staat sowie der Dezentralisierung der staatseigenen Betriebe.[33]

Zu einer weiteren wichtigen Form des Bourgeoissozialismus wurde der Bernsteinismus, der aus dem rechten Revisionismus innerhalb der deutschen Sozialdemokratie hervorging. Ein markantes Dokument, in dem das Wesen des Rechtsopportunismus in der Arbeiterbewegung enthüllt wird, ist der 1897 von Marx und Engels verfaßte Zirkularbrief an Bebel, Liebknecht, Bracke und andere Führer der deutschen Sozialdemokratie.

In diesem Zirkular (das von den deutschen Opportunisten lange Zeit verborgen

32 Friedrich Engels, Brief an Friedrich Adolph Sorge vom 8. Februar 1890, in: MEW, Bd. 37, Berlin 1967, S. 355.

33 Vgl. Albert Schäffle, Die Quintessenz des Socialismus, Siebente Auflage (achter, unveränderter Nachdruck), Gotha 1879.

gehalten wurde) schreiben Marx und Engels zur Charakterisierung des Klasseninhalts des von Höchberg, Bernstein und Schramm entwickelten Programms: „Es sind Repräsentanten des Kleinbürgertums, die sich anmelden, voll Angst, das Proletariat, durch seine revolutionäre Lage gedrängt, möge, zu weit gehen'. Statt entschiedner politischer Opposition – allgemeine Vermittlung; statt des Kampfs gegen Regierung und Bourgeoisie – der Versuch, sie zu gewinnen und zu überreden. . ."[34].

Von methodologischer Bedeutung ist der in diesem Brief enthaltene Hinweis daß die Ansichten der kritisierten Opportunisten die Fortsetzung der Positionen des wahren Sozialismus[35] darstellen, zeugt er doch von der Übertragbarkeit der Konzeptionen des kleinbürgerlichen Sozialismus, die über Jahrzehnte und über Ländergrenzen hinweg weitervermittelt werden und überall dort Wurzeln schlagen, wo ein entsprechender sozialer Nährboden vorhanden ist.

Sehr interessant ist auch die folgende Charakteristik aus dem Zirkularbrief von Marx und Engels: „Statt die neue Wissenschaft vorerst selbst gründlich zu studieren, stutzte sich jeder sie vielmehr nach dem mitgebrachten Standpunkt zurecht, machte sich kurzerhand eine eigne Privatwissenschaft und trat gleich mit der Prätension auf, sie lehren zu wollen."[36]

Karl Marx' und Friedrich Engels' Kritik an den gegnerischen Konzeptionen führte damals zur Entlarvung der opportunistischen Tendenzen innerhalb der proletarischen sozialistischen Bewegung in Deutschland.

Eine weitere Art des Bourgeoissozialismus war der Agrarsozialismus, mit dem sich der wissenschaftliche Sozialismus lange Zeit auseinanderzusetzen hatte. Vertreter des Agrarsozialismus waren der französische Ökonom belgischer Herkunft Jean Colins, der amerikanische Wissenschaftler Henry George und der preußische Bankier Adolph Samter. Sie griffen von den radikalen Nachfolgern Ricardos (James Mill, Antoine-Éliseé Cherbuliez, Richard Hilditch) die bürgerlich-demokratische Losung der Nationalisierung von Grund und Boden auf. Diese Losung war, wie Marx schrieb, „der unverhüllte Ausdruck des Hasses, den der industrielle Kapitalist gegen den Grundbesitzer hegt, der ihm ein nutzloses, überflüssiges Ding in dem Getriebe der bürgerlichen Produktion ist."[37] Und weiter heißt es: „Aber aus diesem desideratum der *radikalen* englischen Bourgeoisökonomen die *sozialistische Panacea* machen, diese Prozedur für Lösung der in der heutigen Produktionsweise eingeschlossenen Antagonismen erklären, das geschah erst von *Colins* . . ."[38]

[34] Karl Marx/Friedrich Engels, Zirkularbrief an Bebel, Liebknecht, Bracke u. a., in: MEW, Bd. 19, Berlin 1962, S. 163.

[35] Vgl. ebenda, S. 164.

[36] Vgl. ebenda, S. 164f.

[37] Karl Marx, Das Elend der Philosophie, in: MEW, Bd. 4, Berlin 1959, S. 171 und Karl Marx, Brief an Friedrich Adolph Sorge vom 20. Juni 1881, in: MEW, Bd. 35, Berlin 1967, S. 199f.

[38] Karl Marx, Brief an Friedrich Adolph Sorge vom 20. Juni 1881, in MEW, Bd. 35, Berlin 1967, S. 199f.

„Alle diese ‚Sozialisten' seit Colins haben das gemein, daß sie die *Lohnarbeit*, also auch die *kapitalistische Produktion* bestehen lassen, indem sie sich oder der Welt vorgaukeln wollen, daß durch Verwandlung der Grundrente in Steuer an den *Staat alle Mißstände* der kapitalistischen Produktion verschwinden müssen. Es ist das Ganze also nur ein sozialistisch verbrämter Versuch, *die Kapitalistenherrschaft zu retten* und in der Tat auf *noch weiterer Basis* als der jetzigen *neu zu begründen*.[39]

Die Theoretiker des Agrarsozialismus traten, gestützt auf die Lehre Ricardos und seiner Nachfolger von der Rente, gegen das private Grundeigentum und damit unbewußt gegen das Privateigentum schlechthin auf. Marx schrieb über Henry Georges Buch „Progress and Poverty": „Andererseits hat das Buch des George, wie die Sensation, die es bei Euch gemacht, die Bedeutung, daß es ein erster, fehlgeschlagner Versuch ist, sich von der orthodoxen politischen Ökonomie zu befreien."[40]

Die bisher genannten Richtungen des antiproletarischen Sozialismus verkörperten ungeachtet der zwischen ihnen bestehenden Unterschiede den Bourgeoissozialismus, der (wenngleich unter verschiedenen Vorbehalten) das kapitalistische Großeigentum vor der proletarischen Revolution zu bewahren suchte. In diesem Zusammenhang muß unbedingt unterstrichen werden, daß die Basis dieser Formen des Sozialismus völlig unterschiedliche politökonomische Schulen waren, die nicht selten in Gegnerschaft zueinander standen. Das beweist, daß die bürgerlich-reformistische Ideologie je nach den konkret-historischen Umständen bemüht ist, verschiedenartige politökonomische Theorien ihren Bedürfnissen anzupassen.

Andererseits können unterschiedliche Richtungen der bürgerlichen Ideologie innerhalb einer politökonomischen Schule gegeneinander kämpfen. So trafen z. B. im Rahmen der Grenznutzenschule zwei Strömungen aufeinander: Die eine versuchte mit den Schlußfolgerungen der Grenznutzentheorie einen extremen Individualismus zu begründen, die andere dagegen wollte dieselbe Theorie zum politökonomischen Fundament des bürgerlichen Sozialismus machen.[41]

Gleichzeitig mit der Kritik des bürgerlichen Sozialismus und Reformismus bekämpften Marx und Engels unversöhnlich die zahlreichen Spielarten des *kleinbürgerlichen Sozialismus*.

Im Mittelpunkt ihrer Kritik der Richtungen des kleinbürgerlichen Sozialismus stand der Kampf gegen die Vorstellung vom Sozialismus als Gesellschaft des „gerechten Warentausches". Diese Vorstellung gründete sich auf eine „gleichmacherische" Interpretation der Ricardoschen Theorie.

Friedrich Engels schrieb in bezug auf das Wesen dieser Vorstellung: „Einmal

39 Ebenda, S. 200.
40 Ebenda.
41 Vgl. Ben P. Seligman, Osnovnye tečenija sovremennoj ėkonomičeskoj mysli, Moskva 1968, S. 173, 242.

die Erkenntnis gegeben, daß die Arbeit das Maß des Warenwerts ist, muß sich auch das bessere Gefühl des braven Bürgers tief verletzt fühlen durch die Schlechtigkeit einer Welt, die dies Grundgesetz der Gerechtigkeit zwar dem Namen nach anerkennt, aber der Sache nach jeden Augenblick ungeniert beiseite zu setzen scheint ... in andern Worten: Er muß sich sehnen nach einer Gesellschaft, in der ein einzelnes Gesetz der Warenproduktion ausschließlich und unverkürzt gilt, aber die Bedingungen beseitigt sind, unter denen es überhaupt gelten kann, nämlich die übrigen Gesetze der Warenproduktion und weiterhin der kapitalistischen Produktion."[42]

Die „gleichmacherische" Auslegung der Theorie Ricardos fand ihre weiteste Verbreitung ursprünglich in England, wo sie seinerzeit von fast allen Sozialisten vertreten wurde (Thomas Hodgkin, William Thompson, Thomas Rove Edmonds, John Gray, John F. Bray u. a.). Im Zusammenhang mit einer Analyse der Auffassungen von Bray kritisierte Marx diese Theorie in der Schrift „Das Elend der Philosophie": „Für den Bourgeois kann der individuelle Austausch ohne Klassengegensatz fortbestehen ... Herr Bray erhebt die *Illusion* des biedern Bürgers zum *Ideal*, das er verwirklichen möchte. Herr Bray ahnt nicht, daß dieses egalitäre Verhältnis, dieses *Verbesserungsideal*, welches er in die Welt einführen will, selbst nichts anderes ist als der Reflex der gegenwärtigen Welt und daß es infolgedessen total unmöglich ist, die Gesellschaft auf einer Basis rekonstituieren zu wollen, die selbst nur der verschönerte Schatten dieser Gesellschaft ist."[43]

Die genannte Theorie erfuhr eine starke internationale Verbreitung. Bei Engels lesen wir: „Wie tief diese Utopie in der Denkweise des modernen – wirklichen oder ideellen – Kleinbürgers begründet ist, beweist die Tatsache, daß sie schon 1831 von John Gray systematisch entwickelt, in den dreißiger Jahren in England praktisch versucht und theoretisch breitgetreten, 1842 von Rodbertus in Deutschland, 1846 von Proudhon in Frankreich als neuste Wahrheit proklamiert, noch 1871 von Rodbertus abermals als Lösung der sozialen Frage und gleichsam als sein soziales Testament verkündet wurde und 1884 wieder Anhang findet bei dem Streberheer, das auf den Namen Rodbertus hin den preußischen Staatssozialismus auszubeuten sich anschickt."[44]

Zu besonderer Blüte gelangte die Konzeption vom Sozialismus als System des "gerechten Tausches" in den Werken von Proudhon, aus denen sie später wiederum von zahlreichen kleinbürgerlichen Sozialisten von Bakunin bis zu Dühring übernommen worden ist.

Dabei ist nicht unwichtig, daß sich Proudhons Version, die Theorie Ricardos „gleichmacherisch" zu interpretieren wesentlich von der der englischen Sozialisten

[4]2 Friedrich Engels, Vorwort zur ersten deutschen Ausgabe von Karl Marx' Schrift „Das Elend der Philosophie", in: MEW, Bd. 21, Berlin 1962, S. 179f.

43 Karl Marx, Das Elend der Philosophie, in: MEW, Bd. 4, Berlin 1959, S. 105.

44 Friedrich Engels, Vorwort zur ersten deutschen Ausgabe von Karl Marx' Schrift „Das Elend der Philosophie", in: MEW, Bd. 21, Berlin 1962, S. 180.

unterschied, insbesondere von der Version Grays und Brays, welche die Liquidation der bürgerlichen Produktionsform anstrebten. Marx schrieb hierzu: „Was bei Gray versteckt und namentlich ihm selbst verheimlicht bleibt, nämlich daß das Arbeitsgeld eine ökonomisch klingende Phrase ist für den frommen Wunsch, das Geld, mit dem Geld den Tauschwert, mit dem Tauschwert der Ware und mit der Ware die bürgerliche Form der Produktion loszuwerden, wird geradezu herausgesagt von einigen englischen Sozialisten, die teils vor, teils nach Gray schrieben. Herrn *Proudhon* aber und seiner Schule blieb es vorbehalten, die Degradation des *Geldes* und die Himmelfahrt der *Ware* ernsthaft als Kern des Sozialismus zu predigen und damit den Sozialismus in ein elementares Mißverständnis über den notwendigen Zusammenhang zwischen Ware und Geld aufzulösen."[45]

Die englischen Theoretiker des „gerechten Tausches" waren im Verständnis des Sozialismus weiter fortgeschritten als Proudhon. Davon zeugt auch Marx' Bemerkung, daß zum Unterschied von Proudhon „... Herr Bray, weit entfernt, das letzte Wort der Menschheit sprechen zu wollen, nur die Maßregeln vorschlägt, welche er für eine Epoche des Überganges von der heutigen Gesellschaft in das System der Gemeinschaftlichkeit für geeignet hält"[46].

In dem Werk „Das Elend der Philosophie" gelangt Marx zu folgendem Schluß: „Alles in allem geht Herr Proudhon nicht über das Ideal des Kleinbürgers hinaus. Und um dieses Ideal zu verwirklichen, fällt ihm nichts Besseres ein, als uns zum Handwerksgesellen oder höchstens zum Handwerksmeister des Mittelalters zurückzuführen."[47]

Karl Marx charakterisiert Proudhon als Vulgärsozialisten. Er schreibt: „Proudhons Polemik mit Bastiat über den Zins charakteristisch, sowohl für die Art und Weise, wie der vulgarian die Kategorien der politischen Ökonomie verteidigt, als wie der oberflächliche Sozialismus (Proudhons Polemik verdient kaum diesen Namen) sie angreift."[48]

Wärend für Proudhon das „sozialistische" Allheilmittel gegen die zerstörerische Marktkonkurrenz eine Bank des „gerechten Tausches" war, bestand für Rodbertus der „sozialistische" Mechanismus der gesellschaftlichen Produktion in der Gestalt des preußischen Staates. Engels schrieb, die Positionen von Gray, Proudhon und Rodbertus vergleichend: „Die ‚Vorkehrungen', die den Warenaustausch nach Arbeitswert als ausnahmslose Regel sicherstellen, machen keine Schwierigkeit. Die übrigen Utopisten dieser Richtung, von Gray bis Proudhon, plagen sich damit ab, gesellschaftliche Einrichtungen auszuklügeln, die diesen Zweck verwirklichen sollen. Sie versuchen wenigstens, die ökonomische Frage auf ökonomischem Weg, durch Aktion der austauschenden Warenbesitzer selbst,

45 Karl Marx, Zur Kritik der Politischen Ökonomie, in: MEW, Bd. 13, Berlin 1961, S. 68f.

46 Karl Marx, Das Elend der Philosophie, in: MEW, Bd. 4, Berlin 1959, S. 103.

47 Ebenda, S. 157.

48 Karl Marx, Theorien über den Mehrwert. Dritter Teil, in: MEW, Bd. 26.3, Berlin 1968, S. 512.

zu lösen. Rodbertus hat es viel leichter. Als guter Preuße appelliert er an den Staat: Ein Dekret der Staatsgewalt befiehlt die Reform."[49]

Das Erscheinen von Karl Marx' „Kapital" versetzte den bürgerlichen und kleinbürgerlichen Theorien über den Sozialismus im allgemeinen und dem Proudhonismus im besonderen einen wuchtigen theoretischen Schlag. Für eine Reihe dieser Konzeptionen wurden die Erfahrungen der Pariser Kommune zu einem tödlichen Schlag. Engels schrieb: „Proudhon, der Sozialist des Kleinbauern und des Handwerksmeisters, haßte die Assoziation mit einem positiven Haß. Er sagte von ihr, sie schließe mehr Schlimmes als Gutes ein, sie sei von Natur unfruchtbar, sogar schädlich, weil eine der Freiheit des Arbeiters angelegte Fessel; ... Nur für die Ausnahmefälle – wie Proudhon sie nennt – der großen Industrie und der großen Betriebskörper, z. B. Eisenbahnen – sei die Assoziation der Arbeiter am Platz ... Und 1871 hatte die große Industrie selbst in Paris, dem Zentralsitz des Kunsthandwerks, schon so sehr aufgehört, ein Ausnahmefall zu sein, daß bei weitem das wichtigste Dekret der Kommune eine Organisation der großen Industrie und sogar der Manufaktur anordnete, die nicht nur auf der Assoziation der Arbeiter in jeder Fabrik beruhen, sondern auch alle diese Genossenschaften zu einem großen Verband vereinigen sollte; kurz, eine Organisation, die, wie Marx im ‚Bürgerkrieg' ganz richtig sagt, schließlich auf den Kommunismus, also auf das direkte Gegenteil der Proudhonschen Lehre hinauslaufen mußte. Und daher war auch die Kommune das Grab der Proudhonschen Schule des Sozialismus."[50]

Marx' und Engels' Kritik des Proudhonismus hat aktuelle Bedeutung für die Entlarvung des gegenwärtigen rechtsrevisionistischen Marktsozialismus, der zahlreiche Aspekte von der Proudhonschen Doktrin übernommen hat.

Der Proudhonismus wurde zur Hauptquelle der ökonomischen Konzeptionen der anarchistischen Richtung innerhalb des kleinbürgerlichen Sozialismus.

Der Anarchismus münzte die unwissenschaftlichen Vorstellungen der Proudhonisten über das sozialistische System von Produktionsverhältnissen in eine Fehlinterpretation der Wirtschaftspolitik des Staates und seiner Rolle im Sozialismus um.

Engels' Brief an Theodor Cuno vom 24. Januar 1872 enthält eine eingehende Analyse der Theorie des Anarchismus Bakuninscher Prägung: „Bakunin hat eine aparte Theorie, die ein Sammelsurium von Proudhonismus und Kommunismus, wobei fürs erste die Hauptsache ist, daß er nicht das Kapital, d. h. den durch die gesellschaftliche Entwicklung entstandenen Klassengegensatz von Kapitalisten und Lohnarbeitern für das zu beseitigende Hauptübel ansieht, sondern den *Staat*. ... So behauptet Bakunin, der *Staat* habe das Kapital geschaffen, der Kapitalist habe sein Kapital bloß *von der Gnade des Staats*. Da also der Staat das Hauptübel sei, so müsse man vor allem den Staat abschaffen, dann gehe das

49 Friedrich Engels, Vorwort zur ersten deutschen Ausgabe von Karl Marx' Schrift „Das Elend der Philosophie", a. a. O., S. 181f.

50 Friedrich Engels, Einleitung zu Marx' "Bürgerkrieg in Frankreich", in: MEW, Bd. 22, Berlin 1963, S. 196f.

Kapital von selbst zum Teufel; ... Daher also *vollständige Abstention von aller Politik.*“[51]

Der Anarchismus zeichnete das Bild der Zukunft der sozialistischen Gesellschaft als Gesamtheit autonomer und autarker Gemeinschaften oder „Genossenschaften“, die in Anlehnung an Proudhon, durch den Austausch miteinander verbunden waren, sah aber gleichzeitig eine straffe autoritäre Reglementierung des Lebens dieser Gemeinschaften im Sinne eines einfachen gleichmacherischen, asketischen Kasernensozialismus vor.

Marx und Engels bemerkten im Hinblick auf die anarchistischen Programme: „Ein prachtvolles Probestück von Kasernenkommunismus! Da haben wir alles, gemeinsame Schlafräume und Kosthäuser, Taxatoren und Kontors zur Bevormundung der Erziehung, der Produktion, der Konsumtion, mit einem Wort jeder sozialen Tätigkeit, und hoch über dem allem die Oberleitung *unseres* namenlosen und unbekannten *Komitees.*“[52]

Der Antiautoritarismus, in dessen Zeichen der Anarchismus zum Kampf gegen den proletarischen Kommunismus antritt, erweist sich in Wahrheit, wenn man sein „positives“ Programm betrachtet, als eine Form von bürokratischem Autoritarismus.

Die von Marx und Engels an dem eklektischen, proudhonistisch-kasernensozialistischen ökonomischen Programm des Anarchismus geübte Kritik hat aktuelle Bedeutung für die Aufdeckung der sozialen Natur und die Kritik der maoistischen Sozialismuskonzeption, die unter neuen historischen Bedingungen eine Anzahl wesentlicher Elemente des damaligen anarchistischen Modells wiederaufleben läßt.

Der Kritik an den theoretischen Auffassungen der russischen Volkstümler, der rechten und linken Vertreter des seiner objektiven Rolle nach kleinbürgerlichen bäuerlichen Sozialismus in Rußland widmete Friedrich Engels eine ganze Anzahl von Artikeln und Briefen. Und das war nichts weniger als Zufall, denn Engels begriff ebenso wie Marx sehr wohl die historisch und international bedeutende Rolle des Aufschwunges, den die revolutionärdemokratische Bewegung in Rußland nahm.

Engels kritisierte das Unterfangen, die Bauernschaft der stärker zurückgebliebenen Länder (mit Rudimenten von Bodengemeineigentum und gemeinschaftlicher Bodennutzung) über die Arbeiterklasse zu stellen, wies aber zugleich auf die potentiellen Möglichkeiten einer sozialistischen Entwicklung der bäuerlichen Dorfgemeinde unter den Bedingungen einer siegreichen proletarischen Revolution hin.[53]

Das klassische Modell einer marxistischen Kritik unwissenschaftlicher Kon-

[51] Friedrich Engels, Brief an Theodor Cuno vom 24. Januar 1872, in: MEW, Bd. 33, Berlin 1966, S. 388.

[52] Karl Marx/Friedrich Engels, Ein Komplott gegen IAA — Bericht über das Treiben Bakunins, in: MEW, Bd. 18, Berlin 1962, S. 425.

[53] Vgl. Friedrich Engels, Flüchtlingsliteratur, in: MEW, Bd. 18, Berlin 1962, S. 561/562.

zeptionen ist Engels' „Anti-Dühring". Zahlreiche Aspekte der Dühringschen reaktionär-eklektischen kleinbürgerlichen Sozialismustheorie treten bei den kleinbürgerlichen Theoretikern in unterschiedlichen historischen Situationen immer wieder auf.

Was den ökonomischen Teil des Dühringschen Theoriengebäudes angeht, so bildet dieser ein Bindeglied vom Proudhonismus zum Anarchosyndikalismus. Der Proudhonismus stellte den Sozialismus als Gesellschaft der *kleinen Warenproduktion* dar, die durch ein System des „gerechten Tausches" zusammengehalten wird, und auch Dühring meinte, die sozialistische Wirtschaft müsse in eine Vielzahl selbständiger, ebenfalls nur über den Austausch miteinander verbundener *Wirtschaftskommunen* zerfallen. In der Gestalt des Anarchosyndikalismus paßte sich die kleinbürgerliche Ideologie den Bedingungen der entwickelten Industrie an; die „selbständigen" Einheiten vergrößerten sich bis zum Industriezweig, doch die Zweige blieben voneinander ebenso anarchisch abgeschieden wie die Produzenten bei Proudhon und die Wirtschaftskommunen bei Dühring.

Ausgangspunkt der ökonomischen Theorien Dührings waren die Konzeptionen des amerikanischen bürgerlichen Vulgärökonomen Henry Carey von der determinierenden Rolle der „Naturgesetze". Marx hatte diese Konzeptionen bereits im ersten Band des „Kapitals" kritisiert.

Die Charakterisierung der Dühringschen Auffassungen durch Engels trägt zum Verständnis der Konzeptionen einiger gegenwärtiger Ideologen der „neuen Linken" bei.

Die von Marx und Engels begonnene Ausarbeitung der theoretischen Grundlagen der Ökonomie des Sozialismus erfolgte in der Auseinandersetzung mit dem kleinbürgerlichen Sozialismus. So stellt Marx' Werk „Kritik des Gothaer Programms" eine gründliche Kritik des Lassalleanismus, einer kleinbürgerlichen Strömung in der deutschen Arbeiterbewegung, dar. Der Lassalleanismus griff neben Elementen des Marxismus Elemente des französischen Bourgeoissozialismus, des Proudhonismus sowie der Ideen von Rodbertus auf.

Marx schrieb: „ . . . was Lassalle im Interesse der Arbeiterklasse forderte, das war die Errichtung von ‚Kooperativ'-Produktionsgenossenschaften vermittelst des Staatskredits . . . also eines Programms, das die reinen Republikaner der ‚Organisation der Arbeit' von Louis Blanc entgegenstellten".[54] Lassalle, der sich wie Rodbertus zum Zwecke einer „sozialistischen" Umgestaltung der Industrie auf den preußischen Junkerstaat stützen wollte, trat nicht gegen den Großgrundbesitz auf. Er war darum bemüht, die Rolle von Grund und Boden als eine Quelle des Reichtums, die es zu vergesellschaftlichen gilt, zu übergehen. Lassalles Kritik am Kapitalismus ging von einem malthusianischen „ehernen Lohngesetz" aus und setzte ihm ein angeblich sozialistisches Prinzip des „unverkürzten Arbeitsertrages" entgegen.

Karl Marx wies die Haltlosigkeit dieses kleinbürgerlichen Prinzips nach und

[54] Karl Marx, Der Sozialismus in Deutschland, in: MEW, Bd. 22, Berlin 1963, S. 248.

legte zugleich die grundlegenden wissenschaftlichen Prinzipien der Verteilung des gesellschaftlichen Gesamtprodukts dar, die die erweiterte Reproduktion in der ersten Phase des Kommunismus gewährleisten. Nach der Feststellung, daß „die jedesmalige Verteilung der Konsumtionsmittel ... nur Folge der Verteilung der Produktionsbedingungen selbst" ist, gelangt Marx zu folgendem Schluß: „Der Vulgärsozialismus (und von ihm wieder ein Teil der Demokratie) hat es von den bürgerlichen Ökonomen überkommen, die Distribution als von der Produktionsweise unabhängig zu betrachten und zu behandeln, daher den Sozialismus hauptsächlich als um die Distribution sich drehend darzustellen."[55]

Marx' und Engels' Kampf gegen den bürgerlichen und kleinbürgerlichen Sozialismus erstreckte sich über die letzten Jahrzehnte der ersten Epoche sowie die ersten Jahrzehnte der zweiten Epoche der neuen Geschichte und umfaßte damit die Periode des Übergangs von der Epoche des „Sturmes und Dranges" der Bourgeoisie zu einer Epoche der relativ stetigen Entwicklung und der Sammlung der Kräfte des Proletariats.

Lenins Werk widerspiegelt eine qualitativ andere Übergangsperiode, die Zeit des Übergangs von der Epoche der relativen Ruhe zu einer abermaligen Epoche des Sturmes und Dranges, diesmal jedoch des Sturmes und Dranges proletarischer Revolutionen. Die Kritik am bürgerlichen und kleinbürgerlichen Sozialismus war in dieser Periode außerordentlich wichtig, bildete sie doch eine ideologische Grundvoraussetzung dafür, daß sich das Proletaritat unter den neuen Bedingungen seiner unmittelbaren historischen Aufgabe bewußt wurde, des Sturzes des Kapitalismus und der Errichtung des Kommunismus.

Lenin kritisierte ein ganzes System von bürgerlichen und kleinbürgerlichen Sozialismuskonzeptionen – den Struvismus, den Fabianismus, die Theorien Kautskys, den christlichen und den ethischen Sozialismus, die Volkstümlerrichtung, den Anarchismus, den rechten und den linken Revisionismus. Besondere Bedeutung maß Lenin der Kritik der verschiedenen Formen des Revisionismus als spezifische Erscheinung der bürgerlichen und kleinbürgerlichen Ideologie bei. Er analysierte die Evolution der verschiedenen Formen des bürgerlichen und kleinbürgerlichen Sozialismus unter den Bedingungen des Imperialismus und der allgemeinen Krise des Kapitalismus.

In Rußland existierte eine politisch-ideologische Strömung, die in mancherlei Hinsicht dem Kathedersozialismus, dem Fabianismus und dem Bernsteinismus verwandt war – der Ökonomismus (der später in gewandelter Form als Menschewismus auftreten sollte).[56] Die politökonomische Basis dieser Form des bürgerlichen Sozialismus war der legale Marxismus oder Struvismus. „Im Struvismus äußert sich nicht nur das russische, sondern auch, wie die jüngsten Ereignisse besonders anschaulich zeigen, das internationale Bestreben der Theoretiker der

[55] Karl Marx, Kritik des Gothaer Programms, in: MEW, Bd. 19, Berlin 1962, S. 22.
[56] Vgl. W. I. Lenin, Der Zusammenbruch der II. Internationale, in: Werke, Bd. 21, Berlin 1960, S. 255.

Bourgeoisie, den Marxismus ‚durch Milde' zu töten, ihn in der Umarmung zu ersticken – durch vorgebliche Anerkennung ‚aller' ‚wahrhaft wissenschaftlichen' Seiten und Elemente des Marxismus *außer* seiner ‚agitatorischen', ‚demagogigischen', ‚blanquistisch-utopischen' Seite. Mit anderen Worten: Man will vom Marxismus alles nehmen, was für die liberale Bourgeoisie annehmbar ist, einschließlich des Kampfes um Reformen, einschließlich des Klassenkampfes (ohne Diktatur des Proletariats), einschließlich der ‚allgemeinen' Anerkennung der ‚sozialistischen Ideale' und der Ersetzung des Kapitalismus durch eine ‚neue Ordnung', und will ‚nur' die lebendige Seele des Marxismus, ‚nur' sein revolutionäres Wesen beiseite werfen."[57]

Lenin wies auf die historische Rolle hin, die Georgij V. Plechanov im Kampf gegen den internationalen Revisionismus spielte.[58] Einen bedeutenden Stellenwert hatte in Plechanovs Kritik an den von Bernstein und Struve bestimmten Richtungen die Entlarvung der reformistischen Konzeptionen von der „Abschwächung der Widersprüche", dem „automatischen" Übergang vom Kapitalismus zum Sozialismus auf dem Wege der „Einführung des Sozialismus auf kapitalistischer Grundlage"[59].

Andererseits deckte Lenin auch Plechanovs Fehler auf, die diesen letztlich in das Lager des Opportunismus geführt haben. Als Lenin 1918 den bürgerlichen Opportunismus charakterisierte, nannte er in einem Atemzug die Namen des legalen Marxisten Peter Struve, des Theoretikers der jüngeren Historischen Schule und linken Kathedersozialisten Lujo Brentano sowie Karl Kautsky und Georgij V. Plechanov. „Kautsky, die größte Autorität der II. Internationale, ist ein außerordentlich typisches und anschauliches Beispiel dafür, wie die Anerkennung des Marxismus in Worten dazu geführt hat, ihn in Wirklichkeit in ‚Struvismus' oder ‚Brentanoismus' zu verwandeln (d. h. in eine bürgerlich-liberale Lehre, die einen nichtrevolutionären ‚Klassen'kampf des Proletariats anerkennt, was der russische Schriftsteller Struve und der deutsche Volkswirtschaftler Brentano besonders kraß zum Ausdruck brachten). Wir sehen dies auch am Beispiel Plechanovs."[60]

Plechanov, der seine Entwicklung als Volkstümler begann und später, bis zum Jahre 1903, ein angesehener Theoretiker des Marxismus war, hat seine volkstümlerischen, bürgerlich-demokratischen Ansichten nie gänzlich überwunden. Das zeigt unter anderem gerade seine Auffassung vom Sozialismus. Plechanov vermochte einerseits nicht, in vollem Maße den gegensätzlichen Inhalt von Sozialismus und Kapitalismus aufzuzeigen, während er anderseits den Sozialismus auf unwissenschaftliche Weise idealisierte. Lenin enthüllte diese beiden Fehler in

57 Ebenda, S. 216.

58 Leninskij sbornik, Bd. V, S. 87.

59 Vgl. F. Ja. Poljanskij, Plechanov, i russkaja ėkonomičeskaja mysl', Moskva 1965, S. 246, 251.

60 W. I. Lenin, Vorwort zu: Die proletarische Revolution und der Renegat Kautsky, in: Werke, Bd. 28, Berlin 1959, S. 227.

seinen 1902 niedergeschriebenen „Bemerkungen zum zweiten Programmentwurf Plechanovs."

Besonders verhängnisvoll waren die Fehler, die Plechanov in der Frage der Stellung des Proletariats gegenüber den Kleinproduzenten unterliefen. Seine diesbezüglichen Auffassungen „widersprechen direkt den wichtigsten Leitsätzen sowohl des ‚Kommunistischen Manifestes' als auch der Statuten der Internationale und der meisten heutigen sozialdemokratischen Programme, und sie öffnen Tür und Tor für die volkstümlerische, ‚kritische' und alle möglichen kleinbürgerlichen Mißverständnisse"[61]. Plechanov verstand nicht, daß es absolut falsch ist, die Unzufriedenheit des Proletariats und die Unzufriedenheit der Kleinproduzenten zu identifizieren und in einen Topf zu werfen.[62] „Eine Verschärfung des Kampfes erfolgt natürlich auch bei den Kleinproduzenten. Aber ihr ‚Kampf' richtet sich *sehr oft gegen* das Proletariat, denn die Interessen des Kleinproduzenten geraten schon auf Grund seiner Lage in sehr vielem in einen *scharfen Gegensatz* zu den Interessen des Proletariats."[63]

Da Plechanov die prinzipiellen Unterschiede in den Interessen und den Positionen des Proletariats und des kleinbürgerlichen außer Betracht ließ, konnte er keine volle Klarheit über den Charakter der Diktatur des Proletariats, die Rolle des Staates in der sozialistischen Gesellschaft sowie über den Gegensatz zwischen dem proletarischen Sozialismus und dem bürgerlichen und kleinbürgerlichen Sozialismus gewinnen. Damit war der Boden für Plechanovs Übertritt in das Lager der menschewistischen Gegner des proletarischen Sozialismus bereitet.

Besonderes Augenmerk widmete Lenin der Kritik der spezifisch kleinbürgerlichen ökonomischen Theorien über den Sozialismus (dem bäuerlichen und Volkstümler-Sozialismus), die in Ländern mit einem niedrigen und mittleren Niveau der kapitalistischen Entwicklung, weit verbreitet sind, in denen sich mehr oder minder bedeutenden Rudimente vorkapitalistischer Wirtschaftsformen erhielten.

An der objektiven historischen Bedeutung gemessen, ist das Programm der kleinbürgerlichen Sozialisten ebenso wie das Programm des Sozialreformismus ein Programm mit bürgerlicher Orientierung. Dennoch können kleinbürgerliche Sozialismustheorien, insbesondere die Theorien des gleichmacherischen Sozialismus, eine gewisse revolutionäre Sprengkraft in bezug auf das feudale und halbfeudale Grundeigentum enthalten. „Revolutionär" ist dabei nicht nur als destruktiv zu verstehen, sondern als konstruktiv im bürgerlich-demokratischen Sinne: Die Aufteilung des Großgrundbesitzes zu gleichen Teilen unter die Bauern ebnet einer bürgerlich-demokratischen Entwicklung des Kapitalismus den Weg. In bezug auf das kapitalistische Großeigentum ist das „positive" Programm der

[61] W. I. Lenin, Bemerkungen zum zweiten Programmentwurf Plechanows, in: Werke, Bd. 6, Berlin 1956, S. 35.

[62] Vgl. ebenda.

[63] Ebenda, S. 35f.

kleinbürgerlichen Sozialismustheorien hingegen durch und durch reaktionär.[64]

Lenin schrieb: „Der kleinbürgerliche Sozialismus ist der Traum des Kleinbesitzers davon, wie der Unterschied zwischen Reichen und Armen aufzuheben wäre. Der kleinbürgerliche Sozialismus nimmt an, man könne alle Menschen zu ‚ausgleichenden' Besitzern machen, die weder arm noch reich sind."[65] Die Vorstellung vom Sozialismus als einer Gesellschaft „gleicher Kleinunternehmer" oder „gleicher Gemeinden" oder autarker „gleicher Kommunen" ist eine kleinbürgerliche Utopie, die sich auf historisch lange Sicht nicht realisieren läßt. Die gewaltsame Etablierung eines solchen „Sozialismus" in der Praxis hat sowohl für die gesellschaftlichen Produktivkräfte als auch für die ökonomische Basis und den politischen Überbau der Gesellschaft reaktionäre Auswirkungen.

Lenins Arbeiten zeigen, wie man bei der Kritik nichtmarxistischer Sozialismuskonzeptionen in Agrarländern, die gegen die feudale Unterdrückung, das imperialistische Joch und für die politische und ökonomische Befreiung kämpfen, vorgehen muß. Für eine Reihe von Führern der revolutionären Bauernschaft in diesen Ländern ist die Verbindung einer progressiven allgemeinen Ideologie und eines fortschrittlichen praktischen Programms mit einer rückständigen, reaktionären Theorie charakteristisch, was auf die widersprüchliche Situation der Zwischenklassen in der Anfangsperiode des Kapitalismus zurückzuführen ist.[66] Die marxistische Kritik muß solchen Theoretikern helfen, den Gegensatz zwischen ihrer revolutionären Ideologie und ihrer rückständigen Theorie zu überwinden und sich den Positionen der Theorie des wissenschaftlichen Sozialismus anzunähern.

Als Beispiel einer entsprechenden kritischen Analyse sei Lenins Artikel „Demokratie und Volkstümlerideologie in China" angeführt. Dieser 1912 geschriebene Aufsatz enthält eine glänzende Analyse des Klasseninhalts der Ideologie, der Theorie und des Programms, das damals von Sun Yat-Sen vertreten wurde. Lenin schreibt: „Aber diese Ideologie des streitbaren Demokratismus ist bei den chinesischen Volkstümlern verknüpft erstens mit sozialistischen Träumereien, mit der Hoffnung, den Weg des Kapitalismus in China zu vermeiden, dem Kapitalismus zuvorkommen, und zweitens mit dem Plan und der Propagierung einer radikalen Agrarreform."[67]

Sun Yat-Sens Theorie war beschränkt utopisch, seine allgemeine Ideologie und

[64] Vgl. folgende Arbeiten Lenins: Stärke und Schwäche der russischen Revolution, in: Werke, Bd. 12, Berlin 1959, S. 353; Referat über die Stellung zu den bürgerlichen Parteien, in: Werke, Bd. 12, a. a. O., S. 467; Das Agrarprogramm der Sozialdemokratie, in: Werke, Bd. 13, Berlin 1963, S. 362.

[65] W. I. Lenin, Die Bodenfrage und der Kampf für die Freiheit, in: Werke, Bd. 10, Berlin 1959, S. 442.

[66] Bei einem Teil der Theoretiker des kleinbürgerlichen Sozialismus kann die allgemeine Ideologie auch reaktionäre Elemente enthalten wie Nationalismus und Rassismus, religiösen Fanatismus,

[67] W. I. Lenin, Demokratie und Volkstümlerideologie in China, in: Werke, Bd. 18, Berlin 1962, S. 155.

sein Programm dagegen fortschrittlich. Lenin zeigte diesen antagonistischen Widerspruch auf: „Und Sun Yat-Sen läßt selbst mit unnachahmlicher, man könnte fast sagen kindlicher Naivität seine reaktionäre Volkstümlertheorie in Rauch aufgehen, wenn er anerkennt, was anzuerkennen das Leben erzwingt: daß nämlich ‚China am Vorabend einer gigantischen industriellen‘ (d. h. kapitalistischen) ‚Entwicklung steht‘ ...“[68]

Lenin erbrachte den Nachweis, daß unter den damaligen Verhältnissen in China eine widerspruchsvolle Verbindung zwischen Ideologie, Theorie und Programm bei dem Repräsentanten der zum Kampf gegen den Feudalismus angetretenen revolutionären Bauernschaft keine zufällige Erscheinung war, sondern vielmehr gesetzmäßig zustande kam.

In Lenins Arbeiten wurde die marxistische Kritik des christlichen Sozialismus weitergeführt. Diese Theorie bildet (wie die mannigfaltigen Formen des religiösen „Sozialismus“ überhaupt) den Rahmen für die Äußerung von pseudosozialistischen Konzeptionen heterogenen Inhalts: des feudalen Sozialismus, des bürgerlichen Sozialreformismus, des kleinbürgerlichen gleichmacherischen Sozialismus usw. Nicht von ungefähr waren daher die christlichen Sozialisten ständig untereinander zerstritten. Die religiöse Form war allerdings ein Faktor, der stets die reaktionären Seiten der bürgerlichen und kleinbürgerlichen Sozialismuskonzeptionen bekräftigte und vertiefte. Lenin bezeichnete in einem Brief an A. M. Gorkij im November 1913 den christlichen Sozialismus als „die schlimmste Art des ‚Sozialismus‘ und seine schlimmste Entstellung“, insofern der den Sozialismus mit Gott verquickt. Und: „Gott ist (historisch wie im Leben) vor allem ein Komplex von Ideen, die von der dumpfen, sowohl durch die äußere Natur als auch durch die Klassenunterdrückung bewirkten Niedergedrücktheit des Menschen erzeugt wurden – von Ideen, die diesen Zustand der Niedergedrücktheit *festigen*, die den Klassenkampf *einschläfern*.“[69]

Man darf andererseits die Theorie des christlichen Sozialismus nicht mit den sozialen Aspekten des Christentums schlechthin gleichsetzen, denn diese Theorie ist eine gebrochene Widerspiegelung des bürgerlichen und zum Teil auch des kleinbürgerlichen Radikalismus *innerhalb* des Christentums und der Kirche. Lenin schrieb 1905: „Die Ironie der Geschichte straft die Selbstherrschaft damit, daß selbst die ihr freundlich gesinnten gesellschaftlichen Kräfte, wie etwa der Klerikalismus, sich zum Teil gegen sie organisierten und dabei den Rahmen des Polizeibürokratismus sprengen oder ihn weiter dehnen müssen“[70].

Lenin kritisierte auch solche spezifischen Formen des feudalen, bürgerlichen und kleinbürgerlichen Sozialismus wie den „ethischen“ und den „nationalen“ Sozialismus.

[68] Ebenda, S. 156.
[69] W. I. Lenin, Brief an A. M. Gorki vom Dezember 1913, in: Werke, Bd. 35, Berlin 1962, S. 103.
[70] W. I. Lenin, Der dritte Parteitag, in: Werke, Bd. 8, Berlin 1958, S. 446.

Besonderen Wert legte Lenin auf die Enthüllung des sozialökonomischen Charakters der verschiedenen Formen und Richtungen der Revision des Marxismus, die unter den Bedingungen des Imperialismus zu einer internationalen Erscheinung, zu einer Form der internationalen Strömungen des bürgerlichen und kleinbürgerlichen Sozialismus geworden war. Der Rechtsrevisionismus entstand als kleinbürgerliche Strömung *innerhalb* der revolutionären Arbeiterbewegung, die zum Versöhnlertum und zur Verschmelzung mit dem offen bürgerlichen Reformismus tendierte. Unter den Bedingungen des Imperialismus und der beginnenden allgemeinen Krise des Kapitalismus hat sich der rechte Revisionismus zu einer Art „perfektem" Bourgeoissozialismus entwickelt, der mit der revolutionären Bewegung gebrochen hat.

Lenin hat den im Zuge des ersten Weltkrieges und der Oktoberrevolution vollzogenen Übergang der sozialdemokratischen Parteiführer vom versöhnlicherischen kleinbürgerlichen Sozialismus zum Bourgeoissozialismus, vom Revisionismus zum Reformismus überzeugend dargelegt. „Die Führer der heutigen deutschen sozialdemokratischen Partei, Kautsky eingeschlossen, sind genau solche Agenten der Bourgeoisie, als welche Engels schon vor langem die Fabier bezeichnet hat. Der Umstand, daß die Fabier den Marxismus nicht anerkennen und daß Kautsky und Co. ihn ‚anerkennen', ändert nicht das geringste am Kern der Sache, an der tatsächlichen Politik, er beweist lediglich, daß bei etlichen Schriftstellern, Politikern usw. der Marxismus in Struvismus verwandelt ist."[71]

Nach dem zweiten Weltkrieg hat sich der von den rechten Führern der Sozialdemokratie verkörperte Bourgeoissozialismus, geleitet von dem Bestreben, nicht nur nach Geist, sondern auch nach Buchstaben mit dem Marxismus zu brechen, offiziell von jeder Verbindung zur Marxschen Lehre losgesagt. Im Programm der KPdSU heißt es: „Die Rechtssozialisten begannen damit, daß sie der sozialistischen Revolution die sozialen Reformen entgegenstellten, und endeten schließlich damit, daß sie den staatsmonopolistischen Kapitalismus verteidigen. Einst suchten sie dem Proletariat einzureden, ihre Differenzen mit dem revolutionären Marxismus beträfen nicht so sehr das Endziel der Arbeiterbewegung als vielmehr die Mittel seiner Verwirklichung. Jetzt sagen sie sich vom Sozialismus offen los."[72]

Der Rechtsrevisionismus, der sich formal auf Marx beruft, ist die theoretische Form der Äußerung kleinbürgerlicher und gleichsam kleinbürgerlicher versöhnle-

[71] W. I. Lenin, Der englische Pazifismus und die englische Abneigung gegen die Theorie, in: Werke, Bd. 21, Berlin 1960, S. 258. Die Geschichte hat Lenins Charakteristik bestätigt. Der „Sozialist" Kautsky wurde zum wütenden Antikommunisten und rief dazu auf, „den Bolschewismus aus dem Wege zu räumen", damit „der Weg zur Blüte nicht nur Rußlands, sondern auch ganz Europas freigemacht" wird (Karl Kautsky, Der Bolschewismus in der Sackgasse, Berlin 1930, S. 152, aus dem Russischen übersetzt). Diese Position hat objektiv nicht den Weg zur „Blüte Europas", sondern zum Faschismus freigemacht.

[72] Programm der Kommunistischen Partei der Sowjetunion, in: Programm und Statut der Kommunistischen Partei der Sowjetunion, Berlin 1961, S. 52.

rischer Tendenzen innerhalb der revolutionären Arbeiterbewegung geblieben. Aber auch er macht eine Evolution durch und nimmt Positionen ein, die immer weiter nach rechts führen.

Lenin schrieb im April 1908 in seiner Arbeit „Marxismus und Revisionismus": „Die Unvermeidlichkeit des Revisionismus ist durch seine Klassenwurzeln in der modernen Gesellschaft bedingt. Der Revisionismus ist eine internationale Erscheinung."[73] Und unter Hinweis auf die Scheidung zwischen den proletarischen Revolutionen und den Rechtsopportunisten in Deutschland, Frankreich, England, Belgien, Italien und Rußland, die auf der Scheidung zwischen dem Proletariat und dem Kleinbürgertum fußt, fuhr er fort: „Die ‚Scheidung' innerhalb des heutigen internationalen Sozialismus verläuft in den verschiedenen Ländern der Welt heute schon im Grunde genommen auf *einer* Linie und dokumentiert damit den gewaltigen Fortschritt gegenüber der Lage vor 30–40 Jahren, als sich in den verschiedenen Ländern innerhalb des einheitlichen internationalen Sozialismus verschiedenartige Tendenzen bekämpften. Und jener ‚Revisionismus von links', der heute in romanischen Ländern als ‚revolutionärer Syndikalismus' auftritt, paßt sich ebenfalls dem Marxismus an, indem er ihn ‚korrigiert': Labriola in Italien, Lagardelle in Frankreich appellieren auf Schritt und Tritt vom falsch verstandenen an den richtig verstandenen Marx.

Wir können hier keine Analyse des ideologischen Inhalts *dieses* Revisionismus vornehmen, der bei weitem noch nicht zu solcher Entfaltung gelangt, noch nicht zu einer internationalen Erscheinung geworden ist wie der opportunistische Revisionismus und der in der Praxis noch keine einzige große Schlacht mit einer sozialistischen Partei auch nur eines Landes bestanden hat."[74]

Später, im Juni 1920, verfaßte Lenin seine berühmte Schrift „Der ‚linke Radikalismus', die Kinderkrankheit im Kommunismus", in der er den linken Revisionismus einer vernichtenden Kritik unterzieht und die Geschichte des Kampfes der Bolschewiki gegen das kleinbürgerliche Revoluzzertum darlegt. Lenin schrieb: „Es ist zu befürchten, daß die Abspaltung der ‚linken' Antiparlamentarier ... zu einer internationalen Erscheinung werden wird, ebenso wie die Abspaltung der ‚Zentristen' ... Nun schön! Spaltung ist immerhin besser als Konfusion, die sowohl das ideologische, theoretische, revolutionäre Wachstum, den Reifeprozeß der Partei als auch ihre einmütige, wirklich organisierte, wirklich die Diktatur des Proletariats vorbereitende, praktische Arbeit hemmt."[75] Nach dem Sieg der Großen Sozialistischen Oktoberrevolution wurde der praktische Wirtschaftsaufbau zum wichtigsten Feld der Auseinandersetzung mit den bürgerlichen und kleinbürgerlichen ökonomischen Konzeptionen über den Sozialismus. Der von W. I. Lenin ausgearbeitete Generalplan für den Aufbau des Sozialismus und die von

73 W. I. Lenin, Marxismus und Revisionismus, in: Werke, Bd. 15, Berlin 1962, S. 26.
74 Ebenda, S. 26f.
75 W. I. Lenin, Der „linke Radikalismus", die Kinderkrankheit im Kommunismus, in: Werke, Bd. 31, Berlin 1959, S. 95.

ihm entwickelten Prinzipien der sozialistischen Wirtschaftsführung waren eine schöpferische Verschmelzung der marxistischen Theorie mit der verallgemeinerten revolutionären Praxis, in ihnen fanden die Positionen ihren Niederschlag, die der Marxismus-Leninismus dem bürgerlichen und kleinbürgerlichen Sozialismus entgegensetzte.

Das siegreiche Proletariat stand vor der Aufgabe, bewußt jenes außerordentlich komplizierte konkrete System von Verhältnissen zu schaffen, das die Gesetze der sozialistischen Wirtschaft und deren sozialökonomischen Grundlagen verkörpert. Dem kleinbürgerlichen Sozialisten ist ein derartiges Vorgehen fremd; er verläßt sich in Fragen der Ökonomie entweder auf die Marktkonkurrenz oder die Ausübung von Gewalt oder aber auf beides zugleich.

Lenin schrieb: „Es ist eine Eigenheit des kleinbürgerlichen Revolutionärs, nicht zu bemerken, daß für den Sozialismus vollständige Vernichtung, Brechen usw. nicht genügen. Das genügt für den Kleineigentümer, der gegen den Großbesitzer wütet, ein proletarischer Revolutionär aber könnte niemals in einen solchen Fehler verfallen."[76] Und es heißt in diesem Zusammenhang, daß „. . . selbst die allergrößte ‚Entschlossenheit' nicht hinreicht, um den Übergang *von* der Nationalisierung und der Konfiskation *zur* Vergesellschaftung zu vollziehen"[77].

Die sozialistische Methode der Vergesellschaftung der Wirtschaft ist der demokratische Zentralismus. Im März 1918 schrieb Lenin: „Wir sind für den demokratischen Zentralismus. Und man muß sich eindeutig darüber klarwerden, wie sehr sich der demokratische Zentralismus einerseits vom bürokratischen Zentralismus, anderseits vom Anarchismus unterscheidet."[78]

Bürokratische Methoden und ein bürokratisches System der Wirtschaftsorganisation sind dem wissenschaftlichen, dem proletarischen Sozialismus wesensfremd, sie sind letzten Endes ein Ausdruck kleinbürgerlicher Produktionsverhältnisse. Zu ökonomischen Wurzeln des Bürokratismus werden, wie Lenin unterstrich, „die Vereinzelung, Zersplitterung der Kleinproduzenten, ihre Armut und Kulturlosigkeit, die Wegelosigkeit, das Analphabetentum, der mangelnde *Umsatz* zwischen Landwirtschaft und Industrie, das Fehlen einer Verbindung und Wechselwirkung zwischen ihnen". „Der Bürokratismus", heißt es ebenda, „. . . als Überbau der Zersplitterung und Niedergedrücktheit des Kleinproduzenten, trat nun voll in Erscheinung."[79]

Der formale Gegensatz des Bürokratismus ist der Anarchismus; dem Wesen nach sind jedoch Bürokratismus und Anarchismus verschiedene Erscheinungen der kleinbürgerlichen Vereinzelung. Lenin schrieb über die Position der anarcho-syndikalistischen Abweichung: „Der Syndikalismus überträgt die Leitung der

[76] W. I. Lenin, Über „linke" Kinderei und über Kleinbürgerlichkeit, in: Werke, Bd. 27, Berlin 1960, S. 326.

[77] Ebenda, S. 325f.

[78] W. I. Lenin, Entwurf des Artikels „Die nächsten Aufgaben der Sowjetmacht", in: Werke, Bd. 27, Berlin 1960, S. 196.

[79] W. I. Lenin, Über die Naturalsteuer, in: Werke, Bd. 32, Berlin 1961, S. 365.

Industriezweige (‚Haupt- und Selbstverwaltungen') der Masse der parteilosen, nach Produktionsbereichen gegliederten Arbeiter; er hebt dadurch die Notwendigkeit der Partei auf und leistet keine langwierige Arbeit, um die Massen zu erziehen und die Leitung der *gesamten Volkswirtschaft tatsächlich in ihren* Händen zu konzentrieren."[80]

Der reale Gegensatz sowohl zum System der kapitalistischen Ausbeutung als auch zu all den Formen des kleinbürgerlichen „Sozialismus" – vom bürokratischen und Kasernensozialismus bis hin zu den anarchistischen Formen – ist allein die sozialistische Vergesellschaftung auf der Basis des demokratischen Zentralismus. „Unsere Aufgabe besteht jetzt darin, gerade den demokratischen Zentralismus auf dem Gebiet der Wirtschaft zu verwirklichen, für ein absolut reibungsloses und einheitliches Funktionieren solcher ökonomischer Unternehmungen zu sorgen wie Eisenbahnen, Post, Telegraf, sonstige Transportmittel usw., gleichzeitig aber setzt der Zentralismus, in wirklich demokratischem Sinne verstanden, die zum erstenmal von der Geschichte geschaffene Möglichkeit völliger und unbehinderter Entwicklung nicht nur der örtlichen Besonderheiten, sondern auch der örtlichen Initiative, der Mannigfaltigkeit der Wege, Methoden und Mittel des Vormarschs zum gemeinsamen Ziel voraus."[81]

Die Notwendigkeit der zentralen Leitung der sozialistischen Volkswirtschaft brachte Lenin vor allem mit dem Charakter der modernen Produktivkräfte in Verbindung. Er schrieb, „... daß jede maschinelle Großindustrie – d. h. gerade die materielle, die produktive Quelle und das Fundament des Sozialismus – unbedingte und strengste *Einheit des Willens* erfordert, der die gemeinsame Arbeit von Hunderten, Tausenden und Zehntausenden Menschen leitet. Sowohl technisch als auch ökonomisch und historisch leuchtet diese Notwendigkeit ein und ist von allen, die über den Sozialismus nachgedacht haben, stets als seine Voraussetzung anerkannt worden."[82]

Gleichzeitig wandte sich Lenin gegen ein bürokratisch-mechanistisches Verständnis der Zentralisation und betonte die Pflicht der Betriebe und Organisationen zu selbständigem und schöpferischem Herangehen an die Realisierung von Direktiven: „Jede Fabrik, jedes Dorf ist eine Produktions- und Konsumtionskommune, die das Recht und die Pflicht hat, auf ihre Art die allgemeinen sowjetischen Gesetzgebungsakte anzuwenden (‚auf ihre Art' nicht im Sinne ihrer Verletzung, sondern im Sinne der Mannigfaltigkeit der Formen bei ihrer Durchführung), auf ihre Art das Problem rechnerischer Erfassung der Erzeugung und Verteilung der Produkte zu lösen."[83]

Lenin betrachtete die Arbeit aller Glieder und Bereiche der Volkswirtschafts-

80 W. I. Lenin, Die Krise der Partei, in: Werke, Bd. 32, Berlin 1961, S. 34.

81 W. I. Lenin, Entwurf des Artikels „Die nächsten Aufgaben der Sowjetmacht", in: Werke, Bd. 27, Berlin 1960, S. 197.

82 W. I. Lenin, Die nächsten Aufgaben der Sowjetmacht, in: Werke, Bd. 27, Berlin 1960, S. 260.

83 Ebenda, S. 251.

leitung als demokratischen Prozeß der kollektiven Erarbeitung der Beschlüsse sowie der kollektiven Überprüfung und Bewertung der Erfüllung dieser Beschlüsse. Das gilt ohne Einschränkung auch für die Planung: „Der Plan muß sofort bei seiner Aufstellung überprüft werden, er muß in der Presse und in Versammlungen erörtert werden."[84]

Lenin unterstrich die Notwendigkeit, die materiellen und die moralischen Anreize zur Arbeit im Sozialismus miteinander zu verbinden. Er begründete in seinen Arbeiten die Notwendigkeit der Kombination von administrativen und ökonomischen Hebeln der Wirtschaftsleitung mit der Entfaltung der Ware-Geld-Beziehungen. Während er einerseits entschieden das Recht der gesamtrussischen Zentralstelle bekräftigte, „sich alle Betriebe des jeweiligen Zweiges direkt zu unterstellen", forderte Lenin gleichzeitig: „Die Bankpolitik ... muß allmählich, aber unbeirrt ausgerichtet werden auf die Umwandlung der Banken in einen einheitlichen Apparat der Buchführung und Regulierung des sozialistisch organisierten Wirtschaftslebens des ganzen Landes überhaupt."[85]

Lenin hob wiederholt die entscheidende Rolle hervor, die der technische Fortschritt und das Wachstum der Arbeitsproduktivität für die sozialistische Wirtschaft spielen. Er forderte, daß die Realisierung des technischen Fortschritts die Basis der laufenden und der Perspektivpläne bildet, und wies auf die Notwendigkeit der Verknüpfung und Koordinierung von Perspektivplänen und laufenden Plänen hin. „Der wissenschaftliche Elektrifizierungsplan muß speziell mit den laufenden praktischen Plänen und ihrer tatsächlichen Durchführung verbunden werden."[86]

Die Leninschen Prinzipien der sozialistischen Wirtschaftsführung tragen der ganzen Komplexität und dialektischen Widersprüchlichkeit der Wirtschaftsprozesse Rechnung. Sie gebieten, daß entsprechend den konkret-historischen Bedingungen der Grad und die produktiven Formen der Verbindung der gegensätzlichen Seiten zu einem einheitlichen, sich harmonisch entwickelnden Ganzen wissenschaftlich ermittelt werden. Lenin schrieb: „Man kann ja diese gegensätzlichen Begriffe so vereinen, daß eine Kakophonie herauskommt, aber auch so, daß eine Symphonie entsteht."[87]

Lenins Kritik der sozialreformistischen, rechts- und linksrevisionistischen Vorstellungen über die sozialistische Wirtschaft hat eine große praktische Bedeutung; sie schuf ein festes theoretisches Fundament für den Kampf der KPdSU und der gesamten internationalen kommunistischen und Arbeiterbewegung gegen

[84] W. I. Lenin, Rede in der Versammlung des Parteiaktivs der Stadt Moskau, 24. Februar 1921, in: Werke, Ergänzungsband Oktober 1917 – März 1923, Berlin 1971, S. 275.

[85] W. I. Lenin, Bemerkungen zum Entwurf der „Bestimmungen über die Verwaltung der nationalisierten Betriebe", in: Werke, Ergänzungsband Oktober 1917 – März 1923, Berlin 1971, S. 72; Thesen zur Bankpolitik, in: Werke, Bd. 27, Berlin 1960, S. 212.

[86] W. I. Lenin, Über den einheitlichen Wirtschaftsplan, in: Werke, Bd. 32, Berlin 1961, S. 138.

[87] W. I. Lenin, Über die Gewerkschaften, in: Werke, Bd. 32, Berlin 1961, S. 11.

Entstellungen der marxistisch-leninistischen Theorie auf diesem Gebiet, und sie führte schließlich zur Entlarvung und zum geistigen Bankrott der rechtsopportunistischen und trotzkistischen Strömung. Sie trug zur Befreiung der werktätigen Massen vom Einfluß des bürgerlichen und kleinbürgerlichen Sozialismus bei.

Die kommunistischen und Arbeiterparteien haben auf der Grundlage der leninistischen Prinzipien mit neuem Elan den Kampf gegen die von den Ideologen des Sozialreformismus, des rechten und linken Revisionismus kolportierten bürgerlichen und kleinbürgerlichen pseudosozialistischen Theorien aufgenommen.

Die KPdSU und die mit ihr brüderlich verbundenen kommunistischen und Arbeiterparteien entwickeln die von Marx, Engels und Lenin geübte Kritik gegnerischer ideologischer Strömungen in Anwendung auf die heutigen Bedingungen weiter.

Im Programm der KPdSU heißt es: „Die wichtigste ideologisch-politische Waffe des Imperialismus ist der *Antikommunismus*, dessen Hauptinhalt die Verleumdung der sozialistischen Gesellschaftsordnung sowie die verfälschte Dastellung der Politik und der Ziele der kommunistischen Parteien und der marxistisch-leninistischen Lehre ist. ... Unter diesem schwarzen Banner haben sich heute alle Feinde des sozialen Fortschritts zusammengefunden: die Finanzoligarchie und die Militaristen, die Faschisten und die reaktionären Klerikalen, die Kolonialisten und die Gutsbesitzer sowie alle ideologischen und politischen Handlanger der imperialistischen Reaktion."[88]

Der Antikommunismus und seine konkreten Erscheinungen – der Antimarxismus, Antileninismus und Antisowjetismus – sind auch Bestandteil der Ideologie der gegenwärtigen Sozialdemokratie, des rechten und linken Revisionismus, des Anarchismus usw.[89]

Die bürgerlichen und revisionistischen Theoretiker geben in dem Bemühen, die Theorie und Praxis des wissenschaftlichen Sozialismus zu diskreditieren und seine historischen Errungenschaften herabzuwürdigen, eine verzerrte Darstellung des Systems der realen sozialökonomischen Verhältnisse im Sozialismus, verfälschen seine Ziele und Entwicklungstendenzen.

Diese Theoretiker konstruieren verlogene Schemata eines „Klassenkampfes" und „sozialer Antagonismen" in den sozialistischen Staaten; sie setzen den breiten Massen der Werktätigen eine von ihnen gekürte „herrschende Elite", eine „neue Klasse" entgegen und forschen nach nicht vorhandenen „Konflikten" zwischen der Arbeiterklasse und der Bauernschaft, zwischen der Jugend und der älteren Generation, zwischen der Partei, der Intelligenz und den Wirtschaftskadern.

88 Programm der Kommunistischen Partei der Sowjetunion, in: Programm und Statut der Kommunistischen Partei der Sowjetunion, Berlin 1961, S. 49.

89 „Der Antikommunismus macht die rechte Sozialdemokratie auch in den Fragen der internationalen Politik zu einer Gefangenen der imperialistischen Bourgeoisie" (Internationale Beratung der kommunistischen und Arbeiterparteien Moskau 1969, Berlin 1969, S. 205).

Die kommunistische Partei verliert nie die Komplexität der sozialökonomischen Struktur der sozialistischen Gesellschaft als der fortschrittlichsten und dynamischsten Gesellschaft der Welt aus dem Auge. Sie ging und geht jederzeit von der objektiven Einheit der grundlegenden Interessen aller Mitglieder dieser Gesellschaft aus, die auf dem Volkseigentum an den Produktionsmitteln basiert. Im Rechenschaftsbericht des Zentralkomitees der KPdSU an den XXIV. Parteitag heißt es, daß das Zentralkomitee davon ausging, „... daß die Politik der Partei dann die notwendigen Ergebnisse zeitigt, wenn sie sowohl die Interessen des ganzen Volkes als auch die Interessen der ihm angehörenden Klassen und sozialen Schichten genau berücksichtigt und sie in gemeinsame Bahnen lenkt“[90].

Die bürgerlichen und revisionistischen Erfindungen Lügen strafend, machte der XXIV. Parteitag der KPdSU ein weiteres Mal die Tatsache deutlich, daß die führende Stellung im System der sozialistischen Gesellschaftsverhältnisse die Arbeiterklasse innehat, die sich durch ein revolutionäres Wesen, Disziplin, Organisiertheit und Kollektivgeist auszeichnet – die Arbeiterklasse, die nach wie vor Hauptproduktivkraft der Gesellschaft ist.

Ausdruck der inneren Natur der ökonomischen Verhältnisse einer Gesellschaft sind die Ziele, die diese Gesellschaft der Wirtschaft stellt. Die bürgerlichen und revisionistischen Theoretiker scheuen kein Mühen, um diese Ziele zu entstellen und der sozialistischen Gesellschaft Aufgaben anzudichten, die ihr wesensfremd sind – Ausdehnung der Produktion um der Produktion willen, Militarisierung, „Bereicherung“ u. a. m. Die historische Praxis widerlegt derartige Behauptungen. Sie zeigt, daß die wirtschaftliche Entwicklung der UdSSR auf die immer vollständigere Befriedigung der wachsenden Bedürfnisse der Werktätigen ausgerichtet ist. Dazu trägt die Lösung solcher Aufgaben des kommunistischen Aufbaus bei wie die Schaffung der materiell-technischen Basis des Kommunismus, die Stärkung des Wirtschafts- und Verteidigungspotentials des Landes, die Überwindung der noch bestehenden Unterschiede zwischen geistiger und körperlicher Arbeit, zwischen Stadt und Land u. a. Die Aufgabe der Hebung des Wohlstandes der Wertätigen ist ein Ausdruck der Einheit von individuellen und gesellschaftlichen Interessen. Sie widerspiegelt sowohl die bei dem derzeitigen Entwicklungsstand der sozialistischen Produktivkräfte gegebenen Möglichkeiten als auch die Notwendigkeit ihrer Weiterentwicklung unter den Bedingungen der wissenschaftlich-technischen Revolution, die wachsende Bedeutung der Erhöhung der Qualifikation, des Bildungs- und Kulturniveaus der breiten werktätigen Massen für die Sicherung des weiteren sozialökonomischen Fortschritts.

Im Rechenschaftsbericht des Zentralkomitees der KPdSU an den XXIV. Parteitag heißt es: „Ein solches Herangehen ergibt sich nicht nur aus unserer Linie, die auf die weitere Verstärkung der Rolle materieller und moralischer Anreize zur Arbeit gerichtet ist. Die Frage wird jetzt viel umfassender gestellt: Es

90 Rechenschaftsbericht des Zentralkomitees der KPdSU an den XXIV. Parteitag der Kommunistischen Partei der Sowjetunion, Moskau/Berlin 1971, S. 98.

geht um die Schaffung der Bedingungen, die die allseitige Entwicklung der Fähigkeiten und der schöpferischen Aktivität der Sowjetmenschen, aller Werktätigen begünstigen, das heißt um die Entwicklung der Hauptproduktivkraft der Gesellschaft."[91]

Sowohl die geschichtliche Erfahrung als auch die heutige Wirklichkeit demonstrieren die gewaltigen Möglichkeiten und Vorzüge, die der Sozialismus gegenüber dem Kapitalismus bei der Lösung der Aufgabe der allseitigen Entwicklung des entscheidenden Produktionsfaktors, des Menschen mit seinen Kenntnissen und Fähigkeiten, seinem geistigen und physischen Potential, besitzt. Ihrem Klasseninhalt nach steht diese Aufgabe in diametralem Gegensatz zu den bürgerlichen Konzeptionen von den „Investitionen in das menschliche Kapital", in denen sich die Tatsache widerspiegelt, daß die Monopole lediglich an solchen Ausgaben für die Werktätigen interessiert sind, die eine „Grenzeffektivität" der Auspressung von Profiten gewährleisten.

Schon seit einigen Jahrzehnten üben sich die bürgerlichen und revisionistischen Theoretiker darin, zu „beweisen", daß die Wirtschaftsführung auf der Grundlage der vom wissenschaftlichen Sozialismus entwickelten Prinzipien uneffektiv sei. Die bürgerlichen Ökonomen behaupten, der Sozialismus sei durch „Unbestimmtheit der Ziele", durch das Fehlen von objektiven Kriterien, die die optimale Entwicklung gewährleisten, sowie durch das Nichtvorhandensein eines entsprechenden Wirtschaftsmechanismus gekennzeichnet. Von dieser Warte aus gehen die bürgerlichen Ökonomen an die Probleme des Verhältnisses von Akkumulation und Konsumtion in der sozialistischen Gesellschaft und an die Probleme der Zweigstruktur der sozialistischen Produktion heran, entwickeln sie Konzeptionen einer „übertriebenen Zwangsakkumulation", einer „unvermeidlichen Annäherung der Wachstumstempi" der sozialistischen und der kapitalistischen Länder, einer „statischen" und einer „dynamischen Effektivität" und andere mehr.

Die bürgerlichen Kommentare zum neunten Fünfjahrplan der UdSSR zeigen ganz deutlich, daß eine Reihe von bürgerlichen Ökonomen nicht willens und nicht in der Lage ist, den gesetzmäßigen wechselseitigen Zusammenhang zu sehen, der zwischen dem Programm sozialökonomischer Maßnahmen, der Steigerung der Effektivität der sozialistischen Produktion und progressiven Veränderungen in der materiellen Struktur der Produktion besteht.

Aus der Sicht der bürgerlichen Theoretiker bietet einzig der Markt mit seinen spontan entstehenden Preisen für Waren, Leistungen und „Produktionsfaktoren" die Kriterien und Richtwerte für eine rationelle Wirtschaftsführung und geht nur von dem Streben nach Unternehmerprofit der Impuls zur Erweiterung und Vervollkommnung der Produktion aus.

Einige bürgerliche Ökonomen, denen nicht nur daran gelegen ist, die rechten, sondern auch die linken Revisionisten zu ermutigen, verbreiten die Mär, daß die

[91] Ebenda, S. 57.

einzige effektive Alternative zum Markt eine straff zentralisierte „Befehlswirtschaft“ auf Naturalbasis wäre, die jeden Schritt in der Produktion und in der Konsumtion reglementiert.

Der Sozialismus sichert das stetige Wachstum der Produktion und ihrer Effektivität auf einer Basis, die sowohl der „Marktwirtschaft“ als auch der „Befehlswirtschaft“ ermangelt. Die Grundlage, auf der im Sozialismus die Arbeitsproduktivität und die Effektivität der Auslastung der Grundfonds und der Nutzung der natürlichen Ressourcen gesteigert wird, ist vor allem die Konsolidierung des gesellschaftlichen Produktionsmitteleigentums, die Direktivplanung der volkswirtschaftlichen Kennziffern, die Hebung des Bildungsniveaus und die Versorgung aller Arbeitsfähigen mit Arbeit, die Verteilung nach der Leistung und die Ausnutzung des Systems der Ware-Geld-Beziehungen.

Die bürgerlichen Theoretiker hatten gehofft, die Notwendigkeit, den Anforderungen der wissenschaftlich-technischen Revoution nachzukommen würde zu einer „Erosion“ der Institute und der Ideologie des wissenschaftlichen Sozialismus führen. Derlei Erwartungen sind nichts weiter als ein Ausdruck der historischen Blindheit der kapitalistischen Apologeten. Die wissenschaftlich-technische Revolution setzt neue Vorzüge des Sozialismus gegenüber dem Kapitalismus frei, denn sie kann nur auf der gesellschaftlichen Basis des Sozialismus im Interesse der werktätigen Massen vollzogen werden.

Die bürgerlichen und kleinbürgerlichen Theoretiker greifen heute wie eh und je die marxistisch-leninistischen Prinzipien des Aufbaus des sozialistischen Wirtschaftsmechanismus als System der Organisationsformen und -methoden der Planung, Leitung und Stimulierung der ökonomischen Tätigkeit an.

Die antimarxistischen Interpretationen von Problemen und Tendenzen der Entwicklung des sozialistischen Wirtschaftsmechanismus zeugen von der Unfähigkeit der bürgerlichen und revisionistischen Theoretiker, die innere Logik dieser Entwicklung zu verstehen sowie von derem Streben, das Wesen der Triebkräfte der Entwicklung des sozialistischen Wirtschaftsmechanismus zu entstellen. So behandeln die bürgerlichen Ökonomen z. B. in formalistischer Weise die Wirtschaftsreform in der UdSSR nach dem Schema „Zentralisierung – Dezentralisierung“ und versuchen einen Gegensatz zwischen Ökonomie und Politik, zwischen moralischen und materiellen Stimuli zu konstruieren.

Die Vervollkommnung der Systeme der Organisation, Planung und Stimulierung der Wirtschaft und der Wirtschaftsleitung, die in der UdSSR auf der Grundlage der Beschlüsse des Septemberplenums des ZK der KPdSU (1965) sowie des XXIII. Parteitages erfolgte, wurde von den meisten bürgerlichen Ökonomen als Abkehr von den Prinzipien der Direktivplanung, als Beginn eines Übergangs zum „Marktsozialismus“ gewertet, der von einer „Erosion der marxistischen Dogmen“ begleitet sei. Sobald die Absurdität dieser Interpretation ganz offenbar wurde, erklärten diese Ökonomen die Reform für mißlungen und sprachen von einer Rückkehr zu den Methoden der „Befehlswirtschaft“. Auf der gleichen Position waren auch die meisten bürgerlichen Theoretiker bei ihrem Echo auf die

Materialien des XXIV. Parteitages der KPdSU. Die auf dem Parteitag beschlossenen Maßnahmen zur Weiterentwicklung des sowjetischen Wirtschaftsmechanismus wurden als „Wiederauferstehung des Zentralismus“ verunglimpft, die diesmal auf „neuer, kybernetischer Grundlage“ erfolgt sei.

Allen bürgerlichen und rechtsrevisionistischen Versuchen zum Trotz, die zentrale Planung zu diskreditieren, bleibt der sozialistische Volkswirtschaftsplan nach wie vor das Hauptinstrument zur Optimierung der Reproduktion, über das der Kapitalismus nie verfügen kann. Die wissenschaftlich begründete zentrale direkte Wirtschaftsleitung auf der Basis des gesellschaftlichen Produktionsmitteleigentums ist ihrem innersten Wesen nach ökonomisch, und das System der Ware-Geld-Beziehung auf dieser Basis ist ein mittelbarer Ausdruck der *zentralen* Leitung, denn das System der Preise und Einkommen wird planmäßig gestaltet. Die zentrale direkte Leitung und die ihr untergeordneten planmäßigen Ware-Geld-Beziehungen bilden die Grundform und die ergänzende Form des einheitlichen Wirtschaftsmechanismus der sozialistischen Gesellschaft.

Die Evolution der bürgerlichen Konzeptionen zur Ökonomie des realen Sozialismus durchlief bisher insgesamt zwei Etappen und ist in eine dritte Etappe eingetreten. Die erste Etappe (vom Sieg der Großen Sozialistischen Oktoberrevolution 1917 bis Mitte der dreißiger Jahre) war gekennzeichnet von der Verbreitung verlogener Theorien über die „praktische Undurchführbarkeit“ des Sozialismus und über seinen „nahenden Bankrott“. Der erfolgreiche Abschluß der Übergangsperiode vom Kapitalismus zum Sozialismus, die Errichtung des Sozialismus in der UdSSR in seinen Grundzügen sowie die weltweite Krise, die der Kapitalismus in den dreißiger Jahren erlitt, führten zum Scheitern dieser Theorie. In der zweiten Etappe (bis Anfang der sechziger Jahre) konstruierten die bürgerlichen Theoretiker vornehmlich Modelle einer „Befehlswirtschaft“, einer „politisierten“ Wirtschaft, deren „naturgemäße“ Effektivität angeblich weit hinter der des Kapitalismus zurückbleibt und deren Erfolge ausschließlich durch Opfer erkauft werden müßten, so daß sie letztlich zur Desintegration verurteilt sei.

Die in den sechziger Jahren einsetzende Krise der damaligen bürgerlichen Sozialismuskonzeptionen äußerte sich in der Abkehr der meisten „Sowjetologen“ von dem gescheiterten Dogma, demzufolge der Sozialismus als „zeitweilige Abweichung“ von der Grundrichtung der gesellschaftlichen Entwicklung behandelt wurde, in der unumgänglich gewordenen Revision der falschen Vorstellungen vom Sozialismus als „undurchführbares“, „uneffektives“ und „inhumanes“ System.

Die gegenwärtigen bürgerlichen Sowjetologen versuchen, ihre theoretischen Konzeptionen über den Sozialismus dahingehend umzugestalten, daß diese einerseits nicht den allgemein bekannten Tatsachen über die Errungenschaften des Sozialismus widersprechen, anderseits aber den Sozialismus nach wie vor aus solchen unwissenschaftlichen Positionen interpretieren, die für die verschiedenen Schichten der Bourgeoisie akzeptabel sind. Bei diesem Unterfangen verstricken sich die bürgerlichen Theoretiker zwangsläufig in Widersprüche. Selbst offene Antikommunisten machen kein Hehl aus der Krise der Modellierung des Sozialismus und der Existenz großer Meinungsverschiedenheiten unter den westlichen Sowjetologen.

Diejenigen bürgerlichen Theoretiker, die sich nach den konservativen politischen Kreisen orientieren, gestehen nunmehr die Haltlosigkeit der Interpretation des Sozialismus als bürokratische Kommandoordnung ein und treten unter Anlehnung an die neoklassische Methodologie mit Konzeptionen einer „Marktevolution" des Sozialismus in Richtung Kapitalismus hervor. Die reformistischen Ideologen orakeln dagegen, gestützt auf die Methodologie der institutionalistisch-soziologischen Richtung, von einer Evolution sowohl des Sozialismus als auch des Kapitalismus in Richtung auf eine „optimale", „gemischte" Ordnung. In den genannten Konzeptionen gelangen außerdem neue Varianten von Walt W. Rostows Theorie der Stadien der sozialökonomischen Entwicklung sowie von den Konzeptionen des historischen Pluralismus zur Anwendung.

Währenddessen versuchen jene Theoretiker, die Sprecher der Interessen der Rüstungsindustrie und der internationalen Monopole sind, ihre extrem antikommunistischen Positionen aufrechtzuerhalten. Sie machen durch verlogene Konzeptionen über einen „zunehmenden Konflikt" zwischen den wachsenden Produktivkräften des Sozialismus und seiner Sozialstruktur, dem „System der Parteikontrolle " über die Wirtschaft von sich reden, der angeblich zu einer „Krise des Sozialismus" führt.

Die ultrareaktionären Konzeptionen geraten aber unter den gegenwärtigen Bedingungen nicht nur mit den realen Tatsachen in eine gewisse Kollision, sondern auch mit dem neuen außenpolitischen Kurs der Regierung der USA, Frankreichs und der BRD gegenüber den sozialistischen Staaten und büßen immer mehr an offizieller Unterstützung ein.

Die offenen Verteidiger des bürgerlichen Systems suchen ihre Ausfälle gegen den Sozialismus zugleich mit dem Beweis zu verknüpfen, daß dieser Gesellschaftsordnung angeblich ein „erneuerter" und „aufblühender" Kapitalismus gegenübersteht. So wird eine ganze Kollektion einschlägiger Theorien offeriert – die Theorie vom Volkskapitalismus, Kollektivkapitalismus, regulierten und programmierten Kapitalismus, von der gemischten Wirtschaft und dem Wohlfahrtsstaat, der sozialen Marktwirtschaft und der formierten Gesellschaft, und schließlich von der Industriegesellschaft, der neuen Industriegesellschaft und der postindustriellen Gesellschaft.

Im Programm der KPdSU heißt es: „Die Apologeten der bürgerlichen Gesellschaftsordnung ... versichern, der moderne Kapitalismus habe sein Wesen verändert, sei zum ‚Volkskapitalismus' geworden, in dem eine ‚Eigentumssteuerung' im Gange ist und das Kapital sich ‚demokratisiert', die Klassen und die Klassengegensätze verschwinden, sich die ‚Einkünfte ausgleichen' und die Wirtschaftskrisen beseitigt werden. ... Die Advokaten der bürgerlichen Ordnung bezeichnen diese als einen ‚*Wohlfahrtsstaat*'. Sie streuen die Illusion aus, der kapitalistische

Staat setze sich den Monopolen entgegen und könne soziale Harmonie und allgemeine Wohlfahrt herbeiführen."[92]

Der rechte Flügel der Sozialdemokratie hat endgültig mit dem Marxismus gebrochen und dem wissenschaftlichen Sozialismus einen sogenannten demokratischen Sozialismus entgegengesetzt. „Seine Anhänger leugnen das Bestreben antagonistischer Klassen und des Klassenkampfes in der bürgerlichen Gesellschaft; sie führen einen Feldzug gegen die Notwendigkeit der proletarischen Revolution und gegen die Abschaffung des Privateigentums an den Produktionsmitteln. Sie behaupten, daß eine Umwandlung des Kapitalismus' in den Sozialismus im Gange sei."[93]

Die Theoretiker der rechten Sozialdemokratie sind bemüht, den Sozialismus für ein System der „demokratischen Kontrolle" der Gesellschaft über den Staat sowie des Staates über die Wirtschaft auszugeben. Da eine derartige Kontrolle angeblich nur bei Überwiegen des privaten Eigentums an den Produktionsmitteln möglich ist, betrachten diese Theoretiker den Sozialismus als Variante der „gemischten Wirtschaft", d. h. des Kapitalismus.[94]

L. I. Breshnew bemerkte auf der Internationalen Beratung der kommunistischen und Arbeiterparteien in Moskau 1969: „Die sozialdemokratischen Führer bekleiden wie schon mehrmals in der Vergangenheit auch jetzt in einer Reihe von Ländern Regierungsposten, aber sie denken gar nicht an die Überführung der Macht in die Hände der Arbeiterklasse, und die Sache des Sozialismus kommt dort keinen Schritt voran. Kein Wunder, daß die rechten Führer der Sozialdemokratie versuchen, den realen Sozialismus zu diskreditieren, der von den Völkern einer großen Ländergruppe unter Führung der Kommunisten errichtet wurde oder aufgebaut wird."[95]

In der gegenwärtigen Etappe ist eine beträchtliche Verschärfung der Widersprüche im Rahmen der bürgerlichen und kleinbürgerlichen Ideologie zu verzeichnen. Diese Erscheinung hat ihre objektive Grundlage in der weiteren Vertiefung der allgemeinen Krisis des Kapitalismus, in den wachsenden Erfolgen des sozialistischen Weltsystems und der Vergrößerung der Maßstäbe des weltweiten revolutionären Prozesses. Das staatsmonopolistische System hat die Hoffnungen der bürgerlichen Theoretiker nicht erfüllt, war es doch außerstande, auch nur eines der grundlegenden Probleme der kapitalistischen Reproduktion zu lösen. Das weitere Wachstum der Produktion und die wissenschaftlich-technische Revolution lassen diese Probleme immer komplizierter werden und bringen weitere Probleme mit sich.

[92] Programm der Kommunistischen Partei der Sowjetunion, in: Programm und Statut der Kommunistischen Partei der Sowjetunion, Berlin 1961, S. 49.

[93] Ebenda, S. 52.

[94] Vgl. Richard Löwenthal, Sozialdemokratie und Kommunismus, in: „Vorwärts" vom 8. Oktober 1970.

[95] Internationale Beratung der kommunistischen und Arbeiterparteien Moskau 1969, S. 205.

Die genannten Widersprüche haben zu einem erneuten Aufschwung des proletarischen Klassenkampfes und zum Anwachsen der nationalen Befreiungsbewegungen geführt. Damit einhergehend wurden die bürgerlich-reformistischen Strömungen und der kleinbürgerliche Sozialismus aktiver, und es entstehen neue Programme zur Reformierung des Systems der staatsmonopolistischen Struktur.

Für die derzeitige Etappe in der Krise der bürgerlichen Ideologie ist ein merklicher Wandel in der Haltung eines Teils der internationalen Sozialdemokratie sowohl gegenüber den sozialistischen Ländern als auch gegenüber der internationalen kommunistischen Bewegung charakteristisch. „In der sozialdemokratischen Bewegung hat sich die Differenzierung verstärkt; es ist festzustellen, daß ein gewisser Teil dieser Bewegung, einschließlich einzelner leitender Funktionäre, von den Positionen des Antikommunismus abgeht.“[96] Das ist ein Ergebnis des konsequenten Kurses der Kommunisten auf die Einheit der Arbeiterbewegung.

Gleichzeitig ist eine beträchtliche Anzahl von sozialdemokratischen Parteien von der Anerkennung des Prinzips der friedlichen Koexistenz und Zusammenarbeit von Ländern mit unterschiedlichen sozialökonomischen Systemen noch weit entfernt.

Eine Reihe von sozialistischen Parteien in imperialistischen und Entwicklungsländern hat Kurs auf eine aktive Zusammenarbeit mit den kommunistischen Parteien im Kampf für die Einschränkung der Monopolherrschaft, für ökonomische und politische Unabhängigkeit vom ausländischen Kapital genommen. Die Führung der meisten sozialdemokratischen Parteien hält jedoch am Antikommunismus in der Innenpolitik und an ihrer offiziellen Ideologie fest. „Die Führung eines bedeutenden Teils der sozialdemokratischen Parteien, vor allem derjenigen, die in der Sozialistischen Internationale tonangebend sind, betrachtet den Kampf gegen den Kommunismus, gegen die sozialistischen Länder weiterhin als ihre Hauptaufgabe. Uns ist verständlich, daß die einen von ihnen mit ihrem Antikommunismus das Scheitern ihres reformistischen Kurses verhüllen wollen, die anderen ihre volle Abkehr von den sozialistischen Zielen und ihre Kapitulation vor dem staatsmonopolistischen Kapitalismus.“[97]

Auf der Internationalen Beratung der kommunistischen und Arbeiterparteien 1969 wurden die unbestreitbaren Erfolge hervorgehoben, die die kommunistische Bewegung errungen hat. Zugleich wurde auf dieser Beratung festgestellt, daß es Schwierigkeiten im antiimperialistischen Kampf gibt, die zum Teil mit der Situation in der kommunistischen Bewegung verbunden sind, die sich in einer komplizierten Entwicklungsperiode befindet. In einigen Teilen dieser Bewegung gibt es ernste Verstöße gegen die Einheit; einzelne Bruderparteien erleiden Mißerfolge oder gar Niederlagen. Die Ursachen dieser Schwierigkeiten analysierend, wies L. I. Breshnew darauf hin, daß eine von diesen Ursachen damit verbunden ist, daß unter den gegenwärtigen Bedingungen, da unter dem Druck des Sozia-

[96] Ebenda, S. 204.
[97] Ebenda, S. 204f.

lismus, aller revolutionären Kräfte die sozialen Fundamente der alten Welt erschüttert werden, der Widerstand der Bourgeoisie wächst. „In den kapitalistischen Ländern ist der Antikommunismus zur Staatspolitik erhoben worden. Die Zersetzung der kommunistischen wie auch der gesamten revolutionären Bewegung von innen stellt heute eine der wichtigsten Zielsetzungen der Klassenstrategie des Imperialismus dar.“[98]

L. I. Breshnew fährt fort: „Eine andere Ursache der aufgekommenen Schwierigkeiten ist, daß immer neue Millionen Menschen, die unterschiedlichen sozialen Schichten angehörten, neu in aktive politische Aktionen einbezogen werden. Viele von ihnen kommen, mit hoher revolutionärer Energie geladen, in die Politik, zugleich aber auch mit recht verschwommenen Vorstellungen von den Wegen zur Lösung der sie bewegenden Probleme. Daher ihre Schwankungen: von stürmischen politischen Ausbrüchen bis zur politischen Passivität, von reformistischen Illusionen bis zu anarchistischer Ungeduld.“[99]

An gleicher Stelle zeigte L. I. Breshnew auch den Klassencharakter des Revisionismus auf: „Revisionismus bedeutet ja Abrücken von den proletarischen Klassenpositionen, Ersetzung des Marxismus-Leninismus durch allerlei bürgerliche und kleinbürgerliche Konzeptionen alter und modernistischer Prägung.“[100]

Der rechte und der linke Revisionismus haben sowohl eine gemeinsame Basis als auch spezifische Merkmale.

„Rechtsopportunismus bedeutet Abgleiten auf Liquidatorenpositionen, politisches und ideologisches Paktieren mit dem Sozialdemokratismus. In sozialistischen Ländern geht der Rechtsopportunismus bis zur Negierung der führenden Rolle der marxistisch-leninistischen Partei, was zur Preisgabe der vom Sozialismus errungenen Positionen, zur Kapitulation gegenüber den antisozialistischen Kräften führen kann.“[101]

Der gegenwärtige Rechtsrevisionismus setzt unter dem Vorwand des Kampfes für „Humanisierung“, „Demokratisierung“ und „Effektivität“ dem wissenschaftlichen Sozialismus ein Wirtschaftsmodell entgegen, das die Untergrabung, die Zerstörung des gesamten Systems der sozialistischen Produktionsverhältnisse bedeutet. Dieses Modell sieht die Trennung von Wirtschaft und Staat, die Aufgabe der zentralen Leitung und Planung, die Erhebung der Marktspontaneität zum Regulator der Produktion sowie zwischenbetrieblichen Konkurrenzkampf vor. Der Marktsozialismus, den der Rechtsrevisionismus propagiert, bedeutet im Grunde genommen das Wiederaufleben der kleinbürgerlichen Konzeptionen des Proudhonismus, des Anarchosyndikalismus und des Genossenschaftssozialismus.

Der „Marktsozialismus“ ist nicht in der Lage, ein ständiges Wachstum der

98 Ebenda, S. 193.
99 Ebenda, S. 193 f.
100 Ebenda, S. 194.
101 Ebenda.

Effektivität der gesellschaftlichen Produktion zu sichern, weil er zu einer Zersplitterung der Kräfte und Mittel, zu gewaltigen Verlusten infolge eines diskontinuierlichen und unproportionalen Produktionswachstums führt.

Dieses System ist von „Humanismus" und „Demokratismus" sehr weit entfernt, denn es führt anstelle des sozialistischen Wettbewerbs die gnadenlose Konkurrenz ein, gesteht den Betriebsleitungen das Recht zu, „überflüssige" Arbeitskräfte auf die Straße zu setzen und bringt eine weitgehende, nicht auf Arbeitsleistung beruhende Differenzierung der Einkommen und des persönlichen Besitzes mit sich.

Der „Links"opportunismus ist bemüht, dem wissenschaftlichen Sozialismus ein Wirtschaftssystem entgegenzusetzen, das sich äußerlich in Gegensatz zum „Marktsozialismus" befindet, aber gleichfalls dem Wesen nach kleinbürgerlich ist.

„Die ‚Links'opportunisten, die sich mit ultrarevolutionären Phrasen tarnen, drängen die Massen zu abenteuerlichen Aktionen und die Partei auf einen sektiererischen Weg, der ihre Fähigkeit lähmt, die Kämpfer gegen den Imperialismus zusammenzuschließen." [102]

Der Maoismus ist so bestrebt, unter Losungen des kleinbürgerlichen Egalitarismus und Chauvinismus ein System des groben gleichmacherischen Kasernenkommunismus zu schaffen, mit dessen Hilfe er seine auf den Militarismus und die Welthegemonie gerichteten Ziele verwirklichen will. Die Basis dieses Systems bilden geschlossene, halbnaturalwirtschaftliche, militarisierte agroindustrielle Kommunen mit gleichmacherischer Verteilung. In der zivilen Industrie der städtischen Zentren, die der Kontrolle von Militärs untersteht, wird eine geringfügige Differenzierung der Arbeitslöhne zugelassen. Auf Kosten des von den Kommunen und dem zivilen Sektor der Industrie geschaffenen Mehrprodukts werden der privilegierte und sich rasch entwickelnde Kriegsindustrie-Komplex sowie die Überbleibsel bürgerlicher Klassen unterhalten. Für eine wirkliche sozialistische Vergesellschaftung der Produktion ist in diesem kleinbürgerlichen System kein Platz. Die Wirtschaft ist im Grunde genommen in eine Anzahl verschiedenartiger sozialökonomischer Konglomerate zersplittert, in denen die Tendenz zur „Stützung auf die eigenen Kräfte", d. h. zur Selbstisolierung ihrer Produktionsorganisationen, vorherrscht.

Dieses System ist eine kleinbürgerliche, militärbürokratische Umwandlung des Staatseigentums und bedeutet zugleich die Liquidation der objektiven Grundlage für das Wirken der ökonomischen Gesetze des Sozialismus. Sein Ziel ist praktisch die Erwirtschaftung eines möglichst großen Mehrprodukts zur Stärkung des Kriegspotentials und die Festigung der Herrschaft der Militärbürokratie. Dieses System setzt an die Stelle der planmäßigen, proportionalen Entwicklung der gesamten Volkswirtschaft im Prinzip eine spontane Eigenentwicklung autarker Kommunen, Betriebe und Provinzen und konzentriert die Aufmerk-

[102] Ebenda.

samkeit auf die staatliche Aufsicht über die Bewegung des Mehrprodukts und die Entwicklung der Rüstungsindustrie. An die Stelle des sozialistischen Prinzips der kontinuierlichen Entwicklung der Produktion tritt hier das Prinzip der durch periodisch forcierte Kampagnen übersteigerter Arbeitsintensität vorangetriebenen „wellenförmigen" Bewegung.

Ein derartiges System, mit dessen Hilfe das Wachstum des Kriegspotentials um den Preis verzögerter Entwicklung der Produktivkräfte in der Volkswirtschaft maximal beschleunigt werden soll, verurteilt die Gesellschaft insgesamt zu Konservatismus und direktem Rückschritt, zum Zurückbleiben im ökonomischen und wissenschaftlich-technischen Wettbewerb mit dem Kapitalismus.

Eine derartige Gesellschaft bringt objektiv klassenmäßige und soziale Antagonismen hervor, und die militärbürokratische Oberschicht nutzt diese Antagonismen zur Festigung ihrer Machtpositionen aus. Sie bringt die Bauern gegen die Arbeiter auf, die körperlich Arbeitenden gegen die Geistesschaffenden, die Jugend gegen die ältere Generation, die niedrig bezahlten Werktätigen gegen die Werktätigen mit relativ hohem Einkommen usw. Darüber hinaus demonstriert die militärbürokratische Oberschicht ihr kleinbürgerliches Wesen in dem Bestreben, die Industriezentren dadurch zu schwächen, indem sie zwangsweise Arbeiter, Intellektuelle, Jugendliche sowie Kader des Staats- und Parteiapparates von der Stadt auf das Land umsiedelt.

Historisch gesehen, ist der kleinbürgerliche Kasernen- und Kasten „sozialismus" ein zum Scheitern verurteiltes System; er ist außerstande, die anstehenden Aufgaben zu lösen, denn die von ihm bewirkte ökonomische und wissenschaftlich-technische Rückständigkeit, tiefgreifende soziale Differenzierung und die aus ihm erwachsenden gesellschaftlichen Antagonismen geraten sowohl mit den hegemonistischen als auch mit den egalitären Losungen des Regimes in Konflikt.

Auf der Internationalen Beratung der kommunistischen und Arbeiterparteien in Moskau 1969 wurde festgestellt: „Ein gemeinsames Merkmal des ‚Links'- wie auch des Rechtsopportunismus sind nicht selten Konzessionen an den Nationalismus, mitunter auch der direkte Übergang auf nationalistische Positionen."[103]

Der wissenschaftliche Sozialismus ist seinem inneren Wesen nach eine internationale Lehre; seine Grundprinzipien sind für alle Länder und Völker ausnahmslos von Bedeutung. Eines dieser Prinzipien ist die Zusammenarbeit und gegenseitige Hilfe zwischen den gleichberechtigten sozialistischen Nationen und Staaten; deshalb steht der wissenschaftliche Sozialismus auch in Gegensatz zu allen Formen des Nationalismus.

Der bürgerliche und kleinbürgerliche Sozialismus schließt demgegenüber den Nationalismus als wesentliches Element seines Systems ein. Ein derartiger Pseudosozialismus ist nach den Worten Lenins als Sozialnationalismus zu bezeichnen, der die Interessen einer Nation den Interessen anderer Nationen entgegensetzt.

[103] Ebenda, S. 195.

Der historische Inhalt des Sozialnationalismus ändert sich von Epoche zu Epoche, seine Formen sind in den einzelnen Ländern unterschiedlich, beständig ist allein seine bürgerliche und kleinbürgerliche Natur. Anfang des 20. Jahrhunderts hat Lenin den Sozialnationalismus entlarvt, der aus dem Rechtsrevisionismus und -opportunismus in der Arbeiterbewegung hervorgegangen ist. „Die grundlegende *Idee* des Opportunismus ist das Bündnis oder die Annäherung (zuweilen Vereinbarung, Blockbildung usw.) zwischen der Bourgeoisie und ihrem Antipoden. Die grundlegende Idee des Sozialnationalismus ist genau die gleiche. ... Der Sozialnationalismus ist aus dem Opportunismus hervorgegangen, und gerade dieser hat ihm Kraft verliehen.“ [104]

Nach dem zweiten Weltkrieg versuchten die Ideologen der rechten Sozialdemokratie, den Eindruck zu erwecken, als nähmen sie internationalistische Positionen ein. Dieser „Internationalismus“ entpuppte sich jedoch sehr bald als Konzession an die US-amerikanische Expansion, als Politik der Schaffung von militärisch-politischen und ökonomischen Blocks, und entsprach damit völlig der antikommunistischen Strategie des Imperialismus. Diese Art proimperialistischer „Internationalismus“ war nichts anderes als die Kehrseite des bürgerlichen Sozialnationalismus.

Die rechtsrevisionistischen Theoretiker entwickeln „nationale Sozialismusmodelle“, in denen in letzter Konzequenz die Interessen des jeweiligen Landes den Interessen der weltweiten sozialistischen Staatengemeinschaft entgegengesetzt werden und die Einbeziehung des betreffenden Landes in die kapitalistische Weltwirtschaft vorgesehen ist.

Positionen eines militanten Nationalismus und Chauvinismus hat der maoistische kleinbürgerliche Kasernensozialismus bezogen, der sich als „chinesischer Marxismus“ versteht. In das gleiche Horn stoßen auch die linksrevisionistischen, trotzkistischen Konzeptionen der „Übergangsperiode vom Kapitalismus zum Kommunismus“ und der „permanenten Revolution“.

Einen spezifischen Charakter haben die gegenwärtigen Konzeptionen des „nationalen Sozialismus“ in den Entwicklungsländern. Im Programm der KPdSU heißt es im Hinblick auf diese Länder: „Zugleich werden Theorien über einen ‚Sozialismus von nationalem Typus‘ aufgestellt und sozialphilosophische Doktrinen propagiert, die in der Regel eine Abart der kleinbürgerlichen Illusionen über den Sozialismus darstellen und die den Klassenkampf ausschließen.“ [105]

Die Vertreter der revolutionären Demokratie der jungen Entwicklungsländer, in denen die Positionen des Feudalismus noch immer stark sind, vertreten nicht selten die Konzeption, daß ein System antifeudaler Maßnahmen, Nationalisierung und egalitäre Verteilung des Bodens, an sich schon die Bedingungen für die Ausbeutung des Menschen durch den Menschen beseitigt und die Basis für den Sozia-

[104] W. I. Lenin, Unter fremder Flagge, in: Werke, Bd. 21, Berlin 1960, S. 143, 144.

[105] Programm der Kommunistischen Partei der Sowjetunion, in: Programm und Statut der Kommunistischen Partei der Sowjetunion, Berlin 1961, S. 51.

lismus sichert. Sie nehmen weiter an, daß die im Rahmen des Feudalismus und des Kolonialsystems erhaltengebliebenen Reste der Stammesordnung eine Stütze des Sozialismus sein können.

In Wirklichkeit setzt der nichtkapitalistische Entwicklungsweg die Ausnutzung der Hilfe und Unterstützung seitens der fortgeschrittenen sozialistischen Länder für die Vorbereitung grundlegender Umgestaltungen voraus – die sozialistische Industrialisierung und Entwicklung der Arbeiterklasse zur führenden Kraft der Gesellschaft, die Kollektivierung der kleinbäuerlichen Wirtschaft, die Revolution im Bereich der Kultur, der Lebensweise und des gesellschaftlichen Lebens.

Die Erfolge des Sozialismus im Wettbewerb der beiden Systeme und die Errichtung der entwickelten sozialistischen Gesellschaft in der UdSSR haben entscheidenden Einfluß auf die Vertiefung der Krise der antimarxistischen ökonomischen Konzeptionen über den Sozialismus.

Entgegen allen bürgerlichen und revisionistischen Erfindungen über eine „Stratifikation", über „Antagonismen" und eine „Erosion" der sozialistischen Gesellschaft vollziehen sich in dieser Gesellschaft Prozesse der Konsolidierung des Volkseigentums am den Produktionsmitteln, eine ständige Angleichung der Arbeits- und Lebensbedingungen der Werktätigen, die gegenseitige Annäherung aller Klassen und sozialen Gruppen usw.

Die bürgerlichen Theoretiker haben sich mit ihren Prophezeiungen einer „wachsenden Verbürokratisierung" und „Verknöcherung" der sozialistischen Gesellschaft verrechnet. Diese Gesellschaft hat sich sowohl im Hinblick auf die Entwicklung der sozialökonomischen Struktur als auch im Hinblick auf den Wirtschaftsmechanismus als äußerst dynamisch erwiesen. Im Rechenschaftsbericht des ZK der KPdSU an den XXIV. Parteitag sagte L. I. Breshnew: „Die Welt des Sozialismus ist voller Dynamik, sie vervollkommnet sich unaufhörlich. Ihre Entwicklung verläuft natürlich im Kampf des Neuen mit dem Alten und über die Lösung der inneren Widersprüche. Die Erfahrungen helfen den Bruderparteien, die Widersprüche richtig und rechtzeitig zu lösen und zuversichtlich den Weg zu gehen, der von den großen Lehrern des Proletariats – Marx, Engels und Lenin – gewiesen wurde." [106]

Der Sozialismus demonstriert gegenwärtig die Fähigkeit, seine unbestreitbaren Vorzüge als fortschrittlichste und humanste Ordnung mit den Ergebnissen der wissenschaftlich-technischen Revolution zu verbinden. Damit scheitern die Versuche bürgerlicher Theoretiker, die Prozesse der wissenschaftlich-technischen Revolution und den damit verknüpften Strukturwandel in der Reproduktion in den Gegensatz zu den Grundprinzipien des Sozialismus, zur Theorie und Praxis der Errichtung der kommunistischen Gesellschaft zu stellen.

Die marxistisch-leninistische Kritik der gegenwärtigen bürgerlichen und klein-

[106] Rechenschaftsbericht des Zentralkomitees der KPdSU an den XXIV. Parteitag der Kommunistischen Partei der Sowjetunion, Moskau/Berlin 1971, S. 20.

bürgerlichen ökonomischen Theorie über den Sozialismus stützt sich auf die erfolgreiche Praxis und wissenschaftliche Theorie des entwickelten Sozialismus, die positive politökonomische Erforschung seiner aktuellen Probleme, die Ausarbeitung wissenschaftlich begründeter sozialökonomischer Prognosen und auf das Programm des allmählichen Übergangs vom Sozialismus zum Kommunismus.

Die Geschichte des Kampfes zwischen dem Marxismus-Leninismus und den Konzeptionen, die ihm feindlich sind, unterstreicht die Notwendigkeit, jede ökonomische Theorie in enger Verbindung mit den Interessen und der allgemeinen Ideologie bestimmter gesellschaftlicher Klassen zu betrachten. Wenn man sich über die allgemeine Konstellation der Klassenkräfte und ideologischen Fronten in der kapitalistischen Welt von heute im klaren ist und weiß, wie die Grundrichtungen der politischen Ökonomie mit den allgemeinen ideologischen Konzeptionen der Klassen zusammenhängen, so kann man auch die Frage beantworten, welchen Klassencharakter, welche ideologischen Merkmale und welche theoretische Basis die verschiedenen nichtmarxistischen Konzeptionen zur Ökonomie des Sozialismus aufweisen.

In der heutigen kapitalistischen Gesellschaft existieren folgende Klassen: Proletariat, Monopolbourgeoisie, mittlere Bourgeoisie, kleinbürgerliche (Zwischen-) Schichten in Stadt und Land[107].

In den einzelnen kapitalistischen Ländern gestaltet sich das quantitative Verhältnis zwischen diesen Klassen natürlich unterschiedlich, und ebenso unterschiedlich ist auch die konkrete Sozialstruktur innerhalb der einzelnen Klassen.

In der kapitalistischen Gesellschaft findet ein komplizierter Kampf zwischen verschiedenen ideologischen Richtungen statt, dessen Mittelpunkt der Kampf zwischen der proletarischen und der kleinbürgerlichen Ideologie bildet. Es wäre indes eine grobe Vereinfachung, wollte man behaupten, daß sich der Kampf ausschließlich *zwischen* den Klassen vollzieht.

Die Ideologie jeder Klasse hat eine allgemeine Grundlage, die durch die objektiven wirtschaftlichen und politischen Existenzbedingungen dieser Klasse als Ganzes bedingt ist. Allein die innere Inhomogenität jeder Klasse (die besonders bei tiefgreifenden Veränderungen in der sozialökonomischen Struktur der Wirtschaft zunimmt), die unterschiedliche Stellung der dieser Klasse angehörenden sozialen Gruppen in der Gesellschaft, bieten die Möglichkeit zu einer klasseninternen ideologischen Differenzierung. Diese Differenzierung wird durch ökonomischen, politischen und ideologischen Einfluß von außen erheblich verstärkt, wodurch ein gewisser Teil der betreffenden Klasse über einen mehr oder minder langen Zeitraum unter den Einfluß eines Systems von Anschauungen geraten kann, die den

107 Lenin rechnete zu den Kleineigentümern die Mittelbauern, die mittleren Handwerker, die kleinen Industriellen und einen Teil der bürgerlichen Intelligenz (W. I. Lenin, Plan einer Resolution über den Inhalt des Begriffs „Diktatur des Proletariats" und über den Kampf gegen die „in Mode gekommene" Entstellung dieser Losung, in: Polnoe sobranie sočinenij, Bd. 41, S. 450).

allgemeinen Grundlagen der historisch entstandenen Klassenideologie nicht entsprechen oder gar widersprechen.

Die Natur der Ursachen für die klasseninterne ideologische Differenzierung ist bei den einzelnen Klassen unterschiedlich, und sie verändert sich auch mit den konkreten historischen Entwicklungsbedingungen der Staaten.

Innerhalb der reaktionären Ideologie der Monopolbourgeoisie kann man zwei Richtungen unterscheiden: eine extrem rechte Richtung faschistischer oder halbfaschistischer Prägung und eine relativ gemäßigte, konservative Richtung. In der Ideologie der mittleren Bourgeoisie ist neben der extrem rechten und der konservativen noch eine dritte Richtung zu beachten – der bürgerliche Radikalismus und Reformismus.

Die Ideologie der kleinbürgerlichen (Zwischen-)Schichten ist überaus heterogen. Ein Teil dieser Schichten ist von den extremen Reaktionären, ein weiterer von den bürgerlichen Konservativen und ein dritter Teil (der in einigen Ländern sogar beträchtlich ist) von den bürgerlichen Reformisten beeinflußt. Außerdem ist das Kleinbürgertum der Nährboden für den rechten und den linken Revisionismus sowie für weitere Richtungen des spezifisch kleinbürgerlichen Sozialismus (zum Beispiel für den Anarchismus).

Die Ideologie des fortschrittlichen Teils des Proletariats (in einigen kapitalistischen Ländern des überwiegenden Teils dieser Klasse) ist der Marxismus-Leninismus, der wissenschaftliche Sozialismus (wobei der wissenschaftliche Sozialismus auch das Bewußtsein eines Teils der kleinbürgerlichen Schichten prägt). Andererseits stehen einzelne Gruppen des Proletariats (in einigen kapitalistischen Ländern ein bedeutender Teil oder gar die Mehrheit) aus verschiedenen Ursachen historischen Charakters zeitweilig unter dem Einfluß mannigfaltiger bürgerlicher und kleinbürgerlicher ideologischer Richtungen.

Eine wissenschaftlich fundierte Kritik der gegenwärtigen bürgerlichen und kleinbürgerlichen ökonomischen Konzeptionen über den Sozialismus setzt voraus, daß das Verhältnis zwischen den genannten ideologischen Richtungen und den Hauptrichtungen der antimarxistischen, antileninistischen ökonomischen Theorien der Gegenwart bestimmt wird.

In den letzten Jahrzehnten wird im Rahmen der politischen Ökonomie des Bürgertums eine Auseinandersetzung zwischen folgenden Richtungen geführt: a) der „mikroanalytischen“ Richtung der Grenznutzenschule und der „Zurechnung“ der Produktionsfaktoren („neoklassische“ Schule); b) der Richtung der „Makroanalyse“ des Einkommens auf der Basis subjektiver „Neigungen“ und „Hänge“ (Keynesianismus); c) der Richtung des sozialstrukturellen Analyse der Wirtschaft auf der Basis der subjektiven „Verhaltens-“motivationen der Individuen und Gruppen („institutionalistisch-soziologische “Richtung)[108]. Spezifische Richtungen sind die bürgerlichen und kleinbürgerlichen Theorien, die in der Gestalt einer Revision der marxistischen politischen Ökonomie von rechts oder von links auftreten.

108 Neben diesen Hauptrichtungen der bürgerlichen politischen Ökonomie wären noch

In Anbetracht des eklektischen und vulgären, oberflächlichen Charakters der gegenwärtigen bürgerlichen politischen Ökonomie ist es unmöglich, irgendeine ihrer Richtungen „in reiner Form“ als theoretisch-ökonomische Grundlage dieser oder jener allgemeinen ideologischen oder politischen Strömung herauszukristallisieren. So kann z. B. eine extrem reaktionäre Strömung für ihre Ziele nicht nur auf die neoklassische und die keynesianische Theorie, sondern auch auf den Institutionalismus und die ihm besonders nahe stehenden Konzeption der jüngeren Historischen Schule zurückgreifen. Gleiches kann auch von der konservativen Strömung gesagt werden. Der bürgerliche Reformismus entstellt und mißbraucht zudem einzelne Thesen des Marxismus. Die kleinbürgerlichen Strömungen benutzen dann, wenn sie ein gesondertes Dasein führen und bestrebt sind, eine ökonomische Theorie auszuarbeiten, die sich von der Theorie des bürgerlichen Reformismus unterscheidet, entstellte Grundsätze der marxistischen politischen Ökonomie, wobei sie ihnen verschiedene bürgerliche und kleinbürgerliche Konzeptionen hinzufügen.

Unter den gegenwärtigen Bedingungen stützen sich die reaktionären und konservativen bürgerlichen Strömungen in den USA, der BRD, in England und Italien vor allem auf die neoklasssischen Theorien des Marktgleichgewichts, die sie durch keynesianische Theorien der Kredit- und Haushaltsregulierung ergänzen. In Frankreich spielt für diese Strömungen außerdem noch eine dem Institutionalismus verwandte soziologische Doktrin eine Rolle. Der Institutionalismus fungiert jedoch in erster Linie als theoretisches Instrument des Reformismus. Letzterer bedient sich (besonders in England und in der BRD) weitgehend der neoklassischen Wert- und Markttheorien sowie keynesianischer Konzeptionen der effektiven Nachfrage und des Zinses.

Alle erwähnten Versionen bürgerlicher politökonomischer Theorien werden wie die revisionistischen Zerrbilder der Marxschen Theorie von *jeder* bürgerlichen und kleinbürgerlichen ideologischen Strömung zur Charakterisierung der kapitalistischen Wirtschaft und ihrer Evolution sowie zur Charakterisierung der Wirtschaftsordnung in den sozialistischen Ländern und ihrer Entwicklungsprozesse benutzt. Darüber hinaus bedient man sich dieser Theorien im Rahmen des Bourgeoissozialismus (Reformismus) und des kleinbürgerlichen rechten und linken Sozialismus bei der Ausarbeitung programmatischer Konzeptionen eines nichtmarxistischen, nichtproletarischen Sozialismus.

Den prinzipiellen Zusammenhang zwischen der Position im Klassenkampf und der Position in der politökonomischen Theorie unterstreichend, sagte Marx: „Es ist zum Beispiel kaum anzunehmen, daß wir in unserm Krieg gegen das Kapital erfolgreich sein könnten, wenn wir unsere Taktik – sagen wir – von der

zu nennen die eklektische Richtung der neoklassischen Synthese, die den Keynesianismus mit der Grenznutzentheorie verbindet, der Neoliberalismus als Vereinigung der Grenznutzentheorie mit den Dogmen der jüngeren Historischen Schule, die Schwedische Schule u. a. m.

politischen Ökonomie eines Mill ableiten würden. Er hat eine Art der Beziehungen zwischen Arbeit und Kapital umrissen. Wir hoffen zu beweisen, daß es möglich ist, eine andere Beziehung herzustellen."[109]

Angesichts der objektiven Tatsache, daß in keiner einzigen bürgerlichen und kleinbürgerlichen Richtung eine eindeutige Einheit von Ideologie, Programm und Wirtschaftstheorie besteht, negiert eine Reihe von bürgerlichen Ökonomen jeglichen Zusammenhang zwischen diesen Momenten. So entwickelten die namhaften französischen Historiker auf dem Gebiet der ökonomischen Lehren Charles Gide und Charles Rist die seinerzeit verbreitete Konzeption, daß die politische Ökonomie aus zwei verschiedenartigen und innerlich nicht miteinander verbundenen Teilen besteht – aus der (reinen oder beschreibenden) ökonomischen Wissenschaft sowie aus den ökonomischen Idealen und praktischen Programmen. Beide Teile machen angeblich eine selbständige Evolution durch; auf dem Gebiet der ökonomischen Wissenschaft sei eine Annäherung der Positionen der Wissenschaftler zu beobachten, während auf dem Gebiet der Ideale und Programme die Meinungsverschiedenheiten zwischen den einzelnen Strömungen erhalten bleiben und zunehmen würden[110]. „Liberale, Sozialisten, Interventionisten, Staatssozialisten und christliche Sozialisten fahren fort, sich ihre Ideale und ihre praktischen Methoden entgegen zu halten. Wird sie nun die Wissenschaft zusammenführen? Sicherlich nicht, denn die Gründe, auf die sie sich stützen, stammen zu einem guten Teil aus anderen Quellen als der Wissenschaft. Religiöser Glaube und Moralanschauungen, politische und soziale Überzeugungen, individuelle Gefühle und Neigungen, bis zu persönlichen Interessen und Erfahrungen spielen hier ihre Rolle und tragen dazu bei, den Standpunkt eines jeden zu bestimmen."[111]

In Wirklichkeit aber werden sowohl Übereinstimmung als auch Unterschiede in den Auffassungen der einzelnen bürgerlichen und kleinbürgerlichen Ideologen auf dem Gebiet der ökonomischen Theorie wie auch auf dem Gebiet der ökonomischen und politischen Programme vor allem von dem sozialen, klassenmäßigen Standpunkt jedes dieser Ideologen bestimmt. Eben darum ist es möglich und notwendig, sowohl die allgemeinen Momente als auch die Unterschiede in den einzelnen bürgerlichen und kleinbürgerlichen politökonomischen Konzeptionen herauszuarbeiten, und eben darum ist es andererseits auch prinzipiell falsch, die ökonomische Theorie von den programmatischen Schlußfolgerungen aller dieser Konzeptionen zu trennen.

Die bürgerlichen Ökonomen und Soziologen unternahmen wiederholte Versuche, das Problem des Kampfes zwischen dem wissenschaftlichen, proletarischen Sozia-

109 Aufzeichnung eines Interviews, das Karl Marx einem Korrespondenten der Zeitung „The World" gewährte, in: MEW, Bd. 17, Berlin 1962, S. 643.

110 Charles Gide/Charles Rist, Geschichte der volkswirtschaftlichen Lehrmeinungen, Jena 1913, S. 731f.

111 Ebenda, S. 732.

lismus auf der einen und den bürgerlichen und kleinbürgerlichen Sozialismuskonzeptionen auf der anderen Seite zu verfälschen.

Einen Versuch, die Etappen und Richtungen der Sozialismuskonzeptionen aus bürgerlicher Sicht zu interpretieren, stellt das zweibändige Werk des bürgerlichen Theoretikers der „Lausanner Schule" Vilfredo Pareto „Die sozialistischen Systeme" dar, das auch heute noch in antimarxistischen Traktaten eine Rolle spielt.[112]

Der Sozialismus wird in dieser Arbeit als ahistorisches ethisches Bestreben dargestellt, den „humanen Sehnsüchten" der Menschen Ausdruck zu geben. Nach Ansicht von Pareto gliedert sich jede Gesellschaft unabhängig vom Niveau ihrer Entwicklung in eine herrschende „Elite" und die unterdrückten Massen. Pareto ersetzt in diesem Zusammenhang die These vom Klassenkampf durch eine These vom ewigen Kampf zwischen der „alten Elite", die ihre Macht zu erhalten trachtet, und der zur Macht strebenden „neuen Elite". Die sozialistischen Doktrinen erwiesen sich unter diesen Umständen nach Auffassung von Pareto lediglich als Instrument im Kampf zwischen „alter" und „neuer Elite".

Der gegenwärtige französische Historiker auf dem Gebiet der ökonomischen Theorien Emile James stellt die Auseinandersetzung zwischen dem proletarischen Sozialismus und den bürgerlichen und kleinbürgerlichen Doktrinen als partielles Moment des Kampfes zwischen Liberalismus und Totalitarismus dar. Als Ergebnis dieses Kampfes sieht James eine Zwischenströmung, den Dirigismus an, in dem sich (auf der theoretischen Basis des Keynesianismus) die reformistischen Liberalen und die sozialistischen Liberalen (d. h. der radikale Teil der bürgerlichen Reformisten, die rechten Sozialdemokraten und der Rechtsrevisionismus) treffen würden. James stellt den Dirigismus, in dem er das „Zeichen der Zeit" zu sehen glaubt, sowohl dem Kapitalismus als auch dem wissenschaftlichen Sozialismus gegenüber[113]

Der zeitgenössische amerikanische institutionalistische Ökonom Ben P. Seligman, der gleichfalls das sozialhistorische Bild des realen ideologischen Kampfes verzerrt, versucht den wissenschaftlichen Sozialismus mit der jüngeren Historischen Schule und dem Institutionalismus als eine Theorie in eine Reihe zu stellen, die angeblich die historisch vorübergehende Etappe der „Auflehnung" gegen den Formalismus der „traditionellen" bürgerlichen Wirtschaftstheorie charakterisieren.[114]

Eines der jüngsten größeren Unterfangen, die Etappen und Richtungen der Sozialismuskonzeptionen bürgerlich zu interpretieren, ist die zweibändige Schrift „Der Europäische Sozialismus. Geschichte der Ideen und Bewegungen von der industriellen Revolution bis zu Hitlers Machtantritt." Verfasser dieses Buches

[112] Vilfredo Pareto, Les systèmes socialistes, Bd. 1, 2, Paris 1926.

[113] Emile James, Istorija ėkonomičeskoj mysli XX v. Moskva, 1959, S. 44, 235.

[114] Ben P. Seligman, Osnovnye tečenija sovremennoj ėkonomičeskoj mysli, Moskva 1968, S. 23.

ist der Sozialreformist Karl Landauer, Professor für politische Ökonomie an der Universität von Kalifornien.[115]

Als „wahre" sozialistische Theorie werden in dieser Arbeit die Doktrinen der deutschen, französischen und italienischen „gemäßigten", d. h. rechten, Sozialdemokraten ausgegeben, während der Verfasser „den Kommunismus und Faschismus als Abzweigung des Sozialismus und dem Sozialismus zugleich feindliche Bewegungen" darzustellen versucht. Landauer, der die reale Konstellation der Klassenkräfte und die realen Faktoren und Entwicklungsrichtungen des ideologischen Kampfes verzerrt, deklariert den Sozialreformismus als Bewegung, die an zwei Fronten kämpft: gegen den Kapitalismus und gegen den Totalitarismus. Daß es wissenschaftlich und faktisch haltlos ist, einen Gegensatz zwischen Kapitalismur und faschistischem Totalitarismus zu konstruieren, liegt auf der Hand. Was aber die verleumderischen Versuche Landauers angeht, den wissenschaftlichen Sozialismus dem Totalitarismus gleichzusetzen, ihn sogar in eine Reihe mit dem Faschismus zu stellen, wobei sich der Autor heuchlerisch auf eine „ständige Enthumanisierung des revolutionären Marxismus" beruft, so leiten sich diese Versuche aus dem Bestreben Landauers ab, die Spaltertätigkeit der rechten Führer der deutschen Sozialdemokratie in der Zeit der erbitterten Auseinandersetzungen der Arbeiterklasse mit dem Faschismus zwischen den beiden Weltkriegen[116] und ihre Liebedienerei vor den Monopolen in allen Etappen der Geschichte des XX. Jahrhunderts zu rechtfertigen.

Den Aufschwung der revolutionären proletarischen Bewegung in den Jahren des ersten Weltkrieges, den Übergang des Imperialismus zu den Methoden der faschistischen Diktatur und Demagogie bezeichnet Landauer naiv als „Hinwendung der breiten Massen zu Faschismus und Kommunismus, die unter diesen Umständen die normale Reaktion menschlicher Wesen auf Elend, Leid und Chaos ist". Landauer führt den Leser zu dem Schluß, daß sowohl Elend und Chaos als auch die Reaktion auf diese Erscheinungen, der Totalitarismus, unvernünftige Abweichungen von der „allgemeinmenschlichen" historischen Norm seien, die zur Zerstörung der Moral führen würden. Die „ethischen Maße, die in ihrer allgemeinen Form eine Errungenschaft der gesamten Menschheit sind", machen es angeblich erforderlich, eine „sozialistische Politik der kleinen Schritte" zu betreiben. Landauer versucht, die Geschichte aus der Position irgendwelcher höherer Prinzipien zu beurteilen, die ihre Verkörperung in der sozialdemokratischen Doktrin gefunden haben. Dieser reformistische Theoretiker, der sich über die universelle Moral verbreitet, begreift nicht, wie verlogen und unmoralisch die von ihm angestellten Gleichnisse zwischen dem Faschismus und seinen Opfern, zwischen dem Faschismus und dem wahren Sozialismus, der die Welt vor der „braunen Pest" gerettet hat, sind.

115 Karl Landauer, European Socialism. A History of Ideas and Movements from the Industrial Revolution to Hitler's Leisure of Power, Bd. I, II, Berkeley/Los Angeles 1959, S. 1894, XVIII.

116 Vgl. Kommunističeskij Internacional, Moskva 1969, S. 335, 348–351.

Es ist sehr bezeichnend, daß Landauer den „Beitrag, den die Sozialismuskritiker von Böhm-Bawerk und Cassel bis zu Mises und Hayek zur Evolution des sozialistischen Denkens geleistet haben", hervorhebt und damit im Grunde genommen eingesteht, daß die Evolution der sozialdemokratischen Wirtschaftstheorien auf Konzessionen an solche offenen Gegner des Sozialismus wie Böhm-Bawerk, Mises und andere hinauslief.

In Wirklichkeit ist nicht der „Kampf zwischen der alten und der neuen Elite", zwischen „Liberalismus und Totalitarismus", sondern der Kampf zwischen Bourgeoisie und Proletariat, der Kampf zwischen der bürgerlichen und der proletarischen Ideologie Angelpunkt und treibende Kraft der Geschichte der ökonomischen Theorien. Es ist unerläßlich, den bürgerlichen Entstellungen ein objektives Bild des ideologischen Kampfes auf dem Gebiet der ökonomischen Theorien über den Sozialismus entgegenzusetzen und sich dabei auf die Arbeiten von Marx, Engels und Lenin sowie die Dokumente der kommunistischen und Arbeiterparteien zu stützen.

Zur Kritik bürgerlicher und kleinbürgerlicher ökonomischer Konzeptionen über den Sozialismus sind in den letzten Jahren eine Anzahl von Arbeiten erschienen.[117] Marxistische Untersuchungen, die der kritischen Analyse des Systems der grundlegenden antimarxistischen Doktrinen zur Ökonomie des Sozialismus in ihrer historischen Evolution und ihren gegenseitigen Beziehungen gewidmet sind, gibt es, soweit uns bekannt, jedoch noch nicht. Mit der vorliegenden Arbeit soll diese Lücke geschlossen werden.

Die Aufgaben der Darstellung und Kritik der klassenbedingten Richtungen der bürgerlichen und kleinbürgerlichen ökonomischen Konzeptionen über den Sozialismus, ihrer politökonomischen Problematik und Methodologie sowie der Hauptetappen ihrer Evolution bestimmen die allgemeine Struktur dieser Arbeit.

Das Werk besteht insgesamt aus drei Bänden, die jeweils eine Kritik der miteinander verbundenen hauptsächlichen bürgerlichen und kleinbürgerlichen ökonomischen Sozialismuskonzeptionen bestimmter Perioden enthalten. Der erste Band umfaßt den Zeitraum von der Mitte des XIX. Jahrhunderts bis zur Großen Sozialistischen Oktoberrevolution, der zweite Band die Periode von der Großen Sozialistischen Oktoberrevolution bis zum zweiten Weltkrieg und der dritte Band die Zeit nach dem zweiten Weltkrieg.

Ohne in irgendeiner Weise den Anspruch auf eine vollständige Analyse der nichtmarxistischen Sozialismuskonzeptionen in den einzelnen Ländern und den

[117] Kritika ėkonomičeskich teorij predšetvennikov sovremennoge revizionizma. Pod red. F. Ja. Poljankogo, Moskva 1960; S. A. Chavina, Kritika buržuaznych vzgljadov na zakonomernosti socialističeskogo chozjajstvovanija, Moskva 1968; Kritika buržuaznych koncepcij ėkonomiki socializma. Pod red. Ju. Ja. Ol'seviča, Moskva 1971; F. Ja. Poljanskij, Socializm i sovrmennyj reformizm, Moskva 1971; F. Ja. Poljanskij, Socializm i sovremennyj reformizm, Moskva 1972; Protiv buržuaznych i melkoburžuaznych teorij socializma. Pod. red. L. M. Gatovskogo i dr., Moskva 1972; und andere.

verschiedenen historischen Etappen zu erheben, bilden alle drei Bände eine zusammenhängende Einheit, soweit die Grundrichtungen dieser Konzeptionen nach den hauptsächlichen Etappen ihrer Evolution kritisch untersucht werden. Die Arbeit stellt somit eine Sammlung von Abrissen dar, deren einendes Band die methodologische und historische Betrachtungsweise ist und die die Kernfragen der Thematik beleuchten.

In den Abrissen des vorliegenden ersten Bandes werden die ökonomischen Sozialismuskonzeptionen von Louis Blanc, Proudhon, Rodbertus, des Kathedersozialismus, von Lassalle, Dühring, Bernstein, der Theoretiker des christlichen Sozialismus, des Agrarsozialismus, der bürgerlichen Grenznutzentheorie, der Fabier, des Gildensozialismus, des Genossenschafts-Sozialismus, des legalen Marxismus, des Anarchismus und des Anarchosyndikalismus kritisiert. Gegenstand der Untersuchung sind ferner einige antifeudale kleinbürgerliche utopische Sozialismuskonzeptionen aus China, Indien und arabischen Ländern.

Die Abrisse sind im Buch in Abschnitte gruppiert. Der eklektische Charakter der bürgerlichen und kleinbürgerlichen Sozialismuskonzeptionen, ihre enge Wechselbeziehung und gegenseitige Durchdringung verbieten die konsequente Anwendung irgendeines einheitlichen Gruppierungsprinzips. Im gegenwärtigen Stadium der Forschung erscheint es sinnvoll, die Konzeptionen zu Abschnitten zusammenzufassen, die historisch und theoretisch besonders eng miteinander verbunden sind oder in ihren methodologischen Funktionen Gemeinsamkeiten haben oder aber schließlich besondere spezifische Merkmale aufweisen. Im Abschnitt I werden die Konzeptionen des bürgerlichen und kleinbürgerlichen Sozialismus in Frankreich und Deutschland im 19. Jahrhundert kritisch untersucht. Das sozialökonomische Denken hat sich in diesen beiden Ländern im 19. Jahrhundert im Zeichen einer sehr engen Wechselbeziehung entwickelt, wobei der wesentliche Unterschied in den historischen Bedingungen diese Wechselwirkung nicht geschwächt, sondern im Gegenteil gestärkt hat (was natürlich den Einfluß aus anderen Ländern keineswegs ausschließt). Im Abschnitt II werden jene allgemeinen Formen der antiproletarischen Sozialismuskonzeptionen einer Kritik unterzogen, die mehr oder minder in mehreren kapitalistischen Ländern verbreitet waren und deren Elemente von unterschiedlichen bürgerlichen und kleinbürgerlichen Theoretikern aufgegriffen wurden: der Agrarsozialismus, der christliche Sozialismus, die neoklassischen (oder grenznutzlerischen) Interpretationen des Sozialismus. Im Abschnitt III wurden Abrisse zusammengefaßt, die solche bürgerlichen und kleinbürgerlichen Sozialismuskonzeptionen untersuchen, die vorwiegend in England entwickelt worden sind: der Fabiersozialismus, der Gildensozialismus und der Genossenschafts-Sozialismus, die eng miteinander verbunden und verflochten sind. Im Abschnitt IV werden kleinbürgerliche Sozialismuskonzeptionen kritisiert, die unter den verschiedenen Richtungen des Anarchismus verbreitet waren.

Die spezifischen Besonderheiten der bürgerlichen und kleinbürgerlichen Sozialismuskonzeptionen in Rußland werden in den beiden Abrissen des Abschnitts V betrachtet: Ein Abriß befaßt sich im wesentlichen mit den kleinbürgerlichen Konzeptionen der Volkstümler, der andere mit den bürgerlich-reformistischen Konzeptionen des legalen Marxismus.

Der Abschnitt VI ist der Entstehung der Konzeptionen des bäuerlich-demokratischen kleinbürgerlichen Sozialismus im 19. Jahrhundert unter den Bedingungen des sich auflösenden Feudalismus im halbkolonialen China und im kolonialen Indien sowie in den arabischen Ländern gewidmet.

Der Abschnitt VII enthält schließlich einen Abriß über den einfachen Gleichheits-Kommunismus. Diese Frage (wie auch die Analyse der Konzeption der Begründer des utopischen Sozialismus) geht im allgemeinen über den Aufgabenkreis der vorliegenden Arbeit hinaus, andererseits ist die Analyse der politökonomischen Aspekte der Theorien des einfachen Gleichheits-Kommunismus, die die Ideologie des revolutionären, klassenmäßig jedoch noch nicht ausgereiften Vorproletariats zum Ausdruck bringen, außerordentlich wichtig für die Bestimmung der wissenschaftlichen Positionen, von denen aus der Marxismus-Leninismus den Kampf gegen die bürgerlichen und kleinbürgerlichen Sozialismuskonzeptionen führt.

Die Struktur des ersten Bandes von Abrissen wird im großen und ganzen den Grundrichtungen der bürgerlichen und kleinbürgerlichen Sozialismuskonzeptionen in dem genannten Zeitraum gerecht. Bei einer noch systematischeren und ausführlicheren Untersuchung der Problematik müßte die Analyse indes noch einige weitere Abschnitte enthalten. Speziell erforscht werden müßte beispielsweise die Frage der Evolution des utopischen Sozialismus im Verlauf des XIX. Jahrhunderts, seiner Wiedergeburt in Gestalt verschiedener bürgerlicher und kleinbürgerlicher Konzeptionen. Eine noch eingehendere kritische Betrachtung verdienten die Konzeptionen namhafter Vertreter des bürgerlichen und kleinbürgerlichen Sozialismus in Frankreich, England, Rußland und in einer Reihe weiterer Länder Europas sowie in den USA. Einen gesonderten Gegenstand der kritischen Analyse bilden die spezifischen Konzeptionen über den Sozialismus in den Ländern Asiens und Lateinamerikas.

Allein schon diese knappe Aufzählung macht deutlich, daß mit den in dem vorliegenden Buch enthaltenen Abrissen lediglich ein erster Schritt zur Ausarbeitung dieser theoriengeschichtlichen Problematik getan ist. Wir hoffen, daß sie die wissenschaftliche Öffentlichkeit zu weiteren kollektiven Forschungsarbeiten anregen werden.

Die hiermit der Aufmerksamkeit der Leser empfohlene Arbeit ist ein Ergebnis der Zusammenarbeit von Wissenschaftlern aus der UdSSR und der DDR. Die große Anzahl der Beteiligten ermöglichte schöpferische Diskussionen, den Vergleich unterschiedlicher Standpunkte zu einem großen Kreis von theorie-historischen Problemen der marxistischen Kritik des Antikommunismus. In diesen Diskussionen kam die prinzipielle Übereinstimmung der Wissenschaftler der sozialistischen Länder zu allen grundlegenden Problemen, die Gemeinsamkeit der marxistisch-leninistischen Prinzipien zum Ausdruck, von denen sich alle Autoren in ihrer Arbeit leiten ließen.

1. ABSCHNITT

1. KAPITEL

Ökonomische Konzeptionen des bürgerlichen und kleinbürgerlichen Sozialismus in Frankreich und Deutschland im XIX. Jahrhundert

Die Revolutionen von 1830 und 1848 führten in Frankreich zur Ablösung der Feudalgesellschaft und festigten die Herrschaft der Bourgeoisie. Gleichzeitig trennte sich der proletarische Sozialismus vom bürgerlichen und kleinbürgerlichen „Sozialismus".

In verschiedenen europäischen Ländern nahm der bürgerliche und kleinbürgerliche Sozialismus unterschiedliche Formen an, die dem kapitalistischen Entwicklungsniveau und der Entfaltung des Klassenkampfes in diesen Ländern entsprachen. In England und Frankreich bildete sich in dieser Zeit bereits eine proletarische Bewegung heraus. In Deutschland, wo der proletarische Klassenkampf früher nur sporadisch in Erscheinung trat, war der Aufstand der schlesischen Weber im Juni 1844 von großer Bedeutung. Dieser Aufstand fand in ganz Deutschland große Resonanz, und er trug dazu bei, die prinzipiellen Klassenunterschiede auf ideologischem Gebiet aufzudecken.

Für die Entwicklung des Klassenbewußtseins der deutschen Arbeiter war es unter diesen Umständen äußerst wichtig, den „wahren Sozialismus" zu entlarven, der die reaktionären Interessen des deutschen Kleinbürgertums zum Ausdruck brachte. Die Vertreter des „wahren Sozialismus" entstellten die revolutionären Ereignisse, um zu beweisen, daß es sinnlos sei, die Erfahrungen des französischen Klassenkampfes für die Bewegung in Deutschland zu nutzen. Friedrich Hermann Semmig, ein Anhänger dieser Konzeption, wies 1846 darauf hin, daß die Liberalen in Frankreich die politische Macht mit Hilfe der Arbeiter errangen, die ihrerseits allerdings davon keinen Gewinn hatten. Semmig forderte die Arbeiter daher auf, die deutsche liberale Bourgeoisie nicht zu unterstützen und am politischen Kampf nicht teilzunehmen. Er ging davon aus, daß die Bourgeoisie die Macht selbständig erobern müsse. Es sei dagegen Sache der Sozialisten, die Ideen der Gerechtigkeit und der allgemeinen Liebe zu propagieren und sie unter allen Bevölkerungsschichten zu verbreiten, um somit auf der Grundlage allgemeiner ethischer Prinzipien den Boden für Veränderungen des gesellschaftlichen Lebens vorzubereiten. Semmig reduzierte den Sozialismus auf ein Mitgefühl für die Leiden der ganzen Menschheit und ignorierte auf diese Weise die Aufgabe der Befreiung des Proletariats vom Feudaljoch und der Herrschaft der Bourgeoisie.

Die von den Ideen Feuerbachs inspirierten „wahren Sozialisten" stützten sich nicht auf dessen philosophischen Materialismus, sondern auf seine idealistische Interpretation der gesellschaftlichen Verhältnisse. Nach der Feuerbachschen Lehre ist die Liebe zwischen den Menschen die höchste Form der Religion, die vorantreibende Kraft bei der Vervollkommnung der Menschen und der Gesellschaft. Auf dem Boden dieser idealistischen Ideen trieb der „wahre Sozialismus" üppige Blüten; er wollte das Proletariat nicht durch die ökonomische Umgestaltung der Produktionsverhältnisse und der Produktion, sondern die gesamte Menschheit durch die Liebe befreien.

Ein typischer Vertreter dieser Richtung war auch Karl Grün. Im Herbst 1844 erschien sein kurzer Artikel „Feuerbach und die Sozialisten", in dem er gegen alle auftrat, die die Aufmerksamkeit auf Fragen der Entlohnung, der Konkurrenz und der Arbeitsorganisation lenkten und die ihre Unzufriedenheit über die Gesellschaftsordnung zum Ausdruck brachten. Karl Grün erklärte, daß die Flamme echter menschlicher Liebe stark genug sei, um alle Feinde zu verbrennen. Seiner Meinung nach genüge es, die Ideen Feuerbachs zu verwirklichen, um die Menschen zum Sozialismus, der höchsten Vorbestimmung der menschlichen Gattung zu führen.

Karl Marx und Friedrich Engels haben die „wahren Sozialisten" in der „Deutschen Ideologie" (1845–46) schonungslos kritisiert.[1] Sie zeigten, daß die „wahren Sozialisten" den Sozialismus und Kommunismus in zwei abstrakte Theorien verwandelt haben und dabei den Sozialismus einfach als einen Zweig der allumfassenden deutschen Wissenschaft auslegten, die in der Lage sei, eine neue Gesellschaft auf idealistischer Grundlage zu schaffen. Die Notwendigkeit des Sozialismus glaubten die „wahren Sozialisten" mit der Diskrepanz zwischen Arbeit und Genuß nachweisen zu können. Wie andere Moralisten sahen sie in der zeitgenössischen Gesellschaft nur „zwei Pole", Rentiers und Proletarier, und ignorierten alle historischen Entwicklungsstufen der Klassengesellschaft und deren komplizierte Ausbeutungsstruktur.

Ideologen des deutschen Kleinbürgertums versuchten sich als Verfechter der Konzeption des „wahren Sozialismus" sowohl der erstarkenden und aufstrebenden deutschen Bourgeoisie, als auch dem anwachsenden deutschen Proletariat entgegenzustellen. Die Revolution von 1848 bereitete diesem Versuch der kleinbürgerlichen Verflechtung des Sozialismus ein jähes Ende, da die Revolution die Unumgänglichkeit der Verschärfung des Klassenkampfes demonstrierte und die Gegensätzlichkeit der Interessen des Proletariats einerseits und aller Ausbeuterklassen andererseits aufzeigte.

Während der „wahre Sozialismus" eine Reaktion des deutschen Kleinbürgertums auf den Klassenkampf in Frankreich darstellte, waren die sehr widersprüchlichen Ansichten von Karl Rodbertus-Jagetzow vor allem eine Reaktion auf die Chartistenbewegung in England.

Bei der Analyse der Ansichten von Rodbertus zeigten Karl Marx und Friedrich Engels auf, daß der Horizont des Pommerschen Großgrundbesitzers diese Ansichten einengten.[2] Rodbertus begegnete dem Kapitalismus auf dem Lande und in

[1] Karl Marx/Friedrich Engels, Die deutsche Ideologie, in: MEW, Bd. 3, Berlin 1958, S. 9ff.

[2] Vgl. zum Beispiel: Friedrich Engels, Vorwort zur ersten deutschen Ausgabe von Karl

der Stadt als Gegner. Bei seiner Kritik des Kapitalismus trat er als Apologet der Großgrundbesitzer auf, die sich als Verteidiger der Interessen der Arbeiterklasse und als deren Verbündete im gemeinsamen Kampf gegen die Kapitalistenklasse darzustellen suchten.

Rodbertus ging davon aus, daß der Staat nicht auf sozialen, sondern nationalen Elementen basiert. Er verurteilte deshalb die staatlichen Maßnahmen zur bürgerlichen Entwicklung des Landes und versuchte, im Interesse der Großgrundbesitzer und Arbeiter eine neue Staatspolitik vozuschlagen. Die Erhöhung der Arbeitslöhne betrachtete er als Mittel, um sowohl die Nachfrage nach landwirtschaftlichen Produkten zu steigern, als auch die Einnahmen der Industriekapitalisten zu verringern.

In seinem Artikel „Die Forderungen der arbeitenden Klassen" bringt Rodbertus seine Befürchtungen über die politischen Forderungen zum Ausdruck, die die Chartisten in den dreißiger Jahren in England formuliert hatten. Er trat dagegen auf, die feudalen Monarchien durch Republiken zu ersetzen und setzte sich für die „Einheit von Eigentum und Arbeit" ein, worunter er die feudal-patriarchalische Produktionsform verstand. Rodbertus idealisierte das Mittelalter und schätzte die streng reglementierten Beziehungen zwischen Herren und Knechten oder zwischen Meistern, Gesellen und Lehrlingen im gutsherrlichen Dorf beziehungsweise in den städtischen Werkstätten und Korporationen sehr hoch ein. Seiner Meinung nach waren die Menschen in der Feudalgesellschaft sogar mit dem bescheidensten Los zufrieden, das sie als eine gesellschaftliche, von Gott auferlegte Bürde empfanden.

Die praktischen Vorschläge von Rodbertus zur Erhöhung der Arbeitslöhne und zur Verbesserung ihrer Arbeitsbedingungen waren zweifellos progressiv. Sein „neues Gesellschaftssystem" ging jedoch über den Rahmen der gesellschaftlichen Verhältnisse, die damals in Deutschland existierten auch dann nicht hinaus, wenn ein Eingreifen des Staates in die Beziehungen zwischen Kapitalisten und Arbeitern vorgesehen war.

Das Recht auf Eigentum unterteilt sich nach Rodbertus in das Recht auf die „Substanz" (das Eigentum) und auf die unmittelbare Frucht, das Produkt. Dieses Produkt wird auf dem Markt verkauft, wobei angeblich die Kontrolle des Rechts auf Eigentum verlorengeht und somit eine Umverteilung des Produkts möglich wird. Rodbertus schlug vor, das Lebensniveau der Arbeiter durch Vergrößerung ihres Anteils bei der Verteilung des Produkts zu erhöhen, ohne dabei das Eigentum der Großgrundbesitzer und Kapitalisten anzurühren (das nur „letzten Endes" beseitigt werden muß).[3]

Marx' Schrift „Das Elend der Philosophie", in: MEW, Bd. 21, Berlin 1962, S. 186; Friedrich Engels, Vorwort zum zweiten Band von „Das Kapital", in: MEW, Bd. 24, Berlin 1963, S. 20; Friedrich Engels, Brief an August Bebel vom 22. Dezember 1882, in: MEW, Bd. 35, Berlin 1967, S. 416; Friedrich Engels, Brief an Eduard Bernstein vom 8. Februar 1883, in: MEW, Bd. 35, Berlin 1967, S. 428.

[3] Vgl. Carl Rodbertus-Jagetzow, Zur Erkenntnis unserer staatswirtschaftlichen Zustände, Neubrandenburg und Friedland 1842.

Rodbertus empfahl, durch Gesetz festzulegen, den Wert aller Güter in Arbeit auszudrücken und dann die Emission von Papiergeld entsprechend dem „konstituierten Wert" der produzierten Güter zu organisieren. Die Funktionen des idealen Arbeitsgeldes sollten mit den Funktionen des gewöhnlichen Geldes identisch sein, allerdings war das ideale Geld nur zur Entlohnung der Arbeiter vorgesehen.

Die Ableitung der Ursachen des Pauperismus und der Handelskrisen betrachtete Rodbertus selbst als seine grundlegende Idee; er meinte, in der damaligen volkswirtschaftlichen Organisation, bei wachsender Arbeitsproduktivität, stelle der Lohn der arbeitenden Klassen einen immer geringeren Teil des Nationalproduktes dar.[4]

Rodbertus zog die richtige Schlußfolgerung, daß sich in der bürgerlichen Gesellschaft die Verelendung des Proletariats und die Bereicherung der Bourgeoisie gleichzeitig vollzieht. Allerdings erkannte er nicht die realen Wurzeln dieser Erscheinung. Deshalb glaubte er, daß ein allmählicher, konfliktloser Übergang von der bürgerlichen Gesellschaft zu einem neuen gesellschaftlichen System unter dem Schutz des deutschen monarchistischen Staates möglich sei. Als Anfangsstadien gesellschaftlicher Veränderungen betrachtete Rodbertus die Steuerreform, die Liquidierung indirekter Steuern für Massenbedarfsartikel und die hohe Besteuerung des Geldkapitals; als folgende Stadien die Festlegung des zehnstündigen Arbeitstages und die Ernennung von Fabrikinspektoren zur Verhinderung von Feiertagsarbeit und zur Beaufsichtigung der Nachtarbeit.

Als langfristige Maßnahme sah Rodbertus die Verstaatlichung der Industrie an. Wenn der Staat die Armee, das Postwesen und den Eisenbahnverkehr organisiert, könne er seiner Meinung nach auch auf anderen Wirtschaftsgebieten in Erscheinung treten. Alle Monopole sollen in die Hände der Regierung übergehen, die als „über den Klassen stehende" Macht einen normalen Arbeitslohn festlegt, die Wohnraumfrage löst und durch die Schaffung einer nationalen, regulierten Wirtschaft einer Revolution vorbeugt.

Friedrich Engels beschäftigte sich in seinem Vorwort zum „Elend der Philosophie" mit den Ideen des „spezifisch preußischen Sozialismus", mit den utopischen Konstruktionen von Rodbertus. In diesem Vorwort bemerkt Engels unter anderem, daß sich Rodbertus den Weg zu wirklich wissenschaftlichen Untersuchungen selbst dadurch abschnitt, „daß er gleich von vornherein auch die Weiterführung Ricardos ... in der Richtung auf die Utopie mit in Angriff nahm... Einmal gefangengenommen von seiner Utopie hatte er sich alle Möglichkeit des Fortschreitens in der Wissenschaft versperrt".[5]

Wie widersprüchlich und wie weit entfernt die Anschaungen von Rodbertus über den Sozialismus von wissenschaftlichen Positionen waren, wird durch die Tatsache deutlich, daß sie als Quelle für sehr unterschiedliche antimarxistische Strö-

[4] Vgl. ebenda.

[5] Friedrich Engels, Vorwort zur ersten deutschen Ausgabe von Karl Marx' Schrift „Das Elend der Philosophie", a. a. O., S. 187.

mungen dienten: sowohl für das kleinbürgerliche Programm des Lassalleanismus, als auch für den bürgerlichen Kathedersozialismus.

Rodbertus war ein befähigter Theoretiker und scharfsinniger Kritiker einer Reihe von Mängeln des frühen Entwicklungsstadiums des Kapitalismus. In prinzipiellen Fragen konnte er jedoch die Beschränktheit der Ansichten eines Pommerschen Großgrundbesitzers nicht überwinden.

Während die bürgerlichen und kleinbürgerlichen Sozialisten in Deutschland unter rückständigen bürgerlichen Verhältnissen ihre Hoffnungen bei der Lösung der „Arbeiterfrage" auf den junkerlichen monarchistischen Staat legten, wurden in Frankreich unter den Bedingungen eines entwickelten Klassenkampfes Versuche unternommen, die Projekte „sozialistischer" Reformen im Rahmen der bürgerlichen Gesellschaft praktisch zu realisieren. Ein bedeutender Vertreter dieses kleinbürgerlichen Reformismus war der französische Journalist Louis Blanc, der „im Namen des Proletariats und zum Schutz des Proletariats" schrieb.

Louis Blanc deckte die Mängel des Kapitalismus auf, verwies auf das Elend und den Hunger unter der arbeitenden Bevölkerung, auf die erschreckenden Folgen der Kinder- und Frauenarbeit, der Spekulation, der Willkür und des Zwanges und auf die zu Wirtschaftskrisen führende Konkurrenz zwischen den Industriellen. Er kam zu der berechtigten Schlußfolgerung, daß die damalige „Gesellschaftsordnung zu sehr von Ungerechtigkeit, Elend und Schande strotzt,"[6] und verändert werden mußte. Während der französischen Revolution von 1848 hat Louis Blanc „eine traurige Berühmtheit dadurch erlangt, daß er den Standpunkt des Klassenkampfes mit den kleinbürgerlichen Illusionen vertauschte, die unter dem Deckmantel einer scheinbar ‚sozialistischen' Phraseologie in Wirklichkeit nur dazu dienen, den Einfluß der Bourgeoisie auf das Proletariat zu festigen"[7]. Nach den Barrikadenkämpfen gegen die bürgerliche Monarchie des Louis-Philippe ernannte die provisorische bürgerliche Regierung Louis Blanc zum Leiter der „Regierungskommission für die Arbeiterfrage", die nach Wegen zur Verbesserung der Lage der Arbeiter suchen sollte. Die Kommission begann mit der Schaffung von „National-Werkstätten" für die Arbeitslosen. Diese Werkstätten bezeichnete Louis Blanc als Beginn einer neuen Gesellschaftsordnung. Er ging davon aus, daß eine Befreiung des Proletariats vom Joch des Kapitals bei mangelnden Produktionsmitteln nicht möglich sei, die Aufgabe des Staates darin bestehe, die Proletarier mit Produktionsmitteln auszurüsten und ihre Arbeit zu organisieren. Darauf folgend entwickele sich mit Unterstützung des Staates neben der bürgerlichen Arbeitsorganisation eine proletarische Arbeitsorganisation. Sie würde ohne Kampf des Proletariats gegen die kapitalistische Ordnung und gegen die Klasse der Bourgeoisie geschaffen.

[6] Vgl. Louis Blanc, Organisation du travail, Paris 1840. Organisation der Arbeit. In: Joachim Höppner, Waltraud Seidel-Höppner, Von Babeuf bis Blanqui, Bd. 2, Leipzig 1975, S. 372.

[7] W. I. Lenin, Louis-Blanc-Politik, in Werke, Bd. 24, Berlin 1959, S. 16.

Nach der Konzeption von Louis Blanc soll der Staat oberster Leiter der neuen Produktion werden, um dann im Konkurrenzkampf alle kapitalistischen Betriebe zu verdrängen oder umzuwandeln. Da für die Organisation der neuen Produktion bedeutende Mittel erforderlich waren, schlug Louis Blanc vor, auch Kapitalisten zu beteiligen, die für das eingebrachte Kapital Zinsen erhalten sollten.

Louis Blancs Ideen zufolge sollte der Staat im ersten Jahr der Organisation der Werkstätten alle administrativen und Produktionsfunktionen selbst ausüben, während in den folgenden Jahren die Arbeiter, nachdem sie Erfahrungen gesammelt hatten, diese Funktionen auf der Grundlage des Wahlprinzips unter sich verteilen sollten. Der Reinertrag der Werkstätten sollte jährlich für folgende Zwecke verteilt werden: 1. für eine ausgleichende Verteilung zwischen den Mitgliedern der Assoziation; 2. für den Unterhalt der Alten, Kranken und Krüppel und für die Linderung von Wirtschaftskrisen, die einzelnen Industriezweigen drohten; 3. zur Vergütung jener, die ihre Produktionsmittel in die Assoziation einbrachten (das heißt vor allem für die Kapitalisten).

Louis Blanc stellte sich also die nationalen Werkstätten als sozialistische Betriebe im Rahmen des bürgerlichen Staates vor. Er meinte, daß ähnlich den Arbeitsassoziationen auch Assoziationen zur Befriedigung materieller und geistiger Bedürfnisse organisiert werden müßten.

Außerdem schmiedete Louis Blanc utopische Pläne einer grandiosen Agrarrevolution ohne Erschütterungen und ohne Landnahme durch die Bauern. Er wollte die Agrarrevolution durch eine Organisation der Arbeit auf gesellschaftlichem Boden verwirklichen, deren Prinzipien denen der Industrieassoziationen analog sein sollten.

Die Reformprojekte Louis Blancs dienten der Reaktion als Mittel zur Aufrechterhaltung kleinbürgerlicher kompromißlerischer Illusionen unter den Werktätigen, als Schutzschild, hinter dem die Zerschlagung proletarischer Organisationen, die blutige Unterdrückung der ersten Versuche der Arbeiterklasse, selbständig für die Verteidigung ihrer Interessen aufzutreten, vorbereitet wurde.

Die in Verruf geratenen Ideen Louis Blancs wurden in Frankreich durch die ebenfalls kleinbürgerlichen, aber eine wesentlich größere Lebenskraft erreichenden Ideen Pierre Proudhons abgelöst.

Die kritische Konzeption Proudhons erhielt schon vor 1848 ihre endgültige Form, aber Versuche zur praktischen Lösung der sozialen Frage auf der Grundlage dieser Konzeption wurden erst etwas später unternommen (so wurde beispielsweise eine Volksbank im Februar 1849 eröffnet).

Die Konzeptionen Proudhons bestachen durch ihren äußerlichen Radikalismus, durch lautstarke Angriffe gegen die auf wirtschaftlichen, politischen, moralischen und anderen Gebieten existierenden Grundsätze und Prinzipien. Schon die Ideen seiner ersten Arbeit „Was ist das Eigentum" erschienen derart gegen Gesellschaft und Regierung gerichtet, daß die Frage nach seiner gerichtlichen Verurteilung gestellt wurde. Proudhon formulierte folgende Thesen: Jedes Eigentum ist Diebstahl; alle sozialen Privilegien, die unter dem Vorwand eines besonderen Talents oder besonderer Verdienste erworben oder, genauer gesagt, usurpiert wurden, stellen Ungleichheit und Zwang dar.[8]

Proudhon wandte sich nicht nur gegen die bürgerliche politische Ökonomie seiner Zeit, sondern auch gegen den Sozialismus von Fourier und Saint-Simon. Er negierte die Produktivität des Kapitals und widersprach damit der Fourierschen Formel „Jedem nach seinem Kapital und Talent". Ausgehend von der These, daß alle Produkte nur durch die Arbeit geschaffen werden, betrachtete er die Formel von Saint-Simon „Jedem nach seiner Fähigkeit, jeder Fähigkeit nach ihren Werken" als falsch.

Das von den utopischen Sozialisten formulierte Prinzip „Jedem nach seiner Arbeit" basierte nach Proudhons Meinung auf zwei falschen Voraussetzungen; in der gesellschaftlichen Arbeit könne sich der Anteil des einen Individuums vom Anteil eines anderen unterscheiden und die Menge der produzierten Dinge könne ins Unendliche wachsen.

Die Schlußfolgerungen, die Proudhon in seiner ersten Denkschrift zog, hatten abstrakten Charakter. Sie waren von den Klassenaufgaben des Proletariats weit entfernt, wovon die folgenden in sich sehr widersprüchlichen, grundlegenden Aussagen zeugen:

1. Der Privatbesitz ist Bedingung des gesellschaftlichen Lebens, während das Eigentum gesellschaftlicher Selbstmord ist. Der Besitz entspricht dem Recht, das Eigentum widerspricht ihm. Wird das Eigentum vernichtet und der Besitz erhalten, so ändern sich dank dessen die Gesetze, die Regierung, die Volkswirtschaft, die Institutionen und das Übel werden beseitigt.

2. Das Recht des Besitzergreifens ist für alle gleich, deshalb ändert der Besitz mit der Zahl der Besitzer; Eigentum kann selbst nicht entstehen.

3. Das Arbeitsergebnis ist ebenfalls für alle gleich, darum wird das Eigentum bei Ausbeutung fremder Arbeit liquidiert.

4. Da jede gesellschaftliche Arbeit mit Notwendigkeit kollektiver Kraft entspringt, muß auch jegliches Eigentum kollektiv und unteilbar sein (genauer gesagt, die Arbeit beseitigt das Eigentum).

5. Jegliches Arbeitsgeschick und -talent stellt genau wie jedes Arbeitsmittel akkumuliertes Kapital, kollektives Eigentum dar. Folglich ist jede Ungleichheit im Stand und im Vermögen, die unter dem Vorwand ungleichen Talents entsteht, Ungerechtigkeit und Diebstahl.

6. Die Handelsbedingungen, Freiheit der Partner und Äquivalenz der getauschten Produkte, sind unbedingt einzuhalten. Der Wert wird durch die Summe der für die Erzeugnisse aufgewandten Zeit und Mittel ausgedrückt, die Freiheit aber ist unantastbar, so daß alle Arbeiter den gleichen Lohn erhalten und die gleichen Rechte und Pflichten haben sollen.

7. Ist die Äquivalenz der Produkte Bedingung ihres Tausches, dann ist ein Profit unmöglich und ungerecht. Es genügt, dieses elementarste Prinzip der poli-

[8] Pierre-Joseph Proudhon, Was ist das Eigentum? in: Joachim Höppner, a. a. O., S. 296ff.

tischen Ökonomie einzuhalten, um den Pauperismus und Luxus, Laster und Verbrechen sowie Hunger zu beseitigen.

8. Die Menschen sind durch die streng materiellen Gesetze der Produktion schon assoziiert, bevor sie das bewußt erkennen; die Gleichheit der Bedingungen ist folglich eine Forderung der Gerechtigkeit, das heißt des gesellschaftlichen Rechts.

9. Die einzig mögliche, gerechte und wahre Form gesellschaftlicher Ordnung ist eine Assoziation, in der die Freiheit nur durch die Einhaltung der Gleichheit an Produktionsmitteln bei Äquivalenz des Tausches beschränkt ist.

10. Die Politik ist die Wissenschaft von der Freiheit; die Leitung des Menschen durch den Menschen, wie auch immer man sie bezeichnen möge, ist Unterdrückung; die modernste Gesellschaft ist eine Verbindung von Ordnung und Anarchie.[9]

Zum Zeitpunkt ihres Erscheinens klangen einzelne Aussagen Proudhons wie ein Aufruf zur Zerstörung der gesellschaftlichen Ordnung, zum Kampf gegen die Regierung und die Kapitalisten.

Die Forderungen nach Gerechtigkeit, Freiheit und Gleichheit sind als bürgerlich-demokratische, gegen die Überbleibsel des Feudalismus im vorrevolutionären Frankreich gerichtete Losungen völlig gerechtfertigt. Proudhon versuchte jedoch, von dieser, ökonomisch nicht begründeten Position aus den Kapitalismus zu kritisieren. Seine Erörterungen über den Tausch eines Produkts gegen ein anderes und über die Äquivalenz des Tausches sind aus der von ihm abgelehnten bürgerlichen politischen Ökonomie übernommen.

Die angeführten Schlußfolgerungen hat Proudhon in seinen späteren Denkschriften, die im Jahre 1841 (also lange vor der Revolution) abgeschlossen waren, selbst widerlegt. Die Grundidee dieser Denkschriften bestand darin, daß im zeitgenössischen Frankreich das Eigentum zwar nicht liquidiert, aber auf jeden Fall eingeschränkt wird, und daß sich deshalb die Gesellschaft automatisch in eine sozialistische verwandelt. Darauf Bezug nehmend, daß die Regierung Louis-Philippes Maßnahmen zur Einschränkung des Eigentums der Landaristokratie, zur Senkung der Kapitalzinsen (was einer Beschränkung des Eigentums gleichkommt) und zur Festsetzung eines Lohnminimums für die Arbeiter unternimmt, stellte Proudhon begeistert fest: „Was verbleibt vom alten Eigentumsrecht über Halbjahrhunderte hinweg?“

Nach Proudhons Meinung führt die Freiheit der Arbeit und des Tausches notwendig zur Gleichheit des Besitzes; die Gegenseitigkeit der Dienstleistungen neutralisierte die Privilegien, die aristokratischen Kasten der parasitären Grundbesitzer würden durch produzierende und Handel treibende Nichtadlige expropriiert. Die Prozesse der Liquidierung des alten Adelseigentums und der Durchsetzung der bürgerlichen Gesetzgebung setzt Proudhon mit dem Prozeß der

[9] Vgl. ebenda.

Liquidierung des Eigentums überhaupt und folglich aller sozialen Übel und Ungerechtigkeiten gleich.

Proudhon wandte sich gegen einen revolutionären Umschwung. Auf die Revolution zu hoffen bedeutet nach seinen Worten, die Wahrheit im Ungewissen zu suchen.

Proudhon war der Meinung, daß eine allgemeine Expropriierung des bürgerlichen Eigentums unmöglich sei. Die Hydra des Eigentums wollte er durch einen Angriff auf den Profit und den Zins „erschlagen", wobei dieser Angriff durch die Königsmacht zu führen sei.

Am vollständigsten spiegeln sich die theoretischen Positionen Proudhons in seinem im Jahre 1846 herausgegebenen Buch „Système des contradictions économiques ou Philosophie de la misère" (die deutschen Ausgaben erschienen entweder unter dem Titel „Philosophie der Staatsökonomie oder Notwendigkeit des Elends" oder „Die Widersprüche der Nationalökonomie oder die Philosophie der Not", 1847) wider.

Proudhon will nachweisen, daß alles nach dem Willen des Menschen geschieht; dieser entscheide, anderen Menschen einen Tausch anzubieten, und umgrenze ihre Tätigkeit, um den Unterschied zwischen Gebrauchs- und Tauschwert zu bestimmen. Im Ergebnis eines solchen Angebotes entstehe die Idee des Eigentums. Das „tiefe Geheimnis", in das Proudhon nach seinen eigenen Worten eingedrungen ist, besteht darin, daß sich Gebrauchs- und Tauschwert umgekehrt proportional zueinander verhalten.

Auf Sismondi und Lauderdale verweisend, hat Karl Marx gezeigt, daß schon lange vor der „Philosophie des Elends" der Widerspruch zwischen Gebrauchs- und Tauschwert aufgedeckt wurde. Proudhon entfernte sich vom wissenschaftlichen Verständnis dieses Widerspruchs, indem er den Tauschwert der Seltenheit, den Gebrauchswert dem Überfluß gleichsetzte.[10]

Als Gegenpol zum Tauschwert entwickelte Proudhon die Kategorie des „konstituierten Wertes". Die Ansichten Proudhons und Ricardos vergleichend, bewies Karl Marx, daß der Versuch Proudhons, die neue soziale Ordnung auf dem „konstituierten Wert" zu gründen, nichts anderes ist als eine schlechte Wiederholung der Ricardoschen Konzeption über die Entwicklung der bürgerlichen Gesellschaft.

Kleinbürgerlichen Idealen folgend, verteidigte Proudhon die Konkurrenz. Außerdem behauptete er, daß die Aufhebung der Konkurrenz „ebenso unmöglich ist, wie die Aufhebung der Freiheit; es handelt sich darum, das Gleichgewicht, ich sagte gern die Polizei, derselben zu finden."[11]

Als Begrenzung und Gegenpol der Konkurrenz betrachtete Proudhon das Monopol, und als ihre „Polizei" könnten seiner Meinung nach Steuern auf alle Produktionsgegenstände dienen. Anschließend eine ideale administrative Organisation

[10] Vgl. Karl Marx, Das Elend der Philosophie, in: MEW, Bd. 4, Berlin 1959, S. 72.

[11] Zitiert nach: Karl Marx, Das Elend der Philosophie, a. a. O., S. 158.

zu schaffen, ist nach Proudhon nur unter der Bedingung möglich, daß alle Ämter dem Proletariat übertragen und daß sie von den Monopolen finanziert werden.

Proudhon verneinte das Streik- und Koalitionsrecht des Proletariats unter dem Vorwand, daß eine Erhöhung der Löhne zu nichts anderem als zu wachsender Not, zu steigenden Preisen für Brot und andere Massenbedarfsartikel führe.

Proudhon nahm an, daß eine Verdopplung des Lohns gleichbedeutend ist, dem Produzenten einen Produktanteil zu überlassen, der das gesamte von ihm erzeugte Produkt übersteigen würde. Nach Proudhons Meinung dienen die Arbeiter mit ihrer Forderung nach Lohnerhöhung mehr den Interessen einer Steigerung der Monopolpreise als ihren eigenen Interessen. Proudhon trat gegen einen gewerkschaftlichen Zusammenschluß des Proletariats auf und leugnete damit faktisch die Notwendigkeit des Kampfes der unterdrückten Klasse gegen die Ausbeuter.

Seine These, daß die Lage der Arbeiter weder durch eine Gewinnbeteiligung noch durch Lohnerhöhungen verbessert werden kann, belegte Proudhon damit, daß der vom Unternehmer erzielte Gewinn nicht ausreiche, um die Differenz zwischen tatsächlichem und gewünschtem Lohn abzudecken. Das Elend sei Resultat sowohl des Systems der Lohnarbeit als auch der Faulheit.

Proudhon meinte, daß alles gesellschaftliche Unglück mit der Einführung der Arbeitsteilung begonnen habe, ohne die weder der Handel, noch der Reichtum und der Fortschritt existieren könnten.

Als Antithese der Arbeitsteilung würden die Maschinen nach Proudhon ebenfalls zu einem Widerspruch führen, da sie gleichzeitig Quelle des Reichtums und Ursache des Elends seien. Je mehr die Produktion konzentriert werde, um so mehr breite sich das Elend aus.

Die Ursachen für die Entstehung des Eigentums reduzierte Proudhon auf das Rentenproblem. Nach seiner Meinung ist die Entstehung der Rente und des Eigentums durch psychologische und moralische Faktoren bedingt, die im wesentlichen von der Produktion des Reichtums unabhängig sind und der Theorie des Reichtums sogar widersprechen.

Das Bestreben, um jeden Preis die Erhaltung des Privateigentums zu rechtfertigen, führte dazu, daß sich Proudhon in seiner zweiten Denkschrift genau wie in seiner ersten nach drohenden Anklagen in einen friedlichen Reformer verwandelte, der sich auf einige Bankmanöver beschränkte. Die am Vorabend der revolutionären Barrikadenkämpfe des in Elend und Hunger lebenden Proletariats geschriebene „Philosophie des Elends“ predigte Versöhnung und Ablehnung der Klassenkämpfe.

So gesehen ist das passive Verhalten Proudhons zur Februarrevolution 1848 ganz logisch; auch an den Juniaufständen der Arbeiter beteiligte er sich nicht.

Einen Monat nach der Bildung der bürgerlichen Übergangsregierung gab Proudhon ein neues Buch heraus: „Die Lösung des sozialen Problems“. Für eine grundlegende Umgestaltung der existierenden Gesellschaftsordnung wäre es danach ausreichend, eine Tauschbank zu gründen, in der alle Arbeiter Frankreichs die von ihnen geschaffenen Produkte ohne Geldumlauf tauschen können. Proudhon nahm an, daß damit der Macht des Geldes und dem Zwang des Eigentums ein Ende gesetzt werden können. Die Idee der Tauschbank wurde als Gegengewicht zu dem Blancschen Projekt der National-Werkstätten und zur Tätigkeit der Luxembourg-Kommission entwickelt.

Während der Nachwahlen zur Nationalversammlung im Juni 1848 gab Proudhon ein Wahlmanifest heraus, in dem er erneut die Vorteile des zukünftigen unentgeltlichen Kredits darlegte. Proudhon wurde zum Mitglied der Nationalversammlung gewählt.

Nach der Zerschlagung der Anhänger von Louis Blanc befand sich Proudhon als Sozialreformer auf dem linken Flügel der gesellschaftlichen Bewegung. In seiner Zeitung „Das Volk" machte er den Vorschlag, alle irgendeine Rente Zahlenden zu verpflichten, ein Sechstel ihres Teils dem Staat abzugeben und alle anderen Einkommen mit Steuern zu belegen.

Derartige Aussagen riefen das Wohlwollen der französischen Demokratie hervor. Die Proudhonsche Zeitung „Das Volk" erzielte einen großen Gewinn, und die aufsehenerregenden Auftritte in der Nationalversammlung festigten die Position des Autors in den Reihen der Opposition.

Da er keine Unterstützung von der Regierung erhielt, schrieb der Redakteur des „Volk" Aktien der zu organisierenden Volksbank aus. Bald erwarben fast 12000 Menschen Aktien; unter ihnen waren viele Arbeiter, denn die Aktien wurden zu einem erschwinglichen Preis verkauft.

Mit der Organisation einer Bank strebte Proudhon eine Änderung des Eigentumsrechts an. Dabei sagte er sich nicht von den Prinzipien los, die er in seinen grundlegenden Werken formuliert hatte: das Eigentumsrecht sei einem rein nominellen Privileg gleichzusetzen, dessen Nutzung völlig vom Zustand der Geld- und Warenwirtschaft des Landes abhänge (wenn sich die staatliche Wirtschaft in einem befriedigenden Zustand befinde, erbringe das Eigentumsrecht Gewinne; bei mißlicher Wirtschaftslage verliere das Eigentumsprivileg seine Bedeutung und ein Eigentümer könne zu einem Bettler werden).

In der projektierten Volksbank war eine Veränderung der gewohnten Prozesse des Geld- und Warenumlaufs vorgesehen. Ihrer Organisation lag die Konzeption der Gegenüberstellung von Ware und Geld zugrunde, die dem französischen utopischen Sozialismus eigen war. Proudhon träumte davon, die Warenproduktion zu erhalten und das Geld abzuschaffen. Das sollte nach Meinung des Reformers auf grundlegende Weise das Eigentumsrecht selbst verändern.

Schon Ende des XVIII. Jahrhunderts trat Pierre Boisguillebert bei seiner Darstellung der Grundlagen der politischen Ökonomie faktisch gegen das Geld auf, ohne dabei die Notwendigkeit der Warenproduktion zu negieren. Wie Karl Marx bemerkte, „litt der französische Sozialismus in der Form Proudhon an demselben nationalen Erbübel."[12]

[12] Vgl. Karl Marx, Zur Kritik der Politischen Ökonomie, in: MEW, Bd. 13, Berlin 1961, S. 41.

Die Idee einer Volksbank war nicht nur in Frankreich, sondern auch in England verbreitet. John Gray, ein Anhänger der Lehren von Robert Owen, sandte der neuen Regierung nach der französischen Februarrevolution von 1848 einen Vortrag, in dem er seine Theorie des „Arbeitsgeldes“ und das Projekt einer Reorganisation des Tausches darlegte. Die Konzeption Proudhons kam dem System von John Gray sehr nahe. „Herrn Proudhon aber und seiner Schule blieb es vorbehalten, die Degradation des *Geldes* und die Himmelfahrt der *Ware* ernsthaft als Kern des Sozialismus zu predigen und damit den Sozialismus in ein elementares Mißverhältnis über den notwendigen Zusammenhang zwischen Ware und Geld aufzulösen.“[13]

Die Proudhonsche Bank war von Anfang an zum Mißerfolg verurteilt. Die Bank wurde am 11. Februar 1849 gegründet und existierte ganze zwei Monate. Am 2. April erklärte Proudhon die Schließung der Bank unter dem Vorwand, daß er persönlich eine dreijährige Gefängnisstrafe wegen Beleidigung des Präsidenten Louis Bonaparte antreten müsse. Außerdem berief er sich auf die veränderten sozialen Bedingungen in Frankreich, unter denen es in erster Linie darauf ankäme, gegen die Reaktion zu kämpfen und die Umwandlung des Kreditsystems auf die „günstigeren Zeiten“ zu verschieben.

Karl Marx wandte sich schon vor der französischen Februarrevolution gegen die kleinbürgerliche Konzeption der „Philosophie des Elends“. Er hörte auf, Proudhon zu kritisieren, als dieser zum Objekt der Angriffe der politischen Reaktion wurde, doch sein Verhältnis zum Proudhonschen kleinbürgerlichen Sozialismus änderte sich nicht.

Nach dem Tode Proudhons hob Marx sowohl dessen positive als auch negative Seiten hervor: „Sein erstes Werk ‚Was ist das Eigentum‘ ist unbedingt sein bestes Werk. Es ist epochemachend, wenn nicht durch neuen Inhalt, so doch durch die neue und kecke Art, Altes zu sagen.“[14]

Proudhon war ein leidenschaftlicher Kritiker der bürgerlichen Ordnung, entlarvte sie jedoch aus der Position eines französischen Kleinbürgers. Proudhon glaubte, in das Geheimnis der Dialektik eingedrungen zu sein, in Wirklichkeit teilte er aber die Illusionen der spekulativen Philosophie, wandelte die ökonomischen Kategorien in ewige Ideen um und gelangte über diesen Umweg auf den Standpunkt der bürgerlichen Ökonomen.[15]

Proudhon schmeichelte sich, „die Kritik sowohl der politischen Ökonomie als auch des Kommunismus gegeben zu haben – er steht tief unter beiden. Unter den Ökonomen, weil er als Philosoph, der eine magische Formel bei der Hand hat, sich erlassen zu können glaubt, in die rein ökonomischen Details einzugehen; unter den Sozialisten, weil er weder genügend Mut noch genügend Einsicht besitzt, sich, und wäre es nur spekulativ, über den Bourgeoishorizont zu erheben ...“[16]“

[13] Ebenda, S. 68f.

[14] Karl Marx, Über P.-J. Proudhon, in: MEW, Bd. 16, Berlin 1962, S. 25.

[15] Vgl. ebenda, S. 28.

[16] Ebenda, S. 29.

1852 gab Proudhon das Buch „Die soziale Revolution durch den Staatsstreich vom 2. Dezember 1851 erwiesen" (das heißt des von Louis Bonaparte vollzogenen Umsturzes) heraus. Diesen Umsturz bezeichnete Proudhon als soziale Revolution. Proudhon bändelte mit Louis Bonaparte an und machte damit den anrüchigen Versuch, diesen als eine für die französischen Arbeiter annehmbare Figur darzustellen. Ironisch schrieb Karl Marx: „Vielleicht wird die Nachwelt die jüngste Phase des Franzosentums dadurch charakterisieren, daß Louis Bonaparte sein Napoleon war und Proudhon sein Rousseau-Voltaire."[17]

Die Ideen Proudhons hatten einen großen Einfluß auf die Entwicklung der Anschauungen zahlreicher Kleinbürger, die mit der Arbeiterklasse verbunden waren.

Die Proudhonsche Theorie, bemerkte Friedrich Engels im Jahre 1891, „bildet aber noch immer das große Arsenal, dem die bürgerlichen Radikalen und Pseudosozialisten Westeuropas Phrasen zur Einschläferung der Arbeiter entnehmen. Und da die Arbeiter eben dieser Länder von ihren Vorgängern ähnliche Proudhonsche Phrasen geerbt haben, findet bei vielen von ihnen die Phraseologie der Radikalen immer noch Widerhall. Das ist in Frankreich der Fall, wo die einzigen Proudhonisten, die es dort noch gibt, die bürgerlichen Radikalen oder Republikaner sind, die sich Sozialisten nennen".[18]

Unter den Führern der Pariser Kommune, der ersten Diktatur des Proletariats, gab es nicht wenige Proudhonisten; auf den Kongressen der I. Internationale mußten die Marxisten gegen die Proudhonisten, die sich mit den Anhängern Bakunins vereinigt hatten, kämpfen. Noch heute wirkt der Proudhonismus auf bürgerliche und kleinbürgerliche gesellschaftliche Strömungen nicht nur in Frankreich, sondern auch in anderen kapitalistischen Ländern.

Die revolutionären Ereignisse in Frankreich beschleunigten den gesellschaftlichen Fortschritt in Deutschland. Am 24. Februar 1848 wurde Louis-Philippe aus Paris verjagt, am 13. März wurde in Wien der Herrschaft des Fürsten Metternich ein Ende gesetzt und am 18. März kapitulierte in Berlin König Friedrich Wilhelm IV.

Die Niederlage der preußischen Monarchie manifestierte sich im Sieg der Berliner Arbeiter auf den Barrikaden, und es wurde eine Wiederholung der für die Bourgeoisie gefährlichen Pariser Ereignisse möglich. Die Berliner Bourgeoisie fürchtete sich, sie empfand ihre Schwäche und Unfähigkeit, zur führenden Kraft in der Revolution zu werden und machte den Anhängern des Feudalsystems unverzüglich Zugeständnisse.

Der erhaltengebliebene feudale Staatsapparat wurde gegen das Volk ausgenutzt. Die Macht des Königs wurde wiederhergestellt.

Ferdinand Lassalle, der sich als Schüler von Karl Marx bezeichnete, nahm an

[17] Ebenda, S. 32.
[18] Friedrich Engels, Zur spanischen Ausgabe von Karl Marx' „Elend der Philosophie", Brief an José Mesa, in: MEW, Bd. 22, Berlin 1963, S. 200.

den revolutionären Kämpfen teil und rief zum bewaffneten Aufstand in der Stadt und auf dem Lande auf.

Am 22. November 1848 wird Lassalle eingesperrt und wegen Propagierung des bewaffneten Widerstandes gegen die Königsmacht angeklagt. Er wurde 1851 entlassen, als im Lande die Reaktion herrschte. In dieser Zeit ist Lassalle politisch nicht aktiv tätig, und in seinen Ansichten entfernt er sich immer mehr von den Anschauungen von Karl Marx.

Das Bündnis zwischen bürgerlichen Liberalen und der Feudalmacht, das gegen das Volk geschlossen wurde, zerfiel zu Beginn der sechziger Jahre. Der entstehende Konflikt erregte alle Bevölkerungsschichten und war Anlaß für die Rückkehr Lassalles in das gesellschaftliche Leben.

Nachdem Lassalle die Ergebnisse der französischen Revolution von 1848 und die Bedingungen für den Aufstieg des dritten Standes (der Bourgeoisie) in Frankreich analysiert hatte, rief er zur Herrschaft des vierten Standes (der Werktätigen) im deutschen Staat auf. Nach seiner Meinung würde das zu einem in der Geschichte nie dagewesenen Aufblühen der Moral, der Kultur und der Wissenschaft führen.

Lassalle hob hervor, daß dem vierten Stand ein Streben nach Privilegien fremd sei, daß seine Ziele mit den Zielen der gesamten menschlichen Rasse identisch seien und daß seine Herrrschaft die Herrschaft aller wäre. Lassalle erklärte, daß die Proklamierung der Arbeiter zum führenden Stand kein Aufruf zur Klassenteilung sei, sondern dieser Stand stoße im Gegenteil „einen Schrei der Versöhnung aus, einen Schrei, der die ganze Gesellschaft umfaßt, einen Schrei der Ausgleichung für alle Gegensätze in den gesellschaftlichen Kreisen, einen Schrei der Einigung, in den alle einstimmen sollten, welche Bevorrechtung und Unterdrückung des Volkes durch privilegierte Stände nicht wollen, einen Schrei der Liebe, der, seitdem er sich zum ersten Male aus dem Herzen des Volkes emporgerungen, für immer der wahre Schrei des Volkes bleiben . . . wird.“[19]

Wir erkennen hier eine Vermischung richtiger Aussagen über die historische Rolle des Proletariats mit einer idealistischen, opportunistischen Auffassung über die Methoden, mit deren Hilfe diese Mission verwirklicht werden soll.

Die Hinwendung zum vierten Stand zeugt vom Klassenstandpunkt Lassalles. Seine Vorstellungen über den Staat widersprachen jedoch dieser Position. Der von Fichte entlehnte Gedanke über den moralischen Inhalt des „Staates an sich“ basierte auf einem angeblich über den Klassen stehenden Wesen des Staates. So behauptete Lassalle, daß „es Zweck des Staates ist, das menschliche Wesen zur positiven Entfaltung und fortschreitenden Entwicklung zu bringen, mit anderen Worten, die menschliche Bestimmung, d. h. die Kultur, derer das Menschengeschlecht fähig ist, zum wirklichen Dasein zu gestalten; er ist die Erziehung und Entwicklung des Menschengeschlechts zur Freiheit.“[20]

[19] Ferdinand Lassalle, Arbeiter-Programm, in: Gesammelte Reden und Schriften, hg. von Eduard Bernstein, Bd. 2, Berlin 1919, S. 187.

[20] Ebenda, S. 198.

Als wichtigstes und vielleicht einziges Mittel zur Erreichung der wirklichen Ziele des Staates betrachtete Lassalle das allgemeine und direkte Wahlrecht.[21] Da er die Begriffe „Volk“ und „vierter Stand“ identifizierte, unterschied sich die bürgerlich-demokratische Forderung nach dem allgemeinen Wahlrecht nicht von spezifischen Forderungen des Proletariats.

Die Erfahrungen der englischen Arbeiterbewegung riefen in Deutschland den Gedanken wach, daß die Schaffung eines deutschen Arbeitervereins notwendig sei. Am 25. August 1862 wurde auf einer Arbeiterversammlung in Berlin der Beschluß angenommen, einen Kongreß der deutschen Arbeiter einzuberufen.

Auf Bitten der Arbeiter erarbeitete Lassalle das Programm, das unter dem Titel „Offenes Antwortschreiben an das Zentralkomitee zur Berufung eines Allgemeinen Deutschen Arbeiterkongresses zu Leipzig“ im März 1863 veröffentlicht wurde. Diese Lassallesche Broschüre kann man als Beginn der Geschichte des Allgemeinen Deutschen Arbeitervereins betrachten.

In der Broschüre wird unterstrichen, daß man die Notwendigkeit der Schaffung einer selbständigen Arbeiterpartei nur begründen könne, wenn die Interessen der Arbeiter, der Produzenten der materiellen Güter, losgelöst werden von den Interessen der Konsumenten, die durch ein verzweigtes Netz von Konsumgenossenschaften und anderen kooperativen Organisationen repräsentiert werden. In der Broschüre kritisierte Lassalle in scharfer Form das ökonomische Programm der bürgerlichen Liberalen und die Ansichten der preußischen Fortschrittspartei.

Der führende Ökonom der Fortschrittspartei Schulze-Delitzsch empfahl und begründete die Organisation von Konsum-, Darlehens-, Kredit- und Rohstoffgenossenschaften, die er als einziges und bestes Mittel zur Verbesserung der Lage des Arbeiterstandes betrachtete. Ohne die Notwendigkeit und Nützlichkeit von Kooperativen zu verneinen, machte Lassalle darauf aufmerksam, daß derartige Maßnahmen zwar die Arbeit der Handwerker erleichtern, den Industriearbeitern in den großen Fabriken jedoch nichts geben.

Außerdem können nach Lassalles Meinung die Kredit- und Rohstoffgenossenschaften die Handwerker keinesfalls vor der Konkurrenz der Großindustrie schützen.

Die Not des Arbeiterstandes ergibt sich nicht aus den Beziehungen zwischen den Verbrauchern, sondern aus der Stellung, die die Produzenten der materiellen Güter in der bürgerlichen Gesellschaft einnehmen. Vom Produkt ihrer Arbeit erhalten die Werktätigen nur soviel, wie zur Aufrechterhaltung ihres ärmlichen Daseins notwendig ist, das gesamte restliche Produkt eignen sich die Unternehmer an. In diesem Zusammenhang formuliert Lassalle das „eherne Lohngesetz“, das besage, „daß der durchschnittliche Arbeitslohn immer auf den notwendigen Lebensunterhalt reduziert bleibt, der in einem Volke gewohnheitsmäßig zur Fristung der Existenz und zur Fortpflanzung erforderlich ist.“[22] Zur Bestätigung seiner

[21] Vgl. ebenda, S. 186.

[22] Ferdinand Lassalle, Offenes Antwortschreiben, in: Gesammelte Reden ..., a. a. O., Bd. 3, Berlin 1919, S. 58.

Schlußfolgerungen führte Lassalle die Namen von Adam Smith, Say, Ricardo, Malthus, Bastiat und John Stuart Mill an.

Karl Marx unterzog das Lassallesche „eherne Lohngesetz" einer gründlichen wissenschaftlichen Kritik.

Darauf verweisend, daß das Lassallesche „Gesetz" auf der Bevölkerungstheorie von Malthus basiert, führt Marx weiter aus: „Ist diese (Theorie) aber richtig, so kann ich wieder das Gesetz nicht aufheben, und wenn ich hundertmal die Lohnarbeit aufhebe, weil das Gesetz dann nicht nur das System der Lohnarbeit, sondern jedes gesellschaftliche System beherrscht ...

Aber all das ist nicht die Hauptsache. Ganz abgesehen von der falschen Lassallschen Fassung des Gesetzes, besteht der wahrhaft empörende Rückschritt darin:

Seit Lassalles Tod hat sich die wissenschaftliche Einsicht in unserer Partei Bahn gebrochen, daß der Arbeitslohn nicht das ist, was er zu sein scheint, nämlich der Wert respektive Preis der Arbeit, sondern nur eine maskierte Form für den Wert resp. Preis der Arbeitskraft. Damit war die ganze bisherige bürgerliche Auffassung des Arbeitslohns sowie die ganze bisher gegen selbe gerichtete Kritik ein für allemal über den Haufen geworfen ..."[23]

Die Umwandlung der Arbeiter in ihre eigenen Unternehmer betrachtete Lassalle als einziges Mittel, um das Wirkung des „ehernen Gesetzes" zu beseitigen. Das führe nach Lassalles Meinung zu einer Liquidierung des Unterschiedes zwischen Lohn und Profit und der Arbeitslohn entspräche dann der Höhe des gesamten Arbeitsprodukts.

„Die Aufhebung des Unternehmergewinns in der friedlichsten, legalsten und einfachsten Weise, indem sich der Arbeiterstand durch freiwillige Assoziationen als sein eigener Unternehmer organisiert, die hiermit und hiermit allein gegebene Aufhebung jenes Gesetzes, welches unter der heutigen Produktion von dem Produktionsertrag das eben zur Lebensfristung Erforderliche auf die Arbeiter als Lohn und den gesamten Überschuß auf den Unternehmer verteilt, das ist die einzige wahrhafte, die einzige seinen gerechten Ansprüchen entsprechende, die einzige nicht illusionäre Verbesserung der Lage des Arbeiterstandes."[24]

So wurde die Grundidee der Möglichkeit einer Liquidierung der kapitalistischen Produktionsweise und ihrer friedlichen Ablösung durch neue sozialistische Produktionsverhältnisse im Rahmen derselben bürgerlichen Gesellschaft formuliert.

Notwendigerweise ergab sich die Frage nach den Mitteln, die für die Organisation der Großindustrie durch die Arbeiter selbst erforderlich waren. Lassalle glaubte, daß der existierende Staat Kapital für die Arbeiterassoziationen und -organisationen bereitstellt. In diesem Punkt stellte er seine Theorie ohne jegliche Vorbehalte und ganz offen dem wissenschaftlichen Sozialismus von Karl Marx entgegen.

[23] Karl Marx, Kritik des Gothaer Programms, in: MEW, Bd. 19, Berlin 1962, S. 25.

[24] Ferdinand Lassalle, Offenes Antwortschreiben, in: Gesammelte Reden ..., a. a. O., Bd. 3, Berlin 1969, S. 69f.

Das grundlegende ökonomische Werk von Lassalle „Herr Bastiat-Schulze von Delitzsch der ökonomische Julian oder Kapital und Arbeit" wurde als Antwort auf die Vorlesungen geschrieben, die Schulze-Delitzsch im Winter 1862/63 vor Berliner Arbeitern hielt. Die Vorlesungen wurden als Broschüre unter dem Titel „Kapitel zu einem deutschen Arbeiterkatechismus" herausgegeben und beinhalteten eine Kritik des Lassalleschen Programms.

Lassalle bewies die Identität der Ansichten von Schulze und Bastiat, einem französischen Vulgärökonomen, der nicht nur durch seine platten Ideen über die Harmonie der kapitalistischen Produktionsverhältnisse, sondern auch durch wütende Angriffe gegen den Sozialismus unter den bürgerlichen Ökonomen Autorität erwarb.

Tatsächlich legte Schulze das Wesen der Arbeit entsprechend der Bastiatschen Formel „Bedürfnis – Anstrengung – Befriedigung" dar. Bastiat hatte hervorgehoben, daß Bedürfnisse jedem Menschen eigen sind und daß der Mensch Anstrengungen unternimmt, um seine Bedürfnisse zu befriedigen. Die Arbeit der Werktätigen zähle auch zu den Anstrengungen, und der erhaltene Lohn reiche aus, um ihre Bedürfnisse zu befriedigen. Arbeit stelle Anhäufung von Kapital, seine Zurücklegung für künftige Bedürfnisse dar. Jeder Mensch müsse seine Kräfte zur Befriedigung der eigenen Bedürfnisse richtig nutzen; jeder solle sich um sich selbst sorgen und den Nachbarn nicht mit Ansprüchen belästigen.

Zur Widerlegung dieser bürgerlichen Ideen betonte Lassalle, daß das Kapital keine „ewige", sondern eine historische Kategorie ist. Im angeführten Werk stellt Lassalle dem Kapitalismus den Sozialismus gegenüber: „Was also der Sozialismus will, ist nicht das Eigentum aufheben, sondern im Gegenteil individuelles Eigentum, auf die Arbeit gegründetes Eigentum erst einführen."[25]

Die Produktivgenossenschaften betrachtet Lassalle in diesem Werk nur als Übergangsform zur künftigen Gesellschaftsordnung, wo es in der Produktion keine individuellen Produktionsmittel geben werde, wo die Möglichkeit der Aneignung des Produktionsertrages durch die Unternehmer liquidiert werde, die allgemeine Arbeit mit gemeinschaftlichen Mitteln organisiert und der Produktionsertrag zwischen allen Beteiligten entsprechend der Arbeit jedes einzelnen verteilt würde.[26]

Lassalle hoffte wie Rodbertus auf die Hilfe durch die existierende Staatsmacht. Allerdings verhielt sich Rodbertus zur Frage der Organisierung von Produktivgenossenschaften mittels Staatskredit negativ und beschränkte sich darauf, dem Staat die Pflicht aufzuerlegen, den Lohntarif festzulegen und zu regulieren. Lassalle aber konnte auf die Ausnutzung der durch Staatskredit gestützten Produktivgenossenschaften bei der Umformung der gesamten Gesellschaft nicht verzichten. Rodbertus wandte sich gegen die Losung des allgemeinen und direkten

[25] Ferdinand Lassalle, Herr Bastiat-Schulze . . ., in: Reden und Schriften, Bd. 3, Berlin 1864, S. 218.

[26] Ebenda, S. 220.

Wahlrechts, Lassalle seinerseits kannte kein anderes Mittel, um Arbeitern den Weg in die gesetzgebenden Institutionen zu ebnen.

Einen ganz anderen Charakter trugen die Meinungsverschiedenheiten zwischen Lassalle und Karl Marx. Ende 1862 kam es in der prinzipiellen Frage nach den Möglichkeiten eines unmittelbar „sozialistischen" Eingreifens des preußischen Staates zwischen beiden zum Streit.[27] Karl Marx lehnte die Hauptthese Lassalles über die Schaffung von Arbeiterassoziationen durch die preußische Staatsmacht ab. Der Streit verschärfte sich, als bekannt wurde, daß Lassalle als Organisator des Allgemeinen Deutschen Arbeitervereins die Partei des deutschen Proletariats verraten und einen förmlichen Kontrakt mit dem Ministerpräsidenten Preußens, von Bismarck, geschlossen hatte.[28]

Karl Marx und Friedrich Engels wiesen darauf hin, daß die Arbeiterpartei und ihre Zeitung „Der Sozialdemokrat" den offenen Kampf gegen Bismarck im gleichen Maße wie gegen die Fortschrittspartei führen müsse. Statt dessen erschienen in der Zeitung der Lassalleaner „Der Sozialdemokrat" bismarckfreundliche Artikel, so daß sich Marx und Engels veranlaßt sahen, sich öffentlich von der Zusammenarbeit mit dieser Zeitung loszusagen.

Koalitionen und auf ihrer Basis gebildete Gewerkschaften betrachtete Karl Marx als äußerst wichtiges Mittel bei der Organisation des Kampfes der Arbeiterklasse gegen die Bourgeoisie. Allerdings war Karl Marx der Meinung, daß die von Lassalle geforderte königlich-preußische Staatshilfe für die Kooperativgesellschaften schädlich sei, weil sie aufgrund der preußischen Verhältnisse und den sich daraus ergebenden notwendigen Zwergdimensionen „als ökonomische Maßregel Null (ist), während zugleich dadurch das Vormundschaftssystem ausgedehnt, ein Teil der Arbeiterklasse bestochen . . . wird."[29] Karl Marx sah voraus, daß „die Enttäuschung über Lassalles unselige Illusion eines sozialistischen Eingreifens einer preußischen Regierung kommen wird . . . Die Logik der Dinge wird sprechen. Aber die *Ehre* der Arbeiterpartei erheischt, daß sie solche Trugbilder zurückweist, selbst bevor deren Hohlheit an der Erfahrung geplatzt ist. Die Arbeiterklasse ist revolutionär oder sie ist nichts."[30]

Bei aller Kritik der Lassalleschen Positionen hoben Marx und Engels auch seine Verdienste hervor. Sie bestanden darin, daß es Lassalle gelungen war, eine Arbeiterbewegung ins Leben zu rufen, an welche sich durch positive oder negative, freundliche oder feindliche Bande alles knüpfte, was während zehn Jahren das deutsche Proletariat Selbständiges getan hatte.[31]

27 Vgl. Karl Marx, Brief an Ludwig Kugelmann vom 23. Februar 1865, in: MEW, Bd. 31, Berlin 1965, S. 451.

28 Ebenda, S. 452.

29 Karl Marx, Brief an Friedrich Engels vom 18. Februar 1865, in: MEW, Bd. 31, Berlin 1965, S. 76.

30 Ebenda, S. 76f.

31 Vgl. Friedrich Engels, Der Sozialismus in Deutschland, in: MEW Bd. 22, Berlin 1963, S. 248.

Unter den Bedingungen einer schnell anwachsenden proletarischen Bewegung konnte die bürgerliche Wissenschaft die Ideen des Sozialismus nicht mehr einfach ignorieren und mußte ihnen ihre eigenen Sozialismuskonzeptionen entgegenstellen. Diese Aufgabe übernahm der Verein für Sozialpolitik, der im Oktober 1872 in Eisenach eine Reihe von Universitätsprofessoren vereinte. Der Verein sollte soziale Reformen ausarbeiten, die der Lösung der sich verschärfenden sozialen Frage durch die deutsche Regierung dienlich waren.

Im Verein versammelten sich Vertreter verschiedener Richtungen des bürgerlichen und feudalen ökonomischen Denkens. Die ideologische Plattform des Vereins erhielt die Bezeichnung „*Kathedersozialismus*".

Unter den führenden Professoren des Kathedersozialismus nahm Gustav Schmoller eine besondere Rolle ein. Er war Vertreter der jüngeren Historischen Schule, die schon in den Jahren 1864/65 mit Artikeln in den „Preußischen Jahrbüchern" der Arbeiterfrage Aufmerksamkeit schenkte.

Das Besondere an der Schmollerschen Methodologie war, die ethische Betrachtung in die Volkswirtschaftslehre einzuführen. Gustav Schmoller betonte, daß die ökonomische Wissenschaft „in erster Linie das Einzelne aus seinen Ursachen erklärt und aus dem bisherigen Gange der Ereignisse auf die Zukunft schließt", diesen Schlußfolgerungen „als leitende Motive ethische Wertvorstellungen und teleologische Weltbilder über den Gang der menschlichen Geschichte und das Schicksal des betreffenden Staates" beimische.[32]

Nach der Schmollerschen Konzeption gehen „alle sittlichen Werturteile aus Gefühlen und Vorstellungen hervor, die sich auf den Gesamtinhalt und Gesamtzweck des menschlichen Lebens beziehen".[33] Die Volkswirtschaftslehre wurde dem Wesen nach ein Teil der Ethik, da „die Ethik immer mehr zugleich zu einer Erfahrungswissenschaft des Seienden gemacht, aus der heraus nun die einzelnen Teile als besondere Wissenschaft vom Staate, vom Rechte, von der Volkswirtschaft sich loslösen konnten."[34]

Die Grundlage aller Sozialwissenschaften sah Schmoller in der christlichen Religion, wobei er nicht ohne Grund hervorhob, daß die ökonomischen Theorien des Mittelalters auf der christlichen Moral basierten.

In seinen Vorlesungen erklärte der Berliner Professor, daß die Ideen des Sozialismus, Beseitigung der Ungleichheit in Besitz und Einkommen, Liquidierung der Klassenherrschaft und nach Möglichkeit aller Klassenunterschiede, Unterstützung und Erhebung der werktätigen Klassen, ebenfalls auf ethischen Grundlagen beruhen würden.

Schmoller war der Meinung, daß die sozialistische Lehre eine natürliche Reaktion auf die Einseitigkeit der Schule der freien Konkurrenz sei, daß der Sozia-

[32] Gustav Schmoller, Volkswirtschaft, Volkswirtschaftslehre und -methode in: Handwörterbuch der Staatswissenschaften, 2. Aufl., Jena 1901, S. 548.

[33] Ebenda, S. 551.

[34] Ebenda.

lismus in gleichem Maße wie die liberale Lehre den Interessen der Werktätigen dient. Daraus zog er die Schlußfolgerung, daß sowohl die Schule der freien Konkurrenz als auch die sozialistische Lehre einseitig seien und daß deshalb die ökonomische Wissenschaft eine „wahre", über den Klassen stehende Lehre sein müsse, der jede Einseitigkeit fremd ist. Um diese Aussagen zu begründen, stellte Schmoller die Aufgabe, „die Lehre von den wirtschaftlichen Motiven auf Grund der Psychologie und Ethik neu zu gestalten".[35]

Schmoller stellte, ohne es zu verbergen, die ethisch-psychologischen Entwicklungsmotive der Gesellschaft der Marxschen Lehre gegenüber. Er meint, „die Wissenschaft und das Leben werde zukünftig stärkeren ethischen Einflüssen unterliegen. Eine Art Umkehr dieses Gedankenganges ist es, wenn man mit Marx alle höhere geistige Kultur, alles politische religiöse Leben aus der Gestaltung des wirtschaftlich-technischen Produktionsprozesses ableiten . . . will."[36]

Bei der Analyse der Ursachen für die Bildung gesellschaftlicher Klassen betrachtete es Schmoller als notwendig zu bestimmen, wie die psychologische Geschichte auf jede Klassenbildung gewirkt hat, welche Rolle bei der Klassenbildung die Rassenunterschiede, die Arbeitsteilung, die Verteilung des Reichtums, ferner die Gesetzgebung, die Assoziationen, Kooperationen und Organisationen betrifft, sowie die Faktoren der Erziehung und der bürgerlichen Moral gespielt haben.

Psychologische und moralische Aspekte sowie Erziehungsbedingungen wurden als Hauptfaktoren bei der Analyse des Klassenkampfes herausgestellt. Grundaufgabe der Wissenschaft sei die Überwindung der Klassenverschiedenheit, die Abschwächung der Bedingungen und Ursachen, die zu Klassenunterschieden führen, wobei diese Ursachen außerhalb der Produktionsverhältnisse der jeweiligen Gesellschaftsordnung angesiedelt und vor allem mit dem Mißbrauch und der Verletzung des Gerechtigkeitsprinzips verbunden wurden.

Schmoller konnte die Verschärfung der sozialen Probleme in Deutschland nicht ignorieren und erkannte die Notwendigkeit „großer" Reformen an, aber alle Hoffnungen legte er auf den Staat und die ihn unterstützende Intelligenz, vor allem auf den Verein für Sozialpolitik. Die Intelligenzschichten der Gesellschaft identifizierte Schmoller mit den idellen Trägern des Staates und des sozial-ökonomischen Lebens. Diese Schichten dienten seiner Meinung nach nicht den Interessen der herrschenden Klassen.

Auf der Grundlage allgemeiner Aussagen über die Rolle ethischer Elemente in der Wirtschaft formulierte Schmoller seine Ansichten über den Sozialismus. Er machte zwischen den sozialistischen Forderungen und den Forderungen nach wirtschaftlicher Gerechtigkeit, die aus dem System idealistisch ausgelegter Kategorien der Ethik und Psychologie abgeleitet wurden, keine Unterschiede.

Der Sozialismus wurde von Schmoller auf die Forderung nach gerechter Ver-

[35] Ebenda, S. 567.
[36] Ebenda, S. 570.

teilung der Einkommen reduziert. Diese Forderung wurde in der jahrhundertelangen Menschheitsgeschichte wiederholt aufgestellt. Der moderne Sozialismus hat nach Schmollers Meinung keine neue Aussage getroffen, sondern ist nur zu den Traditionen der idealistischen Sozialphilosophie zurückgekehrt. Bei einer derartigen Auslegung gab es keine Frage nach der sozialistischen Gesellschaftsformation, nach einer neuen Produktionsweise und neuen Produktionsverhältnissen. Nach Schmoller könnte man die Ungerechtigkeiten auch in der existierenden Gesellschaft überwinden; denn die Armengesetzgebung sei der wichtigste Teil des Sozialismus.[37]

Die Lebensfähigkeit der existierenden Ordnung erblickt Schmoller in der allmählichen Umwandlung der staatlichen Institutionen. Er ging davon aus, daß ein Fortschritt der Institutionen nicht ohne sozialen Kampf möglich sei, jeder soziale Kampf beschränke sich auf den Kampf für neue Institutionen. Der Staat sei das Zentrum und die Herzkammer aller Institutionen, in die sie alle einströmen und sich vereinigen.[38]

Die Äußerungen über eine „kluge" und „legale" Umwandlung der volkswirtschaftlichen Institutionen sandte Schmoller der Bismarck-Regierung, die zu dieser Zeit im Zusammenhang mit der Bildung eines einheitlichen Deutschen Reiches eine Neugestaltung der staatlichen Institutionen vornahm.

Ein anderer Vertreter des Kathedersozialismus war Lujo Brentano, der besonders die Lage der englischen Arbeiter und die Entwicklung der Trade-Union-Bewegung untersuchte. Wie G. Schmoller war auch Brentano ein Vertreter der jüngeren Historischen Schule.

Als Befürworter einer weitgehenden Arbeitsgesetzgebung hob Brentano besonders die Notwendigkeit der Verteidigung der Arbeiterinteressen durch eine aktive Tätigkeit der Gewerkschaften hervor. Er behauptete, daß die vollständige Lösung der Arbeiterfrage im Rahmen der bürgerlichen Gesellschaft möglich sei. Brentano meinte, die Existenzberechtigung der Gewerkschaften bestehe darin, daß „durch sie eine Reihe von Wirkungen der vollkommenen Gewerbefreiheit und Freizügigkeit, welche theoretisch unter jenen Voraussetzungen eintreten müssen ... auch in der Wirklichkeit zur Wahrheit werden."[39]

Brentano beschränkte die Aufgaben und die Tätigkeit der Gewerkschaften ausschließlich auf den Vertragsabschluß zwischen Arbeitern und Unternehmern, zwischen den Verkäufern und den Käufern „der Arbeit". Wer die Arbeitsbedingungen festlegt, meinte Brentano, der lege nicht nur das Ausmaß der Arbeit und deren Preis fest, sondern verfügt gleichzeitig über die gesamte physische, geistige, moralische und bürgerliche Existenz des Arbeiters. Die sogenannten

37 Vgl. Gustav Schmoller, Über einige Grundfragen des Rechts und der Volkswirtschaft. Die Volkswirtschaft, die Volkswirtschaftslehre und ihre Methode, 2. Aufl., Leipzig 1904, S. 117.

38 Vgl. ebenda.

39 Lujo Brentano, Die Arbeitergilden der Gegenwart, Leipzig 1870, S. X.

„Arbeitgeber" sollten sich weniger als Verwender von Kapitalien, als vielmehr als Führer von Männern betrachten, deren geistige und leibliche Wohlfahrt ihrer Mitsorge anvertraut ist."[40]

Brentano bemerkt, daß sich seit Adam Smith die Anschauungen über das Verhältnis von Lohn und Arbeitsproduktivität verändert haben. Die früheren englischen Ökonomen waren überzeugt, daß ein hoher Lohn gleichbedeutend mit einer geringen Produktivität sei. Für diese Ökonomen war die Vorstellung, daß die Menschen um so schlechter arbeiten, je besser es ihnen geht, ein Axiom. Adam Smith dagegen stellte fest, daß ein hoher Lohn gleichbedeutend mit hoher Produktivität sei.[41] Diese Schlußfolgerung wurde danach von vielen Ökonomen geteilt.[42]

Auch die technischen Prozesse sind mit dem Lohnniveau und der Länge des Arbeitstages verbunden. Nach Brentanos Meinung hat die politische Ökonomie schon seit langem festgestellt, daß „nicht die größere technische Vollkommenheit eines Produktionsprozesses, sondern lediglich die größere Billigkeit desselben für seine praktische Verwertung im Wirtschaftsleben maßgebend sei ... So führen erst Lohnerhöhung und Kürzung der Arbeitszeit zur Anwendung technisch längst möglicher besserer Produktionsmethoden. Umgekehrt aber, diese vollendetere Technik, – namentlich schnellere, größere und feinere Maschinen, die mit weniger Arbeitern ein weit größeres Produkt liefern – ist auch physisch erst möglich mit hochstehenden gutgelohnten und gutgenährten, intelligenten, arbeitskräftigen und arbeitslustigen Arbeitern."[43]

Die kapitalistische Wirklichkeit mit ihren periodischen Überproduktionskrisen, unter denen besonders die Arbeiterklasse litt und gegen die Vereinbarungen zwischen Gewerkschaften und Unternehmern wirkungslos waren, stand jedoch einer Verwirklichung der Brentanoschen Ideen im Wege.

Die Ursachen für die wirtschaftliche Zerrüttung Westeuropas erblickte Brentano nicht in den Besonderheiten der kapitalistischen Produktionsweise, sondern in der Veränderung der Tauschbedingungen, die sich mit dem Übergang von der Handwerks- zur Fabrikproduktion vollzog. Der reglementierte Handel auf begrenzten Märkten wurde durch einen erbitterten Konkurrenzkampf auf dem Weltmarkt abgelöst. Darum sei es notwendig, die Produktion der verschiedenen Länder, darunter auch Deutschlands, mit den schwankenden Marktbedürfnissen in Einklang zu bringen. Zu diesem Zweck wurden seiner Meinung nach Kartelle gegründet, die eine Beseitigung der Krisen und ihrer Folgen beabsichtigten.

Nach Brentanos Auffassung sind Kartelle „Vereinigungen von Produzenten,

[40] Ebenda, S. 337.

[41] Adam Smith, Eine Untersuchung über das Wesen und die Ursachen des Reichtums der Nationen, Bd. 1, Berlin 1963, S. 85ff.

[42] Lujo Brentano, Über das Verhältnis von Arbeitslohn und Arbeitszeit zur Arbeitsleistung, 2. Aufl., Leipzig 1893, S. 2–5.

[43] Ebenda, S. 36.

um durch planmäßige Anpassung der Produktion an den Bedarf einer Überproduktion und den sie begleitenden verhängnisvollen Folgen: Preissturz, Bankrott, Kapitalentwertung, Arbeiterentlassung und Brotlosigkeit vorzubeugen".[44] Aus einer solchen Darstellung ergab sich ganz logisch der Gedanke, in den Kartellen die Interessen der Unternehmer und Arbeiter zu vereinen.

Brentano, der offen für eine Kartellisierung der Industrie und die Klassenharmonie eintrat, war ein heftiger Gegner sozialdemokratischer Programmforderungen.

Die Kartelle stellten für ihn die neue Organisation der Volkswirtschaft dar, die „eine Beseitigung des Grundübels der gegenwärtigen ökonomischen Ordnung, der Existenzgefährdung der arbeitenden Massen" versprach. Auf dem Wiener Kongreß des Vereins für Sozialpolitik im Jahre 1894 erklärte Brentano, daß die Kartellisierung ein neues Entwicklungsstadium der Morphologie der politischen Ökonomie darstellt und die Übergangsperiode zur zukünftigen ökonomischen Ordnung sei.

Die Brentanoschen Theorien waren nicht nur gegen die ökonomische Lehre von Karl Marx, sondern auch gegen die klassische bürgerliche politische Ökonomie gerichtet.[45]

Brentano rückte die spezielle oder praktische politische Ökonomie in den Vordergrund, der Theorie maß er zweitrangige Bedeutung bei.[46] „Die Beschreibung selbst der bescheidensten wirtschaftlichen Erscheinungen, die genau ist, muß für den empirischen Nationalökonomen (zu denen sich auch Brentano zählte – der Verfasser) einen größeren wissenschaftlichen Wert haben als die scharfsinnigste Deduktion aus dem wirtschaftlichen Egoismus, deren Ergebnisse trotz aller formalen Folgerichtigkeit mit den Tatsachen im Widerspruch stehen."[47]

Zu diesen Aussagen schrieb Friedrich Engels seinem Petersburger Briefpartner N. F. Danielson: „Wie tief die ökonomische Wissenschaft gesunken ist, beweist der von Lujo Brentano veröffentlichte Vortrag über „Die klassische Nationalökonomie" (Leipzig 1888), in dem er proklamiert: Allgemeine oder theoretische Ökonomie ist wertlos, aber spezielle oder praktische Ökonomie ist alles. Wie in der Naturwissenschaft (!) müssen wir uns auf die Beschreibung von Tatsachen beschränken; und solche Beschreibungen sind von unendlich größerem Wert als alle Deduktionen a priori. ‚Wie in der Naturwissenschaft!' Das ist unbezahlbar im Jahrhundert von Darwin, Meyer, Joule und Clausius, im Jahrhundert der Entwicklungslehre und der Umwandlung der Energie!"[48]

Friedrich Engels bewies die Unrichtigkeit der Brentanoschen These, daß die

[44] Lujo Brentano, Über die Ursachen der heutigen sozialen Not, Leipzig 1889, S. 23.
[45] Vgl. Lujo Brentano, Die klassische Nationalökonomie, in: Der wirtschaftende Mensch in der Geschichte, Leipzig 1932, S. 5–10.
[46] Vgl. ebenda, S. 31.
[47] Ebenda, S. 31f.
[48] Friedrich Engels, Brief an Nikolai Franzewitsch Danielson vom 15. Oktober 1888, in: MEW, Bd. 37, Berlin 1967, S. 113.

englischen Trade-Unions der beste Schutz gegen den Sozialismus seien. Er schrieb, daß Brentano den Lohnsklaven gern zum zufriednen Lohnsklaven machen möchte und daß er deshalb die „vorteilhaften Wirkungen von Arbeiterschutz, Fachvereinswiderstand und sozialer Flickgesetzgebung ins Kolossale übertreibt."[49]

Der Name des Wiener Professors Albert Schäffle fand sich nicht in der Liste der Organisatoren des Vereins für Sozialpolitik, aber er war ohne Zweifel einer der Initiatoren. Seine Konzeption entwickelte Schäffle in einer kleinen Broschüre „Die Quintessenz des Sozialismus", die zwischen 1874 und 1891 dreizehn Auflagen erreichte und in Rußland bis 1917 immer wieder übersetzt wurde.

Im Unterschied zu anderen zeitgenössischen Ökonomieprofessoren zeigt Schäffle die tiefen Widersprüche der kapitalistischen Gesellschaft auf. Gleichzeitig erklärte er, daß er in der vollständigen und unaufhaltsamen Zerschlagung der existierenden Gesellschaftsformen keine Rettung sieht. Darum stellte er als Ergebnis seiner neuen Forschungen dem sozialistischen Radikalismus andere Prinzipien gegenüber.[50]

Den Sozialismus definierte Schäffle als „soziale Güterhervorbringung und Güterverteilung"[51]. Er meinte, daß es eine solche Organisation schon lange gäbe und daß sich ihr Anwendungsfeld ständig erweitert. „Der praktische Sozialismus" Schäffles widerspiegelte den Übergang von der privatkapitalistischen Organisation der Volkswirtschaft zum Monopol als Umwandlung privater kapitalistischer Firmen in assoziative und öffentlich-rechtliche (kooperative, kommunale, staatliche) Betriebe.

Schäffles „praktischer Sozialismus" ist nichts anderes als eine Apologie des Monopol- und des staatsmonopolistischen Kapitalismus, die gegen die sozialdemokratischen Programmforderungen gerichtet ist.

Schäffle trat gegen den radikalen Sozialismus auf. Den „radikalen Sozialisten" (nach Schäffles Meinung gehörten zu ihnen Fourier, Proudhon, Lassalle, Marx) unterschob er die Vorstellung, es müsse „die jetzige Produktionsweise erst noch ihre letzten praktischen Konsequenzen der vollen Aufsaugung des Kleinbesitzes entfaltet haben", und daß sie „den plutokratischen Prozeß der Scheidung des Volkes in ein massenhaftes Proletariat und in wenige Überreiche nahezu vollendet haben müßte, bevor die Massen ... dem Prinzip des Kollektivismus zufallen werden und können."[52]

Schäffle wollte keine Revolution, sondern eine Reform durchführen. Er schlug vor, mit der Umwandlung jener Volkswirtschaftszweige zu beginnen, in denen das Großkapital schon Fuß gefaßt hat und eine spürbare Vergesellschaftung der Arbeit vor sich gegangen ist. In den anderen Zweigen könnte seiner Meinung nach

[49] Vgl. Friedrich Engels, In Sachen Brentano contra Marx wegen angeblicher Zitatsfälschung, in: MEW, Bd. 22, Berlin 1963, S. 96.

[50] Vgl. Albert Eberh. Friedr. Schäffle, Capitalismus und Socialismus mit besonderer Rücksicht auf Geschäfts- und Vermögensformen, Tübingen 1870.

[51] Albert Schäffle, Die Quintessenz des Sozialismus, 7. Aufl., Gotha 1879, S. 3.

[52] Ebenda, S. 7.

die Einführung sozialistischer Verhältnisse anfangs nur auf freiwilliger Basis geschehen.

Ausgehend von seiner Grundkonzeption behauptete Schäffle, daß die sozialistische Produktionsweise nichts absolut Neues sei, sondern nur eine Vergesellschaftung der öffentlichen Dienste und der öffentlichen Behörden darstelle. Das ergebe sich daraus, daß der Sozialismus im Kapitalismus selbst in Form assoziativer, kommunaler Betriebe, von Trusts, Syndikaten und Kartellen entstehe.[53]

Die Idee der kollektiven Produktionsorganisation ist nach Schäffles Meinung keineswegs „antistaatlich" und darum bleibe der Staat nicht nur allgemein, sondern in seiner konkreten preußischen Form bestehen.

Gleichzeitig sagte Schäffle voraus, daß der Sozialismus weder den Privathandel noch den Markt aufrechterhalten kann, daß er das Metallgeld abschaffen und durch Arbeitsgeld (Arbeitszertifikate) ersetzen müsse. Der Gebrauch von Geld bleibe im sozialistischen Staat nur so lange erhalten, bis das kollektivistische Prinzip volle Anerkennung gefunden habe. Nur bei Beziehungen des sozialistischen Staates zu kapitalistischen Staaten bedürfe die Bilanz des Wertaustausches einer Gelddeckung.

Schäffle meinte, daß die Warenform des Produkts als historische Kategorie dem zukünftigen Sozialismus fremd sei. Der Wert der Produkte werde durch die Kosten der gesellschaftlichen Produktion bestimmt. Der sozialistische Staat trete entschieden gegen die Befriedigung von Befürfnissen auf, die er im Interesse der gesamten sozialistischen Gesellschaft für nichtbefriedigungswürdig erachtet.

Aber das alles ist nach Schäffles Plan eine Sache der fernen Zukunft, während der „praktische Sozialismus" angeblich schon im Leben des gegenwärtigen Staates Platz gefunden habe.

Karl Marx und Friedrich Engels kannten die Bücher Schäffles. Die Arbeit „Kapitalismus und Sozialismus" wurde von ihnen als unsinniger Angriff auf den Sozialismus gewertet und der Autor als ganz gewöhnlicher Vulgärökonom charakterisiert.[54] Karl Marx amüsierte sich über Schäffles Stoßseufzer, daß er das „Kapital" nunmehr zehn Jahre studiert und noch nicht begriffen habe.[55]

Die Konzeption dieses Kathedersozialisten hat Karl Marx in einem Brief an Ferdinand Fleckles im Januar 1877 analysiert: „Wie mehr und mehr auch die Ideologen des deutschen Bürgertums von dem schleichenden Gift angesteckt werden, beweist u. a. eine neulich erschienene kleine Broschüre des Ihnen wohlbekanten Schäffle, benamset: ‚*Die Quintessenz des Socialismus*'. Sie sollten sich das Ding des Spaßes halber verschreiben. Es ist voll unfreiwilliger Komik. Einerseits ist nämlich das Schriftchen, wie der Verfasser selbst andeutet, speziell für

[53] Vgl. ebenda, S. 26.

[54] Vgl. Karl Marx, Brief an Friedrich Engels vom 10. September 1870, in: MEW, Bd. 33, Berlin 1966, S. 60. Vgl. auch S. 62.

[55] Vgl. Friedrich Engels, Brief an Richard Stegemann vom 26. März 1885, in: MEW, Bd. 36, Berlin 1967, S. 289.

die protestantischen Pfaffen verschrieben, die doch ihren katholischen Rivalen die Koketterie mit dem Sozialismus nicht ausschließlich überlassen können. Andrerseits malt sich Herr Schäffle mit wahrer Schwabenphantasie das künftige sozialistische Millenium so artig aus, daß es das vollendete Reich gemütlicher Kleinbürger sein wird, ein nur von Karl Mayers bewohnbares Paradies."[56]

Unter den Kathedersozialisten galt Adolph Wagner, Professor an der Berliner Universität und Mitbegründer der Christlichsozialen Partei, als konsequenter Staatssozialist und wurde manchmal sogar als Anhänger des „wissenschaftlichen Sozialismus" bezeichnet. Karl Marx und Friedrich Engels zählten ihn zu den deutschen Reaktionären, Bismarckanhängern und Karriere-Sozialisten. Sein Verhältnis zur Arbeiterfrage und zur sozialistischen Bewegung legte Wagner in seinen Reden im Jahre 1871 dar, die in der Broschüre „Die soziale Frage" veröffentlicht wurden.

Wagner erkannte die Mängel des Kapitalismus und wies darauf hin, daß das kapitalistische Wirtschaftssystem zu immer größerer Besitzungleichheit führt und die Kluft zwischen den unteren und oberen Gesellschaftsklassen erweitert. Die Arbeiter werden vollständig von den Kapitalisten abhängig. Wagner kam zu der Schlußfolgerung, daß „man nicht umhin komme, sich in vielen Punkten der sozialistischen Kritik der gegenwärtigen Wirtschaftsordnung anzuschließen"[57].

Die von der sozialistischen Kritik aufgedeckten Tatsachen standen in scharfem Widerspruch zu jener scheinbaren Harmonie der Klasseninteressen, die sich angeblich zwangsläufig bei konsequenter Beachtung des Prinzips der freien Konkurrenz in der Volkswirtschaft herausbildet. Im Gegensatz zur englischen klassischen politischen Ökonomie und in Einklang mit Gustav Schmoller und der ganzen jüngeren Historischen Schule rückte er das ethische Moment in der Sphäre der Wirtschaftsbeziehungen in den Vordergrund. Er schrieb: „Im Gegensatz zur früheren moralischen Indifferenziertheit in der Sphäre der Wirtschaftsbeziehungen sind wir heute berechtigt, auf der Anerkennung der Notwendigkeit ethischer Prinzipien zu bestehen, die gemäß den Forderungen der neuen ökonomischen Theorie den Menschen neben seinen subjektiven Wirtschaftsinteressen leiten sollen. Folglich wird vor allem die Forderung erhoben, daß die Sphäre der Wirtschaftsbeziehungen wieder ein Bereich der Beziehungen von Mensch zu Mensch wird."[58]

Wagner bezeichnete die Beziehungen zwischen Arbeitern und Kapitalisten als antiökonomisch. Er wies darauf hin, daß die Arbeitsenergie unterdrückt wird, daß das Interesse der Arbeiter am Aufblühen jener Betriebe fehle, in denen sie arbeiten, daß die Arbeiter nicht danach streben würden, sorgsam mit den Produktionsmitteln umzugehen und Materialien zu sparen.

Wagner wandte sich auch gegen den überflüssigen, auffälligen Luxus der

[56] Karl Marx, Brief an Ferdinand Fleckles vom 21. Januar 1877, in: MEW, Bd. 34, Berlin 1966, S. 243.
[57] Adolph Wagner, Social'nyj vopros, St. Peterburg 1906, S. 6.
[58] Ebenda, S. 9.

wohlhabenden und reichen Klassen, gegen den Mißbrauch des Grundbesitzes, gegen die Spekulation beim Ausbau der Großstädte und die betrügerische Erhöhung der Mieten.

Das Eingreifen des Staates in privatrechtliche Beziehungen und die aktive Beteiligung der oberen Klassen an der Durchführung sozialer Reformen betrachtete Wagner als einziges Mittel gegen die Mißbräuche. „Von der freien moralischen Initiative der oberen Klassen", bemerkte Wagner, „hängt ab, ob die Regierung rechtzeitig den Weg der Reformen beschreitet, angeregt von seiten dieser Klassen".[59]

Daß er sich an die höheren Klassen wandte, steht mit der Sorge um ihre Rettung vor der heranreifenden Revolution im Zusammenhang. Wagner und seine Gesinnungsgenossen waren bestrebt, der preußischen Regierung, dem Adel und der Großbourgeoisie die Probleme ihrer weiteren ökonomischen und politischen Existenz aufzuzeigen.

Die schnelle Verbreitung von Aktiengesellschaften in Deutschland rief beim Kathedersozialisten Wagner ernsthafte Befürchtungen hervor. Während das unverantwortliche Wirtschaften der Direktoren und Aufsichtsratsmitglieder zur Spekulation und zu unzähligen Bankrotten führte, entstand eine Masse nichtarbeitender Rentiers, die von den Produktionsaufgaben weit entfernt waren. Auf diese Weise schafft das Aktienkapital nach Wagners Meinung eine noch größere Kluft zwischen Eigentümern und Arbeitern; die Sozialisten sprächen daher völlig zu Recht von der Unpersönlichkeit des Kapitals. Wagner schlußfolgerte, daß die Aktiengesellschaften reaktionär seien, da sie die Herausbildung „gerechter Beziehungen" zwischen Arbeit und Kapital erschwerten.

Anstelle einer revolutionären Lösung der sozialen Frage schlug Wagner vor, seine Reformpläne zu verwirklichen, die er als einen Weg zur friedlichen Einigung zwischen Arbeitern und Unternehmern betrachtete.

In völliger Übereinstimmung mit Brentano verteidigte Wagner die Organisierung von Gewerkschaften, um auf diese Weise die Konkurrenz zu beseitigen und die Lebensbedingungen der Arbeiter zu verbessern. Er wies nach, daß es notwendig sei, die früheren gesetzlichen Beschränkungen der Koalitionsfreiheit der Arbeiter aufzuheben und neue Gesetze auszuarbeiten, die die Rechtsstellung der Gewerkschaften regeln sollten. Wagner erklärte, daß die Regierung nicht das Recht habe, gegen die Arbeitervereinsbewegung aufzutreten, da sich diese Bewegung auf die Sphäre der Wirtschaftsziele beschränke.

Die Richtung der vorgeschlagenen Reformen sollte nach Wagners Meinung durch die deutsche akademische Wissenschaft festgelegt und konkretisiert werden, die angeblich das Beste aus den Theorien der freien Konkurrenz und des Sozialismus übernommen habe.

Die Appelle der Kathedersozialisten, die kapitalistische Ordnung unter dem Deckmantel „sozialistischer Reformen" zu rationalisieren, blieben von der deut-

[59] Ebenda, S. 14f.

schen Bourgeoisie und dem preußischen Staat nicht ungehört. Im Januar 1881 wurde der Preußische Wirtschaftsrat (als Organ der Sozialpolitik) gegründet, um Gesetzesentwürfe zu Arbeiter- und Handwerksfragen vorzubereiten.

Obwohl Bismarck das Sozialistengesetz bestätigt hatte, gab er sich in den Beratungen des Wirtschaftsrates und später in den Sitzungen des Reichstages als Anhänger des Sozialismus aus. Bismarck krönte seinen „Sozialismus" mit der Einführung von Schutzzöllen, die der deutschen Industrie die Monopolstellung auf dem Binnenmarkt sicherten. Nachdem er zwei zahlungsunfähige Banken vor dem Bankrott gerettet hatte, konzentrierte er alle Eisenbahnen Deutschlands in den Händen der Reichsregierung.

Bismarck führe das Tabakmonopol ein und erklärte, daß Deutschland dem Sozialismus mit Reformen begegnen wird und daß es jetzt an der Zeit sei, Deutschland an jenen Sozialismus zu gewöhnen, zu dem die von der Reichsregierung verwirklichten Maßnahmen führen würden.

Die größte Aufregung verursachte in liberalen Kreisen die „Kaiserliche Botschaft" zur Sozialpolitik des deutschen Kaisers vom 17. November 1881. In ihr wurde verkündet, daß eine Heilung der sozialen Schäden nicht ausschließlich auf dem Wege der Repression gegen die Sozialdemokratie zu suchen sei, sondern „gleichmäßig auf dem der positiven Förderung des Wohles der Arbeiter". Eine unmittelbare Folge der „Kaiserlichen Botschaft" war ein Gesetzentwurf über die Unfallversicherung der Arbeiter.

Noch früher entwickelte Bismarck seine Variante der Forderung nach „Recht auf Arbeit"; er erklärte, daß auf der Grundlage des preußischen Gesetzbuches die Regierung verpflichtet sei, allen eine Arbeit „nachzuweisen", die selbst keine finden. Das war die preußisch-polizeiliche praktische Interpretation der Rezepte der Kathedersozialisten.

Die Konzeption des Juristen-Sozialismus kommt dem Staatssozialismus der Kathedersozialisten sehr nahe.

Der Rektor der Wiener Universität, Anton Menger, stellte sich das Ziel, die sozialistischen Ideen von der ökonomischen Theorie „loszuschälen und sie in nüchterne Rechtsbegriffe" zu verwandeln.[60]

Die ökonomischen Sozialismustheorien wurden hier durch drei ökonomische Grundrechte ersetzt: das Recht auf den vollen Arbeitsertrag, das Recht auf Existenz, das Recht auf Arbeit.

Menger meinte, daß dieses Ideal dann erreicht wäre, wenn die Rechtsordnung jedem Arbeiter den vollen Arbeitsertrag sichern würde, wenn jedes Bedürfnis im Rahmen der vorhandenen Mittel möglichst vollständig befriedigt würde.[61]

Weit entfernt von einer wissenschaftlichen Analyse des Prozesses der Warenproduktion und der Schaffung des Mehrwertes ging Menger davon aus, daß ein

[60] Anton Menger, Das Recht auf den vollen Arbeitsertrag, 3. Aufl., Stuttgart und Berlin 1904, S. III.

[61] Vgl. ebenda, S. 1f.

beliebiges Sachgut, das durch die Arbeit einer Person geschaffen wurde, auch dieser allein gehören müsse. Wurde dieses Sachgut jedoch durch gleichzeitige oder aufeinanderfolgende Zusammenarbeit mehrerer Personen geschaffen (was bei Arbeitsteilung die allgemeine Regel ist), so soll jeder Arbeiter jenen Teil des Tauschwertes der produzierten Sache erhalten, der der von ihm aufgewendeten Arbeit entspricht.[62] Auf diese Weise wird jeder Ertrag, der nicht mit Arbeit verbunden ist (Grundrente, Kapitalgewinn), unmöglich.

Das Privateigentum an Produktionsmitteln und die kapitalistische Produktionsweise überhaupt wurden dabei nur als rechtliche Voraussetzung betrachtet, deren Ablösung durch Festlegung neuer juristischer Begriffe durchaus möglich ist.

Nach Mengers Meinung könne jedes Mitglied der Gesellschaft aufgrund des Existenzrechtes fordern, daß ihm (im Rahmen des Möglichen) Dinge und Dienstleistungen zur Verfügung gestellt werden, die für die Aufrechterhaltung einer normalen Lebensfähigkeit benötigt werden, bevor die weniger dringenden Bedürfnisse der anderen befriedigt werden. Dabei blieb völlig unklar, was die Quelle für die Befriedigung der genannten Bedürfnisse sein solle, wenn alle Produzenten materieller Güter den vollen Arbeitsertrag selbst erhalten.

Menger wandte sich entschieden gegen eine „revolutionäre Umwälzung der kapitalistischen Gesellschaft". Er meinte, die gesellschaftliche Entwicklung verlaufe bereits auf sozialistischem Wege. Die Ausgaben der Gemeinden für die Armenfürsorge, die Hilfeleistungen für die Alten und Kranken usw., all das sei schon eine Anerkennung des „Existenzrechtes".

In seinem Artikel „Juristen–Sozialismus" (1886) charakterisierte Friedrich Engels die methodologischen Grundlagen des Mengerschen „Sozialismus": „Erst wird der geschichtliche Zusammenhang und Inhalt der gewaltigen Bewegung beseitigt, um einer bloßen ‚Rechtsphilosophie' Platz zu machen, und dann reduziert sich diese Rechtsphilosophie auf Schlagworte, die eingestandnermaßen praktisch keinen Heller wert sind!"[63] Was jedoch die praktischen Schlußfolgerungen betrifft, so reduzieren sie sich auf die Erhaltung des „*Freihandels* und die Vermeidung des weiteren *Schuldenmachens* seitens des Staates und der Gemeinden!"[64]

Karl Marx und Friedrich Engels führten ihren Kampf für wissenschaftliche Prinzipien des Sozialismus sowohl gegen die offenen Feinde, die Vertreter der bürgerlichen Wissenschaft, als auch gegen einige Mitglieder der deutschen Sozialdemokratischen Partei. In den siebziger Jahren hatte der Privatdozent der Berliner Universität *Eugen Dühring* einen unbestrittenen Einfluß auf einzelne Führer der Sozialdemokratie.

Schon 1865 gab Dühring das Buch „Der von Carey vollzogene Umschwung in der Volkswirtschaftslehre und der Sozialwissenschaft" heraus, in dem er seine

[62] Vgl. ebenda, S. 6f.

[63] Friedrich Engels, Juristen-Sozialismus, in: MEW, Bd. 21, Berlin 1962, S. 498.

[64] Ebenda, S. 508.

volle Solidarität mit dem amerikanischen Ökonomen bekundet. Sich als neuer Begründer des Sozialismus aufspielend, nahm Dühring dem Marxismus feindliche Positionen ein.

Die sozialistische Theorie Dührings stellt nach seinen eigenen Worten das „natürliche System der Gesellschaft" dar und wurzelt in einem „universellen Prinzip der Gerechtigkeit"[65]. Seine künftige „Sozialität" sei kein Ergebnis der historischen Entwicklung der kapitalistischen Gesellschaft, sondern ein auf der Lehre von der Gerechtigkeit basierendes „Ideal".

Die „Sozialität" soll aus einer Föderation von Wirtschaftskommunen bestehen, die „eine Gemeinschaft von Personen, die durch ihr öffentliches Recht der Verfügung über einen Bezirk von Grund und Boden und über eine Gruppe von Produktionsetablissements zu gemeinsamer Tätigkeit und gemeinsamer Teilnahme am Ertrag verbunden sind"[66], ist.

Das Recht auf Grundbesitz an Produktionseinrichtungen und Wohnstätten wollte Dühring durch das öffentliche Recht der Gemeinden ersetzen.[67]

Dieses Recht sollte nach Dührings Meinung auf ausgedehntere Vereine übertragen werden und internationale Maßstäbe erreichen, wenn sich alle Länder der Welt vom Dühringschen universellen Prinzip der Gerechtigkeit überzeugt haben.

Nach Dührings Theorie ist „Kapitalismus ... ein ungeschicktes Wort für eine Entartung des Kapitalgebrauchs; dieser selbst aber kann durch kein Gesellschaftssystem antiquiert ... werden. ... Wo der Zinsertrag in seiner Höhe eine Wirkung gedrückter und ausgepreßter Arbeit wäre, da freilich hörte er auf, unschuldig zu sein. Schafft man aber persönlich normale Verhältnisse, so ist er unanfechtbar und kann nichts ungerecht Drückendes werden. Schon heute ist bisweilen der Zinsempfänger dem eigentlichen Kapitalhandhaber und Kapitalgewinner gegenüber der völlig Passive, der Gedrückte, ja der Ausgebeutete."[68]

So weist Dühring nach, daß der Kapitalbesitzer, der Zinsen erhält, vom tätigen Kapitalisten ausgebeutet werde. Die Aufgabe reduziert er auf die Festlegung gerechter Beziehungen zwischen den Kapitalisten und gleichzeitig zwischen Arbeitern und Kapitalisten, wodurch die kapitalistischen Verhältnisse überwunden würden.

Die Lohnarbeit setzt den Tausch der Arbeit gegen Geld, Kauf und Verkauf voraus, aber nach Dührings Meinung können auch die Tauschhandlungen gerecht gestaltet werden. „Wie der freie Austausch der Gegenstände von Person zu Person nichts Anstößiges hat, wenn dabei keine Zwangslage und kein Betrug die Massenverhältnisse fälschen, so ist auch die zeitweilige Überlassung von Dingen,

65 Vgl. Friedrich Engels, Herrn Eugen Dührings Umwälzung der Wissenschaft (Anti-Dühring), in: MEW, Bd. 20, Berlin 1962, S. 265.

66 Ebenda, S. 268.

67 Vgl. Eugen Dühring, Cursus der National- und Sozialökonomie, 4. Aufl., Leipzig 1925, S. 316.

68 Ebenda, S. 321f.

also im weitesten Sinne des Worts deren Vermietung ein an sich unschuldiger Vorgang."[69]

Dühring meint, daß die Ungerechtigkeit nicht in der juristischen oder ökonomischen Kategorie der Vermietung, sondern in deren Mietbedingungen besteht, die sich unangenehm auf die Lohnhöhe auswirken. Es genügt, den Lohn zu erhöhen, um das Wesen der Lohnarbeit und ihrer Ausbeutung zu beseitigen und dem universellen Prinzip der Gerechtigkeit zum Sieg zu verhelfen.

Das Ziel der Umwandlung der existierenden Gesellschaft kann nach Dühring ohne Beseitigung der ökonomischen und rechtlichen Beziehungen des Kapitalismus erreicht werden, vielmehr bei Erhaltung dieser Beziehungen, aber zwischen geistig emanzipierten menschlichen Persönlichkeiten, die die Lehre Dührings begriffen haben.

„Man muß demgemäß die Macht des Persönlichen in Staat und Gesellschaft emanzipieren oder vielmehr dieses Persönliche selber muß sich befreien und bestätigen, damit ein zweites ansehnliches Gegengewicht bei den Verkehrhandlungen und ihrer Regelung in die Schale falle."[70] Dühring meint, die sittliche Vervollkommnung der einzelnen Menschen müsse zur Liquidierung der schädlichen kapitalistischen Ordnung führen.

Friedrich Engels bemerkte, „daß die Dühringsche Ökonomie auf den Satz hinauslief: ,Die kapitalistische *Produktionsweise* ist gut und kann bestehn bleiben, aber die kapitalistische *Verteilungs*weise ist von Übel und muß verschwinden'"[71]. Dabei spricht Dühring der Verteilung jede Beziehung zur Produktion ab. Seiner Meinung nach ist die Verteilung durch den „Willen" bedingt. Die Gleichheit des Lohns schafft bei gegebenen Preisen nach Dührings Worten eine quantitative, wenn auch nicht qualitative Konsumtionsgleichheit, deshalb erfährt das „universelle Prinzip der Gerechtigkeit" seine ökonomische Verwirklichung. Das Problem der Liquidierung der kapitalistischen Produktionsweise entfällt und es verbleibt nur die Aufgabe, die Lohnhöhe und das Preisniveau festzulegen.

Diese Aufgaben werden gemäß der Dühringschen Theorie vor allem durch politische Maßnahmen gelöst. Zunächst sei es notwendig, die politischen Verhältnisse im Staat (gemeint war der Staat des Deutschen Reiches) in Ordnung zu bringen, um dann soziale Veränderungen zu gewährleisten, die zur „Sozialität", zu Wirtschaftskommunen führen. „Ist also erst ein politisch mehr passender Zustand hergestellt, so wird sich hiermit auch der soziale Kampf, wo nicht ausgeschlossen, so doch in ein geregeltes, auf die Entscheidung hinauslaufendes Streitverfahren verwandeln lassen."[72]

Doch vor einer Umwandlung der Gesellschaft wollte Dühring die Wissenschaft umwandeln. Er bemerkte: „Die Volkswirtschaftslehre, die sich im vorangehen-

69 Ebenda, S. 317.
70 Ebenda, S. 318.
71 Friedrich Engels, Herrn Eugen Dührings Umwälzung ..., a. a. O., S. 278.
72 Eugen Dühring, Cursus der National- und Sozialökonomie, a. a. O., S. 332.

den Cursus dargestellt findet, kann im Unterschiede von der bisherigen Nationalökonomie und dem bisherigen Sozialismus als sozialitäre bezeichnet werden."[73] Dühring lehnte sowohl die politische Ökonomie von Hume und Smith als auch alle zeitgenössischen Sozialismustheorien ab. Seiner Meinung nach hätten diese Theorien ein übertriebenens Interesse für die Produktion der materiellen Güter und für die im Produktionsprozeß zwischen den Menschen entstehenden ökonomischen Beziehungen. Die Produktion und die Entstehung ökonomischer Beziehungen hätten an sich nur zweitrangige Bedeutung. Die allerwichtigste Rolle würden die Politik und die politischen Institutionen spielen, die auf der Grundlage der Prinzipien der Gerechtigkeit umzuwandeln seien. „Die Naturgesetze der Politik und des Rechts oder Unrechts müssen heute den Ausgangspunkt für die tiefer wurzelnde Wirtschaftslehre bilden."[74]

Nach Dührings Worten besteht das Wesen seines „sozialitären Systems" in der Untersuchung politischer und gesellschaftlicher Institutionen, da sie mit der Ungerechtigkeit oder Gerechtigkeit der persönlichen Verhältnisse der Ausbeutung oder Gleichberechtigung zu tun hätten. Den früheren Begriff des ökonomischen Naturgesetzes ersetzt er durch den Begriff des politischen Naturgesetzes.

Ein solches Primat der politischen Faktoren gegenüber den ökonomischen sei durch folgende Grundaussage bedingt, die vom Schöpfer der „sozialitären" Theorie selbst formuliert wurde: „Was also beseitigt werden muß, ist nicht der in einem gegebenen Augenblick vorhandene Besitz, sondern die künstliche und übermäßige, auf politischem Einfluß und auf Versklavung der Arbeit beruhende Rentabilität dieses Besitzes."[75] Das kapitalistische Eigentum unterliegt gemäß der Dühringschen Theorie, mit anderen Worten, nicht der Liquidierung. Man brauchte die Fähigkeit dieses Eigentums, Profit hervorzubringen, nur etwas zu beschneiden, was durch politische Maßnahmen im Rahmen des existierenden Staates erreicht werden könne.

Dühring glaubte, daß nur neue Straf- und Zivilgesetze notwendig seien, um die Unterjochung der besitzlosen Menschen durch den vermögenden praktisch zu beenden. „Nicht der Besitz an sich ist das sozial Schuldige, sondern die ausbeutende Kraft mit ihrem politischen Ursprung und Rückhalt."[76] Das gesamte sogenannte Recht müsse vom Standpunkt des Prinzips der Sozialität überprüft werden. Derartige Ansichten Dührings waren mit den Anschauungen Anton Mengers, des Vertreters der Juristen-Sozialismus, identisch.

Dühring wiederholte beharrlich, daß er eine neue Lehre geschaffen habe; er verteidigte die besondere, entscheidende Bedeutung, die die Politik für die Wirtschaft besitze. Eigentlich hätte Dühring eine einheitliche Position mit den Kathedersozialisten haben müssen, aber er sprach von ihnen verächtlich, rechnete alle Professoren zur „offiziellen Schule", gegen die er auftrat. Seine „Sozialität" ließ

[73] Ebenda, S. 505f.
[74] Ebenda, S. 508.
[75] Ebenda, S. 574.
[76] Ebenda, S. 575.

sich nicht in den gewöhnlichen Rahmen der offiziellen Volkswirtschaftslehre hineinpressen, die nach seiner Terminologie ein „formloser Wisch der Universitätsökonomie" ist. Wegen seiner scharfen Auseinandersetzung mit den offiziell anerkannten deutschen und insbesondere Berliner Professoren wurde Dühring die Möglichkeit genommen, seine Dozententätigkeit fortzusetzen.

Unter den konkreten historischen Bedingungen der zweiten Hälfte des 19. Jahrhunderts erregten die kleinbürgerlichen Ideen Dührings über die Umwandlung der gesellschaftlichen Ordnung, seine „sozialitäre"Lehre, sowie die scharfe Kritik an der sich in einer Krise befindlichen bürgerlichen politischen Ökonomie die Aufmerksamkeit eines bestimmten Teils der progressiven Intelligenz sowohl in Deutschland als auch in einigen anderen Ländern. Dühringianer gab es auch in Rußland.

Friedrich Engels entlarvte den antiwissenschaftlichen, reaktionären Inhalt der Dühringschen Sozialismustheorie. Er wies ihren idealistischen, kleinbürgerlichen utopischen Charakter und den Schaden, die diese Theorie der proletarischen Bewegung zufügen kann, nach.[77]

2. KAPITEL

Der Sozialismus in der Interpretation von Karl Rodbertus

Die Werke von Karl Rodbertus übten einen außerordentlichen Einfluß auf die Formierung der bürgerlichen und kleinbürgerlichen Konzeptionen des Sozialismus aus. Als Theoretiker war Rodbertus der Mehrheit seiner Kollegen geistig überlegen.[1] Doch seine sozialpolitische Konzeption war in sich widersprüchlich und dementsprechend waren auch seine theoretischen Konstruktionen nicht widerspruchslos. Sie schlossen heterogene Elemente des feudalen Sozialismus, des bürgerlichen und kleinbürgerlichen Sozialismus und des utopischen Sozialismus ein. Rodbertus kritisierte den Kapitalismus von der Position des utopischen Sozialismus und näherte sich dann nach und nach dem bürgerlichen Reformismus.

Im Jahre 1837 schrieb Rodbertus den Artikel „Die Forderungen der arbeitenden Klassen", der von der bürgerlichen Presse zurückgewiesen wurde. In diesem Artikel waren im Keim viele der später ausgeführten sozialökonomischen An-

[77] Vgl. Friedrich Engels, Herrn Eugen Dührings Umwälzung . . ., a. a. O., S. 5–8.

[1] Über den Unterschied zwischen den Ansichten von Rodbertus und den Kathedersozialisten z. B. sagt Engels in dem Brief vom 22. Dezember 1882 an Bebel folgendes: „Aber wie Du sagst, er (Rodbertus – der Verf.) ist viel mehr wert als die Masse der deutschen Vulgärökonomen inklusive der Kathedersozialisten, die ja nur von unsern Abfällen leben." Friedrich Engels, Brief an August Bebel vom 22. Dezember 1882, in: MEW, Bd. 35, Berlin 1967, S. 416.

schauungen des Autors enthalten. In einer Reihe von Fragen nimmt er eine Position ein, die dem utopischen Sozialismus nahesteht und die sich unmittelbar auf Saint-Simon bezieht.[2]

Das zweite Werk von Rodbertus war die 1842 erschienene Schrift „Zur Erkenntnis unserer staatswirtschaftlichen Zustände".[3] In diesem Buch präsentiert Rodbertus eine egalitäre Auswertung der Ricardoschen Arbeitswerttheorie. Er gelangt dabei wie seine englischen Vorläufer zu utopisch-sozialistischen Schlußfolgerungen. Friedrich Engels schreibt hierzu: „Für die Zeit, wo Rodbertus Zur Erkenntnis etc. erschien, war es unbedingt ein bedeutendes Buch. Seine Fortführung der Ricardoschen Werttheorie in der einen Richtung war ein vielversprechender Anfang. War sie auch nur für ihn und für Deutschland neu, so steht sie doch im ganzen auf gleicher Höhe wie die Leistungen seiner besseren englischen Vorgänger".[4]

Rosa Luxemburg merkt im Hinblick auf die sozialen Entstehungsbedingungen dieser Rodbertusschen Theorien folgendes an: „Wenn Sismondi zu einer Opposition gegen die klassische Schule durch die erste englische Krise und die von ihr ausgelösten Leiden der Arbeiterklasse angeregt war, so schöpft Rodbertus fast fünfundzwanzig Jahre später den Anstoß zu seiner Kritik der kapitalistischen Produktion von der inzwischen aufgekommenen revolutionären Arbeiterbewegung."[5]

Zur Zeit der Revolution von 1848 wurde Rodbertus in das Frankfurter Paulskirchen-Parlament gewählt und stimmte in der Grundrechtsdebatte für die Abschaffung des Adels. Als Fraktionsführer des linken Zentrums war er vorübergehend Minister für Kultus und Unterricht im Kabinett Hansemann. Er geriet jedoch bald in tiefgehende Konflikte, nicht nur mit den restaurierten alten monarchischen Staatsgewalten, sondern auch mit den kompromißbereiten Repräsentanten der Bourgeoisie. Seit dieser Zeit trat Rodbertus nicht mehr als Politiker in der Öffentlichkeit auf, hörte jedoch nicht auf, eine gewisse hintergründige politische Rolle zu spielen.

Nach der gescheiterten Revolution von 1848 schrieb und veröffentlichte Rodbertus seine „Socialen Briefe". Der erste dieser Briefe erschien 1850 in Berlin mit dem Untertitel: „Die sociale Bedeutung der Staatswirtschaft"; der zweite ein Jahr später mit dem Untertitel: „Die sich selbst überlassene Entwicklung der gegenwärtigen Volkswirtschaft"; der dritte trug den Untertitel: „Widerlegung der ricardianischen Lehre von der Grundrente und Begründung einer neuen Rententheorie", Berlin 1851. Den vierten „Socialen Brief" schließlich, mit

[2] Vgl. Carl Rodbertus-Jagetzow, Die Forderungen der arbeitenden Klassen, Frankfurt/M. 1946.

[3] Neubrandenburg und Friedland 1842.

[4] Friedrich Engels, Vorwort zur ersten deutschen Ausgabe von Karl Marx' Schrift „Das Elend der Philosophie", in: MEW, Bd. 4, Berlin 1959, S. 568.

[5] Rosa Luxemburg, Die Akkumulation des Kapitals, Ein Beitrag zur ökonomischen Erklärung des Imperialismus, in: Rosa Luxemburg, Gesammelte Werke, Bd. 5, Berlin 1975, S. 186.

dem Untertitel „Das Capital", auch in der Zeit um 1851 verfaßt, verschloß Rodbertus 25 Jahre lang in seinem Schreibpult. Er erschien erst 1884, neun Jahre nach seinem Tode.

Über die ersten drei „Socialen Briefe" liegen uns markante Äußerungen von Marx und Engels vor. So wird Rodbertus im ersten Band des „Kapital" von Marx bescheinigt, „das Wesen der kapitalistischen Produktion durchschaut zu haben."[6] Außerdem schrieb Karl Marx an Lassalle: „In Rodbertus' Schrift die Tendenz sehr anzuerkennen".[7] In einem Brief von Friedrich Engels an Bebel (22. Dezember 1882) lesen wir: „In seinen ‚Socialen Briefen' war Rodbertus nahe dran, dem Mehrwert auf die Spur zu kommen."[8]

Doch die positiven Tendenzen in den Ansichten von Rodbertus erfuhren keine Weiterentwicklung. In diesem Zusammenhang bemerkten Marx und Engels, Rodbertus bleibe auf halbem Wege stehen, die „in der Tat kühnen Anläufe" der Rodbertusschen „Socialen Briefe" seien schließlich doch wieder der Gefahr erlegen, „in solchen ideologischen Gemeinplätzen zu versanden."[9] Engels schrieb: „Der Mann war einmal nahe dran, den Mehrwert zu entdecken, sein pommerscher Grundbesitz hat ihn daran gehindert."[10]

Die Kritik des Kapitalismus

Ricardos Wert- und Mehrwerttheorie erfuhr schon vor Rodbertus in der antikapitalistischen englischen Literatur der zwanziger und dreißiger Jahre eine Ausdeutung. Mit einem gewissen zeitlichen Abstand wurde auch im Deutschland der dreißiger und vierziger Jahre auf sozialistischer Position an Ricardos Lehre angeknüpft.

Rodbertus entnimmt dem Werk Ricardos die Idee der Arbeitswerttheorie. Dabei konstatiert er, daß das Grund- und Kapitaleigentum doch ganz offensichtlich nicht durch eigene Arbeit der Kapital- und Grundeigentümer zustande gekommen ist. Rodbertus nennt dieses nicht auf der Arbeit des Eigentümers beruhende Eigentum „rentierendes Eigentum". Er erklärt, dieses Eigentum sei „das, was den Besitzern, ohne zu arbeiten, Rente gewährt."[11]

Als Rodbertus einen Prioritätsanspruch an der Entdeckung des Mehrwert-

6 Karl Marx, Das Kapital, Bd. 1, in: MEW, Bd. 23, Berlin 1962, S. 554.
7 Karl Marx, Brief an Ferdinand Lassalle vom 8. Mai 1861, in: MEW, Bd. 30, Berlin 1964, S. 604.
8 Friedrich Engels, Brief an August Bebel vom 22. Dezember 1882, in: MEW, Bd. 35, Berlin 1967, S. 416.
9 Karl Marx, Das Kapital, Bd. 1, in: MEW, Bd. 23, Berlin 1962, S. 555.
10 Friedrich Engels, Brief an Eduard Bernstein vom 8. Februar 1883, in: MEW, Bd. 35, Berlin 1967, S. 428.
11 Carl Rodbertus-Jagetzow, Die Forderungen der arbeitenden Klassen, Frankfurt/M. 1946, S. 17.

gesetzes erhob, bemerkte Engels seinerzeit, es hätte die „sozialistische Nutzanwendung der Ricardoschen Theorie ... in vielen Fällen zu Einsichten in den Ursprung und die Natur des Mehrwerts geführt, die weit über Ricardo hinausgehe; so unter andern bei Rodbertus".[12]

Im „dritten Socialen Brief" schrieb Rodbertus: „Welche Gründe, frage ich, bewirken, daß, da jedes Einkommen nur Arbeitsprodukt ist, Personen in der Gesellschaft Einkommen beziehen, die keinen Finger zur Herstellung desselben rühren? Dergleichen Personen gibt es freilich unzählige, und ganze Klassen ... Welche Gründe bewirken also, daß diese an der ‚ursprünglichen Güterverteilung' partizipierenden Personen, ohne darin mit zu arbeiten oder andere Dienste dafür zu gewähren, Einkommen beziehen, das doch nur Arbeitsprodukt ist, das also Arbeitsprodukt anderer ist, wenn sie es auch Grundrente, Kapitalgewinn oder Zinsen nennen? ... Die Antwort auf diese Frage ist die Theorie der Rente überhaupt, der Grundrente und des Kapitalgewinnes im Allgemeinen".[13] „Rente", heißt es an anderer Stelle, „ist nach dieser Theorie alles Einkommen, was ohne eigene Arbeit, lediglich auf Grund eines Besitzes, bezogen wird."[14]

Wie Engels kritisch einwendete, bleibt diese „Rente überhaupt" ungeachtet ihres verallgemeinernden Zusatzes „überhaupt", „einfach die Summe von Bodenrente plus Profit". Marx' Mehrwert hingegen ist „die allgemeine Form der ohne Äquivalent von den Eignern der Produktionsmittel angeeigneten Wertsumme, die sich nach ganz eigentümlichen, erst von Marx entdeckten Gesetzen in die besondren, verwandelten Formen von Profit und Bodenrente spaltet".[15] Engels betont ferner hierbei, „wie viele Mittelglieder nötig sind, um vom Verständnis des Mehrwerts im allgemeinen zum Verständnis seiner Verwandlung in Profit und Grundrente, also zum Verständnis der Gesetze der Verteilung des Mehrwerts innerhalb der Kapitalistenklassen zu kommen".[16]

Insofern war Rodbertus eben nur „nahe daran, dem Mehrwert auf die Spur zu kommen" und seine „kühnen Versuche" versandeten wieder. Auch er blieb schließlich" befangen in den ökonomischen Kategorien wie er sie vorfindet. Auch er tauft den Mehrwert mit dem Namen einer seiner verwandelten Unterformen, den er noch dazu ganz unbestimmt macht: Rente".[17]

Was für sozialökonomische Vorbedingungen müssen nach Rodbertus gegeben sein, um Mehrwert alias „Rente überhaupt" möglich werden zu lassen? Die Antwort von Rodbertus lautet: „Da es kein Einkommen, wenn nicht durch Arbeit hervorgebracht, geben kann, so beruht die Rente auf zwei unumgänglichen Vorbedingungen. Erstens: Es kann keine Rente geben, wenn nicht die Arbeit mehr

[12] Friedrich Engels, Vorwort zur ersten deutschen Ausgabe von Karl Marx' Schrift „Das Elend der Philosophie", in: MEW, Bd. 21, Berlin 1962, S. 178.

[13] Carl Rodbertus, Beleuchtung der socialen Frage, Teil I, 2. Aufl., Berlin 1899, S. 114f.

[14] Ebenda, S. 50.

[15] Karl Marx, Das Kapital, Bd. 2, in: MEW, Bd. 24, Berlin 1963, S. 17f.

[16] Ebenda, S. 18.

[17] Ebenda, S. 20.

hervorbringt, als wenigstens zur Fortsetzung der Arbeit für die Arbeiter erforderlich ist, – denn es ist unmöglich, daß ohne ein solches Plus, Jemand ohne selbst zu arbeiten, regelmäßig ein Einkommen beziehen kann. Zweitens: Es kann keine Rente geben, wenn nicht Einrichtungen bestehen, die dies Plus ganz oder zum Teil den Arbeitern entziehen, und anderen, die nicht selbst arbeiten, zuwenden, – denn die Arbeiter sind durch die Natur selbst immer zunächst im Besitz ihres Produkts. Daß die Arbeit ein solches Plus gibt, beruht auf wirtschaftlichen Gründen, solchen, welche die Produktivität der Arbeit erhöhen. Daß dieses Plus ganz oder zum Teil den Arbeitern entzogen und anderen zugewandt wird, beruht auf Gründen des positiven Rechts, das, wie es sich von jeher mit der Gewalt koaliert hat, so auch nur durch fortgesetzten Zwang diese Entziehung durchsetzt".[18]

Das in der „zweiten Vorbedingung" für die Möglichkeit von „Rente überhaupt" von Rodbertus hier und an anderen Stellen in den Vordergrund gestellte „positive Recht" als Ursache der Mehrwertsaneignung zeigt sein beträchtlich fortwirkendes Beharren in einer idealistisch-juristischen Betrachtungsweise.

Ungeachtet dieser idealistischen Betrachtungsweise sieht Rodbertus durchaus die über mehrere Gesellschaftsformationen sich hinziehende Kontinuität der Ausbeutung. „So ist allerdings", meint Rodbertus, „an die Stelle der Anordnung des Sklavenbesitzers der Vertrag des Arbeiters mit dem Lohnherrn getreten, aber dieser Vertrag ist nur formell, nicht materiell frei, und der Hunger ersetzt fast völlig die Peitsche. Was früher Futter hieß, heißt jetzt nur Lohn."[19]

Die Wechselbeziehungen in der kapitalistischen Gesellschaft charakterisiert Rodbertus an verschiedenen Stellen seiner Schriften als ein Rauben des vom Arbeiter hergestellten Arbeitsproduktes. Rodbertus schrieb: „Die Gesellschaft zieht sich in die Extreme auseinander. Eine immer zunehmende besitzlose Masse nach unten! Eine von immer aufgehäufterem Reichtum strotzende sich mindernde Relativzahl nach oben! Die diese Extreme vermittelnden, verbindenden, versöhnenden Klassen der Zahl und dem Einkommen nach in zunehmendem Schwinden begriffen. – Als ob schon das Feld klar zum fürchterlichen sozialen Kampfe gemacht würde! Als ob man jeden Augenblick schon die Schlachttrompeten hören könnte!"[20]

Unzweifelhaft sind die den Kapitalismus entlarvenden Einsichten von Brisanz. Doch die theoretischen Grundlagen, auf denen die Einsichten beruhen, sind unzulänglich. Engels erklärt unter Bezugnahme auf Marx, daß die Nutzanwendung der Theorie Ricardos durch Rodbertus ökonomisch formell falsch sei, denn sie sei einfach eine Anwendung der Moral auf die Ökonomie. Nach den Gesetzen der bürgerlichen Ökonomie gehöre der größte Teil des Produkts eben nicht den Arbeitern, die es erzeugt haben. Und Engels bemerkt: „Sagen wir nun: das ist zurecht, das soll nicht sein, so geht das die Ökonomie zunächst nichts an. Wir sagen bloß, daß diese ökonomische Tatsache unserem sittlichen Gefühl wider-

[18] Carl Rodbertus, Beleuchtung der socialen Frage, a. a. O., S. 50f.
[19] Ebenda, S. 52.
[20] Ebenda, Teil II, S. 88.

spricht". Das sei aber keine Kausalerklärung und daher völlig unzureichend, dem inzwischen von der Utopie zur Wissenschaft herangereiften Sozialismus-Kommunismus ein tragfähiges Instrumentarium zu bieten. Marx habe daher, wie Engels fortfährt, seine kommunistischen Forderungen nicht auf ethische Urteile (und seien sie noch so sehr gerechtfertigt) begründet, „sondern auf den notwendigen, sich vor unseren Augen täglich mehr und mehr vollziehenden Zusammenbruch der kapitalistischen Produktionsweise; er sagt nur, daß der Mehrwert aus unbezahlter Arbeit besteht."

Engels, der Dialektiker, fährt wie folgt fort: „Was aber ökonomisch formell falsch ist, kann darum doch weltgeschichtlich richtig sein. Erklärt das sittliche Bewußtsein der Masse eine ökonomische Tatsache, wie seinerzeit die Sklaverei oder die Fronarbeit, für unrecht, so ist das ein Beweis, daß die Tatsache selbst sich schon überlebt hat, daß andere ökonomische Tatsachen eingetreten sind, kraft deren jene unerträglich und unhaltbar geworden sind. Hinter der formellen ökonomischen Unrichtigkeit kann also ein sehr wahrer ökonomischer Inhalt verborgen sein".[21] Doch diesen wahren Inhalt sah Rodbertus nicht.

Die Konzeption von der sozialistischen Gesellschaft

Die geschichtsphilosophischen Ideen in den Frühwerken von Rodbertus weisen ihn als Anhänger des Fortschrittsgedankens aus, sie zeigen aber auch, daß er den Fortschritt idealistisch deutete, als einen Prozeß der Vergöttlichung des Menschen. In einem unveröffentlichten Fragment schrieb Rodbertus: „Die Geschichte ist der Weg der bis in Gott hinaufreichenden Perfektibilität des Menschengeschlechtes". Er erklärt, daß diese Vervollkommnung des Menschengeschlechtes sich in Stufen, Perioden oder Zeitaltern vollziehe und ihr letztes Ziel noch nicht erreicht habe. Im Gegensatz zum Naturgeschehen, wo mit dem Auftauchen des Menschen die physische Entwicklungskette des Menschen abgeschlossen vorliegt, „ist die soziale und geschichtliche Entwicklungskette hingegen, diese Schöpfung von Nationen und Staaten noch lange nicht zu Ende."[22] So sei auch die Entwicklung des Eigentums noch keineswegs abgeschlossen. Entsprechend den verschiedenen „Staatsstufen" gibt es nach der Meinung von Rodbertus verschiedene „Eigentumsstufen" und ihr Verhältnis sei derart, daß der Charakter der „Eigentumsstufe" den Charakter der „Staatenstufe" bestimme.

Auf dieser Grundlage entwirft Rodbertus eine Geschichtskonzeption der drei Zeitalter: Das erste Zeitalter sei die Antike, ihr liege als Eigentumsstufe das Menscheneigentum zugrunde. Als zweites Zeitalter gilt die nach dem Untergang

[21] Friedrich Engels, Vorwort zur ersten deutschen Ausgabe von Karl Marx' Schrift „Das Elend der Philosophie", in: MEW, Bd. 4, Berlin 1959, S. 561.

[22] Ferdinand Lassalle, Die Schriften des Nachlasses und der Briefwechsel mit C. Rodbertus, Stuttgart/Berlin 1925, S. 306.

der Antike beginnende und bis in die Gegenwart reichende Epoche (also Feudalismus und Kapitalismus zusammen). Ihr liege als zweite Eigentumsstufe das Grund- und Kapitaleigentum zugrunde. Das dritte Zeitalter jedoch, das noch ausstehe, sei die Epoche des Arbeits- und Verdiensteigentums. An dieses dritte Zeitalter knüpfen sich Rodbertus' utopisch-kommunistische Anschauungen.

Man erkennt unschwer, wie hier die linksricardianische Theorie des Arbeitseigentums mit saint-simonistischen und noch weiter zurückreichenden idealistischen Geschichtskonzeptionen verschmilzt.

Die ganze Geschichte ist also nach Rodbertus auf die Verwirklichung dieses dritten kommunistischen Weltzustandes angelegt. Der geschichtliche Verlauf ist zugleich nichts als eine „Verallgemeinerung des Kommunismus".[23] Der Begriff Kommunismus wird von Rodbertus teilweise als Synonym für „Gesellschaft" bzw. „Vergesellschaftung" verwandt. Schon im ersten und zweiten Zeitalter seiner Geschichtskonstruktion sieht er Elemente oder Keime des Kommunismus. Die zunehmende Vergesellschaftung der Produktion, die sich technologisch als zunehmende Arbeitsteilung ausdrückt, wird von Rodbertus im Sinne eines „allmählich" zunehmenden Kommunismus gedeutet: „Allein das Wesen der Teilung der Arbeit liegt nicht in deren Individualismus, sondern gerade in deren Kommunismus. Die Teilung der Arbeit sollte daher gerade Gemeinschaft der Arbeit heißen".[24] Diese Teilung bzw. „Gemeinschaft der Arbeit" sei „zwar noch nicht rechtlicher, aber doch schon faktischer Kommunismus, zwar nicht Kommunismus des Produkts, aber doch Kommunismus der Produktion".[25] Der Evolutionismus und Reformismus der Rodbertusschen sozialpolitischen Konzeption ist folglich schon in seiner Geschichtsauffassung angelegt.

In Polemik gegen Proudhons massive Verunglimpfungen des Kommunismus, der schon damals die Unverträglichkeit von Kommunismus und menschlicher Freiheit behauptet hatte, meint Rodbertus: „In jenem Zustande mit Kommunismus an Boden und Kapital ist nicht bloß das Eigentum gesicherter, die Freiheit größer, die Gleichberechtigung allgemeiner, als in dem heutigen oder selbst denkbar freistem Zustande mit Privateigentum an Boden und Kapital, sondern sind Eigentum, Freiheit und Gleichberechtigung überhaupt und allein erst rein und vollständig zu verwirklichen." Rodbertus kontrastiert die illusionäre Freiheit innerhalb der bürgerlichen Gesellschaft mit der realen Freiheit in einer kommunistischen Gesellschaft und fährt fort: „Solange es Grund- und Kapitaleigentum gibt, solange wird es auch ‚Herren' geben. Die Rente ist nichts als das letzte geschichtliche Kriterium des ‚Herrn'. Erhöhen sie die bürgerliche und politische Freiheit wie sie wollen, bis zum allgemeinen Stimmrecht in Staat und Gemeinde, selbst bis zu ‚Anarchie', behalten sie aber das Grund- und Kapitaleigentum daneben, wie es doch die heutigen Anarchisten wollen, und sie haben damit

23 Carl Rodbertus, Das Kapital, Berlin 1884, S. 94.
24 Ebenda, S. 79.
25 Ebenda, S. 84f.

auch die Rente und die Herrschaft, den Lohn und den Dienst wieder; wollen sie aber wahrhaft Anarchie, so müssen sie das Grund- und Kapitaleigentum daran geben. Dann freilich haben sie noch die Wahl, die Wahl zwischen dem Rousseauschen Vierfüßler und die Civilisation mit einem gesellschaftlichen Willen, d. h. mit Staat, Centralisation und Kommunismus".[26]

Rodbertus behauptet, daß nicht der Individualismus, sondern der Sozialismus-Kommunismus die Reihe der Emanzipationen abschließt, die mit der Reformation begonnen haben. Daher sei er auch der Überzeugung, „daß, wenn jemals Recht und Freiheit vollständig auf Erden herrschen sollen, die Gesellschaft einem Zustande, wie ich ihn geschildert habe, entgegen gehen muß". Und er setzt fort: „Ich gestehe offen, ich meinerseits glaube an die dereinstige Aufhebung des Grund- und Kapitaleigentums. Geschichte, Gegenwart und Wissenschaft haben diesen Glauben gleich sehr in mir begründet".[27]

Die Schriften von Rodbertus enthalten noch zahlreiche und trotz aller Mängel bemerkenswerte Aussagen dieser Art. Es kann kein Zweifel darüber bestehen, daß auch sie zu den von Marx vermerkten „kühnen Anläufen" von Rodbertus gehören. Diese „kühnen Anläufe" stehen jedoch im Widerspruch zu anderen, reaktionären Elementen des Rodbertusschen Denkens und eine solche Verquickung mußte unvermeidlich zu einem Fiasko führen.

In seiner Konzeption von der kommunistischen Gesellschaft spricht sich Rodbertus gegen das Gruppeneigentum als Grundlage des Kommunismus aus. Das war auch einer der hauptsächlichsten theoretischen Differenzpunkte zu Lassalle, der sich selbst als einen Schüler von Rodbertus erklärt hatte. „Sie würden", heißt es in einem Brief von Rodbertus an Lassalle, „das ganze Nationaleigentum in lauter Korporationseigentum auflösen, das schlimmste Privateigentum von allen".[28] Solches Eigentum, heißt es an anderer Stelle, führe überdies „nicht zur allgemeinen Brüderlichkeit, sondern zu dem schärfsten Korporationseigentum zurück, in welchem nur die Personen der Besitzenden gewechselt hätten".[29] Deshalb müsse, nach der Meinung von Rodbertus, „Boden und Nationalkapital gänzlich vom Privateigentum, auch vom Privateigentum einer Gemeinde, befreit gedacht werden, und also der ganzen Nation, als solcher gehören".[30]

Schon in der 1842 erschienenen Schrift wird als „Vorfrage" erörtert, „ob eine gesellschaftliche Vorsicht ebenso gut die Leitung der Produktion übernehmen könnte, als es heute die Unternehmer tun".[31] In dieser Schrift wird nachgedacht über „einen Zustand ohne rentierendes Eigentum mit Leitung der Produktion

[26] Ebenda, S. 216f.

[27] Ebenda, S. 221.

[28] Ferdinand Lassalle, Die Schriften der Nachlasses . . ., a. a. O., S. 358.

[29] Carl Rodbertus, Briefe und socialpolitische Aufsätze, hg. von Rudolph Meyer, Berlin 1880, S. 227.

[30] Carl Rodbertus, Das Kapital, a. a. O., S. 115.

[31] Carl Rodbertus, Zur Erkenntnis unserer staatswirtschaftlichen Zustände, Neubrandenburg und Friedland 1842, S. 134.

durch eine gesellschaftliche Behörde".[32] Im vierten „Socialen Brief" wird dann ausführlicher eine „nach einem gesellschaftlichen Willen und Plane in Gemeinschaft arbeitende Gesellschaft" vorgestellt.[33] Rodbertus kritisiert die herrschende liberale Wirtschaftstheorie und -praxis, so ganz des „aktiven Charakters jeder Wirtschaftsführung" zu entbehren. Nach seiner Meinung ignorieren sie, „daß nur das heutige Grund- und Kapitaleigentum diese Tätigkeiten (der Wirtschaftsführung – der Verf.) der Gesellschaft als solcher entzieht und sie Privaten delegiert."[34] Rodbertus übersteigerte jedoch diese Betonung des „aktiven Charakters der Wirtschaftsführung", wenn er apodiktisch und mißverständlich behauptet: „Auch in der Volkswirtschaft muß regiert werden".[35]

Es ist interessant, daß Rodbertus die Vereinbarkeit von Zentralismus und Demokratismus unterstreicht: „Zentralisation und Selbstregierung, wiederhole ich, sind keine absoluten Gegensätze. Denn weder heißt Zentralisation die Regierung einer außerhalb des Volkswillens liegenden Machtvollkommenheit, noch Selbstregierung die Auflösung des Staats in reinen Individualismus. Zentralisation und Selbstregierung können daher sehr wohl mit einander vereinigt sein".[36] So besteht nach Rodbertus keinerlei zwingender Grund, zentrale Wirtschaftsleitung als Bedrohung demokratischer Prinzipien anzusehen. Für die „Zentralbehörde" komme es darauf an, „in einer Hand alle die staatswirtschaftlichen Funktionen zu vereinigen, die heute nur zum kleinsten Teil einer gesellschaftlichen Behörde, nämlich dem „Finanzminister", obliegen, zum bei weitem größten Teile den Privaten delegiert, namentlich unter den verschiedenen Grund- und Kapitaleigentümern zersplittert sind –, und ... sie in einer Weise und mit einem Erfolge zu üben, die ihrem dann gegebenen einheitlichen Charakter, wie ihrer dann unmittelbar dem Zweck zugewandten Richtung vollständig entsprechen würden.

Eine gesellschaftliche Behörde würde also jetzt die Nationalproduktion dem Nationalbedürfnis anzupassen, das Nationalprodukt auf der Höhe der produktiven Mittel zu erhalten, die Verteilung des Nationaleinkommens nach den Grundsätzen des oben gedachten gesellschaftlichen Rechts zu regeln haben".[37]

In echt utopischer Weise entwickelt Rodbertus seine Prinzipien der zugleich zentralistischen wie demokratischen Wirtschaftsführung bis in Einzelheiten der Bedürfnisermittlung und ihrer planmäßigen Befriedigung, der Arbeitsnormung und ihrer periodischen Überprüfung entsprechend der ständig steigenden Arbeitsproduktivität.

Rodbertus sieht im Gegensatz zu Proudhon, der von einer sozialistischen Verteilung bei Aufrechterhaltung der Warenproduktion träumte, den unmittelbaren Zusammenhang zwischen Produktions- bzw. Eigentumsverhältnissen und den

[32] Ebenda, S. 152.
[33] Rodbertus, Das Kapital, a. a. O., S. 122.
[34] Ebenda, S. 107.
[35] Carl Rodbertus, Briefe ..., a. a. O., S. 522.
[36] Rodbertus, Das Kapital, a. a. O., S. 217, Fußnote.
[37] Ebenda, S. 123f.

Verteilungsprinzipien: „Nur in Folge des Grund- und Kapitaleigentums wird die ganze Nationalproduktion durch Kauf und Verkauf vermittelt ... Nur in Folge des Grund- und Kapitaleigentums wird auch die ganze Verteilung des Nationaleinkommens durch Kauf und Verkauf geregelt, müssen die Arbeiter ihre Arbeit verkaufen ...“[38] Kommunistische Produktionsverhältnisse hingegen bewirken nach der Meinung von Rodbertus auch andere Distributionsverhältnisse. Dies drückt sich vor allem darin aus, „daß als die an der Produktion Beteiligten und deshalb zu Anteil am Nationaleinkommen Berechtigten nur die Produzenten allein angesehen werden“.[39] „Niemals“, heißt es weiter, „würde jemand Einkommen beziehen, das nicht der Gegenwart seines Produktwertes wäre“.[40] Rodbertus meint, „wenn der nationale Boden und das nationale Kapital, also das gesamte Nationalprodukt, bis es sich als Einkommen verteilt, auch dem Rechte nach in Gemeinschaft der Gesellschaft bleibt ..., so muß notwendig der Tauschverkehr, diese Art Vermittlung der nationalen Produktion und Verteilung, in allen angedeuteten Beziehungen aufhören“.[41] Rodbertus sagt klar und deutlich, daß es die Eigentumsverhältnisse an den Produktionsmitteln sind, die die Distributionsverhältnisse bestimmen. Doch interpretiert er die Eigentumsverhältnisse unrichtig, wenn er annimmt, daß sie durch außerökonomische Faktoren bedingt sind.

Die kommunistischen Eigentumsverhältnisse lassen nach Rodbertus Spielraum für zwei Verteilungsvarianten: Erstens für eine Verteilung nach „Zweckmäßigkeitsgründen“, wozu er auch die Verteilung nach dem Bedürfnisprinzip rechnet. Diese Verteilungsvariante erfordere allerdings einen besonderen kommunistischen „Verteiler“, „bestehe dieser in dem St.-Simonistischen Papst, dem Arbeiterdiktator, oder einem gesellschaftlichen Direktorium“.[42]

Rodbertus entscheidet sich für die zweite, dem Leistungsprinzip verpflichtete Verteilungsvariante. „Alsdann“, schreibt er, sei „nur das rentierende Eigentum aufgehoben, aber nicht das Eigentum überhaupt. Vielmehr ist dieses dann gerade auf sein Prinzip, die Arbeit, zurückgeführt, und besteht, zwar nicht in dem individuellen Eigentum des Arbeiters an seinem unmittelbaren Produkt ... wohl aber in dem individuellen Eigentum des Arbeiters an seinem ganzen Produktwert. Dieser Kommunismus am Boden und Kapital, mit Eigentum des Individuums am Wert seines Produkts ist der Rechtszustand, den ich hier an die Stelle des Privateigentums an Boden und Kapital treten lasse“.[43] Rodbertus offeriert eine kleinbürgerliche Konzeption der Verteilung im Sozialismus, die die Lassalleaner übernahmen und die später von Marx einer scharfen Kritik unterzogen wurde.[44] Als Instrument dieser Verteilung stellte Rodbertus das „Arbeitsgeld“ heraus.

Die Theorie des Arbeitsgeldes hat Marx in seiner „Kritik der politischen Öko-

38 Ebenda, S. 120. 39 Ebenda, S. 121.
40 Ebenda, S. 160. 41 Ebenda, S. 121.
42 Ebenda, S. 115. 43 Ebenda, S. 115f.
44 Vgl. Karl Marx, Kritik des Gothaer Programms, in: MEW, Bd. 19, Berlin 1962, S. 22ff.

nomie" und im „Elend der Philosophie" widerlegt und als „seichten Utopismus eines Arbeitsgeldes auf der Grundlage der Warenproduktion" betrachtet, und er verweist gleichzeitig darauf, „daß z. B. das Owensche ‚Arbeitsgeld' ebenso wenig ‚Geld' ist wie etwa eine Theatermarke", denn „Owen setzt unmittelbar vergesellschaftete Arbeit voraus, eine der Warenproduktion diametral entgegengesetzte Produktionsform. Das Arbeitszertifikat konstatiert nur den individuellen Anteil des Produzenten an der Gemeinarbeit und seinen individuellen Anspruch auf den zur Konsumtion bestimmten Teil des Gemeinprodukts. Aber es fällt Owen nicht ein, die Warenproduktion vorauszusetzen und dennoch ihre notwendigen Bedingungen durch Geldpfuschereien umgehn zu wollen".[45] Wie Robert Owen, John Gray, William Thompson und andere Vertreter der Ricardianischen Schule setzt Rodbertus in der Propagierung seiner Arbeitsgeldtheorie „unmittelbar vergesellschaftete Arbeit voraus", in seinem Falle also den ideell antizipierten Gesellschaftszustand ohne Privateigentum an den Produktionsmitteln.

Die sozialkritisch wirksamen Elemente des utopischen Sozialismus in den sozialökonomischen Anschauungen von Rodbertus, die allerdings reaktionäre und reformistische Elemente enthalten, werden von bürgerlichen Apologeten dazu benutzt, um Rodbertus als den „gesteigerten, ins Kommunistische übersetzten Sismondi"[46], oder gar als den „deutschen Saint-Simon" zu kritisieren. Rodbertus wird von solchen Vulgärökonomen wie Knies, Roscher, Schmoller, Brentano, Böhm-Bawerk, Wilhelm Lexis, Rudolf Stolzmann u. a. in Acht und Bann getan. Der bourgeoise „Staatssozialist" Adolph Wagner, der im Hinblick auf Rodbertus die Formulierung vom „Ricardo des Sozialismus" prägte und der sich mehrfach etwas darauf zugute hielt, von Rodbertus „Anregungen" erhalten zu haben, bekannte wiederholt, in Grundfragen mit Rodbertus nicht übereinzustimmen.[47]

Zu einer Zeit jedoch, als bereits die Entwicklung der sozialistisch–kommunistischen Utopie zu einer proletarischen Wissenschaft auf der historischen Tagesordnung stand, ging Proudhon nicht vorwärts, sondern zurück; in seinen Vorstellungen vom Kapitalismus und Sozialismus bekommen reformistische Tendenzen die Oberhand, die ihn streckenweise mit dem Kathedersozialismus verbanden.

Die reformistische Doktrin der Übergangsperiode vom Kapitalismus zum Sozialismus

Der zutiefst widersprüchliche Charakter des Rodbertusschen Denkens wird in seiner Konzeption für die Übergangsperiode vom Kapitalismus zum Sozialismus am deutlichsten dokumentiert. Diese Konzeption ist ein kompromißlerischer Refor-

[45] Karl Marx, Das Kapital, Bd. 1, in: MEW, Bd. 23, Berlin 1962, S. 109ff.
[46] H. Eisenhart, Geschichte der Nationalökonomie, 2. Aufl., Jena 1891, S. 220.
[47] Adolph Wagner, Grundlegung der Volkswirtschaftslehre, Berlin 1879, S. 590.

mismus, ein ängstliches Vermeiden revolutionärer Mittel und Methoden, ein illusionäres Bemühen, möglichst „friedlich "und „allmählich" zum Sozialismus zu gelangen. Rodbertus schrieb: „Ich lege nur auf einen loyalen Übergang Wert, in den Dingen bin ich radikal. Dies ist auch meine Stellung zum Sozialismus und noch mehr zu ihm, wie damals zum Demokratismus."[48]

Am 9. Mai 1863 schrieb Rodbertus an Ferdinand Lassalle: „Lassen Sie sich zu keinem politisch-revolutionären Wege fortreißen, sondern seien Sie wahrhaft eifersüchtig auf die Reinheit der sozialen Seite der Frage bedacht".[49]

„Im Troubl der Revolution", behauptet er an anderer Stelle, „lasse sich die soziale Frage nicht lösen".[50] Die soziale Frage sei eine „Auseinandersetzungsfrage der freigewordenen arbeitenden Klassen mit den freigemachten Grund- und Kapitaleigentümern". Sie reiche als „Streit zwischen Arbeit und Besitz in die tiefsten Tiefen von Staat und Gesellschaft" und erschüttere wie ein Erdbeben deren Grundlagen.

Durch klug und weitsichtig eingesetzte radikale „Sozialreform", so hofft Rodbertus, lasse sich das „revolutionäre Spannungsfeld" in gewisser Weise abbauen und regulieren. „Säumen wir nicht", heißt es in diesem Zusammenhang, „das Reformmesser zu schärfen und schneiden wir, damit uns nicht die sonst noch tiefer fressende Petroleumflamme zuvor kommt".[51]

Das Reformprogramm, mit dem Rodbertus auftrat, war, mit bürgerlichem Maß seiner Zeit gemessen, äußerst radikal. Es besteht jedoch kein Zweifel, daß es einen kompromißlerischen, antirevolutionären Charakter trug. Der erste Schritt im Reformprogramm von Rodbertus ist seine These von der Möglichkeit, dem im Kapitalismus spontan wirkenden „Gesetz der fallenden Lohnquote" mit Hilfe eines Systems staatlicher Maßnahmen entgegenzutreten, wobei es eine Steigerung des Arbeitslohnes proportional zur Steigerung der gesellschaftlichen Arbeitsproduktivität vorsieht. Rodbertus behauptet, daß dieser erste Schritt auf dem „Wege der geschichtlichen Vorsehung" liege, die so oder so – unabwendbar auf das „Zeitalter des Arbeitseigentums" zusteuere.

Der Inhalt der sozialen Probleme der Gesellschaft besteht eben nach Rodbertus gerade im evolutionären Übergang von der „Epoche des Kapitaleigentums" zur „Epoche des Arbeitseigentums". Rodbertus betont: „Der Weg bis dahin ist noch lang". Selbst Lassalle, und darin stimme er mit diesem überein, habe ihn nach Jahrhunderten gemessen.

Mit welchen sozialen Kräften und politischen Mitteln soll also nach Rodbertus diese „geschichtliche Übergangsperiode von unermeßlicher Bedeutung" bewältigt und gemeistert werden?

Rodbertus betrachtete die Revolution nicht so sehr als „Lokomotive", sondern

[48] Carl Rodbertus, Briefe . . ., a. a. O., S. 365.
[49] Ferdinand Lassalle, Die Schriften des Nachlasses, a. a. O., S. 343.
[50] Carl Rodbertus, Briefwechsel mit Rudolf Meyer, Berlin 1880, S. 139.
[51] Carl Rodbertus, Beleuchtung der socialen Frage, Teil II, a. a. O., S. 55.

vielmehr als „Geißel" der Geschichte, nicht so sehr als das Befreiende, sondern vielmehr als das Zerstörerische. Es kam ihm auf den „loyalen Übergang" an, deshalb verfiel er auf den außerhalb der Klassen stehenden „Staat an sich" als Wirkfaktor und Garant des Übergangs zum Sozialismus. Rodbertus konnte dabei an einige Ansichten von Rousseau, Gracchus Babeuf, Saint-Simon und Fichte (auf dessen „Geschlossenen Handelsstaat" sich Rodbertus mehrfach bezieht) anknüpfen. Auch Hegels Definition vom Staat „als der Wirklichkeit der sittlichen Idee" beeinflußte die Position, die Rodbertus bezog. Was jedoch bei den Vorläufern von Rodbertus noch eine gewisse progressive Gültigkeit haben konnte, sie lebten zu einer Zeit, als der Klassengegensatz zwischen Kapital und Proletariat noch relativ unentwickelt war, wird in der Zeit nach 1830 und 1848 reaktionär.

Rodbertus erwartete vom Staat als einer angeblich klassenindifferenten Organisation, daß er jene Aufgabe löse, die allein die revolutionäre Diktatur des Proletariats verwirklichen kann. Tatsächlich hat Rodbertus seine Hoffnungen jedoch nicht auf den faktischen preußischen Staat gesetzt, sondern auf einen imaginären Idealstaat. „Wenn der Staat nicht diese soziale Providenz sein soll, kann er mir gestohlen werden, ich meine natürlich den Staat wie er sein soll, nicht diesen oder jenen Lumpenstaat".[52]

Rodbertus erklärt jedoch in seiner These vom Idealstaat nicht, auf welche Weise und mit welchen Kräften sich der faktische Staat zum „Staat wie er sein soll" entwickeln kann. Wir finden statt dessen eine Anzahl allgemein adressierter Aufrufe zur Staatsintervention, aus denen unmittelbar eben nicht zu entnehmen ist, ob der gegenwärtige „faktisch" oder der zukünftige „sein sollende Staat" gemeint ist. So schrieb Rodbertus: „Staatsgesetze sollen die wirtschaftliche Allmacht des Grund- und Kaptilaleigentums immer mehr den Händen des Eigennutzes entziehen und in die Hände des Staates hinüberleiten".[53] „Der Staat hat zuzuspringen, hat schleunigst zuzuspringen und mit starker, geschickter Hand die Zügel wieder zu ergreifen, die er sich niemals in der Nationalwirtschaft hätte abschwatzen lassen sollen". Denn: „Die Staatlosigkeit in der Nationalwirtschaft wird mit der Zeit die Paralysis des sozialen Körpers".[54] Der Staat soll nach Rodbertus die angeblichen „Naturgesetze" des „Smithschen Systems" „freie, sittliche, neu belebende Menschengesetze substituieren: dem ‚Naturgesetz' periodischer Entwertungen des Nationalprodukts – Staatsgesetze zur Regulierung der Nationalproduktion und der Wertbildung; dem ‚Naturgesetz' des notwendigen Unterhaltes – Staatsgesetze zu seiner Mitsteigerung mit der nationalen Produktivität;" „Dem ‚Naturgesetz' einseitiger Luxussteigerung – Staatsgesetze zur Sicherung gleichmäßigen Fortschritts in der nationalen Konsumtion".[55]

Verhaftet in idealistischen Traditionen des Staatsdenkens, verkennt Rodbertus

52 Carl Rodbertus, Briefe . . ., a. a. O., S. 236.
53 Carl Rodbertus, Beleuchtung der socialen Frage, Teil II, a. a. O., S. 82.
54 Ebenda, S. 260.
55 Ebenda, S. 521.

jedoch nahezu völlig den Klassencharakter des Staates. Selbst in Formulierungen, die eine verhängnisvolle Umklammerung und Aussaugung „des Staates" durch spezifische Klassenkräfte, nämlich durch das Kapital, betonen, bleibt der Staat bei Rodbertus eine klassenindifferente Größe.

Einerseits will Rodbertus den idealen Staat als Vollstrecker eines sozialistischen Programmes bestimmen, andererseits sieht er den faktischen Staat aber von einem „kompakten Interessenverein der Eisenbahn-, Bank- und Handelsfürsten" beherrscht. Aus diesem Dilemma findet Rodbertus nicht heraus. Bei seinem geäußerten Zweifel an der Kraft des Staates, sich und die Gesellschaft von der Gewalt des Kapitalismus zu befreien, blieb Rodbertus schließlich stehen, da seine Ansichten letztendlich die eines liberalen Gutsbesitzers und bürgerlichen Reformisten blieben und er der einzig richtigen Schlußfolgerung, daß für den Sieg des Sozialismus die Schaffung eines grundlegend neuen Staates, des Staates der Diktatur der Arbeiterklasse notwendig war, feindlich gegenüberstand.

Die Rodbertussche Konzeption der sozialen Kräfte und politischen Mittel der Übergangsperiode erhielt die schillernde Bezeichnung „Staatssozialismus". Der Begriff „Staatssozialismus" findet sich bei Rodbertus selbst nicht. Er taucht erst auf bei dem der etaistischen Variante des Kathedersozialismus nahestehenden Adolph Wagner. Wagner gehörte zu jenen, die wie sich Kautsky ausdrückte, nach dem Tode von Rodbertus „in Rodbertianismus machten".[56] Dieses Manöver hatte das Ziel, den Namen von Rodbertus auszunutzen, der zu jener Zeit in den Kreisen der Arbeiterbewegung noch einen guten Klang hatte. Deshalb versuchte man zeitweise Rodbertus als einen der Schöpfer der Theorie des Sozialismus auszugeben.

Über die spezifische Erscheinung des Rodbertianismus schrieb Engels in der Vorrede zur zweiten Auflage des „Elends der Philosophie" sowie im Vorwort zum zweiten Band des „Kapital". Er sprach an anderer Stelle über diese Pseudosozialisten, die „im Grenzgebiet unserer Partei und dem Kathedersozialismus hin- und herpendeln, die sehr bald darauf bedacht sind, jedes Risiko, in das sie eine Verbindung mit unserer Partei verwickeln könnte, zu vermeiden, und die nichtsdestoweniger alle Vorteile einsacken wollen, die aus solch einer Verbindung entstehen könnten".[57] Für alle diese „Leute" sei, wie Engels feststellt, Rodbertus „ein gefunden(es) Fressen".[58]

[56] Neue Zeit, 12. Jg., Stuttgart 1893/94, S. 457.

[57] Friedrich Engels, Brief an Laura Lafargue vom 17. Januar 1886, in: MEW, Bd. 36, Berlin 1967, S. 421.

[58] Ebenda, S. 204.

3. KAPITEL

Die Anschauungen Ferdinand Lassalles über die ökonomischen Verhältnisse der sozialistischen Gesellschaft

Unter dem Einfluß der Schriften von L. Börne, H. Heine, der Junghegelianer und des utopischen Sozialismus und Kommunismus wandte sich Lassalle frühzeitig demokratischen und sozialistischen Ideen zu.[1] Er begrüßte den schlesischen Weberaufstand von 1844. Sein Ehrgeiz nach Ruhm und gesellschaftlicher Anerkennung hinderte ihn jedoch, sich konsequent an die Seite der Arbeiterklasse zu stellen.

Lassalle nahm an der Revolution von 1848 teil.

In dieser Zeit wurde er mit Karl Marx und Friedrich Engels bekannt, las das „Manifest der Kommunistischen Partei" und verfolgte aufmerksam die „Neue Rheinische Zeitung". Nach der Niederlage der Revolution bezeichnete sich Lassalle wiederholt als Schüler von Karl Marx, doch blieb er philosophisch-ideologisch dem Hegelianismus verhaftet.

Im Jahre 1851 gründete Lassalle einen illegalen Zirkel revolutionärer Arbeiter in Düsseldorf und propagierte sozialistische Ideen. In den Jahren 1851/1852 unterstützte er die Angeklagten des Kölner Kommunistenprozesses.

Lassalles philosophische Arbeit über Heraklit (1858), sein Drama „Franz von Sickingen" (1858), sein rechtsphilosophisches Werk „Das System der erworbenen Rechte" (1861) zeigten, wie tief Lassalle in der idealistischen Philosophie G. W. F. Hegels befangen blieb. Die einzelnen Geschichtsperioden betrachtete Lassalle als verschiedene Entwicklungsstufen der Idee der Freiheit und die Klassen als „Träger unterschiedlicher Prinzipien". Die Massen waren für Lassalle nur das Objekt der zur Erkenntnis der Idee gelangten Führer. Den Staat faßte er in hegelianischem Sinne als Verkörperung der allgemeinen menschlichen Sittlichkeit auf.

Lassalle gelang es nicht, das Wesen der Weltanschauung von Marx und Engels, den historischen Materialismus, zu begreifen. So schrieb Mehring über Lassalle: „Er wurde in der Tat den ‚spekulativen Begriff' der Hegelschen Philosophie niemals

[1] Friedrich Engels charakterisierte Lassalle und seine Tätigkeit im Jahre 1869: „Lassalle war ein höchst talentvoller, vielseitig gebildeter Kopf, ein Mann von großer Energie und fast unbegrenzter Versatilität; er war ganz dazu gemacht, unter allen Umständen eine politische Rolle zu spielen. Aber", fährt Engels fort, „weder war er der ursprüngliche Initiator der deutschen Arbeiterbewegung, noch war er ein origineller Denker. Der ganze Inhalt seiner Schriften war entlehnt, selbst nicht ohne Mißverständnisse entlehnt, er hatte einen Vorgänger und einen intellektuellen Vorgesetzten, dessen Dasein er freilich verschwieg, während er seine Schriften vulgarisierte, und dieser intellektuelle Vorgesetzte heißt Karl Marx." (Friedrich Engels, Karl Marx, in: MEW, Bd. 16, Berlin 1962, S. 361 f.).

los, und so sehr er die weltgeschichtliche Bedeutung des proletarischen Klassenkampfes begriff, so vollzog sich dies Begreifen doch erst in den idealistischen Denkformen, die in erster Reihe dem bürgerlichen Zeitalter eigentümlich waren, in den Denkformen der Philosophie und der Rechtswissenschaft. Damit hing zusammen, daß er als Ökonom nicht entfernt an Marx heranreichte und dessen ökonomische Ansichten unzulänglich auffaßte oder auch ganz mißverstand." Und weiter heißt es: „Lassalle übersah den Unterschied zwischen der Arbeit, sofern sie in Gebrauchswerten, und der Arbeit, sofern sie in Tauschwerten resultiert, jene zwieschlächtige Natur der in den Waren enthaltenen Arbeit, die für Marx der Springpunkt war, um den sich das Verständnis der politischen Ökonomie drehte. In diesem entscheidenden Punkte tat sich der tiefste Unterschied auf, der zwischen Lassalle und Marx bestand, der Unterschied zwischen rechtsphilosophischer und ökonomisch-materialistischer Auffassung".[2]

Die idealistische rechtsphilosophische Weltanschauung Lassalles spiegelte sich vollständig in der Propaganda des Rechts auf den vollen Arbeitsertrag wider und trat in seiner normativen Ansicht über den Staat in Erscheinung. Lediglich das sogenannte eherne Lohngesetz scheint sich einer solchen Klassifizierung zu entziehen, indem es, isoliert betrachtet, eher einer vulgärmaterialistischen Betrachtungsweise zu entspringen scheint. Doch wenn dieses Gesetz im Zusammenhang mit der Lassalleschen Theorie über den vollen Arbeitsertrag betrachtet wird, auf die es letztlich angelegt ist, so wird offensichtlich, daß auch das „eherne Lohngesetz" einer abstrakten idealistischen Denkweise verhaftet bleibt.

Das sogenannte „eherne Lohngesetz"

Das von Lassalle formulierte und mit Nachdruck propagierte sogenannte „eherne Lohngesetz" gilt zu Recht als theoretische Grundlage seiner sozialökonomischen Auffassungen.

Dieses „Gesetz" kann nach den Worten Lassalles von niemand bestritten werden und er meint, er sei in der Lage, „ebenso viele Gewährsmänner anzuführen, als es große und berühmte Namen in der nationalökonomischen Wissenschaft gibt, und zwar aus der liberalen Schule selbst, denn gerade die liberale ökonomische Schule ist es, welche selbst dieses Gesetz entdeckt und nachgewiesen hat ... Adam Smith wie Say, Ricardo wie Malthus, Bastiat wie John Stuart Mill sind einstimmig darin, es anzuerkennen."[3]

Lassalle beansprucht also keineswegs, dieses „Gesetz" entdeckt zu haben, sondern er nimmt lediglich das Verdienst in Anspruch, das, was seit vielen Jahren „ängstlich gehütetes Geheimnis der gelehrten Kasten" gewesen sei, „mit kräftiger

[2] Franz Mehring, Karl Marx, Geschichte seines Lebens, Berlin 1960, S. 315f.
[3] Ferdinand Lassalle, Offenes Antwortschreiben ..., in: Gesammelte Reden und Schriften, hg. von Eduard Bernstein, Bd. 3, Berlin 1919, S. 59f.

Faust" zu sozialistisch-agitatorischem Zweck „auf den öffentlichen Markt geschleudert" zu haben.

Lassalle beschreibt die Wirkung des „ehernen Lohngesetzes" wie folgt: „Von dem Arbeitsertrag (der Produktion) wird zunächst soviel abgezogen und unter die Arbeiter verteilt, als zu ihrer Lebensfristung erforderlich ist (Arbeitslohn). Der ganze Überschuß der Produktion — des Arbeitsertrages — fällt auf den Unternehmeranteil."

Für Lassalle besteht die Ausbeutung also darin, daß die Kapitalisten, die Eigentümer der vergegenständlichten Arbeitsbedingungen, „Abzüge am Arbeitsertrag" vornehmen. Lassalle schrieb: „Die ganze soziale Frage wie auch die ganze politische Ökonomie, der Unterschied zwischen der französischen und der englischen Schule — all dies hat seine Wurzel im Wesen des Unterschiedes zwischen der Menge der Arbeit und der Bezahlung der Arbeit".[4]

So überzeugend und progressiv diese Behauptungen Lassalles auch als erste, grobe Ausgangsform der Mehrwerttheorie anmuten mögen — nachdem Karl Marx die wissenschaftliche Theorie über den Mehrwert geschaffen hatte, konnte ein Beharren in dieser ersten groben Keimform keinen Schritt nach vorn mehr bedeuten, sondern nur noch von einem gravierenden theoretischen Rückstand zeugen.[5] Der von Lassalle postulierte Abzug widersprach ebenso wie die Forderung nach Wiederherstellung des vollen Arbeitsertrages eindeutig dem durch das Wertgesetz bestimmten Äquivalenzprinzip. Engels schrieb: „Die flüssige Arbeit, die Arbeitskraft soll (diese Doktrin zufolge — d. Verf.) austauschbar sein gegen ihr volles Produkt. Das heißt, sie soll austauschbar sein nicht gegen ihren Wert, sondern gegen ihren Gebrauchswert; das Wertgesetz soll für alle andern Waren gelten, aber es soll aufgehoben sein für die Arbeitskraft".[6]

Die Unrichtigkeit der Theorie vom Arbeitsertrag beruhte auf die Verwechselung der Kategorien „Arbeit" und „Arbeitskraft". Marx hatte entdeckt und bis ins einzelne nachgewiesen, daß nicht die Arbeit oder der Arbeitsertrag, sondern

[4] Ebenda, Bd. 5, S. 189.

[5] Marx und Engels führten dieses von der klassischen bürgerlichen Ökonomie formulierte Lohngesetz nur in ihren Frühschriften der vierziger Jahre und in einem anderen theoretischen Kontext an.
Engels schrieb in einer Anmerkung zur deutschen Ausgabe von Marx' „Das Elend der Philosophie": „Der Satz, daß der ‚natürliche', d. h. normale Preis der Arbeitskraft zusammenfällt mit dem Minimum des Lohnes, d. h. mit dem Wertäquivalent der zum Leben und zur Fortpflanzung des Arbeiters absolut notwendigen Lebensmittel — dieser Satz wurde zuerst von mir aufgestellt in den ‚Umrissen zu einer Kritik der Nationalökonomie' (‚Deutsch-Französische Jahrbücher', Paris 1844) und in der ‚Lage der arbeitenden Klasse in England'. Wie man hier sieht, hatte Marx diesen Satz damals akzeptiert. Von uns beiden hat Lassalle ihn übernommen." (Friedrich Engels, Vorwort zur ersten deutschen Ausgabe von Karl Marx Schrift „Das Elend der Philosophie", in: MEW, Bd. 4, Berlin 1959, S. 83; siehe auch: MEW, Bd. 16, Berlin 1962, S. 207.)

[6] Friedrich Engels, Herrn Eugen Dührings Umwälzung der Wissenschaft („Anti-Dühring"), in: MEW, Bd. 20, Berlin 1962, S. 291.

die Ware gewordene Arbeitskraft Gegenstand des Austausches zwischen dem Kapital und dem Proletariat ist. Der Wert der Ware Arbeitskraft wird von der gesellschaftlich notwendigen Arbeitszeit für die Produktion der für den Arbeiter notwendigen Lebensmittel bestimmt.[7]

Ungeachtet der theoretischen Fehlerhaftigkeit hat das von Lassalle propagierte „eherne Lohngesetz" bis zum Erscheinen des ersten Bandes des Marxschen „Kapital" durchaus eine gewisse positive agitatorische Bedeutung besessen und zur Verbreitung sozialistischer Anschauungen in Deutschland beigetragen. August Bebel bekennt in seinen Erinnerungen, „wie fast alle, die damals Sozialisten wurden, über Lassalle zu Marx gekommen (zu sein). Lassalles Schriften waren in unseren Händen, noch ehe wir eine Schrift von Marx und Engels kannten".[8]

In dem Maße, wie durch Lassalles beredte Agitation das der klassischen bürgerlichen Ökonomie entliehene „eherne Lohngesetz" zu einer durchaus wirksamen ideologischen Waffe gegen die Bourgeoisie wurde, sahen sich die Apologeten des Kapitalismus veranlaßt, von diesem „Gesetz" abzurücken. Marx, Wirth und andere erklärten das Lohngesetz zu einem „lange überwundenen Standpunkt" und zu einem „faulen Ricardoschen Gesetz". Lassalle antwortete im „Arbeiterlesebuch" abermals mit ausführlichen Belegen aus den Schriften von Adam Smith, Say, Ricardo und Mill.

Das von Lassalle propagierte „eherne Lohngesetz" galt auch für ihn nur im Hinblick auf die kapitalistische Gesellschaft; er schloß seine Geltung bei Umwälzung des kapitalistischen Systems aus. „Das Gesetz des Arbeitslohnes waltet unter den heutigen Verhältnissen freilich mit ebensolcher Notwendigkeit wie ein Naturgesetz; wir können aber seine Bedingungen aufheben, und dann ist auch das Gesetz geändert, folglich ist es kein ‚Naturgesetz'".[9]

Die theoretische Unzulänglichkeit des „ehernen Gesetzes" führte Lassalle zu unrichtigen, kleinbürgerlichen Schlußfolgerungen über die Fruchtlosigkeit eines organisierten Kampfes der Arbeiterklasse gegen die Bourgeoisie für ihre Lebensrechte und für die Einschränkung der Ausbeutung. Jene „ökonomische Fiktion", bemerkt Marx in Polemik gegen Lassalles Lohngesetz, „verwechselt die Gesetze, welche die allgemeine Bewegung des Arbeitslohns oder das Verhältnis zwischen Arbeiterklasse, d. h. Gesamtarbeitskraft und gesellschaftlichem Gesamtkapital regeln, mit den Gesetzen, welche die Arbeiterbevölkerung unter die besonderen Produktionssphären verteilen."[10] Keine mehr oder weniger systemindifferente Bevölkerungsbewegung, sondern ganz systemspezifische Gesetze der Kapitalexpansion und -kontraktion, nämlich die Verwertungsbedürfnisse des Kapitals und, was Lassalle ganz ignoriert hatte, der ebenso systemspezifische Widerstand der

[7] Karl Marx, Das Kapital, Bd. 1, in: MEW, Bd. 23, Berlin 1962, S. 185.

[8] August Bebel, Aus meinem Leben, Bd. 1, Berlin 1946, S. 118.

[9] Ferdinand Lassalle, Zur Arbeiterfrage, in: Gesammelte Reden und Schriften, Bd. 3, Berlin 1919, S. 135.

[10] Karl Marx, Das Kapital, Bd. 1, in: MEW, Bd. 23, Berlin 1962, S. 668.

organisierten Arbeiterklasse gegen dieses Verwertungsbedürfnis bestimmen die allgemeinen Lohnbewegungen.

Es war eine wichtige Erkenntnis der Marxschen Untersuchungen, daß diese Gesetze den Charakter von Tendenzen haben. Engels bemerkte, „daß die Gesetze, die den Arbeitslohn regulieren, sehr kompliziert sind, daß je nach den Verhältnissen bald dieses, bald jenes vorwiegt, daß sie also keinsewegs ehern, sondern im Gegenteil sehr elastisch sind, und daß die Sache gar nicht so mit ein paar Worten abzumachen ist, wie Lassalle sich einbildete."[11]

Karl Marx schrieb, daß eine Aufhebung des Systems der Lohnarbeit unumgänglich die entsprechenden systemspezifischen Gesetze aufhebt. Denn: „Hebe ich die Lohnarbeit auf", fährt Marx erläuternd fort, „so hebe ich natürlich auch ihre Gesetze auf, seien sie ‚ehern' oder schwammig. Aber Lassalles Bekämpfung der Lohnarbeit dreht sich fast nur um dies sogenannte Gesetz".[12]

Mit dem „Programm der Sozialdemokratischen Partei Deutschlands", beschlossen auf dem Parteitag in Erfurt im Jahre 1891, verschwand das „eherne Lohngesetz" unwiderruflich aus der Programmatik und dem theoretischen Fundus der deutschen Arbeiterpartei und der Arbeiterbewegung. „Ein ‚ehernes Lohngesetz'", führte Wilhelm Liebknecht auf dem Parteitag 1890 in Halle aus, „das mußten wir uns schon in Gotha sagen, existiert tatsächlich nicht. Das sogenannte ‚Gesetz' ist der Bourgeois-Nationalökonomie entnommen; der Ausdruck ist agitatorisch von Lassalle gebraucht worden und hat seinen Zweck auch herrlich erfüllt. Er hat etwas Greifbares, Anschauliches, allein wissenschaftlich richtig ist er nicht . . ."[13]

Der Sozialismus als Realisierung des „Rechts auf den vollen Arbeitsertrag"

„Die Wirkungsbedingungen des ‚ehernen Lohngesetzes'", so wähnte Lassalle, „wären dann aufgehoben, wenn sich die Arbeiter durch genossenschaftlichen Zusammenschluß zu ihrem eigenen ‚sozialistischen Unternehmer' machen könnten." Hierzu heißt es in seinem „Offenen Antwortschreiben": „Den Arbeiterstand zu seinem eigenen Unternehmer machen – das ist das Mittel, durch welches – und durch welches allein – . . . jenes eherne und grausame Gesetz beseitigt sein würde, das den Arbeitslohn bestimmt! Wenn der Arbeiterstand sein eigener Unternehmer ist, so fällt jene Scheidung zwischen Arbeitslohn und Unternehmergewinn und mit ihr der bloße Arbeitslohn überhaupt fort, und an seine Stelle tritt als Vergeltung der Arbeit: der Arbeitsertrag!"[14]

[11] Friedrich Engels, Brief an August Bebel vom 18./28. März 1875, in: MEW, Bd. 34, Berlin 1966, S. 127.

[12] Karl Marx, Kritik des Gothaer Programms, in: MEW, Bd. 19, Berlin 1962, S. 25.

[13] Vgl. Protokoll der Verhandlungen des Parteitages der Sozialdemokratischen Partei Deutschlands, abgehalten in Halle/Saale am 12.–18. Oktober 1890, Berlin 1890, S.157f.

[14] Ferdinand Lassalle, Offenes Antwortschreiben . . ., in: Gesammelte Reden und Schriften, Bd. 3, Berlin 1919, S. 69.

Der „volle Arbeitsertrag“ wird für das Ziel ausgegeben, das es zu erreichen gelte. Lassalle glaubte, der Sozialismus brächte dem Arbeiter die Möglichkeit, den „vollen Arbeitsertrag“ zu erhalten. Die These vom „Recht auf den vollen Arbeitsertrag“ entlehnte Lassalle fast wörtlich aus der „antikapitalistischen englischen Literatur der zwanziger und dreißiger Jahre“ (Engels). Das „Recht auf den vollen Arbeitsertrag“, das durch die „Abzüge“ des Kapitalisten und des Grundeigentümers verletzt und mit der Einführung sozialistischer Verhältnisse angeblich wiederhergestellt wird, ist schon in der 1824 erschienenen Arbeit von William Thompson enthalten.

Die von Thompson polemisch-programmatisch erhobene Frage lautet: „Warum soll der Arbeiter nicht das ganze absolute Produkt seiner Arbeit erhalten?“[15]

Es dürfte kaum einen Sinn haben, dem Linksricardianer Thompson die dieser Theorie anhaftenden Vereinfachungen und Ungenauigkeiten vorzuwerfen. Etwas anderes ist es jedoch, wenn der kleinbürgerliche Sozialist Proudhon zwanzig Jahre nach Thompson den „unverkürzten Arbeitsertrag“ fordert.[16] Und ganz und gar anders nimmt sich diese Forderung in den Arbeiten Lassalles, des „Präsidenten des Allgemeinen Deutschen Arbeitervereins“, aus. Unter den neuen historischen Bedingungen hemmte dieser theoretische Wirrwarr die Entfaltung des Kampfes gegen das Kapital und hinderte die fortschrittlichsten Arbeiter am Verständnis des von Karl Marx analysierten Ausbeutungsmechanismus. Marx und Engels erachteten es darum für notwendig, entschieden gegen die These von Lassalle aufzutreten, welche dieser zum zentralen Punkt des Programms der organisatorisch gerade erst formierten Arbeiterbewegung erhoben hatte.[17]

Lassalles These enthält zumindest zwei grundlegende Fehler. Er ersetzt erstens die ökonomische Lösung der Frage durch moralische oder philosophisch-rechtliche Postulate. Zweitens ignoriert diese These die Reproduktionsgesetze, die es im Sozialismus völlig ausschließen, dem Arbeiter den vollen, ungekürzten Arbeitsertrag zur Verfügung zu stellen. Diese Gesetze, die nur unter Hinnahme schwerster Störungen des Reproduktionsprozesses verletzt werden können, gebieten eine ganze Reihe von Abzügen vom „Arbeitsertrag“, ehe zur individuellen Verteilung der Konsumtionsmittel geschritten werden kann.

Zu diesen notwendigen „Abzügen“ gehören im Sozialismus, wie Marx in seiner

[15] Zitiert nach Karl Marx, Das Kapital, Bd. 2, in: MEW, Bd. 24, Berlin 1963, S. 21.

[16] „Mein Vorschlag ist: Der Arbeiter behält, selbst nach Empfang seines Lohnes, noch ein natürliches Eigentumsrecht an der von ihm erzeugten Sache.“ (P. I. Proudhon, Was ist Eigentum? in: Ausgewählte Texte, hg. von Thilo Ramm, Stuttgart 1963, S. 86.)

[17] „Auf das Banner der Bewegung gehörte aber nur die geänderte Verteilung des Produktionsertrages, nicht die Produktionsvermehrung, einmal weil die Produktiv-Assoziation eben die körperliche, praktisch-greifbare Meßregel darstellt, von der diese nur die Folge ist, nicht umgekehrt; zweitens weil eben deshalb geänderte Verteilung des Produktions-Ertrages ein sinnlich gefaßter Agitationsruf ist, geeignet, die Massen des Volkes zu ergreifen, und in Bewegung zu setzen.“ (Ferdinand Lassalle, Herr Bastiat-Schulze von Delitzsch der ökonomische Julian oder Kapital und Arbeit, in: Reden und Schriften, hg. v. Eduard Bernstein, Bd. 3, Berlin 1864, S. 221, Fußnote.)

Kritik des Gothaer Programms aufzeigte, in erster Linie die Mittel für den Ersatz der verbrauchten Produktionsmittel, ohne den nicht einmal die einfache Reproduktion gewährleistet wäre. Dazu kommen Ersparnisse für die künftige Ausdehnung der Produktion, d. h. der Akkumulationsfonds. Weiterhin führt Marx den Reserve- oder Assekuranzfonds gegen Mißfälle, Störungen durch Naturereignisse usw., die allgemeinen, nicht direkt zur Produktion gehörigen Verwaltungskosten, die zur gemeinschaftlichen Befriedigung von Bedürfnissen wie Schulen, Gesundheitseinrichtungen usw. notwendigen Mittel an.[18]

Und Marx resümiert: „Der ‚unverkürzte Arbeitsertrag‘ hat sich unterderhand bereits in den ‚verkürzten‘ verwandelt, obgleich, was dem Produzenten in seiner Eigenschaft als Privatindividuum entgeht, ihm direkt oder indirekt in seiner Eigenschaft als Gesellschaftsmitglied zugut kommt.

Wie die Phrase des ‚unverkürzten Arbeitsertrags‘ verschwunden ist, verschwindet jetzt die Phrase des ‚Arbeitsertrags‘ überhaupt.“[19] „‚Arbeitsertrag‘ ist eine lose Vorstellung, die Lassalle an die Stelle bestimmter ökonomischer Begriffe gesetzt hat.“[20]

Wenden wir uns nun den von Lassalle empfohlenen Mitteln und Methoden zu, die zur allseitigen Verbreitung von staatlich geförderten Produktionsgenossenschaften beitragen sollen.

„Durch die große Assoziation der industriellen Arbeiter“ würden, wie Lassalle verspricht, „ganz neue Produktionsverhältnisse entstehen, welche . . . eine Quelle einer erstaunlichen Vermehrung der gesamten nationalen Produktion herbeiführen würden.“[21]

Lassalle hat den Gedanken der Produktionsgenossenschaften nicht erfunden, sondern bei den Vertretern des utopischen Sozialismus und des kleinbürgerlichen Sozialismus vorgefunden, obwohl Lassalle den Unterschied zwischen seiner und z. B. der von Louis Blanc betonte.[22]

In der Ausführung und Anwendung dieses Grundgedankens ist Lassalle freilich eigene Wege gegangen. Die Produktivassoziationen sollen nach Lassalle nicht nur sofort und unmittelbar für ihre Mitglieder die Wirkungsbedingungen des „ehernen Lohngesetzes“ aufheben, sondern in der Perspektive und mittelbar auch im gesamtgesellschaftlichen Maßstab umgestaltend wirken. Lassalle behauptet, daß die Produktivassoziationen „soziale Entwicklungskeime“ sein könnten, „die

18 Karl Marx, Kritik des Gothaer Programms, in MEW, Bd. 19, Berlin 1962, S. 19.

19 Ebenda.

20 Ebenda, S. 18.

21 Ferdinand Lassalle, Gesammelte Reden und Schriften, Bd. 3, Berlin 1919, S. 264.

22 „Ich habe keine Veranlassung, mich mit Louis Blanc zu identifizieren. Ich habe keine Organisation der Arbeit durch den Staat (sondern) nur eine Kreditoperation des Staates verlangt, die den Arbeiter die von ihnen ausgehende eigene freiwillige Assoziation nur möglich machen soll. Ich glaube überdies, daß die nationalökonomischen Louis Blanc's und die meinigen sehr erheblich auseinander laufen dürften.“ Ebenda, S. 58.

mit der Konsequenz des sich selbst entwickelnden Lebens „allmählich" zu einer sozialistischen Gesellschaft führen würden.

Sogar Karl Rodbertus bezweifelte in Briefen an Lassalle den sozialistischen Charakter der Lassalleschen Genossenschaftskonzeption. Die Gesellschaft würde sich, wie Rodbertus zu bedenken gibt, auf diese Weise „in lauter einzelne kommunistische Arbeits- und Handelsgesellschaften auflösen, die in ihrer Gesamtheit abermals als Tauschgesellschaft miteinander verkehrten, nur daß die tauschenden Personen jetzt Korporationen und keine Individuen mehr wären."[23]

Die reformistische Illusion von der „Staatshilfe"

Lassalle entwickelte sein Genossenschaftskonzept in heftiger Polemik mit der liberalen Bourgeoisie, die den Arbeitern und den proletarisierten Handwerkern aus vorgeblich philanthropischen Motiven, in Wahrheit aber aus apologetischem Interesse heraus, nahelegte, sich in genossenschaftlichen Vereinigungen in der Form von Kredit-, Vorschuß-, Rohstoff- und Konsumvereinen zusammenzuschließen. Diese „Selbsthilfe" könne eine ernsthafte Verbesserung der Lage der Arbeiterklasse bewirken.

Den bürgerlichen Konzeptionen der „Selbsthilfe", die von Schulze-Delitzsch vorgeschlagen wurden, setzte Lassalle jedoch das unwissenschaftliche, reformistische, kleinbürgerliche Programm der „Staatshilfe" entgegen. „Er ließ sich zu sehr durch die unmittelbaren Zeitumstände beherrschen", bemerkte Marx, „er machte den kleinen Ausgangspunkt – seinen Gegensatz gegen einen Zwerg wie Schulze-Delitzsch – zum Zentralpunkt seiner Agitation – Staatshilfe gegen Selbsthilfe."[24]

Eine ernsthafte Verbesserung der Lage der Arbeiterklasse ist nach der Theorie von Lassalle „nur durch die Anwendung und Ausdehnung (des Genossenschaftsprinzips – d. Verf.) auf die fabrikmäßige Großproduktion" und in der Perspektive, auf die gesamte Volkswirtschaft, zu erwarten. Jedoch der große Maßstab in der Anwendung des Genossenschaftsprinzips ist nach der Meinung Lassalles nur mit „staatlicher Hilfe" zu realisieren. Lassalle schrieb: „Werfen Sie einen Blick auf die Eisenbahnen, die Maschinenfabriken, die Schiffsbauwerkstätten, die Baumwollspinnereien, die Kattunfabriken usw. usw., auf die zu diesen Anlagen erforderlichen Millionen, werfen Sie dann einen Blick in die Leere ihrer Taschen und fragen Sie sich, wie Sie jemals die zu diesen Anlegen erforderlichen Riesenkapitalien hernehmen und wie Sie somit jemals den Betrieb der Großindustrie auf eigene Rechnung ermöglichen sollen? Und gewiß ist nichts sicherer,

[23] Karl Rodbertus, Das Capital, Berlin 1884, S. 145. Siehe auch Ferdinand Lassalle, Die Schriften des Nachlasses und der Briefwechsel mit Carl Rodbertus, hg. von Gustav Mayer, Stuttgart/Berlin 1925. Nachgelassene Schriften und Briefe, Bd. 6, S. 358.

[24] Karl Marx, Brief an Johann Baptist von Schweitzer vom 13. Oktober 1868 (Entwurf), in: MEW, Bd. 32, Berlin 1965, S. 569.

nichts festerstehend, als daß Sie dies niemals ermöglichen würden, wenn Sie ausschließlich und lediglich und allein auf ihre isolierten Anstrengungen als Individuen reduziert bleiben. Eben deshalb ist es Sache und Aufgabe des Staates, Ihnen dies zu ermöglichen, die große Sache der freien individuellen Assoziation des Arbeiterstandes fördernd und entwickelnd in seine Hand zu nehmen und es zu seiner heiligsten Pflicht zu machen, Ihnen die Mittel und Möglichkeit zu dieser Selbstorganisation und Selbstassoziation zu bieten."[25]

Die Lassallesche Doktrin von der „Staatshilfe" förderte die opportunistische Idee über den angeblich klassenneutralen Charakter des Staates. Als Gefangener einer idealistisch-kleinbürgerlichen Staatstheorie wendet sich Lassalle dem „zukünftigen Staat" zu. So heißt es in einer Rede an die Berliner Arbeiter: „Endlich aber, Arbeiter Berlins, habe ich Euch denn auf den gegenwärtigen Staat, auf den Polizeistaat hingewiesen? Ich habe Euch für diese Hilfe hingewiesen und den zukünftigen, unter die Herrschaft des allgemeinen und direkten Wahlrechts gestellten Staat."[26]

Die Ideen Lassalles hatten in der sich formierenden deutschen Arbeiterbewegung lange Zeit einen großen Einfluß. Hinzu kam, daß auch die feudalbourgeoise Apologetik sein mit „Staatshilfe" zu betreibendes Assoziationsprojekt als Drohung einer Enteignung der herrschenden Klassen interpretierte.[27] Auf den ersten Blick war die objektiv opportunistische Tendenz dieser zwiespältig gemischten Doktrin von den Anhängern der deutschen Arbeiterbewegung nicht zu durchschauen. Es bedurfte hierzu der analytischen Kraft und revolutionären Erfahrung eines Marx und eines Engels, die dabei von dem sich um Wilhelm Liebknecht und August Bebel formierenden marxistischen Kern der deutschen Arbeiterbewegung unterstützt wurden.

In der reformistischen Konzeption des Übergangs zum Sozialismus gibt Lassalle eine idealistische Deutung vom Wesen des Staates. „Der Staat ist es", so sagt Lassalle, „welcher die Funktion hat, diese Entwicklung des Menschengeschlechts zur Freiheit zu vollbringen. Der Staat ist diese Einheit der Individuen in einem sittlichen Ganzen, eine Einheit, welche die Kräfte aller einzelnen, welche in diese Vereinigung eingeschlossen sind, millionenfach vermehrt, die Kräfte, welche ihnen allen als einzelnen zu Gebote stehen würden, millionenfach vervielfältigt. Der Zweck des Staates ist also nicht der, dem einzelnen nur die persönliche Freiheit und das Eigentum zu schützen, mit welcher er nach der Idee der Bourgeoisie angeblich schon in den Staat eintritt; der Zweck des Staats ist vielmehr gerade der, durch diese Vereinigung der einzelnen in den Stand zu setzen, solche Zwecke, eine solche Stufe des Daseins zu erreichen, die sie als einzelne nie erreichen könnten, sie zu befähigen, eine Summe von Bildung, Macht und Freiheit zu erlangen, die ihnen sämtlich als einzelnen

25 Ferdinand Lassalle, Offenes Antwortschreiben . . ., in: Gesammelte Reden und Schriften, Bd. 3, S. 70.

26 Ders., An die Arbeiter Berlins, a. a. O., Bd. 4, S. 53.

27 Vgl. H. Eisenhart, Geschichte der Nationalökonomik, Jena 1881, S. 213.

schlechthin unersteiglich wäre. Der Zweck des Staates ist somit der, das menschliche Wesen zur positiven Entfaltung und fortschreitenden Entwicklung zu bringen, mit anderen Worten, die menschliche Bestimmung, d. h. die Kultur, deren das Menschengeschlecht fähig ist, zum wirklichen Dasein zu gestalten; er ist die Erziehung und Entwicklung des Menschengeschlechts zur Freiheit."[28]

Ferdinand Lassalle beschränkte sich auf ähnliche apologetische Loblieder über die erzieherische und kulturelle Mission des Staates, aber der spezifische Klassencharakter eines jeden historisch konkreten Staates blieb ihm unverständlich. Unter Bezugnahme auf die einfache Tatsache, daß die Bevölkerung in gedrückter, dürftiger Lage, also die arbeitenden Klassen, mehr als 96 Prozent der Gesamtbevölkerung von Preußen ausmacht, erklärt Lassalle demagogisch: „Ihnen also, meine Herren, den notleidenden Klassen, gehört der Staat, nicht uns, den höheren Ständen, denn aus Ihnen besteht er. Was ist der Staat?, frage ich, und Sie ersehen jetzt aus wenigen Zahlen handgreiflicher als aus dicken Büchern die Antwort: Ihre, der ärmeren Klassen, große Assoziation – das ist der Staat!"[29]

Aus dieser doppelsinnigen Aussage wird deutlich, was Engels meint, wenn er formuliert, daß „der Sozialist Lassalle" ständig begleitet wird vom „Demagogen Lassalle".[30] Denn erst nach der politischen Machtergreifung durch das organisierte Proletariat, also in der klar definierten Gestalt der Diktatur des Proletariats, kann der „Staat die große Assoziation der (bisher) ärmeren Klassen" darstellen. Nach Lassalle kann der bürgerliche Staat schon durch eine parlamentarische Arbeitermehrheit mit Hilfe des allgemeinen Wahlrechts evolutionär umgeformt und umfunktioniert werden. Ein Staat, dem unabhängig von seinen derzeitigen junkerlichen oder bürgerlichen Machthabern eine mit den Wertmerkmalen der „Sittlichkeit" und des „Kommunismus" ausgestattete „Staatsidee" zugrunde lag, mußte nach der Meinung Lassalles ohne größere Komplikationen, d. h. ohne bewußt eingesetzte revolutionäre Gewalt in Richtung „Kommunismus" umformbar sein.

Diese Theorie führt zu dem Versuch, den Sozialismus mit dem faktischen junkerlich-bürgerlichen Staat zu verbinden.

Lassalles bekanntes Kokettieren mit Bismarck[31], indem er, nach einer Formulierung von Marx, den „Marquis Posa des Proletariats mit dem uckermärkischen Philipp II. spielte", steht mit seiner idealistischen Staatstheorie im Zusammenhang. Lassalle glaubte, „den Staat" auch gegen den Willen seiner augenblicklichen Leiter seiner „wahren" Bestimmung zuführen zu können. Er wußte, daß er ein gewagtes Spiel begann und nannte es einmal den Versuch, „mit dem Teufel Kirschen zu essen". Lassalle übersah, daß es eine Logik der Geschichte gab, die

[28] Ferdinand Lassalle, Arbeiterprogramm, a. a. O., Bd. 2, S. 197f.

[29] Ders., Offenes Antwortschreiben, a. a. O., Bd. 3, S. 80f.

[30] Friedrich Engels, Brief an Karl Kautsky vom 23. Februar 1891, in: MEW, Bd. 38, Berlin 1968, S. 40.

[31] Vgl. Briefwechsel zwischen Lassalle und Bismarck, hg. von Gustav Mayer, Berlin 1928.

stärker ist als jeder subjektive Wille. Nicht Bismarck wurde sein „Bevollmächtigter", sondern er geriet objektiv in die Abhängigkeit der preußischen Reaktion.

Marx schrieb aus diesem Anlaß an Schweitzer: „Der ‚Staat' verwandelte sich daher in den preußischen Staat. So wurde er zu Konzessionen an das preußische Königtum, die preußische Reaktion (Feudalpartei) und selbst die Klerikalen gezwungen."[32] In dieser schließlichen Verwandlung „des Staates" zum preußischen Staat zeigte sich unabhängig von allem hinreichend konzedierten „guten Willen" der von Marx in seinem Brief an Kugelmann akzentuierte objektive Verrat Lassalles an der revolutionären deutschen Arbeiterbewegung.[33]

Wie richtig diese Marxsche Einschätzung und wie sehr das in die Irre führende taktische und strategische Verhalten Lassalles und der Lassalleaner den demagogischen Bestrebungen der Bismarckschen Politik objektiv entgegenkam, erhellt noch aus Äußerungen von Bismarck selbst. Er unterstrich den „Gegensatz der Lassalleanischen Partei gegen die mit der Internationalen in Verbindung stehende Bebel-Liebknechtsche" und hob in diesem Zusammenhang die Möglichkeit der „Verständigung" mit den Lassalleanern und der „Versöhnung" der Mehrzahl der Arbeiter mit der bestehenden Staatsordnung hervor, und die Möglichkeit, „die Interessen von Arbeitern und Arbeitgebern wiederum in Harmonie zu bringen."[34]

Natürlich war das Bismarcksche Konzept, die deutsche Arbeiterbewegung mit Hilfe der Lassalleaner in die bestehende Staats- und Gesellschaftsordnung zu „integrieren", auf die Dauer ebenso realitätsfremd wie die Lassalleschen Versuche, den Junker Bismarck zu „überlisten". Aber völlig wirkungslos konnten die „staatssozialistischen" Demagogien Bismarcks und seiner Nachfolger und die damit zusammenhängende „staatssozialistische" Demagogie der älteren und neueren Reformisten und Revisionistenunter den historischen Umständen nicht bleiben. Deshalb wurde es für die erstarkende deutsche Arbeiterbewegung zu einer Aufgabe von historischer Bedeutung, die schwerwiegenden theoretischen und taktischen Fehlorientierungen des Lassalleanismus zu überwinden.

4. KAPITEL

Der deutsche Kathedersozialismus – eine Form des Bourgeoissozialismus

Wie bereits im 1. Kapitel vermerkt wurde, versammelte sich im Jahre 1872 in Eisenach eine Anzahl bürgerlicher Sozialreformer, um den „Verein für Sozialpolitik" zu gründen. Mit der offiziellen Gründung des „Vereins für Sozial-

32 Karl Marx, Brief an Johann Baptist von Schweitzer . . ., a. a. O.

33 Karl Marx, Brief an Ludwig Kugelmann vom 23. Februar 1865, in: MEW, Bd. 31, Berlin 1965, S. 452.

34 Bismarck und der Staat, ausgewählte Dokumente, hg. von Rothfels, Stuttgart 1964, S. 330.

politik“ wurde eine Bewegung institutionalisiert, die unter der Bezeichnung „Kathedersozialismus“ bekannt geworden ist. Der Begriff „Kathedersozialismus“ bezeichnet die politischen Ansichten einer Gruppe deutscher Sozialreformer. Ursprünglich spöttisch-kritisch von einem der Gegner des Kathedersozialismus, N. B. Oppenheim, geprägt, fand diese Bezeichnung schließlich allgemeine Verwendung. Wenn sowohl Förderer als auch Opponenten des Kathedersozialismus von hier ab diesen Begriff anwandten, dann in der Absicht, ihn damit gegen den revolutionären Sozialismus der Arbeiterbewegung abzugrenzen. Gleichzeitig weist die Bezeichnung darauf hin, daß die Ideen des „Vereins für Sozialpolitik“ vorwiegend von Kathedern aus verbreitet wurden. In der Tat waren es vorwiegend Hochschullehrer, die den Kathedersozialismus propagierten, wenn auch die Anhängerschaft sich auch aus Kreisen rekrutierte, die weit über die Universität hinaus gingen; Staatsbeamte, Fabrikanten, Händler, Großgrundbesitzer, reformistische Gewerkschaftsvertreter gehörten dazu. Zu den Gründern des „Vereins für Sozialpolitik“ zählten Ideologen und Praktiker der Politik von Bourgeoisie und Junkertum.

Die Gründung und Tätigkeit des „Vereins für Sozialpolitik“, in dem die Kathedersozialisten den Ton angaben, manifestierte in gewisser Weise, wie dem bürgerlichen Sozialreformismus in Deutschland Geltung verschafft wurde.

Anfangs war es nur eine Minderheit von Bourgeois, die das bisher geübte Prinzip des „Laisser faire“ in der Sozialpolitik aufgeben wollten und eindringlich davon abrieten, dem Geist des Liberalismus in der „Arbeiterfrage“ weiterhin Tribut zu zollen. Dem Gedanken der Nichteinmischung des Staates in den Bereich der Wirtschaft setzen sie die Idee von der „Ethisierung der Volkswirtschaft“, von der „sittlichen Gemeinschaft von Unternehmern und Arbeitern“ und der Verhinderung sozialer Konflikte durch staatlich sanktionierte oder gar durch Staatsorgane praktizierte Reformen entgegen.

Gewiß, die Idee der Kathedersozialisten war nicht neu. Jahrzehnte zuvor hatten z. B. John Stuart Mill in England und Victor Aimé Huber in Deutschland ähnliche Ansichten vertreten. In der Konstituierung des „Zentralvereins' für das Wohl der arbeitenden Klasse“ hatten sozialphilantropische Bestrebungen in Deutschland bereits ihre Institutionalisierung gefunden. Dieses im Herbst 1844 gegründete „Parade- und Prunkstück des Bourgeois-Sozialismus“ enstand dabei als Reaktion auf den Hungeraufstand der schlesischen Weber, der der aufstrebenden Bourgeoisie „einen heillosen Schrecken in die Glieder jagte“.[1] Aber erst in den sechziger Jahren nahmen die bourgeois-sozialistischen Bestrebungen an Umfang und Bedeutung zu, und die Vertreter des Kathedersozialismus gehörten zu den führenden Männern dieser Richtung.

Zunächst stießen die Kathedersozialisten auf den Widerstand der deutschen Freihändler, die offen das Prinzip des Manchestertums verteidigten und die Be-

[1] Franz Mehring, Geschichte der deutschen Sozialdemokratie, 1. Teil, in: Gesammelte Schriften, Bd. 1, Berlin 1960, S. 24.

deutung der Arbeiterfrage für ihre Zeit nicht nur unterschätzten, sondern in der Polizeigewalt das einzige Mittel erblickten, um den „Arbeitsfrieden“ zu sichern.

Im Kreis der bürgerlichen Autorität, die ein Urteil über die „Arbeiterfrage“ sprachen, hatte sich bisher vor allem der „Kongreß der Volkswirte“ Gehör verschafft. Er repräsentierte gewissermaßen das Manchestertum in Deutschland und stand, wie in der Frage der Einmischung des Staates in die Wirtschaft, auch dem Gedanken einer staatlichen Sozialpolitik feindlich gegenüber.

Der wirkliche Gegner des Kathedersozialismus war jedoch gewiß nicht das bürgerliche Freihändlertum, sondern der proletarische revolutionäre Sozialismus. Seinem Wesen nach stellte der Kathedersozialismus ein typisches Beispiel des Bourgeois-Sozialismus dar, wie ihn Marx und Engels bereits im „Manifest der Kommunistischen Partei“ charakterisiert hatten: „Die sozialistischen Bourgeois wollen die Lebensbedingungen der modernen Gesellschaft ohne die notwendig daraus hervorgehenden Kämpfe und Gefahren.“[2]

Ende der sechziger Jahre formierte sich der Kathedersozialismus zu einer besonderen Richtung der bürgerlichen Ideologie in Deutschland. „Die deutschen Professoren der Nationalökonomie begannen . . . die Dringlichkeit von sozialpolitischen Reformen zu betonen. So wies Nasse, damals Professor in Bonn und später Vorsitzender des Vereins für Sozialpolitik, in einem Vortrag vor kirchlichen Kreisen 1869 darauf hin, daß die Arbeiterfrage zu einer brennenden Tagesfrage geworden sei. Für diese Tatsache machte er den Umstand verantwortlich, daß die freie Konkurrenz entgegen der Ansicht der herrschenden Volkswirtschaftslehre zu einem Preiskampf zwischen Unternehmern und Arbeitern geführt habe, bei dem die Arbeiter notwendig unterliegen müßten. Er forderte die ethische Durchdringung des Kapitalverhältnisses mit Hilfe von Sozialreformen, so daß eine enge sittliche Gemeinschaft aller Beteiligten entstehe. 1870 kamen Schäffles ‚Vorträge zur Versöhnung der Gegensätze von Lohnarbeit und Kapital‘ heraus, in denen er den Staat und die Gesellschaft zur Mitarbeit an der Sozialreform aufforderte. Noch im gleichen Jahr erschien ein weiteres Werk, das die herrschende Volkswirtschaftslehre verurteilte und energisch für Sozialreformen eintrat. In der im Oktober 1869 abgefaßten Vorrede seiner ‚Geschichte der deutschen Kleingewerbe‘ wandte sich Schmoller, damals Professor in Halle, gegen die herrschende Auffassung der liberalen Nationalökonomie, in der Gewerbefreiheit an sich liege ausschließlich das Heilmittel für alle Übelstände. Im Gegensatz zu dem Nihilismus des ‚laissez faire et laissez passer‘, diesem abstrakten Schuldogma, das die unbedingte Harmonie aller Privatinteressen, das die unbedingte Berechtigung jedes wirtschaftlichen Egoismus predigt, forderte er Sozialreformen und die ethische Begründung der Nationalökonomie.[3] Diese Ausführungen fanden breiten

[2] Karl Marx/Friedrich Engels, Manifest der Kommunistischen Partei, in: MEW, Bd. 4, Berlin 1959, S. 488.

[3] Gustav Schmoller, Zur Geschichte der deutschen Kleingewerbe im 19. Jahrhundert, Halle 1870, S. VIff.

Widerhall. Im folgenden Frühjahr veröffentlichte Prentano den ersten Band seiner starken Eindruck hinterlassenden ‚Arbeitergilden der Gegenwart', in denen er die englische Lösung der Arbeiterfrage als Beispiel empfahl, denn England sei in sozialen und wirtschaftlichen Fragen das beste Laboratorium. Er trat für die Zulassung der Gewerkschaften im Rahmen von Einigungsämtern und Arbeitskammern ein, also für eine Sozialreform zum Zwecke der Sicherung der bestehenden kapitalistischen Gesellschaftsordnung.[4]

Noch im selben Jahr bezeichnete Schönberg in seiner Schrift ‚Arbeitsämter, eine Aufgabe des Deutschen Reiches', deren Grundgedanken er bereits in seiner akademischen Antrittsrede im Jahre 1869 vertreten hatte, die soziale Frage als vielleicht die wichtigste der Zukunft. Das Los vieler Millionen stehe im Widerspruch zu den Minimalforderungen der Ethik. Daher sei Besserung ein Gebot der sittlichen Pflicht wie des eigenen Interesses für Staat und Gesellschaft. Er appellierte also ebenfalls an die herrschenden Klassen und deren Staat, um sie zu sozialen Reformen zu bewegen. Aus diesem Grunde ließ er seine Schrift Bismarck vorlegen, wie das auch schon vor ihm Schmoller getan hatte."[5]

Von den zahlreichen Äußerungen über die Notwendigkeit sozial-politischer Reformen zu Ende der sechziger Jahre ist besonders die „Rede über die soziale Frage" des deutschen Ökonomen und Politikers Adolph Wagner bemerkenswert, die dieser im Oktober 1869 in der Berliner Garnisonskirche hielt. In ihr entwickelte Wagner ein Programm, das für den Kathedersozialismus richtungweisend wurde.

Wagner stellte in seiner Rede fest, daß es gelte, den unberechtigten Optimismus der Liberalen und ihre Harmonievorstellungen „über Bord zu werfen" und die Vorstellung, daß ein staatlicher Eingriff in das Wirtschaftsleben schädlich sei, zu überwinden. Er empfahl die Herstellung paternalistischer Verhältnisse zwischen Kapitalisten und Arbeitern und die „Versittlichung" der ökonomischen Beziehungen zwischen diesen beiden Klassen. Nach seiner Meinung sei die Lösung der sozialen Frage durch die Sozialreform erreichbar, indem man den Lebensstandard der Arbeiter durch Lohnerhöhungen, gerechtere Steuerbelastung und andere sozialpolitische Maßnahmen erhöht.

Ähnlich hat auch Gustav Schmoller die Zielstellung der Kathedersozialisten motiviert. Im Oktober 1872 wies er auf der Eröffnungsrede des „Vereins für Sozialpolitik" unverhohlen darauf hin, daß die Furcht vor der Revolution der herrschenden Klasse gebiete, nach neuen Dogmen Ausschau zu halten. Schmoller sagte: „Der tiefe Zwiespalt, der durch unsere gesellschaftlichen Zustände geht, der Kampf, welcher heute Unternehmer und Arbeiter, besitzende und nichtbesitzende Klassen trennt, die mögliche Gefahr einer uns zwar bis jetzt nur von ferne, aber doch deutlich genug drohenden sozialen Revolution, haben seit einer Reihe von Jahren auch in weiteren Kreisen Zweifel erregt, ob die auf dem Markt

[4] Vgl. G. Wittrock, Die Kathedersozialisten bis zur Eisenacher Versammlung 1872, in: Historische Studien, H. 350, Berlin 1939, S. 97ff.

[5] Fritz Völkerling, Der deutsche Kathedersozialismus, Berlin 1959, S. 7ff.

des Tages unbedingt herrschenden volkswirtschaftlichen Doktrinen . . . , immer die Herrschaft behalten werden, ob mit Einführung der Gewerbefreiheit, mit der Beseitigung der ganzen, veralteten, mittelalterlichen Gewerbegesetzgebung in der Tat die vollkommenen wirtschaftlichen Zustände eintreten werden, welche die Heißsporne jener Richtung prophezeiten."[6]

Schmoller grenzte sich auch ausdrücklich von revolutionären Ambitionen ab. Er betonte die Gefahr für die Bourgeoisie, wenn man mit Hilfe von Reformen keine Konzessionen an die Forderungen der Ausgebeuteten macht: „Unzufrieden mit unseren bestehenden sozialen Verhältnissen, erfüllt von der Notwendigkeit der Reform, predigen wir doch keine Umkehr der Wissenschaft, keinen Umsturz aller bestehenden Verhältnisse, wir protestieren gegen alle sozialistischen Experimente . . . Wir glauben, daß eine zu große Ungleichheit der Vermögens- und Einkommensverteilung, daß ein zu erbitterter Klassenkampf mit der Zeit auch alle freien politischen Institutionen vernichten muß, und uns wieder der Gefahr einer absolutistischen Regierung entgegenführt. Schon darum glauben wir, daß der Staat einer solchen Entwicklung nicht gleichgültig zusehen dürfe."[7]

Es ist offensichtlich, daß der Kathedersozialismus, die deutsche Form des Bourgeois-Sozialismus, weder mit dem revolutionären Sozialismus noch mit den Illusionen der vormarxschen Sozialisten Ähnlichkeit hatte, deren Vertreter eine neue Gesellschaftsordnung erstrebten.

Schmollers Ziel war nicht der Sozialismus, sondern die Versöhnung zwischen Arbeitern und Unternehmern. Das Mittel dazu sollte nach seiner Meinung eine wohldosierte Sozialpolitik sein. Im Jahre 1903 sagte er in der Hauptversammlung des Vereins deutscher Ingenieure in einem Vortrag dazu: „Es wird sicher resultatlos bleiben, heute dem Sozialdemokraten, dem organisierten Arbeiter seine Ideale und seine Führer nehmen zu wollen, ihn zuerst von Innen heraus bekehren zu wollen. Er ist nur zu versöhnen, wenn man ihm zunächst seine Utopien läßt, aber praktisch mit ihm paktiert und verhandelt, mit ihm seine Arbeitsverfassung, seine tägliche Arbeitszeit, die Frauen- und Kinderarbeit, die Lohnzahlungsmethoden, die Erziehung seiner Kinder zu bessern sucht; wenn man ihm seine Arbeiterberufsvereine, sein Koalitionsrecht anerkennt, aber zugleich durch Ausbildung von Schiedsgerichten, durch Tarifverträge, durch ein gerechtes Gesetz über die Arbeitervereine die Schattenseiten des Koalititonsrechtes einschränkt. Nur langsam, Schritt für Schritt, kann man wieder zu normalen Arbeitsverhältnissen kommen."[8]

Während wirkliche Sozialisten die sozialistische Gesellschaft als eine erstrebenswerte Realität ansahen, betrachteten die Kathedersozialisten den Sozialismus bestenfalls als eine Utopie.

[6] Zitiert bei Franz Boese: Geschichte des Vereins für Sozialpolitik 1872–1932, Berlin 1939, S. 6.

[7] Ebenda, S. 10.

[8] Gustav Schmoller, Über das Maschinenzeitalter in seinem Zusammenhang mit dem Volkswohlstand und der sozialen Verfassung der Volkswirtschaft, Berlin 1903, S. 27ff.

Lujo Brentano, der Schmoller um mehrere Jahrzehnte überlebte, zeigte später auch wenig Verständnis für das Wesen der Großen Sozialistischen Oktoberrevolution. In Aufsätzen in der „Frankfurter Zeitung“ stellt Brentano die Revolution in Rußland unter positivem Aspekt nur als Enteignung von ausländischem Kapital dar. Die von der sowjetischen Regierung erlassenen Enteignungsgesetze jedoch, die den wirtschaftlichen Zusammenbruch der russischen besitzenden Klassen erreichen, so schreibt er, würde dem kranken Rußland nicht Heilung, sondern nur den Tod bringen.[9]

Ein bezeichnendes Licht auf den Charakter des Kathedersozialismus warf das Verhalten seiner Anhänger zur deutschen Sozialdemokratie. Als im Jahre 1878 das diskriminierende Sozialistengesetz von der deutschen Reichsregierung durchgesetzt wurde, das die legale Tätigkeit der Sozialdemokratie verbot, bewies der „Verein für Sozialpolitik“ seine Unterwürfigkeit. In einem seiner Rundschreiben unterstrich dieser Verein, daß besonders jetzt, „wo die öffentliche Meinung auf die in der Sozial-Demokratie liegende Gefahr allgemein aufmerksam geworden ist, die Bedeutung unseres Vereins nur eine um so größere ist. Denn ganz besonders dringend und wichtig ist es jetzt geworden, die soziale Reform innerhalb des nationalen Staates, mit seiner Mithilfe und auf dem Boden der bestehenden Rechtsordnung vorzubereiten und zu fördern.“[10]

Die damalige „Lehrtradition“ an den deutschen Universitäten bot eine geeignete Grundlage für die Reformpolitik. Die sozial-politische Argumentation konnte an die zeitgenössische ökonomische Lehre des deutschen Bürgertums anknüpfen, ohne einen Bruch in der traditionellen Lehre herbeiführen zu müssen. Auf den ökonomischen Lehrstühlen der deutschen Universitäten dominierte damals eindeutig die Historische Schule die politischen Ökonomie, eine Variante der bürgerlichen Vulgärökonomie, die Ende der vierziger Jahre des 19. Jahrhunderts in Deutschland als Reaktion gegen die klassische bürgerliche politische Ökonomie und die sozialistische Bewegung entstanden war. Die Vertreter der Historischen Schule, die in ihrer Lehre die junkerlich-bourgeoise politische Herrschaft und die Mischung von kapitalistischen und feudalen Produktionsverhältnissen in Deutschland verteidigten, faßten die Entwicklung der Gesellschaft als einen evolutionären Prozeß auf. Sie plädierten für die Aufnahme ethischer Postulate in die Volkswirtschaftslehre und leiteten daraus bereits die Notwendigkeit sozialer Reformen ab, ehe sich die Kathedersozialisten im „Verein für Sozialpolitik“ formierten.

So finden wir bereits bei der älteren Generation der Vertreter der Historischen Schule Ansichten über die „soziale“ oder die „Arbeiterfrage“, auf die sich die jüngere Historische Schule, deren Vertreter nahezu ausnahmslos Kathedersozialisten sind, später berufen können. Beispielsweise äußert einer der Hauptvertreter der älteren Historischen Schule, Wilhelm Roscher, in seinem Buch

[9] Vgl. Lujo Brentano, Rußland, der kranke Mann, München 1918, S. 62.
[10] Franz Boese, a. a. O., S. 32.

„System der Armenpflege und Armenpolitik“[11] die Ansicht, daß man durch ein System der sozialen Selbsthilfe und Armenpflege die Armut der Arbeiterklasse verhüten und die soziale Frage lösen könne. Ein anderer bedeutender Vertreter dieser Schule, Bruno Hildebrand, entwickelte im Zusammenhang mit seiner Konzeption einer Stufenlehre der gesellschaftlichen Entwicklung die Auffassung, daß man mit Hilfe des Kredits die sozialen Gegensätze überwinden und das Proletariat als Klasse aufheben könne.[12] Wilhelm Roscher und Bruno Hildebrand nehmen auch an der vorbereitenden Besprechung im Juli 1872 teil, auf der die Gründung des „Vereins für Sozialpolitik“ beschlossen wurde.

Aktiv betrieben wurde die Reformpropaganda von der jüngeren Generation der Historischen Schule. Dabei bildeten sich zwei Richtungen heraus, die sich in der Zielstellung einig waren, in der Wahl der Mittel jedoch unterschiedliche Wege gingen. Die Gruppe, die sich um Lujo Brentano scharte, verfocht eine Konzeption, die sich an das „englische Vorbild“ anlehnte und die die Lösung der sozialen Frage mit gewerkschaftlichen Mitteln anstrebte. Das Haupt der anderen Richtung war Gustav Schmoller, der die sozialen Reformen mit Hilfe des monarchistischen Staates zu erreichen suchte. Zu Ende der neunziger Jahre belebte sich offensichtlich die sozialreformerische Aktivität der Kathedersozialisten. Die Entwicklung des Kapitalismus der freien Konkurrenz zum Monopolkapitalismus hatte die Bourgeoisie naturgemäß nur vor neue Probleme gestellt, denen sie praktisch und theoretisch Rechnung tragen mußte. Die bürgerlichen Ideologen mußten jetzt „theoretisch“ untermauern, daß der Kapitalismus sich selbst erneuere, daß durch Reformen die schlimmsten Auswüchse beseitigt werden können und die neuen Erscheinungen beim Übergang zum Monopolkapitalismus Anzeichen dieses Erneuerungsprozesses seien.

Eine Folge der Verbreitung der Ideen der Kathedersozialisten in Deutschland war das Aufkommen des Opportunismus in der deutschen Arbeiterbewegung. Von der Jahrhundertwende ab wurde der Kathedersozialismus zum wichtigen Arsenal des Revisionismus. Ein anderes wichtiges Ergebnis des Wirkens der Kathedersozialisten und ihres Organs, des „Vereins für Sozialpolitik“, besteht darin, daß sie mit ihrer Agitation entscheidend dazu beitrugen, die probürgerliche Politik sozialer Reformen in den Ausbeuterklassen selbst gesellschaftsfähig gemacht zu haben.

Auch die Diskussionen auf den Tagungen des Vereins für Sozialpolitik über Erscheinungsformen des Imperialismus machten den Klassencharakter des Kathedersozialismus deutlich.

So begrüßte Schmoller zum Beispiel im Jahre 1894 die Teilnehmer an der Generalversammlung des Vereins für Sozialpolitik unter anderem mit folgendem unzweideutigen Bekenntnis: „Ich glaube, die sämtlichen Mitglieder unserer Ver-

[11] Wilhelm Roscher, System der Volkswirtschaft, Bd. 5, Stuttgart 1894.

[12] Bruno Hildebrand, Die Nationalökonomie der Gegenwart und Zukunft, Bd. 1, Frankfurt 1848.

einigung können sich rühmen, daß sie den Wert und die Bedeutung unserer Großunternehmer, unserer führenden Geschäftsleute, vor allem die praktischen Spitzen der deutschen Volkswirtschaft voll und ganz verstehen und anerkennen. Wir haben nie einen Zweifel unter uns darüber aufkommen lassen, daß die Unternehmer die Offiziere unserer Volkswirtschaft sind, und wir haben stets betont, daß darunter viele sind, die wir als die genialsten, klügsten, sachverständigsten und patriotischsten Mitbürger anzuerkennen haben."[13]

Schmoller verteidigte die aggressive Außenpolitik des deutschen Staates. Als der deutsche Imperialismus säbelrasselnd eine Neuaufteilung der Welt zu seinen Gunsten forderte, war er einer der eifrigsten Befürworter der Kriegsrüstungen, der kolonialen Eroberungen und der imperialistischen Kriege. In öffentlichen Versammlungen agitierte Schmoller für die Flottenvorlage der kaiserlichen Regierung, forderte er „Ackerbaukolonien", „Machtsphären", die „weitere Teilung Afrikas und Chinas". Er bezeichnete es als um jeden Preis wünschenswert, wenn in Südbrasilien ein deutsches Land mit zwanzig bis dreißig Millionen Deutschen entstehe. Deutschland müsse nach seiner Meinung ein Kontinental- und Militärstaat bleiben. „Wie in den Tagen Friedrichs des Großen und Bismarcks", erklärte Schmoller, müsse es „wieder die Balance Europas halten können" und dürfe „nicht mehr die Kinder- und Schulstube der übrigen Welt sein".[14]

Der „Verein für Sozialpolitik", in dem zu Beginn seiner Tätigkeit oftmals recht mutig die Beseitigung krasser sozialer Mißstände gefordert wurde, wandelte sich bald in einen reinen Debattierclub, in dem sozialpolitisch Interessierte der verschiedensten Parteien und Richtungen sich zum bloßen „Gedankenaustausch" trafen. Dabei enthielt sich der Verein jeder bemerkenswerten Stellungnahme zur Arbeiterfrage. Der „Verein für Sozialpolitik" beschäftigte sich hauptsächlich mit Verwaltungsfragen, besonders mit Agrarfragen, die das innenpolitische Streben von Bismarck in keiner Weise durchkreuzten.

Im Unterschied zu Schmoller verteidigten Brentano und seine Vertreter vor allem die Konzeption von der „Steigerung der Löhne". Die Gewerkschaften wurden von ihnen als eine „berechtige Hilfsorganisation" im Kampf der Arbeiter um höhere Löhne dargestellt. Brentano fuhr im Jahre 1868 nach England, um dort, wie John Stuart Mill, nach einem Kompromiß zwischen der „Politischen Ökonomie des Kapitals"und den „Ansprüchen des Proletariats" zu suchen.

Das Ziel des Wirkens von Brentano war es, auch in Deutschland den Liberalismus und damit zugleich das bürgerliche Gesellschaftssystem zu retten. Brentano versuchte dem Klassenkampf dadurch zu begegnen, daß er die Illusion verbreitete, die Arbeiterklasse könne durch eine bloße Realisierung von Lohnforderungen ihre Stellung im Kapitalismus wesentlich ändern, ohne dabei das bürgerliche Gesellschaftssystem selbst revolutionär umwälzen zu müssen. In seiner „Lohn-

[13] Vgl. 20 Jahre deutsche Politik, 1897–1917, München/Leipzig 1920, S. 38.

[14] Vgl. Friedrich Lütge, Gustav v. Schmoller als Sozialpolitiker, in: Schmoller Jahrbuch, 1938, S. 591.

theorie" reduzierte er das Kapitalverhältnis auf ein einfaches Verteilungsverhältnis, und er vertrat dabei die Auffassung, die Löhne der gesamten Arbeiterklasse ließen sich ohne Schmälerung der Profitrate allgemein erhöhen, da die Konsumenten diese Steigerungen tragen würden.

Mit seiner pseudowissenschaftlichen Theorie versuchte Brentano den Gedanken von der Revolution durch den der Reformierung zu ersetzen, wobei er in den Gewerkschaften die geeignete Organisation sah, um diesen rein ökonomischen Kampf der Arbeiter führen zu können.

Von den beiden Richtungen des deutschen Kathedersozialismus war die liberale Richtung insofern die gefährlichere, da ihr desorientierender Einfluß auf die Arbeiterbewegung größer war. Befand sich auch subjektiv Brentano im Gegensatz zu der Lohndrückerei und der Anti-Gewerkschaftspolitik, so war er doch objektiv einer der „Bannerträger des liberalen Bürgertums".

In ihrer Argumentation wurden die Kathedersozialisten nicht müde, den Herrschenden in Deutschland die Korrumpierung der Arbeiterführer zu empfehlen, denn, so meinten sie, die Klassenherrschaft würde um so „unwahrscheinlicher, als die Sozialdemokratie fortfährt, in sich selbst eine Aristokratie und Bureaukratie auszubilden."[15]

Kurz vor seinem Tode, ein Jahr vor Ende des ersten Weltkrieges, prophezeite Schmoller unter Hinweis auf die opportunistische Entwicklung in Deutschland, es werde „mit der Zeit eine große politische radikale Arbeiterreformpartei entstehen, die auf den Boden des heutigen Staates sich stellt, ihn politisch und sozial reformieren, aber nicht mehr die Diktatur des Proletariats anstreben will."[16]

In dem Maße, wie die Arbeiterklasse zahlenmäßig im Verlauf der Geschichte zunahm, drangen kleinbürgerliche Elemente ins Proletariat. Das schuf die soziale Grundlage zur Ausbreitung der opportunistischen Ideologie unter den Arbeitern. Bedingt durch die monopolkapitalistische Entwicklung bildete sich innerhalb der Arbeiterklasse allmählich eine soziale Oberschicht heraus, die auf Grund ihrer sozialen Stellung mehr und mehr dazu neigte, an die Stelle der Revolution und der Diktatur des Proletariats die soziale Reform zu setzen.

Die Kathedersozialisten erkannten die Bedeutung, die die gesellschaftlichen Prozesse für die Aufrechterhaltung der bestehenden Herrschaftsverhältnisse besaßen. Schmoller wies offen darauf hin, daß die einzig reale Möglichkeit, die revolutionären Arbeiter zu überzeugen, darin bestünde, ihre Führer zu gewinnen: „Der Friede mit den Arbeitern kann nur durch die Arbeiterführer vermittelt werden . . . die Masse kommt nicht soweit, ganz vernünftig zu sein, so daß die Unternehmer und die Regierung mit ihnen auskommen können.[17]

Es schien den Kathedersozialisten äußerst ratsam, möglichst recht vielen Arbei-

[15] Gustav Schmoller, zitiert nach: Zwanzig Jahre deutsche Politik, a. a. O., S. 111.

[16] Gustav Schmoller, Die soziale Frage. Klassenbildung, Arbeiterfrage, Klassenkampf, München/Leipzig 1918, S. 619.

[17] Zitiert nach Karl Kautsky, Schmoller über den Fortschritt der Arbeiterklasse, in: Die Neue Zeit, Nr. 34, Jg. XXII, Bd. 2, S. 228f.

tern eine sogenannte „Beamtenqualität" zu geben, um auf diese Weise eine große Zahl von Proletariern in vom Staate abhängige Beamte und Pensionäre zu verwandeln. Deshalb vertraten die Kathedersozialisten die Auffassung, die Arbeiteraristokratie und Arbeiterbürokratie müsse dadurch vermehrt werden, daß die Monopole sowie die Staats- und Kommunalbetriebe eine „private Beamtenschaft" herausbilden. Auf diese Weise, so meinten sie, werde die Versöhnung „leichter gelingen". Schließlich seien diese „Rechtsformen" auch auf die Gewerkschaftsorganisationen zu übertragen.

In der Tat gelang es dabei den Kathedersozialisten, ihre Anschauungen zum Teil in die deutsche Arbeiterbewegung zu tragen. Brentano konnte deshalb zu Beginn des ersten Weltkrieges befriedigt feststellen, daß der „Burgfriede" der opportunistischen Führung der deutschen Sozialdemokratie und der Gewerkschaften mit den reaktionären Kräften des deutschen Militarismus und Monopolkapitalismus ein „Triumph des Kathedersozialismus" sei.

Führende marxistische Theoretiker jener Zeit wie Rosa Luxemburg und Franz Mehring sahen sich veranlaßt, sich mit den opportunistischen Anschauungen der Kathedersozialisten kritisch auseinanderzusetzen. Sie machten dabei auf die enge geistige Verwandtschaft zwischen den kathedersozialistischen Auffassungen und den Theorien der Revisionisten in der deutschen Sozialdemokratie aufmerksam.

Marx und Engels hatten in ihrer Auseinandersetzung mit Brentano darauf hingewiesen, daß Möglichkeiten bestünden, die Lage der Arbeiter durch staatliche Sozialgesetzgebung und den Einsatz gewerkschaftlicher Machtmittel zu verbessern. Aber im Gegensatz zu den Kathedersozialisten, die „die vorteilhaften Wirkungen von Arbeitsschutz, Fachvereinswiderstand, sozialer Flickgesetzgebung usw. ins Kolossale" übertrieben, hob Marx hervor, daß weder Sozialpolitik noch Gewerkschaftskampf allein das Kapitalverhältnis, das tagtäglich auf Grund der bestehenden Eigentumsverhältnisse neu reproduziert wurde, aufheben könnten. Der antagonistische Klassengegensatz zwischen Kapital und Proletariat, vermerkte Marx, werde sich mit der Entwicklung der kapitalistischen Gesellschaftsstruktur weiter vergrößern. Hofften die Kathedersozialisten durch soziale Reformen die „großen sozialen Klassen zu einem dauernden geordneten friedlichen Zusammenleben"[18] vereinen zu können, um auf diese Weise das bestehende Herrschaftssystem zu sichern, so vertraten dazu im Gegensatz die marxistischen Theoretiker, gestützt auf die wissenschaftliche Analyse der gesellschaftlichen Entwicklung und des ökonomischen Wirkungsmechanismus der kapitalistischen Produktionsweise, entschieden den Gedanken von der sozialen Revolution und der Errichtung der Diktatur des Proletariats unter der Führung der Partei der Arbeiterklasse.

[18] Gustav Schmoller, Die soziale Frage, a. a. O., S. 205.

5. KAPITEL

Bernstein und seine reformistische, revisionistische Konzeption des Sozialismus

In Deutschland kam es 1875 zur organisatorischen Vereinigung zwischen dem von Ferdinand Lassalle gegründeten, vorwiegend opportunistisch orientierten „Allgemeinen Deutschen Arbeiterverein" und der revolutionären „Sozialdemokratischen Arbeiterpartei Deutschlands". Die Geburt einer Arbeiter-Einheitspartei war zwar ein großer Gewinn für den proletarischen Klassenkampf, doch zugleich auch belastet mit der eingeschleppten opportunistischen Erbschaft. Das auf dem Vereinigungsparteitag angenommene Programm ist als „Kompromiß von Gotha" in die Geschichte der Arbeiterbewegung eingegangen, weil es den Opportunismus innerhalb der Partei programmatisch legalisierte.

Die von Marx aus diesem Anlaß verfaßten „Randglossen zum Programm der deutschen Arbeiterpartei" enthalten eine prinzipielle theoretische Widerlegung des Opportunismus. Doch die „Randglossen" wurden vor der sozialdemokratischen Mitgliedschaft verheimlicht und erst wesentlich später unter dem Titel „Kritik des Gothaer Programms" bekannt.

Während der Zeit des Sozialistengesetzes von 1878 bis 1890 lag die Führung der deutschen Sozialdemokratie in den Händen der sozialdemokratischen Reichstagsfraktion, deren Legalität unangetastet blieb. Doch während die revolutionär marxistisch gesonnene Mehrheit der Reichstagsfraktion unter August Bebels Führung im Parlament ihren Klassenauftrag erfüllte, berauschte sich die opportunistische Minderheit am Nur-Parlamentarismus.

Trotz des Ausnahmerechts war die deutsche Sozialdemokratie von Wahlerfolg zu Wahlerfolg geschritten. Durch den selbstlosen und konsequenten revolutionären Klassenkampf im Jahre 1890 wurde schließlich das Sozialistengesetz hinweggefegt und Bismarck gestürzt.

Nach dem Sturz Bismarcks und der Proklamierung eines „sozialen Kaisertums" durch Wilhelm II. stellten einige sozialdemokratische Parteiführer und Abgeordnete der Reichstagsfraktion die Frage, ob es nicht an der Zeit sei, die bisherige Taktik der Partei zu überprüfen. Im April 1891 hielt v. Vollmar in München Reden, deren erklärtes Ziel es war, die deutsche Sozialdemokratie zu einer bloßen Reformpartei umzuprägen. Darauf folgend verkündete die kaiserliche Regierung eine Arbeiterschutzgesetzgebung. Der Weg zu Verhandlungen mit der Bourgeoisie war angeblich frei.

Das Jahr 1895 leitete eine neue Entwicklungsphase des Opportunismus ein. Auf den jährlich durchgeführten Parteitagen der Sozialdemokratischen Partei Deutschlands und in sozialdemokratischen Publikationsorganen äußerten die Vertreter des opportunistischen Flügels Ansichten zu theoretischen und politischen Fragen, die die Grundfesten des Marxschen Lehrgebäudes diskreditieren sollten. Vor allem Eduard Bernsteins Artikelserie „Probleme des Sozialismus", vom theoretischen Organ der Sozialdemokratischen Partei „Die Neue Zeit“ kommentar- und kritiklos publiziert, offenbart seinen opportunistischen Charakter.

Mit einer prinzipiellen Kritik trat Rosa Luxemburg in der Presse gegen Bernstein auf. Im Jahre 1898 kam es auf dem Stuttgarter SPD-Parteitag wegen Bernstein zu einer ersten Kontroverse. Bernstein hatte dem Parteitag aus London eine Erklärung gesandt, in der er seine Position zu begründen versuchte. Er behauptete, daß das von Marx entdeckte allgemeine Gesetz der kapitalistischen Akkumulation und die von ihm aufgezeigte geschichtliche Tendenz der kapitalistischen Akkumulation durch die tatsächliche Entwicklung widerlegt seien, da die Zahl der „Besitzenden“ nicht kleiner, sondern größer geworden sei; eine „Polarisation“ der gesellschaftlichen Verhältnisse habe sich nicht vollzogen.

Außerdem weichen die politischen Privilegien der Bourgeoisie nach der Meinung Bernsteins Schritt für Schritt demokratischen Einrichtungen. Fabrikgesetzgebung, Befreiung des Gewerkschafts- und Genossenschaftswesens von allen gesetzlichen Hemmnissen sowie Demokratisierung der Staats- und Gemeindeverwaltungen würden diese Entwicklung kennzeichnen. Die Zeit der Revolutionen sei vorüber und allein der Parlamentarismus biete Aussicht auf Erfolg.

August Bebel erklärte nach dem Verlesen der Erklärung, daß er nicht auf dem Boden Bernsteins stehe. Rosa Luxemburgs Einwände gegen Bernsteins revisionistische Ansichten mündeten in der Feststellung: „Umgekehrt: Die Bewegung als solche ohne Beziehung auf das Endziel, die Bewegung als Selbstzweck ist mir nichts, das Endziel ist uns alles.“[1] Auch Clara Zetkin ermahnte den Parteitag, sich der Konsequenzen bewußt zu werden, die aus Bernsteins These zu ziehen waren: „Wenn wir den Standpunkt Bernsteins teilen, so müßten wir das Schwergewicht in der kapitalistischen Gesellschaft nicht auf die Eroberung der politischen Macht legen, sondern auf die Erreichung einzelner kleiner sozialer Reformen, durch die nach Meinung Bernsteins die sozialistische Gesellschaft vorbereitet wird“ ...[2]

Der Stuttgarter Parteitag begnügte sich nicht mit der Erklärung Bernsteins, sondern forderte ihn auf, seine Auffassungen eindeutiger darzulegen. Bernstein tat das in der 1899 erschienenen programmatischen Schrift „Die Voraussetzungen des Sozialismus und die Aufgaben der Sozialdemokratie“. In diesem Buch waren alle Einwände der Revisionisten gegen den Marxismus konzentriert, die zu jener Zeit existierten.

Rosa Luxemburg setzte sich in einer Artikelserie mit Bernsteins neuer Schrift auseinander, die zusammengefaßt und überarbeitet unter dem Titel „Sozialreform oder Revolution“[3] veröffentlicht wurden. Gleichzeitig erschien auch Karl Kautskys

[1] Rosa Luxemburg, Reden auf dem Stuttgarter Parteitag der SPD, in: Gesammelte Werke, Bd. 1, 1. Hbd., Berlin 1970, S. 241.

[2] Clara Zetkin, Wider die Kompensationspolitik, in: Ausgewählte Reden und Schriften, Bd. 1, Berlin 1957, S. 146.

[3] Rosa Luxemburg, Sozialreform oder Revolution?, in: Gesammelte Werke, a. a. O., S. 367 ff.

Arbeit „Bernstein und das sozialdemokratische Programm. Eine Antikritik". Diese Schriften bildeten zunächst die Grundlage für die unmittelbare theoretische Auseinandersetzung mit dem frühen Revisionismus (obwohl die Position Kautskys unkonsequent war). Der Revisionismus wurde unter dem Deckmantel der „Fortentwicklung des Marxismus" auf dem Boden der deutschen Sozialdemokratie selbst ausgearbeitet. Kein anderes theoretisches System wirkte sich schließlich so verhängnisvoll auf die Arbeiterbewegung aus wie die dem revolutionären Marxismus feindliche Strömung des Opportunismus. Die opportunistische und reformistische Unterwanderung der Partei führte dazu, daß sich neben der revolutionär-marxistischen eine revisionistische und eine zentristische Richtung innerhalb der deutschen Sozialdemokratie herausbildete. Am Beginn des ersten Weltkrieges ging die Partei und Gewerkschaftsführung in das Lager des Sozialchauvinismus und Sozialimperialismus über. Die II. Internationale brach zusammen. Der Revisionismus fand in der antikommunistischen Doktrin des sogenannten demokratischen Sozialismus, zu der sich heute programmatisch alle sozialdemokratischen Pateien der „Sozialistischen Internationale" bekennen, seine Widerspiegelung. Bernstein hatte in dem wissenschaftlichen System des Marxismus angebliche Widersprüche entdeckt, „Faktoren" zur Milderung des Klassenantagonismus aufgespürt, die Marx außer acht gelassen haben sollte. Unter anderem versuchte Bernstein zu beweisen, daß der Arbeitswert, wie ihn Marx analysiert, nur eine rein gedankliche Tatsache, nichts anderes wie der Grenznutzwert der Gossen-Jevons-Böhmschen Schule sei. Bernstein meinte, daß beide Begriffe „auf Abstraktionen aufgebaut" seien.

Hatte Bernstein selbst keine neue Werttheorie erfunden, so doch immerhin den Begriff des „ökonomischen Werts", der eine Synthese zwischen Arbeitswerttheorie und Grenznutzenlehre sein sollte. Schlagartig war nach seiner Meinung dadurch der „*Streit um den Wert, wie er seit Generationen in der Politischen Ökonomie tobt*", beseitigt. „Der ökonomische Wert", schrieb er, „hat einen zwieschlächtigen Charakter: er enthält das Moment der *Nützlichkeit* (*Gebrauchswert, Bedarf*) und das der *Herstellungskosten* (*Arbeitswert*) ... Jedenfalls scheint es mir zweckmäßiger, mit zwei Wertbegriffen zu operieren, als einem und demselben Begriff eine Definition zu geben, die zwei einander neutralisierende Prinzipien einschließt, wie dies bei der ‚gesellschaftlich notwendigen Arbeitszeit' der Fall ist."[4]

Die Preisgabe der Marxschen Werttheorie und Bernsteins Versuch, diese durch seine absurde Konstruktion eines „ökonomischen Wertes" zu ersetzen, hat tieferliegende Ursachen. Bernstein erklärte, „daß in dem Augenblick, wo der Arbeitswert bloß noch als gedankliche Formel oder wissenschaftliche Hypothese Geltung beanspruchen darf, der Mehrwert erst recht zur bloßen Formel würde, zu einer Formel, die sich auf eine Hypothese stützt."[5]

[4] Eduard Bernstein, Arbeitswert oder Nutzwert?, in: Die Neue Zeit, 17. Jg., Bd. 2, Stuttgart 1899, S. 549ff.

[5] Eduard Bernstein, Die Voraussetzungen des Sozialismus und die Aufgaben der Sozialdemokratie, Stuttgart 1899, S. 38.

Nach der Konzeption Bernsteins sollte die Arbeiterklasse vollends mit dem Monopolkapitalismus ausgesöhnt werden. Während die revolutionären Marxisten die Strukturveränderung des Kapitalismus um die Jahrhundertwende dahingehend deuteten, daß die monopolkapitalistischen Wirtschaftsorganisationen zur Verschärfung des Grundwiderspruchs der kapitalistischen Produktionsweise und damit zur Vertiefung des Klassengegensatzes und Verschärfung des Klassenkampfes führen müßten, vermerkte Bernstein eine angebliche „Anpassung" des Kapitalismus an die „moderne Gesellschaft", die den Klassengegensatz überbrücken und den Klassenkampf abschwächen werde. „Anpassungsmittel" seien das Kreditwesen, die Monopolorganisation und das verbesserte Verkehrs- und Nachrichtenwesen.

Das Kreditwesen leiste nicht nur seinen Beitrag zur Minderung, möglicherweise auch zur Bannung der Krisengefahr: „Wir sprechen nur eine in der Wirklichkeit vielfach bestätigte Tatsache aus, wenn wir sagen, daß der Kredit den „*Widerspruch zwischen Eigentums- und Produktionsverhältnissen aufhebt*, indem er durch Vereinigung vieler Kapitalisten ungeheure Produktivkräfte in *Kollektiveigentum* verwandelt. Bei der Aktiengesellschaft in ihren einfachen und potenzierten Formen ist die Sache . . . ganz evident."

Bernstein folgerte, daß nur eine bestimmte *Form* kapitalistischer Produktionsverhältnisse, nämlich die des Kapitalismus der freien Konkurrenz, mit den gesellschaftlichen Produktivkräften in Konflikt geraten könne. In der Monopolorganisation hingegen habe sich der Kapitalismus die ihm adäquaten Produktionsverhältnisse geschaffen.

Neben den monopolkapitalistischen Wirtschaftsorganisationen, die zur Einschränkung und schließlichen Überwindung der Disproportionalität berufen sein sollten, betrachtete Bernstein auch noch den „enorm gestiegenen Reichtum der europäischen Industriestaaten" als einen Faktor, der schließlich zum Ende der Unterkonsumtion führt. Bernstein ließ ganz bewußt außer Betracht, daß Marx und Engels die allgemeinen Ursachen der Krisen entdeckt hatten, die im Grundwiderspruch der kapitalistischen Produktionsweise wurzeln.

Den revolutionären Sturz der Bourgeoisie und die Eroberung der politischen Macht durch die Arbeiterklasse als Voraussetzung für die Umgestaltung der kapitalistischen Eigentumsverhältnisse erklärte Bernstein nicht nur für überflüssig, sondern als geradezu schädlich. Er meinte, eine neue soziale Phase sei angebrochen, für die ein friedliches, evolutionäres Hineinwachsen des Kapitalismus in den Sozialismus charakteristisch wäre. Dem Proletariat fehle überdies ohnehin die nötige intellektuelle und moralische Reife zur Übernahme der politischen Herrschaft, weshalb die Diktatur des Proletariats nur eine „Diktatur von Klubrednern und Literaten" sein könne. Nach der Ansicht Bernsteins werde die Sozialdemokratie ihr Werk am besten fördern, „. . . wenn sie sich vorbehaltlos, auch in der Doktrin, auf den Boden des allgemeinen Wahlrechts, der Demokratie

[6] Ebenda, S. 72.

stellt, mit allen sich der für ihre Taktik ergebenden Konsequenzen ... Oder hat es zu Beispiel einen Sinn, die Phrase von der Diktatur des Proletariats zu einer Zeit festzuhalten, wo an allen möglichen Orten Vertreter der Sozialdemokratie sich praktisch auf den Boden der parlamentarischen Arbeit, der zahlengerechten Volksvertretung und der Volksgesetzgebung stellen, die alle der Diktatur widersprechen?"[7]

Bernstein fand schon die kapitalistische Gesellschaftsordnung, wie sie war, recht akzeptabel, da „in den westeuropäischen Staaten von politischer Reaktion nicht viel zu merken ist." Er schrieb: „Überall Aktion für Reform, Aktion für sozialen Fortschritt, Aktion für Erringung der Demokratie, man sucht nach Hebeln und Ansatzpunkten, um auf dem Boden dieser die Entwicklung der Gesellschaft im Sinne des Sozialismus vorwärts zu treiben."[7] Deshalb denkt kein Mensch daran, meint Bernstein, der bürgerlichen Gesellschaft als einem zivilistisch geordneten Gemeinwesen an den Leib zu wollen. Die Sozialdemokratie strebe im Gegenteil danach, das Proletariat zu Bürgern zu machen.

Die Reformarbeit auf dem Boden des Kapitalismus, und zwar Befreiung der Gewerkschaften und des Genossenschaftswesens von allen gesetzlichen Hemmnissen, Arbeitsschutz, Sozialgesetzgebung und gesetzliche Beschränkung der Verfügungsgewalt über das kapitalistische Eigentum an den Produktionsmitteln, sollten nach Bernstein zum nunmehrigen Ziel der sozialdemokratischen Bewegung erklärt werden. Bernstein hatte die objektive Notwendigkeit des Sozialismus, seine ökonomische und materialistische Begründung geleugnet und einem Sozialismus aus nur „ethischer Verpflichtung" das Wort geredet. Bernstein suchte nach einer Definition seines so verstandenen „Sozialismus". Im Anschluß an die englischen Fabier fand er sie auch: „Die genaueste Bezeichnung des Sozialismus wird jedenfalls diejenige sein, die an den Gedanken der Genossenschaftlichkeit anknüpft."

Die Produktivgenossenschaften, die nach Bernsteins Ansicht den kaufmännischen Profit abbauen sollten, könnten sich nur dann der kapitalistischen Konkurrenz entziehen, wenn sie über einen festen Absatzmarkt verfügten, der durch Konsumvereine gesichert werden sollte. Somit ist die Existenz von Produktivgenossenschaften im Kapitalismus an die Existenz von Konsumvereinen gebunden. Das bedeutet, daß sich die Produktivgenossenschaften grundsätzlich nur auf den lokalen Absatz von Produkten der *Konsumgüterindustrie* orientieren können. Hingegen ist die Produktion von Produktionsmitteln, die eine entscheidende Rolle spielt, dem Konsumverein und folglich der Produktivgenossenschaft entzogen. Rosa Luxemburg schrieb: „Die ganze sozialistische Reform durch die Genossenschaften reduziert sich aber dadurch aus einem Kampf gegen das Produktionskapital, d. h. gegen den Hauptstamm der kapitalistischen Wirtschaft, in einen Kampf gegen das Handelskapital, und zwar gegen das Kleinhandels-, das

7 Eduard Bernstein, Die Voraussetzungen des Sozialismus ..., a. a. O., S. 127.
8 Ebenda, S. 121.

Zwischenhandelskapital, d. h. bloß gegen kleine *Abzweigungen* des kapitalistischen Stammes."[9]

So wie die Genossenschaften nach der Meinung Bernsteins zur stückweisen Verwirklichung des Sozialismus führen würden, so sollten nach seiner Konzeption die Gewerkschaften einen stufenweisen Abbau des industriellen Profits bewirken. Bernstein schrieb: „Ihrer sozialpolitischen Stellung nach sind die Gewerkschaften oder Gewerkvereine das demokratische Element in der Industrie. Ihre Tendenz ist, den Absolutismus des Kapitals zu brechen und dem Arbeiter direkten Einfluß auf die Leitung der Industrie zu verschaffen."[10]

Doch allzu ernsthaft wollte Bernstein dem Absolutismus des Kapitals auch wieder nicht an den Kragen. Nach seiner Meinung wäre die „Gewerkschaft als Herrin eines ganzen Gewerbszweiges", sobald sie sich auf ihr Monopol beriefe oder dasselbe ausspielte, „ein Widerspruch gegen den Sozialismus und die Demokratie, mag ihre innere Verfassung sein welche sie wolle."[11] Die monopolkapitalistische Wirtschaftsorganisation war nach der Theorie Bernsteins mit Demokratie vereinbar, aber unvereinbar mit ihr war das „Monopol der Gewerkschaften".

Auf politischem Gebiet schlug Bernstein eine fortschreitende Demokratisierung vor. Er interpretiert Demokratie als „Abwesenheit von Klassenherrschaft", „als Bezeichnung eines Gesellschaftszustandes, wo keiner Klasse ein politisches Privilegium gegenüber der Gesamtheit zusteht". „Demokratie", meint Bernstein, „ist nur die politische Form des Liberalismus". Zwar sei die liberale Bewegung zunächst der Bourgeoisie zugute gekommen, doch was „den Liberalismus als weltgeschichtliche Bewegung anbetrifft, so ist der Sozialismus nicht nur der Zeitfolge, sondern auch dem geistigen Gehalt nach sein legitimer Erbe." Daher „wäre es auch zu empfehlen, in Kriegserklärungen gegen den ‚Liberalismus' etwas Maß zu halten. ... Tatsächlich gibt es keinen liberalen Gedanken, der nicht auch zum Ideengehalt des Sozialismus gehörte", behauptete Bernstein.

Bernstein verstieg sich zu der Behauptung: „Die Demokratie ist prinzipiell die Aufhebung der Klassenherrschaft, wenn sie auch noch nicht die faktische Aufhebung der Klasse ist ... Das Wahlrecht der Demokratie macht seinen Inhaber virtuell zu einem Teilnehmer am Gemeinwesen, und diese virtuelle Teilhaberschaft muß auf die Dauer zur tatsächlichen Teilhaberschaft führen." Mehr noch. Der Arbeiter als gleichberechtigter Wähler in Staat und Gemeinde war dadurch bereits „Mitinhaber am Gemeingut der Nation".[13]

In Wirklichkeit waren die Einrichtungen, die ihrer Form nach demokratisch waren, selbst in der Blütezeit des Liberalismus dem Inhalt nach Ausdruck des bourgeoisen Klasseninteresses. Die ganze Entwicklungsgeschichte des Kapitalismus beweist, daß die Bourgeoisie noch immer die demokratischen Formen ihrer

[9] Rosa Luxemburg, Sozialreform oder Revolution?, in: Gesammelte Werke, a. a. O., S. 419.
[10] Eduard Bernstein, Die Voraussetzungen des Sozialismus ..., a. a. O., S. 121.
[11] Ebenda, S. 122.
[12] Eduard Bernstein, Die Voraussetzungen des Sozialismus ..., a. a. O., S. 126.
[13] Ebenda, S. 144.

politischen Herrschaftsinstitutionen preisgab, sobald die demokratischen Einrichtungen wirkliche Volksinteressen wahrzunehmen trachteten.

Der Vulgärökonomie folgend sprach Bernstein von „Besitzenden“ statt vom kapitalistischen Eigentumsmonopol an den Produktionsmitteln, vom Arbeiter als werdenden Bürger statt vom ausgebeuteten Proletariat und die kapitalistische Gesellschaftsordnung wird mit der „menschlichen Gesellschaft“ schlechthin identifiziert.

Da angeblich die Demokratie „prinzipiell“ die Klassenherrschaft aufhob, war der kapitalistische Klassenstaat in ein gesellschaftliches Kontrollorgan umgemünzt. Diese Herrschaft ist nach dieser Konzeption berufen, die kapitalistische Wirtschaft zu reformieren. Die politische Machteroberung durch die Arbeiterklasse und die Klassenherrschaft des Proletariats waren jetzt ganz überflüssig, wie Bernstein meinte.

Bernstein verleumdet den Marxismus und beschuldigt ihn der bloßen Zusammenfassung von Blanquismus und Sozialreform. Unter dem Deckmantel einer Ausage des Blanquismus gibt Bernstein die revolutionäre Expropriation der Kapitalmagnaten preis, um die Expropriation durch das „allmählich zu verwirklichende Genossenschaftsprinzip“ zu ersetzen. Faktisch verzichtete Bernstein, wie Rosa Luxemburg bemerkte, auf die Vergesellschaftung der Produktionsmittel und begnügte sich mit der Reform des Handels vermittels der Konsumvereine.[14] Die These, daß die kapitalistische Eigentumsordnung durch Konsumvereine und Gewerkschaften umgestaltet würde, war aber mit der realen kapitalistschen Entwicklung unvereinbar.

Bernstein bestritt selbst das Bestehen der Klassen. Für ihn war die Arbeiterklasse bloß ein Haufen politisch, geistig und wirtschaftlich zersplitterter „Individuen“, und die Bourgeoisie ist eine „Schicht“, die vor allem durch außerökonomischen Zwang und nicht durch innere ökonomische Interessen politisch zusammengehalten wird. „Die ganze sozialistische Auffassung Bernsteins“, schreibt Rosa Luxemburg, „ist somit zusammengebrochen. Aus dem stolzen, symmetrischen, wunderbaren Bau des Marxschen Lehrgebäudes ist bei ihm nunmehr ein großer Schutthaufen geworden, in dem Scherben aller Systeme, Gedankensplitter aller großen und kleinen Geister eine gemeinsame Gruft gefunden haben. Marx und Proudhon, Leo von Buch und Franz Oppenheimer, Friedrich Albert Lange und Kant, Herr Prokopvitsch und Dr. Ritter von Neupauer, Herkner und Schulze-Gävernitz, Lassalle und Professor Julius Wolf – alle haben ihr Scherflein zu dem Bernsteinschen System beigetragen, bei allen ist er in die Lehre gegangen. Und kein Wunder!

Mit dem Verlassen des Klassenstandpunktes hat er den politischen Kompaß, mit dem Aufgeben des wissenschaftlichen Sozialismus die geistige Kristallisationsachse verloren, um die sich einzelne Tatsachen zu einem organischen Ganzen

[14] Rosa Luxemburg, Sozialreform oder Revolution?, in: Gesammelte Werke, a. a. O., S. 436.

einer konsequenten Weltanschauung gruppieren... Was Bernstein für seine allgemein menschliche Wissenschaft, Demokratie und Moral hält, ist bloß die herrschende, d. h. die bürgerliche Wissenschaft, die bürgerliche Demokratie, die bürgerliche Moral."[15]

Im Jahre 1899 war die deutsche Sozialdemokratie noch keine Reformpartei, der Revisionismus stieß noch auf Widerstand, und die revisionistischen Wortführer galten gewissermaßen als Außenseiter der Partei. Kautsky hatte in seiner „Antikritik" das Marxsche Gesetz der kapitalistischen Akkumulation gegen Bernsteins revisionistische „Zusammenbruchstheorie" verteidigt und die Richtigkeit der von Marx aufgezeigten geschichtlichen Entwicklungstendenz des Kapitalismus bewiesen.

Kautsky konstatierte eine neue Entwicklungsphase des Kapitalismus, doch wußte er daraus keine nützlichen Schlußfolgerungen für die Sozialdemokratie zu ziehen. Er vertrat niemals die Ansicht, daß eine revolutionäre Massenpartei nur dann die soziale Revolution vrwirklichen kann, wenn sie sich zur Diktatur des Proletariats und zur Liquidierung des kapitalistischen Staatsapparates bekennt. Rosa Luxemburg hingegen setzte dem „Zukunftsstaat" die revolutionäre Machteroberung durch das Proletariat als das unmittelbare Kampfziel entgegen und zeigte damit die unüberbrückbare Kluft zwischen revolutionärem Marxismus und Revisionismus auf. Das war entscheidend, da die Revisionisten behaupteten, noch immer auf dem Boden des Marxismus zu stehen und den „Sozialismus" zu wollen. Die Revisionisten zielten indessen, wie Roasa Luxemburg feststellte, „nicht auf die Verwirklichung der *sozialistischen* Ordnung, sondern bloß auf die Reformierung der *kapitalistischen*, nicht auf die Aufhebung des Lohnsystems, sondern auf das Mehr oder Weniger der Ausbeutung, mit einem Worte, auf die Beseitigung der kapitalistischen Auswüchse und nicht des Kapitalismus selbst ab."[16] Aus diesem Grunde charakterisierte sie den Revisionismus als „eine Theorie der sozialistischen Versumpfung, vulgärökonomisch begründet durch eine Theorie der kapitalistischen Versumpfung."[17]

Die sozialen, historischen Wurzeln der opportunistischen Konzeptionen wurden von Lenin wissenschaftlich analysiert. Auf Grund umfangreicher Untersuchungen, die sich auf die internationale Arbeiterbewegung erstreckten, gewann Lenin die für für den politischen Kampf so außerordentlich wichtige Erkenntnis, daß die soziale Basis des Opportunismus innerhalb der Arbeiterklasse die aus Teilen des Monopolprofits ökonomisch bestochene Arbeiteraristokratie ist.[18]

Lenin machte in diesem Zusammenhang noch eine weitere, für den ideologischen Kampf außerordentlich bedeutsame wissenschaftliche Entdeckung, indem

15 Ebenda.

16 Ebenda, S. 429.

17 Ebenda, S. 408.

18 W. I. Lenin, Englische Meinungsverschiedenheiten über liberale Arbeiterpolitik, in: Werke, Bd. 18, Berlin 1962, S. 352.

er die Klassenwurzeln des Revisionismus bloßlegte. Auf die Frage, worin die Unvermeidlichkeit des Revisionismus in der kapitalistischen Gesellschaft besteht, antwortete Lenin: „Weil es in jedem kapitalistischen Land neben dem Proletariat immer auch große Schichten des Kleinbürgertums, der Kleineigentümer gibt. Der Kapitalismus entstand und entsteht immer wieder aus der Kleinproduktion. Eine ganze Reihe von ‚Mittelschichten' wird vom Kapitalismus unausbleiblich neu geschaffen. Diese neuen Kleinproduzenten werden eben so unausbleiblich wieder in die Reihen des Proletariats geschleudert. Es ist ganz natürlich, daß die kleinbürgerliche Weltanschauung in den großen Arbeiterparteien immer wieder zum Durchbruch kommt ... Der ideologische Kampf des revolutionären Marxismus gegen den Revisionismus am Ausgang des 19. Jahrhunderts bedeutete nur eine Vorstufe zu den großen revolutionären Schlachten des Proletariats, das trotz aller Schwankungen und Schwächen des Spießbürgertums dem vollen Sieg seiner Sache entgegenschreitet."[19]

Der nach der Großen Sozialistischen Oktoberrevolution beschrittene Weg führte die Rechtssozialisten in den stupidesten Antisowjetismus und Antikommunismus. Die Novemberrevolution des Jahres 1918 in Deutschland wurde durch die Opportunisten verraten, sie betrieben eine prinzipienlose Koalitionspolitik, die darauf gerichtet war, den Kapitalismus zu erhalten.

Es folgten Projekte angeblicher „Wirtschaftsdemokratie", die in Wahrheit ein Mitspracherecht der Arbeiterschaft ausschlossen und das Entstehen des neudeutschen Imperialismus begünstigten, die gepriesene Theorie des „organisierten Kapitalismus" und schließlich die praktizierte Politik des „kleineren Übels", d. h. einer Politik, die den Faschisierungsprozeß tolerierte und zur gewaltsamen Liquidation der sozialdemokratischen Partei führte. Nach dieser Verratspolitik entwickelte sich in der sozialdemokratischen Emigration rasch eine „Neubesinnung". An die Stelle des Revisionismus trat nun die unverhüllt antikommunistische und bürgerliche Ideologie des sogenannten „demokratischen Sozialismus".

Die rechtsgerichtete Führung der Sozialdemokratie rühmte sich immer ihres „staatsmännschen Denkens" und war stolz darauf, „Realpolitik" zu betreiben. Aber wenn sie Macht besitzt, erweist sie sich als treuer Sachwalter des staatsmonopolistischen Kapitalismus.

Die geschichtliche Erfahrung bestätigte die Gesellschaftsanalyse der revolutionären Marxisten, des Spartakusbundes, der Kommunistischen Partei und der marxistisch-leninistischen Einheitspartei Deutschlands, in der die wahre Tradition der deutschen Arbeiterbewegung verkörpert ist.

[19] W. I. Lenin, Marxismus und Revisionismus, in: Werke, Bd. 15, Berlin 1962, S. 27.

2. ABSCHNITT

6. KAPITEL

Die Theorie des Agrarsozialismus

Auf Grund der besonderen Rolle des Bodens in der gesellschaftlichen Produktion und der Trennung der landwirtschaftlichen Produktion vom Grundeigentum wurde, wie Karl Marx aufzeigte, das Eigentum an Grund und Boden „das große Problem . . . , von dessen Lösung die Zukunft der Arbeiterklasse abhängt“[1]. Namentlich die theoretische Auseinandersetzung um die Agrarfrage führte zum Entstehen einer bestimmten Richtung des bürgerlichen ökonomischen Denkens – zum Agrarsozialismus, der sich bereits in der Periode der bürgerlichen Überwindung der Feudalgesellschaft zu entwickeln begann.

In der Geschichte der agrarsozialistischen Ideen lassen sich deutlich zwei Etappen unterscheiden. Ihre „heroische Periode“ wird durch eine Gruppe hervorragender revolutionärer Demokraten und Denker aus der Zeit der bürgerlichen Revolutionen repräsentiert. Unter diesen Ideologen und Theoretikern befinden sich Gerrard Winstanley, einer der Führer der „wahren Gleichmacher“ (einer politischen Richtung der englischen bürgerlichen Revolution), der sozialistische Utopist Thomas Spence und Thomas Paine, der bedeutende Politiker und Teilnehmer an der amerikanischen und französischen bürgerlichen Revolution.

Danach begann die Zeit der reformistischen bürgerlichen Theorien des Agrarsozialismus, in der viele Ideen der ursprünglichen Konzeption des Agrarsozialismus unter Bedingungen wieder aufgenommen wurden, unter denen diese Ideen bereits ihren revolutionären demokratischen Charakter eingebüßt hatten. Die frühere Konzeption des Agrarsozialismus beruhte auf der Doktrin des „Naturrechts“. Sie war nicht mit den Theorien der Physiokraten und der später von David Ricardo entwickelten ökonomischen Rententheorie verknüpft, sondern reduzierte sich im Prinzip auf die Forderung, die ursprünglichen, „urwüchsigen“ Rechte der Menschen auf Grund und Boden wieder herzustellen.

Die Heimat des Agrarsozialismus war England. Die gewaltsame Inbesitznahme des Gemeindelandes durch die Landlords, die in England Ende des XV. Jahrhunderts begann, setzte sich bis Ende des XVIII. Jahrhunderts fort und führte zur Expropriation der Bauernschaft und zum völligen Verschwinden des Gemeindeeigentums.

Eine Erscheinungsform des Kampfes der expropriierten Bauernschaft war in

[1] Karl Marx, Über die Nationalisierung des Grund und Bodens, in: MEW, Berlin 1962, Bd. 18, S. 59.

der Mitte des XVII. Jahrhunderts die Bewegung der sogenannten wahren Leveller oder Diggers (der „Gräber").

Im Frühjahr des Jahres 1649, drei Monate nach der Hinrichtung König Karls I. und der Ausrufung Englands zur Republik, grub Gerrard Winstanley, der Führer und Theoretiker der Diggers, mit einer Gruppe seiner Anhänger in der Nähe von London Land um und bestellte es mit Bohnen und Hackfrüchten. Ähnlich wie der Autor der „Utopia" Thomas More (Morus) hielt Winstanley das Eigentum an Grund und Boden für die Quelle aller sozialen Übel. Er verkündete, daß das Volk auf gemeinschaftlichem Grund und Boden graben, ackern, säen und ernten soll, ohne dafür an irgend jemand Abgaben zu entrichten. Der Boden und das Vieh sollen als notwendige Existenzmittel gesellschaftlich sein, sie sollten weder verkauft noch gekauft werden dürfen. Der Handel mit dem Boden ist nach Meinung von Winstanley das größte Verbrechen, „der ökonomische Sündenfall der Menschheit".

In seinem „allen Nationen der Welt" gewidmeten Hauptwerk „Gesetz der Freiheit" skizzierte Winstanley einen allgemeinen Plan zur Errichtung einer neuen Gesellschaft. Dieser Plan läßt sich wie folgt zusammenfassen. Da der Boden Gemeingut ist, soll er in das Eigentum des Volkes übergehen. Jeder Mensch dürfe genau so viel Land besitzen, wie er für seine Existenz benötigte. Die freie Verwendung von Grund und Boden stellt das Grundprinzip der neuen Gesellschaft dar. Der Boden soll gemeinschaftlich bearbeitet werden, seine Früchte werden in gesellschaftlichen Lagerhallen und Speichern gesammelt und aufbewahrt; jede Familie erhält dann aus diesen gesellschaftlichen Magazinen alles, was sie benötigt. Da das schrecklichste Unheil der Handel mit Grund und Boden sei, wird der Verkauf von Land mit dem Tode bestraft. Streng verboten ist der Kauf und Verkauf der Arbeitskraft. Geld gilt als Quelle sozialen Übels.

Tauschhandel war nach dem utopischen Projekt von Winstanley vollkommen ausgeschlossen. Die Grundlage der Verteilung bildete die Gleichheit der Möglichkeiten, aus den gesellschaftlichen Magazinen Produkte zu erhalten.

Winstanleys allgemeiner Plan zur Errichtung einer neuen Gesellschaft war das erste agrarsozialistische System, das noch Merkmale einer religiösen und, was ihre ökonomischen Prinzipien betrifft, primitiven Einstellung trug. Der Plan spiegelte die inneren Widersprüche der Ergebnisse der bürgerlichen Revolutionen wider, die davon zeugen, daß die politische Freiheit noch nicht die ökonomische Befreiung des Volkes bedeutet.

Die nächste wichtige Etappe in der Entwicklung der agrarsozialistischen Theorien bildete die von Thomas Spence proklamierte Idee der Nationalisierung des Bodens. Im Jahre 1775 hielt der mittellose Autodidakt Spence in der Newcastler Philosophischen Gesellschaft eine Rede „Über die Nationalisierung des Bodens" und führte erstmals diesen Terminus in die ökonomische Wissenschaft ein.[2] Unter Nationalisierung verstand Spence die Übergabe des Bodens an die Gemeinden.

[2] Die Idee einer Nationalisierung des Bodens, die die Übergabe des Grundbesitzes an den

Im Jahre 1805 veröffentlichte Spence die „Anleitung zur Schaffung eines tausendjährigen Reiches oder einer glücklichen Welt". Dieses Werk stellt eine Art Utopie dar und ist unter dem Namen „Spenconia" bekannt geworden.

Der Hauptartikel der Verfassung einer zukünftigen Gesellschaft beinhaltet nach der Theorie von Spence, daß alle Menschen ein ewiges und unbestreitbares Recht auf den Boden und seine Produkte hätten. Um dieses Prinzip zu verwirklichen, wird in der Spenconia der Agrarkommunismus eingeführt, der private Landbesitz wird vom Staat ohne jegliche Entschädigung beschlagnahmt und das Land wird den Stadt- und Landgemeinden übergeben.

Spence glaubte, daß eine Nationalisierung des Bodens zur Beseitigung der Armut und zur Schaffung einer freien Assoziation von Gemeinden führt. Aber die Gemeinde soll das Land nicht selbst bewirtschaften. Das Land wird, der Konzeption von Spence entsprechend, verpachtet, aus den gesammelten Pachtgeldern werden die Steuern bezahlt und die gesellschaftlichen Bedürfnisse befriedigt, den Rest der Mittel jedoch teilen sich die Bewohner zu gleichen Teilen. Auf diese Weise werden die Ausgaben für die Verwaltung, die Armee, den Straßenbau und die übrigen staatlichen Aufwendungen aus der Bodenrente gedeckt. Alle Waren der Industrie- und Handelsbetriebe und die Aktien werden nicht mehr besteuert. In den Anschauungen von Spence finden somit bürgerliche Ideen ihren Niederschlag, die die Liquidierung des Großgrundbesitzes bei gleichzeitiger Verteidigung des Industrie- und Handelskapitals vorsehen.

Die Idee der Beseitigung des Privateigentums an Grund und Boden und, auf dieser Grundlage, der Schaffung einer sozialen Gleichheit, entwickelte auch der Edinburgher Gelehrte und Zeitgenosse von Spence – William Ogilvie.

Aus dem Recht des gemeinsamen Grundbesitzes leitete Ogilvie das Recht auf die gleichmäßige Verteilung des Bodens ab, das er mit dem Recht auf die Bodenrente identifizierte. Der Bodenbenutzer soll das volle und uneingeschränkte Recht auf den ursprünglichen, zusätzlichen und möglichen Wert des Bodenanteils erhalten, der ihm bei einer gleichmäßigen Verteilung des gesamten Territoriums unter den Bürgern des Staates zukommen würde.

Die reformistischen Ideen von Ogilvie fanden am Anfang und in der Mitte des XIX. Jahrhunderts in den Arbeiten von Carlyle, James Mill, und am Ende des XIX. Jahrhunderts, in den Ansichten von Henry George ihren Niederschlag. Die Propagierung der Ideen von Henry George führten in Schottland in der gleichen Zeit zur Wiederentdeckung der vergessenen Arbeit von W. Ogilvie „An essay on the right in land" (1781) („Das Recht auf Grundeigentum") und zu seiner Neuauflage im Jahre 1891.

Die Verbreitung der Ideen des Agrarsozialismus blieb nicht auf England beschränkt. Im Prozeß der Verschärfung der kapitalistischen Widersprüche nimmt diese Theorie internationalen Charakter an; sowohl in den Ländern, in denen das

Staat bedeutet, findet sich in den vierziger Jahren des 19. Jahrhunderts bei den Chartisten, die wesentlich von der Theorie von Spence beeinflußt waren.

Land unter den Bauern aufgeteilt war (in Frankreich), als auch in Ländern, in denen es noch unbebauten Boden gab (in Amerika), breiteten sich die Ideen des Agrarsozialismus aus. Das war unter anderem darauf zurückzuführen, daß sich im Verlaufe des 19. Jahrhunderts der Prozeß der Loslösung der Kleinproduzenten vom Boden fortsetzt und „in verschiedenen Ländern verschiedene Färbung an (-nimmt) und die verschiedenen Phasen in verschiedener Reihenfolge und in verschiedenen Geschichtsepochen (durchläuft)".[3] Seinerseits offenbarte das schnelle Ansteigen der Bodenrente im XIX. Jahrhundert das schmarotzerhafte und reaktionäre Wesen des Großgrundbesitzes, worauf auch die Ideologen der klassischen bürgerlichen Politökonomie hinwiesen.

Wie bereits erwähnt, nahm Thomas Paine unter den Theoretikern das Agrarsozialismus einen wichtigen Platz ein; er war ein Vertreter der fortschrittlichen bürgerlichen Demokratie, der gemeinsam mit Washington, Franklin und Jefferson zu nennen ist, ein Denker, der großen Einfluß auf die Agrarprojekte der Chartisten hatte.

In seiner Arbeit „Die Agrargerechtigkeit, gegenübergestellt dem Agrargesetz und dem Bodenmonopol" (1797) trat Paine mit einem Plan der schrittweisen Nationalisierung des Bodens auf. Er ging davon aus, daß der Grund und Boden in seinem „natürlichen Zustand" Allgemeineigentum war. Da der Mensch den Boden nicht geschaffen habe, könne der Boden auch nicht im persönlichen Besitz verbleiben.

Die Arbeiten Paines, wie der übrigen Vorläufer der bürgerlich-reformistischen Theorie des Agrarsozialismus, waren nicht gegen das kapitalistische Eigentum gerichtet. Sie waren weit entfernt von der Forderung einer allgemeinen Gleichheit des Eigentums und seiner gewaltsamen Umverteilung. So trat Paine für die Erhaltung des Bankwesens ein, wobei er von der Annahme ausging, daß das Bankeigentum allen Mitgliedern der Gesellschaft dienen wird. Für ihn galt der Boden als Allgemeingut der Menschheit (als ein „Geschenk des Schöpfers") und das bewegliche Eigentum als Ergebnis der gesellschaftlichen Entwicklung. Für alle nachfolgenden Vertreter des Agrarsozialismus ist die Auffassung charakteristisch, daß das Eigentum in zwei Formen existiert. Die Lebensgrundlage der Gesellschaft, die „Schatzkammer der Menschheit" sei der Boden, Privateigentum an Grund und Boden sei „widernatürlich"; das Privateigentum an mobilen Gütern wäre jedoch durch Arbeit geschaffen und sei als einziges rechtmäßig.

Die Idee der „Agrargerechtigkeit" hatte bei Paine einen stärkeren reformistischen Charakter als bei Ogilvie. Die Theorien des Agrarsozialismus verwandelten sich nach und nach in Konzeptionen der Bodenbesteuerung und Abgaben.

Der Gedanke von der Arbeit als „Quelle" des Privateigentums sowie die hohe Einschätzung der landwirtschaftlichen Tätigkeit als Grundlage der gesellschaftlichen Produktion überhaupt ist allen Richtungen des Agrarsozialismus eigen.

Die Trennung der landwirtschaftlichen Produktion vom Bodeneigentum und

[3] Karl Marx, Das Kapital, Bd. 1, in: MEW, Berlin 1962, Bd. 23, S. 744.

die Konzentration dieses Eigentums rief die Theorien des Agrarsozialismus ins Leben, die in der grundlegenden Veränderung der menschlichen Beziehungen zum Boden als Eigentumsobjekt den Schlüssel zur Schaffung einer sozial gerechten Gesellschaft sahen.

Es ist durchaus verständlich, daß in den früheren agrarsozialistischen Systemen der Boden als einziges Gemeingut fungierte, da die Landwirtschaft damals die wichtigste Rolle in der gesellschaftlichen Produktion spielte und Eigentum in erster Linie als Grundeigentum bestand. Die übrigen Arbeitsmittel waren entweder unentwickelt, oder sie hingen, wie zum Beispiel die Arbeitstiere, unmittelbar mit der Bodennutzung zusammen.

Die Ideologen der agrarsozialistischen Konzeption am Ende des XIX. bis Anfang des XX. Jahrhunderts bedienten sich bei der Untersuchung der Probleme des Privateigentums an Grund und Boden und an „mobilen" Produktionsmitteln vollständig dieser fehlerhaften Methode.

Mit der Entwicklung des Kapitalismus wird der Agrarsozialismus im XIX. und XX. Jahrhundert zu einer rein bürgerlichen Theorie; seine Theoretiker betrachten das Privateigentum an Kapital, das in ihren Augen im Unterschied zum nichtreproduzierbaren Boden bewegliches Eigentum und Produkt der Arbeit ist, als unantastbar. Das eigentliche Ziel der agrarsozialistischen Theorien ist die Bekämpfung der Landaristokratie. „Sie wollen", schrieb Karl Marx über die bürgerlichen Agrarreformatoren, „den Boden in freie Zirkulation bringen, um ihn so aus den Händen der landlords in die Hände der Kapitalisten überzuführen".[4]

Die Rententheorie von Ricardo, die die Widersprüche der entwickelten kapitalistischen Gesellschaft des XIX. Jahrhunderts mit ihrer noch nie dagewesenen Entwicklung der Industrie in den städtischen Zentren, die durch ein ungeheures Ansteigen der Bodenpreise in den großen Städten und den Industriezentren begleitet waren, aufdeckte, leitete die zweite Entwicklungsetappe der agrarsozialistischen Konzeptionen ein.

Nachdem die Rententheorie von Ricardo erschien, die bewies, daß die Einnahmen der Grundeigentümer von selbst steigen, reduzierten sich die praktischen Forderungen der Theoretiker des Agrarsozialismus auf die Entrichtung der Grundrente an den Staat. Im Unterschied zu bürgerlichen Ideologen, die verschiedene Nationalisierungspläne ausarbeiteten, verknüpften die Vertreter des Agrarsozialismus die Beseitigung des Großgrundbesitzes und die Einführung einer einheitlichen Abgabe mit der Lösung aller sozialen Widersprüche der bürgerlichen Gesellschaft. So entwickelte Henry George auf der Grundlage der Rententheorie ein Projekt zur Beseitigung des Elends und zur Wiederherstellung der Gerechtigkeit bei der Verteilung materieller Güter, also ein Projekt der sozialen Erneuerung der Gesellschaft.

Die Anhänger von Ricardo forderten die Aneignung der Grundrente durch den

[4] Karl Marx, Brief an César De Paepe vom 24. Januar 1870, in: MEW, Berlin 1965, Bd. 32, S. 641.

Staat und die Verwendung dieser Mittel für die Abschaffung der Steuern. Eine solche Forderung war „der unverhüllte Ausdruck des Hasses, den der industrielle Kapitalist gegen den Grundbesitzer hegt, ihm ein nutzloses überflüssiges Ding in dem Getriebe der bürgerlichen Produktion ist.“[5] Der erste, der aus dieser Forderung der radikalen englischen bürgerlichen Ökonomen ein „sozialistisches Allheilmittel“ machte und somit den Beginn einer neuen Entwicklungsetappe der agrarsozialistischen Theorien einleitete, war der in Frankreich lebende und arbeitende belgische Ökonom Jean Colins.

Colins, der Begründer dieser reformistischen Strömung, dessen Ansichten eine Symbiose der Ideen des utopischen und des bürgerlichen Sozialismus waren, verwendete erstmals den Ausdruck „Kollektivismus“ zur Bezeichnung des Ziels seines Projekts, der Umwandlung des Grundeigentums und eines Großteils des Kapitals in gesellschaftliches Eigentum. Mit Hilfe eines auf nationalisiertem Boden geschaffenen Systems der kollektivistischen Organisation wollte Colins die sozialen Widersprüche des Kapitalismus lösen.

Colins zufolge gehört das nichtbewegliche Eigentum der gesamten Gesellschaft, da der Boden (oder anders ausgedrückt, die „Materie“) als allgemeines Objekt der Arbeit die Vorbedingung jeglicher Produktion ist. Hierin besteht das Hauptprinzip des Agrarsozialismus.

Jede menschliche Generation habe in Wirklichkeit nur das Recht zur Nutzung des Bodens. Colins übernahm vollständig die vom utopischen Sozialismus entwickelte Idee von der Abschaffung des Erbrechts. Nach seinen Berechnungen könnte die Menschheit durch die Beseitigung des Erbrechts im Verlaufe von hundert Jahren auf friedliche Weise, ohne revolutionäre Erschütterungen, zum gesellschaftlichen Besitz der Produktionsmittel übergehen.[6]

Bei der Untersuchung der „Antigrundeigentumstheorie“ von Colins entlarvte Marx das bürgerliche Wesen der agrarsozialistischen Konzeptionen. „Alle diese ‚Sozialisten‘ seit Colins haben das gemein, daß sie die Lohnarbeit, also auch die kapitalistische Produktion bestehn lassen, indem sie sich oder der Welt vorgaukeln wollen, daß durch Verwandlung der Grundrente in Steuer an den Staat alle Mißstände der kapitalistischen Produktion von selbst verschwinden müssen. Es ist das Ganze also nur ein sozialistisch verbrämter Versuch, die Kapitalistenherrschaft zu retten und in der Tat auf noch weiterer Basis als der jetzigen neu zu begründen.“[7]

Die agrarsozialistischen Ideen Colins hatten einen großen Einfluß auf den bedeutenden Vertreter der belgischen Arbeiterbewegung César De Paepe, den Begründer der Belgischen Arbeiterpartei und der belgischen Sektion der I. Internationale, einen glänzenden Redner und Agitator.

5 Karl Marx, Brief an Friedrich Adolph Sorge vom 20. Juni 1881, in: MEW, Berlin 1967, Bd. 35, S. 199, franz. Vgl. auch Karl Marx, Das Elend der Philosophie, in: MEW, Bd. 4, Berlin 1959, S. 171.

6 L. G. Colins, L'économie politique, Paris 1857.

7 Karl Marx, Brief an Friedrich Adolph Sorge . . ., a. a. O., S. 200.

César De Paepe schlug als erster unter den Theoretikern des „Agrarsozialismus" einen Plan zur kollektivistischen Organisation der Gesellschaft vor. Der Boden als grundlegende Quelle, aus der die Menschheit ihre Existenzmittel schöpft, sollte kollektives Eigentum der Gesellschaft werden. Seiner Meinung nach dürfe sich die Gemeinsamkeit des Besitzes nicht nur auf das immobile Eigentum erstrecken, sondern auch auf die wichtigsten Produktionsmittel, das Privateigentum aber müsse auf dasjenige Einkommen beschränkt sein, welches dem Arbeitslohn für die verrichtete Tätigkeit entspricht.

De Paepe behauptete, daß die Landwirtschaft nur bei kollektiver Bewirtschaftung ihre volle Entfaltung erreichen könne. Um die fortschreitende Monopolisierung des Bodens zu bekämpfen, sei es notwendig, die Kleinwirtschaften durch eine kollektive Produktion zu ersetzen.

Die Ansichten De Paepes waren weitgehend widersprüchlich; fehlerhafte theoretische Ansichten standen neben einzelnen Leitsätzen der proletarischen Ideologie. In Übereinstimmung mit den Vertretern des wissenschaftlichen Sozialismus war er der Auffassung, daß der Übergang zum Kollektiveigentum durch das revolutionäre Eingreifen des Proletariats in die soziale Entwicklung vollzogen wird. Das zur Macht gekommene Proletariat wird Formen des kameradschaftlichen, kooperativen und gemeinschaftlichen Besitzes nutzen und das gesellschaftliche sozialisierte Eigentum („propriété sociale") einführen, die kleinen Besitzer erhalten einen Ausgleich, die großen werden ohne jegliche Vergütung expropriiert.

Auf die Frage, wer in der Zukunft das sozialisierte Grundeigentum verwalten wird, gab De Paepe eine zweifache Antwort. In ökonomisch entwickelten Ländern, in denen weite Landstriche zu Großwirtschaften zusammengefaßt sind, wird nach Meinung De Paepes die Leitungsfunktion vom Staat wahrgenommen, da für die technische Vervollkommnung einer solchen Produktionsweise eine wirtschaftliche Zentralisierung und eine staatliche Normierung notwendig seien. In Ländern mit Kleinwirtschaften wird der Grund und Boden von den einzelnen Gemeinden verwaltet. Aber die Gemeinden sollen die Produktion auf der Grundlage der kollektiven Bewirtschaftung organisieren.

De Paepe nahm an, daß die weitere Organisation der Landwirtschaft sich vermittels der Verpachtung des Bodens durch den Gemeinderat an Arbeitergemeinschaften und zeitweilig auch an einzelne Personen vervollkommnen wird. Für die Pachtwirtschaft sollen einige allgemeinverbindliche Festlegungen gelten: Festlegungen über die Verkaufspreise der Produkte, über die Art und Weise der Bewirtschaftung usw. Die von diesen Wirtschaften in Form einer Steuer zu entrichtenden Bodenrente, die die Pachtsteuer ersetzt, würde es dem Staat ermöglichen, seine wirtschaftlichen Ziele zu realisieren, und in erster Linie, die wirtschaftliche Lage der einzelnen Bevölkerungsgruppen einander anzugleichen.

Seine Ideen legte De Paepe in Vorträgen auf den Kongressen der I. Internationale in Brüssel (1868) und in Basel (1869) dar, die wichtige Etappen auf dem Wege zur Überwindung des Proudhonismus waren, der das kleinbäuerliche private Grundeigentum verteidigte.

De Paepe verteidigte die These von der Überführung des Bodens zur kollektiven Nutzung mit Hilfe der Argumente des wissenschaftlichen Sozialismus, indem er sich auf die von Marx gewonnene Erkenntnis von der Gesetzmäßigkeit der kapitalistischen Entwicklung bezog.

Bei der Erläuterung der Prinzipien, Mittel und Wege zur Umwandlung des Bodens in gesellschaftliches Eigentum wies De Paepe darauf hin, daß eine solche Eigentumsform geschaffen werden muß, die für die Gleichheit genau so günstig wie die individuelle Kleinwirtschaft, und genau so vorteilhaft für die Produktion wie die private Großwirtschaft ist.

Die von De Paepe aufgezeigte Alternative – „Der Boden muß entweder das Eigentum von landwirtschaftlichen Assoziationen werden oder das Eigentum der gesamten Nation," – wurde von Karl Marx abgelehnt, indem er betonte, daß die soziale Bewegung nur zu einer Lösung führen kann: „Die Zukunft wird entscheiden, daß der Boden nur nationales Eigentum sein kann. Das Land an assoziierte Landarbeiter zu übergeben, würde heißen, die ganze Gesellschaft einer besonderen Klasse von Produzenten auszuliefern."[8]

Das Proletariat nahm die Nationalisierung des Bodens (als eine von vielen Übergangsmaßnahmen) in sein Programm zur sozialistischen Umgestaltung der Gesellschaft auf. Nur innerhalb des Systems aller ökonomischen Maßnahmen, unter denen die Nationalisierung aller Produktionsmittel durch den proletarischen Staat die grundlegendste ist, kann eine Nationalisierung des Bodens der Beginn einer sozialistischen Umgestaltung der Landwirtschaft und somit ein Teil der gesamten sozialistischen Umwälzung sein.

Die Ideen von César De Paepe sind in der Gesamtentwicklung der agrarsozialistischen Ideen zweifellos eine Ausnahmeerscheinung; sie spiegeln alle die radikalsten demokratischen Elemente des Agrarsozialismus wider. Bei einer Reihe von Problemen stand César De Paepe den Auffassungen des wissenschaftlichen Sozialismus nahe.

Die bürgerliche Theorie des Agrarsozialismus entwickelte sich als vulgäre Theorie weiter und entfernte sich immer mehr von der klassischen bürgerlichen politischen Ökonomie. Besonders kraß zeigte sich das in den Konzeptionen des führenden agrarsozialistischen Theoretikers Henry George, eines amerikanischen Ökonomen.

Georges fehlerhafte Konzeption stützt sich auf ein verfälschtes und vulgarisiertes Wertgesetz. Er begriff die Natur des Mehrwertes nicht und sah nur dessen verselbständigte Teile: Profit, Zins und Rente.

Die Entstehung des Mehrwertes begründete George mit dem Vorhandensein besonderer Reproduktionskräfte in der Natur, die mit der Zeit ständig zunehmen:

[8] Karl Marx, Über die Nationalisierung . . ., a. a. O., S. 61f.

das Vieh und das in den Boden gebrachte Korn vermehren sich selbst. Auf diese Art erklärte er sich das ständige Anwachsen der Bodenrente.

Die Existenz von Profit in nichtlandwirtschaftlichen Zweigen ist nach Meinung Georges durch Umverteilungsprozesse verursacht. Er meinte, daß industrielle Arbeit keine neuen Werte schaffen kann, sondern nur schon existierende umwandelt. Die Besitzer von nichtlandwirtschaftlichen Betrieben fordern für sich einen Anteil am Gewinn, da sie diesen erhalten würden, wenn sie ihr Kapital in jenen Zweigen anlegten, in denen die Natur selbst Mehrwert schafft. Ihr Profit tritt als Resultat der gesellschaftlichen Arbeitsteilung und des Austausches in Erscheinung. Dank ihres Monopols ernten die Grundbesitzer nicht nur einen Teil, sondern den gesamten Reingewinn, den die Gesellschaft infolge des Bevölkerungswachstums und der Vervollkommnung der Produktionsinstrumente schafft. Für George war die Rente ein Überwert, der den gesamten Nutzen des sozialen Fortschritts verschlingt.

George erkennt die Rechtmäßigkeit des Privateigentums an, wenn es auf der Arbeit des Eigentümers beruht. Diesen Standpunkt vertritt er bei allen Arten von beweglichem Eigentum, sei es Bank- oder Industriekapital.

Das in Fabriken und Maschinen vergegenständlichte Industriekapital entstand nach Meinung Georges durch Verausgabung menschlicher Arbeit, das sich durch nichts Wesentliches von der lebendigen Arbeit des Proletariats unterscheidet. Der gemeinsame Feind der Kapitalisten und des Proletariats sind die Grundbesitzer, deren Eigentum auf der Aneignung eines Gemeingutes, der Naturkräfte, beruht (während sich das Eigentum des Fabrikanten auf Arbeit begründet, da nach der vulgären Vorstellung das Kapital eben solche angehäufte Arbeit ist). Zwischen den beiden Arten der Arbeit (des Fabrikanten und des Proletariers) existiert, wie H. George zu beweisen versuchte, vollkommene Interessenharmonie.

Arbeitslohn und Profit sind nach Meinung Georges der Rente entgegengesetzt, wobei die Bodenrente auf Kosten der Verringerung von Lohn und Profit wächst. Die Interessen und Einkommen der privaten Grundbesitzer sind den Interessen und Einkommen der Kapitalisten und Arbeiter entgegengesetzt.

George übersteigerte die Theorie der Bodenrente von Ricardo und behauptete, daß nicht nur ein Teil, sondern der gesamte Reingewinn (Mehrwert) den Großgrundbesitzern zufällt. Die Bodenrente, als einziger Gewinn, gehe verloren, und dadurch würde soziales Elend verursacht. Im weiteren ist die gesamte Theorie auf dieser unbewiesenen Voraussetzung von George aufgebaut, nach der die Rente den gesamten Nutzen des sozialen Fortschritts verschlingt. Deshalb müssen alle sozialen Reformen, so glaubte George, darauf gerichtet sein, daß sich der Staat durch die Festlegung einer allgemeinen Bodensteuer die Hauptquelle der Rente, den Boden, aneigne, wobei die gesamte Rente restlos durch diese Steuer absorbiert werden müsse. Andere Arten von ungerechten, nicht durch Arbeit verursachten Einkommen sah George nicht.

Eine Aneignung der gesamten Rente durch den Staat hielt George zur Ausmerzung des Elends, der Ungleichheit und sogar der Krisen, die er ausschließlich mit Bodenspekulationen in Verbindung brachte, für ausreichend. Die Industriellen, die Kaufleute und die Arbeiter müßten nach Meinung Georges von Steuern befreit werden.

Der Theorie von George entsprechend nimmt die einheitliche Steuer, die zugunsten der Gesellschaft die Bodenrente absorbieren soll, im gesellschaftlichen Budget den Platz der Akzisen, Abgaben und Zölle ein. George nahm an, daß auf diese Weise das Privateigentum an Grund und Boden aufgehoben wird; es soll verboten sein, mehr Land in Anspruch zu nehmen, als man mit seiner persönlichen Arbeit bewirtschaften kann, und der verpachtete Besitz solle den Eigentümern verloren gehen; die Bergwerke sollten zum Aufkauf freigegeben werden. Jedem Individuum, sagt George, wird Wohnraum, Kleidung, das Einbringen der Ernte, alles, was das Produkt seiner Arbeit ist, garantiert.

George nahm an, daß mit der Beseitigung des Privateigentums an Grund und Boden das Land jedem zugänglich wird, der es bestellen möchte. Das würde seiner Meinung nach einen Zustrom von Arbeitskräften in die landwirtschaftlichen Gebiete hervorrufen, wesentlich die Nachfrage nach Arbeitskräften in den Städten erhöhen und ein entsprechendes Ansteigen des Arbeitslohnes bedingen. Auf diese Weise käme es zur Beseitigung des gesellschaftlichen Antagonismus, in der Gesellschaft würde ein Bündnis zwischen Arbeit und Kapital entstehen, Arbeitslohn und Gewinn stiegen gleichzeitig, da die Arbeitgeber auf der Suche nach Arbeitern miteinander konkurrieren und die Arbeitslöhne erhöhen.

George nahm an, daß sich infolge des freien Zugangs zum natürlichen Reichtum die Reservearmee der Arbeitslosen verringert, da jeder Recht auf Grund und Boden erhält. Für Monopolisten und Spekulanten wird es angeblich in dem neuen Staat keinen Platz mehr geben.

Die bürgerliche Nationalisierung des Bodens stellt George so dar, daß der bürgerliche Staat den Platz der Landlords einnimmt. Das gesamte System von George begünstigt im wesentlichen nur die Entwicklung der kapitalistischen Produktionsweise. Seine kleinbürgerlichen „Ergänzungen“ bleiben utopische, nichtrealisierbare Wunschvorstellungen. Eben deshalb charakterisierte Marx die Ansichten von George „als einen letzten Versuch, die Kapitalistenherrschaft zu retten“.[9]

Somit war Henry George nur der Wegbereiter eines radikalen bürgerlichen Agrarprogramms.

Indem er sich mit Theorien an das ganze Volk wendete, die auf die Konfiszierung der Grundrente zielten, versuchte er, die Klassenwidersprüche zwischen Arbeit und Kapital in den Hintergrund zu drängen und sie gar zu verneinen.

In Amerika, wo es keinen feudalen Grundbesitz gab, wo verglichen mit Westeuropa „der Boden der großen Volksmasse zugänglich war“, konnte man, wie

[9] Karl Marx, Brief an John Swinton vom 2. Juni 1881, in: MEW, Bd. 35, Berlin 1967, S. 191.

Marx betonte, mit der „umgekehrten Fragestellung" aufwarten, die eigentlich die Grundidee des Agrarsozialismus widerlegte, und zwar mit der Frage, wieso in einem solchen Land, in dem freier Boden vorhanden war, „die Kapitalwirtschaft und die entsprechende Knechtung der Arbeiterklasse sich rascher und schamloser entwickelt haben als in irgend einem andern Land?"[10] Das schnelle Wachstum des großkapitalistischen Eigentums an Grund und Boden und der Untergang der kleinen Farmer, das kolossale Ansteigen der Preise und der Bodenspekulation unter dem Einfluß des Goldrausches im Westen Amerikas schaffte bei fortschreitendem Klassenantagonismus Bedingungen, unter denen das Erscheinen von Georges Buch „Fortschritt und Armut" und dessen Erfolg sich als durchaus gesetzmäßig erwiesen. Dieses Buch wurde zur Bibel der bürgerlichen Verfechter der Nationalisierung des Bodens, es hatte in verschiedenen Ländern ein außerordentlich großes Echo.

Eine Agrarreform, wie sie Henry George und seine Anhänger in den verschiedenen Ländern vorschlug, würde den bürgerlichen Fortschritt gefördert haben, da sie die Abschaffung eines Monopols vorsah, das die kapitalistische Entwicklung hemmte und sie wäre dadurch „zur praktischen Verwirklichung der *vollen* bürgerlichen Befreiung des Bodens gelangt."[11]

Wie W. I. Lenin bemerkte, ist die Nationalisierung des Bodens „eine Teilreform im Rahmen des Kapitalismus (der Wechsel des Besitzers des einen Teils des Mehrwerts)".[12] Die bürgerliche Nationalisierung stellt einen „Idealzustand" der Grund- und Bodenverhältnisse für die kapitalistische Gesellschaft dar.

Die Nationalisierung des Bodens nützt als bürgerlich-demokratische Maßnahnahme auch der Arbeiterklasse, da sie die Entwicklung der Produktivkräfte, die Demokratisierung des politischen Lebens und die Schaffung der materiellen Voraussetzungen des Sozialismus begünstigt. Deshalb verteidigte Karl Marx die Nationalisierung des Bodens während der Epoche der bürgerlich-demokratischen Revolution in Deutschland und in Amerika. Aber gleichzeitig kämpfte Marx kompromißlos gegen den kleinbürgerlichen Ideologen Hermann Kriege, der vorschlug, in Amerika eine „schwarze Neuaufteilung" zu realisieren, die er Kommunismus nannte.

Eine Nationalisierung des Bodens kann die Lage der Arbeiterklasse etwas günstiger gestalten, da die Beseitigung der absoluten Rente zu einer, allerdings nur zeitweiligen, Preissenkung für landwirtschaftliche Produkte führt. Die Liquidierung des Monopols an Grundeigentum bringt letzten Endes nur der Kapitalistenklasse ökonomische Vorteile; es werden dann günstigere Bedingungen für die Entwicklung des Kapitalismus geschaffen und die Kapitalisten brauchen nicht mehr den Mehrwert mit den Gutsbesitzern zu teilen.

In der Epoche des hochentwickelten Kapitalismus und der Zuspitzung des

[10] Karl Marx, Brief an Friedrich Adolph Sorge . . ., a. a. O., S. 200.

[11] W. I. Lenin, Das Agrarprogramm der Sozialdemokratie in der ersten Russischen Revolution von 1905 bis 1907, in: Werke, Bd. 13, Berlin 1963, S. 322.

[12] Ebenda, S. 298.

Klassenkampfes ist jedoch eine Nationalisierung des Bodens als „bürgerliche Maßnahme" nicht mehr realisierbar. W. I. Lenin betonte, daß eine solche Maßnahme in einem jungen bürgerlichen Staat wahrscheinlicher ist, in dem sich die Widersprüche noch nicht voll entfaltet haben.[13] In dem Maße, wie sich der Kapitalismus entwickelte, wurde die Doktrin von Henry George mehr und mehr ihres realen ökonomischen Inhalts beraubt. Aber seine Anhänger fuhren fort, die Ideen des Agrarreformers zu propagieren. In England, Amerika und Australien werden 1880 zahlreiche Ligen zur Propagierung der Theorien von George gegründet. Sie entstanden auch in anderen Ländern.

Schon nach der Februarrevolution 1917 sah sich der bedeutende Funktionär der Bolschewistischen Partei I. I. Skvorcov-Stepanov genötigt, sich mit dem Vorschlag eines Anhängers von George, S. Nikolaev (bei der Propaganda der Bodenreformideen ein ehemaliger „Mitstreiter" von L'ev Tolstoj), über die Ausnutzung der Ideen des amerikanischen Reformers bei der landwirtschaftlichen Umgestaltung Rußlands auseinanderzusetzen. I. I. Skvorcov-Stepanov schrieb damals: „Die gegenwärtigen Zustände nach dem Rezept von H. George zu reformieren, wäre eine hoffnungslose Sache. Bodenbesitz und Kapitalbesitz sind schon längst nicht mehr von einander zu trennen und ein Angriff auf das Grundeigentum ist gleichzeitig auch ein Angriff auf die Eigentümer des Kapitals. Die Bodenreform hat keine Basis. Die Grundeigentumsverhältnisse können nur durch die Revolution verändert werden.

Auch die russische Agrarfrage wird sowohl in der Stadt als auch auf dem Lande entschlossen und radikal gelöst, und nicht nach den Rezepten von Henry George".[14]

Ideen des Agrarsozialismus finden sich bei den Vertretern der verschiedenen Schulen der vulgären bürgerlichen politischen Ökonomie (der jüngeren Historischen und der Sozialrechtlichen Schule) und bei Ökonomen verschiedener Länder.

Der deutsche Ökonom Michael Flürscheim hat die Theorie von George etwas verändert. Er lenkte die Aufmerksamkeit darauf, daß nicht nur die Rente, sondern auch der Darlehnszins an der Oberfläche der Erscheinungen als nichterarbeitetes Einkommen auftritt. In diesem Zusammenhang war er zu dem Eingeständnis gezwungen, daß das Proletariat die Reformpläne zu Recht ablehnen wird, wenn mit der Nationalisierung des Bodens nicht auch der Zins verschwindet. Da Kapitalzins und Rente gleichermaßen nichterarbeitetes Einkommen waren, sah sich Flürscheim veranlaßt, die Illusion von George, daß die Rente den gesamten „Nutzen" des sozialen Fortschritts aufsaugt, mit der These von der Abhängigkeit des Zinses von der Rente zu ergänzen. Diese Abhängigkeit drückt sich gewissermaßen darin aus, daß der Zins als direkte Folge der Bodenrente auch zusammen mit dieser verschwinden müsse. Flürscheim kam zu der Schlußfolgerung, daß die Abschaffung des Zinses die einzige Bedingung ist, unter der die staatliche Konfis-

[13] Vgl. ebenda, S. 320.

[14] I. I. Skvorcov-Stepanov, Antwort an S. Nikolaev, Mitteilungen („Izvestija") des Moskauer Sowjets der Arbeiterdeputierten, April 1917.

zierung der Bodenrente der arbeitenden Mehrheit Nutzen bringen kann, anderenfalls reduziere sich alles auf einen Versuch, soziale Ideen einseitig im Interesse des „mobilen Kapitals“ auszunutzen.

Flürscheim wiederholte ebenso wie George den Fehler der Physiokraten, die behaupteten, die Bodenrente sei die ursprüngliche und einzige Quelle des Mehrwertes, und fügte außerdem noch die unrichtige Behauptung hinzu, daß als ökonomische Folge der Übergabe der Rente an den Staat der Darlehnszins verschwinden würde. Flürscheim sah hierin die Lösung der sozialen Frage. Nach der Theorie von Flürscheim wird das bei einer Bodennationalisierung direkt oder indirekt auf den Markt geworfene zusätzliche Kapital nur als Leihkapital seine Anlage suchen. In diesem Zusammenhang würde das Kreditangebot wesentlich höher als die Nachfrage sein und der Darlehnszins würde dann zwangsläufig auf Null absinken. In diesem Fall können nach Meinung Flürscheims Vereinigungen von findigen Arbeitern zinslose Kredite aufnehmen und selbständig die Produktion organisieren. Die Arbeiter, die aber weiterhin für die Kapitalisten arbeiten, würden einen Arbeitslohn erhalten, der dem vollen Wert ihrer Arbeit entspreche. Auf diese unrealistische Weise wollte Flürscheim sowohl die Ausbeutung der Arbeiter, als auch die Überproduktion beseitigen, als deren Ursache er ebenfalls das Leihkapital ansah, das es ermögliche, über die Bedürfnisse hinaus zu produzieren. Das Ziel seiner Überlegungen war es zu beweisen, daß die soziale Frage bei Beibehaltung der Grundlagen der kapitalistischen Ordnung, ohne Veränderungen im Wirtschaftssystem und ohne Nationalisierung aller Produktionsmittel, gelöst werden kann.

Die Theorie des Agrarsozialismus wurde auch von dem italienischen Vulgärökonomen Achille Loria entwickelt, der in Verbindung mit einer Arbeit, in der er die Entdeckung des historischen Materialismus durch Karl Marx als eine eigene ausgab, „worin er die 1883 so gänzlich und absichtlich entstellte Marxsche Geschichtstheorie als seine eigene Erfindung der staunenden Mitwelt verkündet“ [15], traurige Berühmtheit erlangte.

Der Konzeption von Loria lag die These zugrunde, daß der Boden die Grundlage aller ökonomischen Systeme bildet. Die gesellschaftlichen Systeme unterteilte er in zwei Gruppen; das auf der „Freiheit des Bodens“ begründete natürliche Wirtschaftssystem (das System der Urgesellschaft) und die übrigen Ordnungen, in denen die „Freiheit des Bodens“ beseitigt ist und das Privateigentum existiert.

Landraub und Gewalt beendeten nach Meinung Lorias das Bestehen des gesellschaftlichen Lebens als freie Assoziation von Menschen, die die Produkte ihrer gemeinsamen Arbeit gleichmäßig untereinander aufteilten. Loria glaubte, die Aufgabe bestehe darin, zu den ursprünglichen Formen des menschlichen Zusammenlebens zurückzufinden.

Loria sah als Ursache für das Entstehen und die Existenz der Ausbeutung das Privateigentum an Grund und Boden an; er wies darauf hin, daß die „Unfreiheit“

[15] Friedrich Engels: Vorwort, in: Karl Marx, Das Kapital, Bd. 3, in: MEW, Bd. 25, Berlin 1964, S. 25.

des Bodens eine Klasse hervorruft, der nicht die Produktionsmittel, aber die Freiheit und die Möglichkeiten zu einer unabhängigen Produktion fehlen. Die „Unfreiheit" des Bodens verdamme die große Masse der Werktätigen zum notwendigen Verkauf ihrer Arbeit an eine herrschende Minderheit. Diese These entwickelte bereits 1854 der deutsche Ökonom Hermann Heinrich Gossen, einer der Begründer der vulgären Grenznutzentheorie, der behauptete, daß der Mensch zur maximalen Entwicklung der Produktion die Freiheit haben müsse, sich sowohl die Arbeit selbst, als auch den Arbeitsplatz aussuchen zu können. Die Beseitigung des Privateigentums an Grund und Boden schaffe nicht nur die Bedingungen für eine freie Ausbreitung der Industrie, sondern auch die Bedingungen dafür, daß jedes Fleckchen Boden von der Person genutzt wird, die am geeignetsten ist, daraus einen maximalen Ertrag zu erzielen. Loria war bestrebt, diesem rein bürgerlichen Gedanken einen sozialistischen Anstrich zu geben. Für die „endgültige" gesellschaftliche Organisation, die Loria vorschlug, diente das Schema von Walras (kollektives Eigentum an Grund und Boden und die Übergabe des im Ergebnis der Bodennutzung erhaltenen Gewinns an den Staat; Privateigentum an Kapital, an Arbeit und an Erträgen auf Grund dieser Eigentumsformen) als Vorbild.

Loria bestritt das Recht auf die Grundrente und schlug eine Veränderung der Eigentumsorganisation vor, die durch die Schaffung einer Gesellschaft erfolgen soll, in der alle Mitglieder Eigentümer sind und in der es keine Klassen gibt, die vom Besitz an Grund und Boden ausgeschlossen sind. Den Weg zur Schaffung einer derartigen Gesellschaftsordnung sah Loria in der Verpflichtung der Kapitalisten, ihren Arbeitern als Zusatz zu ihrem notwendigen Arbeitslohn eine gewisse „Bodeneinheit" zu geben. Alle Arbeiter würden dann zu Grundbesitzern und befänden sich nach Meinung Lorias in der gleichen Lage, in der sie sich unter dem natürlichen Wirtschaftssystem im Anfangsstadium der Menschheitsgeschichte befanden. Die Arbeiter könnten, so wird behauptet, zusammen mit den Kapitalbesitzern eine Assoziation bilden, die Loria als die produktivste Organisation der menschlichen Gesellschaft betrachtete.

Loria schlug vor, durch Gesetzgebung das Recht jedes Menschen auf eine „Bodeneinheit" zu garantieren, die notwendig sei, um auf Grundlage der Arbeit als selbständiger Produzent existieren zu können. „Damals sah er (Loria) die Welterlösung im kleinen Bauerngrundeigentum ...", bemerkte in diesem Zusammenhang Friedrich Engels.[16]

Mit einem analogen Vorschlag trat der bekannte englische Naturforscher Alfred Russel Wallace auf. Er schlug vor, jedem Bürger einmal im Leben das Recht zu geben, sich nach seinem Gutdünken auf dem nationalisierten Boden unter den freien Parzellen 1–5 acres auszusuchen, und zwar unter der Bedingung, diese persönlich zu bearbeiten. Und da nun der landbesitzende Arbeiter frei sei, gäbe es auch keine Ausbeutung mehr.[17]

[16] Friedrich Engels, Brief an Conrad Schmidt vom 12. April 1890, in: MEW, Bd. 37, Berlin 1967, S. 384.

[17] Vgl. A. R. Wallace. Land Nationalization, Its Necessity and Its Aim, 1822.

Der belgische Ökonom Emil de Laveleye, ein Vertreter der älteren Historischen Schule, sah im Bündnis „freier“ und „sich selbst verwaltender“ Gemeinwesen, also in einer breiten Dezentralisierung, das Ideal eines gesellschaftlichen Lebens. Bei der Untersuchung früherer Formen des Bodeneigentums stellte er fest, daß bei allen Völkern in den frühen Geschichtsepochen die kollektiven Formen des Grundeigentums vorherrschten und daß diese Formen erst in einer relativ späten Epoche durch das Privateigentum ersetzt wurden. Hierauf begründete Laveleye seine Konzeption zur Reformierung des Kapitalismus. Er erkannte an, daß man in den Ländern der „alten Welt“ nur schwerlich die früheren Bodenbesitzordnungen wieder herstellen kann, und empfahl deshalb den Ländern der „neuen Welt“, Amerika und Australien, den gemeinschaftlichen Bodenbesitz einzuführen und eine Agrarordnung zu schaffen, in der die Menschheit Jahrtausende leben könne.[18]

Wie G. W. Plechanov bemerkte, vergißt de Laveleye ständig, daß es um die kapitalistische Gesellschaft geht, in der es eine Arbeitsteilung und eine Warenproduktion gibt.[19]

Auf fehlerhaften methodologischen Grundlagen entwickelte auch Franz Oppenheimer, ein bedeutender Vertreter der sozialen Richtung in der politischen Ökonomie seine agrarsozialistische Konzeption. Das Zentrum des sozialen Problems des Kapitalismus war für ihn nicht die Stadt, sondern das Dorf, da seiner Meinung nach der unzureichende Arbeitslohn in den Städten ein Ergebnis des Zustroms der ländlichen Bevölkerung in die Stadt ist. Als ökonomische Grundlage der Ausbeutung und primäre Ursache allen sozialen Elends betrachtete Oppenheimer ebenfalls das Monopol an privatem Grundbesitz.

Den von ihm vorgeschlagenen Plan einer neuen Gesellschaft von Produktionsgenossenschaften, die in einem dichten Netz das ganze Land überziehen, entwickelte Oppenheimer unter dem Einfluß der Dühringschen Kommunen. Im Unterschied zu dem österreichischen Ökonomen Theodor Hertzka (von dem 1890 der soziale Roman „Freiland, ein soziales Zukunftsbild“ erschien, in dem eine zukünftige agrarsozialistische Ordnung beschrieben wurde und das einen Aufruf enthielt, in Afrika Kolonien, zukünftiges „Freiland“ zu gründen) versetzte Oppenheimer seine Assoziationen in eine gewöhnliche kapitalistische Umwelt und glaubte an die unüberwindliche Kraft ihrer Ausstrahlung. Er traute ihnen zu, daß sie den Zins, den Profit und die Rente zum Verschwinden bringen. Der methodologische Hauptfehler in der Konzeption von Oppenheimer bestand in der Interpretation des Kapitalismus als eines Systems von Verteilungsrelationen in der Austauschsphäre.

Der Radikalismus der agrarsozialistischen Ideen trug antifeudalen Charakter. Ihre Popularität und ihre weite Verbreitung verdankten sie dem gewaltigen Ansteigen der Renten und Bodenpreise und dem Ansteigen des „nichterarbeiteten“

[18] Vgl. Emil de Laveleye, De la propriété et de ses formes primitives, 1879.
[19] G. W. Plechanov, Sobranie cočinenij, Bd. 1, Moskva 1923, S. 191–215.

Einkommens der Grundbesitzer im Laufe des gesamten 19. und am Anfang des 20. Jahrhunderts, das den breiten Bevölkerungskreisen nicht verborgen blieb.

Die Theoretiker des Agrarsozialismus verwiesen auf eine vergangene, sich über Jahrtausende hinziehende „Ackerbauperiode" in der menschlichen Geschichte, als noch riesige, nicht urbar gemachte Landstriche existierten. Sie stellten diese Zeit als das wahre „goldene Zeitalter" in der Menschheitsgeschichte dar. Die freigebigen Versprechungen der Theoretiker des Agrarsozialismus, die Verstrikkung der sozialen Widersprüche mit Hilfe einer überreifen Agrarreform zu lösen, riefen bei den politisch ungebildeten Bevölkerungsschichten ein breites zustimmendes Echo und natürliche Illusionen von der Möglichkeit einer friedlichen Erneuerung der bürgerlichen Gesellschaft hervor.

7. KAPITEL

Die ökonomischen Konzeptionen des christlichen Sozialismus

Der christliche Sozialismus machte während seiner Entstehung und Entwicklung bedeutende Veränderungen durch und trat in verschiedenen Varianten auf. Das erklärt sich durch die Tatsache, daß das Christentum, wie überhaupt jede Religion, immer eine aktive Waffe des ideologischen Kampfes zwischen den antagonistischen Klassen der Gesellschaft gewesen ist. Das Christentum, das sich zur Religion der Ausbeuterklassen entwickelte, wurde und wird zur Rechtfertigung ihrer Herrschaft und zur geistigen Zähmung der ausgebeuteten Volksmassen benutzt. Außerdem gab es aber auch im Christentum verschiedene Strömungen, die in der einen oder anderen Form oppositionelle Haltungen einzelner Klassen und sozialer Gruppen gegenüber dem herrschenden Gesellschaftssystem zum Ausdruck brachten.

Die wichtigste Stütze der feudalen Ideologie war in den Ländern West- und Mitteleuropas viele Jahrhunderte lang der Katholizismus; die katholische Kirche nahm dort die Stellung „der allgemeinsten Zusammenfassung und Sanktion der bestehenden Feudalherrschaft"[1] ein. Nach dem Sieg der bürgerlichen Revolutionen und der Durchsetzung der kapitalistischen Produktionsweise in den entwickeltsten Ländern Europas blieb die katholische Kirche noch lange Zeit Bündnispartner und geistiger Waffenträger der gestürzten und jetzt opponierenden Feudalaristokratie. Während die geistlichen und weltlichen Vertreter des Feudalismus die feudale Ausbeutung idealisierten, versuchten sie den Anschein zu erwecken, Beschützer der Volksmassen vor kapitalistischer Ausbeutung zu sein.

Karl Marx und Friedrich Engels nannten diese Form reaktionärer aristokratischer Kritik des Kapitalismus feudalen Sozialismus und schrieben über seine Verkünder, „... daß ihre Hauptanklage gegen die Bourgeoisie eben darin besteht,

[1] Friedrich Engels, Der deutsche Bauernkrieg, in: MEW, Bd. 7, Berlin 1960, S. 343.

unter ihrem Regime entwickle sich eine Klasse, welche die ganze alte Gesellschaftsordnung in die Luft sprengen werde.

Sie werfen der Bourgeoisie mehr noch vor, daß sie ein revolutionäres Proletariat, als daß sie überhaupt ein Proletariat erzeugt."[2]

Die Begründer des Marxismus wiesen auf die aktive Rolle der Kirche bei der Ausarbeitung und Propaganda feudal-sozialistischer Ideen hin und bemerkten: „Wie der Pfaffe immer Hand in Hand ging mit dem Feudalen, so der pfäffische Sozialismus mit dem feudalistischen."[3]

Ihre weitestgehende Entwicklung erfuhren die Konzeptionen des feudalpfäffischen Sozialismus am Anfang des XIX. Jahrhunderts durch ihre deutschen Vertreter Adam Müller und Franz von Baader.

Adam Müller, der politische Berater des österreichischen Kanzlers Metternich, war ein Vertreter der Romantischen Schule in der deutschen ökonomischen Wissenschaft des frühen XIX. Jahrhunderts, die die Interessen der Feudalaristokratie zum Ausdruck brachte. Er war ein wütender Gegner der französischen bürgerlichen Revolution von 1789 bis 1793. Der klassischen Schule der bürgerlichen politischen Ökonomie warf Müller Materialismus, Individualismus und Kosmopolitismus vor. Er bekämpfte die Lehre von Adam Smith und bestritt das Wirken objektiver ökonomischer Gesetze.

Als Anbeter der überlebten alten Feudalzeit träumte Adam Müller von der Konservierung archaischer primitiver Arbeitsmethoden. Er schrieb, daß die von Adam Smith gepriesene Arbeitsteilung die Lostrennung der Menschen von geistigen Gütern, den Niedergang der Religion, einen revolutionären Aufschwung in den Volksmassen, die allgemeine Verteuerung der Waren und den Verlust des „Gemeinwohls" zugunsten der Interessen einzelner Individuen zur Folge habe. Aus Angst vor dem ökonomischen und technischen Fortschritt hielt Adam Müller selbst sehr begrenzte Rationalisierungen in der Landwirtschaft für „sündhaft" und der „göttlichen Vorsehung" zuwiderlaufend. Er war bestrebt, seinen ökonomischen Konzeptionen des feudalen Sozialismus eine religiöse theologische Grundlage zu geben. Er charakterisierte den Staat und die Wirtschaft als einen „einheitlichen, durch die Kraft des göttlichen Geistes belebten Organismus". Seiner Auslegung entsprechend wird die Wirtschaft vom Staat hervorgebracht, der sich seinerseits von Gott, dem Schöpfer des Staates, herleitet. Müller stellte das von ihm idealisierte feudale Mittelalter als Verkörperung des christlichen Glaubens dem Kapitalismus und dem ökonomischen Liberalismus gegenüber und warf diesem vor, sich dem Einfluß der katholischen Kirche entzogen zu haben. Nach seinen Worten führte der Sturz des Feudalsystems zu einem übermäßigen Bereicherungstrieb bei den Besitzenden und zur Herausbildung einer „künstlich verelendeten Schicht" in der bürgerlichen Gesellschaft in Gestalt der Lohnarbeiter. Den einzi-

[2] Karl Marx, Friedrich Engels, Manifest der Kommunistischen Partei, in: MEW, Bd. 4, Berlin 1959, S. 483.

[3] Ebenda.

gen Ausweg sah er in der Wiedergeburt der organischen Einheit von Staat und Wirtschaft durch die Schaffung eines Ständestaates, der durch die absolute monarchische Gewalt geleitet wird. Nach den Worten Müllers müßte sich ein solcher Staat aus vier Ständen zusammensetzen: aus Grundeigentümern (dem Adel), Bauern und Handwerkern, Kaufleuten und Industriellen sowie Gelehrten (Geistlichen, Beamten usw.). Er unterteilte den Nationalreichtum in Übereinstimmung mit dieser Klassifizierung in folgende Hauptelemente: den Grund und Boden, die physische Arbeit der Bauern und Handwerker, das physische Kapital, verkörpert durch das Geld und den Besitztum der Kaufleute und der Industriellen, sowie „das geistige Kapital" des Adels, der Geistlichkeit, der Beamten, der Offiziere u. a.

Nach der Behauptung Müllers wird der größte Teil des Nationalreichtums nicht durch materielle Güter (Geld, Sachen), sondern durch die das „geistige Kapital" besitzenden Personen verkörpert, die angeblich nicht nur ihr Einkommen schaffen, sondern auch einen bedeutenden Teil des Einkommens, das die Menschen der physischen Arbeit (Lohnarbeiter, Bauern und Handwerker) erhalten.

Auf diese Weise versuchte Adam Müller die Werttheorie von Adam Smith und Ricardo zu „widerlegen", nach der die Arbeit die einzige Quelle des Wertes und aller Einkommen ist.

Der spätere Vertreter des feudal-pfäffischen Sozialismus Franz von Baader war eng mit den höchsten Kreisen der europäischen feudalen Reaktion der ersten Hälfte des XIX. Jahrhunderts liiert. Er war aktiv an der Ausarbeitung der Dokumente der Heiligen Allianz beteiligt, die 1815 von reaktionären Regierungen europäischer Länder zur Unterdrückung der antifeudalen revolutionären Bewegung in diesen Ländern geschlossen wurde. Baader unternahm auch eine Reise nach Petersburg, um mit Alexander I. über die Gründung einer geistlichen Akademie für die Annäherung der katholischen, der orthodoxen und der protestantischen Kirche zu verhandeln, sie sollte die Aufgabe haben, die Aktivitäten gegen die fortschrittlichen Ideen und Strömungen in Europa eng zu koordinieren.

Er trat ebenso wie Adam Müller gegen den ökonomischen Liberalismus auf und stellte diesem eine korporative Ständeordnung und eine staatlich reglementierte Wirtschaft entgegen. Baader schlug die Wiederherstellung der abgeschafften mittelalterlichen Zünfte und Gilden in Form von „Berufsständen" (Handwerker, Bauern, Händler usw.) vor und bezeichnete diese als „deutsch-christliche freie Korporationen", die ihre Mitglieder auf der Grundlage des Schutzes ihrer gemeinsamen Interessen, des Gefühls der „Standesehre" und der gegenseitigen christlichen Liebe zusammenschließt. Der Staat müßte sich nach seiner Meinung darum kümmern, daß die Interessen der verschiedenen Stände und der einzelnen Personen auf gerechte Weise in Übereinstimmung gebracht werden und daß allen ein „höchster Wohlstand" gesichert wird.

Noch mehr als Adam Müller widmete Franz von Baader seine Aufmerksamkeit der religiösen, theologischen Grundlage des feudalen Sozialismus. Er verkündete die Unvereinbarkeit des Katholizismus mit dem ökonomischen Liberalismus und betonte, daß alle Seiten des gesellschaftlichen Lebens reglementiert werden müßten und daß die diese Seiten untersuchenden sozialen Wissenschaften (Philosophie, Soziologie, Politische Ökonomie usw.) nur rein normativen Charakter haben dürften, daß diese also die Normen und Regeln für das Verhalten aufzustellen hätten. Aus diesem Grunde, schrieb Baader, müsse die gesamte soziale Philosophie der Gesellschaft, das heißt alle Gesellschaftswissenschaften, in ihrer Gesamtheit durchdrungen sein „von der Wahrnehmung Gottes als Ursprung allen Seins und der Liebe". Nach seiner Auffassung könne der Einfluß des Christentums im Menschen das Gefühl außerordentlich bestärken, der „Mutter Erde", der Heimat und den Mitmenschen anzugehören.

Die Idealisierung der Feudalordnung äußerte sich auch in dem negativen Verhältnis von Baader zur Ausweitung der Ware-Geld-Beziehungen. Er trat gegen das Übergewicht der Geldwirtschaft gegenüber der Naturalwirtschaft auf und verlangte, daß der Staat ein stabiles Verhältnis zwischen Geld- und Naturalwirtschaft sichert.

Trotz seiner Abneigung gegen den ökonomischen Liberalismus hielt Baader jedoch die freie Konkurrenz für zulässig und erkannte eine Reihe ihrer Vorteile an (die Erweiterung der Produktion, die Verbesserung der Warenqualität usw.).

Große Aufmerksamkeit widmete Baader der Arbeiterfrage. Er bemerkte, daß die Entwicklung der großen Maschinenindustrie zu einer steigenden Zahl besitzloser Lohnarbeiter, zur Verstärkung ihrer ökonomischen Abhängigkeit von den Besitzern und Unternehmern und zu einer entscheidenden Verschlechterung ihrer materiellen Lage führt. Er sprach vom Recht der Arbeiter, einen gewissen Teil des durch die Erhöhung der Arbeitsproduktivität erreichten Produktionszuwachses für eine „weniger ärmliche und gesichertere Existenz" zu erhalten. Baader zufolge soll der Staat die Verpflichtung übernehmen, sich um eine „gute Bezahlung der Arbeit" zu kümmern und den Arbeitern das Recht garantieren, zum Schutze ihrer Interessen Vereinigungen zu gründen.

Die Begründer des wissenschaftlichen Sozialismus registrierten bei einigen Anhängern des christlichen Sozialismus in Frankreich (den Nachfolgern von Saint-Simon und Fourier und besonders bei dem Anhänger des „ikarischen Kommunismus Cabet"), die versuchten, die Ideen des utopischen Sozialismus und des utopischen Kommunismus mit den religiösen Dogmen der katholischen Kirche zu vereinen, eine große Sympathie gegenüber sozialistischen und kommunistischen Ideen. Wie Friedrich Engels bemerkte, zeugten derartige Versuche lediglich vom ungenügenden Verständnis des ganzen Wesens der biblischen Lehre, das mit dem Kommunismus unvereinbar ist.[4]

Eine analoge Tendenz gab es auch bei jenen einfachen katholischen Geistlichen, die in bedeutendem Maße von der Stimmung der ausgebeuteten Arbeiter durchdrungen waren, die die Reichen und die Macht der Besitzenden verurteilten und von einer von Ausbeutung und sozialer Ungleichheit freien, „gerechten" Gesell-

[4] Friedrich Engels, Fortschritte der Sozialreform auf dem Kontinent, in: MEW, Bd. 1, Berlin 1956, S. 487.

schaftsform träumten. Félicité Robert de Lamennais, der die Stimmung der ausgebeuteten Arbeiter zum Ausdruck brachte, wandelte sich von einem leidenschaftlichen Royalisten und Erz-Katholiken zu einem Republikaner und Demokraten und sympathisierte mit den Ideen des utopischen Sozialismus. Die gründlichste Darstellung der ökonomischen und politischen Ansichten von Lamennais findet sich in seinen Büchern „Paroles d'un croyant" („Worte des Glaubens") und „Die moderne Sklaverei". Die für alle Ausbeutergesellschaften charakteristischen Verhältnisse des Eigentums an den Produktionsmitteln und den Produkten der Arbeiter wertete er als unnormal, als den „göttlichen Geboten" und den Gesetzen der Natur widersprechend. Die kapitalistische Ordnung nannte der Abbé Lamennais „die Sklaverei der alten Welt in einem neuen Gewande".[5] Seine Ansichten waren zutiefst widersprüchlich. Er behauptete, daß nur die Kirche den Armen beschützt und die Reichen lehrt, den Armen zu achten, und daß die Kirche ihre moralische Unterstützung ausschließlich bei der armen Klasse zu suchen habe. Er sagte, daß die Werktätigen ein Eigentumsrecht auf die Produkte ihrer Arbeit hätten, konkretisierte aber nicht die Form dieses Eigentums der Werktätigen. Lamennais betonte zu Recht, daß bürgerliche Freiheit und Gleichheit in der Klassen- und Ausbeutergesellschaft eine Illusion ist, gleichzeitig predigte er aber die Illusion von der Möglichkeit, die „moderne Sklaverei" durch die Einführung des allgemeinen Wahlrechts zu beseitigen.

Ein anderer Vertreter des christlichen Sozialismus in Frankreich war Constant. In seinen Büchern „Die Bibel der Freiheit" und „Das Testament der Freiheit" erklärte er den Katholizismus zur einzigen „sozialen Religion", die angeblich die „Philosophie des Armen" beinhaltet und die „als einzige den Weg zur Vereinigung aller, der Schwachen wie der Reichen, der Großen wie der Kleinen, weist".

Constant bemerkte die schwächer werdende Religiosität der breiten Bevölkerungsmassen und gab dafür der katholischen Geistlichkeit selbst die Schuld, die mit ihren beschränkten Ansichten und ihrer Gleichgültigkeit gegenüber sozialen Fragen die Massen von der Kirche abstoße. Constant rief dazu auf, die katholische Kirche in eine neue religiöse Gemeinschaft umzuwandeln. Eine solche Gemeinschaft hätte nach seinen Worten die Idee der christlichen Barmherzigkeit zu realisieren, nach der „alle für jeden und jeder für alle leben und arbeiten werden." Er definierte diese propagierte Gemeinschaft als eine von den Prinzipien der christlichen Religion durchdrungene „Assoziation von Kapital, Arbeit und Talent".[6] Wie man sieht, stellen die Konzeptionen des Abbé Constant eine Synthese der Lehren Fouriers mit den im Geiste des Frühchristentums interpretierten Dogmen der katholischen Kirche dar.

Unter den Vertretern des französischen christlichen Sozialismus des XIX. Jahrhunderts nahm Pierre Leroux einen besonderen Platz ein. Im Unterschied zu

[5] Lamennais, Worte des Glaubens, Peterburg 1906, Moderne Sklaverei, Novgorod 1905 (russ.).

[6] Benjamin Constant, Le testament de la liberté, Paris 1818, S. 217.

Lamennais und Constant kritisierte er die katholische Kirche heftig und stellte dem Katholizismus eine „Religion der Menschlichkeit" entgegen, die sich auf Solidarität und Gleichheit der Menschen begründet. Pierre Leroux behauptete, daß die von ihm gepredigte „Religion der Menschlichkeit" den Menschen die Möglichkeit eines friedlichen Übergangs vom Kapitalismus zum Sozialismus eröffne. Seine Sozialismuskonzeption war dem utopischen Sozialismus Saint-Simons und Fouriers gegenüber ein Rückschritt. Sein Sozialismus stellt eine religiöse Variante des kleinbürgerlichen Sozialismus dar. Er will „... entweder die alten Produktions- und Verkehrsmittel wiederherstellen und mit ihnen die alten Eigentumsverhältnisse und die alte Gesellschaft, oder er will die modernen Produktions- und Verkehrsmittel in den Rahmen der alten Eigentumsverhältnisse, die von ihnen gesprengt wurden, gesprengt werden mußten, gewaltsam wieder einsperren. In beiden Fällen ist er reaktionär und utopisch zugleich".[7]

Die Strömung des christlichen Sozialismus, die versucht hatte, die Dogmen der katholischen Kirche mit den Ideen des kritisch-utopischen Sozialismus zu verbinden, verschwindet in der zweiten Hälfte des XIX. Jahrhunderts von der historischen Bühne. Der christliche Sozialismus, der der religiöse Ausdruck des feudalen Sozialismus war, änderte seinerseits im Zusammenhang mit einer entsprechenden Evolution der katholischen Kirche seinen sozialen und klassenmäßigen Inhalt wesentlich. Er paßte sich den neuen historischen Bedingungen an und wurde in der zweiten Hälfte des XIX. Jahrhunderts vom Träger und der Hauptstütze der feudalen Ideologie zu einem Bündnispartner der Bourgeoisie und Apologeten der kapitalistischen Ordnung.

Ihre riesigen Reichtümer, ihre breite Verzweigung und ihre weitläufigen internationalen Verbindungen gestatteten es der katholischen Kirche, der Bourgeoisie und den bürgerlichen Regierungen eine durchaus bedeutsame Hilfe und Unterstützung zu sein. Unter den Bedingungen eines sich immer mehr zuspitzenden Klassenkampfes und der Herausbildung von Monopolen entsprach die dem Katholizismus eigene Orientierung auf staatliche Reglementierung und staatliche Einmischung in das ökonomische Leben in größerem Maße den Interessen der Bourgeoisie, als vergleichsweise die offene Rechtfertigung des Individualismus und der blinden Marktspontaneität durch die protestantische Kirche. Die Bourgeoisie benutzte den mächtigen Propagandaapparat der katholischen Kirche und ihre große Erfahrung in der sozialen Demagogie zur „Zähmung" der rückständigen Schichten des Proletariats.

Die Sozialdoktrin der katholischen Kirche, die sich unter den Namen „Sozialkatholizismus" oder „Katholische Soziallehre" in der zweiten Hälfte des XIX. Jahrhunderts herausbildete, gab der entstehenden und sich verstärkenden engen Interessenübereinstimmung der Ausbeuterklassen der bürgerlichen Gesellschaft, den Kapitalisten und Großgrundbesitzern, eine religiöse, theologische Grundlage. Die katholische Soziallehre, die zu einer klerikalen Abart der bürgerlichen Ideolo-

[7] Karl Marx, Friedrich Engels, Manifest ..., a. a. O., S. 485.

gie wurde, bewahrte deshalb noch deutliche Merkmale des feudalen Sozialismus, die die spezifischen Interessen und Ansprüche der landbesitzenden Aristokratie zum Ausdruck brachten.

Die Sozialdoktrin der katholischen Kirche war der deutlichste Ausdruck für die Einheit der Ausbeuterklassen in ihrem Kampf gegen den gemeinsamen Feind, die sozialistische Arbeiterbewegung. Der Grundgedanke dieser Doktrin besagt, daß die ausgebeuteten und unterdrückten Massen nicht in einer sozialistischen Umgestaltung der Gesellschaft den Ausweg aus ihrer armseligen Lage finden können, sondern nur in der Verbesserung der vorhandenen sozialen Verhältnisse auf der Grundlage der Prinzipien christlicher Nächstenliebe.

Eine umfassende programmatisch-theoretische Verallgemeinerung erfuhr die erwähnte Sozialdoktrin durch die im Jahre 1891 veröffentlichte Enzyklika „Rerum novarum" des Papstes Leo XIII. Dieses Dokument war das Arbeitsergebnis einer speziellen Kommission, die am Ende der achtziger Jahre auf Anweisung Leo XIII. im Vatikan gebildet worden war, um die Position der katholischen Kirche in der Arbeiterfrage zu formulieren. Nach den Worten des Papstes bestand das Ziel der Enzyklika darin, die Arbeiter zu überzeugen, „keine Gewalt anzuwenden und nicht die Beseitigung der existierenden Ordnung anzustreben".

Die Enzyklika „Rerum novarum", die man zu Recht das „antikommunistische Manifest" nennt, ist eine ausgesprochene Anklageschrift" gegenüber dem Sozialismus und seinen Anhängern. Der erste und wichtigste Punkt dieser „Anklage" betrifft nicht den Atheismus, sondern die Ablehnung des kapitalistischen Eigentums. Der römische Papst ging bei seiner „Widerlegung" der sozialistischen Lehre von der Verteidigung des Privateigentums aus. Die Enzyklika „Rerum novarum" weist darauf hin, daß die Existenz von Privateigentum durch das „Naturrecht", das „angeborene Recht" bedingt ist, das der Mensch im Unterschied zum Tier besitze, und das „sich vollkommen von der Natur herleitet".

Die Vertreter der Kirche haben immer die Teilung der Gesellschaft in Klassen und die Ungleichheit zwischen diesen Klassen als ein Ergebnis des „göttlichen Willens" bezeichnet.

Diese These wurde von Leo XIII. in der Enzyklika „Rerum novarum" weiterentwickelt. Er bezeichnete das Streben der Sozialisten, soziale Gleichheit für die Menschen zu erreichen, als ein vergebliches Mühen wider die Natur, als einen Versuch, die „so vielfältigen und so tiefgreifenden Unterschiede zwischen den Menschen, aus denen von selbst die Ungleichheit in ihrer Lage als Individuen entspringt", zu beseitigen.

Diese Position der Enzyklika wird mit Nachdruck von der katholischen Kirche wiederholt. Im Jahre 1903 erklärte Leo XIII. zum Beispiel, daß die Kirche die Unterschiede in der Lage der gesellschaftlichen Klassen nicht verändert haben möchte, da dies von der „Natur selbst" so gefordert wird.

Nach der Enzyklika „Rerum novarum" ist die These von der Feindschaft zwischen der Arbeiterklasse und der Kapitalistenklasse eine genau so „große Verirrung" wie die Klagen über die soziale Ungleichheit beider Klassen. Die katholische Kirche behauptet, daß die beiden Klassen wie verschiedene Organe des menschlichen Körpers von einander abhängen und sich gegenseitig ergänzen müssen. Dabei wird betont, daß eine wirkliche Lösung der sozialen Frage und eine Beendigung des „sozialen Krieges“ nur mit Hilfe des Segens der Kirche und auf der Grundlage gegenseitiger Zugeständnisse erreicht werden kann. Eine solche Zusammenarbeit soll der Staat gemeinsam mit der Kirche möglich machen. Die Enzyklika „Rerum novarum“ rät den Arbeitern, bei der Entstehung von Konflikten mit den Unternehmern den Staat als Vermittler anzurufen und es nicht „zu Streiks und anderen Verletzungen des gesellschaftlichen Friedens“ kommen zu lassen. Die in dieser Enzyklika enthaltene Anerkennung des Rechts der Arbeiter, für die Verteidigung ihrer Interessen Berufsvereinigungen zu gründen, wird von der Ermahnung begleitet, umsichtig zu sein und auf keinen Fall in Gesellschaften einzutreten, aus denen die Religion verbannt ist, d. h. in sozialistische Parteien.

Formell verurteilte die Enzyklika die Armut als unnormale und nicht wünschenswerte Erscheinung, gleichzeitig redete sie aber den Arbeitern ein, daß arm sein doch gar nicht so schlecht sei; denn „die Armen nennt der Erlöser die Glücklichen . . . den Besitzlosen wendet sich das Herz des Herrn zu“.

Die Vertreter des christlichen Sozialismus beteiligten sich aktiv an der ideellen Verteidigung des Kapitalismus durch die katholische Kirche und am Kampf gegen die sozialistische Arbeiterbewegung. Sie bedienten sich hierbei in breitem Maße der sozialen Demagogie und riefen dazu auf, den Kapitalismus in eine neue Gesellschaftsordnung umzuwandeln, die sich sowohl vom Kapitalismus als auch vom Sozialismus unterscheidet. Nach ihren Worten kann und muß eine solche Umwandlung des Kapitalismus erstens durch die geistige Erneuerung der Menschen auf der Grundlage der christlichen Liebe und zweitens durch die Realisierung einiger ökonomischer Reformen unter dem Schutze des Staates und der katholischen Kirche hervorgerufen werden.

Die in den Arbeiten der Vertreter des christlichen Sozialismus der zweiten Hälfte des XIX. Jahrhunderts enthaltenen Standpunkte und Ratschläge fanden bei der Ausarbeitung der erwähnten Enzyklika des Papstes Leo XIII. „Rerum novarum“ Verwendung. Nach der Veröffentlichung dieser Enzyklika beschäftigten sich einige Anhänger des christlichen Sozialismus, namentlich deutsche katholische Priester aus dem Jesuitenorden, in ihren ökonomischen „Werken“ mit deren Kommentierung und Propagierung.

Ein typisches Beispiel für die Wandlung des pfäffischen Sozialismus vom feudalen zum bürgerlichen Sozialismus war in der Mitte des XIX. Jahrhunderts die Tätigkeit des Mainzer Erzbischofs Wilhelm Emmanuel Freiherr von Ketteler. Diesen Spoß der deutschen Feudalaristokratie und Würdenträger der katholischen Kirche erklärten spätere katholische Autoren zum „Erwecker des sozialen Bewußtseins“, zum „Begründer der katholischen sozialen Bewegung“, zum „sozial-politischen Erzieher der deutschen Katholiken“ und ähnliches mehr. In seinen Predigten und veröffentlichten Werken, wie zum Beispiel „Die Arbeiterfrage und das Christentum" (1864) und „Liberalismus, Sozialismus und Christentum" (1871), rief er die katholische Geistlichkeit auf, der Arbeiterfrage besondere Aufmerksamkeit zuzuwenden. Ketteler erging sich in wütenden Tiraden über die kapitalistische Ausbeutung der Arbeiter und deren armselige Lage, verurteilte den „überflüssigen Optimismus" der Anhänger des ökonomischen Liberalismus und forderte ein aktives Vorgehen von Staat und Kirche, um die ökonomische Lage der Arbeiter zu verbessern.

Im Jahre 1869 schrieb Karl Marx an Friedrich Engels: „Bei dieser Tour durch Belgien, Aufenthalt in Aachen und Fahrt den Rhein herauf, habe ich mich überzeugt, daß energisch, speziell in den katholischen Gegenden, gegen die Pfaffen losgegangen werden muß. Ich werde in diesem Sinn durch die Internationale wirken. Die Hunde kokettieren (z. B. Bischof Ketteler in Mainz, die Pfaffen auf dem Düsseldorfer Kongreß usw.), wo es passend scheint, mit der Arbeiterfrage".[8]

Nach dem Fall der Pariser Kommune operierten die katholischen Priester aktiv mit der sozialen Demagogie im Geist der Ideen Kettelers. Die französischen Aristokraten, ehemalige Offiziere in der Armee Napoleon III., Graf de Mun und Graf de La Tour-du-Pin-Chambly ergriffen die Initiative zur Schaffung einer katholischen Arbeiter-Massenorganisation.

Bei der Formulierung der Ziele einer solchen Organisation sprach de Mun mit äußerster Offenheit über ihre konterrevolutionäre Ausrichtung.

Die von de Mun verkündete konterrevolutionäre Zielstellung des Sozialkatholizismus war in Frankreich sowohl gegen die Errungenschaften der bürgerlichen Revolution des XVIII. und XIX. Jahrhunderts als auch gegen die Lehren der kommenden sozialistischen Revolution gerichtet.

Nach der Theorie von de Mun ist der Sozialismus die Negation der Macht Gottes, während die Aufgabe der Katholiken darin besteht, diese Macht zu sichern.

De Mun und de La Tour-du-Pin-Chambly stellten der Lehre von der revolutionären Ablösung der kapitalistischen Ordnung durch die sozialistische und von den Grundzügen der zukünftigen sozialistischen Gesellschaft die Illusion entgegen, daß eine Verbesserung und Umwandlung der kapitalistischen Gesellschaft auf der Grundlage der Prinzipien christlicher Nächstenliebe möglich sei. Die geistigen Verteidiger des Kapitalismus tarnten sich durch eine „Kritik" seiner negativen Seiten. De Mun zum Beispiel charakterisierte den Zustand der kapitalistischen Gesellschaft als einen „ununterbrochenen, ausweglosen, nichtzubefriedenden Krieg", der „dröhnt und sich wie ein Vulkan bemerkbar macht, der am Vorabend seines vollen Ausbruchs Flammen wirft".

In England und den USA beschäftigten sich die dort befindlichen Würdenträger der katholischen Kirche (Kardinal Manning und Bischof Begshaw in England, Kardinal Gabbins in den USA) mit der Organisation von katholischen Arbeitervereinigungen und spielten eifrig die Rolle von „Kämpfern" für die Interessen der

[8] Karl Marx, Brief an Friedrich Engels vom 25. September 1869, in: MEW, Bd. 32, Berlin 1965, S. 371.

Arbeiterklasse. Eine solche „Arbeiterliebe" der katholischen Kirchenfürsten war in diesen Ländern dadurch bedingt, daß ihre Gemeinden sich damals in der Hauptsache aus den ärmsten Schichten der eingewanderten Arbeiter zusammensetzten.

Der von den Predigern des christlichen Sozialismus verkündete Kampf um den „Besitz der Seelen" der werktätigen Massen war in erster Linie ein Auftreten gegen die wirklichen sozialistischen Lehren. Einer der Nachfolger Kettelers, der deutsche Katholik Franz Hitze, unterschied drei Hauptrichtungen des Sozialismus: den radikalen Sozialismus, d. h. den Marxismus, den staatlichen Sozialismus und den christlichen Sozialismus. Scharf verurteilte er den „radikalen Sozialismus von Marx" dafür, daß dieser „auf der Grundlage einer rationalistischen Weltanschauung den Fakt der Erbsünde ignoriert und das Endziel der Menschen – ihre ewige Bestimmung für Gott – verneint." Hitze behauptete, daß der „revolutionäre kollektivistische Sozialismus" zum „ökonomischen Bankrott" oder zum „Bankrott der Freiheit" führt.[9] Er schrieb, daß bei „kollektivistischem Sozialismus" der persönliche Egoismus der Menschen, wie im Kapitalismus mit freier Konkurrenz, zu einer Verringerung der Produktion und zu einer ungerechten Verteilung des gesellschaftlichen Produkts führen kann.

Der Gesinnungsgenosse von Hitze, der zur Hauptstütze der katholischen Soziallehre und des christlichen Sozialismus im junkerlich-imperialistischen Deutschland wurde, der Jesuit Professor Heinrich Pesch, wiederholte auch die Hauptargumente, die die bürgerliche Apologetik gegen die ökonomische Lehre von Marx vorbrachte. Er behauptete, daß bei gesellschaftlichem sozialistischem Eigentum an den Produktionsmitteln ein „unersetzbarer" Antrieb zur Erweiterung und Vervollkommnung der Produktion, wie die Unternehmerinitiative der Kapitalisten, verlorengeht.

Die katholischen Prediger des christlichen Sozialismus bekämpften den wissenschaftlichen Sozialismus heftig und priesen gleichzeitig diejenigen pseudosozialistischen Schulen und Konzeptionen, in denen sie Verbündete im Kampf gegen den gemeinsamen Feind, den Marxismus, sahen. Hitze erwähnte beispielsweise positiv die Kathedersozialisten. Allerdings bezeichnete er das Fehlen eines umfangreichen, sorgfältig ausgearbeiteten Programms, einer eigenen Organisation und einer Verbindung mit den Volksmassen als die großen Mängel dieser Schule.[10]

Er schätzte die Vertreter der revisionistischen und der reformistischen Strömung innerhalb der sozialdemokratischen Bewegung als Gleichgesinnte. Als Pesch mit großer Genugtuung feststellte, daß viele Sozialdemokraten „schon nicht mehr auf ökonomische und politische Katastrophen des Kapitalismus warten"[11], meinte er die Revisionisten und Reformisten der II. Internationale.

Besondere Anerkennung zollte Pesch dem Vater des Revisionismus, Eduard

[9] Franz Hitze, Die soziale Frage und die Bestrebungen zu ihrer Lösung, Paderborn 1877, S. 145.

[10] Vgl. ebenda, S. 91.

[11] Heinrich Pesch, Liberalismus, Sozialismus und christliche Gesellschaftsordnung, Freiburg 1900, S. 491.

Bernstein, für seine bekannte, berüchtigte Formel „das Ziel ist nichts, die Bewegung alles“, und äußerte hierzu, Bernstein habe nicht nur die Theorie des Marxismus „revidiert“ oder „verbessert“, sondern er habe sie sogar vernichtet, „sie zu Grabe getragen“. Pesch hoffte, daß die marxistische Theorie durch die Bernsteinsche Revision ihren Einfluß auf die sozialistischen Arbeiter verliert und daß die sozialdemokratischen Parteien nur noch bis zur Erfüllung der „gerechten Forderungen“ der Arbeiterklasse existieren können.[12] Unter gerechten Forderungen verstand man einige Reformen, die vom bürgerlichen Staat im Rahmen der kapitalistischen Ordnung durchgeführt werden. Pesch nannte den Kampf für solche Forderungen einen „praktischen und realistischen Sozialismus“, der im Unterschied zum atheistisch-marxistischen Sozialismus eine religiöse Grundlage haben könne und haben müsse und der unter der ideologischen Führung der Geistlichkeit realisiert werden solle. Pesch rechnete damit, daß die Bernsteinsche Revision des Marxismus für ihn und seine Gesinnungsgenossen den Weg zur geistigen und organisatorischen Führung der Gewerkschaften und anderer Organisationen der Arbeiterklasse frei macht.

Der sich in der zweiten Hälfte des XIX. und am Anfang des XX. Jahrhunderts als klerikale Abart des bürgerlichen Sozialismus herausbildende christliche Sozialismus katholischer Prägung war in theoretischer Hinsicht eine eklektische Vereinigung von Lehrsätzen verschiedener Schulen und Strömungen: der Lehre des Thomas von Aquino und der sogenannten Romantischen Schule der politischen Ökonomie (der Theorien Adam Müllers und von Baaders) sowie der Konzeptionen der älteren und jüngeren Historischen Schule. In der Auseinandersetzung mit der ökonomischen Lehre von Marx verwendeten die Theoretiker des christlichen Sozialismus auch Argumente der österreichischen Variante der Grenznutzenschule.

Der philosophische Grundlehrsatz der soziologischen und ökonomischen Konzeptionen des christlichen Sozialismus war und bleibt die theologische These von der Existenz Gottes, der den Menschen als ein von seiner Natur her „vernünftiges und soziales“ Wesen geschaffen habe, das nach dem „Willen Gottes“ mit einem Gefühl der „Sozialität“ ausgestattet sei. Dieses Gefühl wird von den Theoretikern des christlichen Sozialismus als ein angeborenes Streben jedes menschlichen Individuums nach Gemeinschaftlichkeit mit anderen Menschen definiert.

Die katholischen Theologen und Anhänger des christlichen Sozialismus behaupten, daß Gott, als er den Menschen geschaffen habe, diesem gleichzeitig ein „Naturrecht“ verlieh. Sie definieren das bestehende Recht als die Gesamtheit der ethischen Normen für die Verwirklichung solcher Aufgaben, wie die Schaffung einer harmonischen Gesellschaftsstruktur während des irdischen Lebens der Menschen und das Erringen des ewigen Seelenheils in ihrem Leben „im Jenseits“ (d. h. nach dem Tode). Diese beiden Aufgaben des „Naturrechts“ werden gewissermaßen durch die von Gott vorgeschriebene „gesellschaftliche Ordnung“

[12] Ebenda, S. 442, 454, 514f.

verwirklicht. Diese Ordnung wird in Form einer hierarchischen Stufenleiter dargestellt, wobei das menschliche Individuum, die Familie, die Gemeinde, der Stand, der Staat und die Kirche als Verbindungsglied zwischen Gott und den Menschen die einzelnen aufsteigenden Stufen bilden. Die wissenschaftsfeindliche klerikale Konzeption von der gesellschaftlichen Ordnung ist von dem antihumanitären Geist des despotischen Autoritarismus und der sozialen Ungleichheit durchdrungen. Dieser Konzeption entsprechend stellt die unbeschränkte Macht von Oben und die bedingungslose Unterordnung von Unten eine nicht wegzudenkende Besonderheit der „gesellschaftlichen Ordnung" in allen ihren Gliedern dar.

Nach den Behauptungen der katholischen Verkünder des christlichen Sozialismus sichert das „Naturrecht" und die durch dieses Recht vorgesehene „gesellschaftliche Ordnung" den Menschen die Schaffung des „Gemeinwohls". Die Ausbeuterklassen und ihre Ideologen verwendeten schon von jeher die demagogische Losung vom „Gemeinwohl" und die Bezugnahme auf die Interessen der „Gesellschaft als Ganzes" für die Rechtfertigung der Ausbeutung und der Unterdrückung des Menschen durch den Menschen.

Die kanonische Lehre von dem „Naturrecht", „der gesellschaftlichen Ordnung" und dem „Gemeinwohl" wurde zur ökonomischen Grundkonzeption der katholischen Variante des christlichen Sozialismus, speziell für seine Behandlung wirtschaftlicher Probleme, des Gegenstands und der Methode der politischen Ökonomie. Diese Lehre definiert die Wirtschaft, darunter auch die kapitalistische, als Realisierung der kanonischen „Idee der Nahrung zur Erreichung höherer geistiger Ziele und Werte."

Die Anhänger des christlichen Sozialismus definierten die ökonomischen Verhältnisse als ethische und rechtliche Verbindungen zwischen den ökonomisch Tätigen, damit diese gemeinsam die „Idee der Nahrung" verwirklichen.

Bei seiner Erläuterung der „dreifachen Bedeutung" der politischen Ökonomie schrieb Heinrich Pesch, daß diese sich nicht nur mit der historisch-konkreten Beschreibung und der abstrakt-theoretischen Analyse der Wirtschaft zu beschäftigen habe, sondern vor allem praktische Normen und Regeln für das Verhalten der Menschen und ihre ökonomische Tätigkeit zur Erringung „der höheren materiellen und geistigen Ziele der Wirtschaft" ausarbeiten und propagieren muß. Er schrieb, daß solche von der politischen Ökonomie ausgearbeiteten Normen und Regeln sowohl den einzelnen Beteiligten an der Wirtschaft und ihren Gruppenbildungen (Kartelle, Trusts, Genossenschaften, Gewerkschaften usw.) als auch dem bürgerlichen Staat die notwendige praktische Orientierung geben müßten.

Die einzige geeignete Methode für die ökonomische Forschung sahen die Theoretiker des christlichen Sozialismus in der sogenannten ethisch-theologischen Methode. Dieser Methode bediente sich bereits die mittelalterliche Scholastik, die die umgebende Wirklichkeit und alle ihre Erscheinungen durch Bezugnahme auf religiöse Dogmen erklärte.

Die Ideologen des „aufsteigenden" Bürgertums, die als Bannerträger der wissenschaftlichen Denkweise auftraten, stellten diese Denkweise im Kampf gegen die reaktionären Feudalmächte den theologischen Methoden der Kleriker entgegen. Die klerikalen Ökonomen jedoch, unter ihnen auch die Verkünder des christlichen Sozialismus, erklärten das zum „Sündenfall" der politischen Ökonomie. Nach den Beteuerungen Peschs ging die politische Ökonomie von Anfang an einen falschen Weg, weil sie als Wissenschaft nicht auf religiös-theologischer Grundlage entstand und sich formierte, sondern unter dem Einfluß der Vertreter des naturwissenschaftlichen Denkens wie Hobbes, den französischen Philosophen der Aufklärung und anderen stand. Pesch schrieb, daß die Physiokraten und die klassische Schule durch ihr Bestreben, die ökonomischen Erscheinungen und ökonomischen Prozesse durch das Wirken objektiver ökonomischer Gesetze zu erklären, die politische Ökonomie auf das Niveau einer Naturwissenschaft „herabdrückten".[13]

Die Theoretiker des christlichen Sozialismus erklärten, daß eine Reihe von ökonomischen Gesetzen von ihrer politischen Ökonomie anerkannt wird. Sie gingen allerdings von einer metaphysischen und idealistischen Auslegung des Begriffs „gesellschaftliches Gesetz" aus. So erklärte Pesch die „höheren Gesetze des Wirtschaftslebens" für unveränderlich, da diese nach seinen Worten nicht nur die natürliche Notwendigkeit, sondern auch die aus dem „geistigen Wesen des Menschen und seiner Verbundenheit mit dem geistigen Wesen der ganzen Welt" hervorgehende ethische Forderung zum Ausdruck bringen.[14] Bezugnehmend auf die idealistische These von der Herrschaft des Geistes über die Materie schrieb er, daß „die geistigen und ethischen Gesetze, die das gesellschaftliche Leben lenken, auch im ökonomischen Leben wirken".[15] Da Pesch, wie auch alle klerikalen „Theoretiker", das „geistige Wesen der Welt" auf den Begriff Gott zurückführte, haben alle seine Aussagen über die ökonomischen Gesetze den Gedanken zum Inhalt, daß letztere von Gott kommen.

Derartige Behauptungen sind typisch für die bürgerliche Apologetik, die die ökonomischen Gesetze des Kapitalismus für ewige und natürliche Gesetze ausgibt, die angeblich der Natur des Menschen oder, wie es Pesch ausdrückt, „seinem geistigen Wesen" entsprechen. Bei dem Versuch jedoch, die ökonomischen Gesetze des Kapitalismus für ethische Gesetze der „Gerechtigkeit", der Liebe und des Pflichtbewußtseins auszugeben, handelt es sich um die gröbste Entstellung der kapitalistischen Wirklichkeit im Interesse der Ausbeuterklassen.

Das Privateigentum der Ausbeuterklassen, der Kapitalisten und der Großgrundbesitzer, anzugreifen, betrachteten die Theoretiker des christlichen Sozialismus als eine Verletzung des „göttlichen Willens" und als einen Anschlag auf „das souveräne Recht Gottes als obersten Eigentümer". Die Bedeutung der Arbeit bei der Schaffung von Eigentum spielten sie bewußt herab. Die Verfechter des christlichen Sozialismus behaupteten, daß in der Geschichte der Menschheit zuerst das

[13] Heinrich Pesch, Lehrbuch der Nationalökonomie, Freiburg 1918, S. 373.
[14] Ebenda, S. 371.
[15] Ebenda, S. 377.

Privateigentum entstand, indem sich die Urmenschen solche „wirtschaftlich ungenutzten und herrenlosen“ Güter wie den Boden, die Früchte des Bodens u. a. m. aneigneten. Pesch versicherte, daß „Aneignung“ nicht nur Inbesitznahme von Arbeitsprodukten oder fremdem Eigentum, sondern in erster Linie Inbesitznahme von Dingen, die niemanden gehören, Kauf u. a. m. bedeutet.[16]

Der Jesuitenpater Viktor Cathrein verkündete ebenfalls, daß das Recht auf Aneignung von Privateigentum eine „tiefere und allgemeinere Grundlage“ als die Arbeit habe. Er sprach von der „Unmöglichkeit“ und der „Ungerechtigkeit“ einer Verteilung des Privateigentums unter den Menschen entsprechend ihrer Arbeit, weil ein einheitliches Maß für die Arbeit und ein „Maß für den Besitz an irdischen Gütern“ fehlt. Indem er sich auf den „Willen Gottes“ bezog, schrieb Viktor Cathrein beispielsweise: „Wenn Gott es gewollt hätte, so hätte er einen leicht erkennbaren und praktisch realisierbaren Maßstab (des Vergleichs – d. Verf.) geschaffen.“[17]

Die Verfechter des christlichen Sozialismus behaupteten, daß eine Liquidierung des Privateigentums an Produktionsmitteln und seine Überführung in sozialistisches Kollektiveigentum nicht nur dem „Willen Gottes“ und dem „Naturrecht“ widerspreche, sondern auch ökonomisch nicht zweckmäßig sei. Reichensperger, zum Beispiel, verkündete, daß die menschliche Persönlichkeit ohne das Privateigentum nicht über die ewigen Güter herrschen könne. Pesch stützte sich auf die Behauptung von Thomas von Aquino, daß sich jeder Mensch um sein Privateigentum mehr sorge als um Dinge, die kollektiv genutzt werden. Nach den Worten Peschs weckt die rechtliche Möglichkeit der Aneignung von Privateigentum beim Menschen den Arbeitseifer und fördert gleichzeitig die Entwicklung von Wissenschaft und Kunst. Er versuchte die breiten Massen der Werktätigen mit verleumderischen Behauptungen zu schrecken, wonach das staatliche sozialistische Eigentum an den Produktionsmitteln zu einer nie dagewesenen Unterdrückung der Mitglieder der sozialistischen Gesellschaft durch den Staat und zum vollen „Verlust ihrer Freiheit und menschlichen Würde“ führe und das ökonomische Leben der Gesellschaft untergrabe.

Die Verfechter des christlichen Sozialismus (wie Hitze, Pesch, Cathrein u. a.) versuchten den Ausbeutungscharakter der kapitalistischen Produktion zu leugnen und traten verbissen gegen die ökonomische Lehre von Marx auf. Diese Grundrichtung der ökonomischen Konzeptionen des christlichen Sozialismus in der Epoche des entwickelten Kapitalismus spiegelt sich deutlich im dreibändigen „Lehrbuch der politischen Ökonomie“ und in anderen Arbeiten von Heinrich Pesch wider. Er schrieb, daß die Ausbeutungstheorie von Marx auf der „fehlerhaften Grundlage des Marxschen Wertgesetzes“ beruht und „zusammen mit dieser Grundlage fällt“.

[16] Heinrich Pesch, Liberalismus, Sozialismus und christliche Gesellschaftsordnung, Freiburg 1900, S. 268, 271, 338f., 363, 370f.

[17] Viktor Cathrein, Das Grundeigentum und seine Gegner, Freiburg 1896, S. 319.

Pesch versuchte, die Marxsche Werttheorie und die Marxsche Mehrwertlehre zu widerlegen, indem er dieser Lehre ein Konglomerat verschiedener unwissenschaftlicher Auffassungen entgegenstellte: die Lehre des Thomas von Aquino vom „gerechten Preis"[18], die Produktionstheorie, die Konzeptionen der neoklassischen Schule Alfred Marschalls[19], die Behauptungen des Revisionisten Eduard Bernstein von den angeblich vorhandenen Widersprüchen zwischen der Arbeitswerttheorie von Marx und seiner Lehre vom Produktionspreis u. a. m.

Pesch behauptete, die Arbeit des Lohnarbeiters schaffe keinen neuen Wert, sondern ändere nur die Form des Wertes. Er ging von der in der päpstlichen Enzyklika „Rerum novarum" enthaltenen Auffassung aus, daß Wert nur durch solche Arbeit geschaffen wird, die „in eigener Verantwortung und auf eigene Rechnung" geleistet, das heißt unter Verwendung eigener Produktionsmittel durchgeführt wird. Bei der Propagierung dieser Auffassung schrieb Pesch, daß das Ansteigen des Wertes beim fertigen Produkt auf einen „natürlichen Zuwachs" zurückzuführen sei, da die Tätigkeit der Lohnarbeiter mit Hilfe „fremder" Produktionsmittel (Maschinen, Rohstoffe, Heizmaterial usw.) vor sich geht und hierbei nur die Form und die qualitativen Besonderheiten dieser Produktionsmittel verändert würden. Hieraus zog er die Schlußfolgerung, daß die Arbeiter in den kapitalistischen Betrieben „zu Unrecht" auf den Mehrwert Anspruch erheben, den die Kapitalisten erhalten.[20]

Pesch lehnte das von Karl Marx entdeckte allgemeine Gesetz der kapitalistischen Akkumulation ab und versuchte das Elend und die Leiden der Volksmassen durch die „Sünden des ökonomischen Liberalismus" zu erklären, der nach seinen Worten „keine historische Notwendigkeit war".

Solche Verfechter des christlichen Sozialismus wie von Ketteler, de Mun, Reichensperger, Hitze, Pesch und andere bezeichneten einzelne Züge der kapitalistischen Produktionsweise und vor allem die freie Konkurrenz als „unnormal", „ungerecht" und „unchristlich", ohne aber den Kapitalismus als Ganzes zu verurteilen.

Besonders Hitze zählte die seiner Meinung nach „entschieden zu weitgehenden ökonomischen Freiheiten" für die Berufswahl, für den Handel, für den Verkehr und vor allem den Übergang von Grundeigentum aus einer Hand in die andere zu den unmittelbaren Ursachen der sozialen Mißstände des Kapitalismus. Die „Freiheit" entfessele seiner Ansicht nach das Kapital und das egoistische Streben zur Unterdrückung und ermögliche die absolute Herrschaft des Kapitals, insbesondere das Steigen von Anteil und ökonomischer Macht des Geldkapitals der Banken.[21] Hitze sprach von der Verdrängung des „Mittelstandes" durch das Großkapital

18 H. Pesch, Lehrbuch der Nationalökonomie, Bd. II, Freiburg 1910, S. 67.

19 Ebenda, S. 356.

20 H. Pesch, Liberalismus, Sozialismus . . ., Freiburg 1900, S. 139.

21 Franz Hitze, Die soziale Frage und die Bestrebungen zu ihrer Lösung, Paderborn 1877, S. 26, 29, 30.

und von der „der Kultur feindlichen Beraubung des vierten Standes durch den dritten Stand“, das heißt der Arbeit durch das Kapital.[22]

Nach den Behauptungen der Anhänger des christlichen Sozialismus ist die Hauptbedingung für die „Heilung“ der kapitalistischen Gesellschaft von allen verdammenswürdigen sozialen Übeln die geistige Erneuerung der Menschen, „die moralische Umgestaltung und Vervollkommnung der menschlichen Individuen“ auf der Grundlage der theologischen Dogmen und der ethischen Normen der christlichen Religion. So schrieb Reichensperger beispielsweise, daß eine moralische Umgestaltung der menschlichen Gesellschaft durch eine Hinwendung jedes menschlichen Individuums „zu Gott“ jene niederen Verhaltensmotive der Menschen beseitigen muß, die zu Ausbeutung und Unterdrückung in der menschlichen Gesellschaft führen. Zu diesen Motiven zählte er die Gewinnsucht, den Machthunger, den Ehrgeiz und ähnliches mehr.

Hitze erklärte: „Die individuelle Erneuerung der Menschen ist die Hauptvoraussetzung für die Lösung der sozialen Frage“.[23] Er behauptete, daß der Niedergang der gesellschaftlichen Moral bei allen Schichten der kapitalistischen Gesellschaft die Hauptursache aller von ihm verurteilten sozialen Widersprüche des Kapitalismus sei. Die Klagen Hitzes über die „Demoralisierung“ des Proletariats waren ein Ausdruck für die Angst der Bourgeoisie vor dem Anwachsen des proletarischen Klassenbewußtseins und vor der sich verstärkenden Geschlossenheit und Aktivität des Proletariats im Kampf für die Verbesserung seiner Lage und für seine Befreiung von der ökonomischen und politischen Gewaltherrschaft der Bourgeoisie.

Nach Meinung Hitzes war die Tatsache, daß der Kapitalismus zum Protestantismus überging, die Ablösung der katholischen Weltkirche durch nationalstaatliche Kirchen und die Bildung von liberalen Nationalstaaten in einer Reihe von europäischen Ländern der Ausgangspunkt für den ökonomischen Liberalismus und seiner harten sozialen Folgen. Diese Erscheinungen, schrieb Hitze, „riefen im weiteren ebensolche fehlerhaften und verhängnisvollen Reaktionen hervor“. Er bezeichnete den Rationalismus und die Freimaurerei im XVIII. Jahrhundert als eine Reaktion auf die Nationalkirche und den radikalen Sozialismus des XIX. Jahrhunderts als eine Reaktion auf die Existenz liberaler Nationalstaaten. Hitze behauptete, daß der Liberalismus und der Sozialismus die Abkehr der Bevölkerung von der Kirche gefördert hätten, der Verlust der „lebensfähigen Kraft der kirchlichen Weltanschauung“ sei die Hauptursache für ein hemmungsloses Wirken des Naturgesetzes der freien Konkurrenz.[24]

Der Jesuitenpater Lehmkuhl verurteilte die „ungerechte Verteilung der Einkommen zwischen den höheren und den niederen Klassen der Gesellschaft“ und erklärte diese Ungerechtigkeit durch die „Dechristianisierung“ des ökonomischen

22 Ebenda, S. 25, 27.

23 Franz Hitze, Die Quintessenz der sozialen Frage, Paderborn 1880, S. 36.

24 Franz Hitze, Die Quintessenz . . ., a. a. O., S. 6.

Lebens der bürgerlichen Gesellschaft und hierunter des Verhältnisses zwischen den Kapitalisten und den Arbeitern. Als Beispiele führte er hierfür die scharfen Klassenkonflikte in vielen belgischen und französischen Betrieben an, deren Eigentümer antiklerikal eingestellte Liberale oder Radikale waren. Hierbei überging Lehmkuhl mit Schweigen die schwere Lage der Arbeiter und die heftigen sozialen Konflikte in den Betrieben von Kapitalisten, die ihren Konservatismus und ihre Ergebenheit der christlichen Kirche gegenüber betonten.

Die Verfechter des christlichen Sozialismus riefen zur „individuellen Erneuerung" der Menschen unter den Fittichen der katholischen Kirche auf und schlugen die Realisierung einiger ökonomischer Maßnahmen vor. Bei ihren Vorschlägen zu ökonomischen Fragen stützten sie sich auf verschiedene reformistische und bürgerliche Theoretiker. So nahm Ketteler in sein ökonomisches Programm die Ideen von Lassalle auf, mit Hilfe des Staates Produktionsgenossenschaften der Arbeiter zu gründen. Er empfahl, solchen Vereinigungen die Form von religiösen Ständekorporationen zu geben (ähnlich den Handwerksgilden des Mittelalters).

Die Grundlage des Programms von Reichensperger bildeten Vorschläge, die von Schulze-Delitzsch und den Kathedersozialisten im junkerlich-imperialistischen Deutschland gemacht wurden.

Reichensperger meinte, daß die vom Staate im Geiste der christlichen Moral durchgeführte Sozialpolitik darauf gerichtet sein muß, den Armen philantropische Hilfe zu erweisen. Zu den Obliegenheiten dieser Sozialpolitik zählte er die Organisation von Sparkassen, Volksbibliotheken, Kindergärten und ähnlichem mehr, eine gesetzliche Beschränkung des Arbeitstages, die Beteiligung der Arbeiter am Gewinn, ferner die Organisation einer Sozialversicherung für die Arbeiter, einer „Selbsthilfe" der Arbeiter durch staatlich unterstützte Produktions- und Konsumgenossenschaften und einer Vertretung der Arbeiter (durch ihre korporativen Ständeorganisationen) in den Organen des Staates.

Reichensperger forderte ferner, die kleinen Warenproduzenten durch Stimulierung des auf Handarbeit basierenden Handwerks allseitig zu unterstützen und die Stabilität der Bauernwirtschaften zu sichern. In der Erhaltung der kleineren und mittleren Bauernwirtschaften und der handwerklichen Betriebe auf dem Dorfe sah er eine zuverlässige Garantie gegen eine Massenflucht der Bauern aus dem Dorf und folglich gegen eine stärkerwerdende Proletarisierung der arbeitenden Bevölkerung.

Die ökonomische Konzeption des christlichen Sozialismus nimmt gegen Ende des XIX. und am Anfang des XX. Jahrhunderts deutliche Züge der Apologetik des Monopolkapitalismus an. Pesch zum Beispiel pries in seinem „Lehrbuch der Nationalökonomie" in aller Form die sich damals bildenden kapitalistischen Monopole. Wie die deutschen Ökonomen Liefmann, Schulze-Gaevernitz und andere rühmte er die Vorzüge des „organisierten Kapitalismus" und schrieb den Kartellen und Trusts die verschiedenartigsten Verdienste zu, zum Beispiel stellte er sie als Förderer des technischen Fortschritts dar, die angeblich die „Preiskonkurrenz" in der Zirkulationssphäre durch den Wettbewerb in der technischen Vervollkommnung der Produktion ersetzen. Pesch übersah, daß die Kartelle und Trusts den technischen Fortschritt hemmen, die Ausbeutung der Arbeiter und den Betrug an den breiten Bevölkerungsmassen verstärken. Er bezeichnete diese Tatsachen als „untypische“ Erscheinungen, die durch Mißbräuche von seiten einzelner Kartelle hervorgerufen werden und die nach seinen Worten „ihre Bestimmung nicht erfüllen“.

Um solchen Erscheinungen vorzubeugen empfahl Pesch, die Tätigkeit der Kartelle staatlich zu regulieren (ihr Statut und ein staatliches Schiedsgericht rechtlich festzulegen und ähnliches mehr) und ein aufeinander abgestimmtes, gemeinsames Vorgehen der staatlichen Einrichtungen und der Kartelle zu organisieren. Er wollte glauben machen, daß man dann keine Angst mehr vor periodischen Krisen zu haben brauche, da die Kartelle und Trusts durch Anpassung der Produktion an den Verbrauch „die schädlichen Folgen der unbeschränkten Konkurrenz“ überwinden könnten.

Die These von der Überwindung der Krisen durch die Kartelle wurde vollständig von W. I. Lenin widerlegt, der aufzeigte, daß das Monopol die Krisen nicht liquidiert; das Monopol „verstärkt und verschärft den chaotischen Charakter, der der ganzen kapitalistischen Produktion in ihrer Gesamtheit eigen ist“.[25]

Die dem Geist des christlichen Sozialismus entsprechenden Modelle für eine zukünftige ökonomische Struktur der Gesellschaft, die von Hitze, Pesch, Meyer, Lemkuhl und einigen anderen Vertretern des katholischen Sozialismus am Ende des XIX. und am Anfang des XX. Jahrhunderts entworfen wurden, propagieren im wesentlichen die Konzeption des „organisierten Kapitalismus“. Hitze zum Beispiel befürwortete einen gewissen Mittelweg zwischen den beiden sogenannten „Extremen“, nämlich zwischen der auf den Prinzipien des ökonomischen Liberalismus begründeten kapitalistischen Ordnung und dem Kollektivismus im Geiste des revolutionären Marxismus. Diesen „dritten“ Weg sah er in dem sogenannten Ständesozialismus, der den freiwilligen Zusammenschluß aller Teilnehmer an der kapitalistischen Produktion, der Kapitalisten und der Arbeiter, sowie der kleinen Warenproduzenten in gegliederten Korporationen in Form von „Berufsständen“ zur Grundlage haben soll.[26]

Hitze empfahl, die ständische korporative Assoziierung des Hauptteils der gesellschaftlichen Produktion in einigen Wirtschaftssektoren mit der „kollektivistischen Produktion“ zu verbinden.[27] Hier solidarisierte er sich mit den Kathedersozialisten und den Anhängern des sogenannten Staatssozialismus, die für eine Zusammenarbeit der drei Sektoren der kapitalistischen Wirtschaft, des privaten, des staatlichen und des genossenschaftlichen Sektors, eintraten.

25 W. I. Lenin, Der Imperialismus als höchstes Stadium des Kapitalismus, in: Werke, Bd. 22, Berlin 1960, S. 212.

26 Franz von Hitze, Die soziale Frage . . ., a. a. O., S. 105.

27 Ebenda, S. 29.

In den von den Anhängern des christlichen Sozialismus angepriesenen Modellen für ein zukünftiges ökonomisches System der Gesellschaft wurde besonders die Bedeutung des Staates und der Kirche aufgewertet. Hitze schrieb, daß der Staat gemeinsam mit der Kirche mit Nachdruck auf die ökonomische Umgestaltung der Gesellschaft auf den Grundlagen der christlich-katholischen Ethik und der korporativen Ständeorganisationen hinwirken müsse. Während die Kirche nach seiner Meinung die geistig-ethische Führung der Tätigkeit der Berufsständekorporationen übernehmen müsse, falle dem Staat die Pflicht zu, diese Tätigkeit durch gesetzliche und rechtliche Maßnahmen, und zwar bis zu Zwangsvereinigungen der Mitglieder der Gesellschaft in solche Korporationen, zu unterstützen.
Pesch äußerte sich gleichfalls über Möglichkeit und Notwendigkeit der gesellschaftlichen Entwicklung auf einem „dritten" Weg zwischen „dem individualistischen Kapitalismus und dem kollektivistischen Sozialismus". Er war ebenso wie Hitze, Meyer und andere der Meinung, daß ein solcher „dritter" Weg der Organisation einer „Berufsständeordnung" gangbar sei. Pesch definierte eine derartige Ordnung als eine „vertikale" Vereinigung von Unternehmern, Arbeitern und kleinen Warenproduzenten in einem Wirtschaftszweig. Diese Vereinigung stellte er der „horizontalen" Vereinigung der Menschen (nach ihrer Klassenzugehörigkeit) entgegen. Als Beispiel für eine „horizontale Vereinigung von Menschen" führte Pesch die Gewerkschaften an. Pesch zufolge müsse die Bildung von „Berufsständen" der Ausgangspunkt für die Umwandlung des Kapitalismus in ein gewisses „soziales Arbeitssystem" werden.

Die Erfinder von Modellen einer ökonomischen Ordnung der Gesellschaft im Geiste des christlichen Sozialismus schrieben entweder der von ihnen empfohlenen „Berufsständeordnung" oder dem „sozialen Arbeitssystem" die Fähigkeit zu, die Unzulänglichkeiten der kapitalistischen Produktionsweise bei gleichzeitiger Erhaltung all ihrer „Vorteile" zu beseitigen. Bei genauerer Betrachtung dieser „Vorteile" erweist es sich jedoch, daß Hitze, Pesch, Lemkuhl und andere vorschlagen, im System des christlichen Sozialismus alle wortreich verurteilten Eigenschaften der kapitalistischen Produktionsweise auszunutzen.

Hitze behauptete beispielsweise, daß im Kapitalismus „mehr als in irgendeiner anderen Gesellschaftsordnung der Hebel des Egoismus sowohl dem persönlichen Nutzen dient als auch der gesamten menschlichen Gesellschaft zum Vorteil gereicht, und darin besteht seine Kraft".[28] Hitze wiederholt die Behauptung des von ihm kritisierten ökonomischen Liberalismus, daß das Streben nach eigenem Vorteil „der Stimuli zur bestmöglichen Durchführung der Produktionsaufgaben, der Verteilung und der Konsumtion ist, daß die Konkurrenz zur höchsten Entfaltung der ökonomischen Kräfte führt". Er empfahl, weder auf die vom Liberalismus verkündete persönliche Freiheit noch auf die Konkurrenz zu verzichten und „nur die persönliche Freiheit in den Rahmen der Stände einzuordnen".

In den Projekten zur Organisation einer „Berufsständeordnung" war die Bei-

28 Ebenda, S. 145.

behaltung sowohl der Konkurrenz als auch der sozialen und materiellen Ungleichheit der Menschen vorgesehen. Pesch verkündete, daß die Bildung eines „sozialen Arbeitssystems nicht die Klasseneinteilung der Gesellschaft beseitigt".

„Der neue Aufbau der Gesellschaft" in Form eines sogenannten sozialen Arbeitssystems oder einer „Berufsständeordnung" war ein Programm zur Modernisierung des Systems der kapitalistischen Ausbeutung und Unterdrückung unter den Bedingungen des sich bildenden und schnell entwickelnden Monopolkapitalismus. Ein „vertikaler" Zusammenschluß der Arbeiter und Kapitalisten in „Berufsstände" oder „Korporationen" würde in erster Linie eine organisierte Entwaffnung der Arbeiter zur Folge haben, würde die Liquidierung der Gewerkschaftsverbände als Organisationen des Klassenkampfes und den Verlust des Rechts auf solche Mittel dieses Kampfes wie Streiks möglich machen. Die gleichen Ziele verfolgte die Forderung, daß sich der Staat aktiv in die Verhältnisse zwischen Kapitalisten und Arbeiter einmischen solle. Auch die außerordentliche Verstärkung des allseitigen Einflusses der Kirche auf das ökonomische, politische und geistige Leben der bürgerlichen Gesellschaft war auf die ideelle und moralische Entwaffnung der Arbeiter gerichtet.

Während der katholische christliche Sozialismus anfangs seinem klassenmäßigen Inhalt nach ein feudalistischer „Sozialismus" war, brachte die soziale Doktrin des Protestantismus (der lutherischen, kalvinistischen, anglikanischen u. a. Kirchen) von Anfang an die Interessen der Bourgeoisie zum Ausdruck.

Die protestantischen Pfarrer gaben in viel offenerer Form als ihre katholischen Kollegen allen sozialen Mißständen des Kapitalismus ihren Segen; sie rechtfertigten das kapitalistische Unternehmertum, den Profit und die Ausbeutung. Karl Marx und Friedrich Engels wiesen in ihren Arbeiten wiederholt auf die reaktionären Positionen der Protestanten hin. So entlarvten sie das reaktionäre Wesen der Theorien von Malthus, eines typischen Vertreters der „hohen anglikanischen Kirche", der ein offener Anwalt der Reichen und Mächtigen, der Ausbeuter, war und zynisch das Elend und die Leiden der werktätigen Massen rechtfertigte.

Im Ergebnis der Zuspitzung der Klassenwidersprüche des sich entwickelnden Kapitalismus kam es zu einer Annäherung der sozial-ökonomischen Konzeptionen des Protestantismus und des Katholizismus. Bei der Verteidigung des Kapitalismus und der „Widerlegung" des Marxismus bedienten sich die Anhänger des Protestantismus der gleichen Argumentation, oft ebenfalls unter Bezugnahme auf das kanonische „Naturrecht", wie die Vertreter der katholischen Soziallehre.

Die protestantischen Theologen im XIX. und am Anfang des XX. Jahrhunderts lehnten es kategorisch ab, die christliche Lehre im Sinne einer Verurteilung des Reichtums zu interpretieren. Der Professor des neuen Vermächtnisses Mathews von der Lukas-Universität charakterisierte den Reichtum als nutzbringendes Gut, das seinem Besitzer gegeben ist, damit dieser es in seinem eigenen Interesse und im Interesse aller anderen Menschen verwende. Der Reichtum ist nach seinen Worten nicht an sich Sünde, sondern nur sein Mißbrauch für egoistische und antisoziale Ziele, die der Gesellschaft schaden. Er schrieb, Christus „war weder der Freund des Arbeiters noch der Feind des Reichen, er konnte sowohl mit den Armen als auch mit den Reichen leben".[29]

Unter den Bedingungen des zugespitzten ökonomischen und politischen Kampfes zwischen der Bourgeoisie und dem Proletariat war es schon nicht mehr möglich, offen gegen die sich ausbreitende Arbeiterbewegung aufzutreten, unter deren Teilnehmern sich viele Arbeiter mit protestantischem Glaubensbekenntnis befanden. Deshalb versuchten die protestantischen Geistlichen genau wie ihre katholischen Kollegen der führenden Rolle der sozialistischen Parteien in der Arbeiterbewegung entgegenzuwirken und diese Bewegung unter kirchlichen Einfluß zu bringen.

In der Mitte des XIX. Jahrhunderts fingen einige Vertreter der protestantischen Kirche in Deutschland an, eigene Arbeiterorganisationen aufzubauen (ähnlich den Organisationen von Kettelers im katholischen Teil des Landes). In der zweiten Hälfte des XIX. Jahrhunderts begannen die Führer dieser Organisationen ihr Hauptaugenmerk auf soziale Fragen zu richten: die Schaffung von Arbeitervereinen zum Ziele der gegenseitigen Hilfe auf „evangelischer Grundlage", die Organisation von protestantischen Gewerkschaftsverbänden, die Propagierung des christlichen Sozialismus und anderes mehr. Anfangs verhielten sich die leitenden Organe der protestantischen Kirche wohlwollend gegenüber der Tätigkeit der Arbeiterorganisationen. Zum Beispiel empfahl der allgemeine deutsche evangelische Kirchenrat der Geistlichkeit in seinen offiziellen Botschaften, auf die Lösung der sozialen Fragen der Gegenwart hinzuwirken. Als allerdings die Unzufriedenheit der Großbourgeoisie und der ostpreußischen Junker über das Kokettieren eines bestimmten Teils der Pastoren mit dem Sozialismus offenkundig wurde, wirkte in der Folge der oberste Kirchenrat energisch einem solchen Zusammenspiel mit dem Sozialismus entgegen. Als einige willige Geistliche begannen, sich mit den Ideen des Sozialismus zu befreunden, bemerkte Franz Mehring, wurde ihnen „von obenher abgewunken".[30]

Eine solche Beeinflussung von oben war nicht ohne Auswirkung. Auf das Kokettieren der Klerikalen und der Führer der protestantischen Arbeiterorganisationen mit dem Sozialismus folgte eine offene Feindschaft zur Demokratie und zum Sozialismus. Einer der Initiatoren und ersten Führer protestantischer Organisationen deutscher Arbeiter war der Pfarrer Rudolf Todt, der 1877 das Buch „Der radikale deutsche Sozialismus und die christliche Gesellschaft" veröffentlichte. Pfarrer Todt räumte zwar ein, daß die sozialistischen Forderungen der Beseitigung des Privateigentums und des kapitalistischen Entlohnungssystems durchaus auf die biblischen Gebote zurückgeführt werden können, er beschränkte jedoch die Aufgabe des von ihm organisierten „Zentralvereins für Sozialreform" auf die Vorbereitung von sozialen Reformen auf der Grundlage von Religion und konstitutioneller Monarchie.

29 S. Mat'jus, Social'noe učenie Christa, Peterburg 1911, S. 78f.

30 Franz Mehring, Geschichte der deutschen Sozialdemokratie, 2. Teil, in: Franz Mehring, Gesammelte Schriften, Bd. 2, Berlin 1960, S. 489.

Der „Zentralverein" existierte nicht lange und machte der Christlich-sozialen Arbeiterpartei Platz, die von dem Hofprediger Stoecker organisiert wurde. Adolf Stoecker ging in die Geschichte der gesellschaftlichen Entwicklung in Deutschland mit dem durchaus nicht beneidenswerten Ruf ein, ein ausgesprochener Reaktionär, ein verschworener Feind der Demokratie und des Sozialismus, ein Prediger des Chauvinismus und Antisemitismus und einer der ideologischen Vorläufer des Hitlerfaschismus zu sein. Er nannte anfangs die von ihm organisierte Partei „Christliche Arbeiterpartei" und stellte sie der Sozialdemokratischen Partei entgegen. Die „Allgemeinen Grundsätze" des Programms dieser Partei waren in folgenden Thesen formuliert: die Christlichsoziale Arbeiterpartei steht auf dem Boden des christlichen Glaubens und der Liebe zu König und Vaterland; sie verwirft die gegenwärtige Sozialdemokratie als unpraktisch, unchristlich und unpatriotisch; sie erstrebt eine friedliche Organisation der Arbeiter, um in Gemeinschaft mit den anderen Faktoren des Staatslebens die notwendigen praktischen Reformen anzubahnen; sie verfolgt als Ziel die Verringerung der Kluft zwischen reich und arm und die Herbeiführung einer größeren ökonomischen Sicherheit.

Im Programm und in allen Dokumenten der Christlichsozialen Arbeiterpartei wird unaufhörlich betont, daß die ökonomischen Forderungen unter kirchlich-evangelischer Führung und im Rahmen der existierenden ökonomischen und politischen Zustände der Gesellschaft verwirklicht werden müssen, die für unantastbar erklärt werden. In der Folgezeit entartete diese Partei zu einer offen chauvinistischen und reaktionären bürgerlichen Organisation, die vollständig im Solde des deutschen Imperialismus stand.

Aber weder den protestantischen noch den katholischen Geistlichen gelang es, die Gewerkschaftsbewegung in Deutschland ihrem Einfluß zu unterwerfen. Nach statistischen Angaben des Jahres 1907 waren von 2,3 Millionen Gewerkschaftsmitgliedern dreihunderttausend in christlichen (katholischen und protestantischen) Gewerkschaftsverbänden organisiert, das heißt ungefähr 13 Prozent aller Mitglieder der Gewerkschaftsbewegung in Deutschland.

In England war die vorherrschende anglikanische Geistlichkeit, die mit der konservativen Partei (den Tories) sympathisierte, mit dem Adel liiert. Aber ein gewisser Teil der englischen Geistlichkeit brachte Mitgefühl mit den Arbeitern zum Ausdruck und war bereit, deren Kampf für die Verbesserung der sozialen, wirtschaftlichen Lage zu unterstützen. Dieses Engagement der Geistlichkeit nahm nach der Chartistenbewegung und den revolutionären Ereignissen von 1848–1849 auf dem europäischen Kontinent zu. Eine Gruppe von Geistlichen der anglikanischen Kirche gründete die Zeitschrift „Der christliche Sozialist". Die auf den Seiten dieser Zeitschrift geäußerten Ansichten waren ein Gemisch Lemennaisscher Thesen und von Kritik des ökonomischen Liberalismus sowie von Ideen des Genossenschaftssozialismus. In der Zeitschrift wurde die Notwendigkeit einer vollständigen moralischen Wiedergeburt der Menschen betont, die man als die wichtigste Voraussetzung zur Befreiung der Volksmassen von Ausbeutung und Elend ausgab.

Am Ende des XIX. Jahrhunderts entstanden in England auch Organisationen wie die „Christliche soziale Gesellschaft" und die „Gilde des Heiligen Matthäus". In den Programmen dieser Organisationen heißt es: „Der christliche Sozialismus strebt danach, die Prinzipien, die in dem Leben und den Lehren von Jesus Christus enthalten sind, in der industriellen Organisation der Gesellschaft zu verwirklichen."[31] Um dieses Ziel zu erreichen, schlug man vor, allmählich die gesellschaftliche Kontrolle über den Grundbesitz und das Kapital einzuführen und die Gesellschaft auf der Grundlage gut organisierter Arbeit und moralischer Werte und nicht auf der Grundlage des Vorrechtes des Gesetzes und der Monopole zu organisieren.

Die Chancen des christlichen Sozialismus in England erwiesen sich als genau so schlecht wie in den anderen Ländern. Die führenden Kreise und die höhere anglikanische Geistlichkeit standen dieser Bewegung ablehnend gegenüber. Der Bischof der anglikanischen Kirche in London verbot dem bedeutendsten Vertreter des christlichen Sozialismus in England, Kingsley, „progressive" Ideen zu verkünden.

Die Ideen des christlichen Sozialismus fanden aber auch bei den breiten Massen der Arbeiter keinen spürbaren Anklang, die erbitterte Klassenkämpfe zur Durchsetzung ihrer ökonomischen und politischen Forderungen austrugen. Die unter Mitwirkung der Anhänger des christlichen Sozialismus geschaffenen Produktionsgenossenschaften unterlagen entweder in der Konkurrenz mit den kapitalistischen Betrieben oder sie wurden selbst zu kapitalistischen Betrieben, die nichts mehr mit dem „Geist der christlichen Nächstenliebe" zu tun hatten. Schließlich verstärkte sich unter den Verfechtern des christlichen Sozialismus der der anglikanischen Geistlichkeit eigene Drang „an den Tisch der Reichen". Diese Tatsache blieb der breiten Öffentlichkeit nicht verborgen und beschleunigte die Isolierung des christlichen Sozialismus von der Massenbewegung der Arbeiter in England.

Einige Ansichten des christlichen Sozialismus wurden auch in den Lehren der religiösen Sekten (Baptisten, Quäker und andere) vertreten, die sich von der protestantischen Kirche gelöst hatten und die in England und vor allem in den USA weite Verbreitung fanden. Diese Sekten verurteilten die soziale und materielle Ungleichheit der Menschen, und riefen dazu auf, die Gesellschaft durch moralische Erneuerung und christliche Nächstenliebe zu heilen.

Die religiösen Sekten lehnten anfangs die offizielle Kirche und das Kirchenritual ab, traten gegen den Luxus der Kirchenfürsten auf und befürworteten die aktive Teilnahme im Kampf um die Befreiung der Neger in den USA. Ähnliche Auffassungen in den Lehren der Quäker, Baptisten und anderen Sekten, die ganz und gar nicht sozialistisch waren, trugen progressiven und demokratischen Charakter. Aber später büßte die Lehre der protestantischen Sekten ihren progressiv-demokratischen Charakter ein; die Sekten wurden zu aktiven Helfern der ameri-

[31] Zitiert nach Carl Stegmann und C. Hugo, Handbuch des Socialismus, Zürich 1897, S. 121.

kanischen Kapitalisten bei der rücksichtslosen Ausbeutung und der geistigen Unterjochung der Werktätigen ihrer Länder, der Kolonialvölker und der anderen abhängigen Länder.

Der christliche Sozialismus breitete sich auch in Rußland aus, wo die herrschende orthodoxe Kirche die offizielle Staatsreligion vertrat. Sie war anfangs einer der Stützen der feudalen Leibeigenschaftsordnung im Lande und später des militanten russischen Feudalimperialismus. Die führenden Kreise und die Obrigkeit der russisch-orthodoxen Kirchenhierarchie bemerkten am Ende des XIX. und am Anfang des XX. Jahrhunderts mit Unruhe die Ausbreitung der Ideen des Marxismus und das Anwachsen der revolutionären Stimmung unter den Arbeitern. Die Geistlichen übernahmen es, eine aktive antisozialistische Propaganda unter der „Gläubigenherde" durchzuführen. Um die Geistlichkeit und diese Propaganda vorzubereiten, wurde ein spezielles „Programm zur Entlarvung des Sozialismus" aufgestellt.

Der Schwerpunkt wurde in dem Programm auf den Kampf mit dem Marxismus gelegt, der als „der kämpferischste, mächtigste und gefährlichste Zweig des Sozialismus" charakterisiert wurde.

Die Vertreter der russisch-orthodoxen Kirche, die Bischöfe, Geistlichen und Professoren der geistlichen Akademien, hielten jedes Zusammengehen mit dem Sozialismus für gefährlich und verurteilten auch die These des christlichen Sozialismus von der Gemeinsamkeit der Hauptforderungen des Sozialismus mit denen der christlichen Religion. Die rechtgläubige theologische Zeitschrift „Glaube und Vernunft" schrieb hierzu: „Von einer Annäherung der Ideale des Christentums und des Sozialismus kann keine Rede sein, da das Christentum in der Hauptsache zum Himmel weist, der Sozialismus jedoch seinen Blick auf die Erde richtet".[32]

Analoge Ausführungen finden sich auch in den Arbeiten des Professors der Kiewer geistlichen Akademie A. Genc, des Oberpriesters N. Stelleckij, des Oberpriesters I. Vostorgov, des Geistlichen P. Albickij und anderen.[33]

Diese Autoren richteten jedoch bei ihrer Kritik am Sozialismus ihr Augenmerk nicht hauptsächlich auf das Problem der Ablehnung des religiösen Glaubens durch den Sozialismus, sondern auf die sozialistische Lehre von der Beseitigung des Privateigentums an den Produktionsmitteln, von der Beseitigung der Ausbeutung des Menschen durch den Menschen, von der Liquidierung der Klassenunterschiede zwischen den Menschen und anderem. Vostorgov behauptete zum Beispiel, daß man weder im Alten Testament noch in der Lehre von Christus „etwas über die Ablehnung des Eigentumsbegriffs oder des Rechts auf Eigentum finden kann". Stelleckij verteidigte das Privateigentum, indem er es theologisch als „bedingtes

[32] Vera Prazum, Moskva 1908, S. 43.

[33] A. Genc, Christianstvo i socializm. Religija Socializma, Moskva 1908, S. 3, 10–11, 13–14, 16; N. Stelleckij, Socializm, ego istorija i kritičeskaja ocenka s christianskoj zrenija, Kiev 1905, S. 48, und P. Albickij, Christianstvo i socializm, Černigov 1907, S. 33.

Eigentum" oder als Gabe auslegte, das sein Besitzer von Gott als dem obersten Eigentümer aller irdischen Güter erhalten hat.[34]

Diese Autoren machten die „Sündhaftigkeit der menschlichen Natur" sowie die verschiedene Befähigung der Menschen für die Klassenunterschiede der Menschen und das Elend der werktätigen Massen verantwortlich. Sie behaupteten, daß es auch dann in der Gesellschaft bald wieder zu einer neuen Klassendifferenzierung der Menschen, zur erneuten Aufspaltung in reiche und arme kommen würde, wenn die Forderungen der Sozialisten, das Eigentum der Kapitalisten und Grundbesitzer zu vergesellschaften, verwirklicht werde. Die Klassenunterschiede der Menschen und die Armut der Volksmassen sind nach ihrer Meinung nicht nur unausweichliche, sondern notwendige Erscheinungen in jeder Gesellschaft. Ihren Behauptungen zufolge würde die Liquidierung dieser Erscheinungen die Antriebe zur Arbeit und zur Zusammenarbeit zwischen den Menschen zerstören, zu einer allgemeinen Armut führen usw.[35]

Die rechtgläubigen Geistlichen erklärten die sozialistische Lehre vom Klassenkampf als Sünde. In der Zeitschrift „Glaube und Vernunft" liest man hierzu: „In keinem anderen Punkt seiner Lehre befindet sich der moderne Sozialismus in krasserem Gegensatz zur Lehre des Christentums als in dieser Frage". Mit ähnlichen Äußerungen traten A. Genc, der Wolinsker Bischof Antonius und andere auf.[36] Die rechtgläubigen Geistlichen versuchten den Arbeitermassen einzureden, daß eine neue Ordnung keine sonderlichen Perspektiven habe, wenn die sozialistische Revolution verwirklicht würde. Genc äußerte zum Beispiel, daß der Sozialismus über keinerlei Garantien für die Beständigkeit und Stabilität seiner Existenz verfüge.[37] Stelleckij schrieb: „Im Sozialismus wird die Menschheit der Macht einer ungebildeten Masse ausgeliefert. Dies wäre ein echter Rückfall in den Urzustand der Wilden".[38] Er behauptete auch, daß es in der sozialistischen Gesellschaft eine weitgehende Reglementierung aller Tätigkeiten und Handlungen der Menschen geben wird, wodurch sie vollständig ihrer Individualität beraubt würden. Nach der Meinung dieser Autoren wird die schöpferische Persönlichkeit des Menschen und seine Freiheit im Sozialismus dem materiellen Wohlstand zum Opfer gebracht.[39]

Ein gewisser Teil der rechtgläubigen Geistlichkeit und der weltlichen Anhänger der rechtgläubigen Religion brachte jedoch im Unterschied zu den Würdenträ-

[34] I. Vostorgov, Christianstvo i socializm, Moskva 1907, S. 156, und N. Stelleckij, Socializm ..., a. a.O., S. 100, 107, 108.

[35] S. Šarapov, Socializm, Moskva 1907, S. 7, 8, und N. Stelleckij, Novejšij socializm i christianstvo, Charkov 1912, S. 96.

[36] Vera i razum, a. a. O., S. 51; A. Genc, Christianstvo ..., a. a. O., S. 5–7 und M. Šejnman, Christianskij socializm, Moskva 1969, S. 159.

[37] A. Genc, Christianstvo ..., a. a. O., S. 8.

[38] N. Stelleckij, Novejšij socializm ..., a. a.O., S. 121.

[39] A. Genc, Christianstvo ..., a. a. O., S. 3, 25, und N. Stelleckij, Novejšij socializm ..., a. a. O., S. 169.

gern und Propagandisten der rechtgläubigen Kirche seine Sympathien mit den Ideen des christlichen Sozialismus zum Ausdruck. Die Propagierung des christlichen Sozialismus nahm in Rußland in den Jahren der ersten russischen Revolution zu. Ein bedeutender Teil der russischen liberalen Bourgeoisie, der sich vor einer echten revolutionären Bewegung der Volksmassen fürchtete, sah im christlichen Sozialismus ein Mittel, um dem wachsenden Einfluß des Marxismus unter den Arbeitern entgegenzuwirken und um die Arbeiter vom revolutionären Kampf abzulenken. Verschiedene Vertreter der Geistlichkeit, die Anhänger bürgerlicher Parteien waren (Sozialrevolutionäre, Volkssozialisten und andere mehr), propagierten den christlichen Sozialismus. Im Jahre 1905 wurde eine christlich sozialistische Partei organisiert („Christliche Bruderschaft des Kampfes"). In der Satzung der Partei wurde sie als „Organisation der arbeitenden Massen für einen breiten Kulturkampf zur Verwirklichung des christlichen Sozialismus auf der Erde" definiert. Im Programm wurde jedoch der friedliche Charakter der Opposition dieser Partei gegen die zaristische Selbstherrschaft betont.[40]

Auf den gleichen Positionen standen auch solche Anhänger des christlichen Sozialismus in Rußland wie die Geistlichen L. Denisov, G. S. Petrov, der Archimandrit Michail und andere.

Denisov stützte sich auf einige Texte des Evangeliums und auf Äußerungen einzelner Theologen des Mittelalters (Johann Slatous) und folgerte, daß „die evangelische Lösung des großen sozialen Problems im wesentlichen gleichartig ist mit den prinzipiellen Ansichten jener sozialen Lehre, die man nach dem Namen ihres Begründers Marxismus nennt".[41] Er verschwieg die Aussagen derselben christlichen Kirchenväter, in denen sie der Sklaverei sowie der sozialen und materiellen Ungleichheit ihren Segen gaben.

G. S. Petrov, ein Gesinnungsgenosse von Denisov, sah die Ursache für die von ihm kritisierten sozialen Erscheinungen in Rußland (die ungleichen Vermögensverhältnisse, die ökonomische und politische Unterdrückung der Volksmassen, das Elend der Werktätigen usw.) nicht in der gesellschaftlich-ökonomischen Ordnung selbst, sondern in der „Sündhaftigkeit" der Menschen, in ihrem Vergessen der evangelischen Gebote von der „Nächstenliebe". Er rief zur „geistigen Wiedergeburt" der Menschen auf, und zwar in erster Linie der Menschen aus den herrschenden Klassen, damit diese freiwillig auf ihre privilegierte Lage zugunsten der von ihnen ausgebeuteten Volksmassen verzichten.

Mit analogen Aufrufen trat auch der Professor der Petersburger geistlichen Akademie, Archimandrit Michail, auf. Er sprach von der „Nähe und Gleichartigkeit der Forderungen des Christentums und des Sozialismus, äußerte sich aber gleichzeitig positiv über das soziale Programm von Papst Leo XIII., das bekanntlich eine deutlich ausgeprägte antisozialistische Tendenz hatte. Dieser Theoretiker

[40] A. Genc, Christianskij socializm, Religija socializma, Moskva 1906, S. 10 (russ.).

[41] L. Denisov, Trud i prazdnost' (evangel'skoe rešenie social'noj problemy), Moskva 1906, S. 6, 7.

des pfäffischen „Sozialismus" verkündete, daß „das Christentum . . . niemals einen Kampf mit Gewalt führen wird".[42] Das von ihm aufgestellte „Programm der russischen christlichen Sozialisten" beschränkt sich auf die Forderung einzelner durchaus gemäßigter bürgerlich-demokratischer Reformen; die Grundlagen des Kapitalismus und sogar des in eine „konstitutionell-parlamentarische Monarchie" umzuwandelnden Zarismus sollten erhalten bleiben.[43]

Der ehemalige legale Marxist und spätere rechte Kadett S. Bulgakov, der in der Folgezeit zum Geistlichen der rechtgläubigen Kirche wurde und nach 1917 ein aktiver Teilnehmer an der weißgardistischen Konterrevolution war, predigte ebenfalls den christlichen Sozialismus. Er schrieb, daß „im Sozialismus als wirtschaftliche Organisation . . . die christliche Idee enthalten (ist)" und daß „prinzipiell der christliche Sozialismus . . . durchaus möglich (ist)".[44]

Gleichzeitig befürwortete Bulgakov die Erhaltung des Privateigentums, darunter des Eigentums der Kapitalisten und Grundbesitzer, ferner die Beibehaltung der Teilung der Gesellschaft in antagonistische Klassen und der Ausbeutung des Menschen durch den Menschen. Er schrieb, daß die Äußerungen der Apostel, in denen von den Sklaven Gehorsam gegenüber ihren Herren gefordert wird, durchaus auf die kapitalistische Epoche angewandt werden können; sie sind also als eine Rechtfertigung der kapitalistischen Ordnung durch das Christentum zu verstehen. Nach seinen Worten „führt der christliche Weg zur wirtschaftlichen Freiheit", das heißt zur Lösung aller ökonomischen Probleme und Widersprüche der kapitalistischen Gesellschaft, „nicht durch die Wirtschaft, sondern über eine höhere Ebene, über die Umwandlung der menschlichen Natur". „Jeder gläubige Christ soll seine geistige Freiheit vor der Wirtschaft bewahren", da die „wirtschaftliche Freiheit für die christliche Freiheit ohne Bedeutung ist".[45]

Ein solcher Aufruf zum christlichen Weg „über die Wirtschaft hinweg", zur „geistigen Freiheit von der Wirtschaft" bedeutet, die Menschen vom Kampf für eine Umwandlung der Gesellschaft abzuhalten und sie auf eine Reinigung ihrer Seelen von der „sündigen Verderbtheit" zu orientieren. Bulgakov erging sich in bösartigen Ausfällen gegen den wissenschaftlichen Sozialismus. Er schrieb, daß die Erreichung der historischen Ziele des wissenschaftlichen Sozialismus dazu führe, daß der „Überfluß" an materiellem Wohlergehen in der sozialistischen Gesellschaft die unausweichliche Übersättigung und sogar die „geistige Entartung" der Menschen zur Folge hätte.

Eine ausführliche Charakterisierung der geistlichen und weltlichen Propagandisten des christlichen Sozialismus findet sich in den Werken Lenins. W. I. Lenin schrieb, ein solches „Pfäfflein ist ein Anhänger der ‚Liebe' und ein Feind des

[42] Archimandrit Michael, Christianstvo i socialdemokratija, Peterburg 1908, S. 31.

[43] M. Šejnman, Christianskij socializm, a. a. O., S. 138–139.

[44] S. Bulganov, Cerkov' i social'nyj vopros. – „Voprosy religii", 1. Aufl., Moskva 1906, S. 307.

[45] S. Bulgakov, Christianstvo i socializm, Moskva 1917, S. 11, 13.

Hasses'. In dieser Hinsicht teilt es ganz den tolstoianischen (man kann auch sagen: christlichen) zutiefst reaktionären Standpunkt, den ständig unsere Kadetten und ihresgleichen vertreten. Von irgendeiner ‚Sozialisierung des Grund und Bodens' zu träumen, von der ‚sozialistischen' Bedeutung der Genossenschaften und von ‚Normen des Bodenbesitzes' zu schwatzen ist ein solches Pfäfflein sicher nicht abgeneigt, sowie aber der Haß an die Stelle der ‚Liebe' tritt, streicht es gleich die Segel, macht schlapp und flennt... Geht es um einen Sozialismus der humanen Phrase, so sind wir dafür; geht es aber um die revolutionäre Demokratie, so sind wir dagegen."[46]

Die Versuche solcher „volksliebenden" und liberalen Pfäfflein, im organisatorischen und theologischen Rahmen der offiziellen rechtgläubigen Kirche den „Sozialismus der humanen Phrase" zu pflegen, konnten unter den breiten Volksmassen Rußlands keinen Erfolg haben; zu offensichtlich war die enge Verbindung der rechtgläubigen Kirche und ihrer Vasallen mit der ökonomischen und politischen Ordnung des zaristischen Rußlands. Der spontane Protest der Volksmassen gegen die alte, feudalistisch-leibeigenschaftliche und die sich entwickelnde kapitalistische Ordnung sowie das Freiheitsstreben des Volkes fanden außerdem nicht selten ihren Ausdruck in den gewohnten Formen des religiösen Denkens und der religiösen Vorstellungen.

Der massenhafte Ruin von Bauern nach der Abschaffung der Leibeigenschaft rief bei vielen von ihnen den Wunsch nach einem „gerechten Leben" wach. Sie suchten nach einem besonderen christlichen Glauben, der sich grundlegend von dem unterscheidet, der von der rechtgläubigen Kirche gepredigt wurde. In diesem Zusammenhang verstärkte sich in der zweiten Hälfte des XIX. und am Anfang des XX. Jahrhunderts in bedeutendem Maße die Sektenbewegung (Baptisten, evangelische Christen usw.). Diese Bewegung brachte in gewissem Maße den in einen religiösen Mantel gehüllten sozialen Protest der Volksmassen zum Ausdruck. W. I. Lenin schrieb hierzu, „daß die Bewegung der Sektenanhänger in Rußland in vielen ihren Erscheinungsformen zu den demokratischen Strömungen Rußlands gehört..."[47]

Nach den Angaben des bedeutendsten Erforschers der Sektenbewegung in Rußland, V. D. Bonč-Brujevič, eines anerkannten Aktivisten der bolschewistischen Partei, waren am Ende des XIX. Jahrhunderts ungefähr 20 Millionen Menschen von der Sektenbewegung erfaßt.[48] Die radikalsten Teilnehmer dieser Bewegung traten gegen das Privateigentum auf und sprachen sich für die kollektive Arbeit und die kollektive Aneignung der Produkte der Arbeit aus. Sie versuchten diese Ideen zu realisieren, indem sie sich zu landwirtschaftlichen Gemeinwesen zusammenschlossen. Allerdings kam es auch unter den Sektenanhängern zu einer

[46] W. I. Lenin, Was tut sich in der Volkstümlerrichtung und was tut sich auf dem Lande, in: Werke, Bd. 18, Berlin 1962, S. 553.

[47] W. I. Lenin, Resolutionsentwurf über die Herausgabe eines Organs für Sektenanhänger, in: Werke, Bd. 6, Berlin 1956, S. 474.

[48] W. D. Bonč-Brujevič, Iz mira sektantov, Moskva 1922.

Klassendifferenzierung, zur Herausbildung einer reichen Obrigkeit, die erbarmungslos die Armen und in erster Linie ihre eigenen Glaubensbrüder ausbeutete.

Seinem Wesen nach war das Sektentum in Rußland eine Erscheinungsform des kleinbürgerlichen Sozialismus, das dem sich entwickelnden Kapitalismus eine historisch überlebte patriarchalische und kleinbetriebliche Wirtschaft der Bauern und Handwerker entgegenstellte. Die Hauptmasse der Anhänger der Sektenbewegung befreite sich vom Einfluß der Illusionen des christlichen Sozialismus, nahm mit der anwachsenden revolutionären Bewegung gegen die Selbstherrschaft und den Kapitalismus Kontakt auf und begrüßte mit Anteilnahme die Große Sozialistische Oktoberrevolution. Die Führer der Sektengruppen, die die Interessen ihres bürgerlich-großbäuerlichen Teils zum Ausdruck brachten, fanden sich (zusammen mit solchen christlichen Sozialisten wie Psirov, Bulgakov und anderen) im Lager der Konterrevolution wieder.

8. KAPITEL

Die sozialistische Wirtschaft in der Sicht der Grenznutzenschule

Das letzte Drittel des XIX. Jahrhunderts war durch einen radikalen Umschwung im bürgerlichen ökonomischen Denken gekennzeichnet, durch den Übergang zur subjektiven Grenznutzentheorie (Marginalismus[1]). Das war eine Reaktion auf die von der Arbeitswerttheorie ausgehenden Ideen der marxistischen politischen Ökonomie. Die Grenznutzentheoretiker traten nicht nur gegen die Arbeitswertlehre auf, sondern hielten es auch für unmöglich, daß die sozialistische Wirtschaft reibungslos funktioniert.

Hermann Heinrich Gossen, der die subjektive Grenznutzentheorie lange vor ihrer allgemeinen Anerkennung in der bürgerlichen politischen Ökonomie entwickelt hatte, benutzte sie zur Kritik der sozialistischen Wirtschaftsprinzipien. Seine im Jahre 1854 erschienene Arbeit war gegen die utopischen Sozialisten gerichtet. Die „ewigen" ökonomischen Gesetze, deren Wirken Gossen aus seiner Grenznutzentheorie erklärte, verglich er mit den von Kopernikus entdeckten Bewegungsgesetzen der Himmelskörper. Ein Übergang zur Planwirtschaft würde das Wirken dieser Gesetze zerstören, wodurch es zu einer Katastrophe für die Menschheit käme. Deshalb hielt Gossen eine zentralisierte Planung der Wirtschaft für unlösbar. Er schrieb, daß „... aus den ... gefundenen Sätzen über das Genießen (des Subjekts – der Verf.), und infolgedessen über das Steigen und Sinken des Wertes jeder Sache mit Verminderung oder Vermehrung der Masse und der Art, wie sich hierdurch die Preise feststellen", abzuleiten sei, „daß nur durch

[1] Unter Marginalismus versteht man nicht jede ökonomische Theorie, die mit Grenzgrößen operiert, sondern nur die subjektive Richtung (die Grenznutzentheorie) in der bürgerlichen politischen Ökonomie.

Feststellung des Privateigentums der Maßstab gefunden wird zur Bestimmung der Quantität, welche den Verhältnissen angemessen am zweckmäßigsten von jedem Gegenstande zu produzieren ist. Darum würde denn die von Kommunisten projektierte Zentralbehörde zur Verteilung der verschiedenen Arbeiten und ihrer Belohnung sehr bald die Erfahrung machen, daß sie sich eine Aufgabe gestellt habe, deren Lösung die Kräfte einzelner Menschen weit übersteigt".[2]

Geht man von der subjektiven Bewertung des Nutzens aller wirtschaftlichen Handlungen aus, so wird die ökonomische Messung und die Volkswirtschaftsplanung tatsächlich zu einer unlösbaren Aufgabe.

Daß ein zentrales Planungsorgan unmöglich die Wandlungen in den Empfindungen der Individuen im einzelnen berücksichtigen kann, wird in der Folgezeit zum Leitsatz der Angriffe bürgerlicher Ökonomen auf die sozialistische Wirtschaftstheorie. Mit Hilfe der subjektiven Nutzentheorie versuchten sie zu beweisen, daß das Privateigentum eine ewige ökonomische Kategorie ist.

Gegen Ende des XIX. und zu Anfang des XX. Jahrhunderts beginnen die Vertreter der marginalistischen Richtung jedoch bereits eine flexiblere Haltung gegenüber den Funktionsmöglichkeiten einer sozialistischen Wirtschaft einzunehmen. Von dem Schweizer Ökonomen L. Walras wurde zur Bestimmung der Konsumgütermenge und ihrer Preise ein geschlossenes Gleichungssystem vorgeschlagen[3]. Eine Grundvoraussetzung des Marktes besteht nach der Theorie von Walras darin, daß der einzelne Produzent außerstande ist, den Preis zu beeinflussen. Walras analysierte die Bedingungen der „vollkommenen" Konkurrenz, die sich wesentlich von der freien Konkurrenz unterscheidet, wie sie die „Klassiker" der vulgären bürgerlichen politischen Ökonomie als freien Zugang zum Markt definierten. In der Konzeption von Walras ist das Marktgleichgewicht vollständig durch die Ausgangsbedingungen bestimmt, obwohl nicht verständlich ist, wie dieser Zustand erreicht wird. Eine Reihe bürgerlicher Ökonomen mußte jedoch einräumen, daß es wesentlich leichter ist, das ökonomische Gleichgewicht in einer organisierten Wirtschaft zu erreichen als unter Bedingungen der Spontaneität und des Marktes.

2 Hermann Heinrich Gossen, Entwicklung der Gesetze des menschlichen Verkehrs und der daraus fließenden Regeln für menschliches Handeln, Berlin 1889, S. 231.

3 Eine mathematische Interpretation der Gleichgewichtstheorie gab L. Walras erstmals im Jahre 1874 in der Arbeit „Elemente der reinen politischen Ökonomie". In dieser Arbeit stellte er die gesamte Produktion und Konsumtion in Form von linearen Gleichungen dar, in denen das allgemeine Angebot an produktiven Dienstleistungen, die Bedingungen zur Herausbildung der Gesamtnachfrage nach Gebrauchsgütern, ihre Gleichheit und die Ausgleichung der Aufwendungen widergespiegelt sind. Eine Weiterentwicklung erfuhr diese Theorie später durch V. Pareto, J. Hicks, P. Samuelson und Anfang der dreißiger Jahre dieses Jahrhunderts durch W. Leontjew (vgl. G. I. Grebzov, B. M. Smechov, L. I. Smoljar, A. G. Granberg, Osnovy razrabotki meshotraslevogo balansa, unter Redaktion von A. G. Aganbegjan, Moskva 1962, S. 26f.).

Wir weisen darauf hin, daß die Produktionsweise in der formalistischen Theorie von Walras faktisch außer Betracht bleibt. Deshalb kann man mit ihr selbstverständlich keine politökonomischen Probleme lösen. Bei einem kritischen Verhältnis zu dieser Theorie kann sie jedoch für die Analyse einiger ökonomischer Aufgaben der effektiven Organisation der Produktion genutzt werden.

Daß der Preis in der Theorie von Walras keine politökonomische Kategorie ist, die mit der Produktionsweise zusammenhängt, zog bereits Ende der achtziger Jahre des vergangenen Jahrhunderts die Aufmerksamkeit auf sich. Der bekannte österreichische bürgerliche Ökonom von Wieser schrieb hierzu: „Den Wert, wie er aus dem gesellschaftlichen Verhältnisse von Gütermenge und Nutzen hervorgeht, oder den Wert im kommunistischen Staate will ich fortan den natürlichen Wert nennen ... Auch in einer Gesellschaft, in einem Staate mit kommunistischer Ordnung der Wirtschaft würden die Güter nicht aufhören Wert zu besitzen. Bedürfnisse werden nach wie vor da sein, nach wie vor würden die verfügbaren Mittel für ihre volle Sättigung nicht ausreichen und der Menschen Herz würde sich nach wie vor an den Besitz hängen. Man würde alle Güter, die nicht freie Güter sind, nicht bloß für nützlich, sondern zugleich auch für wertvoll erkennen und würde den Wert nach dem Verhältnisse abstufen, in welchen die verfügbaren Vorräte zum Bedarf stehen und das sich letztlich im Grenznutzen ausdrückt."[4]

Nach Meinung Wiesers sind Preis, Zins, Rente u. a. ewige Kategorien, die ihre Funktionen im Sozialismus genauso wie im Kapitalismus haben können. „Der natürliche Wert", schrieb Friedrich Wieser, „ist eine neutrale Erscheinung, deren Untersuchung nichts für und nichts wider den Sozialismus beweisen kann, wie immer sie auch ausfallen möge. Sind Landrente und Kapitalzins natürliche Werterscheinungen, so werden sie eben auch im sozialistischen Staate zur Geltung kommen, ohne daß dieser sich deshalb aufzulösen und Landeigentümer und Kapitalisten den Platz zu räumen brauchte. Man kann jeder natürlichen Wertform ihre staatliche Bestimmung belassen, ohne irgend ein persönliches Vorrecht des Einkommens damit zu verbinden."[5] Während er verkündete, „... daß er fort und fort wider die Sozialisten zu sprechen habe", betonte Wieser seinen Wunsch, sich „... durchaus innerhalb des neutralen Gebietes des natürlichen Wertes. . ." zu halten.[6]

Gegenüber der sozialistischen Wirtschaft unterschied sich die Position Wiesers somit deutlich von der Gossens. Wieser bemerkte richtig, daß solche Kategorien wie Preis, Zins, Rente usw. auch in der sozialistischen Wirtschaft existieren können, er versuchte aber gleichzeitig den „ewigen" Charakter dieser Kategorien zu begründen, womit er vollkommen ihre reale historische Bedeutung verfälschte.

Wieser betont die „Neutralität" dieser Kategorien, bleibt indes selbst nicht neutral. So sprach er sich zwar nicht direkt gegen die Möglichkeit und Notwendig-

[4] Friedrich von Wieser, Der natürliche Werth, Wien 1889, S. 59f.

[5] Ebenda, S. 63.

[6] Ebenda, S. 63.

keit der Erforschung der spezifischen Produktionsverhältnisse aus, in denen seine „neutralen“ Kategorien gültig sein sollen, versuchte aber die Erforschung der Produktionsverhältnisse durch seine Theorie zu ersetzen und zog sogar unmittelbar gegen die wissenschaftliche, marxistische Auslegung der Produktionsverhältnisse des Kapitalismus zu Felde.

Wiesers Theorie wurde in den Arbeiten bürgerlicher Ökonomen weiterentwikkelt. Der italienische bürgerliche Ökonom V. Pareto, der Schüler und Nachfolger von Walras war, nimmt einen bedeutenden Platz unter den bürgerlichen Theoretikern ein, die versuchten, als Gegengewicht zum Marxismus eine eigene Deutung des sozialistischen Wirtschaftssystems zu geben. Pareto nutzte das ganze Arsenal von Argumenten und analytischen Methoden der subjektiven Werttheorie, um die sozialistische Wirtschaftsordnung formal zu interpretieren. Dabei ließ er jedoch ihren realen historischen Gehalt vollständig außer acht. Gerade deshalb werden die Konzeptionen von Pareto auch heute noch bei der Ausarbeitung bürgerlicher und revisionistischer Sozialismusmodelle verwendet.[7] V. Pareto war ein erklärter Gegner des Marxismus. Er schrieb eine Reihe von Arbeiten, in denen er versuchte, die Logik des „Kapitals“ von Karl Marx und die Theorie des wissenschaftlichen Sozialismus zu widerlegen. Die Ansichten des bürgerlichen Ideologen sind überaus widersprüchlich; einerseits kritisierte er von einem reaktionären Standpunkt aus die bürgerliche Theorie, andererseits trat er als Anhänger des ökonomischen Liberalismus sowie als Gegner von Protektionismus und Staatsintervention auf. Letzten Endes erwies sich sein „Ideal“ als eine gewisse Ergänzung des kapitalistischen Marktes durch die autoritäre Lenkung einer „ausgewählten Elite“. Nicht zufällig genoß Pareto wegen seiner Ansichten das Wohlwollen der italienischen Faschisten.

Seine Konzeption für die Wirtschaft des Sozialismus formuliert Pareto wie folgt: „Betrachten wir eine kollektivistische Gesellschaft, deren Ziel darin besteht, für ihre Mitglieder ein Maximum an Wohlstand zu erreichen. Das Problem spaltet sich in zwei Teile, die nicht nach denselben Kriterien gelöst werden können. 1. Zum einen sind unter den Mitgliedern der Gesellschaft diejenigen Güter zu verteilen, die sie produziert hat oder über die sie verfügt. Hierbei müssen ethische und soziale Überlegungen angestellt werden, insbesondere sind die Nutzensbewertungen von verschiedenen Personen miteinander zu vergleichen usw. ... Diese Frage wollen wir als gelöst betrachten. 2. Zum anderen entsteht das Produktionsproblem, wie dann die ökonomischen Güter zu produzieren sind, damit entsprechend den Normen der Nutzenbewertung ein Maximum an Wohlstand erreicht wird.“[8]

[7] Nach Meinung des bürgerlichen Ökonomen und Dogmenhistorikers B. Seligman wurde mit den Arbeiten Paretos zu Problemen des Sozialismus die Grundlage für eine „rationelle sozialistische ökonomische Theorie“ gelegt. (Vgl. B. Seligmen (Seligman), Osnovnye tečenija sowremennoj ekonitčeskoj mysli, Moskva 1968, S. 257.)

[8] Vilfredo Pareto, Manuel d'economie politique, Paris 1909, S. 362 (Übersetzung der Zitate aus dem Russischen).

Pareto schlußfolgert, daß die Preise und der Kapitalzins, auch dann, wenn sie als „reale Erscheinungsformen" verschwinden, als „numerische Rechengrößen" bestehen bleiben, da ohne sie die „Produktionsministerien" einer sozialistischen Gesellschaft blind handeln würden. Nach Paretos Theorie muß ein kollektivistischer Staat, um einen maximalen gesellschaftlichen Wohlstand zu erreichen, überall eine einheitliche Zinsrate für das Leihkapital einführen und schließlich eine Verteilung realisieren, wie sie sich auch über den Markt bei freier Konkurrenz durchsetzen würde. Gleichzeitig erkennt aber Pareto an, daß ein kollektivistischer Staat unter bestimmten Bedingungen in der Lage ist, den Nutzen besser zu maximieren als eine Konkurrenzwirtschaft. Nach seiner Meinung unterscheidet sich das System der freien Konkurrenz vom System des Sozialismus vor allem durch die Prinzipien. Bei der Produktion hingegen müssen sich nach Meinung Paretos beide Systeme ein und desselben ökonomischen Instrumentariums bedienen und weisen hierin keine grundsätzlichen Unterschiede auf. Der „Sozialismus" Paretos hat zwar formell die Möglichkeit, eine effektive Produktion zu organisieren, jedoch sieht seine Konzeption nur eine Möglichkeit vor, die kaum realisiert wird. Pareto beendet seine Überlegungen mit folgender skeptischer Einschränkung: „In einem kollektivistischen Staat wird die Produktion durch staatliche Angestellte gelenkt werden, deren Ausgaben sich als höher und deren Leistungen sich als weniger effektiv erweisen können. Das würde die aufgezählten Vorteile kompensieren und zu Verlusten führen. Somit liefert die reine ökonomische Theorie kein Kriterium für die Auswahl zwischen Organisationen, die auf Privateigentum oder auf sozialistischer Ordnung gründen. Diese Frage kann nur unter Berücksichtigung anderer Aspekte gelöst werden."[9]

Pareto versuchte vom marginalistischen Standpunkt aus, die Wirtschaft des Sozialismus als eine besondere Wirkungsweise außerhistorischer ökonomischer Gesetze zu erklären. Das Ziel der sozialistischen Produktion wird von Pareto faktisch mit der Maximierung des subjektiven Gefühls der Genußbefriedigung bei den Individuen gleichgesetzt.[10]

Aus marginalistischer Sicht behandelt Pareto auch die Preisbildung in einer sozialistischen Wirtschaft. „Ein sozialistischer Staat steht vor folgendem Problem: welchen Preis muß ich festlegen, damit meine Untergebenen bei den gegebenen oder von mir für zweckmäßig erachteten Bedingungen ein Maximum an Nutzen erhalten."[11] Das Preisproblem in einer sozialistischen Wirtschaft wird bei Pareto mit dem Maximum an subjektivem Nutzen verbunden. Der Subjektivismus prägt seinen Standpunkt zur Wirksamkeit des Planungsorgans und seiner Ziele im Sozialismus. Er versuchte fundierter als seine Vorgänger, die Frage nach den ökonomischen Prozessen zu stellen, die unter den Bedingungen eines sozialistischen Produktionssystems ablaufen. Nach seiner Meinung leistet die von ihm

[9] Ebenda, S. 364.
[10] Ebenda, S. 167.
[11] Ebenda, S. 210f.

ausgearbeitete allgemeine Theorie alles, was zur Lösung des Problems der Effektivität einer beliebigen ökonomischen Ordnung notwendig ist, sei es nun einer Gesellschaft der freien Konkurrenz oder eines auf gesellschaftlichem Eigentum basierenden Systems. Die praktische Realisierbarkeit der sozialistischen Produktionsweise betrachtete Pareto isoliert von der allgemeinen ökonomischen Theorie, die nach seiner Meinung über die ökonomische Effektivität der Wirtschaft zu urteilen hat.

Wie Pareto in seiner Arbeit „Systèmes socialistes“ (1901–1902) klar zum Ausdruck brachte, war er ein offener Feind des Marxismus und ein Gegner des Sozialismus. Seine Argumentation gegen den Sozialismus trug allerdings sozialpolitischen und ethischen Charakter. Pareto attackierte einerseits den Sozialismus, anderseits erkannte er die Möglichkeit einer effektiven Organisation der Produktion im Sozialismus an.

Es muß auf die Unfähigkeit Paretos und v. Wiesers verwiesen werden, das Verhältnis zwischen abstrakter ökonomischer Theorie und konkreten sozialen und politischen Erfordernissen richtig zu bestimmen. Beide nahmen an, daß sie irgendeine sterile, vollkommen „neutrale“ ökonomische Theorie ausarbeiteten, obwohl es doch um das Funktionieren einer qualitativ neuen Gesellschaftsordnung ging.

Der Marxismus hat bewiesen, daß die Vergesellschaftung der Produktionsmittel sowie Veränderungen in den Produktionsverhältnissen nicht durch moralische Motive oder subjektive Wünsche erklärt werden können. Die Produktionsverhältnisse bestehen objektiv und hängen nicht vom Willen und den Wünschen der Menschen ab. Marx zeigt bereits in den vierziger Jahren des vorigen Jahrhunderts, daß es unrichtig ist, die politische Ökonomie mit der Moral zu verknüpfen. In den „Ökonomisch-philosophischen Manuskripten“ zum Beispiel nimmt Marx Ricardo in Schutz, als Michel Chevalier diesem vorwirft, „daß er von der Moral abstrahiert“.[12]

Friedrich Engels vermerkte ebenfalls, daß ein Hinweis auf die Ungerechtigkeit ökonomischer Erscheinungen oder Institutionen nicht im eigentlichen Sinne zur politischen Ökonomie gehört. Er schrieb hierzu: „Sagen wir nun: das ist unrecht, das soll nicht sein, so geht das die Ökonomie zunächst nichts an. Wir sagen bloß, daß diese ökonomische Tatsache unserem sittlichen Gefühl widerspricht.“[13] Die Stellungnahme von Engels zur Objektivität der ökonomischen Theorie steht jedoch in keiner Beziehung zur Frage der Neutralität gegenüber gesellschaftspolitischen Prozessen.

Was die Methodologie der ökonomischen Analyse betrifft, so gehört Pareto zu den Marginalisten, die versuchten, sich in einigen Fragen vom Subjektivismus zu lösen. Er sah nicht mehr im subjektiven Grenznutzen die einzige Grundlage des

[12] MEW, Ergänzungsband, Erster Teil, Ökonomisch-philosophische Manuskripte (1844), Berlin 1968, S. 551.

[13] Friedrich Engels, Vorwort zur ersten deutschen Ausgabe von Karl Marx' Schrift „Das Elend der Philosophie“, in: MEW, Bd. 21, Berlin 1962, S. 178.

Preises und erkannte die gleichwertige Bedeutung aller den Preis bildenden Faktoren an; unter Verwendung der Indifferenzkurven des englischen Ökonomen Edgeworth ersetzte er die Nutzeneinheit durch geordnete „Präferenzen“.

Pareto ging wie Gossen von subjektivistischen Prinzipien aus, teilte aber nicht dessen Ansicht, daß es im Sozialismus unmöglich sei, eine zweckmäßige Produktionsstruktur für die verschiedenen Erzeugnisarten zu bestimmen. Er argumentierte, daß der Hauptunterschied zwischen der freien Konkurrenz und der sozialistischen Wirtschaft (nach der Terminologie Paretos – zwischen den Erscheinungen des Typs I und III) in den Prinzipien der Einkommensverteilung bestehe. „Im Typ I“, schrieb Pareto, „vollzieht sich die Verteilung entsprechend sämtlichen historischen und ökonomischen Zufälligkeiten, unter denen sich die Gesellschaft entwickelt hat; im Typ III resultiert sie aus gewissen sozialethischen Prinzipien.“[14] Demnach besteht nach V. Pareto der wesentliche Unterschied in der Einkommensverteilung zwischen dem Typ I, der die freie Konkurrenz darstellt, und dem Typ III, der die Entwicklung der sozialistischen Wirtschaft kennzeichnet, darin, daß beim ersteren mehr oder weniger zufällige historische Gegebenheiten wirken, während im zweiten Fall den ethischen Prinzipien die Hauptrolle zufällt.

Ferner vergleicht Pareto die ökonomische Effektivität des Typs III, der der sozialistischen Wirtschaft entspricht, mit der Effektivität der Typen I und II, die das System der freien Konkurrenz und den Monopolkapitalismus charakterisieren. Mit Hilfe von Graphiken (siehe Abbildungen 1 und 2) demonstrierte

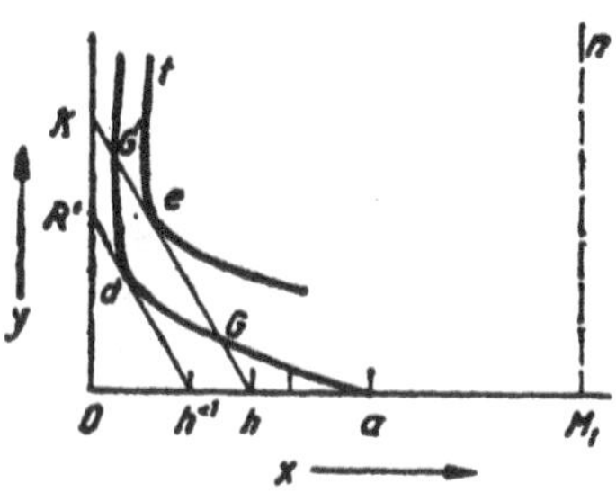
Abb. 1

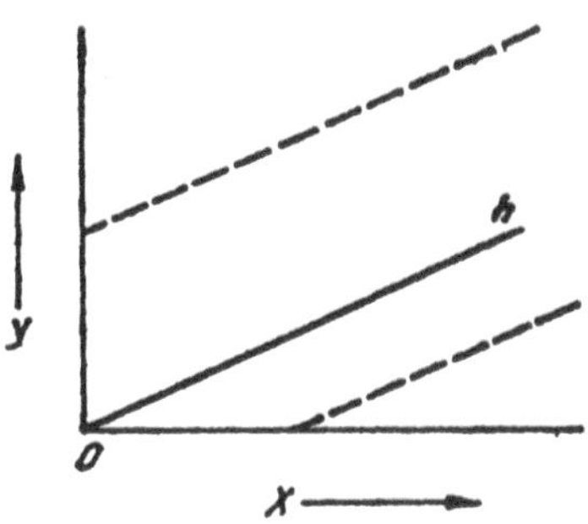

Abb. 2

Pareto den Vorteil der Konkurrenz gegenüber dem Monopolsystem und die Überlegenheit der sozialistischen Ordnung gegenüber den beiden anderen Systemen.

Auf den Achsen eines kartesischen Koordinatensystems wird die Anzahl der Einheiten zweier Waren abgetragen. Es wird angenommen, daß die Produktionsaufwendungen konstant sind und ihren Ausdruck in den Preisen finden. Die Preise der beiden Waren stimmen überein. Die verschiedenen Kombinationen

[14] Vilfredo Pareto, a. a. O., S. 363.

aus diesen beiden Waren bestimmen das Nutzensniveau. Kombinationen, die dem gleichen Nutzenniveau (ophélimité) entsprechen, stellen die Punktmengen der sogenannten Indifferenzkurven dar. Auf der angeführten Zeichnung sind das die Linien acdc' und t; k'h' und kh sind die sogenannten totalen Transformationskurven (Tausch-Bilanzgeraden), die das Verhältnis der Preise bzw. Produktionsaufwendungen zwischen beiden Waren anzeigen. Die Gleichgewichte entsprechen den Berührungspunkten der totalen Transformationskurven mit den Indifferenzkurven. Der Punkt M_1 kennzeichnet die maximal mögliche Menge der einen von beiden Waren.

Das Wirken des dem Typ II entsprechenden ökonomischen Mechanismus, in dem monopolistische Vereinigungen vorausgesetzt werden, führt nach Meinung Paretos dazu, daß das Gleichgewicht im Punkt d realisiert wird, d. h. längst nicht auf der günstigsten Indiffenzkurve (ein höheres Nutzenniveau stellt die Kurve t dar).

Auf der X-Achse trägt Pareto die Mengen produzierten Weines ab, auf der Y-Achse die Mengen hergestellten Essigs. Die Möglichkeiten zur Herstellung des einen Gutes an Stelle des anderen wird graphisch (siehe Abbildung 2) durch die Transformationslinien zum Ausdruck gebracht. Die Transformationslinien sind parallele Geraden, die mit der Achse OX einen Winkel von 45° bilden. Die Indifferenzkurve Oh hat den Index Null, es ist die totale Transformationskurve.[15]

Nach der Verschiebung des Koordinatenursprungs und dem Austausch der Achsen fällt die totale Transformationskurve aus der Abbildung 2 mit der Linie Kh der Abbildung 1 zusammen.

Diese Linie macht die Transformationsmöglichkeiten für die Produktionskombinationen beider Güter sichtbar.

Befindet sich der Gleichgewichtspunkt nicht im Berührungspunkt, sondern im Schnittpunkt der totalen Transformations- mit der Indifferenzkurve, zum Beispiel im Punkt c oder c' (siehe Abbildung 1), so kommt es nach Ansicht Paretos infolge des Strebens der Produzenten nach Maximalprofit und nach minimalen Produktionsaufwendungen zu einem Übergang in den Punkt e. „Bei Konkurrenz kann der Produzent nicht im Punkt d verweilen, sondern ist gezwungen, auf die Gerade kh überzuwechseln."[16] Jedoch kann das Vorhandensein von Monopolen, behauptet Pareto, die effektivste Nutzung der Produktionsmöglichkeiten verhindern, d. h. es kommt nicht unbedingt zum Übergang in den Punkt e.

Pareto untersucht den Fall, wo der Produzent „die Macht hat, den Konsumenten zu zwingen, herunter auf den Punkt d zu gehen". Er schreibt: „Nehmen wir an, es existiere ein Syndikat, das den Produzenten verbietet, sich auf einen niedrigeren Preis zu einigen als den, der dem Punkt d entspricht. Der Gewinn, den die Produzenten im Punkt d erhalten, stimuliert zur Beteiligung weiterer Produzenten; die Zahl der Produzenten wird größer, und da jeder seine Ausgaben

[15] Ebenda, S. 344.
[16] Ebenda, S. 346.

decken muß, vergrößern sich auch notwendigerweise die Produktionsaufwendungen. Mit anderen Worten, es verschiebt sich die totale Transformationskurve, und alle Bewegungen enden an dem Punkt, auf dem die Produzenten auch schließlich beharren. Dieses wurde in einigen Ländern zu einer häufigen Erscheinung, in denen viele Personen dank der Syndikate wie Parasiten von der Produktion leben."[17] Infolge der Monopolpreise, die Umfang und Struktur der Produktion bestimmen, strebt im Modell von Pareto der Produzent nicht längs der Transformationslinie zum Punkt e, der der günstigste für den Konsumenten ist.

Das System der freien Konkurrenz (Typ I) führt nach Meinung Paretos jedoch ebenfalls nicht zum günstigsten Gleichgewichtspunkt e. Pareto behauptet, daß dies nur eine sozialistische Wirtschaft (Typ III) vermag. „Die von uns untersuchten Erscheinungen", folgert er, „stellen in abstrakter Form und ohne Berücksichtigung der praktischen Schwierigkeiten ein gewichtiges Argument für die kollektive Produktion dar. Viel besser als eine Produktion, in der teilweise die Konkurrenz und teilweise die Monopole überwiegen, d. h. als eine Produktion, wie wir sie gegenwärtig haben, könnte eine kollektive Produktion die variablen Preise ausnutzen. Dies gestattete, sich entlang der totalen Transformationskurve zu bewegen und infolgedessen den Punkt e zu erreichen"[18] (siehe Abbildung 1). Auf diese Weise könnte nach Pareto eine sozialistische Wirtschaft am besten den höchstmöglichen Wohlstand verwirklichen. Dies hat nach Meinung Paretos gegenüber dem Konkurrenzsystem den Vorteil, daß sie den eigentlichen Produktionsaufwand besser erfassen und decken kann. Dies gestattet wiederum, einen günstigeren Gleichgewichtszustand der Wirtschaft zu erreichen. Pareto schrieb: „Ein kollektivistischer Staat kann augenscheinlich besser als die freie Konkurrenz den Gleichgewichtspunkt auf der totalen Transformationskurve beibehalten. Tatsächlich ist es für eine private Gesellschaft schwer, sich bei ihren Verkäufen genau entlang der totalen Transformationskurve zu bewegen ... Einzelne Fälle ausgenommen, ist nicht ersichtlich, wie dies erreicht werden könnte. Ein sozialistischer Staat hingegen kann allgemeine Ausgaben für die Produktion in Form von Verbrauchssteuern erfassen und dem Produktionspreis der Waren zuschlagen; auf diese Weise kann er sich entlang der totalen Transformationskurve bewegen."[19]

Seine Argumente für die Vorzüge einer sozialistischen Wirtschaft schränkt Pareto jedoch erheblich ein. Seiner Meinung nach könnte sich erweisen, daß das Ziel einer sozialistischen Produktion nicht das Nutzenmaximum ist. In diesem Falle, behauptet Pareto, werden die Vorteile einer sozialistischen Wirtschaft sofort wertlos. „Eben diese kooperative Gesellschaft", schreibt er, „könnte uns wohl auf die totale Transformationskurve führen, jedoch geschieht dies nicht, da sie es sich leistet, aus ethischen, philantrophischen und humanistischen Gründen

[17] Ebenda, S. 347.
[18] Ebenda, S. 359f.
[19] Ebenda, S. 363f.

vom Ziel abzuweichen. Man kann nicht gleichzeitig auf zwei Hasen Jagd machen."[20] Pareto zögert also, die Frage nach der Zweckmäßigkeit des Übergangs zum sozialistischen Wirtschaftssystem endgültig zu beantworten.

Ein ähnliches agnostizistisches Verhältnis zur Zweckmäßigkeit des Übergangs zur sozialistischen Wirtschaft ist für viele bürgerliche Ökonomen charakteristisch. Sie erheben nur auf die Lösung allgemeiner, „rein" ökonomischer Probleme Anspruch, auf solche, die nicht die zentrale Frage der notwendigen Beseitigung des Privateigentums berühren.

Jedoch ist auch eine erzwungene Anerkennung der Effektivität einer sozialistischen Wirtschaft von seiten bürgerlicher Ökonomen (die nicht mit Fragen des praktischen Übergangs zum Sozialismus zusammenhängt) bemerkenswert. Zweifellos spiegelt diese Erscheinung die Tatsache wider, daß sich gegen Ende des XIX. Jahrhunderts der Einfluß des wissenschaftlichen Sozialismus verstärkte und eine große Popularität erreichte.

Natürlich war andererseits eine Erforschung des Sozialismus als Gesellschaftsordnung, die aus den Widersprüchen des Kapitalismus hervorgeht, bürgerlichen Ökonomen nicht möglich. Deshalb erweisen sich nicht die Gesetzmäßigkeiten der eigentlichen Produktionsverhältnisse der sozialistischen Gesellschaftsordnung, sondern die Gesetzmäßigkeiten der Produktion allgemein, also das, was Marx die abstrakten Momente des Arbeitsprozesses nannte, als das geeignetste Forschungsfeld für bürgerliche Ökonomen in bezug auf den Sozialismus.

Karl Marx bemerkte hierzu: „Die Produktion überhaupt ist eine Abstraktion, aber eine Abstraktion, die vernünftig ist, da sie wirklich das allgemeine herauslöst und es fixiert ... Etwas davon bezieht sich auf alle Epochen, anderes ist nur einigen Epochen gemeinsam."[21] Als eine der wichtigen Voraussetzungen des Kapitals betrachtete er „den Prozeß der Produktion überhaupt, in der Form, wie er allen Gesellschaftsformen eigen ist, daß heißt den Produktionsprozeß außerhalb seines ökonomischen Charakters, wenn es beliebt, den allgemeinmenschlichen Prozeß"[22].

Er untersuchte, wie sich unter kapitalistischen Bedingungen die Produktion entwickelte. „In welchem Maße sich der allgemeine Produktionsprozeß selbst historisch verändert, sobald er beginnt, schon ausschließlich als Element des Kapitals aufzutreten, das muß sich im Laufe seiner Analyse erweisen ..."[23] Am Beispiel des Übergangs von der einfachen Kooperation zur Manufaktur und danach zur maschinellen Produktion sehen wir in der Tat, welch wichtigen Platz die Analyse der Produktion als Prozeß zur Schaffung des materiellen Reichtums der Gesellschaft bei Karl Marx einnahm. Anders wäre es nicht möglich gewesen, die kapitalistische Produktionsweise zu untersuchen, in der sich die Entwicklung

[20] Ebenda, S. 360.
[21] K. Marks i. F. Engel's, Sočinenija, Bd. 46, Teil 1, S. 21.
[22] Ebenda, S. 274.
[23] Ebenda, S. 274f.

der Produktivkräfte vollzog. Gleichzeitig zeigte Karl Marx, wie die bürgerliche Vulgärökonomie Begriffe aus dem Gebiet der Produktion benutzte, um die Produktionsverhältnisse verfälscht zu interpretieren. „... Die Produktion ... wird im Rahmen von geschichtlich unabhängigen ewigen Naturgesetzen dargestellt, um ihr dann, unter Ausnutzung einer günstigen Gelegenheit, vollkommen unbemerkt als unanfechtbare natürliche Gesetze der Gesellschaft in abstracto bürgerliche Verhältnisse unterzuschieben."[24] Die konkreten Produktionsverhältnisse wurden durch abstrakte Gesetze der Produktion ersetzt, und so haben diese Ökonomen die kapitalistische Ordnung künstlich von ihren Widersprüchen befreit und gewissermaßen für eine ewige Wirtschaftsordnung ausgegeben.

Die bürgerlichen Interpreten der sozialistischen Wirtschaft übernahmen die genannte Methode allerdings in einer durchaus spezifischen Form. Wie bereits erwähnt wurde, konnten sie unter dem Einfluß der sich gegen Ende des XIX. Jahrhunderts verändernden Bedingungen des Klassenkampfes nicht mehr die mögliche Alternative zum Kapitalismus, den Sozialismus, außer acht lassen. Sie mußten die Behauptung revidieren, wonach das kapitalistische ökonomische System das einzige „natürliche und unveränderliche" sei.

Bei den Betrachtungen Paretos über eine sozialistische Wirtschaft handelt es sich um rein gedankliche Modelle der Produktion.

In jeder Gesellschaft ist es notwendig, die gesellschaftliche Arbeit proportional zu verteilen, immer ist ein Übergang von ungünstigen zu ausgewogenen Varianten möglich, die für die Gesellschaft unter sonst gleichen Bedingungen einen größeren materiellen Reichtum sichern. „Daß diese Notwendigkeit der Verteilung der gesellschaftlichen Arbeit in bestimmten Proportionen durchaus nicht durch die bestimmte Form der gesellschaftlichen Produktion aufgehoben, sondern nur ihre Erscheinungsweise ändern kann", schreibt Marx, „ist self-evident ... Und die Form, worin sich diese proportionelle Verteilung der Arbeit durchsetzt in einem Gesellschaftszustand, worin der Zusammenhang der gesellschaftlichen Arbeit sich als Privataustausch der individuellen Arbeitsprodukte geltend macht, ist eben der Tauschwert dieser Produkte"[25].

Daraus ergibt sich, daß der wissenschaftliche Weg der politischen Ökonomie über die Untersuchung jener spezifischen Formen und Methoden führt, durch die sich das für alle Produktionsweisen gemeinsame Problem der Regulierung der gesellschaftlichen Arbeit in den verschiedenen Formationen verwirklicht.

Pareto erarbeitete ein Modell für das allgemeine Problem der proportionalen Verteilung der Arbeitsressourcen in der Wirtschaft. Er war jedoch außerstande, die spezifischen Formen wissenschaftlich zu untersuchen, in denen dieses Problem innerhalb der einzelnen Wirtschaftsordnungen gelöst wird, und deshalb blieben

[24] Ebenda, S. 23.

[25] Karl Marx, Brief an Ludwig Kugelmann vom 11. Juli 1868, in: MEW, Bd. 32, Berlin 1965, S. 552f.

seine Schlußfolgerungen über die sozialistische Wirtschaft auch äußerst allgemein und oberflächlich.

Pareto trennt nicht die Fragen, die die Produktion betreffen, von jenen, die sich auf die Produktionsverhältnisse beziehen. Deshalb stellt sich bei ihm der Übergang zum Sozialismus als eine zufällige, von subjektiven Faktoren abhängige Erscheinung dar. Eine Betrachtung der Produktionsverhältnisse als ein System, das letztlich durch den Stand der Produktivkräfte und durch die Besonderheiten der Produktion in der jeweiligen historischen Entwicklungsetappe bestimmt wird, war Pareto fremd. Er ignorierte die innere Bedingtheit der sozialistischen Produktionsverhältnisse und des Ziels der Produktion im Sozialismus. Er sah im Übergang vom Kapitalismus zum Sozialismus keine Gesetzmäßigkeit und vertrat die Auffassung, daß das Problem des Übergangs zum Sozialismus nicht wissenschaftlicher, sondern ethischer und moralischer Natur sei.

Zweifellos war eine ökonomische Konzeption bei all ihrer äußeren, scheinbaren Neutralität gegen die wissenschaftlichen Erkenntnisse der Begründer des Marxismus über die Notwendigkeit des Übergangs zum Sozialismus gerichtet und nutzte somit auf jeden Fall der Bourgeoisie.

Ein wichtiger methodologischer Fehler Paretos in seiner Konzeption der sozialistischen Wirtschaft besteht darin, daß er die Effektivität der Produktion im Sozialismus isoliert von der Zweckmäßigkeit und Notwendigkeit des Übergangs aus der kapitalistischen Produktionsweise zur sozialistischen betrachtet. In Wirklichkeit hemmt das Privateigentum die Entwicklung der Produktivkräfte. Nur der Sozialismus schafft die sozialen Bedingungen, die dem Charakter der gegenwärtigen Produktivkräfte entsprechen. Durch die Leugnung dieses Zusammenhangs wird Paretos Konzeption von der sozialistischen Wirtschaft dermaßen unkonkret, daß die bürgerliche politische Ökonomie hiervon ausgehend in die Lage versetzt wird, über den Sozialismus zu sprechen, ohne die Existenz des kapitalistischen Privateigentums in Frage stellen zu müssen.

Pareto betrachtet die Effektivität der Produktion unabhängig vom Übergang zur sozialistischen Wirtschaft und behandelt sie lediglich im Rahmen des statischen Problems der Ressourcenverteilung. In Wirklichkeit kann man aber schlüssige Aussagen über die Effektivität der Produktion nur erhalten, wenn man diese Aufgabe unter weitgehend dynamischem Aspekt untersucht. Erst dann kann man von den Anforderungen sprechen, die das Effektivitätskriterium der Produktion an eine sozialökonomische Gesellschaftsordnung stellt.

Die Abstraktheit der Fragestellung in bezug auf den Sozialismus ist bei Pareto auch noch dadurch bedingt, daß er die Produktionsverhältnisse als historische Entwicklungsform der Produktivkräfte ignoriert. Die Realisierung des Punktes e charakterisiert im Modell der Indifferenzkurven die abstrakte Gesetzmäßigkeit der Verteilung der gesellschaftlichen Arbeit auf die einzelnen Produktionssphären gemäß den gesellschaftlichen Bedürfnissen. Die sozialen Bedingungen jedoch, unter denen dieser Punkt durch die Gesellschaft erreicht werden kann, werden von ihm entweder gar nicht oder völlig falsch behandelt. Paretos Theorie von der sozialistischen Wirtschaft interpretierte daher die grundlegenden sozialökonomischen Probleme der damaligen Produktionsverhältnisse unrichtig. Es verwundert nicht, daß seine Theorien für die soziale Demagogie des Faschismus ausgenutzt wurden.

Gegen einige Standpunkte Paretos trat der schwedische bürgerliche Ökonom und Marginalist Knut Wicksell auf. Nach Meinung K. Wicksells bewertete Pareto die ökonomischen Möglichkeiten einer sozialistischen gegenüber der kapitalistischen Wirtschaft zu hoch. Wicksell schrieb: „Selbst in diesem neuen Gewande bringt die Doktrin Paretos nichts Neues. Und – was noch schlimmer ist – sie scheint die Tatsache zu verwischen, daß die gesellschaftliche Produktion bei freier Konkurrenz (mit den bekannten Einschränkungen) tatsächlich zur Maximierung ... der Mittel zur Befriedigung der menschlichen Bedürfnisse führt. Deshalb erzielt die Produktion in dieser Hinsicht, wenn man natürlich von der Verteilung der Produkte absieht, die gleichen oder fast die gleichen Resultate wie man sie bei einer rationell organisierten Produktion in einer kollektivistischen Gesellschaft voraussetzen kann."[26]

Möglichkeiten zur Verbesserung der wirtschaftlichen Lage sah Wicksell nicht im Übergang zu einer neuen Produktionsweise, sondern in gewissen Veränderungen in der Einkommensverteilung des kapitalistischen Staates. „Die Mißstände, welche beseitigt werden müssen" – meinte er – „betreffen ausschließlich das Problem der gesellschaftlichen Verteilung der Einkommen und nicht das Problem der ökonomisch vorteilhaftesten Produktionsmethoden".[27] Der historische Verlauf zeigte, daß Wicksells Methode selbst gegenüber der Entwicklung des kapitalistischen Systems fehlerhaft war; der zwangsläufige Übergang zum staatsmonopolistischen Kapitalismus ließ nämlich auch die Produktionssphäre nicht unberührt. Wicksell erkannte nur einige Vorteile einer sozialistischen Wirtschaft an, die diese gegenüber der freien Konkurrenz habe: festere Garantien für das Akkumulationswachstum, gerechtere Einkommensverteilung usw.

Eine gewisse Entwicklung erfuhren die Ideen einer kollektivistischen Wirtschaft durch den italienischen Ökonomen E. Barone. In seiner Arbeit „Das Produktionsministerium im kollektivistischen Staat" (1908) verwendet er dazu das bekannte Walrassche Gleichungssystem, um die Funktionsfähigkeit einer sozialistischen Wirtschaft zu erklären. Aber selbst die Verwendung der Walrasschen Gleichungen zur Analyse einer sozialistischen Wirtschaft scheint widersinnig, da diese Gleichungen eigentlich nur einige formale Gleichgewichtsbedingungen einer abstrakten Produktion wiedergeben. Bekanntlich gilt das System von Walras als ein Vorläufer der gegenwärtigen Verflechtungsbilanzmodelle, d. h. von Modellen, die nur zur Analyse der materiell-stofflichen Seite der Produktion ge-

[26] K. Wicksell, Lectures on Political Economy, London 1934, pt. 1, S. 83.
[27] Ebenda, S. 142.

dacht sind. Zweifellos ist die Untersuchung der allgemeinen Momente der Produktion und Konsumtion sehr wichtig. Walras betrachtete jedoch diese Momente als Charakteristika der sozialistischen Produktionsverhältnisse. Die „Kuriosität" eines solchen Herangehens bemerkte auch der bürgerliche Historiker B. Seligman, der sich mit der Geschichte des ökonomischen Denkens beschäftigt: „Der von Walras benutzte Forschungsapparat kann als universell charakterisiert werden, er eignet sich zur Beschreibung der Preisbildung in einer beliebigen Wirtschaft. Wie kurios es auch ist, aber ... die nichtmarxistische sozialistische Theorie verwendete im großen Maßstab namentlich die von Walras entwickelte ökonomische Theorie."[28]

Ähnlich wie Pareto vermeinte Barone, die Notwendigkeit des Übergangs vom Kapitalismus zum Sozialismus außer Betracht lassen zu können. Deshalb beschäftigte er sich nur mit der Wirkungsweise einer sozialistischen Wirtschaft. „Ich trete hier nicht für oder gegen den Kollektivismus auf"[29], bemerkte er. Barone erfaßte nicht den Zusammenhang zwischen diesen beiden Fragen, obwohl zweifellos durch die Antwort auf die erste Frage, warum es zum Übergang zur sozialistischen Wirtschaft kommt, notwendigerweise eine Vorentscheidung über einige Grundsätze des sozialistischen Wirtschaftens, die ihr eine höhere Effektivität garantieren, getroffen wird.

Wie funktioniert nach der Theorie von Barone die Produktion im Sozialismus? Er bezeichnet die Ressourcen, die sich in Privathand befinden (vor allem die Arbeitskraft), mit M, N, ... l; und die staatlichen Ressourcen mit S, T, ... n–l. Das Produktionsministerium gibt bestimmte Äquivalente $(1, \lambda_b \cdots \lambda_m, \lambda_n \cdots \lambda_s, \lambda_t)$ zwischen den Leistungen der gesellschaftlichen Ressourcen und den Gütern vor. Diese Äquivalente vertreten die Preise. Ferner bezeichnet Barone die Ressourcenmengen, die gesellschaftliches Eigentum sind, mit Q_s, Q_t. Neben den Einkünften aus ihren individuellen Ressourcen erhalten die Mitglieder der Gesellschaft noch Einkünfte aus den gesellschaftlichen Ressourcen $(Q_s\lambda_s + Q\ \lambda_t \cdots)$ die mit X bezeichnet werden. Jedes Individuum nutzt einen bestimmten Anteil je γ^x der gesellschaftlichen Ressourcen, wobei γ für die einzelnen Mitglieder der Gesellschaft unterschiedlich sein kann. In der Summe sind sie jedoch gleich 1 $(\sum = 1)$. Die wirtschaftliche Tätigkeit eines Mitglieds der sozialistischen Gesellschaft wird von Barone durch folgende Gleichung beschrieben:

$$r_a + \lambda_b r_b + \cdots + \lambda_s r_s + \lambda_t r_t + \cdots + e = \lambda_m q_m + \lambda_n q_n + \cdots \gamma X.$$

Hierbei ist

r_a, r_b – die Menge der gekauften Erzeugnisse;

r_s, r_t – die Menge der gekauften Dienstleistungen;

e – die Ersparnisse des Individuums;

[28] B. Seligmen (Seligman), Osnovnye tečenija ..., a. a. O., S. 242.
[29] Collectivist Economic Planning, London 1935, S. 245.

q_m, q_n – die Menge der verkauften Dienstleistungen des „Kapitals", das individuell genutzt wird (vor allem der Arbeitslohn).

Das Produktionssystem wird von Barone durch n Gleichungen beschrieben, die die physischen Gesetzmäßigkeiten der Produktion abbilden: „. . . der Gesamtumfang der Dienstleistungen des vorhandenen Kapitals muß für die Produktion des Endprodukts und der Dienstleistungen für die Produktion des neuen Kapitals reichen."[30] Diese Gleichungen haben folgende Form:

$$(1)\quad \begin{cases} Q_s = R_s + a_s R_a + b_s R_b + \cdots + h_s R_h + K_s R_k + \cdots \\ Q_t = R_t + a_t R_a + b_t R_b + \cdots h_t R_h + K_t R_k \cdots \end{cases}$$

Hierbei ist

R_s, R_t – der Umfang der Dienstleistungen des Kapitals, der unmittelbar konsumiert wird;

R_a, R_b – die Menge der entsprechend den Bedürfnissen hergestellten Produkte;

R_h, R_k – die Menge des produzierten neuen Kapitals der Arten h und k;

a_s, a_t, . . . , b_s, b_t – technische Koeffizienten, die den Umfang der Dienstleistungen S, T . . . angeben, die zur Herstellung der Gütereinheiten von A, B . . . benötigt werden (die Gesamtzahl der Produkte ist m);

h_s, h_t, K_s, K_t – technische Koeffizienten, die den Umfang der Dienstleistungen S, T angeben, die für die Erzeugniseinheiten des neuen Kapitals der Arten h und k benötigt werden.

Außer dem Gleichungssystem (1) formuliert Barone weitere Gleichungssysteme zur Beschreibung des Gleichgewichts zwischen den Ersparnissen und der Kapitalbildung, der funktionellen Abhängigkeit der Produktionsaufwendungen von den Preisen für produktive Dienstleistungen sowie der Übereinstimmung zwischen den Preisen und Kosten der Endprodukte. Der Gleichgewichtszustand im ökonomischen Gesamtsystem (die Zahl der Gleichungen ist gleich der Zahl der Unbekannten, deshalb ist das System eindeutig lösbar) bedeutet, entsprechend der Konzeption von Barone, gleichzeitig die Maximierung der individuellen Präferenzfunktionen. Barone behauptet ferner, daß das Gleichungssystem, das das Gleichgewicht in einer sozialistischen Wirtschaft ausdrückt, mit dem Gleichungssystem identisch ist, das das Gleichgewicht einer kapitalistischen Wirtschaft charakterisiert. Er betont, daß ein Produktionsministerium im Sozialismus die individuellen und die kollektiven Ressourcen so einsetzen muß, daß der Wohlstand des ganzen Volkes maximiert wird.[31] Wie wir indes sehen werden, vertritt er hierbei den Standpunkt der subjektiven Schule der politischen Ökonomie.

Wie wird nun nach Auffassung Barones der ökonomische Gleichgewichtszustand unter den Bedingungen einer sozialistischen Wirtschaft realisiert? Zuerst wählt das Produktionsministerium aus den vielen Gruppen von Äquivalenten (Preisen) eine beliebige Gruppe aus, die den technischen Bedingungen der Produktion genügt. In der Folge bilden sich diejenigen individuellen Warenkäufe und Spargut-

[30] Ebenda, S. 249.
[31] Ebenda, S. 265.

haben (r und e) heraus, auf denen dann R und E (Käufe und Ersparnisse) im gesamtgesellschaftlichen Maßstab hervorgehen.

Danach beginnt das Produktionsministerium eine Reihe von Iterationen durchzuführen, um den maximalen kollektiven Wohlstand zu erreichen. Zu diesem Zweck muß das Produktionsministerium das System der Äquivalente, das dem System (1) entspricht, verändern. Die Individuen haben dann für die Befriedigung ihrer Bedürfnisse eine Gruppe von Produkten zu wählen, die sich von der vorhergehenden um die Größe $\Delta r_a + \lambda_b \Delta r_b + \cdots + \lambda_s \Delta r_s + \lambda_t \Delta r_t + \cdots + \Delta e$ unterscheidet. Diese Größe bezeichnet Barone mit $\Delta\Theta$. Je nachdem, ob die einzelnen Individuen ihre materielle Lage verbessern oder nicht, wird diese Größe positiv oder negativ sein.[32]

Wegen der Schwierigkeiten bei der Benutzung anderer quantitativer Kriterien – so konstatiert Barone – muß angenommen werden, „daß das einzige Kriterium für das Wohlstandsmaximum, das vom Produktionsministerium angewendet werden kann, die Gleichung $\Sigma\Delta\Theta = 0$ ist".[33] Mit anderen Worten, die Prozedur der Veränderung der Äquivalente muß so lange fortgesetzt werden, bis die neuen Gütergruppen für die Individuen schon nicht mehr zu einer Erhöhung des Wohlstands führen oder bis der Zuwachs an Wohlstand bei den einen nicht mehr größer ist als der Verlust an Wohlstand bei den anderen.

Innerhalb der gesamten Gesellschaft äußert sich der erreichte Gleichgewichtszustand nach Meinung Barones derart: Infolge individueller Aktivitäten möge sich beispielsweise der Verbrauch des Produktes R_b zu Lasten des unmittelbaren Verbrauchs an Dienstleistungen um eine bestimmte Größe ΔR_b vergrößern. $\Sigma\Delta\Theta$ entsteht aus der Vergrößerung $\lambda_b \Delta R_b$ des Produktes und der absolut kleineren Verringerung der unmittelbar konsumierten Dienstleistungen $(\lambda_s b_s + \lambda_t b_t \cdots)$ ΔR_b. Deshalb muß das Ministerium mit seinen Veränderungen des Systems der Äquivalente dann aufhören, wenn die Vergrößerung in der Summe gleich Null ist, was bei $(\lambda_b = \lambda_s b_s + \lambda_t b_t + \cdots)$ eintritt. Auf diese Weise wird das Gleichgewicht dann erreicht, wenn der Preis (das Äquivalent) des Produktes b der Preissumme der für seine Herstellung verwendeten Dienstleistungen entspricht, d. h. wenn es sich um einen Produktionspreis handelt.

Ähnlich verfährt das Produktionsministerium mit den technischen Produktionskoeffizienten. Es führt dadurch einen Gleichgewichtszustand herbei, der automatisch dem „Wohlstandsmaximum" im Sinne Barones entspricht. Für die Produktion einer Erzeugniseinheit B mögen die Dienstleistungen S und T notwendig sein. Die Menge dieser Dienstleistungen wird dann nach dem summaren Summenmaximum bestimmt. $\Sigma\Delta\Theta$ ergibt sich aus der Vergrößerung $\lambda_t R_b \Delta b_t$ und aus der Verringerung der anderen Dienstleistungsart $\lambda_s R_b \Delta b_s$. Wenn eine weitere Umverteilung der Dienstleistungen schon nicht mehr zu einer Verringerung des Produktionspreises einer Erzeugniseinheit führt, so ist das Minimum realisiert.

[32] Ebenda, S. 270.
[33] Ebenda, S. 271.

Folglich ist $\lambda_s \Delta b_s + \lambda_t \Delta b_t = 0$ eine der Bedingungen dafür, daß das Äquivalent (der Preise) λ_b für Produkt b minimal geworden ist. Auf diese Weise gelangt das Produktionsministerium bei Barone durch eine Reihe von Iterationen zu einem Gleichgewichtszustand, und das beschriebene ökonomische System ist gelöst.

Die Darstellung der Wirkungsweise einer sozialistischen Wirtschaft reduziert sich bei Barone auf die formelle Beschreibung einer Reihe abstrakter Momente der Produktion. Für sich genommen sind diese Momente zweifellos von Interesse. Wie wir bereits erwähnten, benutzt die bürgerliche politische Ökonomie diese abstrakten Momente jedoch zu einer fehlerhaften Auslegung der politischen Ökonomie des Sozialismus. Das betrifft vor allem das Problem der Effektivität der Produktion.

Das abstrakt-technische Herangehen an politökonomische Probleme ist bei Barone noch stärker ausgeprägt als bei Pareto. Das Problem der sozialistischen Wirtschaft wird bei ihm zu einer Frage, wie man die Gleichungssysteme formulieren und lösen kann. Es ist bezeichnend, daß Pareto die sozialistische Ökonomie ungünstiger beurteilt als die kapitalistische Wirtschaft. Im Kapitalismus würden nämlich die erwähnten Gleichungen durch den Markt spontan „aufgestellt" und „gelöst", im Sozialismus seien hingegen spezielle Organe zur Sammlung von Informationen nötig, es müßten sämtliche Koeffizienten errechnet werden und zur Lösung dieser Aufgabe sei ein großer Mitarbeiterstab bereitzustellen sowie eine umfangreiche Rechentechnik einzusetzen usw.

Weil Barone von einer fehlerhaften abstrakt-formalistischen Fragestellung ausging, um die ökonomische Effektivität unter den Bedingungen des Sozialismus zu begründen, kommt er ebenfalls zu unwissenschaftlichen Resultaten. Demnach läßt sich ein effektives Gleichgewicht auf rechnerischem Wege nicht realisieren. Statt dessen seien kostspielige Experimente notwendig, die den Verlusten in einer spontanen Konkurrenzwirtschaft entsprechen. Nach Meinung Barones ist es im Sozialismus daher unvermeidlich, auf die gleichen Methoden der wirtschaftlichen Eingriffe wie im Kapitalismus zurückzugreifen. Die Schlußfolgerung Barones ist direkt gegen den wichtigsten Grundsatz der marxistischen politischen Ökonomie gerichtet, daß die sozialistischen Produktionsverhältnisse dem gesellschaftlichen Charakter der heutigen Produktivkräfte am besten angepaßt sind. Die Beseitigung der Schranken des Privateigentums, die eine rationelle Ausnutzung der Arbeits- und Materialressourcen verhindern, führt notwendigerweise zur Abschaffung der spontanen und anarchischen kapitalistischen Produktionsweise.

Die Autoren bürgerlicher Konzeptionen der sozialistischen Wirtschaft nutzen für ihre apologetischen Ziele echte politökonomische Probleme des Sozialismus aus, um sie für ihre Zwecke zurechtzustutzen. So interpretierten die Begründer des Marginalismus unter Anwendung der subjektiven Methode der politischen Ökonomie das Optimalitätsprinzip der sozialistischen Wirtschaft falsch. Wie wir bei Barone gesehen haben, wird der gesellschaftliche Wohlstand als Summe der subjektiven Präferenzfunktionen bestimmt. Der wichtigste Grundzug des gesamten ökonomischen Systems des Sozialismus wird nicht aus dem System selbst und aus dessen Eigenschaften als Ganzes hergeleitet, sondern ausschließlich aus der Psychologie der einzelnen Personen, deren subjektive Präferenzen angeblich den Präferenzen der Gesellschaft als Ganzes adäquat sind. Dem Wesen nach präsentiert sich uns hier die alte methodologische Praxis, das einzelne Individuum zum Mittelpunkt und Träger der ökonomischen Gesetzmäßigkeiten zu erklären. Die ökonomischen Prozesse dagegen, die auf gesellschaftlicher Ebene ablaufen, werden als einfache Folgen dieser „fundamentalen Gesetze" betrachtet. Bei Barone bestimmt das Individuum nicht nur unmittelbar alle von ihm konsumierten Güter, sondern auch den Umfang der Akkumulation in der Gesellschaft, d. h. es bestimmt in gewissem Maße auch den Umfang der Konsumtion der künftigen Generationen. Bekanntlich muß über die Höhe von Akkumulation und Verbrauch gesellschaftlicher Fonds (öffentlicher Verkehr, Kommunikation, Bildung, Wissenschaft, Gesundheitswesen, Umweltschutz und andere Formen der gesellschaftlichen Sozialleistungen) gesellschaftlich entschieden werden. Die gesellschaftlichen Bedürfnisse, die durch das Planungsorgan begründet werden, bilden die objektive Grundlage zur Feststellung der individuellen Präferenzen über die Gesamtheit der Waren. Diese gesellschaftlichen Bedürfnisse können in einer sozialistischen Gesellschaft nur durch die Planung geordnet und bewertet werden. Die Präferenzen der einzelnen Bürger, die in der zahlungsfähigen Nachfrage der Bevölkerung und in anderen Kennziffern des Konsums ihren Niederschlag finden, werden selbstverständlich nach Analyse und gewissen Korrekturen von den Planungsorganen als eine der wichtigsten Äußerungen der gesellschaftlichen Bedürfnisse berücksichtigt.

Weil diese Tatsachen in den Konzeptionen der genannten bürgerlichen Ökonomen unberücksichtigt blieben, konnten sie zur Analyse der sozialistischen Wirtschaft die mathematische Optimierungstheorie nicht nutzen und wissenschaftlich untermauern. Aus marginalistischer Sicht konnte auch der Gesamtmechanismus der sozialistischen Planwirtschaft nicht richtig erklärt werden. Die sozialistischen Produktionsverhältnisse wurden verzerrt dargestellt und ihre Vorzüge verschwiegen. In den Arbeiten der sowjetischen Schule für ökonomisch-mathematische Forschung ist der Begriff des gesellschaftlichen Nutzens vollständig von seinem subjektivistischen und hedonistischen Anstrich befreit, und es wurde materialistisch begründet, daß im Sozialismus „als Optimalitätskriterium natürlicherweise das Maximum an gesellschaftlichem Nutzen der Gesamtheit der in der Gesellschaft produzierten Gebrauchsgüter zu betrachten ist".[34] Die eigentliche ökonomische Theorie des Sozialismus entwickelt sich auf der Grundlage der marxistisch-leninistischen politischen Ökonomie; nur sie kann für einen erfolgreichen Einsatz mathematischer Methoden zur Analyse der ökonomischen Probleme des Sozialismus eine echte wissenschaftliche Basis sein.

[34] N. Fedorenko, social'no-ekonomičeskie celi i planirowanie. Kommunist, Moskva 1972, 5, S. 63.

3. ABSCHNITT

9. KAPITEL

Der Sozialismus der Fabier

Im Verlaufe der letzten Jahrzehnte des vorigen Jahrhunderts verlor England sein industrielles Monopol. Während in der Mitte des XIX. Jahrhunderts England noch die „Werkstatt der Welt" war und von der ganzen Welt mehr als die Hälfte der Kohle förderte und des Roheisens produzierte, wurde es in den Jahren 1870 bis 1900 in einer Reihe der wichtigsten Kennziffern der Industrieproduktion anfangs von den USA und dann von Deutschland überholt.

In den Jahren 1870 bis 1880 erlebte England eine industrielle und landwirtschaftliche Krise. Das führte zu einer Zuspitzung des Kampfes zwischen Arbeit und Kapital und beschleunigte das Anwachsen der Arbeiterbewegung.

Friedrich Engels, der in diesen Jahren in England weilte, bemerkte in einem Brief an August Bebel vom 18. Januar 1884, daß „. . . die amerikanische und deutsche Konkurrenz, seit 1870, dem englischen Weltmarktsmonopol ein Ende machen. Seit 1868 herrscht in den Hauptzweigen gedrückte Geschäftslage bei langsam wachsender Produktion; und jetzt scheinen wir in Amerika und hier vor einer neuen Krise zu stehn, ohne daß hier in England eine Prosperitätsperiode vorausgegangen. Dies ist das Geheimnis der plötzlich – wenn auch seit drei Jahren langsam vorbereiteten – aber jetzt plötzlich hervorbrechenden sozialistischen Bewegung hier."[1]

In den achtziger Jahren des vorigen Jahrhunderts entstehen in England die ersten sozialistischen Organisationen. Im Jahre 1881 wird die Demokratische Föderation gegründet, aus der im Jahre 1884 die Sozialdemokratische Föderation hervorgeht. Im Jahre 1883 entsteht die Sozialistische Liga.

Die Entwicklung des Fabiersozialismus in England gegen Ende des 19. Jahrhunderts steht im Zusammenhang mit der in London gegründeten englischen reformistischen Organisation der Fabian Society, die auch heute noch existiert.

Die Fabian Society wurde am 4. Januar 1884 gegründet, als sich aus der kleinbürgerlichen Gesellschaft „Genossenschaft des neuen Lebens", die die Ideen eines ethischen Sozialismus verfocht, eine Gruppe von 12 Personen absonderte und eine neue Organisation gründete. Diese Organisation wurde nach dem Namen des römischen Heerführers Fabius Maximus aus dem III. Jahrhundert vor unserer Zeitrechnung benannt, der wegen seiner Taktik, den entscheidenden Schlachten im Krieg mit Hannibal aus dem Wege zu gehen, Cunctator (der

[1] Friedrich Engels, Brief an August Bebel vom 18. Januar 1884, in: MEW, Bd. 36, Berlin 1967, S. 87f.

Zauderer) genannt wurde. Die Mitglieder dieser Gesellschaft, die sich hauptsächlich aus Vertretern der bürgerlichen Intelligenz zusammensetzte, vertraten die Auffassung, daß der Übergang vom Kapitalismus zum Sozialismus mit Hilfe kleiner Reformen und permanenter Veränderungen zu realisieren sei.

Ihre Ansichten legen die Mitglieder der Fabian Society in seit 1884 regelmäßig erscheinenden und neuaufgelegten kleinen und preisgünstigen, für eine breite Leserschicht bestimmten Broschüren, den Fabian Tracts, dar. Allein von 1884 bis 1900 erschienen 96 Fabian Tracts. Die ökonomisch-philosophischen Ansichten des Fabiersozialismus sind am ausführlichsten in dem 1889 herausgegebenen Sammelband „Fabianische Grundrisse des Sozialismus" dargelegt, der auf der Grundlage von Lektionen zusammengestellt wurde, die in dem gleichen Jahr von sieben Mitgliedern des Vorstandes der Gesellschaft an der Universität von Cambridge gelesen wurden.

Einer der Begründer der Fabian Society war Sidney Webb (der spätere Lord Passfield). Gemeinsam mit seiner Frau Beatrice Webb schrieb er eine große Anzahl von Arbeiten, die neben antimarxistischen Theorien und liberalem politischen Gedankengut Tatsachen über das Leben der englischen Arbeiter und über die englischen Arbeiterorganisationen enthielten.

Zu den aktiven Begründern der Fabian Society gehörte auch der hervorragende englische Dramaturg und Publizist George Bernard Shaw. Über die Tätigkeit Bernard Shaws in der Gesellschaft der Fabier in den neunziger Jahren des vorigen Jahrhunderts schrieb Friedrich Engels: „Der paradoxale Belletrist Shaw – (ist) als Belletrist sehr talentvoll und witzig, als Ökonom und Politiker absolut unbrauchbar, wenn auch ehrlich und kein Streber ..."[2]

Einer der Autoren der Fabian Tracts war William Morris, ein englischer Dichter, Maler und Publizist, der in den achtziger und neunziger Jahren aktiv an sozialistischen und Arbeiterbewegungen teilnahm. Seit dem Jahre 1884 führte William Morris gemeinsam mit Eleonore Marx-Eveling und ihrem Mann die Sozialistische Liga.

In den Jahren 1903 bis 1908 gehörte der Fabian Society der englische utopische Schriftsteller Herbert George Wells an, der in diesen Jahren Ideen der Umwandlung der Gesellschaft mittels Reformen entwickelte und von der Notwendigkeit schrieb, die Macht in die Hände der Wissenschaftler und Ingenieure zu legen.

Solche Theoretiker des Fabiersozialismus wie Hubert Bland und Henry Mayers

[2] Friedrich Engels, Brief an Karl Kautsky, vom 4. September 1892, in: MEW, Bd. 38, Berlin 1968, S. 446.
Bernard Shaw und Sidney Webb, die jahrzehntelang die Ideen des bürgerlichen Fabiersozialismus entwickelten, formulierten und verteidigten, besuchten gegen Ende ihres Lebens die Sowjetunion und machten sich mit dem sowjetischen Aufbau und den Errungenschaften des sowjetischen Volkes bekannt. Sie fanden den Mut und waren ehrlich genug, die Errungenschaften und Erfolge der UdSSR im Kampf für den Sozialismus anzuerkennen.

Hyndman standen den Ideen des proletarischen Sozialismus ihr ganzes Leben lang feindlich gegenüber. Hyndman zum Beispiel verwendete in der Broschüre „England für alle" ohne jede Quellenangabe einzelne Grundsätze aus dem „Kapital" von Karl Marx und verfälschte sie, indem er sie mit programmatischen Forderungen bürgerlicher Reformen verband. Er bekämpfte heftig Friedrich Engels, verurteilte die Große Sozialistische Oktoberrevolution, trat für eine Intervention gegen Sowjetrußland ein und propagierte den imperialistischen Krieg. W. I. Lenin charakterisierte im Jahre 1911 Hyndman als einen „... englischen bürgerlichen Philister(s), der sich zu guter Letzt zum Sozialismus durchrang, aber nie ganz die bürgerlichen Traditionen, die bürgerlichen Auffassungen und Vorurteile abstreifte".[3]

In der Erforschung der Geschichte der von der Fabian Society herausgegebenen Tracts gibt es Versuche zu beweisen, daß die Fabier angeblich teilweise den Marxismus berücksichtigten und die Konzeptionen von Marx weiterentwickelten.[4]

Solche Behauptungen sind allerdings unrichtig. Engels analysierte die ersten Schritte der Fabian Society und zeigte, daß die Standpunkte der Fabier von Anfang an antimarxistisch und antisozialistisch waren.

In einem Brief an Friedrich Sorge vom 8. Februar 1890 schrieb Friedrich Engels: „Wir haben hier auch unsre Nationalisten, die Fabians, eine wohlmeinende Bande von jebildeten Bürgern, die Marx widerlegt haben mit der faulen Vulgärökonomie von Jevons, die so vulgär ist, daß man alles drauß machen kann, selbst Sozialismus. Ihr Hauptzweck ist, wie drüben (in Amerika), den Bürger zum Sozialismus zu bekehren und so die Sache peacefully und constitionally einzuführen. Sie haben ein dickes Buch darüber veröffentlicht von 7 Verfassern."[5]

Am 4. September 1892 bemerkt Friedrich Engels in einem Brief an Karl Kautsky, daß, während die englischen Arbeiter bestrebt sind, eine eigene unabhängige Partei zu schaffen, die sämtlichen bürgerlichen Parteien gegenübersteht, die Fabian Society den „Anschluß der Arbeiter an die Liberalen" predigt und in der Praxis auch durchführt. „Im Augenblick, wo die Arbeiter zum ersten Mal selbständig auftreten, redet ihnen die Fabian Society zu, sie sollen Schwanz der Liberalen bleiben."[6]

Friedrich Engels wies darauf hin, daß sich die Fabier durch „Angst vor der Revolution" auszeichnen.[7] Noch zu Lebzeiten Engels' verkündete Webb in einem

[3] W. I. Lenin, Hyndman über Marx, in: Werke, Bd. 17, Berlin 1962, S. 298f.

[4] Siehe z. B. Report on Fabian Policy and Resolutions, in: Fabian Tract, Nr. 70, London 1896, S. 7.

[5] Friedrich Engels, Brief an Friedrich Adolph Sorge vom 8. Februar 1890, in: MEW, Bd. 37, Berlin 1967, S. 354.

[6] Friedrich Engels, Brief an Karl Kautsky, a. a. O.

[7] Friedrich Engels, Brief an Friedrich Sorge vom 18. Januar 1893, in: MEW, Bd. 39, Berlin 1968, S. 8.

Referat, das er bei einer Zusammenkunft der Fabian Society im Jahre 1894 hielt: „. . . Wir sind mehr als jemals zuvor davon überzeugt, daß die sozialistische Ordnung nicht mit Hilfe eines Umsturzes eingeführt werden kann.“[8]

Diese ideologischen Prinzipien und diese kollaborative Politik der Fabian Society ließ W. I. Lenin die Tätigkeit dieser Gesellschaft in folgenden Worten zusammenfassen: „Den vollendeten Ausdruck des Opportunismus und einer liberalen Arbeiterpolitik haben wir zweifellos in der ‚Gesellschaft der Fabier‘ vor uns.“[9]

Am Ende des XIX. und am Anfang des XX. Jahrhunderts stellten die Fabier in ihren Arbeiten den fabianischen „wahren“ und „wirklichen“ Sozialismus dem „falschen“ Sozialismus gegenüber. Unter „falschem“ Sozialismus verstehen die Fabier sowohl den utopischen Sozialismus von Robert Owen, Saint-Simon und Fourier, als auch den wissenschaftlichen Sozialismus von Marx und Engels. Webb schlägt vor, „entschieden Schluß zu machen mit jeglichen Projekten und Wunschträumen der früheren sozialistischen Systeme, die hinter uns liegen, aber auch mit den neuen Forderungen des unter einem neuen Deckmantel auftretenden Individualismus. All diese Richtungen fasse ich unter der gemeinsamen Bezeichnung falscher Sozialismus zusammen, da sie nach meiner Meinung nicht zum gesellschaftlichen Fortschritt führen, sondern zur Reaktion.“[10]

Die Fabier stellen dem utopischen und dem wissenschaftlichen Sozialismus den Fabiersozialismus entgegen und sprechen von der Notwendigkeit, die „statischen“ Ideale des utopischen Sozialismus durch die „dynamischen“ Ideale des Fabiersozialismus abzulösen.

Die Kritik der Fabier an den großen Utopisten, an deren Unverständnis der gesellschaftlichen Entwicklungsgesetze[11], die mit dem Hinweis auf die „Dynamik“ verbunden war, bedeutet jedoch durchaus nicht, daß die Fabier die Entwicklung der Gesellschaft als natürlichen historischen Prozeß auffaßten. Eine materialistische Geschichtsauffassung ist ihnen fremd.

Nicht zufällig finden sich in den Arbeiten der Fabier viele Auffassungen, die die Geschichte der Gesellschaft als eine Geschichte der Ideen auslegen und nach denen der Wechsel einer Gesellschaftsordnung zur anderen, darunter auch zur sozialistischen, durch bestimmte moralisch-ethische Überzeugungen der Menschen bedingt ist, also ohne Zusammenhang mit den konkreten Entwicklungsstufen der Gesellschaft.

So äußerte Bernard Shaw: „Die ökonomischen Veränderungen haben formelle Bedeutung, von überragender Bedeutung sind die Veränderungen in der Moral.“[12] Der Professor der Oxforder Universität Sidney Ball entwickelte diese Aussage von Bernard Shaw weiter: „Unter Sozialismus verstehe ich die Verwirklichung

[8] Sidney Webb, Socialism: True and False, in: Fabian Tract, Nr. 51, London, S. 4.

[9] W. I. Lenin, Der englische Pacifismus und die englische Abneigung gegen die Theorie, in: Werke, Bd. 21, Berlin 1960, S. 258.

[10] Sidney Webb, Socialism: True and False, a. a. O., S. 10.

[11] Ebenda, S. 12–14.

[12] Fabian Essays in Socialism, London 1889, S. 12.

der industriellen Demokratie, das heißt die Übertragung der gleichen Prinzipien auf die Industrie, die bereits in der Religion und in der Politik verwirklicht sind."[13] Solche Vorstellungen gestatten es den Fabiern, den Sozialismus von seinen Klassenwurzeln zu lösen und ihn als einen übersozialen und überhistorischen Prozeß darzustellen. Der Sozialismus ist für die Fabier ein Plan, ein Ziel. Sie behaupten, „der Sozialismus ist ein Plan zur Sicherstellung der gleichen Rechte und Möglichkeiten für alle".[14] Ihr Ziel ist jedoch nicht objektiv begründet, da es weder die Entwicklung der Produktivkräfte, noch die ökonomischen gesellschaftlichen Verhältnisse und auch nicht den Klassenkampf berücksichtigt.

Zur Rechtfertigung ihrer Standpunkte nahmen die Fabier Bezug auf Herbert Spencer[15], der wegen seines falschen Verständnisses der gesellschaftlichen Entwicklungsgesetze an eine vollkommene Analogie zwischen der Entwicklung der menschlichen Gesellschaft und der Entwicklung eines biologischen Organismus glaubte. Aus dieser Analogie folgerte er die „Ewigkeit" der sozialen Ungleichheit und die Ablehnung des Klassenkampfes und der Revolution.

Die Übertragung der Entwicklungsgesetzmäßigkeiten aus dem Tierreich auf die gesellschaftliche Entwicklung führte die Fabier zu malthusianischen Schlußfolgerungen: „Der Sozialismus strebt eine bewußte gesellschaftliche Auswahl an, der Abschaum der Gesellschaft muß ausgesondert, isoliert und wenn notwendig einer chirurgischen Operation unterzogen werden; diejenigen, die diszipliniert genug sind, können für spezielle Ziele eingesetzt werden."[16]

Der Fabiersozialismus ist nach den Vorstellungen seiner Schöpfer ein über den Klassen stehender Sozialismus; er wendet sich an alle Mitglieder und an alle Klassen der Gesellschaft.

Hierzu schreibt Sidney Webb: „Wenn sie Erfolg haben wollen, so müssen die moderneren Apostel des Sozialismus nicht bestrebt sein, einen Teil der Gesellschaft vollkommen zu ihrem Glauben zu bekehren, sondern sie müssen umgekehrt bemüht sein, innerhalb der gesamten Gesellschaft wenigstens einen Teil ihrer Ideen zu verbreiten. Die Folgen hiervon sind Teilreformen in der Welt des Durchschnittsmenschen und nicht umwälzende Reformen außerhalb dieser Welt."[17]

Die Fabier sind bestrebt, ihre sozialistischen Ideen in der ganzen Gesellschaft zu verbreiten, die herrschenden Klassen, Kapitalisten und Großgrundbesitzer, eingeschlossen. Dabei wird davon ausgegangen, daß das sozialistische Ideal während einer langen Evolution auf der Grundlage kleiner Reformen, in erster Linie in der Sphäre der Verteilung und des Tausches, erreicht wird.

Die Fabier treten für die Durchführung von Maßnahmen auf, die auf eine ge-

[13] Sidney Ball, The Moral Aspects of Socialism, in: Fabian Tract, Nr. 72, London 1980, S. 9.

[14] What Socialism Is?, in: Fabian Tract, Nr. 13, London S. 1.

[15] Fabian Essays in Socialism, a. a. O., S. 31.

[16] Sidney Ball, The Moral Aspects of Socialism, a. a. O., S. 5.

[17] Sidney Webb, Socialism: True and False, a. a. O., S. 11.

wisse Verringerung der Kluft zwischen den Einkommen der herrschenden Kreise und den arbeitenden Massen hinwirken, sie rühren allerdings nicht an den Grundfesten der bürgerlichen Ordnung. Eine solche „nichtklassenmäßige" Interpretation des Sozialismus läuft auf eine maskierte Apologetik der bürgerlichen Ordnung hinaus und läßt den wahren Klassenstandpunkt dieser Verteidiger des Kapitalismus erkennen.

Die Fabier dachten nicht einmal an die Zerstörung der bürgerlichen Staatsmaschinerie und an die Übernahme der Macht durch die Arbeiterklasse. Das erklärt sich daraus, daß der Staat für die Fabier eine Einrichtung ist, die über den Klassen steht und die Klassen miteinander auszusöhnen hat. Der bürgerliche Staat steht ihrer Meinung nach auf der Seite der benachteiligten Mitglieder der Gesellschaft. Alle Versuche, die über den Klassen stehende Rolle des Staates durch Bezugnahme auf Aussagen von Aristoteles und durch Ergriffenheit über den „hervorragenden Staatsapparat Englands"[18] zu beweisen, unterstreichen den Klassenstandpunkt der Fabier.

Man muß jedoch hinzufügen, daß die Fabier gegen Ende des XIX. und am Anfang des XX. Jahrhunderts nicht nur den bürgerlichen Staat schlechthin als über den Klassen stehend betrachteten, sondern den imperialistischen Staat, der in erster Linie ein Kabinett zur Sachverwaltung der Interessen der Finanzoligarchie ist. Die Tatsache, daß die Fabier den monopolistischen Staat rechtfertigten, wird durch ihr negatives Verhältnis zum Prinzip des „laissez faire" unterstrichen; die Fabier befürworteten nämlich die Einmischung des Staates in die Wirtschaft. Jetzt ist ihrer Meinung nach nicht mehr die Regierung als die beste anzusehen, die „am wenigsten lenkt", sondern diejenige, „die sich mit Sicherheit und Gewinn am meisten in die Lenkung einmischt."[19] Der fortschrittliche englische Historiker Andrew Rothstein hatte recht, als er darauf hinwies, daß die Fabier gegen Ende des vorigen Jahrhunderts dem englischen Kapital halfen, die Schwierigkeiten in den Jahren des Übergangs vom „freien Unternehmertum zum Monopolismus"[20] zu überwinden.

Eine Analyse der Fabier-Literatur, die gegen Ende des XIX. und am Anfang des XX. Jahrhunderts erschien, zeigt, daß die Appelle an den Staat, die Hinweise auf die Notwendigkeit einer aktiven Einmischung des Staates in die ökonomischen Prozesse, die Wünsche zur Verringerung der Eigentumsungleichheiten, die Aufrufe der Fabier zum Kampf gegen die Arbeitslosigkeit usw. offensichtlich die geistigen Quellen für J. M. Keynes waren. In seiner Arbeit „Allgemeine Theorie der Beschäftigung, des Zinses und des Geldes" begründete er ausführlich

18 „England verfügt über einen hervorragend organisierten Apparat, der vom Kirchenrat angefangen bis zum Parlament auf demokratischen Grundlagen aufgebaut ist. Das Wahlrecht gibt den Arbeitern eine größere Kraft als irgend einer anderen Bevölkerungsklasse." (Report of Fabian Policy and Resolutions, in: Fabian Tract, Nr. 70, London 1896, S. 5).

19 Sidney Webb, Socialism: Trude and False, a. a. O., S. 8.

20 A. Rothstein, Fabian Old and New, in: Communist Review, September 1952, S. 261.

die Notwendigkeit der Einmischung des Staates in die Wirtschaft unter den Bedingungen des Imperialismus.

Für die Fabier war (selbst in der vormonopolistischen Periode) jede beliebige Einmischung des Staates in die Wirtschaft eine sozialistische Maßnahme, ein übergang zum Sozialismus.[21] Als sozialistische Maßnahmen, als unbewußten Übergang zum Sozialismus bezeichneten die Fabier das Anwachsen der öffentlichen Bibliotheken, der Märkte, die Entwicklung des Straßenbahnnetzes, die Versorgung der Städte mit Wasser und Gas, die steigende Zahl der Ausstellungen, der Badeanstalten und sogar der Friedhöfe. „Man kann ohne weiteres sagen", schrieb Webb, „daß die bedeutende Vermehrung der städtischen Gaswerke auf eine unbewußte Übernahme sozialistischer Grundsätze hinweist und daß die Erweiterung des freien Schulsystems und die Vergrößerung der Zahl der öffentlichen Bibliotheken ein Ausdruck für die Verbreitung kommunistischer Ideen ist."[22] Derartige Aussagen entsprechen den Ideen des Munizipal-Sozialismus, der eine der Formen des bürgerlichen Sozialismus ist. Die Theorie des Munizipal-Sozialismus läßt bekanntlich Eigentum der städtischen Selbstverwaltungen für das Wasserleitungssystem, die Kanalisation, Gaswerke, Häuser usw. zu, allerdings bei unbedingter Beibehaltung der bürgerlichen Verhältnisse und des bürgerlichen Eigentums als ökonomische Grundlage der Gesellschaft.

Das Pharisäertum der Fabier und ihre Apologetik des imperialistischen Staates zeigten sich besonders deutlich, als sie in Gefolgschaft der bürgerlichen Ökonomen wiederholten, daß ein „kluges System" der Steuern einheitliche Bedingungen für die Existenz aller Bürger schaffen kann; die Armee, die Polizei und das Gerichtswesen gehen angeblich nach und nach in die Hände der gesamten Gesellschaft über.[23]

Wie bereits erwähnt wurde, steht nach Meinung der Fabier die Staatsmacht auf der Seite der armen Schichten der Gesellschaft. Folglich sind sie der Meinung, daß weder von einer Zerstörung der bürgerlichen Staatsmaschinerie noch von einer Machtergreifung durch das Volk die Rede sein kann. „In England", so heißt es in der „Rechenschaftslegung über die Fabier-Politik im Jahre 1896", „besteht die Frage nicht darin, ob das Volk mehr Macht erhalten sollte, sondern darin, ob es vernünftig die bereits in seinen Händen konzentrierte Macht nutzt."[24]

Eine der wichtigsten Fragen des Fabiersozialismus ist das Verhältnis zur Eigentumsproblematik. Wie die bürgerlichen Ökonomen, stellen die Fabier die Eigentumsverhältnisse nicht als ökonomische gesellschaftliche Verhältnisse dar, was sie ja in Wirklichkeit sind, sondern als Verhältnis des einzelnen Menschen zu einer Sache, zum Produkt der Arbeit. Somit ist für sie die Kategorie des Privateigentums eine unveränderliche, abstrakte und außerhistorische Kategorie.

[21] Facts for Socialists, in: Fabian Tract, Nr. 5, London 1899, S. 18f.

[22] Sidney Webb, Socialism: True and False, a. a. O., S. 6.

[23] Fabian Essays in Socialism, a. a. O., S. 48.

[24] Report on Fabian Policy and Resolutions, a. a. O., S. 5.

In dem Fabian Tract „The Moral Aspects of Socialism" („Moralische Aspekte des Sozialismus") definierte Sidney Ball das Eigentum auf folgende Weise: „Das Privateigentum kann man ethisch nur insofern begründen, als es der Ausdruck der Persönlichkeit des Menschen ist und es dem individuellen menschlichen Leben Einheit und Zusammenhalt gibt."[25]

Dort wo die Fabier zugeben, daß die Kategorie des Eigentums zwischenmenschliche Verhältnisse widerspiegelt, haben sie lediglich rechtliche Verhältnisse im Sinn (das Recht, eine Sache zu besitzen). In dem Artikel „Eigentum im Sozialismus" behandelte Graham Wallas das Eigentum lediglich aus juristischer Sicht. Er schrieb, daß Eigentum jedes beliebige Recht ist, das einer juristischen Person die Kraft und die Freiheit gibt, einen Gegenstand zu benutzen oder über ihn zu verfügen. Dieses Recht ist nur beschränkt durch das Recht seitens anderer Personen.[26]

Das Eigentum wurde also von den Fabiern als juristische Kategorie betrachtet, während in Wirklichkeit die juristischen Normen und Formen lediglich Widerspiegelung des Eigentums als ökonomische Kategorie sind. Ein derartiges idealistisches, ahistorisches Herangehen an die Kategorie des Eigentums ermöglichte es den Fabiern, das Privateigentum mit dem Sozialismus „unter einen Hut zu bringen". In der gegenwärtigen Entwicklungsetappe betonen die Fabier ebenfalls nachdrücklich, daß sie gegen die Liquidierung des Privateigentums „im Sozialismus" sind, da dies „ein Ausdruck der Persönlichkeit des Menschen" und seines „Rechtes" sei, Dinge zu benutzen. Das Credo der Fabier in dieser Frage lautet wie folgt: „Die Fabier streben nicht danach, daß der Staat die Industrie mehr monopolisiert, als dies notwendig ist, um die Unabhängigkeit des Volkes zu garantieren. Sie wollen nicht, daß die Monopole so weit gehen, daß die Privatbetriebe und die individuellen Initiativen verschwinden ... Die Tätigkeit der gesellschaftlichen Organisationen muß durch die Tätigkeit der privaten Unternehmen ergänzt werden. Diese Freiheit bewerten die Fabier genau so hoch, wie die Pressefreiheit, die Freiheit des Wortes und andere parlamentarische Freiheiten."[27] Auf Grundlage dieses Standpunktes schrieb Robert Bladgeford: „... Die Sozialisten wünschen durchaus nicht das Privateigentum zu vernichten."[28]

Im Kampf gegen den Marxismus verstiegen sich die Fabier zu bösartigen Verleumdungen, die ebenfalls der bürgerlichen Ökonomie entlehnt sind, und wonach die Kommunisten (oder wie die Fabier schrieben, „einige kommunistische-theoretische Systeme") für die Beseitigung des Eigentums überhaupt auftreten.

Es ist allerdings bekannt, daß sich die Marxisten solch eine sinnlose Aufgabe nicht stellen konnten und nicht stellen, da es ohne Eigentumsverhältnisse keine materielle Produktion gibt. „Was den Kommunismus auszeichnet, ist nicht die

[25] Sidney Ball, The Moral Aspects of Socialism, a. a. O., S. 19f.
[26] Siehe Fabian Essays in Socialism, a. a. O., S. 132.
[27] Report on Fabian Policy and Resolutions, a. a. O., S. 5.
[28] Sidnej Vebb, (Sidney Webb), Socializm v Anglii, Petrograd 1918, S. 75.

Abschaffung des Eigentums überhaupt, sondern die Abschaffung des bürgerlichen Eigentums"[29], heißt es im „Manifest der Kommunistischen Partei".

Während die Fabier das bürgerliche Eigentum verteidigten, versuchten sie die Veränderung der Formen des kapitalistischen Eigentums im Zusammenhang mit dem Übergang zum monopolistischen Stadium des Kapitalismus (Schaffung von Aktiengesellschaften und bürgerliche Nationalisierungen einzelner Betriebe oder sogar einzelner Industriezweige) als Übergang zum Sozialismus auszugeben.

Um ihre Theorie des Hinüberwachsens des Kapitalismus zum Sozialismus unter Beibehaltung des Privateigentums und der bürgerlichen Verhältnisse zu begründen, waren und sind die Fabier nachdrücklich bestrebt, die Ausbeutung der Arbeit durch das Kapital in der bürgerlichen Gesellschaft falsch darzustellen und zu verschleiern.

Die Fabier behaupteten und behaupten noch heute, daß das Kapital lediglich die „Summe der Produktionsinstrumente" ist.[30] In den Fabian Tracts taucht auch die den bürgerlichen Ökonomen ans Herz gewachsene Robinsonade auf; die Produktionsverhältnisse werden hier als Verhältnisse des Menschen zur Natur dargestellt. Es wird gezeigt, daß Robinson Crusoe der erste Kapitalist war, er verfügte über eine Hütte, ein Boot und über den Eingeborenen Freitag.[31] Auf diese Weise wird das Kapital von den Fabiern verewigt, das nach ihrer Meinung schon in der Urgesellschaft existierte und auch im Sozialismus noch vorhanden sein wird.

Die Widersprüche und das Wesen des Kapitalismus wird von den Fabiern verschleiert, um zu zeigen, daß der Profit nicht in der Produktion, sondern in der Zirkulation geschaffen wird.

So wird der Profit in der Arbeit des Ehepaares Webb „The Decay of Capitalist Civilisation" („Der Niedergang des Kapitalismus") aus der Neigung der menschlichen Natur zum Tauschhandel und zum Austausch von Dingen erklärt.[32] Der bürgerliche Profit wurde als eine ahistorische, ewige Kategorie betrachtet, die nicht aus der Ausbeutung der Arbeit, sondern aus dem Tausch resultiert.

Beachtung verdient der Umstand, daß in den Arbeiten der Fabier bereits in den neunziger Jahren des XIX. Jahrhunderts die Behauptung vom allmählichen Übergang der Macht aus den Händen der kapitalistischen Privateigentümer in die Hände der Manager (Administratoren) enthalten war. Bekanntlich wurde die Theorie der Revolution der Manager bedeutend später (im Jahre 1941) von dem amerikanischen Ökonomen und Soziologen Burnham als Begründung dafür entwickelt, daß sich der Kapitalismus angeblich schon in den Sozialismus umgewandelt hat und daß es einen anderen Sozialismus gar nicht gibt.

29 Karl Marx/Friedrich Engels, Manifest der Kommunistischen Partei, in: MEW, Bd. 4, Berlin 1959, S. 475.

30 Why Are the Many Poor, in: Fabian Tract, Nr. 1, London 1884, S. 1.

31 E. R. Pease, Capital and Compensation, in: Fabian Tract, Nr. 147, London 1909, S. 11.

32 S. i. B. Vebb, (S. u. B. Webb), Zakat kapitalizma, Moskva 1925, S. 59.

Die erwähnte Theorie des Bourgeoissozialismus, die für den Kampf mit dem Marxismus und der sozialistischen Ordnung entwickelt wurde, ist somit den Fabiern entlehnt.

Bei der Problematik der Bodenrente gingen die Fabier nicht über die Vorstellungen von Ricardo hinaus. Sie bestritten und bestreiten das Vorhandensein einer absoluten Rente und geben die Nationalisierung des Bodens unter kapitalistischen Bedingungen für eine sozialistische Maßnahme aus. Tatsächlich stellt die Nationalisierung des Bodens bei herrschenden bürgerlichen Verhältnissen eine bürgerliche Forderung dar. Sie wurde von einer Reihe bürgerlicher Ökonomen erhoben, unter anderem auch von dem amerikanischen Ökonomen Henry George in dem Buch „Fortschritt und Armut" (1879). Die Kritik der in dem Buch von Henry George vertretenen Standpunkte durch Karl Marx gilt auch in vollem Umfang für die Fabier.[33]

Drei Grundvarianten der vulgären Werttheorie werden von den Fabiern (wie auch von A. Marschall und W. St. Jevons) reproduziert und eklektisch zusammengefügt: Nachfrage und Angebot, Grenznutzentheorie und Produktionskostentheorie. In dem Brief an N. Danielson vom 5. Januar 1888 bemerkte Friedrich Engels: „Mode ist hier gerade die Theorie von Stanley Jevons, nach der der Wert durch die Nützlichkeit bestimmt wird, i. e. Tauschwert = Gebrauchswert, und auf der andren Seite durch die Größe des Angebots (i. e. durch die Produktionskosten), was nur eine konfuse Manier ist, hintenherum zu sagen, daß der Wert durch Angebot und Nachfrage bestimmt werde. Vulgärökonomie überall!"[34]

Mit den Kategorien des Eigentums, des Wertes und des Preises eng verknüpft ist die Vorstellung der Fabier vom Arbeitslohn. Für sie ist, wie für die bürgerlichen Ökonomen, nicht die Arbeitskraft, sondern die Arbeit der Gegenstand des Kaufs und des Verkaufs auf dem Markt. Die Fabier versuchen die Arbeiterklasse für die niedrigen Arbeitslöhne und die schlechten Lebensbedingungen verantwortlich zu machen. Sie sind der Auffassung, daß ein niedriger Arbeitslohn zustande kommt, weil das Angebot an Arbeit durch die Arbeiter die Nachfrage von seiten der Unternehmer übersteigt.

Daneben finden sich in den Arbeiten der Fabier Vorstellungen, nach denen im Sozialismus „der volle Preis der Arbeit" gezahlt wird[35], also eine Konzeption, deren Unhaltbarkeit von Karl Marx in der „Kritik des Gothaer Programms" aufgezeigt wurde.

Den Übergang zum imperialistischen Entwicklungsstadium, das Anwachsen der staatsmonopolistischen Tendenzen, versuchten die Fabier als Übergang vom Kapitalismus zum Sozialismus darzustellen, als ein besonderes Stadium der ge-

[33] Karl Marx, Brief an Friedrich Adolph Sorge, vom 20. Juni 1881, in: MEW, Bd. 35, Berlin 1967, S. 198–201.

[34] Friedrich Engels, Brief an Nikolai Franzewitsch Danielson vom 5. Januar 1888, in: MEW, Bd. 37, Berlin 1967, S. 8.

[35] Sidnej Vebb (Sidney Webb), Socializm v Anglii, a. a. O., S. 21.

sellschaftlichen Entwicklung, für das „gemischte" Besonderheiten kennzeichnend sind. Ähnlich wie eine Vielzahl von bürgerlichen Ökonomen behaupteten sie und behaupten, daß der Staat, indem er Antitrustgesetze einführt, zu einem Mechanismus wird, der im Interesse der gesamten Gesellschaft wirkt und sozialistische Maßnahmen realisiert.

In ihren Traktaten begründen die Fabier die Notwendigkeit der Einmischung des Staates in die Beziehungen zwischen Arbeit und Kapital sowie in die Agrarverhältnisse, die Notwendigkeit staatlicher Kredite an die Landwirte, der staatlichen Kontrolle über die Produktion und den Transport von Elektroenergie, der staatlichen Kontrolle und Regulierung des Arbeitslohnes, der staatlichen Regulierung des technischen Fortschritts, der staatlichen Kontrolle über die Monopole, der Kontrolle des Transportwesens usw. Diese Maßnahmen, die durch das Bündnis des Staates mit dem Monopolkapital in Wirklichkeit Maßnahmen zur Erhaltung und Stärkung der Macht der Monopole und zur Umverteilung des Nationaleinkommens zugunsten der Monopole waren und sind, werden von den Fabiern als antimonopolistische und sozialistische Maßnahmen ausgegeben.

Die Fabier reden den Arbeitern ein, daß der Kampf der Arbeiterklasse um die Macht nutzlos sei, da der Aufbau des Sozialismus in den kapitalistischen Ländern spontan vor sich gehe.

Um das mittlere und Kleinbürgertum und die Vertreter der Arbeiteraristokratie auf ihre Seite zu ziehen, entwickelt der Fabiersozialismus kleinbürgerliche Ideen von der Beseitigung der negativen Züge des Kapitalismus, beschwört ferner den Klassenfrieden und die gesellschaftliche Kontrolle über die Monopole. Der Fabianismus ist insgesamt eine verschleierte Verteidigung des Kapitalismus und des staatsmonopolistischen Kapitalismus im besonderen.

Eine kritische Analyse der Anschauungen des Fabiersozialismus gegen Ende des XIX. und am Anfang des XX. Jahrhunderts ist bedeutungsvoll, weil viele ökonomische Probleme, die in dieser Zeit ausgearbeitet wurden, auch heute noch in den Arbeiten der Labourbewegung und in den Veröffentlichungen der Fabier eine Rolle spielen. Bemerkenswert ist, daß die Gesellschaft der Fabier gegen Ende der sechziger und am Anfang der siebziger Jahre eine Neuauflage sämtlicher Fabian Tracts, die seit der Gründung der Gesellschaft erschienen sind, herausgab.

Der moderne Antikommunismus verwendet bei seinen Angriffen auf den Marxismus-Leninismus in großem Umfang die Ideen des Fabiersozialismus. Die Fabian Society, die seit der Gründung der Labour-Party Englands (1900) mit den Rechten eines Kollektivmitglieds Bestandteil dieser Partei ist, setzt auch gegenwärtig ihre Versuche fort, die Arbeiterbewegung mit bürgerlichen Ideologien zu infiltrieren.

Im Jahre 1970 zählte die zentrale Abteilung der Gesellschaft der Fabier (in London) über 4100 Mitglieder. Nach den Angaben der Gesellschaft erhöhte sich die Mitgliederzahl Anfang 1971 auf 5500 Personen. Außerdem arbeiteten in den 92 örtlichen Abteilungen der Gesellschaft im Jahre 1970 ungefähr 2400 Personen.

Bei der Gesellschaft ist eine Gruppe von Jungfabiern organisiert. Sie umfaßte 1970 1100 Mitglieder.

Die Fabian Society setzt sich auch gegenwärtig aus Vertretern der bürgerlichen Intelligenz, Beschäftigten der Industrie, der Universitäten, der wissenschaftlichen Forschungsinstitute, Beamten, Juristen und Studenten zusammen. Im Jahre 1959 waren ungefähr zwei Drittel der Mitglieder in der zentralen Abteilung der Fabian Society Vertreter folgender Bevölkerungsschichten: Leiter industrieller und anderer Unternehmen – 19 Prozent, Universitätslehrkräfte – 8 Prozent, Lehrer (außerhalb der Universitäten) – 16 Prozent, Beamte – 7 Prozent, Juristen – 5 Prozent und Studenten – 7 Prozent. Von den im Jahre 1970 neuaufgenommenen Mitgliedern der Gesellschaft entfallen 65 Prozent auf die genannten Kategorien. Einen besonders hohen Anteil bei den Neuaufgenommenen bildeten die Studenten (27 Prozent).[36]

Wenn man berücksichtigt, daß die Veröffentlichungen der Gesellschaft im bürgerlichen Verlagswesen eine weite Verbreitung finden (periodische Schriften, Monographien)[37], so kann man sich leicht die Ausmaße des ideologischen Propagandaapparates der Fabian Society inner- und außerhalb Englands vorstellen.

Spezielle Abteilungen der Fabian Society untersuchen die verschiedenartigsten internationalen und innenpolitischen Probleme: den Wettbewerb der beiden ökonomischen Systeme, die Entwicklungsländer, die Programmierung der Wirtschaft, militär-strategische Fragen usw.

Auffallend ist die enge Verbindung der Führer der Labour-Party mit der Fabian Society. Viele führende Mitglieder der Partei arbeiteten und arbeiten aktiv in der Fabian Society mit. In der Nachkriegsperiode waren unter den Vertretern der Fabian Society der Premierminister Harold Wilson, Roy Jenkins, Harold Laski, George Cole und andere. In den Jahren 1969–1970 war ein Vertreter der Gesellschaft, der Professor der Oxforder Universität Lord Thomas Balogh, der persönliche Berater von Wilson.

Im Jahre 1971 waren ungefähr 90 Prozent der Mitglieder des Labour-Schattenkabinetts Mitglieder der Fabian Society. Anderseits waren 1967 unter den 17 Mitgliedern des Vorstandes der Gesellschaft 8 führende Mitglieder der Labourregierung.

Bedeutende Labourpolitiker (A. Crosland, R. Crossman, A. Benn, T. Balogh und andere) beteiligen sich aktiv an den Veröffentlichungen der Fabier, in denen die theoretischen Grundlagen des Fabianismus in der Nachkriegsperiode erarbeitet werden.[38]

Erwähnt werden muß auch die enge Verbindung der Fabian Society mit den englischen Universitäten (in London, Cambridge, Oxford und in anderen Städten).

[36] Fabian News, April 1971, S. 3.

[37] Die Zeitung der englischen Businessmen „Financial Times“ veröffentlicht Ankündigungen und kurze Inhaltsangaben der Fabian Tracts.

[38] Vgl. R. H. S. Crossmann and other, New Fabian Essays, London 1952.

Die Verbindung wird über die Universitätsprofessoren und Lehrer aufrechterhalten, die Mitglieder der Fabian Society sind und sich aktiv an den fabianischen Veröffentlichungen beteiligen. Gleichzeitig werden die Publikationen der Fabian Society den Universitätsstudenten als Lehrmaterialien empfohlen.

Auf diese Weise ist die Fabian Society auch heute noch ein wichtiges Element im System der ideologischen Beeinflussung der Arbeiterklasse durch die Bourgeoisie, sie ist das ideologische Zentrum der Labourpartei, in dem ökonomische, philosophische, politische und andere Probleme dieser einflußreichen Partei der reformistischen sozialistischen Internationale ausgearbeitet werden.

10. KAPITEL

Der Gildensozialismus

Die Ideen des Gildensozialismus verbreiten sich unter den britischen Trade-Unions in der Periode des Aufschwungs der Arbeiterbewegung vor dem ersten Weltkrieg.

Die Begründer des Gildensozialismus, die Mitglieder der Fabian Society G.D.H. Cole, S. G. Hobson, A. R. Orage, A. I. Penty u.a., gaben ihre Lehre als eine „Synthese" der „besten" Ideen des Syndikalismus, des Marxismus und des Fabianismus aus.

Als Zeitpunkt der Entstehung des Gildensozialismus nimmt man gewöhnlich das Erscheinungsdatum der Arbeit des englischen Architekten A. I. Penty „The Restoration of the Guild System" („Die Restaurierung des Gildensystems") (1906) an. Der Autor des Buches idealisiert das mittelalterliche System der Wirtschaftsorganisationen und ruft dazu auf, die Zusammenschlüsse der einzelnen Berufe nach territorialem Prinzip wiedererstehen zu lassen. Seit 1908 beginnen die Herausgeberkreise der von den Fabiern gegründeten Zeitschrift „New Age" („Neues Zeitalter") diese Idee zu entwickeln, sie fordern die Organisation eines nationalen Systems von Produzentenkooperationen, die Revision der existierenden Formen des Arbeitslohnes und die Umwandlung der Trade-Unions in Organe der industriellen Selbstverwaltung.

Seit 1913 erscheinen die Veröffentlichungen von G. D. H. Cole, der bald darauf zum führenden Vertreter dieser Richtung wird. In seinem Buch „The World of Labour"[1] („Die Welt der Arbeit") versucht Cole, die entwickelte mittelalterliche Utopie der Guildsmen den realen Aufgaben der modernen Arbeiterbewegung anzupassen. Er skizziert, wie die Ideen der Guildsmen unter den Bedingungen Großbritanniens zu seiner Zeit praktisch realisiert werden könnten.

Die Entstehung des Gildensozialismus wird gewöhnlich durch die ablehnende Reaktion der Intelligenz in den Trade-Unions gegenüber dem immer populärer

[1] Gorge Douglas Howard Cole, The World of Labour, London 1917.

werdenden „Etatismus“ erklärt, sowie aus deren Forderung, die unter den Bedingungen einer zentralen staatlichen Regulierung verlorengegangenen Rechte der autonomen Persönlichkeit wiederherzustellen.

Es muß erwähnt werden, daß zu Beginn des zweiten Jahrfünfts des XX. Jahrhunderts die englische Arbeiterbewegung eine der stürmischsten Perioden in ihrer Geschichte durchmachte. Die Weltwirtschaftskrise 1907–1909 führte zu einer außerordentlichen Zuspitzung des sozialen Kampfes; die Massenaktionen der Werktätigen nahmen zu.

Besonders populär wurde die Losung von der „Inbesitznahme der Kontrolle über die Produktion“ und die sich ausbreitende syndikalistische Idee der „direkten Aktion“. Die durch die aktive Bewegung des Proletariats erschreckte englische bürgerliche Intelligenz bietet zur Lösung der Konfliktsituation einen Kompromiß an. Sie tritt mit einer fundierten Kritik des kapitalistischen Systems der Lohnsklaverei durch die staatliche Bürokratie auf, arbeitet im Detail die in Mode gekommene Idee von der „Arbeiterkontrolle“ aus und schlägt dabei die friedlichsten und für die Bourgeoisie ungefährlichsten Rezepte zu deren Realisierung vor.

Die Klassenfeinde werden von den Guildsmen aufgerufen, sich bei der Verwirklichung der Ideen der Brüderlichkeit und der vollkommenen Befreiung der Persönlichkeit zu beteiligen. Dabei denkt man nicht an die Einzelpersönlichkeit, sondern an eine gesellschaftliche Person (Produktionsgenossenschaften, die durch die im System des nationalen Gildenwesens organisierten Berufsverbände geleitet werden).

Der Gildensozialismus war niemals eine homogene Richtung. Er umfaßte nach den Worten B. Russels sowohl „trotzkistische Guildsmen“ als auch „Wasser-Guildsmen“. Die Äußerungen der Gildenanhänger in ein und derselben Frage waren widersprüchlich und oft entgegengesetzt. Viele von ihnen machten eine Entwicklung „nach rechts“ durch und im Verlaufe einiger Jahre änderten sich die Standpunkte einzelner Theoretiker mehrmals.

Die Guildsmen priesen die mittelalterliche Ordnung, bei der die in Gilden zusammengefaßten Produzenten die Produktion kontrollierten und regulierten und bei der sich die Konkurrenz zwischen ihnen auf einen Wettbewerb um die beste Qualität des Erzeugnisses beschränkte. Die Guildsmen wiesen darauf hin, daß die Arbeit der Handwerker, die Schöpfertum und Initiativen erforderte, weder monoton noch freudlos war. Doch während die Gilde im Produktionswesen der mittelalterlichen Stadt eine notwendige Wirtschaftsform darstellte (da die einfache Warenproduktion in den frühen Etappen ihrer Existenz in den Handwerksverbänden und in der Handwerksordnung Schutz suchte und dank der Gilden das Kleinhandwerk dem sich ausbreitenden Wucher- und Handelskapital Widerstand leisten konnte), stellen die Versuche, unter den Bedingungen einer kapitalistischen Gesellschaft die Normen des XVI. Jahrhunderts wiederherzustellen, eine Utopie dar, die dem Geist der feudalsozialistischen Theorien ähnelt. In der Kapitalismuskritik der Guildsmen ist deren Abneigung gegenüber der großen Maschinenproduktion und gegenüber dem technischen Fortschritt zu spüren. Der „mittelalterliche Flügel“ der Guildsmen (besonders A. I. Penty) strebte für einen begrenzten Markt die Erneuerung des Ideals der Gilden auf der Grundlage der kleinhandwerklichen Produktion an.

Andere Vertreter des Gildensozialismus (G. D. H. Cole, S. G. Hobson u. a.) betrachten die große Maschinenproduktion als unabänderliche Tatsache und entwerfen ein System eines gesamtnationalen Gildenwesens unter Berücksichtigung der existierenden Produktionsformen und ihrer Vergesellschaftungstendenzen. Aber auch sie hoffen, daß das System des Gildensozialismus letzten Endes eine Rückkehr zur handwerklichen Produktion ermöglicht. Die Guildsmen nahmen an, daß die Maschinen wegen ihrer negativen Wirkung auf die Qualität und die Individualität der hergestellten Waren zur beiderseitigen Zufriedenheit sowohl der Produzenten als auch der Konsumenten wieder verschwinden werden.

Wie sieht nun das Modell des Gildensozialismus im Ganzen aus?

In der idealen „Gildengesellschaft“ teilt sich die Nation in Produzenten und Konsumenten. Für die Produzenten ist das höchste Organ aller Bürger der Nationale Gildenkongreß, für die Konsumenten – der Staat. Nominell gilt der Staat als Besitzer der Produktionsmittel, die er unter bestimmten Bedingungen den Gilden zur Nutzung überläßt. Die Gilden entscheiden alle mit der Produktion im Zusammenhang stehenden Fragen: sie bestimmen das Produktionssortiment, die Preise, den Umfang des Arbeitslohns, die Regelungen mit den Zulieferern und den Auftraggebern. Widerspricht ihre Politik den Interessen der Gesellschaft, so können sich die Konsumenten an das staatliche Gericht wenden, das unter Berücksichtigung der öffentlichen Meinung den Konflikt beseitigt. In besonders schwierigen Situationen kann man sich an ein drittes Organ wenden, in dem beide streitende Parteien, Konsumenten und Produzenten, vertreten sind.

Der Gildensozialismus fordert eine „allmähliche“ Nationalisierung der Produktionsmittel und ihre Überführung in die Verfügungsgewalt von assoziierten Produzenten. In dieser Hinsicht ist die Schule des Gildensozialismus im Vergleich zur moralisierenden bürgerlichen Intelligenz des zeitgenössischen Großbritannien, die jedes beliebige soziale Problem auf die Ethik zurückführte und allen wesentlichen sozialökonomischen Forderungen aus dem Weg ging, durchaus radikal. Die Guildsmen verneinen jedoch kategorisch die Möglichkeit, die Nationalisierung mit Hilfe gleichzeitiger politischer Aktionen durchzuführen. Ihrer Meinung nach führen außergewöhnliche Nationalisierungsmaßnahmen zu Unordnung und zu ungerechtfertigten Verlusten an gesellschaftlichem Reichtum und Arbeitszeit. „Eine plötzliche Konfiszierung führt zu einem solchen Chaos, daß durch die Senkung der Produktivität und durch die Notwendigkeit, sich um die Versorgung der auf keinerlei Tätigkeit vorbereiteten Reichen zu kümmern, ... der größte Teil der konfiszierten Werte wieder aufgebraucht wird.“[2]

Nach Meinung der Guildsmen muß die Liquidierung des kapitalistischen Eigen-

[2] S. Tejlor, (S. Taylor), Gild'dejskij socializm i ego politika, Moskva/Leningrad 1925, S. 69.

tums allmählich und für die besitzenden Klassen schmerzlos vor sich gehen; das neue System der Produktionsleitung muß innerhalb des alten „heranwachsen". Die Guildsmen wollen über die Gewerkschaften die aktivsten und fähigsten Arbeiter zur Kontrolle über die Produktion heranziehen und die Kapitalisten vor die Tatsache der Nichtbeteiligung an der Wirtschaftsführung stellen. Die Guildsmen nahmen an, daß die Kapitalisten dann selbst auf ihre Rechte verzichten würden. Den ehemaligen Besitzern wird der Wert ihrer Betriebe entweder durch eine Beteiligung am Gewinn oder in Form einer einmaligen Abfindung vollständig ersetzt.

Die Theoretiker des Gildensozialismus heben nicht die Nivellierung des Eigentumsstatus als Wichtigstes hervor, sondern die Beteiligung aller Gruppen der Bevölkerung an der Leitung.

Die Guildsmen stellen die marxistische Lehre von der elenden Lage des Proletariats in Frage. Die Armut ist ihrer Meinung nach etwas Relatives, eher eine subjektive Vorstellung, denn es gebe immer Bevölkerungsgruppen mit höherem und mit geringerem Einkommen und Zweige mit unterschiedlichen Profiten. Das ist angeblich ökonomisch notwendig und sozial gerechtfertigt. Das Hauptübel, dem die Guildsmen den Kampf angesagt haben, besteht in der geistigen Verarmung der Werktätigen und in der Verfremdung der Arbeit, die zum Verlust der persönlichen Interessiertheit, der Initiative und des Verantwortungsgefühls führe. In der Liquidierung des Lohnabhängigkeitsverhältnisses, in der Umwandlung des Arbeiters in einen Besitzer und in der Heranziehung zur Leitung seines eigenen Betriebes besteht das Wesen des Gildenprogramms.

Der Hauptfehler der übrigen Sozialisten besteht nach Meinung der Guildsmen darin, daß der produzierende Mensch dem Konsumenten gegenübergestellt wird. Die Guildsmen sind der Meinung, daß jede Theorie, die sich ausschließlich entweder auf die Produktion oder auf die Konsumtion konzentriert, einseitig und fruchtlos sei. Man müsse einen Standpunkt finden, der in gleichem Maße beide Theorien berücksichtigt und ihre konkurrierenden Standpunkte in Übereinstimmung bringt. Der Gildensozialismus sei eine Theorie, die auf der Idee aufbaue, die Produzenten und den Staat an der Kontrolle über die Industrie gemeinsam zu beteiligen.

In seinen Angriffen war der Gildensozialismus gegen den Marxismus gerichtet, an dessen Adresse diese „Theoretiker" eine Menge von Ungereimtheiten und direkter Beschimpfungen richteten. Die Ideologen des Gildensozialismus waren der Meinung, daß es sich beim Marxismus um einen „Staatssozialismus" handelt, der den Menschen nur als Konsumenten betrachtet.

Nach Meinung der Guildsmen sehen die Marxisten ihre Hauptaufgabe im Kampf um die Erringung der politischen Macht und in der Übergabe der Kontrollfunktionen in der Produktion in die Hände des Staates, ohne die „Verfremdung der Arbeit" zu beseitigen. Der Übergang der Kontrolle vom privaten zum kollektiven Arbeitsherrn ändere nichts an der Sache.

Die Guildsmen wiesen darauf hin, daß der Staat in der Lage sei, eine gleichmäßigere und stabilere Verteilung der Konsumgüter zu gewährleisten, aber ungelöst bleiben würden hierbei die Probleme des Menschen als Produzenten, dessen Arbeit auch im „Staatssozialismus" ebenso unpersönlich sei. Nach Meinung der Vertreter des Gildensozialismus ist der unmittelbare Produzent unter den Bedingungen beider sozialer Systeme (des kapitalistischen und des sozialistischen), ungeachtet dessen, daß sich diese auf verschiedenen Eigentumsformen gründen, an der Leitung der Produktion, in der er beschäftigt ist, im gleichen Maße unbeteiligt. Die staatliche Regulierung erweist sich nach den Äußerungen der Guildsmen unter den Bedingungen des Volkseigentums als eine Form der „geistigen Ausbeutung".

Die Guildsmen verfälschten den Inhalt der Produktionsverhältnisse des eigentlichen Sozialismus, der, gestützt auf die staatliche Macht, die Werktätigen zu Herren über die Produktion macht.

Aber die Guildsmen überlassen in ihren Projekten dem Staat bestimmte Funktionen, wodurch sie sich im Grunde genommen auch von den Anarcho-Syndikalisten unterscheiden. Was den Grad der Einmischung des Staates in die Wirtschaft und den Charakter seiner Funktionen betrifft, so gehen allerdings die Meinungen der Gildenanhänger auseinander. A. R. Orage tritt für die Anerkennung der absoluten Souveränität der Staatsmacht ein. G. D. H. Cole fordert eine große Selbständigkeit für die Gilden und nimmt an, daß die Staatshilfe nur einen Ausnahmefall darstellt.

Die Hauptthese aller Arbeiten Coles besteht in der maximalen Gewaltenteilung, in der Verneinung der Notwendigkeit einer zentralisierten Einzelleitung und einer politischen Kontrolle in wirtschaftlichen Angelegenheiten. Wie Cole betont, müssen Staat und Gilden ein „bewegliches Gleichgewichtssystem" bilden, andernfalls könne sich entweder der Syndikalismus oder der Etatismus durchsetzen. Um dem gegenwärtigen Staat den Gildenstaat entgegenzustellen, verwendet Cole den alten englischen Terminus „commonwealth".

Die Gildenanhänger M. B. Reckitt und R. C. E. Bechhofer sind der Auffassung, daß der Staat, hauptsächlich in der Konsumtionssphäre, ganz konkrete praktische Funktionen übernehmen muß. Die Staatsmacht ist ihrer Meinung nach das Hauptorgan zur Interessenverteilung des Menschen als Konsumenten. S. G. Hobson kritisiert diese Auffassung und glaubt, daß die Konsumenten keine gemeinsamen Funktionen hätten und daß der Staat nur zur Aufrechterhaltung des „kollektiven Geistes " notwendig sei.

Auf diese Weise werden dem Staat von allen Guildsmen, wenn auch unterschiedlich, Funktionen der wirtschaftlichen Regulierung auf der Rechtsgrundlage des einzigen nominalen Eigentümers der Produktionsmittel zuerkannt. Der Staat soll in bestimmten Grenzen jedem Zweig der Volkswirtschaft das Recht auf Selbstverwaltung einräumen, das von den in dem betreffenden Zweig beschäftigten Arbeitern sowie dem ingenieurtechnischen und dem Leitungspersonal, wahrgenommen wird, die sämtlich durch die Hierarchie der Institutionen des nationalen Gildensystems organisiert sind. Außerhalb des genannten Systems verbleiben Individuen, deren Art der Beschäftigung keine Organisation in Gilden erlaubt (Personen, die sogenannte freie Berufe ausüben). Der Staat übernimmt solche Verantwortungsbereiche wie die Armee (allerdings nicht den Schutz der inneren Ordnung), das Bildungs- und das Gesundheitswesen.

Die Landwirtschaft soll ebenfalls in einem Gildensystem organisiert werden. Hierbei sind den Konzeptionen der Guildsmen entsprechend die Ausmaße der einzelnen landwirtschaftlichen Gilden unterschiedlich. „Im Sozialismus sind kleine Landwirtschaftsbetriebe ebenso möglich wie ‚industrialisierte‘ Formen landwirtschaftlicher Großbetriebe.“[3]

Nach Meinung der Theoretiker des Gildensozialismus werden die landwirtschaftlichen Gilden ebenso wie die industriellen nach dem Prinzip der inneren Demokratie, Kontrolle und Selbstverwaltung organisiert sein. Die in den landwirtschaftlichen Gilden beschäftigten Produzenten können über eigene Bodenparzellen verfügen, sowie über Gerätschaften, um diese zu bearbeiten. Um zur individuellen Nutzung ein Stück Land zu erhalten, kann in die landwirtschaftliche Gilde auch ein Arbeiter eintreten, der in der Vorstadt oder auf dem Lande wohnt.

Außerdem bleibt der landwirtschaftlichen Gilde das Recht vorbehalten, mit Hilfe des Systems der nationalen Gilden bezahlte Arbeitskräfte zur Ausführung von Saisonarbeiten hinzuzuziehen.

Für die Nutzung des Bodens und der landwirtschaftlichen Maschinen soll der Staat eine Pachtgebühr erheben. Durch die Differenzierung der Pachtgebühr soll der Staat die Einkommensniveaus der Gilden ausgleichen, indem er zum Nutzen der Gesellschaft „alle Preiserhöhungen, die dem Besitzer des Bodens ohne sein Zutun zugute kommen“, berücksichtigt.[4] Der nichtnationalisierte, im Privatbesitz verbleibende Boden unterliegt ebenfalls einer progressiven Besteuerung: „Der Unterschied der Bodenrente muß durch eine Erbsteuer konfisziert werden.“ Diese Maßnahme ist nach Meinung der Gildenanhänger genau so wirksam, wie die Vergesellschaftung des Bodens. Sie meinen: „Der Boden wird durch seine Nutzung und nicht durch Eintragung in die Grundbücher nationalisiert.“[5]

Da das Prinzip des Gildensozialismus auf der Dezentralisierung der Macht beruht, fällt die wichtigste Rolle im System des Gildensozialismus den Gilden selbst zu. Was ist nun eine Gilde? Wie organisiert sie ihre Tätigkeit?

Die Theoretiker des Gildensozialismus definieren die Gilde als demokratische, sich selbstverwaltende Assoziation, bestehend aus Arbeitern aller Qualifikationen, die in jedem möglichen Produktionszweig beschäftigt sind und im Kontakt mit dem Staat diese Produktion leiten.

Das Kapital der Gilden wird aus den anteiligen Beiträgen der Gildenmitglieder gebildet. Im Unterschied zu den gewöhnlichen Aktiengesellschaften hat ein

[3] G. Kole (G. Cole,) Gild'dejskij socializm, Moskva 1925, S. 102.
[4] S. Tejlor (S. Taylor), Gild'dejskij socializm i ego politika, a. a. O., S. 68.
[5] Ebenda, S. 69.

Arbeiter in der Gilde, unabhängig von seinem Beitrag, nur eine Stimme. Die Guildsmen waren der Auffassung, daß man auch auf das Kapital nichtarbeitender Teilhaber zurückgreifen könne, den Umfang ihres Gewinns allerdings auf ein für alle Gilden festgesetztes Maß, z. B. 5 Prozent, beschränken sollte.

Wie bereits erwähnt, legen die Gilden den Umfang der Produktion und das Erzeugnissortiment selbst fest. Der Großhandelsabsatz erfolgt ebenfalls durch die Gilden. In einem speziellen Organ veröffentlichen die Gilden schon vorher die Preise, mit denen sie auf dem Markt in Erscheinung treten. Jeder, dem diese Preise zu hoch erscheinen, hat das Recht, sich an ein Spezialgericht zu wenden, das in Abhängigkeit von der Sachlage seine Einwände gegen die Gilde vorbringen wird. Außerdem werden alle Bürger als Konsumenten in Vereinigungen zusammengefaßt, die die Einzelhandelspreise regulieren und die Stabilität des gesamten Systems der Nachfrage nach den Erzeugnissen der Gilden garantieren.

Wenn es die Gesellschaft für notwendig erachtet, irgendwelche Waren unter den Selbstkosten zu verkaufen oder kostenlos zu verteilen (z. B. Milch, Medikamente), so müssen sich die Gilden damit einverstanden erklären. Die Ausgaben der Gilden werden in diesem Falle durch staatliche Subventionen gedeckt.

In der Gesellschaft des Gildensozialismus bleibt also die Form der Warenrealisierung erhalten. Ebenfalls erhalten bleibt das System des Geldumlaufs.

Was das System der Entlohnung der Arbeiter betrifft, so hat keiner der Theoretiker des Gildensozialismus konkrete Lösungen vorgeschlagen; sie hielten es für eine rein praktische Frage. Die Anhänger des Gildensozialismus lehnen allerdings den Stücklohn ab, da diese Form der Bezahlung angeblich weder auf die Arbeitsbedingungen noch auf die Qualität der Erzeugnisse Rücksicht nimmt. Außerdem sei das System der Stücklohnzahlung unzulässig „materialistisch", die Guildsmen erachten ein System des materiellen „Anreizes" als nicht notwendig.

Der Gildensozialismus gehört also zu den Modellen des dezentralisierten Sozialismus anarcho-syndikalistischer Prägung, in dem allerdings eine bestimmte makroökonomische Regulierung zugelassen ist. Seine Grundlage bildet ein Projekt der industriellen Reform. Gleichzeitig kann man den Gildensozialismus als eine Sozialtheorie betrachten, die Anspruch erhebt, eine Analyse der wichtigsten Seiten des gesellschaftlichen Lebens darzustellen.

Mit seiner Kritik der antihumanistischen Wirkung des Kapitalismus leistete der Gildensozialismus einen gewissen Beitrag zur Bloßlegung einer der spezifischen Eigenheiten des entwickelten Kapitalismus, der Bürokratisierung der Leitung. Was diesen Gesichtspunkt betrifft, so ist die Theorie des Gildensozialismus glaubwürdig und fundiert.

Das Projekt der neuen sozialökonomischen Ordnung, das von den Theoretikern des Gildensozialismus ausgearbeitet wurde, leidet, obwohl es ein spezifisches ökonomisches Programm vorschlägt, an den Unzulänglichkeiten der bürgerlich-reformistischen und kleinbürgerlichen Vorstellungen. Fehlerhaft ist vor allem die theoretische Voraussetzung der gesamten Gildenlehre von der friedlichen Transformation der Gewerkschaftsverbände in ein System der volkswirtschaftlichen Leitung unter Bedingungen einer antagonistischen Klassengesellschaft. Hier schlägt der Gildensozialismus das gewöhnliche reformistische Programm des „Hinüberwachsens“ vor, wobei er mit der evolutionären Taktik der „kleinen Schritte“ den maximal „ökonomischsten“ Weg zur Errichtung der neuen, sozialistischen Gesellschaft offeriert. Die Guildsmen verbargen nicht ihre Furcht vor der Revolution, lehnten die marxistische Lehre von den Klassen, den Parteien und der Diktatur des Proletariats ab und desorientierten die Arbeiterbewegung angesichts der ernsthaften Klassenauseinandersetzungen ihrer Zeit, indem sie ihre Anstrengungen auf die Lösung von unwesentlichen, begrenzten Fragen richteten.

Den parlamentarischen Kampf lehnten die Guildsmen als langwierigen und uneffektiven Weg zum Sozialismus ab. Sie verhielten sich aber auch gegenüber den Methoden der Syndikalisten, die die Erreichung ihrer Ziele durch die „direkte Aktion“, durch Sabotage und Aufstände anstrebten, ablehnend. Die Guildsmen schlugen vor, die Trade-Unions durch allmähliche Umgestaltung zu einem starken Monopol zu machen, das in der Lage ist, den Monopolen des Kapitals die Stirn zu bieten. Indem sie in alle Bereiche der Produktionskontrolle vordringen und die „Kontrolle“ organisieren, bereiten sich die Arbeiter gewissermaßen auf die Rolle der Herren vor. Die Arbeiter erobern eine Funktion nach der anderen und verdrängen gewissermaßen die Kapitalisten, die als überflüssiges soziales Element überlebt sind. Zum entscheidenden und endgültigen Akt wird der Aufkauf der kapitalistischen Betriebe durch den Staat.

Die überzeugendste Entlarvung des Utopismus aller Projekte der Gildenanhänger ist die klägliche Praxis des Gildensozialismus. Im Jahre 1915 gründeten Cole, Mellor, Reckitt u. a. die „National Guilds League“ (Nationale Liga der Gilden).

Wie Cole behauptete, waren solche Zweige wie der Bergbau und das Eisenbahntransportwesen für eine Gildenorganisation bereits reif. Aber mit Versuchen zur Realisierung ihrer Ideen begannen die Guildsmen im Bauwesen, wo sich besonders günstige Bedingungen herausgebildet hatten. Nach dem ersten Weltkrieg strebte die Regierung Großbritanniens die Verwirklichung eines umfassenden Wohnungsbauprogramms an und rechnete hierbei in gewissem Maße mit freiwilligen Wohnungsbaugemeinschaften. Unter diesen Umständen wurde die Entstehung von Baugilden anfangs in Manchester und danach auch in anderen Städten von der Öffentlichkeit wohlwollend begrüßt. Insgesamt formierten sich im Lande über 150 Gilden.

Ihre Tätigkeit war wie folgt organisiert. Der Auftraggeber zahlte einen bestimmten Vorschuß zur Anschaffung von Baumaterial, der ihm bei der Endabrechnung angerechnet wurde. Die Arbeiten wurden mit maximalem Kostenanschlag durchgeführt, den Arbeitern wurden alle infolge des Wetters oder durch die Schuld der Administration entstandenen Pausen bezahlt. Insgesamt erhielten die Baugilden Aufträge im Werte von mehreren Millionen Pfund Sterling, und viele von diesen wurden einwandfrei ausgeführt.

Im Jahre 1921 schufen die Baugilden anfangs örtliche Räte und danach auch einen zentralen nationalen Rat der Gilden. G. D. H. Cole schlug vor, mit der Reorganisation des Schneiderei- und des Tischlereiwesens zu beginnen. Dieses Vorhaben wurde jedoch durch auftretende Schwierigkeiten gestört; die Baugilden bekamen keine Aufträge mehr. Außerdem konnten die Gilden nach den existierenden Gesetzen nicht mit der Ausführung von Arbeiten für öffentliche Bauvorhaben beginnen, ohne vorher die Erlaubnis des Ministers für Gesundheitswesen einzuholen, die dieser (unter dem Druck der privaten Baugesellschaften) in vielen Fällen nicht erteilte. Die Gilden erlitten Verluste und gingen ohne die finanzielle Unterstützung der Munizipalgewalten bankrott.

Die Gilden unterlagen in der Konkurrenz mit dem privaten Unternehmertum und hörten folglich nach einigen Jahren auf zu existieren. Ähnliche Erfahrungen gab es auch in Deutschland.

In Großbritannien wurden auch Maßnahmen ergriffen, um den Gildenplan des „Hinüberwachsens" in den Sozialismus durch Einbeziehung von Arbeitspersonal in die Leitung zu verwirklichen. Aber auch diese Losung der Gildenbewegung wurde nicht verwirklicht, obwohl in jenen Jahren die Forderung der „Arbeiterkontrolle" in der Presse breit diskutiert und in die Programme der Trade-Unions und vieler Arbeiterparteien aufgenommen wurde.

Infolge des Bankrotts der Gilden sowie theoretischer Meinungsverschiedenheiten unter den Guildsmen und wegen des allgemeinen politischen Zustandes im Lande nimmt seit den zwanziger Jahren die Zahl der Anhänger des Gildensozialismus erheblich ab.

In der Periode ihrer Entstehung galt die Gildentheorie als äußerst radikal (so die Forderung der Nationalisierung der Produktionsmittel). Die Theoretiker des Gildensozialismus versprachen, daß das System der „wirtschaftlichen Demokratie" den Schutz der individuellen Freiheit und der persönlichen Initiative garantiert. Nach dem zweiten Weltkrieg führte die Wiedergeburt der Idee von der „Industriedemokratie" dazu, daß die Losung von der „Arbeiterkontrolle" von der Labourparty Englands, der Sozialdemokratischen Partei Deutschlands, der Sozialistischen Partei Österreichs und anderen Parteien herausgegeben wurde. Die ehemaligen Theoretiker des Gildensozialismus jedoch vertraten jetzt die Standpunkte der Theorie der „gemischten Wirtschaft" und betrachteten das Privateigentum als eine notwendige Einrichtung des Sozialismus, durch die angeblich die Freiheit bewahrt und die wirtschaftliche Initiative garantiert wird. Bezug nehmend auf den prokapitalistischen Charakter der Nationalisierung nach dem Krieg, nahmen die Guildsmen von einer Nationalisierung überhaupt Abstand (besonders charakteristisch ist in dieser Hinsicht die Position des Patriarchen des Gildensozialismus, G. D. Cole).

Aus dieser Sicht unterscheidet sich die demagogische Theorie der Guildsmen von der „Sozialisierung der Wirtschaft" durch ein allmähliches Hinzuziehen der Arbeiter zur Leitung des Privatsektors durch nichts von der bürgerlichen Losung von der „paritätischen Mitbestimmung" der Arbeit und des Kapitals. So sieht die geistige Evolution des Gildensozialismus aus.

11. KAPITEL

Der Genossenschaftssozialismus

Ein besonderes Kennzeichen des Kapitalismus ist die Herrschaft des Privateigentums an den Produktionsmitteln, das neben der Form des Eigentums an Aktien und dem individuellen Privateigentum auch staatskapitalistisches Eigentum an Produktionsmitteln einschließt.

Neben diesen Formen existiert in der ökonomischen Basis der bürgerlichen Gesellschaft seit der Zeit der ersten industriellen Revolution bis zur Gegenwart auch sogenanntes kooperatives, genossenschaftliches Eigentum. Es zeichnet sich durch eine Reihe spezifischer Eigenschaften aus, die W. I. Lenin wie folgt charakterisierte: „Unter dem Privatkapitalismus unterscheiden sich genossenschaftliche Betriebe von kapitalistischen als kollektive Betriebe von privaten. Unter dem Staatskapitalismus unterscheiden sich genossenschaftliche Betriebe von staatskapitalistischen dadurch, daß sie erstens private, zweitens kollektive Betriebe sind."[1]

Vom Zeitpunkt des Entstehens der Genossenschaften an diente diese Wirtschaftsform kapitalistischen Eigentums mit ihren Besonderheiten, vor allem ihr Kollektivismus bei der Verfügung über die Produktionsmittel sowie bei der Leitung und bei der Verteilung der Einkünfte der Kooperativbetriebe, als Grundlage für alle möglichen sozialtheoretischen Utopien und Spekulationen.

In der Anfangsperiode ihrer Existenz waren die Genossenschaften in den Augen der utopischen Sozialisten und der bürgerlichen Reformisten so etwas wie ein absolutes Mittel zur grundlegenden Umwandlung des Kapitalismus. Später wurde den Genossenschaften von den Sozialreformisten die Rolle eines Faktors zugeschrieben, der dazu bestimmt ist, automatisch die Transformation des Kapitalismus in die sozialistische Gesellschaft zu bewirken.

Eine historische Analyse der Genossenschaftsbewegung im XIX. und am Anfang des XX. Jahrhunderts, der Organisationsformen der Genossenschaften, ihrer sozialen Rolle und ihrer ökonomischen Möglichkeiten sowie die Analyse der kleinbürgerlichen und reformistischen Theorien des Genossenschaftswesens offenbaren allerdings die Irrealität der genannten sozialen Ambitionen und den offensichtlichen Schaden, der von diesen Theorien dem tatsächlichen Kampf der Arbeiterklasse für die Beseitigung der kapitalistischen Ordnung zugefügt wurde.

Die ersten Versuche zur Schaffung einer Genossenschaftstheorie wurden in England unternommen, in einem Lande also, in dem sich der Kapitalismus früher herausbildete als in anderen Staaten. Die Besonderheiten der Entwicklung der kapitalistischen Gesellschaft in England fanden ihren Niederschlag in Genossenschaftskonzeptionen, die als Grundlage für die englische Variante der Theorie des Genossenschaftssozialismus dienten.

[1] W. I. Lenin, Über das Genossenschaftswesen II, in: Werke, Bd. 33, Berlin 1962, S. 459.

Das gemeinsame Kennzeichen der englischen Variante der Theorie des Genossenschaftssozialismus ist die Annahme ihrer Autoren, daß die Interessengemeinschaft der Genossenschaftsmitglieder als Konsumenten eine Grundlage zur Schaffung einer kooperativen Gesellschaft oder eines kooperativen Betriebes ist. Hierbei wird der Begriff der Interessenübereinstimmung der Konsumenten nicht nur auf die Konsumtionsmittel bezogen, sondern auch auf die Rohstoffe, die Halbfabrikate, die Werkzeuge und Maschinen sowie auf Darlehen und Geldanleihen. Nach Meinung der Theoretiker des Genossenschaftssozialismus kommt das Prinzip der Interessengemeinsamkeit breiter Schichten der Bevölkerung am umfassendsten in der Konsumtion der notwendigsten Güter zum Ausdruck. Das Ziel des Genossenschaftssozialismus bestand darin, ein Zusammenwirken der gesamten Bevölkerung in einem „kooperativen Reich" bei Anwendung des universellen Prinzips der Verbraucherinteressen zu organisieren.

Aus historischer Sicht stellt sich die Hervorhebung der Konsumtion bei den ersten Genossenschaftstheoretikern als durchaus gesetzmäßig dar. Die Genossenschaftsbewegung entstand als Reaktion der besitzlosen Klassen auf die Entwicklung des Industriekapitalismus. Die Rechtlosigkeit dieser Klassen kam am deutlichsten in der Sphäre der Zirkulation und der Konsumtion zum Ausdruck. Das Wachstum der Städte und die Zusammenballung des Proletariats in den Städten verstärkte die Ausbeutung durch das Handelskapital, das seine beherrschende Stellung in der Zirkulation ausnutzte. Dadurch erklärt sich auch weitgehend, daß der Verbrauchergenossenschaft eine gesellschaftsverändernde sozialökonomische Funktion zugeschrieben wurde.

Einer der ersten Theoretiker, von denen die Grundideen des Genossenschaftssozialismus stammen, war William King.

King war einer der Begründer der Industrieschule, in der er zusammen mit David Ricardo einen Lektionszyklus las. Bei der Untersuchung der Bedingungen industrieller Produktion aus der Sicht des sozialen Fortschritts lenkte er die Aufmerksamkeit auf die schon damals existierenden kleinen kooperativen Mühlen und Läden. Ihm schienen sie Träger eines riesigen Potentials von möglichen sozialen Veränderungen zu sein. Er ist so von den Genossenschaftsideen eingenommen, daß er die Studenten der Industrieschule, hauptsächlich die, die aus Arbeiterfamilien stammen, dazu bewegt, in Brighton eine Kooperationsgesellschaft zu organisieren. Im Jahre 1827, gerade zur Zeit der größten Aktivität Robert Owens, der energisch seine kommunistischen Gemeinwesen propagierte, wurde die Kooperationsgesellschaft geschaffen.

Im folgenden Jahr begann King auf eigene Rechnung die Zeitschrift „Kooperator" herauszugeben. In einer Artikelserie über Kooperationen formulierte er seine Ideen über die Mittel, mit deren Hilfe sich die Arbeiter von der industriellen Sklaverei befreien können würden. Trotz der Tatsache, daß die Arbeiten Kings mehr durch Emotionen und Leidenschaftlichkeit als durch wissenschaftliche Analyse geprägt sind, beeindruckt sein intuitives Verständnis für die Zukunft der Genossenschaften. Die von ihm formulierten Kooperationsprinzipien finden noch heute in der Genossenschaftsbewegung der kapitalistischen Länder ihre Anwendung.

Für King war die Kooperation ein Mittel zur Verwirklichung sozialer Reformen. Ausgangspunkt der Propagierung des Genossenschaftssystems war für ihn der Widerspruch zwischen Arbeit und Kapital. Die Einschränkung und Ausschaltung der Zwischenhändler oder die Festigung der Lage der Kleinproduzenten mit Hilfe der Genossenschaften waren für ihn nicht die Hauptprobleme. Er hoffte, durch die Kooperationsgesellschaften die ökonomische Struktur der existierenden Ordnung insgesamt umwandeln zu können und auf diese Weise die Arbeit vom Kapital zu befreien.

King ging davon aus, daß die Interessen der Arbeit und des Kapitals entgegengesetzt sind. Eine weitere Entwicklung der Gesellschaft auf dem Wege des Kapitalismus müßte notwendigerweise zu einer Proletarisierung immer größerer Bevölkerungsmassen führen. King lehnte das existierende ökonomische System, in dem der Arbeiter, um die spärlichen Mittel für seine Existenz zu erhalten, gezwungen ist, seine Arbeitskraft dem Unternehmer zu verkaufen, prinzipiell ab. Die Kooperation soll nach Meinung Kings den Arbeiter in die Lage versetzen, für sich selbst und für seine mit ihm verbundenen Kameraden arbeiten zu können, denn es ist das Endziel der Genossenschaftsbewegung, den abhängigen und unselbständigen Arbeiter selbständig und frei zu machen. Um dies zu erreichen, muß nach Meinung Kings die Kooperationsgesellschaft Kapital sammeln und einen gesellschaftlichen Fonds zur Anschaffung aller notwendigen Produktionsmittel, einschließlich des Bodens, bilden. Als naheliegendstes Mittel zur Anhäufung von Kapital für die Bildung dieses Fonds schlug King die Einrichtung von Läden vor, in denen die Mitglieder der Gesellschaft die von ihnen benötigten Mittel kaufen können. Im Gegensatz zu Robert Owen, für den die einzig brauchbare und erfolgversprechende Form der Kooperation ein Gemeinwesen, eine Ansiedlung von landwirtschaftlich-industriellem Charakter war (für dessen Gründung von vornherein ein großes Kapital benötigt werde, das man gewöhnlich von anderer Seite erwartete), war King bestrebt, Kooperationsgesellschaften ausschließlich mit Hilfe von Mitteln zu schaffen, über die die Arbeiter selbst verfügen.

Die praktische Tätigkeit Kings auf dem Gebiet der Kooperationen steht im Zusammenhang mit der sogenannten ersten Genossenschaftsbewegung, die im Jahre 1834 fast vollständig zu existieren aufgehört hatte. Die unter Führung Kings in Brighton gegründete Kooperationsgesellschaft zerfiel im Jahre 1832. Die ungeschickte Führung der Geschäfte, der Handel auf Kredit und der schwache organisatorische Zusammenhalt zwischen den Mitgliedern der Genossenschaft führte neben anderen Ursachen, wie die ungenügende Propaganda der Kooperationsideen, zur schnellen Einstellung der Tätigkeit der Kooperationsgesellschaften. Die Endziele der Teilnehmer der ersten Genossenschaftsbewegung deckten sich fast vollständig mit den von Owen formulierten; um sie zu erreichen wurde allerdings ein anderer Weg gewählt. Obwohl King noch keine genaue Unterscheidung zwischen der Genossenschaft und dem utopischen sozialistischen

Gemeinwesen machte, schlug er als einer der ersten vor, die Endziele des utopischen Sozialismus durch den genossenschaftlichen Zusammenschluß der Werktätigen zu erreichen.

„Die zweite Genossenschaftsbewegung" existiert seit der Gründung der bekannten Rochdaler Gesellschaft der „gerechten Pioniere" und seit der Eröffnung ihres Kooperativladens im Jahre 1844. Im Statut der Gesellschaft wurde als Endziel die Aufgabe formuliert, Gemeinwesen vom Owenschen Typ zu organisieren. Die Schaffung der Gemeinwesen sollte ebenfalls mit Hilfe derjenigen Mittel verwirklicht werden, die aus dem Handel der Kooperativläden mit Konsumgütern stammen.

Bei der Organisation der Rochdaler Gesellschaft waren Owenisten, ehemalige Chartisten, christliche Sozialisten und Vertreter weiterer gesellschaftspolitischer und religiöser Richtungen beteiligt.

Die Rochdaler brachen im Grunde genommen mit den Ideen des utopischen Sozialismus und erarbeiteten auf der Basis bürgerlicher Wirtschaftsprinzipien die technisch-organisatorischen Grundlagen der Kooperationen, die es nicht nur gestatteten zu überleben, sondern auch die Genossenschaftsbewegung unter den Bedingungen des Kapitalismus zu entwickeln. Das Hauptprinzip der Gesellschaft (das sich für eine erfolgreiche Entwicklung der Genossenschaftsbewegung als entscheidend erwies) war die Verteilung des Gewinns proportional den durchgeführten Käufen. Später wurde dieses Prinzip mit der Entwicklung der genossenschaftlichen Wirtschaft breiter gefaßt, nämlich durch Verteilung des Gewinns proportional der Beteiligung an der Sache. Das Wesen blieb aber das gleiche. Nicht das Kapital, sondern die Beteiligung an der Sache (seien es nun die Käufe, die Lieferungen oder die investierte Arbeit) bestimmte die Höhe des Gewinns.

Während sich in England in erster Linie Konsumgenossenschaften herausbildeten und die ersten Genossenschaftssozialisten den Konsumgenossenschaften als ursprüngliches und universelles Mittel auf dem Weg zur Erreichung ihrer Ideale den Vorrang einräumten, fanden in der französischen Genossenschaftsbewegung die Produktionsgenossenschaften (Assoziationen) die weiteste Verbreitung. Namentlich die Produktivgenossenschaften spielten in den Konzeptionen des Genossenschaftssozialismus der ersten Genossenschaftstheoretiker in Frankreich eine vorrangige Rolle.

Die Unterschiedlichkeit der Entwicklungsrichtung der Genossenschaftsbewegung war in den genannten Ländern durch konkrete historische Umstände bedingt. In England war die Entwicklung der großen Fabrikproduktion, die Konzentration des Proletariats in den Großstädten, der Pauperismus, das Scheitern der praktischen Maßnahmen Owens und seiner Anhänger, die Niederlage des Chartismus u. a. m. charakteristisch; in Frankreich dagegen die in ihren Formen erstarrte handwerkliche Produktion, der Einfluß der Ideen der sozialistischen Utopisten Saint-Simon und Fourier, die bürgerliche Revolution von 1848 u. a.

Die ersten Versuche, die Lehre Saint-Simons und Fouriers mit Hilfe der Produktivgenossenschaften auf die französische Wirklichkeit anzuwenden und diesen Versuch theoretisch zu begründen, unternahm Buchez und später Louis Blanc.

Ph. J. B. Buchez sah wie King in den Kooperationen (allerdings nur in der Form von Produktivgenossenschaften der Arbeiter) ein Mittel zur Lösung der sozialen Frage. Er stellt den Genossenschaften auch Aufgaben wie die Umwandlung der bestehenden Verhältnisse zwischen Arbeit und Kapital. Hierbei wies Buchez darauf hin, daß eine der ökonomischen Aufgaben der Produktivgenossenschaften die Anhäufung von gesellschaftlichem Kapital ist. In seinen Konzeptionen ging Buchez hauptsächlich von den Möglichkeiten jener Bevölkerungsschichten aus, denen einige Produktions- und Arbeitsmittel zur Verfügung standen.

Die Konzeption von Buchez läßt sich wie folgt zusammenfassen. Er nahm an, daß es mit der Anhäufung von Kapital in den Kooperativwerkstätten zu einer Konzentration einzelner großer Produktionszweige kommt, die sich um eine zentrale gesellschaftliche Werkstatt gruppiert. Die Beziehungen zwischen den zentralen Werkstätten, die als kooperative Assoziationen organisiert sind, werden nach den Prinzipien der Solidarität geregelt. Die existierende Gesellschaftsform, die auf Konkurrenz und Lohnarbeit basiert, wird schließlich durch eine kooperative (kollektivistische) Gesellschaft abgelöst werden.

Es ist bemerkenswert, daß in der betrachteten Periode weder in England noch in Frankreich die Praxis der Genossenschaftsbewegung die Vorteile der einen oder der anderen Genossenschaftsform als grundlegendes oder universales Mittel eines Gesamtsystems zur Errichtung einer kooperativen Gesellschaft bestätigte. In dieser Periode waren einige Theoretiker des Genossenschaftssozialismus bestrebt, die Verbraucher- und Produktionsinteressen breiter Bevölkerungsschichten im Rahmen eines einheitlichen genossenschaftlichen Schemas zu berücksichtigen. In einer am meisten verallgemeinerten Form wurde ein solcher Versuch erstmalig von Eduard Pfeiffer unternommen.[2]

Pfeiffer ging ähnlich wie King und Buchez von der Tatsache aus, daß zwischen Arbeit und Kapital ein Gegensatz existiert. Er urteilt wie folgt. Den Arbeitern stehen das Kapital und die Gesetze des bürgerlichen Staates gegenüber, die hauptsächlich gegen sie gerichtet sind. Die Zahl der Arbeiter ist allerdings sehr groß. Um sie zu organisieren, gibt es nur ein Mittel, die Kooperation, das Vorgehen mit gemeinsamen Kräften. Das Wesen der Kooperation besteht in der gemeinsamen, geschlossenen Tätigkeit der Arbeiterklasse. Menschen, die die gleichen Interessen haben, müssen sich in einer Gesellschaft zusammenschließen und nach einem gemeinsamen Plan vorgehen. Das Hauptziel der Kooperation ist es, das Recht der Arbeit wiederherzustellen und sie von den Ketten zu befreien, die ihr vom Kapital angelegt wurden. Und in dem Maße, wie sich die Arbeit der Kooperationen bedient, verliert das feindliche Kapital seine Allmacht und die

[2] Eduard Pfeiffer, Über Assoziationen. Die gegenwärtige Lage des Arbeiterstandes und wie sie sein müßte. St. Peterburg 1866.

Arbeit hört auf, sein Untergebener zu sein; die Arbeit wird zum Herrn und macht sich das Kapital dienstbar.

Pfeiffer bestreitet nicht, daß Konsumgenossenschaften und andere Kooperative (Kredit- und Spargesellschaften, Verkauf- und Aufkaufgenossenschaften usw.) eine gewisse Rolle spielen können. Er ist jedoch der Meinung, daß sie eine Übergangsetappe zu einer höheren Form der produktiven Zusammenarbeit darstellen, die die Widersprüche zwischen Arbeit und Kapital vollständig beseitigt, und zur Produktionsgesellschaft führt.

Der Verlauf der weiteren Entwicklung der Genossenschaftsbewegung bestätigte allerdings nicht die Hoffnungen derer, die eine massenhafte Verbreitung von Produktivgenossenschaften erwarteten, nachdem andere, ihrer Meinung nach einfachere Formen der Kooperationen, ein bestimmtes Entwicklungsniveau erreicht hatten.

Am Anfang des XX. Jahrhunderts erscheint eine Variante eines Schemas der kooperativen Gesellschaft, dem das Schicksal zuteil wurde, das Modell für die Mehrzahl aller folgenden Theorien des Genossenschaftssozialismus abzugeben. Der Autor dieser Variante, der französische Ökonom Professor Charles Gide, war der Auffassung, daß die Basis, das feste Fundament der Genossenschaftsbewegung, die Gesellschaft der Konsumenten sei.

Die Grundgedanken dieser Konzeption legte er in seinem Buch „La Coopération" dar, das im Jahre 1909 in Frankreich erschien.

Ch. Gide war ganz entschieden gegen die Produktionsgenossenschaften als höchste Form der Kooperation und als Krönung des Systems der kooperativen Gesellschaft. Seiner Meinung nach müssen die Produktionsmittel des Landes zum Eigentum der Gemeinschaft der Konsumenten werden, also zum Eigentum derjenigen, in deren Interesse sie genutzt werden sollen.

Als Alternative zu den Produktionsgemeinschaften propagiert Ch. Gide die Idee der Konsumgenossenschaft, die in einem bestimmten Stadium ihrer Entwicklung auch die Produktion beherrschen soll, indem sie eigene Werkstätten und Fabriken organisiert und landwirtschaftliche Betriebe übernimmt.

Ch. Gide ging von folgendem Schema für den Aufbau einer kooperativen Gesellschaft aus. In der ersten Etappe sollen die vereinigten Konsumenten einen möglichst großen Teil ihrer Einkommen für die Einrichtung von Großhandelsläden abzweigen und mehr Einkäufe als früher tätigen. In der zweiten Etappe sollen die Konsumenten bestrebt sein, durch Abzüge von den Einkommen bedeutende Kapitale zu schaffen. Danach sollen sie unter Benutzung dieser Kapitale dazu übergehen, alles, was zur Befriedigung ihrer Bedürfnisse notwendig ist, selbst zu produzieren. In dieser Etappe werden Bäckereien, Mühlen, Tuchfabriken sowie Textil- und Schuhfabriken u. ä. errichtet. In der dritten Etappe sollen sich schließlich die vereinigten Konsumenten Ländereien und Farmen anschaffen und unmittelbar auf ihrem Boden Getreide und andere Erzeugnisse produzieren, die die Grundlage aller Konsumtion darstellen.

In der Polemik mit den Gegnern seiner Konzeption äußerte Ch. Gide, daß deren Skeptizismus dadurch zu erklären sei, daß sie keine klare Vorstellung von dem Ausmaß der Macht hätten, die die miteinander verbündeten Konsumenten darstellen können (besonders wenn man davon ausgeht, daß in der Gesellschaft nicht nur die Arbeiteranzahl, sondern die Gesamtbevölkerung zunimmt).

Daraus wird ersichtlich, daß sich Ch. Gide nicht mit der existierenden Gesellschaftsform zufrieden gibt, die auf Konkurrenz und Lohnarbeit beruht, und die Kooperation als die höchste Form sozialer Organisation betrachtet, die die existierende Ordnung ablösen soll. Die Kooperation soll nach seiner Meinung eine friedliche Umwandlung der vorhandenen ökonomischen Ordnung ermöglichen.

Auf diese Weise ist die Kooperation der Konzeption von Ch. Gide entsprechend eine Einrichtung, die nicht nur dazu bestimmt ist, die Lebensverhältnisse der Lohnarbeiter zu verbessern, indem diese etwas weniger verausgaben oder etwas mehr verdienen, sondern auch eine Einrichtung mit dem Ziel, die Lohnarbeit vollkommen umzugestalten und sie sogar nach und nach zu beseitigen, indem sie die Arbeiter zu Eigentümern der Produktionsinstrumente macht und die Vermittler, darunter die Unternehmer, ausschaltet. Mit Hilfe der Produktionsgesellschaften übergibt die Kooperation den Arbeitern die Werkstätten, die Maschinen und die Produktionsinstrumente als Gemeineigentum. Durch die Baugesellschaften ist sie bestrebt, die Häuser zum Gemeineigentum der Arbeiter zu machen. Auf dem Wege der Einrichtung von Kreditgesellschaften macht sie die Arbeiter zu Bankiers, und über die Verbrauchergesellschaften nicht nur zu Eigentümern der Kaufläden, sondern außerdem auch zu Eigentümern der Fabriken und Farmen, die von den Läden entweder gegründet oder erworben worden sind.

Nach Meinung Ch. Gides müssen die Verbrauchergesellschaften das mächtigste Instrument zur Wiederherstellung des gesellschaftlichen Eigentums werden, da sie viel besser als jede andere Assoziation in der Lage sind, Gewinne zu erzielen und die Akkumulation unbegrenzt zugunsten der Bildung, der gegenseitigen Hilfe und der Produktion zu erhöhen.

Im Schema Ch. Gides sind Rezepte verschiedener bürgerlicher Theoretiker des Genossenschaftssozialismus zusammengefaßt, die die Frage betreffen, auf welche Weise und in welcher Reihenfolge die Methode der Kooperation genutzt und zur Umwandlung der kapitalistischen Gesellschaft in eine kooperativ-sozialistische angewendet werden kann. In diesem Schema fanden alle früher vorgeschlagenen Formen kooperativer Gesellschaften und Unternehmen ihren Platz. In der Konsumgenossenschaft glaubten Ch. Gide und seine Anhänger das Instrument gefunden zu haben, das auf konstruktive Weise das Prinzip der Interessengemeinschaft der gesamten Bevölkerung in ihrer Eigenschaft als Konsumenten verkörperte. Im Unterschied zu W. King betrachtete Ch. Gide dabei die Konsumgenossenschaften nicht nur als Mittel, das den Übergang von der kapitalistischen Gesellschaft zur sozialistischen möglich macht, sondern auch als Instrument, das in der bereits errichteten sozialistischen Gesellschaft wirkt. Dabei war Ch. Gide der Auffassung, daß das Prinzip der Interessengemeinschaft der Menschen als Konsumenten nicht nur die Solidarität der vereinigten Konsumenten gewährleistet, sondern auch eine organisierende Rolle in der Sphäre der Produktion und der Verteilung spielt.

Auf diese Weise bringen die Ideologen des Genossenschaftssozialismus vor allem ihre Unzufriedenheit mit dem kapitalistischen Produktionsprinzip zum Ausdruck, mit der Produktion um des Profits willen. Ferner beschuldigen sie den Kapitalismus der Ungerechtigkeit bei der Verteilung der Einkommen und des Reichtums sowie der Anwendung des Systems der Lohnarbeit, das den Werktätigen nicht gestattet, an der Leitung des Betriebes teilzunehmen, was sie als Folge der im Kapitalismus fehlenden Demokratie betrachten. Die Genossenschaftssozialisten schlugen vor, diese Mängel des Kapitalismus mit Hilfe der Genossenschaften zu beseitigen, die sie als wunderwirkende Heilmittel ansahen. Die „antikapitalistischen" Eigenschaften der Genossenschaften werden nach Meinung der Theoretiker des Genossenschaftssozialismus durch zwei ökonomische Prinzipien garantiert, die bereits von den „Pionieren von Rochdale" aufgestellt wurden: die Verteilung des Einkommens nicht nach dem Kapital, sondern nach der Beteiligung an der Sache (in den Konsumgenossenschaften nach den Käufen) und die Begrenzung des Kapitalzinses.

Bei der Propagierung der erwähnten Prinzipien wird oft folgendes Beispiel angeführt. Mister Smith und Mr. Rich treten einer Handelsaktiengesellschaft bei. Smith ist arm, er hat sechs Kinder und nur 10 Dollar liquides Geld. Rich ist reich, er hat keine Kinder und hundert Dollar liquides Geld. Beide kaufen Aktien einer kapitalistischen Gesellschaft zu zehn beziehungsweise zu hundert Dollar. Um seine Familie zu versorgen, kauft der arme Smith im Laufe eines Jahres bei seiner Gesellschaft Waren im Werte von 550 Dollar und trägt somit zum Steigen der Einkünfte der Gesellschaft bei. Der in Reichtum lebende Rich kauft überhaupt nichts. Am Ende des Jahres führt die Gesellschaft die Verteilung des Gewinns entsprechend der Menge des angelegten Kapitals durch, und zwar unabhängig von der Beteiligung der Aktionäre an der Erhöhung der Einnahmen der Gesellschaft. Bei einer Rate von 14 Prozent erhält Rich für seine 100 Dollar 14 Dollar Dividende, Smith jedoch für seine 10 Dollar nur 1,4 Dollar Dividende.

Wird die betrachtete Gesellschaft zu einer Konsumgenossenschaft, so verringert sich der Prozentsatz, der für das Kapital ausgezahlt werden muß, von 14 auf 6 Prozent, die restlichen 8 Prozent des Einkommens werden an die Teilhaber entsprechend ihres Beitrags am Umsatz der Genossenschaft verteilt. Deshalb erhält der reiche Rich 6 Prozent von dem angelegten Kapital (von 100 Dollar) d. h. 6 Dollar. Der arme Smith erhält für seinen 10-Dollar-Beitrag ebenfalls 6 Prozent, d. h. 0,6 Dollar, zusätzlich werden ihm aber noch 8 Prozent der 500-Dollarsumme seiner bei der Gesellschaft getätigten Einkäufe, d. h. noch 40 Dollar, ausgezahlt.

Bei Handelsgenossenschaften nennt man eine solche Verteilung des Gewinns entsprechend der Beteiligung – Auszahlung der Einkaufsdividende; in Produktionsgenossenschaften verteilt man die Dividenden in Form von Prämien, die der Höhe des Arbeitslohns entsprechen; in Verkaufsgenossenschaften – entsprechend dem Verkauf von Waren und in Kreditgenossenschaften entsprechend der Höhe des genutzten Kredits.

Ch. Gide und seine Anhänger behaupteten, daß das Prinzip der Verteilung der Einnahmen nach der Beteiligung einem Verbot der Verteilung des Reingewinns nach dem eingebrachten Kapital gleichkomme. Sie wiesen darauf hin, daß es eine Aufgabe der Genossenschaft sei, die Ausgaben ihrer Mitglieder rationell zu gestalten, das jedoch würde nicht durch eine verstärkte Ausbeutung der Lohnarbeit erreicht, wie dies in kapitalistischen Betrieben der Fall ist, sondern durch die Verteilung der erzielten Einkünfte unter die Mitglieder der Genossenschaft. Auf diese Weise entfällt ihrer Meinung nach das Problem der kapitalistischen Ausbeutung, und der genossenschaftliche Profit hört auf Profit zu sein.

Zusammenfassend ist zu bemerken, daß sich trotz der teilweise sehr unterschiedlichen Auffassungen in den verschiedenen Varianten der Theorie des Genossenschaftssozialismus hauptsächlich in Fragen der Art und Weise und der Mittel zur Erreichung des Endziels viel Gemeinsames findet. So wird von ihnen behauptet, es sei notwendig, das kapitalistische System zu verändern, da das Streben nach Steigerung des Profits der Kapitalisten wie auch die undemokratische Struktur des gesamten Systems den Interessen der „Konsumenten" zuwiderläuft; die Kraft, die den Kapitalismus verändern könne, sei das Genossenschaftssystem, das die Anreize zum Dienst an der Gesellschaft und zur demokratischen Organisation in sich trage; der Übergang zur neuen Gesellschaftsordnung müsse durch eine Evolution vor sich gehen, d. h. durch eine allmähliche Ausdehnung des genossenschaftlichen Sektors in der Wirtschaft; ferner müsse das neue Gesellschaftssystem eine Genossenschaftsrepublik sein.

Wie bereits erwähnt, zeigt eine Analyse der wichtigsten theoretischen Auffassungen, die den verschiedenen kooperativen Schemata und Konzeptionen zugrunde liegen, daß es keine einheitliche und klare Theorie des Genossenschaftssozialismus gibt. Das wird auch dadurch belegt, daß die einen Ideologen und Theoretiker der Kooperationen einen „Genossenschaftssozialismus" konzipieren, andere – einen „Kooperativismus" (oder Kooperatismus), andere wiederum – eine „Schule der Genossenschaftsrepublik" usw. Verschiedene Ideen des Genossenschaftssozialismus fanden in Varianten des christlichen und des Gilden-Sozialismus sowie in anarcho-syndikalistische und andere soziale Konzeptionen bürgerlicher und kleinbürgerlicher Reformisten und Revisionisten Eingang.[3]

[3] Der Begriff „Genossenschaftssozialismus" begann in der Presse zuerst gegen Ende des XIX. Jahrhunderts aufzutauchen. Bemerkenswert ist, daß er mehr von den Kritikern und den Propagandisten der Genossenschaftstheorien als von ihren Autoren gebraucht wurde. Mehr oder weniger offiziell bekam diese Bezeichnung in der Genossenschaftsliteratur ihren Platz auf Grund einer Polemik, die auf dem Budapester Kon-

Es muß allerdings betont werden, daß das Wesen der Konzeptionen der Theoretiker der Genossenschaftsbewegung ungeachtet verschiedener Ansichten im Reformismus besteht.[4] Die Mehrzahl der Theoretiker des Genossenschaftssozialismus vertraten fast immer opportunistische Auffassungen. Sie verneinten die Unumgänglichkeit und die Notwendigkeit des Klassenkampfes des Proletariats gegen die Bourgeoisie; sie waren gegen die Errichtung der Diktatur des Proletariats, die das Ziel hat, das Privateigentum an Produktionsmitteln zu liquidieren.

Der liberal-bürgerliche Reformismus war der Vorläufer der später verbreiteten Konzeptionen des „Volkskapitalismus", des „demokratischen Sozialismus" und anderer Varianten zur „Humanisierung" der kapitalistischen Ordnung. Zwischen den theoretischen Ausgangspunkten dieser Konzeptionen (darunter der genossenschaftlichen) und dem wirklichen Sozialismus gibt es natürlich nichts gemeinsames.

Daß Genossenschaften nicht in der Lage sind, den Kapitalismus in den Sozialismus zu verwandeln, konnte weder von solchen Verkündern des Genossenschaftssozialismus wie Ch. Gide (bei dem das Utopische seiner Konzeption weitgehend offensichtlich war) vertuscht werden, noch von jenen sozial-reformistischen Theoretikern, die die Genossenschaft als eines der vielen „sozialistischen" Elemente ausgaben, die im Kapitalismus existieren und angeblich in der Lage sind, ohne politische Diktatur des Proletariats den Sozialismus zu errichten.

Die Unrichtigkeit der Theorien des Genossenschaftssozialismus wird durch eine Reihe theoretischer Argumente und durch die praktische Lage der Genossenschaft im Kapitalismus belegt.

Aus theoretischer Sicht ist es erstens wichtig, die sozialpolitische Rolle und zweitens die gesellschaftlichen Möglichkeiten der genossenschaftlichen Vereinigungen zu verstehen. Seit dem Beginn des XIX. Jahrhunderts stellt die Genossenschaft eine freiwillige wirtschaftliche Vereinigung dar (Konsum-, Kredit-, Produktivgenossenschaft). Sie wurde von Proletariern und Kleinproduzenten ins

greß des Internationalen Genossenschaftsbundes im Jahre 1904 um die Frage der Aufgaben der Konsumgenossenschaften geführt wurde. Hans Müller, der Sekretär des Bundes der Schweizer Konsumgenossenschaften, versuchte zu beweisen, daß „die Genossenschaftsbewegung eine Befreiungsbewegung auf ökonomischem und sozialem Gebiet ist" und daß „die Verbrauchergesellschaften danach streben sollen, den kapitalistischen Handel zu vernichten und das kapitalistische Wirtschaftssystem durch ein genossenschaftliches zu ersetzen". Die Gegner von Müller waren der Auffassung, daß „die Verbrauchergesellschaft ... kein Mittel zur Umwandlung und zur Veränderung der gegenwärtigen Wirtschaftsordnung ist". Die klare Mehrheit der Redner äußerte sich allerdings zugunsten von Müller, und wie auf dem Kongreß gesagt wurde, errangen die Anhänger des „Genossenschaftssozialismus" den Sieg.

[4] Das trifft natürlich nicht im vollem Maße auf jene Ideologen der Genossenschaftsbewegung zu, die mit ihren Theorien auftraten, bevor die Arbeiterklasse zu einer bewußten und organisierten politischen Kraft wurde und bevor sich die Lehre des wissenschaftlichen Sozialismus herausbildete.

Leben gerufen, die nach Möglichkeiten suchten, sich vor der Ausbeutung durch den wachsenden Industriekapitalismus zu schützen. Schon damals war offensichtlich, daß sich Arbeiter, Angestellte, Handwerker, Bauern und andere Schichten der kapitalistischen Gesellschaft in Genossenschaften zusammenschlossen, um ihre ökonomischen Interessen durch gemeinsames Handeln verteidigen zu können.

Dieser Umstand verlieh den Genossenschaften allerdings durchaus nicht die gesellschaftliche Potenz, die ideologische Ausrichtung und die organisatorische Geschlossenheit einer politischen Partei der Arbeiterklasse, die in der Lage ist, eine antikapitalistische Arbeiterbewegung zu organisieren und anzuführen.

Karl Marx bemerkt hierzu: „Um die arbeitenden Massen zu befreien, bedarf das Kooperativsystem der Entwicklung auf nationaler Stufenleiter und der Förderung durch nationale Mittel.“[5]

Bei der Beurteilung der Genossenschaftsbewegung faßte W. I. Lenin die entscheidende Rolle der Frage nach der Erringung der politischen Macht durch das Proletariat wie folgt zusammen: „Worin besteht das Phantastische an den Plänen der alten Genossenschaftler, angefangen mit Robert Owen? Darin, daß sie von einer friedlichen Umgestaltung der modernen Gesellschaft durch den Sozialismus träumten, ohne eine so grundlegende Frage wie die des Klassenkampfes, der Eroberung der politischen Macht durch die Arbeiterklasse, des Sturzes der Herrschaft der Ausbeuterklasse zu beachten.“[6]

Ein wichtiges Argument gegen die „phantastischen“ Vorstellungen des Genossenschaftsreformismus ist ferner der unsozialistische, kapitalistische Charakter der Genossenschaft als eine im Kapitalismus existierende Form des Eigentums.

Die Klassiker des Marxismus wiesen auf den Doppelcharakter der bürgerlichen Genossenschaft hin. Vom Kapitalismus hervorgebracht, steht sie gleichzeitig in gewissem Grade diesem entgegen, da sie die Interessen der Werktätigen und der mittleren Schichten der Bevölkerung vertritt. Dieser innere Widerspruch der Genossenschaft ist eine der Ausdrucksformen der Klassenwidersprüche des kapitalistischen Systems.

Karl Marx bemerkt im „Kapital“, daß, obwohl „die Kooperativfabriken der Arbeiter selbst . . ., innerhalb der alten Form, das erste Durchbrechen [sind] . . .“, wobei „. . . der Gegensatz zwischen Kapital und Arbeit . . . innerhalb derselben aufgehoben [ist]“[7], die „. . . kooperative Arbeit . . . unfähig ist, das Wachstum des Monopols in geometrischer Progression aufzuhalten, die Massen zu befreien, ja die Wucht ihres Elends auch nur merklich zu erleichtern.“[8] W. I. Lenin betonte, „. . . daß die Genossenschaften, die keine Organisationen des unmittelbaren Kampfes gegen das Kapital sind, die Illusion schaffen können und auch schaffen,

[5] Karl Marx, Inauguraladresse der Internationalen Arbeiter-Assoziation, in: MEW, Bd. 16, Berlin 1962, S. 12.

[6] W. I. Lenin, Über das Genossenschaftswesen II, a. a. O., S. 459.

[7] Karl Marx, Das Kapital, Bd. 3, in: MEW, Bd. 25, Berlin 1964, S. 456.

[8] Karl Marx, Inauguraladresse der Internationalen Arbeiter-Assoziation, a. a. O.

daß sie ein Mittel zur Lösung der sozialen Frage seien", und „daß die Verbesserungen, die von den Genossenschaften erreicht werden können, auf einen sehr engen Raum begrenzt sind, solange die Produktionsmittel und die Mittel des Austauschs in den Händen der Klasse verbleiben, deren Expropriation das Hauptziel des Sozialismus ist."[9]

Mit Bezug auf die in Rußland von den Volkstümlern und den Sozialrevolutionären propagierten Ideen von der Übergabe des Bodens an die Bauernschaft nach dem Schema „Gemeinwesen – Kooperation – Kollektivismus" schrieb Lenin: „... es ist ein Betrug, wenn man behauptet, daß ‚Genossenschaften aller Art' in der modernen Gesellschaft eine revolutionäre Rolle spielen und den Kollektivismus ... vorbereiten."[10]

Solche Theorien des Übergangs zum Sozialismus durch Reformen nannte W. I. Lenin einen Beweis „extremen spießbürgerlichen Stumpfsinns."[11]

Ein Vorzug des genossenschaftlichen Aufbaus der sozialen Organisation besteht nach Meinung der Genossenschaftssozialisten darin, daß die freiwillige Genossenschaftsbewegung in der Gesellschaft die Errichtung einer Produktionsdemokratie ermögliche, die zur Grundlage der politischen Demokratie werde. Dadurch werde es möglich, eine Genossenschaftsrepublik zu bilden. Ein solches Herangehen ist praktisch fruchtlos und schädlich für die Theorie, da der Masse der Genossenschaftler eingeredet wird, daß man sich den bürgerlichen Staat, d. h. die Diktatur der Bourgeoisie, mit Hilfe der Genossenschaften unterordnen kann oder ihn gar abzulösen vermag.

Die Beteuerungen der Genossenschaftssozialisten, daß die „Kooperation freundschaftlich, friedlich, ruhig" und „niemals zerstörerisch oder revolutionär ist, keine Gewalt und keinen Zwang anwendet und nicht die Beseitigung des privaten Unternehmertums fordert", da ja dies auf „evolutionäre Weise" verschwinde, sprechen von der objektiven Aussöhnung der Ideologen des Genossenschaftssozialismus mit den Grundlagen des Kapitalismus.

Wenn man das Verhältnis zwischen dem bürgerlichen Staat und der Genossenschaft verfolgt, muß man notwendigerweise zu dem Schluß kommen, daß die Genossenschaft mit der Entwicklung des Kapitalismus in dieser oder jener Form in die Rolle eines Stiefkindes der kapitalistischen Wirtschaft gedrängt wird. Gleichzeitig erhalten die privatkapitalistischen Betriebe, und in erster Linie das Monopolkapital, die allseitige Unterstützung des kapitalistischen Staates. Die staatliche Politik ist außerdem faktisch unabhängig davon, ob sich gerade offene Vertreter des Großkapitals oder Sozialreformisten, die sich als Interessenvertreter der Werktätigen ausgeben, an der Macht befinden.

[9] W. I. Lenin, Resolutionsentwurf der russischen sozialdemokratischen Delegation auf dem Kopenhagener Kongreß über die Genossenschaften, in: Werke, Bd. 16, Berlin 1962, S. 267.

[10] W. I. Lenin, Revolutionäres Abenteurertum, in: Werke, Bd. 6, Berlin 1956, S. 197.

[11] W. I. Lenin, Thesen des Zweiten Kongresses der Kommunistischen Internationale, in: Werke, Bd. 31, Berlin 1959, S. 174.

Aus der Entwicklung der Genossenschaft wissen wir, daß sie durch kollektives Eigentum, gegenseitige Hilfe und Selbsthilfe charakterisiert ist. Durch diese Eigenschaften ist allerdings noch nicht das ökonomische Wesen der Genossenschaft bestimmt; unter der Herrschaft kapitalistischer Verhältnisse stellt sie kapitalistisches Gruppeneigentum dar und weist sie eine bürgerliche Sozialstruktur auf. Wenn man jedoch nur die Prinzipien der Selbsthilfe und der gegenseitigen Hilfe in Betracht zieht, ohne den Klasseninhalt der Genossenschaft zu beachten, so gelangt man zu einer unwissenschaftlichen, kleinbürgerlichen Charakteristik der Genossenschaft als gesellschaftliches Eigentum, als klassenlose und über den Klassen stehende Organisation, die angeblich der Träger der Ideen des Klassenfriedens, der utopischen „Genossenschaftsrepublik", des „Sozialismus" usw. ist.

Die Genossenschaft beseitigt die kapitalistischen Produktionsverhältnisse weder in der Produktions- noch in der Zirkulationssphäre. So sollte die von den Rochdalern geschaffene Verbrauchergenossenschaft ihren Mitgliedern die Waren zu den Produktionskosten, das heißt ohne Erzielung eines Mehrwerts, verkaufen. In Wirklichkeit kam dies nicht zustande, da die Genossenschaft die Waren bei Privatkapitalisten zum Produktionspreis einkaufte, in den neben den Produktionskosten auch der Durchschnittsprofit einging. Somit wurde der Mehrwert, oder der kapitalistische Profit, von der Genossenschaft nicht beseitigt. Mehr noch, unter den Bedingungen der kapitalistischen marktwirtschaftlichen Konkurrenz konnte die Genossenschaft auf einen bestimmten Handelsprofit nicht verzichten. Richtig ist, daß die Rochdaler einen Teil des erzielten Gewinns nicht nach dem eingebrachten Kapital, sondern nach der Beteiligung am Geschäft zu verteilen begannen und deshalb den Zins für das angelegte Kapital beschränkten. So unterschied sich die Genossenschaft in gewisser Weise vom Privatbetrieb; während der Eigentümer durch rücksichtslose Ausbeutung des Konsumenten bestrebt war, den höchsten Profit zu erzielen, verkaufte die Genossenschaft die Waren zu mittleren Preisen; während der Privateigentümer den Profit für das Kapital erhielt, bekam der Genossenschaftler einen Teil des Gewinns nicht für das Kapital, sondern für die Summe der getätigten Käufe. Wie man sieht, schafft das Prinzip der Verteilung des erzielten Gewinns keinen grundlegenden Unterschied zwischen privaten und genossenschaftlichen Betrieben. Die Verteilung der Einkünfte über die Konsumgenossenschaften ist dem Wesen nach eine Realisierung des kapitalistischen Mehrwerts. Hierbei sind die Konsumgenossenschaften bestrebt, zur Aufrechterhaltung ihrer Konkurrenzfähigkeit und zur Auszahlung von Käufer-Dividende Gewinne zu erzielen.

Die Produktivgenossenschaft, die stärker als die Konsumgenossenschaft dem Konkurrenzdruck des Privatkapitals ausgesetzt ist, handelt nach dem kapitalistischen Prinzip der Erzielung des höchsten Profits. Das Eigentum dieser Genossenschaften nimmt den Charakter von Kapital an und erfüllt dessen Funktion unabhängig von seiner Herkunft aus „Anteilen". Die landwirtschaftlichen Genossenschaften sind gewöhnlich ebenfalls bestrebt, höchste Einnahmen zu erzielen und diese nach dem Kapital zu verteilen. Gleichartig ist auch der Charakter des Gewinns der Kreditgenossenschaften, die fest mit dem kapitalistischen Banksystem verbunden sind.

Produktionsbetriebe, die den Konsumgenossenschaften gehören, sind ebenfalls Betriebe kapitalistischen Typus. Die Arbeiter unterliegen der Ausbeutung, da der Betrieb nur unter Bedingungen der Profitrealisierung existenzfähig ist.

Deshalb entbehren Behauptungen jeglicher Grundlage, die besagen, daß die Genossenschaften „keinen Handels- oder Industrieprofit mehr einstreichen" oder zur „lautlosen Revolution" führen. Was das Prinzip der Beschränkung des Kapitalszinses betrifft, so ist vor allem zu erwähnen, daß dies nur die Kehrseite des Prinzips der Einnahmeauszahlung nach der Beteiligung am Geschäft ist. So können in dem erwähnten Beispiel von Rich und Smith die Dividenden für die getätigten Käufe, die 8 Prozent bei 14 Prozent Gewinn betragen, deshalb ausgezahlt werden, weil die Dividendenausschüttung für das angelegte Kapital, unabhängig von der Höhe des Profits, ständig auf 6 Prozent beschränkt bleibt. Wie von bürgerlichen Ökonomen bemerkt wird, bedeutet dies, daß sich die Kapitaleigentümer hier in der gleichen Lage befinden wie die Besitzer von Obligationen oder von Vorzugsaktien, die einen festen Prozentsatz erhalten und keine Ansprüche auf den übrigen Teil des Gewinns haben. Dieses Prinzip wird von Privatgesellschaften angewendet, wenn es um den unverteilten Teil des Gewinns geht. In der Mehrzahl der Fälle unterscheidet sich die Genossenschaft von der gewöhnlichen Aktiengesellschaft durch die Beschränkung des Kapitalzinses, trotzdem ist die Dividende für die Kapitalanlage eine der Ursachen für die Verbürgerlichung der Genossenschaft.

Dies ist so wenig bestreitbar, daß sogar der moderne Genossenschaftstheoretiker P. Lambert bemerkt, daß die Genossenschaften in einem gewissen Grade aufhören, richtige Genossenschaften zu sein, wenn überhaupt Zinsen für das Kapital ausgezahlt werden. Solange die Genossenschaft existiert, in der für die Anteile bezahlt werden muß, ist die Bewegung notwendigerweise gezwungen, einen fixen Kapitalzins zu zahlen, meint Lambert. Damit gibt Lambert zu, daß dieses Genossenschaftsprinzip einem Zugeständnis gegenüber den Gesetzen des kapitalistischen Systems gleichkommt.

Durch die Analyse des ökonomischen Wesens der Genossenschaften und ihrer Prinzipien wird die wichtigste Grundlage der Theorie des Genossenschaftssozialismus widerlegt, vor allem die Behauptung, die Genossenschaften würden sich prinzipiell von kapitalistischen Betrieben dadurch unterscheiden, daß sie den kapitalistischen Profithunger durch den „Anreiz des Kundendienstes" ersetzen. Nach den Worten von W. I. Lenin bleibt die Genossenschaft „ein kleines Anhängsel am Mechanismus der bürgerlichen Ordnung".[12]

[12] W. I. Lenin, Entwurf des Artikels „Die nächsten Aufgaben der Sowjetmacht", in: Werke, Bd. 27, Berlin 1960, S. 205.

Unter den Bedingungen des Kapitalismus erzielte die Genossenschaft bisher sehr bescheidene Erfolge. Wenn man den zunehmenden Druck von seiten der Monopole und des bürgerlichen Staates in Betracht zieht, so kann man sagen, daß eine selbständige und breite Entwicklung der Genossenschaft auch zukünftig keine Perspektive hat. Eine solche Schlußfolgerung widerlegt vollständig die Beteuerungen der Genossenschaftsreformisten, nach denen die Genossenschaften angeblich in der Lage sind, radikal und im großen Umfang das Lebensniveau der Bevölkerung in den kapitalistischen Ländern zu erhöhen. Die äußeren Bedingungen, unter denen sich die Genossenschaft entwickeln muß und die die Genossenschaften den Gesetzen des kapitalistischen Systems unterordnen, haben zudem Einfluß auf die innere Organisation und auf das Wesen der Genossenschaft selbst. Das betonte Karl Marx, als er sagte, daß die Genossenschaften „. . . überall, in ihren wirklichen Organisationen, alle Mängel des bestehenden Systems reproduzieren müssen".[13]

Die Analyse der Konzeption des Genossenschaftssozialismus und die Praxis der Genossenschaftsbewegung in den kapitalistischen Ländern zeigt unbestreitbar die Richtigkeit der Erkenntnis der marxistisch-leninistischen Wissenschaft, daß die Genossenschaft zu einer Form der sozialistischen Produktionsverhältnisse nur in einem System werden kann, in dem die wichtigsten Produktionsmittel Volkseigentum sind und in dem sich die staatliche Macht in den Händen der Arbeiterklasse befindet.

[13] Karl Marx, Das Kapital, Bd. 3, a. a. O., S. 456.

4. ABSCHNITT

12. KAPITEL

Anarchistische und syndikalistische Sozialismusauffassungen

Der Kampf zwischen dem wissenschaftlichen Sozialismus und dem Anarchismus währt schon mehr als 100 Jahre, doch die marxistische Kritik des Anarchismus ist auch in der gegenwärtigen Entwicklungsetappe eine aktuelle Aufgabe, da anarchistische und syndikalistische Sozialismusauffassungen in immer neuen Formen entstehen. Davon zeugen die Auftritte linker Opportunisten in vielen Ländern der kapitalistischen Welt, die eine unverzügliche Errichtung des Kommunismus, eine soziale „Gleichheit“ und die Beseitigung des Staates (insbesondere des sozialistischen) fordern. In der Zählebigkeit des Anarchismus spiegeln sich die spezifischen kleinbürgerlichen Interessen verschiedenster Bevölkerungsgruppen wider, bei denen sich der bürgerliche Individualismus mit dem politischen Radikalismus verbindet. Auch der ideologische Druck der Bourgeoisie, ihre antikommunistische Propaganda zeigen hier ihre Auswirkungen. Der berüchtigte Anti-Etatismus erweist sich oft als ideologische Maske des Revisionismus und Reformismus.

Eine der Ursachen für die Wiedergeburt anarchistischer Anschauungen in den kapitalistischen Ländern steht mit der Entwicklung des staatsmonopolistischen Kapitalismus im Zusammenhang. Die werktätigen Massen werden bei ihrem Kampf gegen die kapitalistische Ausbeutung immer häufiger mit dem bürgerlichen Staat konfrontiert. In diesem Zusammenhang fanden unter den Teilen der Gesellschaft mit geringer ideologischer Reife Stimmungen Verbreitung, die mitunter die Notwendigkeit des proletarischen Staates negierten, ohne den der Aufbau des Sozialismus, seine Entfaltung, die Schaffung der materiellen Basis des Kommunismus und der sozialökonomischen und politischen Bedingungen für den Übergang zum Kommunismus unmöglich sind.

Daraus ergibt sich notwendig die Frage: Ist der Anarchismus eine „staatenfreie Variante“ des Sozialismus oder eine antisozialistische Strömung? Diese Frage ist dadurch besonders aktuell, weil sich der Anarchismus oft hinter der Maske des demokratischen Sozialismus, des spontanen Sozialismus, des Humanismus, des unabhängigen Kommunismus, des anarchistischen Kommunismus, des Anti-Etatismus usw. verbirgt. W. I. Lenin wies in seinen Untersuchungen nach, daß man bei der Bewertung ideologischer Strömungen zwischen ihrer Erscheinungsform und ihrem Wesen unterscheiden muß.

Aus der Geschichte des XIX. und XX. Jahrhunderts sind vier Grundarten des Anarchismus bekannt, die sich in ihrem Verhältnis zum Sozialismus bedeutend unterscheiden: der anarchistische Individualismus, der anarchistische Kommunismus, der anarchistische Syndikalismus und der gewaltlose Anarchismus.

Der *anarchistische Individualismus* ist eine dem Sozialismus offen feindliche Strömung, der alle sozialistischen Pläne ablehnt, weil sie angeblich die angestammten Rechte des Individuums einschränken.

Ein klassischer Vertreter des anarchistischen Individualismus des XIX. Jahrhunderts war der deutsche Junghegelianer Max Stirner, der 1846 sein Buch „Der Einzige und sein Eigentum" veröffentlichte. Stirner lehnte den Kommunismus ab und plante, einen „Verein der Egoisten" zu gründen. Er wies nach, daß die Menschen gesetzmäßig zu Egoisten werden. Das Privateigentum erklärte er zu einer ewigen Kategorie, zu einer „heiligen" Institution.

Stirner behauptete, seine Ideen seien „linksorientiert", aber Karl Marx und Friedrich Engels deckten ihren bürgerlichen Charakter auf. In der „Deutschen Ideologie" wiesen sie nach, daß sich hinter dem Stirnerschen „Ich" ein Besitzer verbirgt, wenn Stirner beispielsweise die Schaffung gesellschaftlicher Brotbäckereien vorschlug. Die Begründer des Marxismus hoben hervor, daß Stirner die Hoffnungen der „deutschen Kleinbürger" zum Ausdruck brachte, „die danach strebten, echte Bourgeois zu werden". Das Stirnersche Gedankengut spiegelt „die Kleinlichkeit, die Schüchternheit und die Beschränktheit" der kritischen Auftritte des Kleinbürgertums Deutschlands wider.[1]

Die Idee des anarchistischen Individualismus wurde auch von den Proudhonisten vertreten. Im „Kapital" kennzeichnete Marx den Proudhonschen Sozialismus als eine „Ausmalung der Philisterutopie", als Widerspiegelung der Anschauungen des Kleinbürgers, der in der Warenproduktion den Gipfel „menschlicher Freiheit und individueller Unabhängigkeit"[2] erblickt.

Ein bedeutender Vertreter des anarchistischen Individualismus am Ausgang des XIX. Jahrhunderts war B. Tucker. Er wiederholte in seinen in den USA publizierten Arbeiten das Stirnersche Gedankengut, pries den Egoismus, versuchte die extremsten Formen des bürgerlichen Individualismus zu rehabilitieren und verteidigte die Gesetzmäßigkeit des Privateigentums.

Der in Moskau gegründete Verlag „Individ" brachte 1906 eine Broschüre von O. Vikont „Der anarchistische Individualismus" heraus, deren Devise ein Ausspruch im Nietzscheschen Sinne war: „Du bist ein Individuum und deshalb mußt Du urwüchsig und stark sein". Der Autor lehnte sogar den anarchistischen Kommunismus ab, weil er die Freiheit der Persönlichkeit beschränke, und schlug vor, sich einfach am Individualismus zu orientieren. Vikont war für die Abschaffung jeglicher Organisation. Die Idee der „Volksdiktatur", der Aufbau des Sozialismus, rief bei diesem Verfechter des bürgerlichen Indivi-

[1] Vgl. Karl Marx/Friedrich Engels, Die deutsche Ideologie, in: MEW, Bd. 3, Berlin 1958.

[2] Karl Marx, Das Kapital, Bd. 1, in: MEW, Bd. 23, Berlin 1962, S. 82f.

dualismus, der jedem Menschen die Möglichkeit einräumen wollte, „im Namen seines eigenen Wohls zu leben“[3], Entrüstung hervor.

Ein wichtiger Theoretiker des anarchistischen Individualismus in Rußland war A. Borovoj. Er behauptete, der „Sozialismus sei nur eine Philosophie des Messers und der Gabel. Er speist die Hungernden, und darin wird sein unsterbliches Verdienst vor dem Menschen bestehen. Aber nach Beseitigung der körperlichen Leiden wird er machtlos vor den seelischen Leiden; der Anarchismus ist berufen, letztere zu heilen“[4].

Borovoj trat im Namen einer „starken Persönlichkeit“, die für das Problem „des Messers und der Gabel“ kein Interesse hat, gegen den Sozialismus auf. Er sprach verächtlich von den ökonomischen Forderungen der Arbeiterklasse und brachte die Meinung der Satten zum Ausdruck. Dabei vergaß er zu erwähnen, daß der Anarchismus dieses Problem erstrangiger Bedeutung nicht lösen kann, da er für die Kleinproduktion eintritt und die Vorzüge der Großbetriebe negiert. Borovoj pries den extremen Individualismus Stirners und Tuckers und legte sogar den anarchistischen Kommunismus Kropotkins als „liberalen Sozialismus“ aus.

Die Ideen des anarchistischen Individualismus wurden auch von Lev Černyj (P. D. Turčaninov) in der Arbeit „Eine neue Richtung im Anarchismus: der assoziative Anarchismus“, von Novomirskij in der Broschüre „Was ist Anarchismus“ und vom Verkünder des mystischen Anarchismus, G. Čulkov, in der Arbeit „Über den mystischen Anarchismus“ vertreten.[5]

Der anarchistische Individualismus, der sich auf den „tierischen Egoismus“ Stirners, den kleinbürgerlichen Reformismus Proudhons, den moralischen Zynismus Nietzsches und den bürgerlichen Individualismus Tuckers stützte, spielte in der Geschichte der drei Revolutionen in Rußland eine reaktionäre Rolle, denn er rief dort das Auftreten des Nihilismus, des mystischen Anarchismus und ähnlicher Richtungen hervor. Der anarchistische Individualismus demaskierte sich als antisozialistische Strömung. Im Entwurf der Thesen „Anarchismus und Sozialismus“ (1901) betonte W. I. Lenin, daß man den Anarchismus als „umgestülpten *Individualismus*“ interpretieren muß, als „Produkt der *Verzweiflung*“, als „Mentalität des aus dem Geleise geworfenen Intellektuellen oder des Lumpenproletariers, aber nicht des Proletariers“. Das offenbare sich im „Nichtbegreifen der gesellschaftlichen Entwicklung“, der „Rolle des Großbetriebes“, der „Entwicklung des Kapitalismus zum Sozialismus“, in der „Ver-

[3] O. Vikont, Anarchi českij individualizm, Moskva 1906, S. 2–4, 11, 23, 31, 52, 65, 93 bis 95, 123.

[4] A. Borovoj, Obščestvennye idealy sovremennogo čelore čestra, Moskva 1906, S. 44, 63, 64, 80, 84, 88.

[5] L. Černyj, Novoe napravlenie v anarchizm: associacionny i anarchizm, 1907; Novomirskij, Čto takow, anarchizm?, Genf 1907, S. 1–15, 40, 57, 83, G. Čulkov, O mističeskom, anarchizme, St Peterburg 1905, S. 27–34, 40, 42, 44, 52, 56, 60, 63–75, 77–79.

teidigung des Kleineigentums und des *Kleinbetriebes* auf dem Lande", in der „Verneinung der vereinigenden und organisierenden Kraft der Staatsmacht".[6]

In dem Artikel „Kleinbürgerlicher und proletarischer Sozialismus" (1905) bezeichnete W. I. Lenin den Anarchismus als eine der „rückständigen Lehren", die den „Standpunkt des Kleinbürgertums, nicht aber des Proletariats"[7] zum Ausdruck bringt. Im Artikel „Parteiorganisation und Parteiliteratur" (1905) unterzog W. I. Lenin den Anarchismus einer vernichtenden Kritik. Er schrieb: Die „absolute Freiheit ist ... eine bürgerliche oder anarchistische Phrase (denn als Weltanschauung ist der Anarchismus die umgestülpte Bürgerlichkeit). Man kann nicht zugleich in der Gesellschaft leben und frei von ihr sein. Die Freiheit des bürgerlichen Schriftstellers, des Künstlers und der Schauspielerin ist nur die maskierte (oder sich heuchlerisch maskierende) Abhängigkeit vom Geldsack, vom Bestochen- und vom Ausgehaltenwerden."[8] Diese Aussagen W. I. Lenins versetzen allen Arten des Anarchismus, insbesondere den Wortführern des anarchistischen Individualismus, einen Schlag.

Dem anarchistischen Individualismus stand der „anarchistische Kommunismus" gegenüber, der in den Konzeptionen von M. Bakunin und P. Kropotkin seinen Ausdruck fand. Diese Variante des Anarchismus wies zwei bedeutende Besonderheiten auf: sie war revolutionär und erkannte die Gesetzmäßigkeit verschiedener Formen des Kollektivismus in der „Gesellschaft der Zukunft" an. Auf diese Weise kam der anarchistische Kommunismus in gewissem Grade mit den Problemen des Sozialismus und Kommunismus in Berührung, aber er löste sie völlig falsch.

Begründer des „anarchistischen Kommunismus" war faktisch der russische Revolutionär Michail Bakunin, auch wenn er diesen Begriff nicht verwendete. Bakunin orientierte sich auf die „freie Gemeinde". Als seinen Lehrer betrachtete er Proudhon, von dem er vor allem den Anti-Etatismus übernahm. Im Unterschied zu Proudhon gebärdete sich Bakunin viel radikaler, er plante die „soziale Vernichtung" (eine Vernichtung des Kapitalismus), erarbeitete das Programm einer Weltrevolution, ließ (wenn auch in begrenztem Maße) Kollektivismus in der Produktion und in der Konsumtion nach dem Sieg der Weltrevolution zu.

Der Radikalismus Bakunins und seiner Anhänger trug revolutionär-demokratischen, antifeudalen Charakter und spiegelte die soziale Verzweiflung der leibeigenen Bauernschaft wider, die sich gegen den Feudalismus und zaristischen Despotismus erhob und seit jeher von einer freien Bauerngemeinde (der Obstschina) auf Erden träumte, die frei von Frondienst, Zinsen und Steuern ist. Bakunin war vom Obstschinasozialismus überzeugt, aber er wurde kein Sozialist.

[6] W. I. Lenin, Anarchismus und Sozialismus, in: Werke, Bd. 5, Berlin 1955, S. 334 und 337.

[7] W. I. Lenin, Kleinbürgerlicher und proletarischer Sozialismus, in: Werke, Bd. 9, Berlin 1957, S. 441.

[8] W. I. Lenin, Parteiorganisation und Parteiliteratur, in: Werke, Bd. 10, Berlin 1958, S. 33.

Anfang Mai 1863 schrieb Bakunin einen Artikel über Rußland, der in der schwedischen Zeitung „Aftonbladet“ veröffentlicht wurde. In diesem Artikel charakterisierte er das zaristische Regime in Rußland als „harten despotischen Zustand, der ausschließlich auf Sklaverei, auf brutaler zynischer Ausbeutung aller Kräfte des Volkes mit einem einzigen Ziel, nämlich Eroberungen, beruht“. Diese Macht, schrieb Bakunin, „die zuerst eine byzanthische und tatarische, dann eine deutsche, aber immer eine fremde war, beschuldigte, beleidigte, ruinierte und quälte uns und wurde von uns als unedle, tote Materie, als passives Werkzeug für unsere Erhabenheit genutzt“. Durch ihre Greueltaten lenkten sie auf das russische Volk „den Fluch, den Haß und die Mißachtung der Welt“. Ein Krieg „auf Leben und Tod“ mit ihr ist unumgänglich. Das Nikolaische Regime betrachtete Bakunin als ein „System der Unterdrückung“.[9]

Bakunin empfahl Alexander II., sich dem Volksideal zuzuwenden, da sich „das russische Volk in zwei Jahrhunderten Sklaverei drei Prinzipien bewahrt hat, die historische Grundlage seiner künftigen Entwicklung sind“. Als erstes nannte Bakunin die im Volk verwurzelte Überzeugung, daß „der ganze Boden ihm gehört“. Als zweites Prinzip betrachtete er die „Achtung vor der Obstschina (Bauerngemeinde), einer Organisation, die in zwei Jahrhunderten Sklaverei nicht völlig vernichtet werden konnte und die sich das russische Volk als Brauch erhalten hat. Die Obstschinaordnung stellt die politische und soziale Bindung des russischen Volkes dar und ihr verdankt das russische Volk jene Energie, mit der sie den vereinten Kräften der Zaren, Bürokraten, Adligen und Geistlichen widerstehen konnte.“ Drittes Prinzip und Quelle „all unserer künftigen Freiheit“ sei schließlich die Selbstverwaltung der Bauerngemeinden.

Wie Bakunin weiter schrieb, „enthalten diese Prinzipien in ihrer weitesten Bedeutung die ganze Zukunft Rußlands im Keim. Ihre Entwicklung muß als erstes zum Zusammenschluß der Gemeinden zu Kreisen führen, dann der Kreise zu Gebieten und schließlich der Gebiete zum Staat“. Eine zweite Folge sollte nach Meinung von Bakunin die Anwendung des Wahlprinzips bei der Besetzung aller Ämter sein, mit Ausnahme des Monarchen, dessen Macht erblich bleiben soll. Bakunin schlug also vor, sich endgültig vom „deutschen“ System des bürokratischen Zentralismus loszusagen, das vom russischen Absolutismus eingeführt worden war. Bakunin plante, allen Gebieten Unabhängigkeit zu gewähren, den Polen und Finnen die Freiheit wiederzugeben und die slawischen Völker vom türkischen und deutschen Joch zu befreien.[10]

Die Stockholmer Äußerungen Bakunins zeigen, daß seine Ansichten nicht frei von liberalen Schwankungen waren. Die zaristische Macht wurde zunächst als byzantinisch-tatarisch-deutsche Macht gebrandmarkt. Doch plötzlich wird die Möglichkeit des Fortbestandes der Erbmonarchie ins Auge gefaßt, und das selbst dann noch, wenn Rußland eine freie Föderation von Gebieten geworden

[9] Vgl. Materialy dlja biografii M. Bakunina, Bd. 2, Moskva 1933.
[10] Ebenda, S. 618, 621, 627.

ist. Bakunin bewies eine merkwürdige Inkonsequenz, als er äußerte, daß Alexander II. das Volk ohne Blutvergießen befreien könne. Bakunin schien zu beklagen, daß Alexander II. eine unverzeihliche Feigheit an den Tag legte, dadurch Rußland zur Revolution veranlaßte und alle Reformen zunichte machte.

Bakunin definierte die illegale revolutionäre Organisation „Boden und Wille" vom Standpunkt eines revolutionären Demokraten auf äußerst seltsame Weise. So bezeichnet Bakunin in einer Rede am 28. Mai 1863 in Stockholm die Gesellschaft „Boden und Wille" als patriotisch, „gleichermaßen konservativ, liberal und demokratisch" und sah deren Aufgabe darin, „die große politische und soziale Revolution zu Ende zu führen". Das Programm der Gesellschaft bestand in folgendem: Übergabe des Bodens an die Bauern ohne Entschädigung (mit einer Vergütung der Landbesitzer „auf Kosten der ganzen Nation"); Anerkennung der Obstschina als „Ausgangspunkt", Umwandlung der rein deutschen bürokratischen Administration in ein „nationales Wahlsystem" und Ablösung der gewaltsamen Zentralisierung durch „eine Föderation unabhängiger und freier Provinzen"; die Aufhebung der Wehrpflicht (wobei die Armee durch eine Miliz ersetzt werden sollte); die Einberufung der Ständeversammlung ohne Unterschied der Klassen.

Eine Vermischung der konservativen Strömung mit der liberalen und mehr noch mit der demokratischen ist jedoch ungerechtfertigt. Bakunin selbst hat das in seiner Kritik der bürgerlichen Strömungen des gesellschaftlichen Geistes im Westen, in der Kritik des russischen Slawophilentums klar demonstriert. Bei der Charakterisierung der Gesellschaft „Boden und Wille" aber stellt er unbegründet die demokratische Bewegung mit der liberalen und selbst mit der konservativen auf eine Stufe.

Bakunin schlug vor, „die Grundbesitzer auf Kosten der Nation zu entschädigen". Da die russische Nation im wesentlichen aus der Bauernschaft bestand, wäre eine solche Entschädigung faktisch mit einem gewöhnlichen Loskauf vom Großgrundbesitz auf Kosten der Bauern gleichzusetzen. Wie schon erwähnt, reduzierte Bakunin das Wesen des Volksideals auf den Sieg der freien Obstschina. Er schlug vor, ihr den gesamten Boden zu übergeben und das politische Leben des Landes auf der Grundlage der Gemeindeselbstverwaltung zu reorganisieren.[11]

Bakunins Anlehnung an die Obstschinaorientierung des gesellschaftlichen Lebens in Rußland des XIX. Jahrhunderts war nicht zufällig. Als Ideologe der leibeigenen Bauernschaft suchte Bakunin reale Verbindungen zu den Volksmassen und begann das zu idealisieren, was ein uraltes Leibeigenenziel war. Aber die Geschichte des feudalen Rußlands war die Geschichte des Kampfes zwischen der Obstschina und dem Herrengut, zwischen der leibeigenen Bauernschaft

[11] Obstschinaprojekte waren schon in dem Agrarplan des Dekabristen Pestel enthalten und fanden in den Theorien von Herzen (Gercen) und Ogarëv sowie Černyševskijs ihren Niederschlag.

und dem herrschenden Adel. In der Epoche der Leibeigenschaft führte die Bauernschaft überall den Kampf mit dem Feudalismus unter dem Banner der Gemeinde. In England trat die Bauernschaft unter dieser Losung sogar in der Periode der „Einhegungen“ im XVI. Jahrhundert auf, als die Stunde der kapitalistischen Veränderung der feudalen Agrarverhältnisse schlug.

Die Obstschinaorientierung der revolutionären Denker in Rußland hatte unter den Bedingungen der Leibeigenschaft im XIX. Jahrhundert einen revolutionär-demokratischen Inhalt. Allerdings orientierten sich auch konservativ eingestellte Grundbesitzer des Slawophilentums auf die Obstschina. Aber sie träumten vom Fortbestand der leibeigenen oder wenigstens von einer fiskalisch abhängigen Gemeinde als einer der Stützen des „alten Regimes“. Dagegen traten die revolutionären Demokraten unter der Losung einer unabhängigen Obstschina auf, die von der Sklaverei der Grundbesitzer befreit ist.

Ausgangs der siebziger Jahre, als sich die selbständige Arbeiterbewegung entwickelte und sich die liberale Volkstümlerbewegung verbreitete, wirkten sich die Ideen des Obstschinasozialismus, die eng mit der Obstschinaorientierung der ökonomischen Denker des revolutionären Rußlands verbunden waren, jedoch schädlich aus. Sie stifteten in den Vorstellungen der Arbeiter Unklarheit, desorientierten die Arbeiter, weil sie die Anbiederungen der liberalen Volkstümler verfälschten. Sie verbreiteten unter den Bauern Illusionen über den Triumph der „Wahrheit auf dem Lande“ unter den Bedingungen der Obstschina. Darum hat Plechanov zu Beginn der achtziger Jahre solche Ideen einer richtigen und gründlichen Kritik unterzogen.

Später, unter den reiferen ökonomischen Bedingungen der neunziger Jahre, hat W. I. Lenin die Ideen des Obstschinasozialismus scharf kritisiert. Im Gegensatz zu Plechanov hob W. I. Lenin die revolutionär-demokratische Strömung des Kampfes der Bauern um den Boden unter dem Zeichen der Obstschina hervor und formulierte die Aufgabe, diesen Kampf zur Verstärkung der bürgerlich-demokratischen Revolution, für ihr Hinüberwachsen in die sozialistische und zur Festigung des Bündnisses der Arbeiterklasse mit der Bauernschaft zu nutzen.

Mit seiner Interpretation des „Volksideals“ trat Bakunin offen als revolutionärer Demokrat russischer Abstammung und als Ideologe der leibeigenen Bauernschaft auf. Aber diese Interpretation war ziemlich vereinfacht. Ihr Hauptmangel bestand in der fehlenden historischen Betrachtungsweise. Bakunin glaubte, daß ein derartiges Ideal dem russischen Volk auf allen historischen Entwicklungsetappen eigen sei und in einer beliebigen Situation für die Volksmassen tauge. Die historische Begrenztheit eines solchen „Volksideals“ und des Kampfes der Bauernschaft für die unabhängigen Obstschina konnte Bakunin nicht begreifen. Er betrachtete die Obstschina vielmehr als den natürlichen Zustand des bäuerlichen Daseins.

Die Meinung, M. Bakunin sei von Beginn seiner politischen Tätigkeit an ein eingefleischter Anarchist gewesen, ist völlig haltlos. Das würde seinen Hegelschen Anschauungen, für die der Staat die absolute Personifizierung der höheren Vernunft ist, und vor allem seinen revolutionär-demokratischen Plänen und seiner Tätigkeit in fast einem halben Jahrhundert widersprechen. Die geistige Hinwendung Bakunins zum Anarchismus begann 1864. Allerdings stand er auch in der Folgezeit auf der Position eines revolutionären Demokraten, wenn vom Kampf um den Boden in Rußland, von der Vorbereitung der antifeudalen Revolution, der Ablösung des Adels und der Zerschlagung des Absolutismus die Rede war. Die antifeudale Revolution interpretierte Bakunin als eine sozialistische, da er nicht in der Lage war, den prinzipiellen Unterschied zwischen beiden zu begreifen. Im Ausland wurde Bakunin zum Sprecher und Führer kleinbürgerlicher Gruppierungen verschiedenster Art, die in der Schweiz, Frankreich, Italien und Spanien existierten. In der I. Internationale erwies sich die Bakuninsche Lehre als erbitterter Gegner des Marxismus, als eine dem proletarischen Sozialismus fremde Strömung.[12]

Es ist richtig, daß sich Bakunin über den bürgerlichen Individualismus lustig machte und schrieb, daß nur Hunde keine Gemeinden bilden würden und nach der beliebten Losung der bürgerlichen Ökonomen „Jeder für sich allein und Gott für alle“ leben, die eine harte Konkurrenz zuläßt und dem Starken das Recht einräumt, den Schwachen zu beißen. Der Bourgeoissozialismus wurde von Bakunin als eine Mißgeburt entlarvt, die das Proletariat verdirbt und das kollektive Eigentum ablehnt. Er sprach von dem „großen Kampf des Sozialismus gegen die bürgerliche politische Ökonmie“.[13] In einem Brief an Eskiros vom 20. Oktober 1870 erklärte Bakunin, daß er Sozialist war und bleibt, und zwar nicht nur, weil „der Sozialismus die wahrhafte Freiheit, die wahrhafte Gleichheit und die wahrhafte Brüderlichkeit, Humanismus und Gerechtigkeit verkörpert“, sondern auch deshalb, weil nur die Bauernschaft und das Proletariat „Europa vom preußischen Militarismus und Bürokratismus retten können“.[14]

Schon in der berühmten „Beichte“ im Jahre 1851 versicherte Bakunin Nikolai I., daß man den Kommunismus als „natürliches, notwendiges, unabwendbares Ergebnis der ökonomischen und politischen Entwicklung Westeuropas“ ansehen muß, als junge Kraft, die berufen ist, „die westlichen Staaten zu erneuern oder schließlich zu zerschlagen“. Die Verbreitung des Kommunismus verband er mit der Entwicklung der Fabrikproduktion, der Vergrößerung des Proletariats und seiner wachsenden Armut.[15]

12 Vgl. ausführlicher bei F. Ja. Poljanskij, Ėkonomičeskie vzgljady M. Bakunina, in: Istorija russkoj ėkonomičeskoj mysli, Bd. 1, Teil 1, Moskva 1957; Ėkonomičeskie idei pervogo Internationala, Moskva 1964.

13 Istoričeskoe značenie Internacionala, Teil 1, 1873, S. 22–41, 99–104, 107–117, 120, 121.

14 Materialy dlja biografii M. Bakunina, Bd. 3 Moskva 1928, S. 283.

15 Ebenda, Bd. 1, Moskva 1923, S. 110–112.

Aber in einem Gespräch mit Marx am 3. November 1864 trat Bakunin für den Bauernsozialismus ein, wie Marx Engels mitteilte.[16]

Der Bakuninsche Anarchismus war allerdings keine Widerspiegelung sozialistischer Ideen, sondern vor allem eine Theorie der Bauernrevolution. Er war eine Anpassung dieser Ideologie an jede Art kleinbürgerlicher Strömungen in der Arbeiterbewegung Westeuropas. Wie Saint-Simon hat auch Bakunin die Bedeutung der Abschaffung des Erbrechts überbewertet. Er nahm an, wenn die Bauern für eine unabhängige Gemeinde eintreten, so könne diese auch die sozialen Forderungen des Fabrikproletariats befriedigen. Sogar der Proudhonismus erfuhr bei Bakunin eine „Pugačovsche" Auslegung.

In seinen Programmdokumenten erklärte Bakunin, daß die „autonome Gemeinde" Grundlage der politischen Organisation werden solle. Auf dieser Basis könnten zusammenfassendere Föderationen entstehen, darunter auch wirtschaftliche. Der Boden werde „zum Eigentum aller, aber über ihn verfügen werden jene, die ihn bearbeiten".[17] So wurde in der von Bakunin 1868 veröffentlichten Schrift „Unser Programm" geplant, den Staat abzuschaffen und eine freie Föderation „unabhängiger Artels" (landwirtschaftlicher und industriell-handwerklicher) zu gründen.[18]

Im Programm der „Internationalen Brüderschaft" rief Bakunin dazu auf, „alle Staaten" und ihre Institutionen durch eine „permanente Föderation von Barrikaden zu zerschlagen".[19] So wurde das Programm der revolutionären Volkstümler mit anarchistischen Losungen drapiert.

Diese Programme konnten nur zu einer Desorganisierung des Proletariats führen. Der Bakuninsche Kollektivismus mit Gemeindecharakter war vom wahrhaften, proletarischen Sozialismus weit entfernt; die Ablehnung der Diktatur des Proletariats verurteilte die soziale Revolution zur Niederlage. In der Arbeit „Föderalismus, Sozialismus und Antitheologismus" (1867 – 1868) beschwor Bakunin das Schreckgespenst des „Staatssozialismus" herauf, indem er behauptet, daß „Sozialismus ohne Freiheit zur Sklaverei führt", in dem er jeden Staat zum Antipoden des Sozialismus erklärte.[20] Im Artikel „Die Berner Bären und der Petersburger Bär" (1870) behauptete Bakunin, daß jede politische Macht „unweigerlich zum Despotismus strebt", „eine Negation der Freiheit" und der Menschheit selbst ist.[21] In seinen „Briefen an einen Franzosen" (1870) stempelte Bakunin die „Staatskommunisten" und die „autoritären Sozialisten" zu Taugenichtsen und rechnete sie zu jenen, die den Sozialismus mit Hilfe „eines

16 Karl Marx, Brief an Friedrich Engels vom 4. November 1964, in: MEW, Bd. 31, Berlin 1965, S. 16.

17 Materialy dlja biografii M. Bakunina, Bd. 3, Moskva 1928, S. 39–62, 99, 100.

18 M. Bakunin, Izbrannye sočinenija, Bd. 3, Moskva 1920, S. 96, 97.

19 Vgl. Ju. Steklov, M. A. Bakunin, Bd. 3, Moskva 1937, S. 63–75.

20 M. Bakunin, Izbrannye sočinenija, a. a. O., S. 123–129, 131, 135–142, 145–147, 150, 151, 167, 186, 187, 189–194, 201–204.

21 Ebenda, S. 14, 19–22, 31, 33, 34.

Systems von Dekreten"[22] aufbauen wollen. Bei der Behandlung der Bauernfrage idealisierte Bakunin die Kleineigentümer und bezeichnete ihren Egoismus als gesetzmäßig. Heftig wandte sich Bakunin dagegen, den Bauern „den Kollektivismus aufzuzwingen" und negierte damit faktisch die aktive Rolle der Stadt bei der sozialistischen Umwandlung des Dorfes.

In seinem Buch „Das deutsche Peitschenimperium und die soziale Revolution" (1871) attackierte Bakunin die sozialistischen Kollektivisten, trat im Namen der Kommunistischen Föderalisten auf, die „nur an die Freiheit glauben" und die Gesetzmäßigkeit „des Autoritätsprinzips"[23] negieren.

Die letzte große Arbeit Bakunins wurde das Buch „Staatlichkeit und Anarchie" (1873–1874), in dem erklärt wurde, daß für die Slawen jeder „Staat ein Grab ist", daß ihn nur die Deutschen vergöttern können. Die soziale Revolution identifizierte Bakunin mit einem „allgemeinen Volksaufstand gegen jeden Staat", mit der Schaffung eines Bruderbundes „unabhängiger Produktivgenossenschaften, Gemeinden und Gebietsföderationen" mit Hilfe eines „zügellosen, ungebildeten Pöbels". Bakunin behauptete, wenn „es einen Staat gibt, gibt es unweigerlich auch Herrschaft und folglich auch Sklaverei"[24].

Karl Marx und Friedrich Engels unterzogen die Bakuninsche Lehre einer vernichtenden Kritik. In seinem Konspekt des Buches „Staatlichkeit und Anarchie" vermerkte Karl Marx, daß Bakunin „absolut nichts von sozialer Revolution (versteht), nur die politischen Phrasen davon", und glaubt, daß sie in allen ökonomischen Formen möglich sei. Er will, daß sie in Westeuropa „auf dem Niveau der russischen und slawischen Agrikultur- und Hirtenvölker sich vollziehe". Auf diese Weise sei „der Wille, nicht die ökonomischen Bedingungen, . . ." die Grundlage seiner sozialen Revolution. Bakunin ignorierte den wichtigen Umstand, daß mit der Regierungsmacht des Proletariats „seine Feinde und . . . die alte Organisation der Gesellschaft noch nicht verschwunden" sind, daß es gewaltsame Mittel anwenden muß, um die Bourgeoisie zu unterdrücken und die Umwandlung der ökonomischen Bedingungen zu beschleunigen.[25]

In einem Brief an Theodor Cuno vom 24. Januar 1872 charakterisierte Friedrich Engels die Bakuninsche Lehre als „Sammelsurium von Proudhonismus und Kommunismus". Er wies darauf hin, daß sich bei Bakunin am Ende der Staat als Hauptübel erweist und nicht der Klassengegensatz zwischen Kapitalisten und Lohnarbeitern. Die These Bakunins über den ausschließlich staatlichen Ursprung des Kapitalismus und die Reduzierung der sozialen

[22] M. Bakunin, Izbrannye sočinenija, Bd. 4, a. a. O., S. 113, 135, 152, 166, 169, 170, 173, 175, 177, 179, 181, 184–189, 190–193, 212–214, 216–220.

[23] Ebenda, S. 249–255, 257–262, 264–266.

[24] M. Bakunin, Izbrannye sočinenija, Bd. 1, Moskva 1919, S. 63, 65, 67–70, 87, 88, 92, 94–97, 99, 102, 104, 105, 107–110, 112–114, 117, 119–121, 123, 125, 137, 155, 156, 170, 175, 178, 183, 196, 219, 222.

[25] Karl Marx, Konspekt von Bakunins Buch „Staatlichkeit und Anarchismus", in: MEW Bd. 18, Berlin 1962, S. 630, 633, 634.

Revolution auf eine Vernichtung des Staates verurteilte Engels als Unsinn. Jede Erscheinung von Autorität und Staatlichkeit betrachteten die Anhänger Bakunins als absolutes Übel. Aber auf welche Weise, stellt Friedrich Engels fest, dann die Leute Fabriken treiben, eine Eisenbahn befahren, ein Schiff leiten wollen, „ohne einen in letzter Instanz entscheidenden Willen, ohne einheitliche Leitung, das sagen sie uns freilich nicht“[26].

Im Artikel „Von der Autorität“ (1874) schrieb Friedrich Engels, daß die Entwicklung der Ökonomie selbst die Arbeitsteilung und ihre Kombinierung hervorbringt, daß „voneinander abhängende Prozesse an die Stelle der unabhängigen Tätigkeit der Individuen“ treten. Folglich ist es „absurd, vom Prinzip der Autorität als von einem absolut schlechten . . . zu reden“[27].

Später wurde die Bakuninsche Lehre Grundlage der Anschauungen Petr Alexejewitsch Kropotkins und seiner Anhänger. Sie griffen auf die Bakuninsche Idee des revolutionären Aufstandes zurück, riefen zur sozialen Revolution auf, planten die Vernichtung des Kapitalismus und die Gründung von Kommunen, wobei sie häufig den Begriff „anarchistischer Kommunismus“ verwendeten.

Zu Beginn des XX. Jahrhunderts wurden Kropotkins Ansichten zur vorherrschenden anarchistischen Strömung in Rußland. Der anarchistische Kommunismus wurde dem Sozialdemokratismus und sogar dem Bolschewismus als angeblich radikalere Strömung gegenübergestellt; es wurde die unverzügliche Abschaffung des Privateigentums und des Staates, die Gründung freier Kommunen und die Verteilung der Güter nach den Bedürfnissen geplant. Die Vermischung der antifeudalen Revolution mit der sozialistischen blieb auch ein organischer Mangel der Kropotkinschen Konzeption. Zum ökonomischen Ideal der Kropotkinanhänger wurde die Heimarbeiterhütte. Enthusiastisch wurde der kleine, aber intensive Gemüseanbau geschätzt, der den „Bauch von Paris“ versorgte. Von den ursprünglichen Ideen des anarchistischen Kommunismus ist in den Anschauungen der Kropotkinanhänger wenig erhalten geblieben; äußerst klar kam sein kleinbürgerlicher Charakter zum Vorschein. Ende des XIX. Jahrhunderts kapitulierte Kropotkin immer mehr vor dem Reformismus. Hotels, private Pensionate, Restaurants, ausgebaute Straßen, Brücken usw. bezeichnete er als „Keime des Kommunismus“, die der Bewunderung wert seien. Kropotkin trat faktisch für einen munizipalen Sozialismus vulgärster Art ein; für ihn wird der kooperative Reformismus typisch. In den Jahren des ersten Weltkrieges entwickelten sich die Ansichten Kropotkins nach rechts, er sank schließlich auf die Positionen des anarchistischen Chauvinismus herab.

Als Kropotkin 1917 nach Rußland zurückkehrte, lehnte er es ab, russischer Gesandter in London zu werden, um so seine „Antistaatlichkeit“ zu unter-

[26] Friedrich Engels, Brief an Theodor Cuno vom 24. Januar 1872, in: MEW, Bd. 33, Berlin 1966, S. 388, 389.

[27] Friedrich Engels, Von der Autorität, in: MEW, Bd. 18, Berlin 1962, S. 305–307.

streichen. Faktisch unterstützte er aber die Provisorische Regierung und ihre imperialistische Politik, rief zur Fortsetzung des Krieges „bis zu seinem siegreichen Ende“ auf und nahm an der „Augustberatung“ bürgerlicher und kompromißbereiter Politikaster teil.

Während und nach der Oktoberrevolution war Kropotkin nicht in der Lage, ein einigermaßen reales und begründetes Programm zur Lösung der wirtschaftlichen Probleme zu entwickeln.

Das Programm des anarchistischen Kommunismus, der Verwirklichung seines sozialen Ideals und die Kritik des „Staatssozialismus“ hatte Kropotkin anfangs in einer Reihe von Artikeln dargelegt, die 1879 bis 1882 erschienen. Später wurden diese Artikel als gesondertes Buch mit dem Titel „Reden eines Rebellen“ herausgegeben. Analoge Ideen wurden in den Büchern der achtziger Jahre „in russischen und französischen Gefängnissen“, in den Büchern „La conquête du pain“ (1892), „Der Wohlstand für Alle“, „Felder, Fabriken und Werkstätten“ (1899), „Memoiren eines Revolutionärs“ (1897–1902), „Die große französische Revolution“ (1909), in den Broschüren „Die Anarchie und ihr Platz in der sozialistischen Revolution“, „Die historische Rolle des Staates“ (1896), „Die Anarchie, ihre Philosophie und ihr Ideal“ (1896), „Moderne Wissenschaft und Anarchie“ (1901), „Die Anarchie“ (1912) sowie in den Artikeln „Das Jahrhundert der Erwartung“ (1889), „Die revolutionäre Idee in der Revolution“, „Die Pariser Kommune“ (1891) und in anderen Werken entwickelt.

Bei der Kritik des Kapitalismus und der bürgerlichen politischen Ökonomie, bei der Analyse der wirtschaftlichen Lage der Arbeiter und der bürgerlichen Auswirkungen antifeudaler Revolutionen, bei der Einschätzung der historischen Rolle der Bourgeoisie und der Bauernschaft, bei der Kritik des ökonomischen Liberalismus und bürgerlichen Parlamentarismus gelangte Kropotkin zu einer ganzen Reihe richtiger Aussagen, die äußerst radikal waren und für den Kampf gegen die Demagogie der Apologeten des Kapitalismus positive Bedeutung hatte. Sobald jedoch die Übergangsperiode vom Kapitalismus zum Sozialismus und die Bedingungen des Sieges des Sozialismus zur Sprache kamen, verloren die Aussagen des „Apostels des Anarchismus“ jegliche Überzeugungskraft. Zu einer Zwangsvorstellung Kropotkins wurde die These über den unausrottbaren Widerspruch zwischen Gesellschaft und Staat. Darum lehnte er alle Projekte der Schaffung und Nutzung eines neuen Staates für den Aufbau des Sozialismus als angeblich unverzeihliches Zugeständnis an die bürgerliche Weltanschauung ab. Wie Bakunin teilte Kropotkin alle Befürworter der „neuen Welt“ in Staatsanhänger und rechtgläubige Anarchisten ein, verurteilte die ersten und lobte die letzteren. Dabei machte er keinen Unterschied zwischen den einzelnen, nicht dem Anarchismus verfallenen Strömungen sozialistischen Geistes, sondern zählte sie alle zu den „Staatssozialisten“.[28]

[28] P. A. Kropotkin, Zavoevanie chleba, St. Peterburg 1906, S. 77, 82, 85, 132, 139, 140, 148–150, 152–160, 162, 170; derselbe, Anarchija, ee filosofija i ideal, Moskva 1906,

Kropotkin legte die Fragen der politischen Ökonomie des Sozialismus anarchistisch aus, indem er die Beteiligung des Staates am sozialistischen Aufbau, die Rechtmäßigkeit der staatlichen Form sozialistischen Eigentums, die unbedingte Arbeitsdisziplin ablehnte. Kropotkin verteidigte die Gleichmacherei und kritisierte das Prinzip der Verteilung des gesellschaftlichen Produkts nach der Arbeit.

Bei seiner Polemik mit dem Staatssozialismus identifizierte Kropotkin fälschlicherweise das Eigentum an Produktionsmitteln mit dem an Konsumgütern. Er verurteilte alle Projekte, das persönliche Eigentum an Konsumgütern in der Übergangsperiode oder gar im Sozialismus zu erhalten. Bekanntlich ist das Produktionsmittelmonopol der Bourgeoisie die ökonomische Basis der Lohnsklaverei. Darum muß die sozialistische Revolution vor allem dieses Monopol vernichten, um die Abschaffung der kapitalistischen Ausbeutung und den Aufbau des Sozialismus zu ermöglichen. Ein Verbot persönlichen Eigentums an Lebensmitteln, Kleidung, Schuhen, Möbeln usw. erleichtert den Kampf gegen den Kapitalismus nicht, da der Besitz eines Paar Stiefels dem Arbeiter oder Angestellten nicht ermöglicht seinen Nachbarn auszubeuten. Außerdem würde ein solches Verbot nur den Aufbau des Sozialismus desorganisieren, weil es Konflikte hervorbringen und die materielle Stimulierung der Arbeit ausschließen würde. Die Organisation der gesellschaftlichen Arbeit wäre somit erschwert. Bei Mangel an Konsumtionsmitteln ist ein Übergang zu ihrer kommunistischen Verteilung unmittelbar nach der Revolution unmöglich.

Kropotkin behauptete, daß das staatliche Eigentum mit dem Privateigentum identisch sei und daß sich der „Staatssozialismus“ notwendig in Staatskapitalismus verwandle.[29] Diese Behauptung ist aber unlogisch und sinnlos. Schon unter den Bedingungen der Sklaverei und des Feudalismus war das staatliche Eigentum Besitz der herrschenden Klasse. So wurde in Rußland der Boden, der Gemeineigentum des Adels war, an einzelne Großgrundbesitzer verteilt und wurde deren Privatbesitz. Der Unterschied zwischen Privat- und Staatseigentum trat sehr deutlich zutage. In der Epoche des Kapitalismus waren die staatlichen Betriebe (Eisenbahnen, Rüstungsbetriebe, Elektrizitätswerke usw.) ebenfalls gemeinsamer Besitz der Klasse der Bourgeoisie und von ihr zur Ausbeutung der Arbeiter genutzt.

Im Verlaufe der sozialistischen Revolution werden im Ergebnis der Enteignung der Bourgeoisie die Produktionsmittel zu Volkseigentum und zum Zwecke der

S. 26, 27; derselbe, Sovremennaja nauka i anarchizm, Moskva 1906, S. 28, 71; derselbe, Anarchija, Petrograd 1919, S. 67; derselbe, Vek ozidanija, Moskva 1925, S. 101, 104–106, 120, 122, 129, 130.

29 Vgl. P. A. Kropotkin, zavoevanie chleba, a. a. O., S. 77, 82, 85, 132, 139, 140, 148–150, 152–160, 162, 170; derselbe, Bek ožidanija, a. a. O., S. 78, 80, 101, 104–106, 120, 122, 129, 134; derselbe, Anarchija, ee filosofija ..., a. a. O., S. 26, 27; derselbe, Sovremennaja nauka ..., a. a. O., S. 28, 71, 72.

Befriedigung der wachsenden Bedürfnisse der Werktätigen genutzt. Eine Rückverwandlung der sozialistischen Betriebe in Privatbesitz ist ausgeschlossen.

Die These von der „staatskapitalistischen" Natur der sowjetischen Betriebe wurde von den Trotzkisten vertreten. Später wurde die These von den Reformisten und Revisionisten aufgegriffen.

Kropotkin hatte ähnliche Gedanken schon bei seinen Angriffen auf den Marxismus entwickelt. Er behauptete, daß die Nationalisierung der Produktionsmittel zur Herrschaft des Staatskapitalismus führt. Kropotkin erklärte, daß die Kommunisten angeblich vorhätten, auch nach der sozialistischen Revolution das kapitalistische System der Lohnarbeit, der Entlohnung und der Akkordarbeit zu erhalten, weil sie erhöhte Verdienste der Spezialisten befürworten und sich insgesamt vom Prinzip der Verteilung der Produkte nach der in der Produktion aufgewandten Arbeit leiten lassen. (Gerade auf diese Elemente der sozialistischen Wirtschaft verweisen gewöhnlich auch die Reformisten und identifizieren sie mit der kapitalistischen.) Kropotkin behauptete, daß dann der Staat den Platz des Unternehmers einnimmt und zum neuen Kapitalisten wird, während der Arbeiter weiterhin Sklave bleibt (nach Kropotkin war die Lohnarbeit das historische Produkt der Sklaverei und Leibeigenschaft).

Kropotkin identifizierte von vornherein den Kapitalismus mit dem Sozialismus und den bürgerlichen Staat mit dem proletarischen. Unter den Bedingungen der Diktatur des Proletariats dient der Staat jedoch dem Volk und nutzt in dessen Interesse die nationalisierten Produktionsmittel. Diese werden Volkseigentum und der Staat organisiert nur ihre Nutzung. Er plant die Produktion, verteilt die Rohstoffe rationell, kontrolliert die Nutzung der ökonomischen Ressourcen, garantiert den Absatz, stellt die Beziehungen zwischen den Betrieben her, ordnet ihre Produktionsbeziehungen usw. Zur Verwirklichung dieser Aufgaben ist ein Wirtschaftsapparat erforderlich, der auch vom Staat gestaltet wird.

Kropotkin begriff das Wesen der Diktatur des Proletariats nicht, da er jeden Staat als volksfeindlich ansah. Der bürgerliche Staat fördert die Ausbeutung des Volkes, während der proletarische die Ausbeutung beseitigt. Das Staatseigentum dient unter den Bedingungen des Kapitalismus der Festigung des Staats, während es nach der sozialistischen Revolution zur Grundlage des Kampfes gegen die kapitalistische Ausbeutung wird.

Nach Kropotkins Meinung offenbaren die „Regierungssozialisten" Inkonsequenz, wenn sie die Beseitigung des Privatbesitzes und den Erhalt der Lohnarbeit vorsahen. Wie Kropotkin behauptete, trägt der Lohn den „Stempel der Lohnarbeit", ist die Akkordarbeit ein Element des Kapitalismus, führt die Verteilung nach der Arbeit zur Erneuerung des Privateigentums und zum Streit über den Anteil am Produkt. Sie hemme den Fortschritt und sanktioniere „die Ungerechtigkeit der Vergangenheit".

In Wirklichkeit trägt der Lohn des Arbeiters in einem sozialistischen Betrieb nicht den sogenannten Stempel der Lohnarbeit, weil er völlig andere Produktionsverhältnisse und Verteilungsprozesse widerspiegelt. Der Anteil eines Arbeiters im sozialistischen Betrieb am Produkt wird nicht vom Wert der Arbeitskraft bestimmt. Letztere hat aufgehört Ware zu sein, und die Verteilungsnormen werden der ökonomischen Lage des Landes, dem Niveau der Arbeitsproduktivität, den Tempi der sozialistischen Akkumulation sowie dem Umfang des Arbeitsaufwands des Werktätigen und seiner Qualifikation entsprechend festgelegt. Ein solches Lohnsystem garantiert dem arbeitenden Menschen materiellen Wohlstand und fördert die Beschleunigung des technischen Fortschritts.

Kropotkin behauptete, daß eine Verteilung nach der geleisteten Arbeit überhaupt nicht zu verwirklichen sei. Er verwies dabei auf die Unmöglichkeit, die Arbeitsergebnisse einzelner Arbeiter zu bewerten, da die Arbeit qualitativ heterogen und der gesellschaftliche Nutzen der Waren inkommensurabel sei. Darum schlug er, vom Recht jedes Menschen auf Leben ausgehend, vor, die Bedürfnisse an die erste Stelle zu setzen und diesen Bedürfnissen entsprechend die Produkte zu verteilen. Die Kropotkinsche Kritik an den Verteilungsprinzipien des wissenschaftlichen Sozialismus war offensichtlich haltlos.

Die Marxisten haben sich nie die Aufgabe gestellt, die Lassallesche Losung vom Recht jedes Produzenten auf seinen vollen Arbeitsertrag zu verwirklichen. Diese Forderung hat Karl Marx in der „Kritik des Gothaer Programms" verspottet. Die Verteilung des gesellschaftlichen Produkts wird im Sozialismus proportional dem Arbeitsaufwand vollzogen, unabhängig von seinem absoluten Umfang. Darum ist die genaue Messung der Arbeitsmenge und des Anteils der Bemühungen jedes Menschen an der Erzeugung des einen oder anderen Produktes überflüssig.

Das letzte Argument Kropotkins bei seiner Polemik mit den Gegnern des Anarchismus war die Behauptung, daß die qualifizierte Arbeit nicht mehr Wert schaffe als die einfache. Nach Kropotkins Meinung verewigt jeder, der das Recht eines qualifizierten Arbeiters auf höhere Bezahlung seiner Arbeit anerkennt, die Klassenungleichheit. Unter sozialistischen Bedingungen hat jeder Werktätige die Möglichkeit, seine Qualifikation zu erhöhen, allen ist das Wissen zugänglich, da ein breites Netz von Lehrgängen, Schulen, Fachschulen, Instituten existiert und das Studium unentgeltlich ist. Unter den Bedingungen einer durchgängigen Demokratisierung der Volksbildung im Sozialismus ist die Entstehung von Berufsmonopolen oder gar von Klassenunterschieden ausgeschlossen. Gleichzeitig stimuliert natürlich eine höhere Bezahlung der qualifizierten Arbeit die Erhöhung der Qualifikation der Werktätigen. Das wiederum dient der Beschleunigung des technischen Fortschritts, der Erhöhung der Arbeitsproduktivität und der Verwirklichung einer besseren Produktionsorganisation.

Die qualifizierte Arbeit ist produktiver und schafft deshalb eine zusätzliche Produktenmenge für die Entlohnung.

Insgesamt kann man den anarchistischen Kommunismus wie auch den anarchistischen Individualismus als „umgestülpten bürgerlichen Individualismus" bezeichnen. Diese klassische Formulierung W. I. Lenins gilt sowohl für den Bakuninismus als auch für die Konzeption Kropotkins.

Unter den Bedingungen des Jahres 1917 träumten die Vertreter des revolutionären Anarchismus von der Beseitigung des Kapitalismus und der Ausbeutung, vom Absterben des Staates, vom Triumph der Freiheit und vom Übergang zur Verteilung der Produkte nach den Bedürfnissen. Aber die politische Tätigkeit der Anarchisten stimmte mit ihren Träumen nicht überein. Während die Anarchisten 1917 noch am Kampf für den Sieg der Oktoberrevolution teilnahmen, befanden sie sich 1918 schon im Lager der Konterrevolution.

Zu Ende des XIX. Jahrhunderts waren in Frankreich, Italien, Spanien, Portugal, Argentinien und anderen Ländern anarcho-syndikalistische Auslegungen des Sozialismus weit verbreitet. Sie spiegelten die Anpassung des Anarchismus an die neuen historischen Bedingungen wider: die Gewerkschaftsbewegung nahm riesige Ausmaße an, und die Anarchisten versuchten, sie ihrem Einfluß zu unterwerfen, indem sie den sozialistischen Parteien Syndikate entgegenstellten.

Zu Beginn des XX. Jahrhunderts waren unter den Syndikalisten in Frankreich bestimmte Strömungen erkennbar. So gaben sich Georges Sorel, Hubert Lagardelle und Edouard Berth als Vertreter einer „neuen Schule" im Marxismus aus. Die Ideologen einer anderen Strömung des Syndikalismus legten offene Feindschaft gegenüber dem Marxismus an den Tag.

Wichtigster Theoretiker des anarchistischen Syndikalismus in Frankreich zu Beginn des XX. Jahrhunderts war Georges Sorel.

Sorel, der das Wesen des Imperialismus nicht begriff, schwätzte von der Wiedergeburt der antiken Zinswucherei und identifizierte die bürgerliche Demokratie mit der antiken. Die Idee der objektiv notwendigen und gesetzmäßigen sozialistischen Revolution ersetzte er durch klägliche Hoffnungen auf „soziale Mythen", die die Arbeiter begeistern würden. Den Sozialismus reduzierte Sorel auf die tägliche Wirksamkeit der Gewerkschaften. Ebenso identifizierte er den Sozialismus mit einem ausschließlich ökonomischen Generalstreik, der allein nicht zur Beseitigung des Kapitalismus führen kann.

Sorel idealisierte den Kapitalismus und behauptete, daß für das kapitalistische System der gesellschaftlichen Produktion soziale Widersprüche ungefährlich seien. Er nahm an, daß der Kapitalismus zu voller Blüte gelangt sei und nicht mehr der Hilfe des Staates bedürfe. Darum, meinte Sorel, beabsichtige der Syndikalismus nicht, um die politische Macht zu kämpfen, da er sie als unwesentliches Moment bei der Schaffung der sozialistischen Gesellschaft betrachte. Die Syndikalisten versuchten, einer proletarischen Revolution vorzubeugen und die Forderungen der Arbeiter auf rein ökonomische Fragen zu reduzieren. Sorel kapitulierte vor dem Reformismus, der die Fabrik zu einer Form des Sozialismus erklärte, und schlug vor, „den Weg des Kapitalismus" zu gehen.

Sehr aktiv trat Hubert Lagardelle für die Ideen des Syndikalismus ein. Er war ein blendender Publizist, Lektor und Redakteur der internationalen Zeitschrift „Mouvement socialiste“. Lagardelle behauptete, daß sich die sozialistischen Parteien „außerhalb des Proletariats“ befänden und eng mit dem Staatsmechanismus verbunden seien. Seiner Meinung nach kann nur die „revolutionär-syndikalistische Bewegung“ als Beispiel für den Klassenkampf dienen; sie stellt sich nicht zum Ziel, den Staat zu nutzen, sondern ist für „seine vollständige Zerschlagung“. Lagardelle stellte den „Sozialismus der politischen Parteien“ dem Sozialismus der Arbeiterinstitutionen entgegen.

Die Konzeption des französischen Syndikalismus entwickelte Emile Pouget, Redakteur des Organs der Konföderation der Arbeit, „Le voix du peuple“. In dem Artikel „Die Organisation und Tätigkeit der Konföderation der Arbeit“ rief Pouget zur Vereinigung der Produzenten in Syndikaten auf, um „bis zur völligen Beseitigung der Lohnarbeit und der Unternehmerklasse“ zu kämpfen, „die Kräfte der Unterdrückung in Form des Staates und die Kräfte der Ausbeutung in Gestalt des Kapitals“ zu vernichten. Die Syndikate interpretierte er als „Vereinigungen für Produktion, Zirkulation und Distribution“, als „Keime der Organismen der neuen Gesellschaft“ und als Zellen „des ökonomischen Föderalismus“.[30]

Im wesentlichen trat Pouget für die politische Isolierung der Arbeiterklasse und für ihre ideologische und organisatorische Entwaffnung im Kampf gegen den bürgerlichen Staat auf.

Wesentlichen Anteil an der Propagierung des Syndikalismus in Frankreich hatte Edouard Berth, ein Mitarbeiter der Zeitschrift „Mouvement socialiste“. Berth propagierte die Schaffung einer rein „ökonomischen Gesellschaft“ und verurteilte die Politik. Berth bezweifelte die Notwendigkeit des Kollektivismus. Er orientierte sich auf das Gruppeneigentum und gab dem Individualismus und Anarchismus den Vorzug. Die Leugnung der revolutionären Rolle der proletarischen Parteien trug bei Berth gleichfalls anarchistischen Charakter.

Eine bedeutende Verbreitung erhielten die Ideen des Syndikalismus zu Beginn des XX. Jahrhunderts auch in Italien. Auf dem Kongreß der sozialistischen Partei in Rom (September 1906) prallten der reformistische Flügel (geleitet von F. Turati), der syndikalistische (inspiriert von A. Labriola) und der revolutionäre (angeführt von G. Ferri) aufeinander. Die von Labriola vorgeschlagene Resolution wurde von der Mehrheit abgelehnt. Trotzdem verblieben die Syndikalisten in der Partei und verfochten weiter ihre Ideen.

In der Monographie „Die Reform und die soziale Revolution“ versuchte Labriola die Doktrin der Syndikalisten zu begründen und zu entwickeln. Seiner Meinung nach verkörpert die kapitalistische Fabrik die gegenwärtige Realität und „das Syndikat die zukünftige“, weil die Fabrik eine „Produzentenassoziation“ darstellt und das Syndikat „die ideale Form der gerechten Vertei-

30 Sociol'noe dviženie v sovremennoj Francii, St. Peterburg 1908, S. 9, 21–25, 27, 28, 32, 35, 38, 39.

lung der Produkte". Labriola glaubte, daß „das Ideal der Arbeitswelt die ökonomische Gesellschaft" ist, die sich auf der Basis einer „reinen Vertragsorganisation der Menschen" entwickelt. Er gab die Losung „Vom Parlamentarismus zum Syndikalismus" heraus.

Labriola negierte die Möglichkeit der Existenz politischer Parteien, darunter auch die einer proletarischen Partei. Er bezeichnete alle Parteien als bürgerlich, da sie sich mit der Politik beschäftigten. Damit blieb aber die Frage unbeantwortet: Wie kann das Proletariat den sozialen Umschwung vollziehen, wenn es politisch führerlos und unorganisiert ist? Der Syndikalismus leugnete faktisch die revolutionäre Rolle des Proletariats, indem er ihm die Fähigkeit zum politischen Kampf absprach.

In Rußland fand der anarchistische Syndikalismus besonders in der Revolutionsperiode 1905–1907 bedeutende Verbreitung. Diese Theorie wurde in den Zeitschriften „Novyj mir", „Burevestnik", „Sojuznoje delo" propagiert. L. Kozlovskij, A. Andrejevič und andere entwickelten ihre Konzeption auf der Grundlage der Ideen der französischen Syndikalisten. Sie sprachen sich für die Einberufung eines „Arbeiterkongresses" aus, schlugen vor, dem Kapital eine „ökonomische Arbeitsorganisation" (Gewerkschaften, Genossenschaften) entgegenzustellen und traten für den Apolitismus ein. Der aktivste Verfechter des Syndikalismus in Rußland wurde L. Kozlovskij, der die „Grundzüge des Syndikalismus in Frankreich" (1907) und das Buch „Neue Tendenzen im Sozialismus vor dem Gericht der russischen Kritik" herausbrachte.

Kozlovskij behauptete, daß der Syndikalismus eine „Wiederbelebung des Sozialismus" und nicht sein „grausames Ableben" sei. Wie Sorel und Labriola betrachtete er den Syndikalismus als Verkörperung des Marxismus. Den wissenschaftlichen Sozialismus diffamierte Kozlovskij als Abart des „Staatssozialismus".

W. I. Lenin kritisierte die syndikalistischen Konzeptionen in seinen Arbeiten. Unermüdlich entlarvte er das politische Liquidatorentum als Wiedergeburt des armseligen Ökonomismus, rief zum „entschlossensten prinzipiellen Kampf gegen die anarcho-syndikalistische Bewegung"[31] auf und unterstrich, daß die berüchtigte Parteilosigkeit „lediglich eine versteckte und darum besonders schädliche Form der *Unterordnung* der Arbeiter unter die bürgerliche *Ideologie*, unter die bürgerliche Politik ist".[32]

Wie W. I. Lenin nachwies, war der westeuropäische Syndikalismus in vielen Ländern „das direkte und unvermeidliche Resultat des Opportunismus, des Reformismus, des parlamentarischen Kretinismus"[33], eine Reaktion auf ihn.

[31] W. I. Lenin, Resolutionsentwürfe zum 5. Parteitag der SDAPR, in: Werke, Bd. 12, Berlin 1959, S. 136.

[32] W. I. Lenin, Intelligenzlerische Kämpen gegen die Herrschaft der Intelligenz, in: Werke, Bd. 12, Berlin 1959, S. 314.

[33] W. I. Lenin, Vorwort zur Broschüre Woinows (A. W. Lunatscharskis) über das Verhältnis der Partei zu den Gewerkschaften, in: Werke, Bd. 13, Berlin 1963, S. 162.

Für die Anhänger des Anarchosyndikalismus ist „die revolutionäre Gymnastik"[34] charakteristisch, der organisatorische Opportunismus führt in den „Sumpf des ärgsten Anarchismus"[35], der an die breiten Massen appelliert, sie aber nicht organisieren kann.

Der Kampf W. I. Lenins gegen den anarchistischen Syndikalismus spielte bei der Festigung der bolschewistischen Partei und der Erhöhung ihres Einflusses eine wichtige Rolle. Die Leninsche Kritik des anarchistischen Syndikalismus unterstrich die Unvereinbarkeit des anarchistischen Programms mit den Aufgaben des sozialistischen Aufbaus.

Eine negative Rolle in der revolutionären Bewegung Rußlands spielte eine dem anarchistischen Syndikalismus verwandte Strömung, die auf Machajskij zurückzuführen ist. Die Machajskij-Anhänger traten im Namen der „Gruppe der Arbeiterverschwörung" auf, entlehnten ihre Ideen jedoch bei verschiedenen Strömungen des Anarchismus, einschließlich des anarchistischen Individualismus.

Begründer dieser Strömung war V. K. Machajskij (Volskij), der im Jahre 1898 das Buch „Der geistige Arbeiter" schrieb. Ab 1907 wurde J. Lozinskij Verfechter der Ideen der Machoewisten.

Machajskij war der Meinung, daß der Sozialismus eine Erfindung der sozialistischen Intelligenz sei. In diesem Zusammenhang gab er die Losung heraus: „Weg mit den Idealen!" Machajskij und Lozinskij verbreiteten sich über die Tugenden von Strolchen, empfahlen ihnen, von der „gebildeten Bourgeoisie echtes Geld" zu fordern. Auf diese Weise wollten die Machajskij-Anhänger sogar die Arbeitslosigkeit abschaffen.

Machajskij erkannte die Notwendigkeit der Staatsmacht an, maß ihrer Form aber keine Bedeutung bei. Er negierte die Notwendigkeit der Gründung von Gewerkschaften und politischen Organisationen der Arbeiterklasse und forderte, alle „Einkommen der Intelligenz" zu beschneiden. Die Intelligenz war für ihn eine besondere und offensichtlich parasitäre Klasse. Die Machajskij-Anhänger behaupteten, daß der Sozialismus das Ziel habe, die Herrschaft der Intelligenz zu festigen, und daß daran Karl Marx schuld sei, weil er die Ungleichheit im Arbeitsentgelt zugelassen habe.[36]

Machajskij ignorierte die Tatsache, daß die Intelligenz in ihrer Zusammensetzung heterogen ist. In der Reformperiode blieb in Rußland die adlige Intelligenz erhalten, die dem Zarismus diente und mit ihren Dienstgraden prahlte. Mit ihr rivalisierte die bürgerliche Intelligenz, die vor den Kapitalisten liebedienerte, ihnen bei der Ausbeutung der Arbeiter behilflich war und hohe Gehälter

[34] W. I. Lenin, Gespräch eines Legalisten mit einem Gegner des Liquidatorentums, in: Werke, Bd. 17, Berlin 1962, S. 171.

[35] W. I. Lenin, Wie W. Sassulitsch das Liquidatorentum erledigt, in: Werke, Bd. 19, Berlin 1962, S. 399.

[36] B. I. Gorin, Anarchisty, maksimalisty i machaevcy, Petrograd 1918, S. 58–68.

auf Kosten des kapitalistischen Profits erhielt. Aber es existierte auch eine dritte Schicht der Intelligenz (zu der die Masse der Studenten, Ärzte, Lehrer usw. gehörte), die nicht auf die Geneigtheit der Herren Großgrundbesitzer und Kapitalisten rechnen konnte, die nur wenig Geld erhielt, mit der Welt „der Leidenden und Unglücklichen" verbunden war und ihnen half. Aus den Reihen dieser Intelligenz gingen auch die revolutionären Demokraten und später die proletarischen Revolutionäre hervor. Waren die ersten bereit, der bäuerlichen Revolution zu dienen, so die zweiten der proletarischen.

Die Aufrufe Machajskijs zum Kampf gegen die Intelligenz desorientierten die Arbeitermassen, schwächten ihren Druck auf den Zarismus, die Großgrundbesitzer und Kapitalisten ab, so daß die Hauptschuldigen an der Volksarmut aus der Schußlinie genommen wurden. Machajskij behauptete, daß die Sozialdemokratie ihr Ideal im Staatssozialismus sehe, weil das Ideal der „gebildeten Gesellschaft" in einer Vergesellschaftung der Produktion „ohne Abschaffung aller übrigen heiligen Eigentumsrechte" bestehe. Unablässig wiederholte Machajskij, daß der wissenschaftliche Sozialismus nur eine Variante des „Staatssozialismus" des Pommerschen Großgrundbesitzers Rodbertus sei.

Zur Abart der anarchistischen Doktrin wurde auch das *Tolstoianertum*, eine Variante des *gewaltlosen Anarchismus*.

Die Weltanschauung Tolstojs spiegelte die Verschärfung des Klassenkampfes im Rußland der Reformperiode, das Heranreifen der revolutionären Situation seit den siebziger Jahren des 20. Jahrhunderts wider.

Im Artikel „Leo Tolstoj als Spiegel der russischen Revolution" schrieb W. I. Lenin: „In den Werken, Anschauungen, Lehren, in der Schule Tolstois sind tatsächliche schreiende Widersprüche enthalten. Einerseits ein genialer Künstler, der nicht nur unvergleichliche Bilder aus dem russischen Leben, sondern auch erstklassige Werke der Weltliteratur geschaffen hat. Andererseits ein Gutsbesitzer, der sich als Narr in Christo gefällt. Einerseits ein wunderbar starker, unmittelbarer und aufrichtiger Protest gegen die gesellschaftliche Verlogenheit und Heuchelei, andererseits ein ‚Tolstoianer', d. h. ein verschlissener, hysterischer Jammerlappen, russischer Intellektueller geheißen, der sich öffentlich an die Brust schlägt und sagt: ‚Ich bin schlecht, ich bin ekelhaft, aber ich lasse mir die sittliche Selbstvervollkommnung angelegen sein: ich esse kein Fleisch mehr und nähre mich jetzt von Reiskoteletts.' Einerseits schonungslose Kritik an der kapitalistischen Ausbeutung, Entlarvung der Gewalttaten der Regierung, der Justiz- und Staatsverwaltungskomödie, Enthüllung der ganzen Tiefe der Widersprüche zwischen dem Anwachsen des Reichtums sowie der zivilisatorischen Errungenschaften und dem Anwachsen der Armut, der Verwilderung und der Qualen der Arbeitermassen; andererseits eine verzückt-wahnsinnige Predigt des ‚Verzichts' auf gewaltsamen ‚Widerstand gegen das Böse'. Einerseits nüchternster Realismus, Herunterreißen jeglicher Masken, andererseits Predigt eines der abscheulichsten Dinge, die es überhaupt auf der Welt gibt, nämlich der Religion, das Bestreben, die Pfaffen mit behördlicher Bestallung zu ersetzen durch Pfaffen aus sittlicher Überzeugung, d. h. Kultivierung der raffiniertesten und deshalb besonders widerwärtigen Pfäfferei."[37]

Nach W. I. Lenins Worten war Tolstoj ein „Spiegel der russischen Revolution", ideologisch geformt auf russischem Boden. Seine genialen künstlerischen Schöpfungen deckten sehr realistisch viele Antagonismen der russischen Gesellschaft auf. Gleichzeitig vertrat Tolstoj den „widerstandslosen Anarchismus" evangelischer Prägung. In seiner Arbeit „Woran ich glaube" (1883) verurteilte er die Durchführung „periodischer Revolutionen", den „revolutionären Zwang" und erklärte, daß „genau wie das Feuer nicht das Feuer löschen kann, auch das Böse nicht das Böse mildern könne"[38].

In der Arbeit „Gottes Reich ist unter uns" (1890–1893) behauptete Tolstoj, daß die Liebe zum Staat eine „unmögliche Sache" sei, daß die „Gesetze Produkte des Eigennutzes, des Betrugs, des Parteienkampfes sind"[39]. Den Sozialisten wurde „Predigt der Sklaverei" unterstellt, weil sie eine „gewaltsame Umwandlung der Gesellschaft" planten und „kein anderes Mittel hätten, um die Menschen zu vereinen". Daraus wurde geschlußfolgert, daß von der Sklaverei nur „der Verzicht auf Widerstand gegen das Böse"[40] befreien könne.

Die Frage nach dem Ursprung des Staates wurde von Tolstoj falsch und von mehreren idealistischen Positionen aus beantwortet. Als einen der Gründe, die zur Bildung des Staates führen, betrachtete Tolstoj das Bevölkerungswachstum, obwohl Staaten auch in Ländern entstanden, deren Bevölkerung zahlenmäßig klein war. Aber zwischen der Bevölkerungszahl und der Genesis des Staates kann keine gesetzmäßige Beziehung festgestellt werden. Tolstoj berief sich auf die „Verkomplizierung" der Gesellschaft, womit er Zugeständnisse an die „organische Theorie" des Staates machte. In Wirklichkeit sind nicht die komplizierte Gesellschaftsstruktur, die Arbeitsteilung und die Differenzierung der Funktionen einzelner Bevölkerungskategorien Ursache für die Entstehung des Staates, sondern die Herausbildung der Klassen. Außerdem hat Tolstoj die Rolle von Eroberungen bei der Staatenbildung überbewertet.

Das Wesen der Macht erblickte Tolstoj in den Versuchen, die Menschen zu zwingen, etwas zu tun, was sie nicht wollen. Grundlage der Macht war seiner Meinung nach die „körperliche Gewalt". Eine solche Auslegung des Problems ignorierte die Klassenfunktionen der Macht. Tolstoj berücksichtigte in seiner Konzeption nicht die Rolle des ideologischen Drucks des Staates auf die Massen, obwohl er selbst über die Hypnotisierung der Rekruten und die daran beteiligten Pfaffen schrieb.

[37] W. I. Lenin, Leo Tolstoi als Spiegel der russischen Revolution, in: Werke, Bd. 15, Berlin 1962, S. 198.

[38] L. N. Tolstoj, Polnoe sobranie sočenenij, Bd. 23, S. 304–306, 318–320, 327–329, 331–334.

[39] Ebenda, S. 28, 81–85, 88–90, 95–97.

[40] Ebenda, S. 146, 147, 149, 155, 156, 161–169, 171.

Für Tolstoj war das „eherne Lohngesetz“ eine Tatsache, und als Grundlage der Ausbeutung betrachtete er die außerökonomische Gewalt der Reichen über die Armen. Ständig verwies Tolstoj darauf, daß eine bewaffnete Minderheit zur Herrschaft über die Mehrheit gelangt, indem sie letzterer mit der Waffe droht. Diese Konzeption entwickelten auch die Anarchisten. Es ist wichtig hervorzuheben, daß einige Aussagen der Doktrin der Anarchisten für Tolstoj als unannehmbar galten. Als sich Tolstoj auf die Erfahrungen autonomer Korporationen und Kongresse berief, um zu beweisen, daß man auch ohne Staat auskommen kann, entwickelte er die gleichen Gedanken wie Kropotkin und führte analoge Beispiele an. Als Antithese zum Staat betrachtete Tolstoj die „Regeln der Menschenliebe“, die angeblich in der bürgerlichen Welt immer größere Verbreitung fänden.

Die herrschenden Klassen zur „Buße“ aufrufend, schützten Tolstoj und seine Gesinnungsgenossen diese Klassen gleichzeitig vor einer Volksrevolution, indem sie den Verzicht auf Widerstand gegen das Böse propagierten.

Das Tolstoianertum betrachtete jede Revolution als soziale Katastrophe, da sie angeblich die Repressalien und den politischen Despotismus noch verschärft. Diese Konzeption beruhte auf der falschen These, daß die Revolutionäre die Menschen nur durch Zwang vereinen können. In Wirklichkeit sind nicht nur der Zwang, sondern alle Mittel der „Vereinigung der Menschen“ Gut der Revolution.

In Revolutionsjahren gewinnt die Überzeugung, die ideologische Eroberung der Massen, wesentliche Bedeutung. Eine wichtige Rolle spielt aber auch die rein organisatorische, gewaltlose Arbeit der Partei und der revolutionären Gruppen. Die wichtigste Grundlage der „Vereinigung der Menschen“ bilden jedoch ihre ökonomischen Interessen und Klassenaufgaben. Im Kampf um den Sieg der Revolution vereinigen sich die Werktätigen nach ihrer Klassenzugehörigkeit und ihren Interessen.

Das Tolstoianertum konzentrierte seine Aufmerksamkeit nur auf die zerstörerische Etappe der Revolution, vereinfachte willkürlich deren Aufgaben und beschuldigte dann die Sozialisten, daß sie sich nur auf „soldatische“ Methoden der Schaffung der „moralischen Gesellschaft“ orientieren würden.

Tolstoj selbst entwickelte äußerst primitive Mittel zur Beseitigung des feudalbürgerlichen Staates. Der von ihm vorgeschlagene Boykott des Staates durch Verweigerung des Wehrdienstes, Nichtzahlung von Steuern und ähnliches war im Maßstab des ganzen Landes schwer zu verwirklichen und überhaupt nicht effektiv zu gestalten.

Tolstoj behauptete grundlos, daß die Sozialisten den Staat nur von außen attackieren würden, die Boykottierer dagegen von innen. In Wirklichkeit erschüttert gerade die proletarische Revolution den Staat der bürgerlichen Diktatur zutiefst und „von innen heraus“. Das bewies schon die Pariser Kommune, deren Erfahrungen auch Tolstoj bekannt waren, sehr anschaulich.

Tolstojs soziales Programm war das Christentum, das er als „neue Lebensauffassung“ auslegte. Doch erwies sich die „neue Lebensauffassung“ bei näherer Betrachtung als sehr alt, vom Schimmel der Jahrhunderte bedeckt, aus Sklavenhalterzeiten entlehnt und die Demut propagierend.

Den Sinn des Christentums erblickte Tolstoj in der „Selbstvervollkommnung“ des isoliert betrachteten Individuums. Er erklärte entschieden, daß man den Sinn des Christentums nicht im „Dienst an der Gesellschaft“ sehen dürfe; die evangelischen Gebote hätten mit dem Kommunismus, mit der Propagierung der Weltbrüderschaft nichts gemein. Die Selbstaufopferung im Interesse anderer Menschen, der uneigennützige Dienst an der Gesellschaft wurden von Tolstoj ausgeschlossen.

Als positives Beispiel nannte Tolstoj die Tätigkeit der Quaker in Nordamerika. Aber das wirft natürlich die Frage nach den Gründen für die Fruchtlosigkeit zwei Jahrhunderte alten Bemühens der Quaker auf, Beziehungen der Gerechtigkeit und strenger Moral herzustellen, noch dazu in der Neuen Welt, die nicht durch historische Traditionen, Beziehungen des Feudalismus und Vorurteile der Vergangenheit belastet war.

Tolstoj wich dieser Frage aus. Die Konzeption der Quaker reduzierte sich auf eine sinnlose Tautologie, der zufolge es nichts Böses geben wird, wenn alle aufhören, Böses zu tun. Die Predigten der christlichen Wohltäter blieben ergebnislos; in Nordamerika wurden die Reichtümer des Kontinents geplündert, die Indianer vernichtet und die Neger versklavt. Das Quakertum wirkte dem nicht entgegen, sondern förderte es sogar, weil es die Indianer aufrief, den grausamen Eroberern keinen Widerstand zu leisten, den Negern empfahl, friedlich den Plantagenbesitzern zu dienen, und den Lohnarbeitern vorschlug, fleißig zur Bereicherung der Kapitalisten zu arbeiten. Trotzdem erblickte Tolstoj im Quakertum das Muster zur Lösung der sozialen Probleme Rußlands.

Charakteristisch war, daß Tolstoj bei seiner Kritik der bürgerlichen Gesellschaft stets die Fabriken in eine Reihe mit den Gefängnissen und solchen Erscheinungen wie die Prostitution stellte. Im Bau von Fabriken und Werken sah er nichts Nützliches und Progressives. Die Kritik des Kapitalismus wurde bei ihm zur Ablehnung der Rechtmäßigkeit des ökonomischen Fortschritts und der Großindustrie und zur Verurteilung der Entwicklung der Produktivkräfte. Hierin zeigt sich deutlich, daß Tolstoj die ökonomischen Bedingungen Rußlands in der Reformperiode und die Richtungen ihrer Entwicklung nicht begriff.

Tolstoj verurteilte zwar den Absolutismus, lehnte jedoch die Forderung nach unverzüglicher Abdankung der „herrschenden Personen“ von der Macht ab. Tolstoj forderte auch nicht den umgehenden Verzicht der Großgrundbesitzer auf den Boden und der Fabrikanten auf die Fabriken, obwohl er mehrfach den sozialen Parasitismus anprangerte. Er schrieb nur, daß ein solcher Verzicht wünschenswert wäre, damit die Adligen, Kaufleute und Fabrikanten besser die „christliche Wahrheit“ verstehen und die Errichtung des „Reichs Gottes“ auf Erden unterstützen könnten. Das Schicksal der Macht und des

Eigentums überließ er dem Ermessen der Herren, machte es von ihrem Wohlwollen und ihren guten Absichten abhängig.

In der Revolutionsperiode 1905–1907 verurteilte Tolstoj die Revolutionäre, aber in einem Brief an V. V. Stasov bekannte er, daß er zu ihnen steht und sich den Titel „Advokat des Hundertmillionenköpfigen Landvolkes“ zulegte, daß er sich über alles freut, was „zu dessen Wohl beiträgt oder beitragen kann“. Tolstoj schrieb, daß mit den Ereignissen der Revolution unzufrieden zu sein „das gleiche (ist), wie mit Herbst und Winter unzufrieden zu sein, ohne an jenen Frühling zu denken, dem sie uns näherbringen“[41]. Das zeugt davon, daß Tolstoj zwar Gefangener seiner reaktionären Ansichten über die Revolution und den Sozialismus blieb, der Revolution jedoch Mitgefühl entgegenbrachte. In der Zeit der Reaktion veröffentlichte Tolstoj seinen berühmten Artikel „Ich kann nicht schweigen“ (1908), in dem er entschieden gegen die blutigen Repressalien protestierte, mit denen die zaristische Regierung über die Revolutionäre herfiel.

[41] L. N. Tolstoj/V. V. Stasov, Perepiska 1873–1906, 1929, S. 378, 386.

5. ABSCHNITT

13. KAPITEL

Der Bourgeoissozialismus in Rußland

Die historischen Wurzeln des Bourgeoissozialismus in Rußland hat W. I. Lenin aufgedeckt. Er wies nach, daß die Versuche der bürgerlichen Theoretiker, die Ideen des wissenschaftlichen Sozialismus zu entstellen und mit ihrer Hilfe die Interessen der liberalen Bourgeoisie auszudrücken und zu begründen, die Eigenart des gesellschaftlich-politischen Lebens in Rußland im letzten Viertel des XIX. und zu Beginn des XX. Jahrhunderts widerspiegeln. In dieser Zeit kämpfte die russische liberale Bourgeoisie für die Industrialisierung Rußlands und für den technischen Fortschritt in allen Wirtschaftszweigen. Das „Haupthindernis" auf dem Wege des Fortschritts erblickte sie in den Gutsbesitzern und den zaristischen „Bürokraten" und nicht in der Arbeiterklasse. Zur Begründung ihrer liberal-bürgerlichen Forderungen versuchte die russische Bourgeoisie Elemente sehr unterschiedlicher Theorien zu nutzen, darunter auch einzelne Aussagen der ökonomischen Theorie des wissenschaftlichen Sozialismus.

Die Herausbildung des Bourgeoissozialismus in Rußland war durch eine Reihe von Besonderheiten gekennzeichnet, die ihre Ursache in den dortigen historischen Entwicklungsbedingungen des Kapitalismus hatten. Erstens beschritt Rußland später als die Länder Westeuropas und die USA den kapitalistischen Entwicklungsweg, so daß die Vulgärökonomie bis zum Ende des XIX. und sogar bis zu den ersten Jahren des XX. Jahrhunderts noch nicht zur bestimmenden Richtung in der russischen bürgerlichen ökonomischen Literatur wurde. Zweitens vollzog sich die Aufhebung der Leibeigenschaft in Rußland unter historischen Bedingungen, die zur Erhaltung bedeutender Reste der Leibeigenschaft in der Wirtschaft des Landes und im politischen Überbau führten. Dadurch blieben die gegen die Leibeigenschaft gerichteten Tendenzen in der russischen bürgerlichen Politökonomie bestehen. Bei der Darlegung der Vorzüge der kapitalistischen Ordnung gegenüber der Leibeigenschaft benutzten die bürgerlichen Ideologen nicht nur die Ideen der klassischen bürgerlichen Politökonomie, sondern auch einige Ideen des Marxismus.

Die Besonderheiten des gesellschaftlich-politischen Lebens in Rußland hatten zur Folge, daß die russischen Ökonomen zu einer Reihe von Problemen der ökonomischen Wissenschaft progressivere Positionen einnahmen als die bürgerlichen Ökonomen der Länder Westeuropas und der USA.

Friedrich Engels verwies darauf, daß es in Rußland einen kritischen Geist und einen Enthusiasmus für Forschungen auf rein theoretischem Gebiet gibt, die nicht nur den revolutionären Sozialisten eigen sind, sondern auch „der historischen und kritischen Schule in der russischen Literatur, die allem, was Deutschland und Frankreich in dieser Art auf dem Gebiet der offiziellen Geschichtswissenschaft hervorgebracht haben, haushoch überlegen ist".[1]

W. I. Lenin hat wiederholt die wertvollen Ideen hervorgehoben, die in den Arbeiten russischer bürgerlicher Ökonomen anzutreffen waren. Er unterstrich, daß sich bis zur Revolution von 1905 nur die äußersten rechten Professoren mit der „Vernichtung" von Marx befaßten. „Die ganze liberal-volkstümlerische professorale Wissenschaft", schrieb er weiter, „verhielt sich zu Marx respektvoll, ‚anerkannte' die Arbeitswerttheorie und rief damit bei den ‚linken Volkstümlern' naive Illusionen hervor, als ob für eine Bourgeoisie in Rußland der Boden fehle."[2]

Am Ende des XIX. Jahrhunderts entstand eine ganze Richtung, die bestrebt war, eine Reihe ökonomischer Aussagen des wissenschaftlichen Sozialismus zur Begründung der Interessen der liberalen Bourgeoisie zu nutzen. Diese Richtung wurde unter dem Namen „legaler Marxismus" bekannt.

W. I. Lenin deckte die Ursachen für die Herausbildung des „legalen Marxismus" auf. Er stellte fest: „Der Marxismus war schon seit den achtziger Jahren (wenn nicht schon früher) eine so unbestrittene, faktisch die herrschende Kraft unter den führenden Gesellschaftslehren Westeuropas, daß die dem Marxismus feindlichen Theorien in Rußland nicht lange offen gegen den Marxismus auftreten konnten. Die Theorien sophistizierten und falsifizierten (häufig unbewußt) den Marxismus, diese Theorien stellten sich gewissermaßen selbst auf den Boden des Marxismus und versuchten, die Anwendbarkeit der Marxschen Theorie auf Rußland ‚mit Marx' zu widerlegen! Die Volkstümlertheorie des Herrn Nikalai-on erhob Anspruch auf die Bezeichnung ‚marxistisch' (in den Jahren 1880–1890), und in der Folge begann die bürgerlich-liberale Theorie der Herren Struve, Tugan-Baranowski und Co. mit einer ‚*fast*' vollen Anerkennung Marx', wobei sie ihre eigenen Ansichten entwickelte und ihren Liberalismus unter dem Deckmantel einer ‚kritischen Weiterentwicklung' des Marxismus betrieb."[3]

Die führenden Vertreter des „legalen Marxismus" – P. Struve, M. Tugan-Baranovskij, S. Frank, S. Bulgakov, N. Berdjaev und andere – waren bemüht, einzelne Grundsätze des Marxismus sowohl bei der Kritik der Volkstümler, als auch bei der Begründung ihres Programms der sozial-ökonomischen Entwicklung Rußlands zu verwenden. Sie stützten sich in ihren Arbeiten auf die Argumente der Begründer des wissenschaftlichen Kommunismus in der Frage der ökonomischen Vorzüge des Kapitalismus gegenüber der Leibeigen-

[1] Friedrich Engels, Brief an Jewgenija Eduardowna Papritz vom 26. Juni 1884, in: MEW, Bd. 36, Berlin 1967, S. 169.

[2] W. I. Lenin, Noch eine Vernichtung des Sozialismus, in: Werke, Bd. 20, Berlin 1961, S. 183.

[3] W. I. Lenin, Zum Jubiläum, in: Werke, Bd. 17, Berlin 1962, S. 95f.

schaft und der kleinen Warenproduktion, die von den Volkstümlern verteidigt wurde. Mehr noch, die liberalen Theoretiker nutzten bei ihrer Kritik der subjektiven Soziologie der Volkstümler und beim Nachweis der Notwendigkeit des kapitalistischen Entwicklungsweges für Rußland einzelne Aussagen des historischen Materialismus. Andererseits lobten sie aber den Kapitalismus als die progressivste Gesellschaftsordnung und lehnten die Lehre von der sozialistischen Revolution und der Diktatur des Proletariats ab.

Die reaktionärste, dem Sozialismus feindliche Richtung im „legalen Marxismus" war der Struvismus, der nach Lenins Worten versuchte, „den Marxismus in seinen Umarmungen zu ersticken". W. I. Lenin wies nach, daß der Struvismus solchen Formen des westeuropäischen bürgerlichen Sozialismus wie dem Brentanoschen und dem Sombartschen „Marxismus" verwandt ist, die gleichfalls „nur" die Lehre von der sozialistischen Revolution und der Diktatur des Proletariats ablehnten. W. I. Lenin deckte die ideellen Wurzeln des Struvismus als Ideologie der liberalen Bourgeoisie auf, indem er schrieb, daß „sich die meisten ideologischen Führer des russischen Liberalismus an deutscher Literatur gebildet haben und speziell den *Brentanoschen* und *Sombartschen* ‚Marxismus' nach Rußland verpflanzen, der die ‚Schule des Kapitalismus' anerkennt, die Schule des revolutionären Klassenkampfes jedoch ablehnt."[4]

Den Worten nach erkannte der Struvismus die großen Verdienste des wissenschaftlichen Sozialismus bei der Entwicklung der ökonomischen Wissenschaft an und begründete sogar die Notwendigkeit der Ablösung des Kapitalismus durch eine „neue Ordnung", tatsächlich aber lehnte er die Idee des revolutionären Klassenkampfes und der Diktatur des Proletariats ab und ersetzte sie durch die Idee des Kampfes für Reformen. Diese bürgerliche Geistesrichtung betrachtete zwar den Kapitalismus als historische Übergangsetappe auf dem Weg zum Sozialismus, sah aber ihre Hauptaufgabe in der Huldigung des Kapitalismus als einer Form des sozialen Fortschritts.

Das Hinüberwechseln der „legalen Marxisten" in das Lager der konterrevolutionären Bourgeoisie war schon am Ende des XIX. Jahrhunderts zu erkennen. Fast gleichzeitig mit den Revisionisten im Westen begannen sie offen den wissenschaftlichen Sozialismus zu bekämpfen. So veröffentlichte Struve 1899 einen Artikel über die soziale Entwicklungstheorie von Marx, in dem er diese Lehre über den Sozialismus als „psychologisch unhaltbar" und die Aussagen zur Diktatur des Proletariats als „echten Unsinn" darstellte. Struve bemühte sich zu beweisen, daß sich mit der Entwicklung des Kapitalismus die Widersprüche abschwächen und daß der ganze sozialökonomische Entwicklungsprozeß ein Prozeß der allmählichen wechselseitigen Anpassung von Wirtschaft und Recht ist.[5]

4 W. I. Lenin, Der historische Sinn des innerparteilichen Kampfes in Rußland, in: Werke, Bd. 16, Berlin 1962, S. 383f.

5 P. Struve, Die Marxsche Theorie der sozialen Entwicklung. Ein kritischer Versuch, in: Archiv für Sozialwissenschaft und Sozialpolitik, Bd. XIV, Tübingen 1899, S. 658–704.

Ein Wendepunkt in der Evolution des Bourgeoissozialismus in Rußland war die Revolution 1905–1907. Die liberale Bourgeoisie wechselte ins Lager der Reaktion über und verriet die Ideen der Demokratie. Die Herausbildung der konterrevolutionären liberal-monarchistischen Bourgeoisie hatte zur Folge, daß sich die bürgerlichen Gelehrten vom Erbe der klassischen bürgerlichen Politökonomie lossagten und einen entschiedenen Kampf gegen den wissenschaftlichen Sozialismus führten. In dieser Periode, so bemerkte W. I. Lenin, macht sich „die professorale, liberale Wissenschaft ... allen Ernstes daran, Marx zu vernichten, ohne deshalb *im geringsten* in der ‚Gesellschaft' an Prestige zu *verlieren*".[6]

Unter den bürgerlichen Liberalen Rußlands war Struve der eifrigste und wütendste „Vernichter" des Sozialismus. Im Bestreben, den wissenschaftlichen Sozialismus „zu vernichten", machte er auch vor den wildesten Erfindungen nicht halt. Struve rief zur „Versöhnung von Wissenschaft und Religion" auf und behauptete, daß der Sozialismus unweigerlich aussterbe, weil ihm eine echte religiöse Wurzel fehle.[7] Dabei stellte er den wissenschaftlichen Sozialismus als eine Erscheinung dar, die tiefer als das „religiöse Bewußtsein" steht. Die „Unmöglichkeit" des Sozialismus verkündete Struve auch in dem Buch „Wirtschaft und Preis" (1913), mit dem er sich das Ziel stellte, „einige traditionelle Probleme und Aussagen der politischen Ökonomie" zu überprüfen.

W. I. Lenin hat in dem Artikel „Noch eine Vernichtung des Sozialismus" diese Arbeit von Struve einer vernichtenden Kritik unterzogen. Er schrieb: „Vielleicht wird man das für übertrieben halten. In einem Werk, das der Frage des Preises und der Wirtschaft sowie ‚einiger philosophischer Motive' der politischen Ökonomie gewidmet ist, die Unmöglichkeit des Sozialismus ‚beweisen' zu wollen, ohne auch nur Ansätze zum Studium der historischen Tendenzen des Kapitalismus zu machen?"[8] Aber den Sozialismus zu „vernichten" war für Struve eine ganz einfache Sache; „historische Tendenzen" der kapitalistischen Produktionsweise interessierten ihn nicht. Für den Nachweis der „Unmöglichkeit" des Sozialismus wählte Struve einen leichten Weg: er identifizierte die „sozialen Ideale" des Liberalismus und Sozialismus und erklärte dann beide als in gleicher Weise unrealisierbar und utopisch.

Über das „philosophische Wesen" des Sozialismus redend, bemühte sich Struve zu beweisen, daß sowohl dem Sozialismus als auch dem Liberalismus die Ideen der „vollen Rationalisierung" aller in der Gesellschaft ablaufenden Prozesse zugrunde liegen. Den Ideen des Sozialismus entsprechend schrieb er, „soll die zufällige wirtschaftlich-gesellschaftliche Wechselwirkung *vollständig* durch planmäßige, rationale Zusammenarbeit und Subordination abgelöst werden".[9] Durch Hervorhebung des Wortes „vollständig" wollte Struve den

[6] W. I. Lenin, Noch eine Vernichtung des Sozialismus, a. a. O., S. 183f.

[7] P. Struve, Religija i socializm, in: Russkaja mysl', 1909, Nr. 8, S. 155.

[8] W. I. Lenin, Noch eine Vernichtung des Sozialismus, a. a. O., S. 201.

[9] P. Struve, Patriotica. Politika, kul'tura, religija, socializm. Sbornik statej za pjat let (1905–1910), St. Peterburg 1911, S. 549.

Leser zu dem Gedanken führen, daß das sozialistische Ideal selbst absurd sei. Struve behauptete, daß der Sozialismus keine teilweise, sondern eine die ganze Breite des gesellschaftlichen Lebens erfassende Rationalisierung fordere. Doch weder der individuelle noch der kollektive Verstand ist seiner Meinung nach in der Lage, diese ganze Breite zu erfassen und alle in ihm ablaufenden Prozesse einem Plan zu unterwerfen. Hieraus zog Struve die Schlußfolgerung, daß „vom realistischen Standpunkt aus nur von einer teilweisen Verwirklichung der Aufgaben des Sozialismus, und nicht von einer vollständigen Lösung der Probleme des Sozialismus die Rede sein kann".[10]

Struve behauptete, daß der Sozialismus zwar die Idee des „Naturgesetzes" der Klassiker des ökonomischen Liberalismus abgelehnt habe, gleichzeitig aber von den Klassikern die Idee der „völligen Rationalisierung" des gesamten gesellschaftlichen, ökonomischen Prozesses übernommen habe. Die Idee der Planmäßigkeit der gesellschaftlichen Entwicklung stellte Struve als Idee von der Angleichung des Vernünftigen und des Unvernünftigen dar. Er behauptete, daß in dem Maße, wie eine „völlige Rationalisierung" des gesellschaftlich-ökonomischen Prozesses unmöglich ist, auch der Sozialismus nicht realisierbar sei.

W. I. Lenin macht darauf aufmerksam, daß sich Struve beim Beweis der „Unmöglichkeit" des Sozialismus grober Unterstellungen bedient. „Es ist nicht wahr, daß dem Liberalismus die völlige Rationalisierung vorschwebt", schrieb W. I. Lenin. „Es ist nicht wahr, daß der Marxismus das ‚natürliche Gesetz' *verneint*. Unwahr und inhaltlos ist überhaupt die ganze Phrase vom ‚völligen Rationalismus' – das alles sind jämmerliche Finten und platte Spielereien, die nur ein Ziel verfolgen: die vom wissenschaftlichen Sozialismus klar und exakt gestellten Fragen zu umgehen und die studierende Jugend mit Lärm und Geschrei über die Unmöglichkeit des Sozialismus zu betäuben."[11]

Struve bemühte sich, den wissenschaftlichen Sozialismus als Ausgeburt der Reaktion darzustellen.[12] Diese seltsame Schlußfolgerung untermauerte er durch den Hinweis, daß der Weg zum wissenschaftlichen Sozialismus über Saint-Simon führe und daß Saint-Simon „ein Schüler, zugleich der Aufklärer des XVIII. Jahrhunderts und der Reaktionäre vom Ausgang des XVIII. und Anfang des XIX. Jahrhunderts"[13] sei. Seinem Wesen nach, so äußerte Struve hysterisch, sei der historische Materialismus eine Ausgeburt der Reaktion gegen den Geist des XVIII. Jahrhunderts.[14]

Nach Struves Worten ist der Marxismus gleich den „Formeln der französischen theokratischen Schule und überhaupt der historischen konterrevolutionären

[10] Ebenda, S. 549f.
[11] W. I. Lenin, Noch eine Vernichtung des Sozialismus, a. a. O., S. 202.
[12] P. Struve, Chozjajstvo i cena, Teil 1, Moskva 1913, S. 42.
[13] Ebenda, S. 53.
[14] Ebenda, S. 54f.

Reaktion, übersetzt in die Sprache des Positivismus, Atheismus und Radikalismus".[15] Struve behauptete, daß der Sozialismus für Marx genauso ein Produkt übernatürlicher, über den Individuen stehender Kräfte der Geschichte sei wie die Monarchie und die Kirche für die Reaktionäre. Er schrieb: „So wie letztere das Althergebrachte und Existierende historisch rechtfertigen wollten, wollte Marx das Neue und Heranreifende historisch rechtfertigen."[16]

Diese Struveschen Wortverdrehungen nannte W. I. Lenin „Purzelbäume", die darauf abzielten, den eigenen Obskurantismus zu verbergen. W. I. Lenin bemerkte, daß „nicht der *pfäffische* Saint-Simon, sondern der Historiker und Ökonom Saint-Simon zum Marxismus führt." „Daß in den Lehren der Reaktionäre – der Historiker und der Philosophen – tiefe Gedanken über die Gesetzmäßigkeit und den Klassenkampf im Wechsel der politischen Ereignisse enthalten waren", bemerkte W. I. Lenin, „darauf hat Marx stets mit einer jedes Mißverständnis ausschließenden Klarheit hingewiesen".[17] Anstatt die wirklichen Quellen des Marxismus aufzudecken, setzte sich Struve mit einer forschen Phrase über die ganze Gesellschaftswissenschaft schlechthin hinweg.

„*Da* diese Wissenschaft in erster Linie von den klassischen Ökonomen aufgebaut wurde, die das Wertgesetz und die grundlegende Teilung der Gesellschaft entdeckten; *da* diese Wissenschaft, anknüpfend an die klassischen Ökonomen, von den Aufklärern des 18. Jahrhunderts im Kampf gegen den Feudalismus und das Pfaffentum weiter bereichert wurde, *da* die Historiker und Philosophen vom Anfang des 19. Jahrhunderts, trotz ihrer reaktionären Ansichten, diese Wissenschaft vorwärtsgebracht haben, indem sie die Frage des Klassenkampfes noch weiter aufhellten, die dialektische Methode entwickelten und sie auf das gesellschaftliche Leben anwandten oder anzuwenden begannen: deshalb ist der Marxismus, der gerade auf diesem Wege eine Reihe gewaltiger Schritte vorwärts getan hat, die *höchste Entfaltung* der gesamten historischen, ökonomischen und philosophischen Wissenschaft Europas. Das ist die logische Schlußfolgerung."[18]

W. I. Lenin entlarvte die Mutmaßungen Struves, daß Marx den Sozialismus („das Heranreifende") aus überindividuellen, dem gesunden Menschenverstand nicht zugänglichen übernatürlichen Kräften ableitet. In einer Reihe von Arbeiten hat er nachgewiesen, daß der Sozialismus für Marx eine natürliche Folge des durch den Kapitalismus hervorgebrachten Vergesellschaftungsprozesses der Produktion war, daß er im Schoß des Kapitalismus als eine natürliche Folge der Entwicklung der inneren Widersprüche des Kapitalismus heranreift.

„Bei Marx findet sich auch nicht die Spur eines Versuchs, Utopien zu konstruieren, ins Blaue hinein Mutmaßungen anzustellen über das, was man nicht

15 Ebenda, S. 55f.
16 Ebenda, S. 56.
17 W. I. Lenin, Noch eine Vernichtung des Sozialismus, a. a. O., S. 199f.
18 Ebenda, S. 200.

wissen kann. Marx stellt die Fragen des Kommunismus so, wie der Naturforscher die Frage der Entwicklung einer neuen, sagen wir, biologischen Abart stellen würde, wenn man weiß, daß sie so und so entstanden ist und sich in der und der bestimmten Richtung modifiziert."[19]

Das Struvesche Herangehen ist auch für viele gegenwärtige bürgerliche Kritiker von Marx kennzeichnend, die ebenfalls versuchen, die Marxsche Lehre vom Sozialismus fast als Ausgeburt der Reaktion, als Resultat des Wirkens „überhistorischer", keiner wissenschaftlichen Analyse zugänglicher Kräfte darzustellen. Die Leninsche Kritik des Struvismus als der reaktionärsten Strömung des bürgerlichen Sozialismus hilft den Marxisten, die gegenwärtigen Verleumdungen der Theorie und Praxis des wissenschaftlichen Sozialismus zu entlarven.

Neben dem Struvismus existierten am Ende des XIX. und Anfang des XX. Jahrhunderts in Rußland noch andere Strömungen des bürgerlichen Sozialismus, die einzelne Aussagen des Marxismus im Interesse der liberalen Bourgeoisie ausnutzten. Diese Strömungen bildeten sich unter dem unmittelbaren Einfluß des Kampfes gegen die Reste der Leibeigenschaft auf wirtschaftlichem und politischem Gebiet heraus. Die Vertreter dieser Richtungen bekundeten ihr Interesse für die Idee des Sozialismus, obwohl sie ihnen innerlich fremd war. Sie erkannten einzelne Mängel der kapitalistischen Ordnung und sogar bestimmte Vorteile der sozialistischen Produktionsorganisation gegenüber dem auf Privateigentum basierenden System. Darum wurden in der russischen Literatur nicht zufällig Modelle der sozialistischen Wirtschaft analysiert, in denen die Vorzüge einer kollektiven Produktionsorganisation begründet wurden. Elemente eines solchen Herangehens findet man in dem einen oder anderen Maße in den Arbeiten vieler bürgerlicher Gelehrten Rußlands: M. I. Tugan-Baranovskij, N. A. Berdjaev, S. N. Bulgakov, I. I. Janžul, I. I. Ivanjukov, A. A. Isaev, A. Šor, V. F. Totomianc, A. V. Čajanov und vieler anderer. In ihren Anschauungen widerspiegeln sich die verschiedensten Formen des bürgerlichen Sozialismus: der staatliche, der kooperative, der munizipale, der ethische und andere. Alle diese Formen des bürgerlichen Sozialismus bildeten die ideellen Quellen des Reformismus in der internationalen und russischen Arbeiterbewegung.

Es ist hervorzuheben, daß in Rußland die Theorie des staatlichen Sozialismus ziemlich große Verbreitung fand. ihr bedeutendster Vertreter war Akademiemitglied I. I. Janžul. Einzelne Seiten dieser Theorie entwickelten solche bürgerlichen Gelehrten wie I. I. Ivanjukov, G. F. Simonenko, L. V. Fedorovic, V. G. Japockij in ihren Arbeiten. Im XX. Jahrhundert näherten sich P. P. Migulin, I. Ch. Ozerov und andere dieser Richtung an. Die Grundidee dieser Strömung bestand in der These, daß mit Hilfe des Staates, als sogenannten Vertreter der gesamten Gesellschaft, die Errichtung des Klassenfriedens zwischen Unternehmern und Arbeitern möglich sei.

[19] W. I. Lenin, Staat und Revolution, in: Werke, Bd. 25, Berlin 1960, S. 471f.

Im XIX. Jahrhundert wurden in Rußland auch verschiedene Varianten des bürgerlichen und kleinbürgerlichen Genossenschaftssozialismus ausgearbeitet. Ein bedeutender Vertreter dieser Strömung war A. A. Isaev. In einer Reihe seiner Arbeiten äußerte er den Gedanken, daß Artels, Gesellschaften und Genossenschaften dazu berufen sind, die Hauptrolle bei der Umgestaltung der Gesellschaft auf der Grundlage des Kollektivismus zu spielen. Er betrachte die Genossenschaft als eine von der kapitalistischen Produktion prinzipiell verschiedene Form der gesellschaftlichen Organisation der Produzenten.

Die Idee des Genossenschaftssozialismus verteidigte auch M. I. Tugan-Baranovskij. Die „kooperative" Auffassung von der Organisation der künftigen sozialistischen Gesellschaft verknüpfte M. I. Tugan-Baranovskij mit einer Verteidigung der Ideen des ethischen Sozialismus. Seiner Definition des Sozialismus legte er die Kantsche Idee vom höheren Wert und Eigenwert der menschlichen Persönlichkeit zugrunde. „Bei aller Vielfalt der verschiedenen Sozialismusdefinitionen", schrieb Tugan-Baranovskij, „ist für die sozialistische Weltanschauung ein hauptsächliches, grundlegendes Element kennzeichnend, das in der Bestätigung des Wertes der menschlichen Persönlichkeit besteht."[20]

Tugan-Baranovskij meinte, daß die Gleichwertigkeit der menschlichen Persönlichkeit auf der Idee der Gleichheit beruht. Obwohl die Menschen bezüglich ihrer physischen Kräfte, geistigen Fähigkeiten, moralischen Neigungen, Geschmacksrichtungen, Bedürfnisse usw. ungleich sind, hat die Gleichheit eine feste logische Grundlage. Sie besteht in der Idee der absoluten Gleichwertigkeit der „menschlichen Persönlichkeit" als eines bestimmten „Ziels an sich". Wie der Mensch auch immer beschaffen sein möge, er fordert, daß man sich zu ihm wie zu einem bestimmten höheren Ziel verhält. „Die ideale menschliche Gesellschaft", schrieb Tugan-Baranovskij, „soll ein solches Reich der Ziele sein."[21]

Die These vom *Wert* und von der *Gleichwertigkeit* der menschlichen Persönlichkeit ist ein wichtiger Bestandteil der marxistisch-leninistischen Lehre vom Sozialismus, aber in einer prinzipiell anderen Auslegung als bei den Kantianern.

Im Unterschied zu den Kantschen Ideen bekräftigt der Marxismus den Selbstwert der menschlichen Persönlichkeit als eine reale soziale Wertigkeit, die im realen irdischen Leben der Menschheit durchaus erreichbar ist. Im Gegensatz dazu übertragen die bürgerlichen liberalen Ideologen und Philister verschiedenster Schattierungen das allgemeine ethische Ideal, nach den Worten W. I. Lenins, „in die Region des in diesem irdischen Jammertal nicht zu Verwirklichenden, in die Region des künftigen Lebens und der ‚Dinge an sich'".[22]

[20] M. I. Tugan-Baranovskij, Sovremennyj socializm v svoem istoričeskom razvitii, St. Peterburg 1906, S. 14.

[21] Ebenda, S. 16.

[22] W. I. Lenin, Die sich volkstümlerisch gebärdende Bourgeoisie und die verwirrten Volkstümler, in: Werke; Bd. 7, Berlin 1956, S. 96.

Karl Marx hat betont, daß das Ziel der gesellschaftlichen Entwicklung in der Aufdeckung des Reichtums der menschlichen Natur besteht.[23] Die ethischen Ideale und die Weltanschauung von Karl Marx ergaben sich aus der Analyse der ökonomischen Basis der Gesellschaft, von der in wesentlichen, grundlegenden Zügen die ideologischen, darunter auch die ethischen Formen des gesellschaftlichen Lebens abhängen.

Die Theoretiker des Bourgeoissozialismus konnten das objektive Verhältnis der ökonomischen Grundlagen und der ethischen Prinzipien des Sozialismus nicht begreifen. Einige von ihnen, wie zum Beispiel N. A. Berdjaev, betrachteten die Freiheit der menschlichen Persönlichkeit als Grundprinzip der marxistischen Lehre und verkündeten als Hauptaufgabe aller geschichtlichen Entwicklung die Erringung der Freiheit und die Befreiung des Menschen. „Der geschichtliche Fortschritt", schrieb N. A. Berdjaev, „besteht im Triumph der menschlichen Freiheit, weil jede menschliche Epoche im Vergleich zur vorhergehenden in ihren progressiven Gesellschaftsschichten einen Schritt vorwärts im Wachstum menschlicher Kraft und menschlichen Bewußtseins, in der Befreiung des Menschen darstellt".[24] Diese Definition trägt idealistischen und evolutionären Charakter, da sie die ökonomischen Grundlagen und die objektiven Entwicklungswidersprüche der menschlichen Freiheit nicht wissenschaftlich aufdeckt.

Die gleichen Mängel sind auch der folgenden Definition von Bulgakov eigen: „Die Frage des sozialen Ideals, des Fortschritts und der sozialen Pflichten kann nicht außerhalb der Frage nach dem Menschen gelöst werden. Dem gesellschaftlichen Fortschritt dienen bedeutet, nach Verwirklichung des Guten in der Geschichte zu streben."[25] „Das Gute", schrieb er weiter, „ist nicht nur eine subjektive Vorstellung, ein Wunsch der Menschen, den sie im Leben und in der Geschichte nicht verwirklichen können, sondern auch eine objektive, gewaltige Basis; das ist nicht nur ein Produkt des menschlichen Herzens, sondern auch die absolute Grundlage des Seins, von der die Menschen leben und inspiriert werden. Dem Guten dienen ist deshalb keine Laune und keine Illusion, sondern die Ausfüllung der Wahrheit über den Menschen, seine ideale Vorausbestimmung."[26]

Für Tugan-Baranovskij bestand das historische Hauptverdienst des Marxismus darin, daß er den Sozialismus erstmals als eine sich gesetzmäßig herausbildende Gesellschaftsordnung dargestellt hatte. „Auf dem Boden einer materialistischen Geschichtsauffassung stehend", schrieb er, „erklären die Marxisten, daß die neue soziale Ordnung mit der Notwendigkeit eines Naturprozesses

[23] Karl Marx, Theorien über den Mehrwert, Teil 2, in: MEW, Bd. 26.2, Berlin 1967, S. 111.
[24] N. A. Berdjaev, Sub-ektivizm i individualizm v obščestvennoj filosofii, St. Peterburg 1901, S. 118.
[25] S. P. Bulgakov, Ot marksizma k idealizmu, St. Peterburg 1903, S. IX.
[26] Ebenda, S. XVII.

im Innern der alten Ordnung heranreift, bedingt durch die ökonomischen Entwicklungsgesetze, vor denen nicht nur der Willen einzelner Menschen, sondern sogar ganzer Gesellschaftsklassen machtlos ist. Die Vergesellschaftung der Produktionsmittel vollzieht sich nicht, weil das Privateigentum an Produktionsmitteln von der Mehrheit der Gesellschaft als ungerechte und unzweckmäßige Einrichtung betrachtet wird; diese Vergesellschaftung ergibt sich vielmehr aus der allmächtigen ökonomischen Entwicklung, wie auch immer wir uns zu dem bevorstehenden sozialen Umschwung verhalten mögen."[27]

Andererseits hat Tugan-Baranovskij offensichtlich die Rolle der ethischen Grundlagen in der sozialistischen Weltanschauung überbewertet. Er war der Meinung, daß die utopischen Sozialisten mehr für die Begründung der Vorzüge der sozialistischen Ordnung getan hätten als der wissenschaftliche Sozialismus. Zwar erkannte Tugan-Baranovskij völlig richtig den Sinn der Marxschen Fragestellung, daß der Sozialismus das Resultat wissenschaftlicher Voraussicht sei, andererseits glaubte er aber, daß die soziale Voraussicht dem sozialen Ideal des Marxismus widerspräche.

Nach Tugan-Baranovskijs Worten begründet Marx seine sozialen Forderungen mit den Gesetzen sozialer Notwendigkeit, indem er das soziale Ideal durch die soziale Voraussicht ersetzt. Das letztere ist nach Tugan-Baranovskijs Meinung „für eine erfolgreiche gesellschaftliche Arbeit äußerst wichtig", aber es könne nicht den Wert des sozialen Ideals ersetzen. Die vollständige und absolute Erkenntnis des Zukünftigen sei nicht möglich, mehr noch, sie sei gar nicht nötig, weil der menschliche Wille der Ungebundenheit bedürfe. Nur im Lichte des sozialen Ideals, behauptet Tugan-Baranovskij, „konnte Marx seine bemerkenswerte Lehre über die objektiven kapitalistischen Entwicklungsgesetze ausarbeiten".[28] Allerdings ist für Tugan-Barnovskij diese Lehre keine Grundlage zur Erarbeitung einer Sozialismustheorie. Dafür hätten die Ideale des utopischen Sozialismus größere Bedeutung.

Von den Prinzipien der Kantschen Ethik ausgehend fiel Tugan-Baranovskij über die sozialistische Gleichheitsidee her, verdrehte völlig ihr Wesen, behauptete, daß sie nicht zu verwirklichen sei, und „beraubte" diese sozialistische Idee ihrer revolutionären Funktion. Er unterstellte dem Marxismus die Behauptung, daß im Sozialismus alle Menschen völlig gleich sein werden. Mit dem Hinweis, daß auch im Sozialismus die Unterschiede in den Fähigkeiten der Menschen erhalten bleiben, kam der bürgerliche Liberale zu der „Schlußfolgerung", daß der Sozialismus Marxscher Prägung überhaupt nicht zu verwirklichen sei.

W. I. Lenin hat die böswilligen Erfindungen Tugan-Baranovskijs über den Sozialismus einer vernichtenden Kritik unterzogen. Im Artikel „Ein liberaler Professor über die Gleichheit" wies er nach, daß Tugan-Baranovskij den alten

[27] M. I. Tugan-Baranovskij, Očerki iz novejžej istorii političeskoj ėkonomii i socializma, St. Peterburg 1914, S. 251.

[28] Ebenda, S. 255.

Trick der Reaktionäre angewandt hat: zunächst den Sozialismus durch die Unterstellung von Unsinnigkeiten zu verzerren und dann triumphierend diese Unsinnigkeiten zu widerlegen. W. I. Lenin unterstrich, daß den Erfindungen von Tugan-Baranovskij entgegen die Sozialisten unter der Gleichheit in der sozialistischen Gesellschaft niemals und nirgends die Gleichheit der physischen und geistigen Fähigkeiten der Menschen verstanden haben. Die Gleichheit im ökonomischen Sinne des Wortes, bemerkte W. I. Lenin, bedeutet nichts anderes als die *Abschaffung der Klassen.*[29]

W. I. Lenin wies darauf hin, daß sich die Ideologen des fortschrittlichen Bürgertums in ihrem Kampf gegen den Feudalismus der Idee der Gleichheit bedienten. Neben der bürgerlichen Gleichheitsidee, so bemerkte W. I. Lenin, entstand die bäuerliche Idee der Gleichheit, die eine wirksame Waffe im Kampf gegen den Großgrundbesitz, gegen die Willkür der Großgrundbesitzer auf ökonomischem und politischem Gebiet wurde. Die sozialistische Gleichheitsidee unterscheidet sich prinzipiell von den genannten Ideen, denn sie fordert die Beseitigung aller Formen der Klassenungleichheit, der Ausbeutung des Menschen durch den Menschen.

W. I. Lenin erklärte, daß „die Klassen abzuschaffen bedeutet, *alle* Bürger in ein *gleiches* Verhältnis zu den *Produktionsmitteln* der gesamten Gesellschaft zu bringen, bedeutet, daß alle Bürger *gleiche* Arbeitsmöglichkeiten mit gesellschaftlichen Produktionsmitteln, auf gesellschaftlichem Grund und Boden, in gesellschaftlichen Fabriken und so weiter haben."[30]

Die Herausbildung des gesellschaftlichen Eigentums an den Produktionsmitteln betrachtete W. I. Lenin, Karl Marx und Friedrich Engels folgend, als wichtigste Bedingung zur Erreichung der ökonomischen Gleichheit. Diese Gleichheit ist schon im Stadium des Sozialismus möglich, auch wenn die Gleichheit aller Gesellschaftsmitglieder in ihrem Verhältnis zu den Produktionsmitteln noch nicht die Ungleichheit bei der Verteilung der Konsumtionsmittel beseitigt.

W. I. Lenin bemerkte, daß „Marx nicht nur auf das genaueste die unvermeidliche Ungleichheit der Menschen in Betracht (zieht), er berücksichtigt auch, daß der bloße Übergang der Produktionsmittel in das Gemeineigentum der gesamten Gesellschaft (‚Sozialismus' im landläufigen Gebrauch des Wortes) die Mängel der Verteilung und die Ungleichheit des ‚bürgerlichen Rechts' *nicht beseitigt,* das *weiter herrscht,* solange die Produkte ‚nach der Arbeitsleistung' verteilt werden."[31]

Tugan-Baranovskij erblickte die grundlegende Bedeutung des Marxismus in der Entwicklung der Ideen des sogenannten zentralistischen Sozialismus,

[29] W. I. Lenin, Ein liberaler Professor über die Gleichheit in: Werke, Bd. 20, Berlin 1961, S. 138.

[30] Ebenda, S. 139.

[31] W. I. Lenin, Staat und Revolution, a. a. O., S. 480.

demzufolge fast die gesamte gesellschaftliche Produktion aus einem einheitlichen Zentrum zu leiten ist. Über das Wesen der marxistischen Sozialismusauffassung schrieb Tugan-Baranovskij, daß die zukünftige sozialistische Gesellschaft von den Marxisten als eine riesige Assoziation dargestellt werde, die mehr oder weniger mit dem gegenwärtigen Staat identisch sei. Diese Assoziation soll sich in einer gewissen ökonomischen Beziehung zu anderen ähnlichen Assoziationen befinden, innerhalb derer die Produktion nach einem im voraus aufgestellten Plan realisiert werde. Es würde vorausgesetzt, daß in der Zukunft alle einzelnen sozialistischen Assoziationen zu einer riesigen, die ganze Welt umfassenden Assoziation verschmelzen; erst dann erreiche die sozialistische Umwandlung der gegenwärtigen Wirtschaft ihre natürliche Vollendung.

Die vorherrschende Produktionsform innerhalb der sozialistischen Gesellschaft wird die Großproduktion (aufgrund ihrer technischen Vorteile gegenüber der Kleinproduktion) sein, bemerkte Tugan-Baranovskij, womit er seiner eigenen Idee kooperativer sozialistischer Gemeinden widersprach. Dabei würden einzelne Kleinproduktionen erhalten bleiben, die allerdings von Grund auf umgewandelt würden. Was die Verteilung der Produkte betrifft, so vertrat Tugan-Baranovskij die Meinung, daß der Arbeitslohn unabhängig von der Art der Arbeit gleich sein müsse, wobei er „Abweichungen von der Gleichheit zugunsten der weniger angenehmen Arbeitsarten“ zuließ. Die Arbeit solle Pflicht aller Gesellschaftsmitglieder sein.

Es sei vermerkt, daß sich Tugan-Baranovskij nicht den üblichen Vorwürfen der bürgerlichen Ökonomen gegen den Marxismus anschloß, die darin bestanden, daß die zentralistische Gesellschaftsorganisation angeblich zur Unterdrückung des Willens und der Interessen einzelner Personen führt. Er schrieb, daß man sich den sozialistischen Staat nicht als irgendeine gigantische Despotie vorstellen dürfe, in der der Wille der Mehrheit das gesamte öffentliche Leben wie ein eiserner Reifen einengt. Die zentralistische Organisation der gesellschaftlichen Produktion sei mit der breitesten Entwicklung der örtlichen Selbstverwaltung vereinbar, die eine notwendige Bedingung für die richtige Wirkungsweise des gesamten Mechanismus der sozialistischen Wirtschaft darstelle. „Bei Fehlen von Klassen und Klassengegensätzen innerhalb der sozialistischen Gesellschaft“, schrieb Tugan-Baranovskij, „wird es nur noch wenig Anlaß zum Zusammenstoß der wirtschaftlichen Interessen verschiedener Bevölkerungsgruppen geben und die Ursache für jegliche Unterdrückung und Gewalt, von welcher Seite auch immer, verschwindet. Die Leute mit Macht werden nicht Gebieter, sondern Ausführende des Willens, Diener des Volkes.“[32] „In der vollendeten Gesellschaftsordnung“, schrieb Tugan-Baranovskij, „wird die möglichst vollständige Freiheit der Persönlichkeit bei möglichst vollständiger Sicherung der Interessen der Gesellschaft als Ganzes erreicht.“[33]

[32] M. I. Tugan-Baranovskij, Sovremennyj socializm . . ., a. a. O., S. 154f.
[33] Ebenda, S. 205.

Tugan-Baranovskij erkannte an, daß im wirtschaftlichen Leben der sozialistischen Gesellschaft eine größere Freiheit der Persönlichkeit als im Kapitalismus gewährleistet wird. Das wird durch die Abschaffung des Privateigentums und die Herausbildung der gesellschaftlichen Verfügungsgewalt über die Produktionsmittel erreicht. M. I. Tugan-Baranovskij zählte die zukünftige sozialistische Gesellschaft zu den „harmonischen Systemen", d. h. zu solchen, in denen sich die Interessen der einzelnen Wirtschaften nicht in notwendigen Widerspruch befinden. Er schrieb, daß „die *sozialistische Wirtschaft*, die bisher nicht existiert", ein solches harmonisches Wirtschaftssystem ist, in der die Übereinstimmung der Interessen einzelner Gesellschaftsgruppen durch die Anerkennung der ökonomischen Gleichberechtigung aller Gesellschaftsmitglieder, durch gleiche Beteiligung an der gesellschaftlichen Arbeit „und durch gleiches Nutzungsrecht der Früchte dieser Arbeit auf der Basis der gesellschaftlichen Verfügungsgewalt über die Produktionsmittel erreicht wird".[34]

Außer Tugan-Baranovskij erkannten auch einige andere bürgerliche Ökonomen Rußlands die Vorzüge des sozialistischen Gesellschaftssystem gegenüber dem kapitalistischen an (A. A. Isaev, A. Šor, I. I. Ivanjukov und andere). So meinte A. A. Isaev, daß die sozialistische Ordnung ein weites Feld für die Entwicklung der menschlichen Persönlichkeit gewährleistet, dem Menschen gestattet, seine Individualität auszudrücken, dem Menschen „mehr Wissen, Kraft und Glück" bringt. „Der Sozialismus", schrieb A. A. Isaev, „wird sich auf jene Errungenschaften stützen, die bisher von der Menschheit gemacht wurden und Wurzeln in der menschlichen Seele schlagen, so wie sie sich in vielen Jahrhunderten herausgebildet hat."[35]

Isaev hat im Wesen die grundlegende Besonderheit der sozialistischen Ordnung richtig bestimmt – die Herausbildung des gesellschaftlichen Eigentums an Produktionsmitteln. Er war jedoch wie Tugan-Baranovskij bestrebt, den prinzipiellen Unterschied zwischen der reformistischen und revolutionären Sozialismusauffassung zu verwischen. „Wie sehr sich die Menschen auch in der Bewertung der Details unterscheiden mögen, unter denen sich die Umwandlung der Gesellschaft vollzieht, sie sind alle Sozialisten, da sie an die Möglichkeit der Abschaffung des Kapitalismus glauben und als Befürworter des gesellschaftlichen Eigentums an Arbeitsgegenständen auftreten"[36], schrieb Isaev.

Mit dieser Auslegung des wissenschaftlichen Sozialismus, der in Wirklichkeit die objektiven Bedingungen und die Notwendigkeit für die revolutionäre Abschaffung des Privateigentums analysiert, stellte sich Isaev auf eine Stufe mit den reformistischen Konzeptionen der bürgerlichen und kleinbürgerlichen Theoretiker. Die grundlegenden Unterschiede zwischen dem wissenschaftlichen Sozialismus und den bürgerlichen Konzeptionen waren für Isaev nur „Details".

[34] M. I. Tugan-Baranovskij, Osnovy političeskoj ėkonomii, St. Peterburg 1911, S. 89.
[35] A. A. Isaev, Individual'nost' i socializm, St. Peterburg 1907, S. 63.
[36] Ebenda, S. 82.

Ein reformistisches Herangehen an die Probleme des Sozialismus ließ Isaev auch in seiner Darstellung der Voraussetzungen des Übergangs zur „neuen Ordnung" erkennen. Nach Isaevs Meinung sind das folgende Voraussetzungen: eine entwickelte kapitalistische Produktion, die zu einem homogenen Wirtschaftstyp führt; ein hohes Niveau der geistigen Entwicklung des Volkes und die Anerziehung verschiedenartigster praktischer Fertigkeiten; ein demokratischer Staatsaufbau; eine Vielzahl von Menschen, die die Sozialismuslehre bewußt aufnehmen; eine große Zahl von Bürgern, die zumindest teilweise mit der kapitalistischen Ordnung nicht zufrieden sind.[37]

Isaev meinte, die Voraussetzungen des Übergangs zur „neuen Ordnung" seien vor allem in den USA, in Deutschland und Belgien vorhanden. Darum würde der Sozialismus in diesen Ländern am ehesten verwirklicht werden. Für Rußland aber könne die sozialistische Ordnung keine Angelegenheit der allernächsten Zukunft sein, schrieb Isaev, weil „das Fundament nicht vorhanden ist, auf dem man sie errichten könnte".[38]

Die Theoretiker des Bourgeoissozialismus behaupteten, daß Sozialismus und Kapitalismus nicht entgegengesetzt seien und der Sozialismus eine direkte Fortsetzung des Kapitalismus sei. Die kapitalistische Wirtschaft ist zum Beispiel nach Meinung von A. Šor „eine potentiell sozialistische, die noch nicht ihre Fesseln abgeworfen hat".[39] Bei einem solchen Herangehen wird der äußerst wichtige dialektische Unterschied zwischen der quantitativen Anhäufung der Voraussetzungen und Bedingungen des Sozialismus sowie dem grundlegenden qualitativen Übergang von einer Gesellschaftsordnung zur anderen verwischt. Auf diese Art hat die bügerliche Methodologie den Boden für reformistische, evolutionäre Schlußfolgerungen vorbereitet.

A. Šor wies auch auf jene Züge der sozialistischen Wirtschaft hin, die sie als eine neue, von der Ausbeutung befreite Ordnung charakterisieren. Die grundlegende Besonderheit der sozialistischen Gesellschaft, schrieb er, sei die Veränderung des Eigentums; ein großer Teil der Güter soll Objekt kollektiven Eigentums werden. Das kollektive Eigentum, das sich auf die Produktionsmittel und -gegenstände erstreckt, bemerkte A. Šor, „ist die grundlegende Existenzbedingung einer Ordnung, in der es keine Ausbeutung gibt".[40]

A. Šor stellte fest, daß mit der Veränderung des Eigentums an den Produktionsmitteln der Erwerb von Arbeitskraft weder als zeitweiliges noch als ständiges Eigentum unmöglich wird.[41] Die sozialistische Gesellschaft stellte er als eine Gesellschaft dar, die gänzlich auf dem „Arbeitsprinzip" basiert. Dieses Prinzip soll die Grundlage des Wirtschaftsplanes der sozialistischen Gesell-

37 Ebenda, S. 77f.

38 Ebenda, S. 76.

39 A. Šor, Osnovye problemy teorii političeskoj ėkonomii, St. Peterburg 1907, S. 214.

40 Ebenda, S. 209.

41 Ebenda.

schaft bilden. Die Wirtschaft in einer solchen Gesellschaft müsse vor allem planmäßig sein, meinte A. Šor. Der Plan, mit dessen Hilfe die Produktion in der auf dem Arbeitsprinzip basierenden Gesellschaft reguliert werden soll, müsse in erster Linie die Menge an Arbeit festlegen, die dem einen oder anderen Produktionszweig zur Verfügung steht.

Nachdem er den Sozialismus als eine Gesellschaftsordnung charakterisierte, in der das „Arbeitsprinzip" herrscht, äußerte A. Šor den Standpunkt, daß die sozialistische Gesellschaft bei der Aufstellung des Wirtschaftsplanes nicht nur den Arbeitswert, sondern auch den Grenznutzen der Güter berücksichtigen müsse. Wenn es der Gesellschaft gelungen sei, auf empirischem Wege anhand statistischer Daten über das Niveau von Angebot und Nachfrage den Nutzen der Güter zu bestimmen, schrieb A. Šor, „können die Führer unserer Gesellschaft die Arbeit zwischen den verschiedenen Produktionszweigen entsprechend dem Grenznutzen, das heißt am zweckmäßigsten, verteilen".[42]

A. Šor meinte, daß im Sozialismus die Verteilung auf dem Prinzip des Arbeitsanteils basiert. Da die Produktionskosten jedes Gutes auf die Arbeitsmenge reduziert werden, schrieb er, muß die Arbeit auch den Anteil der an der Produktion Beteiligten am gesellschaftlichen Produkt bestimmen. Ein Gesellschaftsmitglied, das eine größere Gütermenge haben möchte, wende in der gesellschaftlichen Produktion eine größere Menge eigener Arbeit auf; ein Gesellschaftsmitglied, das mit einem bescheideneren Anteil zufrieden sei, arbeite weniger. Nach A. Šors Meinung erhält jeder jenen Teil des gesellschaftlichen Produkts, den er selbst vorher „durch das Ausmaß seiner Beteiligung an der gesellschaftlichen Produktion genau abgesteckt hat".[43] Dabei bleibt unklar, ob das gesamte Arbeitsprodukt gemeint ist oder ob die Notwendigkeit von Abführungen in gesellschaftliche Fonds berücksichtigt wurde.

A. Šor stellte die sozialistische Gesellschaft als eine Gesellschaft dar, in der es keinen Austausch gibt. Dennoch behauptete er, daß im Sozialismus der Wert der Güter unverändert bleibt. Nach seinen Worten wird in der sozialistischen Gesellschaft der Wert des Produkts durch die Arbeit und die Art ihrer Verteilung bestimmt. Die Wertgröße eines Produkts, so meinte A. Šor, wird mehr oder weniger von der Arbeitsmenge abweichen, die für seine Produktion aufgewendet wurde. Einen Unterschied zwischen dem modifizierenden Moment und dem analogen Moment in der kapitalistischen Gesellschaft erblickte der Autor nur darin, daß in der sozialistischen Gesellschaft der gesellschaftliche Faktor Resultat der bewußten Berechnungen der Gesellschaftsmitglieder ist, während in der kapitalistischen Gesellschaft derartige Kräfte zufällig wirken.[44] In den Darlegungen A. Šors waren richtige Aussagen über die Möglichkeit planmäßiger Abweichungen der sozialistischen Preise vom Wert enthalten. Aber seine Auffassung vom Wert als ökonomische Kategorie war fehlerhaft. Er

[42] Ebenda, S. 204.
[43] Ebenda. [44] Ebenda, S. 218.

behauptete, daß die Wertgröße der Waren nicht nur durch die zu ihrer Produktion aufgewandte Arbeitsmenge, sondern auch durch das Verteilungsprinzip dieser Waren bestimmt wird.

Die teilweise richtigen Vorstellungen A. Šors über die zukünftige sozialistische Wirtschaft werden dadurch entwertet, daß er in der Frage der Übergangsformen zur sozialistischen Wirtschaft genau wie Isaev die Positionen des bürgerlichen Reformismus einnahm.

In der russischen bürgerlichen Literatur gab es schon in den 80er Jahren des XIX. Jahrhunderts Versuche, die Grundzüge der sozialistischen Produktionsorganisation aufzuzeigen. Zu Beginn des XX. Jahrhunderts wurden solche Versuche noch häufiger. So gibt es in dem Buch von I. I. Ivanjukov „Die Grundthese der Theorie der Wirtschaftspolitik von Adam Smith bis in die Gegenwart", das eine Vielzahl von Auflagen erfuhr, einen speziellen Abschnitt „Die Grundzüge der sozialistischen Organisation der gesellschaftlichen Wirtschaft". In diesem Abschnitt legte Ivanjukov seine Ansichten über den Sozialismus dar, die von den Arbeiten von Karl Marx, aber auch solcher bürgerlicher Ökonomen wie J. St. Mill, A. Schäffle und anderer beeinflußt waren.

Nach der Konzeption von Ivanjukov besteht das ökonomische Grundprinzip des Sozialismus „in der Organisation der gesellschaftlichen Produktion auf der Basis kollektiven Kapitals und in der Verteilung der Produkte nach dem Arbeitsaufwand jedes Produzenten".[45] Er schrieb, daß die Produktionsmittel (das Kapital) im Sozialismus gesellschaftliches Eigentum darstellen und die gesellschaftliche Arbeitsorganisation im Ergebnis der planmäßigen und solidarischen Tätigkeit einer riesigen Zahl kleinerer Wirtschaftsgemeinden verwirklicht wird.

Als Grundfrage des Sozialismus betrachtet Ivanjukov die Frage der Berechnung der Bedarfsmenge und die Festlegung des Bedürfnissortiments der Gesellschaft. Er wies darauf hin, daß durch die Abschaffung privater Industriebetriebe und des Spekulationshandels keineswegs „die Freiheit der Bedürfnisbefriedigung" beseitigt wird. Eine gesellschaftlich organisierte Produktion könne genauso vollständig „die Freiheit der Bedürfnisbefriedigung" (durch regelmäßige Erfassung statistischer Daten) verwirklichen wie ein privatwirtschaftliches System (in dem jeder seinen Bedarf auf dem Markt anmeldet). Ivanjukov reduzierte folglich die Bedürfnisanalyse auf die statistische Erfassung der Nachfrage der einzelnen Gesellschaftsmitglieder.

Ivanjukov meinte, daß das Verlangen einzelner Personen nach verschiedenen Produkten beschränkt sein werde. Das ist seiner Meinung nach dadurch bedingt, daß die Verteilung der Arbeitsprodukte der Nation auf die einzelnen Bürger von der Arbeitszeit abhängt, die jeder von ihnen aufgewandt hat. Dazu müsse man die Arbeitsmenge kennen, die in jenen Gegenständen enthalten

[45] I. I. Ivanjukov, Osnovnye položenija teorii ėkonimičeskoj politiki c Adama Smita do nastojaščego vremeni, St. Peterburg 1891, S. 126.

ist, auf die die gegebene Person einen Anspruch erhebt. Nur dann könne man ein Gleichgewicht zwischen den angemeldeten Forderungen und ihrer Befriedigung herstellen. Ivanjukov schrieb, daß *„die erste technische Forderung zur Realisierung der sozialistischen Volkswirtschaft in der Bestimmung der Arbeitsmenge besteht, die in jedem einzelnen durch die nationale Arbeit produzierten Gegenstand enthalten ist.“* [46]

In der Frage nach den Formen der Verwirklichung der sozialistischen Organisation der Volkswirtschaft befürwortete Ivanjukov das sogenannte Föderationsprinzip. Nach seinen Worten soll der sozialistische Staat eine Föderation von Gemeinden verschiedener Größe darstellen, deren autonome Rechte den allgemeinen Interessen des Staates entsprechen. Jede Gemeinde sollte nach Ivanjukovs Meinung (im Rahmen ihrer autonomen Rechte) über einen Teil des Nationalkapitals verfügen und den größeren Teil ihrer Bedürfnisse selbständig befriedigen.

Nach Ivanjukovs Konzeption soll die Wirtschaftsgemeinde den Anteil jedes Bürgers an der gesellschaftlichen Arbeit und an den Konsumtionsfonds festlegen. Die Beziehungen zwischen den Gemeinden sollen auf dem Prinzip der Gleichberechtigung basieren. Ivanjukov ließ die Möglichkeit der Ausnutzung der Ware-Geld-Beziehungen durch die Gemeinden in sehr beschränktem Maße zu.

Bemerkenswert ist, daß Tugan-Baranovskij versuchte, zwei Sozialismusmodelle zu konstruieren, ein Geld- und ein Naturalmodell.

Er erklärte, daß man die sozialistischen Systeme in zwei Grundtypen einteilen könne: in dem einen System werden auf die eine oder andere Weise die Einnahmen einzelner Personen normiert, d. h. es wird die Gesamtsumme an „Werten“ festgelegt, über die eine gegebene Person verfügen kann; im anderen System werden die Einnahmen einzelner Personen nicht normiert (es fehlt sogar der Begriff des Einkommens als einer bestimmten Summe von Werten), sondern der Verbrauch wird unmittelbar fixiert oder als frei anerkannt. „Die gesellschaftliche Wirtschaft im System des ersten Typs“, schrieb Tugan-Baranovskij, „ist eine Geldwirtschaft, im System des zweiten Typs eine Naturalwirtschaft.“ [47]

Die Arbeiten M. I. Tugan-Baranovskijs enthalten eine Reihe von Vorstellungen über sozialistische Wirtschaftsmethoden. Er weist darauf hin, daß diesen Methoden allgemeine logische Wirtschaftskategorien zugrunde liegen, unter denen Gebrauchswert und Wert einen wichtigen Platz einnehmen. Zwischen diesen Kategorien existiere eine bestimmte quantitative Beziehung, die die Planungsorgane der sozialistischen Gesellschaft zu berücksichtigen hätten. Von diesen Kategorien ausgehend seien die Wirtschaftspläne aufzustellen und die Preise zu bestimmen, die gleichzeitig mit dem Plan festgelegt werden müßten. Tugan-Baranovskij betrachtet Preis und Wert als ewige allgemeine Wirtschafts-

[46] Ebenda, S. 129.

[47] M. I. Tugan-Baranovskij, Sovremennyi socializm . . ., a. a. O., S. 22.

kategorien, die jeder beliebigen ökonomischen Gesellschaftsformation eigen sind.

Tugan-Baranovskij unternahm als einer der ersten bürgerlichen Ökonomen den Versuch, eklektizistisch die Arbeitswerttheorie mit der Grenznutzentheorie zu verknüpfen. Er behauptete bereits im Jahre 1890, daß die Grenznutzentheorie der Arbeitswerttheorie nicht widerspreche. Seiner Meinung nach besteht zwischen der Bewertung der Wirtschaftsgüter nach ihrem Nutzen-Effekt und der Bewertung dieser Güter nach dem Arbeitswert eine gewisse „Übereinstimmung", die um so größer sei, je mehr die Verteilung der nationalen Arbeit dem „Wirtschaftsprinzip" unterliegt, d. h. dem Prinzip der Erzielung maximaler Ergebnisse bei minimalem Aufwand.[48] Später entwickelte Tugan-Baranovskij folgende Idee: die Abstimmung der Bewertungen nach dem Nutzen und nach dem Arbeitsaufwand sollte die Grundlage der Planung in der sozialistischen Gesellschaft bilden, die Arbeit und der Nutzen seien die Grundelemente des Plans der sozialistischen Gesellschaft.[49]

Die reformistischen Versuche, die Arbeitswerttheorie mit der subjektiven Nutzentheorie zu vereinen, halten einer Kritik nicht stand. Tugan-Baranovskij legte den Nutzen als eine subjektive Kategorie aus; er übersah die objektiven Grundlagen für die „Abwägung und Gegenüberstellung" der Nutzeffekte der Gebrauchsgegenstände untereinander und mit den zu ihrer Herstellung nötigen Arbeitsmengen.[50] Außerdem stellte Tugan-Baranovskij die Arbeitswerttheorie in vulgärer Form dar, indem er den Wert und den Arbeitsaufwand identifizierte und den Wert als eine ewige Wirtschaftskategorie interpretierte. Diese Kategorie tritt in der sozialistischen Gesellschaft in Wirklichkeit als „Abwägung von Nutzeffekt und Arbeitsaufwand bei der Entscheidung über die Produktion" in Erscheinung.[51]

Einige bürgerliche Ökonomen betrachteten den Sozialismus nur als eine Naturalwissenschaft, in der es keine Wertkategorien gibt. So meinte Čajanov, daß alle wirtschaftlichen Bewertungsformen eng mit dem Ziel dieser oder jener Organisationsform der Volkswirtschaft verbunden seien. Gerade die Veränderung des Produktionsziels beim Übergang zum Sozialismus bedingt die Notwendigkeit neuer ökonomischer Bewertungsformen und neuer Formen der Konkretisierung ökonomischer Aufgaben. Die sozialistische Wirtschaft definiert er als einheitliche Natural-, Verbraucher- und Arbeitswirtschaft, deren Ziel in der Schaffung von Gütern bestehe, die zur Befriedigung ihrer besonderen moralischen und materiellen Bedürfnisse notwendig sind.[52]

[48] Vgl. Juridičeskij vestnik, 10/1890, S. 228.

[49] M. I. Tugan-Baranovskij, Sozializm kak položitel'noe učenie, Petrograd 1918, S. 100.

[50] Friedrich Engels, Herrn Eugen Dührings Umwälzung der Wissenschaft (Anti-Dühring), in: MEW, Bd. 20, Berlin 1962, S. 288.

[51] Ebenda.

[52] A. V. Čajanov, Metody bezdenežnogo učeta chozjajstvennych pretprijatij, Moskva 1921, S. 13.

Ungeachtet dessen, daß diese Charakterisierung der sozialistischen Wirtschaft einige falsche Aussagen enthält (zum Beispiel den Hinweis auf ihren Natural- und einseitigen Verbrauchscharakter), spiegelt sich in ihr ein Grundzug der sozialistischen Wirtschaftsorganisation wider: sie ist der Aufgabe der maximalen Befriedigung der Bedürfnisse aller Gesellschaftsmitglieder untergeordnet.

Čajanov führte die Bemerkung von Karl Marx an, daß „in einer künftigen Gesellschaft, wo der Klassengegensatz verschwunden ist, wo es keine Klassen mehr gibt, ... der Gebrauch nicht mehr von dem *Minimum* der Produktionszeit abhängen (würde), sondern die Produktionszeit, die man den verschiedenen Gegenständen widmet, würde bestimmt werden durch ihre gesellschaftliche Nützlichkeit."[53]

Diesen Gedanken von Karl Marx kommentierend, schreib Čajanov, daß alle ökonomischen Bewertungsformen in der sozialistischen Wirtschaft den gesellschaftlichen Nutzen der Güter berücksichtigen müßten. Dabei müsse der Nutzen nicht nur bei der Bewertung der ökonomischen Ergebnisse beachtet werden, sondern auch bei der Bewertung aller Aufwandsarten, so daß die Aufwendungen selbst nach ihrem nützlichen Effekt „abzuwägen" sind.

Viele bürgerliche Ökonomen Rußlands distanzierten sich von der Vorstellung, daß die sozialistische Gesellschaft eine geldlose Gesellschaft sei. Sie behaupteten, daß das Problem der Messung des ökonomischen Wertes der Güter die geldmäßige Erfassung des Aufwands und der Ergebnisse in der sozialistischen Wirtschaft erfordert. Derartige Ansichten vertrat L. N. Jurovskij in seinen Arbeiten besonders hartnäckig. Er betrachtete die Meßbarkeit der Güter als spezifische Besonderheit ihres ökonomischen Wertes. Gerade die Möglichkeit der quantitativen Messung unterscheidet seiner Meinung nach die ökonomischen Werte von allen anderen Werten in der menschlichen Gesellschaft. Jurovskij nahm an, daß der Maßstab des Wertes nur das Geld als spezifisches, im Laufe der geschichtlichen Entwicklung entstandenes Instrument sein kann; das Geld bleibe mit Notwendigkeit auch in der sozialistischen Wirtschaft als Maß des wirtschaftlichen Wertes der Gegenstände erhalten.[54]

Jurovskij kritisierte verschiedene geldlose Abrechnungsformen, die von einigen Ökonomen vorgeschlagen wurden (z. B. nach Arbeitseinheiten oder nach Energieeinheiten). Die adäquateste Abrechnungsform ist nach seiner Meinung auch in der sozialistischen Gesellschaft das Geld, weil nach seiner Überzeugung der Sozialismus eine Abart der Warenwirtschaft ist.[55]

Ungeachtet dessen, daß in den Arbeiten einer Reihe bürgerlicher Ökonomen Rußlands einige realistische Ideen zu einzelnen Problemen der sozialistischen Wirtschaft enthalten sind, konnte der Bourgeoissozialismus insgesamt in Ruß-

[53] Karl Marx, Das Elend der Philosophie, in: MEW, Bd. 4, Berlin 1959, S. 93.

[54] L. N. Jurovskij, Očerki po teorii ceny, Saratov 1919.

[55] L. N. Jurovskij, Denežnaja politika sovetskoj vlasti, Moskva 1927.

land keine wissenschaftliche ökonomische Sozialismustheorie entwickeln. Das war durch seine Klassenposition bedingt und durch seine subjektivistisch-idealistische Methode der Untersuchung sozialer Prozesse.

Wirklich wissenschaftliche Ansichten zu den Problemen des sozialistischen Wirtschaftens konnten nur auf der Grundlage des festen Fundaments der marxistisch-leninistischen politischen Ökonomie entstehen und weiterentwickelt werden.

14. KAPITEL

Der Volkstümlersozialismus über die Wirtschaft der sozialistischen Gesellschaft und die Übergangsperiode

In der Mitte des XIX. Jahrhunderts nahmen die antifeudalen, revolutionär-demokratischen Konzeptionen in Rußland die Form des Volkstümlersozialismus an. Den Klasseninhalt der Anschauungen von Herzen (Gercen), des Begründers dieser Strömung in der Revolutionsperiode 1848, charakterisierte W. I. Lenin wie folgt: „Er war damals Demokrat, Revolutionär, Sozialist. Aber sein ‚Sozialismus‘ gehörte zu den in der Epoche von 1848 so zahllosen Formen und Abarten des bürgerlichen und kleinbürgerlichen Sozialismus, die durch die Junitage endgültig den Todesstoß erhielten. Im Grunde genommen war das überhaupt kein Sozialismus, sondern schöngeistige Phrase, gutgemeinte Phantasterei, in die die bürgerliche Demokratie und ebenso das Proletariat, das sich noch nicht von deren Einfluß frei gemacht hatte, ihr *damaliges* revolutionäres Streben kleideten.“[1]

Die Volkstümlerrichtung spiegelte nicht nur den Protest gegen die Leibeigenschaft, sondern auch „den Interessengegensatz zwischen Arbeit und Kapital ... durch das Prisma der Lebensbedingungen und Interessen der Kleinproduzenten“[2] wider.

Die Volkstümlerrichtung hatte als ideologisches System der Anschauungen der Bauerndemokratie immer eine revolutionäre und eine reformistische Tendenz, die ihr widersprüchliches Wesen zum Ausdruck brachte. W. I. Lenin schrieb: „Diese zweifache Tendenz in der Volkstümlerrichtung, die liberale und demokratische, *wurde* bereits in der Epoche der Reform von 1861 ganz klar *sichtbar.*“[3]

Zuerst tritt der Volkstümlersozialismus in Form des Bauernsozialismus auf, einer Abart des vormarxistischen Sozialismus. Je breiter und tiefer sich der

[1] W. I. Lenin, Dem Gedächtnis Herzens, in: Werke, Bd. 18, Berlin 1962, S. 10.

[2] W. I. Lenin, Der ökonomische Inhalt der Volkstümlerrichtung, in: Werke, Bd. 1, Berlin 1961, S. 418.

[3] W. I. Lenin, Zum Jubiläum, in: Werke, Bd. 17, Berlin 1962, S. 98.

Kapitalismus in Rußland entwickelte, „desto rascher verwandelten sich die Volkstümler, die die Dinge nach wie vor mit den Augen des Bauern sehen, aus sentimentalen Romantikern in Ideologen des Kleinbürgertums, denn der Kleinproduzent wird in der heutigen Gesellschaft zum Warenproduzenten."[4]

Die soziale Zersplitterung der Bauernschaft hatte die Existenz unterschiedlicher Strömungen und Richtungen im Volkstümlersozialismus zur Folge, die nicht selten in feindlichen Beziehungen zueinander standen. Der Volkstümlersozialismus entwickelte sich in Etappen und wandelte sich den Veränderungen der sozialpolitischen und wirtschaftlichen Situation des Landes entsprechend. Aber sein wesentlicher Inhalt blieb unverändert und reduzierte sich auf ein Anpreisen des nichtkapitalistischen Weges. „Die Volkstümler", schrieb W. I. Lenin, „propagierten in ihren Theorien stets, von 1861 an (und ihre Vorgänger noch früher, vor 1861) und dann länger als ein halbes Jahrhundert, für Rußland einen anderen, d. h. nichtkapitalistischen Weg."[5]

In allen Entwicklungsetappen hat der Volkstümlersozialismus die Rolle des Grundbesitzes überbewertet, er verknüpfte das Problem der sozialen Befreiung der Werktätigen mit der Lösung der Agrarfrage und betrachtete die Bauernschaft als Hauptkraft, die imstande ist, diese Befreiung zu vollziehen. Die Volkstümlerrichtung war in Ländern verbreitet, wo die Landwirtschaft überwog, die Fabrikproduktion schwach entwickelt, die Dorfbevölkerung zahlenmäßig bedeutend größer war als die Stadtbevölkerung und sich das Proletariat gerade erst zu entwickeln begann. Wie W. I. Lenin mehrfach hervorhob, ist der Volkstümlersozialismus eine internationale Erscheinung.

In der gegenwärtigen Epoche sind in Ländern, die den nichtkapitalistischen Entwicklungsweg beschreiten, alle möglichen nationalen Sozialismustheorien weit verbreitet, die in gewisser Weise dem Volkstümlersozialismus verwandt sind.

Grundlage des Volkstümlersozialismus des XIX. Jahrhunderts bildete die Theorie des nichtkapitalistischen Entwicklungsweges und des unmittelbaren Übergangs Rußlands zu jener Ordnung, die sich die Volkstümler (Narodniki) als sozialistische vorstellten. Urheber der Idee des nichtkapitalistischen Entwicklungsweges Rußlands war A. I. Herzen. Er lehnte die Notwendigkeit der Wiederholung der europäischen Entwicklung für Rußland ab und schrieb: „Wir müssen meines Erachtens den an schweren und traurigen Erfahrungen reichen geschichlichen Entwicklungsweg unserer Vorfahren durchmachen, und zwar so, wie ein Embryo bis zur Geburt alle niederen zoologischen Existenzstufen durchmacht."[6]

Theoretische Grundlage der Idee des nichtkapitalistischen Entwicklungsweges war die Konzeption der russischen Landgemeinde (Obstschina). Nach

[4] W. I. Lenin, Auf welches Erbe verzichten wir?, in: Werke Bd. 2, Berlin 1961, S. 531.

[5] W. I. Lenin, Zum Jubiläum, a. a. O., S. 101.

[6] A. I. Herzen, Polnoe sobranie sočenenij i pisem, Bd. VIII, Petrograd 1919, S. 45f.

der Vorstellung von Herzen fußt der russische Sozialismus im Unterschied zum westeuropäischen, durch den Kapitalismus hervorgebrachten Sozialismus „auf dem Boden und dem bäuerlichen Dasein, auf der tatsächlichen Verteilung und der existierenden Neuaufteilung der Felder, auf Gemeindebesitz und -verwaltung und geht gemeinsam mit dem Arbeiterartel jener ökonomischen Gerechtigkeit entgegen, die der Sozialismus generell anstrebt und die von der Wissenschaft bestätigt wird"[7]. In der Obstschina waren ihre Mitglieder „in der Verfügung über den Boden und seiner Verteilung"[8] gleichberechtigt. Herzen erblickte die Bedeutung der Obstschina darin, der Bildung und Entwicklung des Proletariats vorzubeugen: „Infolgedessen", schrieb er, „ist ein Landproletariat in Rußland unmöglich."[9]

W. I. Lenin wies darauf hin, daß im Obstschinasozialismus Herzens „kein Gran Sozialismus" enthalten ist. Die utopische Theorie Herzens diente der Aufgabe eines entschiedenen Kampfes gegen die Leibeigenschaft (obwohl Herzen in diesem Kampf auch liberale Schwankungen offenbarte).

Černyševskij trat gegen die Herzensche Idealisierung der nationalen Eigenständigkeit auf. Die Lösung des Problems des nichtkapitalistischen Entwicklungsweges Rußlands zum Sozialismus sah er darin, daß „bei einem zurückgebliebenen Volk dank des Einflusses eines fortgeschrittenen Volkes die Entwicklung einer bestimmten gesellschaftlichen Erscheinung direkt von der niedrigsten auf die höchste Stufe überspringen kann, wobei die mittleren Stufen ausgelassen werden". Dabei nutzen die ehemals zurückgebliebenen Völker „die Erfahrenheit und die Wissenschaft des fortgeschrittenen Volkes".[10] Der Übergang zur sozialistischen Ordnung sollte sich nach Černyševskij durch die bäuerliche Revolution vollziehen, deren Ergebnis die Beseitigung des Absolutismus und die Expropriierung des Gutsbesitzes sein sollte; die Basis für den Sozialismus sei unter diesen Bedingungen durch die Gemeindeverfügung über den Boden und die Vereinigung der Werktätigen in Artels geschaffen.[11]

In der revolutionären Volkstümlerrichtung der siebziger Jahre gab es drei wesentliche Richtungen, deren Ideologen Bakunin[12], Lavrov und Tkačov verschiedene Auffassungen über Wege, Inhalt und Ergebnisse der revolutionären Umwandlung Rußlands vertraten. Ihnen allen gemeinsam war jedoch, daß sie den nichtkapitalistischen Weg Rußlands zum Sozialismus durch die Obstschina und eine soziale Revolution zu begründen versuchten.

Die revolutionären Volkstümler hoben solche Wesenszüge der Obstschina-

[7] A. I. Herzen, ebenda, Bd. XIX, S. 127f.

[8] A. I. Herzen, ebenda, Bd. VII, S. 374.

[9] A. I. Herzen, Werke, Bd. VI, Moskau 1955, S. 201.

[10] N. G. Černyševskij, Izbrannye filosovskie sočinenija, Moskva 1938, S. 194f.

[11] Die Ansichten A. I. Herzens und insbesondere N. G. Černyševskijs über den Sozialismus gehen in ihrem historischen Inhalt und in ihrer Bedeutung über den Rahmen der Volkstümlerei hinaus und bedürfen einer gesonderten Betrachtung.

[12] Bezüglich der theoretischen Anschauungen Bakunins vgl. Abschnitt 4, Kapitel 12.

ordnung hervor wie die Bodenverbundenheit des Volkes, den Bodenbesitz der Obstschina, den Demokratismus und die Selbstverwaltung der Obstschina, verschwiegen aber gleichzeitig eine Reihe von Schwächen der Obstschinaverfassung.[13] G. V. Plechanov charakterisierte das Verhältnis der revolutionären Volkstümler zur Obstschina folgendermaßen: „Alle fühlten, daß es sowohl in der Obstschina selbst als auch in der Weltauffassung und in den Bräuchen der Obstschinamitglieder vieles gibt, das teilweise nicht vollendet ist, teilweise aber auch den sozialistischen Idealen direkt widerspricht. Die Art und Weise der Beseitigung dieser Mängel wurde zum Zankapfel unserer Fraktionen."[14]

Die revolutionären Volkstümler bemerkten die Zunahme kapitalistischer Verhältnisse im Lande und verwiesen auf den Zersetzungsprozeß der Obstschina. Tkačov erkannte daran, daß sich letztere „sozusagen an einer Wegscheide befindet: der eine Weg führt ins Reich des Kommunismus, der andere – ins Reich des Individualismus; wohin sie das Leben stößt, dahin wird sie gelangen".[15] Darum trat er für eine unverzügliche Revolution ein, weil er darin ein Mittel sah, die Obstschina vor dem „bürgerlichen Fortschritt" zu schützen, da sie andernfalls „das Schicksal der westeuropäischen Gemeinde teilen würde: sie stirbt aus, wie die Gemeinde in England, Deutschland, Italien, Spanien und Frankreich ausgestorben ist".[16]

Bakunin war gleichfalls für eine baldige Revolution, aber aus anderen Gründen. Im Unterschied zu den vorigen, verwies Lavrov auf die Notwendigkeit, für die soziale Revolution vorbereitende Arbeit zu leisten.

Lavrov akzeptierte für verschiedene Länder unterschiedliche Wege zum Sozialismus und vielseitige „Methoden" der Umwandlung in Abhängigkeit von den Bedingungen, unter denen sich der Umschwung vollzieht.[17]

Lavrov unterschied zwischen der Übergangsperiode und der Periode des vollendeten Sozialismus und trat gegen eine Vermischung beider auf. Er nahm an, daß die Übergangsperiode am Tag nach der sozialen Revolution beginnt. Die Übergangsperiode ist nach Lavrov dadurch bedingt, daß „außer den Siegern die besiegten ... feindlichen Elemente, Parasiten der vernichteten Ordnung existieren, daß es an den Grenzen des sozialistischen Landes Staaten mit bürgerlicher Ordnung gibt" und daß die Sieger selbst Überreste der alten Gesellschaft noch nicht überwunden waren.[18]

Lavrov schrieb, daß die revolutionären Gruppen des sozialrevolutionären Bundes, dessen Mitglieder sich in den Städten und Hauptstädten aus der Intel-

[13] P. N. Tkačev, Izbrannye sočinenija, Bd. III, Moskva 1932, S. 312 und Pis'ma Bakunina M. A. k Gercenu i Ogarevu, St. Peterburg 1906, S. 285.

[14] G. V. Plechanov, Sočinenija, Bd. II, Moskva 1922, S. 132.

[15] P. N. Tkačev, Izbrannye sočinenija, a. a. O., S. 263.

[16] Ebenda, S. 219.

[17] P. L. Lavrov, Izbrannye sočinenija, Bd. 5, Moskva 1935, S. 288.

[18] P. L. Lavrov, Izbrannye sočinenija, Bd. 4, S. 262.

ligenz und im Dorf aus den Bauern rekrutieren (unter deren Führung die soziale Revolution vollzogen würde), die Verwirklichung der Grundlagen des „Arbeitersozialismus“ in Angriff nehmen, indem sie in öffentlichen „Versammlungen“ die Notwendigkeit „eines allgemeinen ungeteilten Reichtums“, der „allgemeinen Arbeit“ und des „solidarischen Bundes aller Arbeitenden“ zur Einführung neuer Verhältnisse, der Unterdrückung der Feinde und der Abwehr eines Angiffs von außen überzeugend darstellen.[19]

In der Frage nach dem Ursprung des Staates stand Lavrov im wesentlichen auf den idealistischen Positionen der Theorie des gesellschaftlichen Rechts und des Gesellschaftsvertrages.[20] Er trat für die Vernichtung des absolutistischen Staates in der Übergangsperiode auf, teilte jedoch nicht die anarchistisch-nihilistischen Ansichten über die Rolle des Staates in der Periode revolutionärer Umformungen der Gesellschaft. Er meinte, daß das staatliche Element auf dem Gebiet der Sicherheit, der „ökonomischen Absicherung“ der gesellschaftlichen Entwicklung und der gesellschaftlichen Beziehungen zwischen den gleichberechtigten Gemeinden erhalten bleibe, da es allgemeine Bedürfnisse der Bevölkerung befriedige.

Lavrov behauptete, daß die Grundfrage der sozialen Revolution die ökonomische Frage sei. Darum besteht nach seiner Meinung am ersten Tag des Umschwungs die vorrangigste Aufgabe darin, jegliches Eigentum, Privat-, Gruppen- und Staatseigentum, in Allgemeinbesitz zu überführen, da selbst ein zeitweiliges Nebeneinanderbestehen von sozialistischer Ordnung und Privateigentum die größte Gefahr für den Sozialismus darstelle.

Lavrov wies darauf hin, daß in Rußland die Bauerngemeinde das „Hauptfeld revolutionärer Tätigkeit“ sein wird. Darum müsse die Revolution, deren Ziel nicht nur die Beseitigung des Kulakentums, sondern auch der Bedingungen seiner Entstehung sei, die wesentliche Ungleichheit der Verteilung des „bäuerlichen Wohlstandes“, das heißt „des Viehs, der Arbeitsinstrumente, der Reserven an Gegenständen des täglichen Bedarfs und des Kleinhandels“ liquidieren.[21]

Im Vergleich zu dieser Aufgabe bereite nach Lavrovs Meinung die Umwandlung „aller Ländereien in unteilbares Gemeineigentum“ weniger Schwierigkeiten.

Das gesellschaftliche Vermögen stellt jenen Fonds dar, aus dem der Arbeiter die notwendigen Arbeitsinstrumente und „jede lebende Seele“ ihre Existenzmittel erhält.[22] Lavrov trat folglich für die unverzügliche Einführung des kommunistischen Verteilungsprinzips nach den Bedürfnissen auf.

Das „Vermögen der Allgemeinheit“ als „primäre“ Grundlage der „wirtschaftlichen Versorgung aller in der neuen Ordnung“ bedingt nach Lavrovs Konzeption die Notwendigkeit, „von der ersten Minute“ der Revolution an ihre zweite

19 Ebenda, S. 304–305.
20 Ebenda, S. 216–224.
21 Ebenda, S. 308.
22 Ebenda, S. 305.

Grundlage zu sichern: „die allgemeine Arbeit zum gemeinsamen Nutzen". Bei Verweigerung der Arbeit ließ Lavrov die Möglichkeit zu, „Zwangsmaßnahmen anzuwenden".[23]

Nach Lavrov gibt es in der Übergangsperiode im Lande keine Warenproduktion. Die allgemeine „Versammlung" der Obstschina entscheidet nach Lavrovs Vorstellungen die Fragen der Verteilung der Arbeit zwischen den einzelnen Sphären: Erhaltung des vergesellschafteten Besitzes, Herstellung von Konsumgütern, Pflege der Kranken, Alten und Kinder, Schutz gegen innere und äußere Feinde usw.[24] Außerdem verteilt die allgemeine „Versammlung" den Wohnraum, die Ländereien, das Vieh, die Arbeitsinstrumente und die Lebensmittel. Die Revolutionäre müssen schon am Vorabend des Umschwungs über all das Angaben besitzen und die Bevölkerungszahl und ihre Verteilung im gegebenen Gebiet kennen. Eine detaillierte Analyse der Wirtschaftsordnung der sozialistischen Gesellschaft hielt Lavrov für unmöglich, da die örtlichen Bedingungen und die Kombinationen der ökonomischen Formen in der Gesellschaft sehr vielseitig seien. Jene Wirtschaftszweige, die allgemeine Bedeutung haben, wie zum Beispiel die Eisenbahnen, die Kommunikationsmittel, die Post, sollten sich nach Lavrovs Plänen in gesamtgesellschaftlicher Verfügungsgewalt befinden.

Lavrov nahm an, daß die „Übergangswirtschaft" keinen Warencharakter besitzt, und berührte deshalb Fragen der Arbeitsentlohnung, der wirtschaftlichen Rechnungsführung und anderer ökonomischer Hebel des Wirtschaftens nicht.

Lavrov glaubte, daß der Sozialismus im Lande seinen Anfang nimmt, wenn zwei bis drei Generationen unter den Bedingungen des Gemeineigentums, der allgemeinen Arbeit und der Befriedigung der materiellen und geistigen Bedürfnisse jedes Werktätigen durch die Gesellschaft aufgewachsen sind.[25]

Unter „vollständigem Sozialismus" verstand Lavrov faktisch die höchste Phase des Kommunismus. Charakteristische Züge der sozialistischen Gesellschaft sind nach Lavrovs Meinung das vergesellschaftete Eigentum, die allgemeine kollektive Arbeit, der ständige Wechsel der Beschäftigung der Werktätigen und ihre Beteiligung an verschiedenen Arbeitsarten sowie das Prinzip der Verteilung nach den Bedürfnissen. Lavrov wies darauf hin, daß die Einhaltung der Regeln des sozialistischen Zusammenlebens moralische Pflicht eines jeden ist und zur Gewohnheit werden wird; das „staatliche Element" könne in der zukünftigen Gesellschaft nicht nur auf ein Minimum beschränkt werden, sondern würde völlig verschwinden und durch „das Element einer freien Föderation der Personen und Gruppen für jede einzelne Angelegenheit"[26] ersetzt werden und „die Macht wird in der Gesellschaft als Form der Leitung

[23] Ebenda, S. 309, 310.
[24] Ebenda, S. 311.
[25] Ebenda, S. 264.
[26] Ebenda, S. 317.

jeglicher kollektiver Tätigkeit existieren".[27] Offensichtlich bildeten sich die Ansichten Lavrov zu diesen Fragen unter dem Einfluß der Ideen des wissenschaftlichen Sozialismus heraus.

Der von Lavrov aufgestellte Plan der Umwandlung der Gesellschaft blieb jedoch utopisch.

Tkačev erachtete die Machtergreifung und die Vernichtung des absolutistischen Staates durch „eine revolutionäre Minderheit", die die politische Macht nutzt, um die „Mehrheit", das heißt das Volk zu wecken, als notwendige Vorbedingung der sozialen Revolution. Von der Unterdrückung befreit, verwandele sich das Volk „aus einem potentiellen Revolutionär in einen tatsächlichen".[28] Friedrich Engels kritisierte die verschwörerische Praxis und die theoretische Konzeption Tkačevs.[29] Dem Volk nur eine zerstörende Rolle zubilligend, behauptete Tkačev, daß „das Volk nicht fähig ist, auf den Ruinen der alten Welt eine solche neue Welt zu errichten, die sich in Richtung des kommunistischen Ideals entwickeln könne"[30]. In diesem Zusammenhang erblickte Tkačev die Aufgabe der „revolutionären Minderheit" darin, aus dem bäuerlichen Leben alle morschen, dem kommunistischen Fortschritt feindlichen Formen zu vertreiben und sie durch Formen zu ersetzen, die den Erfordernissen dieses Fortschritts am besten angepaßt sind. Darum muß noch Tkačevs Meinung in der Revolutionsperiode das Ideal der Minderheit als das gegenüber dem Volksideal umfassendere und revolutionärere über dem Volksideal stehen.[31] Eine solche Lösung des Problems widersprach der Bakuninschen Deutung des russischen Bauern als eines natürlichen Anarchisten und Sozialisten und eines instinktiven Revolutionärs.

Nach Tkačevs Konzeption verwirklicht der revolutionäre Staat, wenn er die alten Institutionen beseitigt und neue schafft, zwei grundlegende Aufgaben: eine revolutionär-zerstörende und eine revolutionär-aufbauende. Im Prozeß der sozialen Revolution führt er danach eine Reihe von Reformen durch, die die ökonomischen, politischen und juristischen Verhältnisse der Gesellschaft betreffen. Nach Tkačevs Meinung soll der Staat vor allem die schrittweise Umwandlung der zeitgenössischen bäuerlichen Gemeinde (die auf dem Prinzip der zeitweiligen privaten Verfügung basiert) in eine Gemeinde-Kommune (die auf dem Prinzip der gemeinsamen Nutzung der Produktionsmittel und der allgemeinen gemeinsamen Arbeit basiert) unterstützen. Andere Reformen sind die schrittweise Expropriierung der in Privatbesitz befindlichen Produktionsmittel und ihre Übergabe in Gemeinnutzung; die schrittweise Einführung solcher gesellschaftlicher Institutionen, die die Notwendigkeit einer wie auch

[27] Ebenda, S. 282.

[28] P. N. Tkačev, Izbrannye sočinenija, a. a. O., S. 244.

[29] Friedrich Engels, Flüchtlingsliteratur, in: MEW, Bd. 18, Berlin 1962, S. 540–566, und Friedrich Engels, Nachwort zu „Soziales aus Rußland",: in: MEW, Bd. 22, Berlin 1963, S. 421–435.

[30] P. N. Tkačev, Izbrannye sočinenija, a. a. O., S. 264. [31] Ebenda.

immer gearteten Vermittlung beim Tausch der Produkte beseitigen und deren Prinzip, das bürgerliche Gerechtigkeitsprinzip (Auge um Auge, Zahn um Zahn, Gefälligkeit um Gefälligkeit), durch das Prinzip brüderlicher Liebe und Solidarität ersetzen würden; die Entwicklung der Gemeinde-Selbstverwaltung und der schrittweisen Abschaffung der zentralen Funktionen der Staatlichkeit und andere.[32]

Im Unterschied zu Lavrov nahm Tkačev an, daß die Veränderung der gesamten sozialökonomischen und politischen Ordnung Rußlands nach dem Umschwung ein schrittweiser, langwieriger Prozeß ist. Nach Tkačevs Meinung muß das Organ der Volksvertretung, die Volksduma, die Reformtätigkeit des revolutionären Staates sanktionieren.[33]

So sieht bei Tkačev die merkwürdige Verknüpfung der Blancschen Taktik der Machtergreifung und der Errichtung der Diktatur der „revolutionären Minderheit" einerseits mit der bäuerlichen Revolution und dem Obstschinasozialismus andererseits aus.

Die unter dem Zeichen des Bauernsozialismus stehende revolutionäre Bewegung breitete sich vor allem in den siebziger und achtziger Jahren in Zusammenhang mit der Tätigkeit der revolutionären Organisationen „Boden und Wille" (Zemlja i Volja 1876–1879) und „Volkswille" (Narodnaja Volja 1879 bis 1882) stark aus.

Die zukünftige Ordnung betrachteten die Volkstümlerorganisationen als eine sich entwickelnde, eine Reihe von Etappen durchlaufende Ordnung. So wurde im Programm der Volkstümlerpartei „Boden und Wille" darauf verwiesen, daß „unser letztliches politisches und ökonomisches Ideal – die Anarchie und der Kollektivismus" in gegenwärtiger Zeit nicht völlig verwirklicht werden kann, weil die Mehrzahl der Gemeinden noch keine bestimmte moralische und geistige Entwicklung erreicht hat.[34] Die erste Etappe der sozialistischen Umgestaltung verbanden die Volkstümlerorganisationen mit der Verwirklichung des noch von Herzen aufgestellten Programms „Boden und Wille". Darin kam ihrer Meinung nach „ein Niveau der Ansichten über den Bodenbesitz und die Ordnung des Zusammenlebens" zum Ausdruck,[35] das sich vom eigentlichen volkstümlerischen Sozialismusideal unterscheidet. Die Zemlewolzen (d. h. die Anhänger der Organisation „Boden und Wille") glaubten, daß die Ordnung, in der alle Elemente der gegenwärtigen existierenden Vorstellungen des Volkes realisiert sind, „noch nicht das letzte Wort der menschlichen Entwicklung darstellen wird".[36] Die entstehende Volksordnung sei notwendig, so behaupteten sie, um „eine kompliziertere Gesellschaftsordnung zu schaffen"[37], da „die

[32] Ebenda, S. 226f.

[33] Ebenda, S. 225f.

[34] Revoljucionnoe narodničestvo 70-ch godov XIX v., Bd. II, Moskva-Leningrad 1965, S. 5.

[35] Ebenda, S. 28, 31.

[36] Narodničeskaja ėkonomičeskaja literatura, Moskva 1958, S. 338.

[37] Ebenda.

wesentlichen Charakterzüge des russischen Volkes derart sozialistisch sind", daß die Verwirklichung der Volksforderungen „ein festes Fundament für den weiteren erfolgreichen Verlauf der sozialen Sache in Rußland wären".[38]

Im Unterschied zu Bakunin wollten die Zemlewolzen die staatliche Organisation nicht beseitigen. Sie sahen deren Gestaltung vor, wenn auch in sehr verschwommener Form. So wurde in ihrem Programm darauf verwiesen, daß „jeder Gemeindeverband selbst bestimmt, welchen Teil der gesellschaftlichen Funktionen er jener Regierung abtritt, die jede der Gemeinden für sich bildet".[39]

Ungeachtet dessen, daß ihnen das „Eindringen in das Volk" nicht gelang, änderten sich die theoretischen Ausgangspositionen der Volkstümler, der Glaube an die sozialistischen Wesenszüge des russischen Volkes und an den besonderen Weg Rußlands zum Sozialismus, nicht.

Das Neue bei der Begründung des sozialistischen Ideals durch die Volkstümler der achtziger Jahre im Unterschied zu den Revolutionären der siebziger Jahre, die im wesentlichen Bakuninsche Positionen einnahmen (bei Bakunin schloß die Anerkennung des politischen Kampfes sozialistische Überzeugungen aus), bestand darin, daß jetzt die Volkstümler die Notwendigkeit des politischen Kampfes für Demokratie, für politische Freiheiten als Mittel zur Verwirklichung der sozialistischen Idee begriffen.

Nach der Konzeption der Narodowolzen sollten der Boden und die Arbeitsinstrumente dem ganzen Volk gehören und jeder Arbeiter das Recht haben, sie zu nutzen. Die Arbeit wird nicht einzeln, sondern gemeinsam ausgeführt, in Gemeinden, Artels, Assoziationen, was „die Möglichkeit eröffnet, umfassend Maschinen und alle die Arbeit erleichternden Erfindungen und Entdeckungen der Wissenschaft zu nutzen".[40] Die Narodowolzen meinten, daß das Produkt der gemeinsamen Arbeit nach Bedürfnissen zu verteilen ist.

Die Narodowolzen idealisierten den russischen Bauern als Sozialisten, „seinen Gemeindegeist und seine Artelgewohnheiten" und betrachteten es als ersten Schritt auf dem Weg zur sozialistischen Gesellschaft, die Volksforderungen und -prinzipien ins Leben umzusetzen: das Recht des Volkes auf Boden, die Selbstverwaltung der Obstschina und der Orte, die Keime einer föderativen Ordnung sowie die Gewissens- und Redefreiheit.[41]

Die Narodowolzen betrachteten die Bauernschaft und die städtischen Arbeiter als Triebkraft der Revolution, die sich gegen die Ausbeuter richtet, das heißt gegen die Regierung, die Großgrundbesitzer, Fabrikanten, Kulaken, die auf Kosten des Volkes leben. Sie maßen den Arbeitern eine wichtige Rolle in der revolutionären Bewegung bei, begannen 1880 mit der Herausgabe einer

[38] Ebenda, S. 343f.
[39] Revoljucionnoe narodničestvo . . ., a. a. O., S. 28.
[40] Narodničeskaja ėkonomičeskaja literatura, a. a. O., S. 397.
[41] Ebenda, S. 84.

Zeitung und erarbeiteten ein Arbeiterprogramm der Mitglieder der Partei „Volkswille". W. I. Lenin verwies jedoch darauf, daß die Narodowolzen das Proletariat nicht als eine selbständige, zur Umwandlung der Gesellschaft fähige soziale Kraft ansahen.[42] Im erwähnten Programm der Narodowolzen war vorgesehen, die Agrarordnung auf der Grundlage des „Arbeitsprinzips" und der „ausgleichenden Bodenverteilung" umzuwandeln. Dem Programm gemäß sollten die Werke und Fabriken zu Volkseigentum und den Werks- und Fabrikgemeinden zur Nutzung übergeben werden (der Erlös gehörte dabei den Gemeinden). Die Volksvertreter hatten die Arbeitsordnung in den Fabriken festzulegen, d. h., die Länge des Arbeitstages zu bestimmen und sich um die Gesundheit und das Leben der Arbeiter zu kümmern. Auf diese Weise fanden gewisse kleinbürgerliche Ideen Proudhons, die von Bakunin und Lassalle aufgegriffen wurden, auch in diesem Programm ihren Niederschlag.

Am vollständigsten und genauesten wurde das sozialökonomische Modell der zukünftigen Ordnung von dem Narodowolzen A. N. Bach in der Broschüre „Zar Hunger" (1883) dargestellt. Die Ideen des Marxismus hatten großen Einfluß auf A. N. Bach gehabt. Die Grundideen der Broschüre besagen, daß in der zukünftigen Ordnung Eigentum und Arbeit vergesellschaftet sind und daß es keine Lohnarbeit und Ausbeutung des Menschen durch den Menschen gibt. In der Broschüre werden die Vorzüge gesellschaftlicher Großproduktion im Vergleich zur individuellen Kleinwirtschaft, das heißt die Möglichkeiten der Anwendung von Maschinen und Arbeitsteilung, die zur Steigerung der Arbeitsproduktivität und zur Verkürzung des Arbeitstages führen, aufgezeigt. Die Vergesellschaftung des Eigentums, so behauptet A. N. Bach, führe zur Vernichtung des Kapitalismus, der Warenproduktion und der Konkurrenz sowie der privaten Kleinwirtschaften.

Die Voraussetzungen der Revolution erblickten die Narodowolzen in dem Obstschinasozialismus des bäuerlichen Lebens und in der „Künstlichkeit" des Kapitalismus auf russischem Boden, der lediglich von oben durch den Absolutismus eingeführt worden sei. Die Volkstümler konnten die von ihnen selbst gestellte Frage nach der Möglichkeit des nichtkapitalistischen Entwicklungsweges zum Sozialismus nicht richtig beantworten. Bei der Bestimmung des Weges zum Sozialismus offenbarte sich die Beschränktheit und Haltlosigkeit ihrer Konzeption des Obstschinasozialismus darin, daß sie das Niveau und den Charakter der Produktivkräfte als notwendige materielle Voraussetzung für die sozialistische Umwandlung der Gesellschaft unterschätzten, daß sie die erhalten gebliebenen urgesellschaftlichen Formen kollektiven Bodenbesitzes, die Landarbeit und den Bauern (als angeblich „von Natur aus sozialistisch") idealisierten und daß sie die nationale Besonderheit und Originalität Rußlands überbetonten.

42 W. I. Lenin, Die Aufgaben der russischen Sozialdemokraten, in: Werke, Bd. 2, Berlin 1961, S. 342–343; W. I. Lenin, Was tun?, in: Werke, Bd. 5, Berlin 1955, S. 491f.

Die Klassiker des wissenschaftlichen Sozialismus haben die volkstümlerische Beantwortung der Frage nach der Verkürzung der historischen Entwicklungsetappe und nach der Möglichkeit, den Kapitalismus auf dem Weg zum Sozialismus zu übergehen, kritisiert. Sie glauben, daß es möglich sei, die Überbleibsel des Obstschinabesitzes und die entsprechenden Volksgewohnheiten als ein Mittel zu nutzen, um den Entwicklungsprozeß Rußlands zur sozialistischen Gesellschaft wesentlich zu verkürzen. Der Dualismus der Obstschina „läßt eine Alternative zu: entweder wird ihr Eigentumselement über das kollektive Element oder dieses über jenes siegen. Alles hängt vom historischen Milieu ab, in dem sie sich befindet".[43] Darum waren Karl Marx und Friedrich Engels der Meinung, daß der Sieg der sozialistischen Revolution in den westeuropäischen Ländern und die Ablösung der dortigen kapitalistischen Produktion durch die sozialistische eine wesentliche Vorbedingung für die Errichtung des Sozialismus ist. Da die Obstschina nicht in der Lage ist, die zukünftige sozialistische Gesellschaft aus sich heraus zu errichten, müssen die sozialistischen Länder ein „Beispiel" sozialistischen Aufbaus geben und bei der Durchführung sozialer Umwandlungen aktive Unterstützung und materielle Hilfe erweisen.[44] Eine andere Vorbedingung sahen die Klassiker des wissenschaftlichen Sozialismus in der Beseitigung des Absolutismus, in der russischen Revolution selbst. Von diesen Voraussetzungen ausgehend formulierten Karl Marx und Friedrich Engels die unter den betrachteten konkreten historischen Bedingungen mögliche Aufgabenstellung: „Wird die russische Revolution das Signal einer proletarischen Revolution im Westen, so daß beide einander ergänzen, so kann das jetzige russische Gemeineigentum am Boden zum Ausgangspunkt einer kommunistischen Entwicklung dienen."[45]

Die nächste Entwicklungsetappe des Volkstümlersozialismus war mit der Entartung des Bauernsozialismus zu einem kleinbürgerlichen, später liberalreformistischen Sozialismus verbunden. Die verstärkte Entwicklung des Kapitalismus und die Differenzierung innerhalb der Bauernschaft am Ausgang des XIX. Jahrhunderts führten dazu, daß „sich das Dorf spaltete". „Im Zusammenhang damit hat sich auch der alte russische Bauernsozialismus gespalten, der einerseits seinen Platz an den Arbeitersozialismus abtrat, andererseits zu einem kleinbürgerlichen trivialen Radikalismus entartete."[46]

In den achtziger und neunziger Jahren des XIX. Jahrhunderts nimmt der liberale Flügel im Volkstümlersozialismus die führende Stellung ein. Die liberalen Volkstümler sagten sich von der Idee einer Bauernrevolution los, ver-

[43] Karl Marx, Entwürfe einer Antwort auf den Brief von V. I. Sassulitsch, Dritter Entwurf, in: MEW, Bd. 19, Berlin 1962, S. 404.

[44] Friedrich Engels, Nachwort zu „Soziales in Rußland", a. a. O., S. 435.

[45] Karl Marx/Friedrich Engels, Vorrede zur zweiten russischen Ausgabe des „Manifests der Kommunistischen Partei", in: MEW, Bd. 19, Berlin 1962, S. 296.

[46] W. I. Lenin, Was sind die „Volksfreunde" und wie kämpfen sie gegen die Sozialdemokraten?, in: Werke, Bd. 1, Berlin 1961, S. 264.

traten die Interessen der kleinen Warenproduzenten, der Kleinbourgeoisie im Sozialismus und wechselten auf Positionen des kleinbürgerlichen Reformismus über. Sie entwickelten das Programm einer schrittweisen Umwandlung der sozialökonomischen Ordnung Rußlands. Die führenden Theoretiker der liberalen Volkstümlerrichtung der achtziger und neunziger Jahre waren Danielson, Voroncov, Jušakov, Juzov-Kablic, Abramov und Michailovskij.

Die liberalen Volkstümler der achtziger und neunziger Jahre ignorierten die revolutionären Ideen des Bauernsozialismus, griffen jedoch eine Reihe seiner fehlerhaften Ansichten auf. Die früheren Ideen des utopischen Sozialismus erhielten unter den neuen historischen Bedingungen außerdem einen neuen Klang und spielten in einzelnen Fällen eine äußerst reaktionäre Rolle.

Die zukünftige Gesellschaft verknüpften die liberalen Volkstümler genau wie ihre Vorgänger mit der Obstschina, der Bauernwelt und mit der „erstarrten" Großproduktion. Zu den Formen der „Volksproduktion", die sie der kapitalistischen gegenüberstellten, zählten sie die Obstschina, das Artel und die werktätige Bauernwirtschaft.

Der Glaube an die Obstschina war bei den liberalen Volkstümlern allerdings nicht so stark wie bei den Volkstümlern der siebziger Jahre.[47] Voroncov war ein offener Apologet dieser veralteten Wirtschaftsform.

W. I. Lenin wies nach, daß sich der Kapitalismus entwickelt und sich die Bauernschaft innerhalb der Obstschina zersetzt, daß der Neuaufteilungsmechanismus der Obstschina kein Mittel ist, um die ökonomische Gleichheit herzustellen, und daß er die sozialökonomische Differenzierung der Bauernschaft hemmt.[48]

Der liberale Volkstümler Krivenko stellte dem Kapitalismus die Heimindustrie gegenüber. Er glaubte, daß die Heimarbeit, bei der Arbeit und Eigentum eine Einheit bilden, zur Herausbildung der Volksproduktion führt. W. I. Lenin wies nach, daß die liberalen Volkstümler das Wesen der Genossenschaften und Manufakturen als Anfangsetappen des Kapitalismus nicht erfaßten. Deren Unverständnis führte zum Nichtbegreifen und zur Ignorierung der bereits damals ziemlich verbreiteten kapitalistischen Produktion. W. I. Lenin wies außerdem nach, daß der Arbeiter in den Frühetappen des Kapitalismus in allen Ländern Westeuropas über Landbesitz verfügte, da die Verbindung zum Boden erst durch die Maschinenproduktion endgültig abgebrochen wird.[49]

Die positiven Seiten der alten russischen sozialrevolutionären Volkstümlerrichtung gibt es bei den liberalen Volkstümlern nicht mehr, „an einem ihrer größten Fehler aber halten sie zähe fest – dem Unverständnis für den Klassenantagonismus innerhalb der Bauernschaft".[50]

[47] Vgl. ebenda, S. 264f.
[48] Ebenda, S. 220f.
[49] Ebenda, S. 205f.
[50] Ebenda, S. 255.

Während der kapitalistische Zersetzungsprozeß der Bauernschaft in den siebziger Jahren jedoch nicht offen zutage trat, nahm er in den neunziger Jahren sichtbare Formen an. Die Narodowolzen sahen die Zersetzung der Bauernschaft und die Bildung des Kulakentums, konnten diesen Prozeß aber nicht richtig erklären. Sie traten für eine Bauernrevolution ein, die dem Eindringen des Kapitalismus ins Dorf angeblich ein Ende setzen würde. Im Unterschied dazu vertuschten die liberalen Volkstümler die kapitalistische Zersetzung der Bauernschaft, indem sie die „progressiven" Seiten hervorhoben. Damit werden sie zu Ideologen der Kleinbourgeoisie.

Die liberalen Volkstümler negierten die Existenz kapitalistischer Entwicklungsbedingungen in Rußland, behaupteten, daß die Einführung kapitalistischer Beziehungen durch die Regierung „unnatürlich" wäre, und sprachen von der „Totgeburt des russischen Kapitalismus".[51] So schrieb V. Voroncov, daß die Hoffnungen auf eine Entwicklung Rußlands nach dem Muster des westeuropäischen Kapitalismus immer geringer werden und daß das charakteristische Kennzeichen der zukünftigen ökonomischen Ordnung im Lande die „Volksform der Produktion"[52] sein wird, das heißt das Artel, die Obstschina und die Bauernwirtschaft. Im Unterschied zu Voroncov neigte Danielson dazu, daß der Kapitalismus „offensichtlich siegt", aber er glaubte, die Frage sei noch nicht endgültig zugunsten des Kapitalismus entschieden.

W. I. Lenin deckte die Haltlosigkeit der theoretischen Ansichten der liberalen Volkstümler zu Fragen der Reproduktion auf und wies nach, daß der Kapitalismus im Lande schon feste Positionen hat und die Frage seines Schicksals in Rußland positiv entschieden ist. W. I. Lenin hob hervor, daß die Appelle, „von jenem Weg abzuweichen, der zur Entwicklung des Tausches, des Handels führt", die Bitte an die Regierung, die „Volksproduktion" zu unterstützen, von der kleinbürgerlichen Auffassung des Klassencharakters des gegenwärtigen Staates, von der reaktionären kleinbürgerlichen Utopie der liberalen Volkstümler zeugen.[53]

Die theoretischen Anschauungen des kleinbürgerlichen Sozialismus der Volkstümler Ende XIX. Jahrhunderts stellten nach Lenins Worten insgesamt einen kläglichen Versuch dar, einige Bruchstücke der volkstümlerischen Lehre vom nichtkapitalistischen Weg mit der Anerkennung der bürgerlichen Entwicklung Rußlands in Einklang zu bringen. Ihr praktisches Programm war nicht auf eine Revolution gerichtet, sondern auf „die Verbesserung und Wiederherstellung der Wirtschaft der Kleinproduzenten auf dem Boden der gegebenen kapitalistischen Ordnung".[54]

Indem sich die liberalen Volkstümler von den Ideen der Revolution lossagten

[51] Narodničeskaja ėkonomičeskaja literatura, S. 421.

[52] V. V. Voroncov, Očerki teoretičeskoj ekonomii, St. Peterburg 1895, S. 206.

[53] W. I. Lenin, Was sind die „Volksfreunde" und wie kämpfen sie gegen die Sozialdemokraten?, in: Werke: Bd. 1, Berlin 1961, S. 259.

[54] Ebenda, S. 275.

und an die zaristische Regierung mit dem Aufruf wandten, die „Volkswirtschaft“ zu entwickeln, drückten sie das sozialistische Ideal auf das Niveau des kleinbürgerlichen Reformismus monarchistischen Typs herab.

Zu Beginn des XX. Jahrhunderts traten die Vertreter der volkstümlerischen Parteien der Sozialrevolutionäre, Volkssozialisten und Trudowiki als Ideologen des kleinbürgerlichen Sozialismus auf. Die größte und populärste Partei waren die Sozialrevolutionäre, die den revolutionären Geist im Volkstümlersozialismus wiederbelebten. W. I. Lenin nannte sie Linksvolkstümler. Zum rechten opportunistischen Flügel des kleinbürgerlichen Sozialismus gehörten die Volkssozialisten. „Diese altväterliche, mit dem modischen europäischen Opportunismus (Revisionismus, Bernsteinianertum, Marxkritik) aufgefrischte Volkstümlerideologie bildet das ganze originelle geistige Gepäck der sogenannten Sozialrevolutionäre“[55], schrieb W. I. Lenin.

Für die Theorie des kleinbürgerlichen Sozialismus der Sozialrevolutionäre waren theoretische Hinwendungen zum Marxismus, Überbleibsel des Volkstümlertums bei der Betrachtung der werktätigen Bauernschaft und der Agrarfrage sowie Überbleibsel volkstümlerischer Meinungen über den angeblich nichtbürgerlichen Charakter der bevorstehenden Revolution in Rußland typisch.

Probleme der Wirtschaft der zukünftigen sozialistischen Gesellschaft behandelten die Theoretiker der Volkstümlerparteien zu Beginn des XX. Jahrhunderts nur sehr allgemein.

Unter dem Einfluß der Ideen des wissenschaftlichen Sozialismus entwickelten die Volkstümler des XX. Jahrhunderts folgende Prinzipien der Wirtschaftsorganisation der sozialistischen Gesellschaft: allgemeines Volkseigentum an den wichtigsten Produktionsmitteln, darunter auch an Boden; vergesellschaftete Produktion; planmäßige Entwicklung; Fehlen von Anarchie und Konkurrenz; kollektive Form der Arbeitsorganisation; Fehlen der Ausbeutung des Menschen durch den Menschen.

Im Widerspruch zu diesen Prinzipien betrachteten die Volkstümler gleichzeitig die sozialistische Gesellschaft als Vereinigung sich selbstverwaltender Produktionsassoziation in der Industrie („föderative Syndikate“), umgestalteter Landgemeinden und eines breiten Netzes aller möglicher Arten von Genossenschaften.[56] Die Sozialrevolutionäre forderten die Autonomie der Wirtschaftseinheiten und bevorzugten das föderative System der Organisation der Wirtschaft und Administration im Lande.

Die Theoretiker des Volkstümlersozialismus des XX. Jahrhunderts, beispielsweise der Autor des Programms der Partei der Sozialrevolutionäre, Černov, waren der Meinung, daß das Primat der Produktion gegenüber der Konsumtion in der

[55] W. I. Lenin, Kleinbürgerlicher und proletarischer Sozialismus, in: Werke, Bd. 9, Berlin 1957, S. 442.

[56] V. M. Černov, Osnovye voprosy proletarskogo dviženija, Petrograd 1918, S. 97.

bürgerlichen Gesellschaft durch die spezifischen Besonderheiten der kapitalistischen Produktionsweise bedingt ist. Aus der richtigen Voraussetzung, daß das Ziel der sozialistischen Produktion die Konsumtion der Werktätigen ist, zogen sie die falsche Schlußfolgerung, daß im Sozialismus „ideal" das Primat der Konsumtion gegenüber der Produktion verwirklicht wird. Von diesen methodologischen Positionen aus traten sie gegen den Marxismus auf, dessen Ausgangspunkt das Primat der Produktion gegenüber der Konsumtion ist.

W. I. Lenin wies in den Arbeiten „Die Entwicklung des Kapitalismus in Rußland" und „Zur Charakteristik der ökonomischen Romantik" die Fehlerhaftigkeit der methodologischen Positionen der Volkstümler nach[57], die die Konsumtion und Distribution isoliert, unabhängig von der Produktion betrachten.

Die Vertreter des Volkstümlersozialismus nahmen an, daß für die sozialistische Gesellschaft die Naturalwirtschaft typisch sein werde. Darum fehlen in ihren Modellen der sozialistischen Wirtschaft die Kategorien und der Funktionsmechanismus der Warenproduktion und werden solche Fragen wie der Wert, das Geld, der Lohn, die wirtschaftliche Rechnungsführung usw. nicht betrachtet.

Der Mechanismus der Planmäßigkeit der gesellschaftlichen Produktion soll der Sozialismuskonzeption der Sozialrevolutionäre entsprechend durch eine umfassende Naturalerfassung der Konsumtion realisiert werden, die die Grundlage für die Bestimmung der quantitativen Proportionen zwischen den verschiedenen Wirtschaftszweigen bildet. Aus diesem Grunde müßten die Sozialisten dementsprechend den Fragen der Erforschung und der Erfassung der Konsumtion besondere Aufmerksamkeit schenken. „Die Theorie, Dynamik und Statistik der Konsumtion ist für uns ein besonderes, wenn auch fast noch nicht geschriebenes Kapitel der politischen Ökonomie", hob V. M. Černov hervor. Die Versuche der Grenznutzentheoretiker, tiefer in diese Sache einzudringen, sind seiner Meinung nach sehr lehrreich, wenn auch erfolglos.[58]

Der kleinbürgerliche Charakter der Vorstellungen der Sozialrevolutionäre über den Sozialismus zeigte sich auch in der von ihnen aufgestellten Reihenfolge der Vergesellschaftung verschiedener Wirtschaftszweige; an die erste Stelle setzten sie die Distribution. Černov glaubte, daß der Sozialisierung (das heißt der Vergesellschaftung) der Fabrikproduktion die Sozialisierung der Distribution des Produkts vorangehen muß (Ablösung des Tauschs, des Handels und der Konkurrenz durch „organisierte Belieferung" des Verbrauchers)[59]. Ausgehend vom allgemeinen methodologischen Prinzip des kleinbürgerlichen Volkstümlersozialismus, vom Primat der Konsumtion, nahm Černov an, daß alle einigermaßen ernsthaften Versuche, die sich unmittelbar nach der sozialen Revolution ergebenden Fragen

[57] Vgl. W. I. Lenin, Zur Charakteristik der ökonomischen Romantik, in: Werke, Bd. 2, Berlin 1961, S. 197f. und derselbe, Die Entwicklung des Kapitalismus in Rußland, in: Werke, Bd. 3, Berlin 1956, S. 51.

[58] V. M. Černov, Osnovye voprosy . . ., a. a. O., S. 98.

[59] Ebenda, S. 102f.

eines Maximalprogramms der sozialistischen Gesellschaft konkreter zu stellen und wissenschaftlich zu erarbeiten, zu Ende geführt werden können, wenn die Wirtschaftsfragen „von einem weiten volkswirtschaftlichen Verbrauchsstandpunkt" betrachtet werden.[60]

Der „Verbrauchsstandpunkt" bedingte auch die konstruktive Entwicklung eines Sozialismusmodells durch die Sozialrevolutionäre. „Eine komplizierte Form von Produktionsassoziationen, die sich um die Verbraucherassoziation wie um ihr natürliches Zentrum und ihre rationale Basis gruppieren"[61], so stellt sich Černov das Urbild der zukünftigen Ordnung vor. Ausgehend davon, daß in der sozialistischen Gesellschaft die Produzenten selbst die Konsumenten sind, kam Černov zu der Schlußfolgerung (das Primat der Konsumtion im Auge habend), daß „die Organisation der Arbeiter als Produzenten in bestimmten Beziehungen der Organisation der Arbeiter als Konsumenten untergeordnet ist".[62]

Nach Černovs Meinung zerfallen die Arbeiter als Produzenten entsprechend ihrem Beruf in spezielle Gruppen, während sie als Konsumenten ein einheitliches Ganzes darstellen; eine Reihe von territorialen Vereinigungen und Gruppen, unterscheiden sich nach ihrer Größe. „Diesen unterschiedlichen Gruppen obliegt nach dem Prinzip der Dezentralisierung die Pflicht, die verschiedenen Arten von Bedürfnissen zu erfassen und ihre Befriedigung zu organisieren."[63]

Das kleinbürgerliche Prinzip des Primats der Konsumtion gegenüber der Produktion fand in dem von den Sozialrevolutionären vorgeschlagenen Mechanismus zur Aufrechterhaltung der Proportionalität zwischen Konsumtion und Produktion unter den Bedingungen einer Naturalvolkswirtschaft seinen spezifischen Ausdruck. In ihrer Sozialismusdarstellung verkörpern die territorialen Gesamtheiten der Arbeiter als Konsumenten „das diese Berufe verbindende Verbraucherziel: es ist ihre Sache, das Gleichgewicht in der Produktion aufrechtzuerhalten, Disproportionen in der Entwicklung der Teile zu verhindern". Hier ist vor allem vom „quantitativen Regulator" der Proportionen in der Volkswirtschaft die Rede. Aber innerhalb jeder Qualifikationsart von Werktätigen befindet sich die qualitative Seite der Produktion in den Händen der Berufsgruppe, die gemäß der Konzeption der Sozialrevolutionäre umfangreiche Autonomie besitzen soll.

Was die Idealisierung der Staatsmacht betrifft, so unterschied Černov sich nicht von den Volkstümlern des XIX. Jahrhunderts; er nahm an, daß der Staat „von der Idee" zur Befriedigung bestimmter „allgemeiner Volksbedürfnisse" abgeleitet ist und daß dies seinen „kulturell-positiven Kern" ausmache. Černov vermischte jedoch das Problem der Beseitigung des Ausbeuterstaates mit dem Problem des schrittweisen Absterbens des Staates in der Zukunft.[64]

Unter dem Einfluß der Entwicklung des Kapitalismus im Lande und der marxi-

60 Ebenda, S. 99.
61 Ebenda.
62 Ebenda, S. 100.
63 Ebenda.
64 Ebenda, S. 102f.

stischen Kritik waren die Sozialrevolutionäre im Unterschied zu ihren unmittelbaren Vorgängern, den liberalen Volkstümlern des XIX. Jahrhunderts, gezwungen, die kapitalistische Entwicklung Rußlands anzuerkennen. Das bedeutete, wie W. I. Lenin vermerkte, die Aufgabe des Grundprinzips der Volkstümlerrichtung zugunsten des Marxismus. Dabei fuhren die Sozialrevolutionäre jedoch wie ihre Vorgänger fort, zu behaupten, daß der Kapitalismus „von außen auf Rußland übertragen und mit künstlichen Maßnahmen innerhalb einer kurzen Zeitperiode eingeführt wurde“ [65]. Hinter der von den Vertretern des Volkstümlersozialismus geschaffenen Theorie „über die positiven und negativen Seiten“ des Kapitalismus und „über den nationalen Typ“ des Kapitalismus in Rußland verbarg sich „die Anerkennung der ‚schöpferischen‘ historischen Leistung des Kapitalismus, der die Arbeit vergesellschaftet und die ‚soziale Kraft‘ erzeugt, die fähig ist, die Gesellschaft umzugestalten, die Kraft des Proletariats“. „... Diese Anerkennung“, unterstrich W. I. Lenin, „bedeutet den Bruch mit der Volkstümlerideologie und den Übergang zum Marxismus.“ Nach W. I. Lenin ist das damit verbunden, daß „der Theorie des Sozialismus ... die objektive Entwicklung der Ökonomik und der Klassenscheidung zugrundegelegt (wird)“ [66] und nicht seine subjektiv-idealistische Begründung.

Von der fehlerhaften Auslegung des Kapitalismus als äußere Form der Entwicklung der Produktivkräfte ausgehend, die einbezieht, daß sich die Produktivkräfte ungeachtet dieser Form entwickeln können, schlußfolgerten die Sozialrevolutionäre, daß „die Vergesellschaftung der Arbeit nicht nur auf kapitalistischem Wege von oben möglich ist, sondern eine selbständige Sache der nichtkapitalistischen Produzenten sein kann, von unten vollzogen werden kann“.[67] Ihre Lehre von der „nichtkapitalistischen Evolution“ der Landwirtschaft im Kapitalismus stellte eine Weiterentwicklung und eigenartige Erneuerung alter volkstümlerischer Dogmen des XIX. Jahrhunderts über die „Volksproduktion“, über das „Arbeits- und Gemeindeprinzip“ unter Anlehnung an zeitgenössische westeuropäische revisionistische und reformistische Theorien über die „Stabilität“ der kleinen Bauernwirtschaft unter den Bedingungen des Kapitalismus, über den „Genossenschaftssozialismus“ usw. dar.

Neben den Genossenschaften betrachteten die Sozialrevolutionäre die dynamische Obstschina als einen „Grundpfeiler der Agrarpolitik in sozial-revolutionärem Geiste“.[68] Die Volkssozialisten ihrerseits, die die Interessen der wohlhabenden Bauernschaft zum Ausdruck brachten, bevorzugten die Genossenschaften. Die Genossenschaften waren für die Ideologen des kleinbürgerlichen Sozialismus die Form der Vergesellschaftung der Arbeit von unten. Sie meinten, daß die Genossenschaften und die Gemeinde auf ein und denselben, für die Zukunft charakteristischen Prinzipien beruhen.

[65] V. Trutovskij, O municipal'noj programme, Petrograd 1917.

[66] W. I. Lenin, Von der Volkstümlerrichtung zum Marxismus, in: Werke, Bd. 8, Berlin 1958, S. 72.

[67] V. M. Černov, K voprosu o kapitalizme i krest'janstve, Novgorod 1905, S. 13.

[68] V. M. Černov, Zemlja i pravo, 1918, S. 209.

Černov sah in der allmählichen Entwicklung der Konsumgenossenschaften zur Produktionsgenossenschaft den Weg zur kooperativen Ordnung (unter Umgehung der sozialistischen Revolution). In Anlehnung an Herzen „korrigierte" Černov Louis Blanc und Proudhon, die seiner Meinung nach dem Konsumenten nicht genügend Aufmerksamkeit widmeten. Černov hob die Bedeutung der vorbereitenden Organisation einer Konsumgenossenschaft hervor und glaubte, daß die mangelnde Aufmerksamkeit ihr gegenüber die Ursache für den Zusammenbruch und die kapitalistische Wiedergeburt der Produktionsgenossenschaften sei.

W. I. Lenin entlarvte die revisionistischen Positionen Černovs und seiner geistigen Lehrer, der westeuropäischen Revisionisten. Er schrieb, daß Herzen „eine Hauptaufgabe des Sozialismus" in der Unterstützung der Genossenschaften sieht, während sich Herr Tschernov „... bereits ‚eine nichtkapitalistische Evolution der Landwirtschaft' mit Hilfe der Genossenschaften ausgeklügelt hat"[69].

Von seinen Vorstellungen über die Voraussetzungen des Sozialismus ausgehend erblickte Černov die Aufgabe der Sozialisten in Rußland darin, „den Weg für die Vergesellschaftung von unten freizumachen und nur in diesem Maße die Vergesellschaftung von oben einzuschränken, einzuschränken bis hin zur völligen Liquidierung"[70]. Theoretisch beruhte diese Schlußfolgerung auf dem Nichtbegreifen der Gesetzmäßigkeiten der Entwicklung des Kapitalismus, auf der mechanischen Trennung der Produktion von der Konsumtion, auf der Ignorierung des sozialökonomischen Wesens der Groß- und Kleinproduktion, auf dem ethischen Herangehen an die sozialökonomische Bewertung der Bauernwirtschaft.

Die sozialrevolutionäre Theorie des nichtkapitalistischen Entwicklungsweges der Landwirtschaft im Kapitalismus durch die Gemeinde, Genossenschaft und Bauernwirtschaft diente als Grundlage für die volkstümlerische Variante des Reformismus.

An die Lehre von der nichtkapitalistischen Evolution der Landwirtschaft im Kapitalismus lehnt sich die Konzeption der friedlichen Entstehung und Entwicklung von Elementen des Sozialismus im Rahmen der kapitalistischen Gesellschaft an. Der Sozialismus entwickele sich innerhalb des Kapitalismus genauso, so heißt es, wie „das bürgerliche Eigentum in den Poren der Feudalordnung entstand und lange in ihnen nistete".[71]

Diese „sozialistischen Elemente" entdeckte Černov in den Gewerkschaften der Arbeiter, in den „kulturellen Einrichtungen" der politischen Partei der Werktätigen sowie in der Konsumgenossenschaft, den Genossenschaftsbanken, Sparkassen und genossenschaftlich genutzten Magazinen. Nach Černovs Meinung besteht die Aufgabe des Sozialisten darin, schon im Rahmen der bürgerlichen Ordnung

[69] W. I. Lenin, Die Agrarfrage und die „Marxkritiker", in: Werke, Bd. 5, Berlin 1955, S. 214.

[70] V. M. Černov, K obosnovaniju programmy P. S R., Petrograd 1918, S. 65.

[71] Socialist-revoljucioner, 1, 1910, S. 245.

„Keime des Sozialismus" zu entwickeln und zu unterstützen und die Entwicklung nichtkapitalistischer Formen in der Landwirtschaft zu fördern.

Die Volkstümler glaubten also, daß der Weg zum Sozialismus in Rußland über die soziale Revolution führt, die in ihrer Vorstellung weder bürgerlich-demokratisch noch proletarisch sein soll. So wurde auf dem II. Parteitag der Partei der Sozialrevolutionäre im Jahre 1905 verkündet, daß die Partei der Überzeugung ist, daß „die Revolution, in die wir eingetreten sind, keine bürgerliche Revolution sein wird."[72] Nach Meinung der Volkstümler soll diese Revolution in ihren Triebkräften eine gesamtnationale sein. Diese Auffassung von der Revolution ist von der Klassendefinition abgeleitet. Die Volkstümler des XX. Jahrhunderts teilten die gesamte Gesellschaft in zwei Klassen ein, in Ausbeuter und in Ausgebeutete. Zur Klasse der Ausbeuter zählten sie den Adel, die Bourgeoisie und die „absolutistische Bürokratie", zur ausgebeuteten, „arbeitenden Klasse" das Proletariat, die Bauernschaft und die werktätige Intelligenz, d. h. jene Bevölkerungsschichten, deren Erwerbsquelle die Arbeit ist. Während für den linken Flügel des kleinbürgerlichen Sozialismus die Begriffe „arbeitende Klasse", „Arbeitsvolk", „Arbeiterklasse" und „Klasse der Werktätigen" gleichbedeutend waren, verwiesen die Rechten auf die Unrechtmäßigkeit, die Begriffe „Volk", „Arbeitsvolk" und „Arbeitervolk" durch das Wort „Arbeiterklasse" zu ersetzen.[73]

Nach der Theorie der Volkstümler ist das Wesensmerkmal der Klasse in den Verhältnissen der Distribution und nicht der Produktion zu suchen. „Unserer Meinung nach", behauptete Černov, „steht die Teilung der Gesellschaft in Klassen in unmittelbarem Zusammenhang mit den Distributionsbeziehungen, und deshalb ist das Unterscheidungsmerkmal für die Zugehörigkeit zu der einen oder anderen Klasse vor allem dieser Sphäre zu entlehnen."[74]

W. I. Lenin deckte die Fehlerhaftigkeit der Klassenauffassung der Sozialrevolutionäre und ihr kleinbürgerliches Wesen auf. Die marxistische Theorie legt der Klasseneinteilung der Gesellschaft die Produktionsverhältnisse zugrunde. „Das wesentliche Unterscheidungsmerkmal der Klassen", schrieb W. I. Lenin, „ist ihr Platz in der gesellschaftlichen Produktion und folglich ihr Verhältnis zu den Produktionsmitteln."[75]

Unter dem Einfluß der Ideen des Marxismus kamen die Sozialrevolutionäre der Idee einer revolutionären Diktatur als politische Bedingung für die Verwirklichung sozialökonomischer Umwandlungen beim Aufbau des Sozialismus sehr nahe. Sie sprachen jedoch von der revolutionär-demokratischen Diktatur der Arbeiterklasse und zählten zur „Arbeiterklasse" das Proletariat, die werktätige Bauernschaft und die werktätige Intelligenz.

Die Sozialrevolutionäre gingen wie die Volkssozialisten von der Theorie des

72 Protokoly I s-ezga PSR, 1906, S. 102.

73 A. V. Pešechonov, Počemu my togda ušli, Petrograd 1918, S. 20.

74 V. M. Černov, K teorii klassovoj bor'by, Moskva 1906, S. 23.

75 W. I. Lenin, Vulgärsozialismus und Volkstümlerei, wiederbelebt durch die Sozialrevolutionäre, Werke, Bd. 6, Berlin 1956, S. 256.

allmählichen Übergangs zum Sozialismus nach dem revolutionären Sturz des Absolutismus und der Abschaffung des Großgrundbesitzes aus. Die sozialökonomischen Umwandlungen reduzierten die Volkstümler in erster Linie auf die Veränderung der Distributionsformen, auf einen Gleichheitssozialismus. Sie erklärten: „Die Einnahmen der herrschenden Klassen verringern und eine richtige Verteilung für die Werktätigen sichern, das ist eines der wichtigsten Dinge, die in der Revolution bevorstehen. Darauf muß sich auch das Wesen der sozialistischen Umwandlung des Landes reduzieren, weil das die wirtschaftlichen Bedürfnisse des Landes erfordern."[76] Zu diesem Zweck forderten die Volkstümler auf wirtschaftlichem Gebiet die Einführung einer progressiven Einkommens- und Erbschaftssteuer (bei Steuerbefreiung der Werktätigen).

Die Durchsetzung der Arbeitsgesetzgebung konnte nach Meinung der Sozialrevolutionäre nicht über den Rahmen bürgerlich-demokratischer Umwandlungen hinausgehen; sie habe das Ziel, den Arbeitstag zu verkürzen, einen Minimallohn festzulegen, den staatlichen Versicherungsschutz auf Kosten des Staates und der Arbeitgeber und den gesetzlichen Arbeitsschutz zu verwirklichen und in einzelnen Industriebereichen Frauen- und Kinderarbeit zu verbieten.

Die Umwandlung der Agrarordnung wollten die Sozialrevolutionäre durch Sozialisierung des Bodens verwirklichen. Der Inhalt der Sozialisierung reduzierte sich auf folgendes: Herausnahme des Bodens aus der Warenzirkulation und seine Überführung aus dem Privatbesitz einzelner Personen oder Personengruppen in allgemeinen Volksbesitz ohne Entschädigung; über den gesamten Boden verfügen die zentralen und örtlichen Selbstverwaltungsorgane, beginnend bei den demokratisch organisierten ständelosen Dorf- und Stadtgemeinden und endend bei den Gebiets- und zentralen Institutionen; gleiche Nutzung des Bodens nach Arbeits- oder Verbrauchsnorm. Außerdem waren die Sozialrevolutionäre für die Entwicklung aller möglichen Genossenschaften „nach strengen demokratischen und Arbeitsprinzipien".

Mit der Sozialisierung des Bodens wollten die Sozialrevolutionäre ein sozial homogenes Dorf ohne Ausbeutung von Lohnarbeitern schaffen, das heißt alle Werktätigen in eine einheitliche Arbeiterklasse des Dorfes verwandeln.[77]

Die Volkssozialisten und die Trudowiki traten wie die Sozialrevolutionäre für eine Beseitigung des privaten Grundbesitzes, aber mittels einer Nationalisierung des Bodens auf. Die Anhänger aller Richtungen des Volkstümlersozialismus setzten sich für die Bodennutzung auf der Basis von Arbeits- und Verbrauchsnormen ein. W. I. Lenin hat nachgewiesen, daß die Vorstellung vom Gleichheitssozialismus die Utopie und der Traum des Kleinproduzenten ist, alle als gleiche Herren zu sehen. Aber die Idee der Gleichheit, die in den volkstümlerischen Theorien und Programmen des kleinbürgerlichen Sozialismus verkündet wurde, „ist die revolutionärste Idee im Kampf gegen die alte absolutistische Ordnung überhaupt

[76] Russkoe bogatstvo, 8, 1906, S. 186.
[77] V. M. Černov, Zemlja i pravo, a. a. O.

und gegen den alten fronherrlichen Großgrundbesitz im besonderen"[78]. Die Agrarforderungen der Volkstümlerparteien sind nach W. I. Lenins Worten klarste Offenbarung und Ausdruck des kleinbürgerlichen Sozialismus. „Ihre Vorstellung von dem Weg, der zum Sozialismus führt, wird am besten dadurch gekennzeichnet, daß sie den Klassenkampf durch die Entwicklung der Genossenschaften ersetzen."[79]

Die Volkstümler traten für den amerikanischen bürgerlich-demokratischen Weg der Entwicklung zum Kapitalismus in der Landwirtschaft ein (im Unterschied zum preußischen Weg, für den die russischen Großgrundbesitzer und die Bourgeoisie mit den Oktobristen und den Kadetten an der Spitze waren).

Folglich war nicht nur der allgemein-politische Teil des Programms der Volkstümler, sondern auch sein Agrarteil, mit dessen Verwirklichung sie die Errichtung der neuen, „trudowistischen" Ordnung verknüpften, dem Wesen nach bürgerlich-demokratisch.

Das Nichtbegreifen der Gesetzmäßigkeiten der Entstehung des Kapitalismus und seiner historischen Rolle, die fehlerhafte Klassentheorie, die reformistische Vorstellung vom friedlichen Hineinwachsen des Sozialismus in den Kapitalismus, die Vermischung der Aufgaben der bürgerlich-demokratischen Revolution mit den Aufgaben der sozialistischen Revolution – das sind die theoretischen Voraussetzungen, das theoretische Gepäck der kleinbürgerlichen Parteien des Volkstümlersozialismus unmittelbar vor dem Beginn der Februarrevolution 1917.

W. I. Lenin hat nachgewiesen, daß die Konzeption der Entstehung des Sozialismus im Schoße des Kapitalismus und des Übergangs zum Sozialismus mittels Reformen theoretisch haltlos und politisch schädlich ist, weil sie das revolutionäre Bewußtsein der werktätigen Massen vernebelt, sie zum Reformismus verführt und sie vom wirklichen revolutionären Kampf gegen den Kapitalismus ablenkt.

[78] W. I. Lenin, Das Agrarprogramm der Sozialdemokratie in der ersten russischen Revolution von 1905–1907, in: Werke, Bd. 13, Berlin 1963, S. 234.

[79] W. I. Lenin, Revolutionäres Abenteurertum, in: Werke, Bd. 6, Berlin 1956, S. 199.

6. ABSCHNITT

15. KAPITEL

Die Ideen des Egalitarismus und des Sozialismus in den Kolonien und abhängigen Ländern des Orients

Viele Länder Asiens zeichneten sich im frühen Mittelalter durch eine relativ hochentwickelte Wirtschaft und Kultur aus. Eine ganze Reihe von Faktoren wie die Ausbreitung spezifisch feudalistischer Formen sowie die verheerenden Folgen der Eroberungszüge der Nomadenvölker verminderten jedoch das Entwicklungstempo dieser Länder, was dazu führte, daß diese Länder hinter den europäischen Staaten zurückblieben. In den größten Staaten Asiens bestimmte die feudale Despotie die Form der Staatsstruktur. In China und Indien herrschten fremdstämmige Dynastien. Die arabischen Länder Asiens und Afrikas befanden sich unter der Knechtschaft des Osmanischen Reiches.

Die kapitalistischen Staaten nutzten die wirtschaftliche, politische und militärische Schwäche der überwiegenden Mehrzahl dieser orientalischen Länder und machte sie zu Kolonien und Halbkolonien. Sie stellten deren Wirtschaft in den Dienst eigener Interessen. Während der zweiten Hälfte des XIX. Jahrhunderts trugen daher die Völker der kolonialen und abhängigen Länder sowohl das Joch der inländischen, meist feudalen, als auch das der ausländischen, also der kapitalistischen Ausbeutung. Die politische und wirtschaftliche Krise hat in der Mitte des XIX. Jahrhunderts in diesen kolonialen und abhängigen Ländern zu mächtigen Volksaufständen geführt, so in China, Indien, Persien und anderen Ländern. Die Bewegung breiter Volksmassen gegen das ausländische Joch, die feudale Ausbeutung und die soziale Ungleichheit hat die Voraussetzungen zur Entstehung utopischer, egalitaristischer Theorien geschaffen. Im Kampf gegen die bestehende sozialökonomische Ordnung der Gesellschaft und die ausländische Knechtschaft stützten sich die Ideologen der fortschrittlichen gesellschaftlichen Kräfte Indiens, Chinas, Indonesiens, der arabischen und lateinamerikanischen Länder und vieler anderer Staaten auf die geistigen Traditionen ihrer Völker.

In der Philosophie und in den ökonomischen und sozialen Lehren des Orients sind bestimmte egalitäre utopische Traditionen lebendig geblieben, deren Erforschung den historischen Hintergrund der modernen sozialistischen Strömungen in Asien deutlich macht. Große Verbreitung fand im Orient die Idee des „goldenen Zeitalters", das angeblich bestanden haben soll, als die Menschen früher noch völlig gleich waren und im Überfluß lebten. Im V. bis VI. Jahrhundert propagierten die Masdakiten im Iran die Idee der sozialen Gleichheit. Masdak rief dazu auf, Feindschaft und Zwietracht zu beenden, die Güter der Reichen zu nehmen und diese unter die Armen zu verteilen. In Indien hat die Bhakti-Bewegung große Ausmaße angenommen, die sich vor allem gegen die Kastenprivilegien wandte.

Oft verbreiteten sich solche egalitären, demokratischen Ideen als Gegengewicht zu den Dogmatikern orthodoxer Religionen. Andererseits gab es auch in den religiösen Lehren Tendenzen der Gleichmacherei. Im politischen und Sittenkodex der buddhistischen Religion, im Dharma, ist von der Brüderlichkeit aller Menschen die Rede. Egalitäre Ideen weist auch der Islam auf.[1]

Eigenwillige egalitaristische Ideen haben verschiedene Denker in China entwickelt. Der Führer des Taiping-Aufstandes, Hung Ssju-tjüän, hat seine Ideen teilweise von Konfuzius übernommen[2], aus dem alten kanonischen Buch „Li Ki" (Buch der Zeremonien) usw.

In Indien war der bedeutende Vertreter utopischer egalitaristischer Konzeptionen, Swami Wiwekananda, bestrebt, einige soziale Einrichtungen des alten Indien umzugestalten, um so eine ideale Gesellschaftsordnung zu schaffen. Wiwekananda sah in der Verknüpfung von westeuropäischer Zivilisation und indischer Religion die Zukunft seiner Heimat. Die Verbindung religiöser Ideen mit den Ideen des Egalitarismus wurde zur charakteristischen Besonderheit der meisten utopischen Konzeptionen, die in den kolonialen und abhängigen Ländern entwickelt wurden.

Die Anhänger egalitaristischer Theorien waren gleichfalls bestrebt, die Erfahrungen Westeuropas und Rußlands auszuwerten. Einige Vertreter der Aufklärung in Indien, Lateinamerika und in den arabischen Ländern kannten die ökonomischen und sozial-politischen Konzeptionen des Sozialismus, die sich in Europa entfalteten. Bankim Chandra Chatterji, ein bekannter indischer Schriftsteller, der als Interessenvertreter der demokratischen Schichten des Kleinbürgertums galt, gab 1879 seine Schrift „Gleichheit" heraus. In dieser Arbeit behandelte Bankim Chandra die egalitaristische Konzeption von J. J. Rousseau, die Theorien der kritischen utopischen Sozialisten Saint-Simon, Fourier und Owen, die Auffassungen von Louis Blanc und Cabet, und erwähnte selbst die I. Internationale.[3]

Die utopischen Konzeptionen der bäuerlichen, kleinbürgerlichen und halbfeudalen Ideologen jener kolonialen und abhängigen Länder trugen infolge der komplizierten sozialen Lage und der Vielfalt der ideologischen theoretischen Quellen in diesen Ländern eklektischen Charakter.

Eine Untersuchung der Ideologie der kolonialen und abhängigen Länder zeigt, daß utopische Ideen keine regionale Erscheinung sind, die nur in Europa auftreten. Verschiedene Ideen des utopischen Sozialismus haben sich, wenn auch etwas später, auch in einer ganzen Reihe anderer Länder und Regionen entwickelt.

Während der zweiten Hälfte des XIX. und zu Beginn des XX. Jahrhunderts

[1] Vgl. Saroždenie ideologii nazionalno-osvoboditelnogo dviženia (XIX – načalo XX v.), Moskva 1973, S. 159–162.

[2] Vgl. T. Hamberg, Chinese Chief Hung Sin-Tsuen and the Origin of Insurrection in China, London 1855, und T. T. Meadows, The Chinese and their Rebellions, London 1956, S. 413.

[3] Vgl. E. N. Komarov, Saroždenie kritiki buržuasnogo obščestva v Indii konza XIX. veka, Ideologičeskie tečenia sovremennoi Indii, Moskva 1965, S. 52.

haben egalitaristische Konzeptionen in China, Indien, den arabischen Ländern und anderswo an Boden gewonnen.

China war im XIX. Jahrhundert ein rückständiges Feudalland. Auf dem Kaiserthron saß die mandschurische Tjingdynastie (1644–1911). Der mandschurische Adel hielt die führenden Stellen im Staat besetzt. Obwohl die chinesischen Feudalherren einen Teil ihrer Privilegien bewahren konnten, galten sie insgesamt als rangniedriger. Mit der Herrschaft der fremdländischen Regierung waren breite Schichten der chinesischen Gesellschaft nicht einverstanden, außerdem vertieften sich die Widersprüche zwischen den mandschurischen und chinesischen Gutsbesitzern einerseits und der chinesischen Bauernschaft andererseits.

Nach der Niederlage der Tjingarmee in den „Opiumkriegen" mit England (1839–1842) nahm auch die wirtschaftliche und politische Krise in China schärfere Züge an. Die Kontribution, die China von England auferlegt wurde, brachte eine Entwertung des chinesischen Geldes mit sich. Die im Luxus lebende herrschende Klasse war bemüht, alle Schwierigkeiten und Lasten dem Volk aufzubürden; die Bodenpacht stieg ständig an und die Steuerschraube wurde immer schärfer angezogen. Alle diese Umstände verstärkten im Volk die Unzufriedenheit mit der mandschurischen Regierung, aber auch mit den feudalen Verhältnissen überhaupt, die das Land an den Rand einer Katastrophe getrieben hatten. Die Volksaufstände nahmen kein Ende. Im Jahre 1847 sagte F. Engels: „China ... geht jetzt einer Revolution entgegen."[4]

Im Jahre 1850 mündeten vereinzelte Aufstände plötzlich in einen mächtigen antifeudalen Befreiungsaufstand, dessen man erst 1864 endgültig Herr zu werden vermochte. An der Spitze stand der Dorflehrer Hung Ssju-tjüän aus der Provinz Gwangdung. Hung Ssju-tjüän, der mit der christlichen Lehre vertraut war, die auf ihn einen tiefen Eindruck gemacht hatte, übernahm ebenfalls die Gleichheitsideen einiger mittelalterlicher und altchinesischer Denker. Sein Ziel war die Schaffung einer gerechten Gesellschaftsordnung in China, der er selbst vorstehen wollte. Zu diesem Zweck gründete Hung Ssju-tjüän 1843 die religiöse politische Organisation „Gesellschaft zur Anbetung des höchsten Herrn", deren Anhängerschar sehr rasch anwuchs. Hung Ssju-tjüän und seine Anhänger verkündeten die Schaffung eines „Himmlischen Reiches der großen Gerechtigkeit" – Taiping tiänguo.[5] Die Parteigänger des Hung Ssju-tjüän nannte man danach Taipingleute.

Die Taipingbewegung brachte am Anfang des offenen bewaffneten Aufstandes den Armeen der mandschurischen Dynastie eine Reihe ernsthafter und empfindlicher Niederlagen bei. Auf dem okkupierten Territorium beseitigten die Taipingleute die Einrichtungen des Tjingreiches und schufen ein eigenes Staatswesen. Die 1853 eroberte Stadt Nanking wurde von den Taiping zur Hauptstadt gemacht.

[4] Friedrich Engels, Grundsätze des Kommunismus, in: MEW, Bd. 4, Berlin 1959, S. 367.

[5] Vgl. V. P. Iljušečkin, Krestjanskaja voina taipinov, Moskva 1967, S. 71.

Hung Ssju-tjüän wurde zum „himmlischen oder paradiesischen König", „Gesandten des Himmels" und „Bruder Christi" proklamiert und war somit das religiöse Haupt der Taiping. Andere Taipingführer wurden ebenfalls König oder Fürsten.[6] Die gesetzgebenden Akte des Taipingstaates und die Schriften seiner Führer und Ideologen waren von Gleichheitsideen beeinflußt.

Die Taipingbewegung nimmt unter den Bauernerhebungen mit ausgeprägt egalitärem Charakter einen außerordentlich wichtigen Platz ein. Die Klassiker der marxistisch-leninistischen Theorie haben das soziale Wesen solcher Bewegungen und ihre Abhängigkeit und die enge Verwandtschaft mit dem Gleichheitsprogramm des „bäuerlichen Sozialismus und Kommunismus", dem die führende Rolle der Arbeiterklasse noch fremd war, erkannt. W. I. Lenin schrieb: „Beim Kampf der Bauern gegen die Gutsbesitzer, die Fronherren, im Kampf um den Boden ist der stärkste ideelle Impuls die Idee der Gleichheit – und wird die Gleichheit zwischen den Kleinproduzenten hergestellt, so bedeutet das die vollständigste Beseitigung aller und jeglicher Überreste der Leibeigenschaft. Deshalb ist die Idee der Gleichheit für die Bauernbewegung die revolutionärste Idee nicht nur im Sinne eines Impulses zum politischen Kampf, sondern auch im Sinne eines Impulses zur ökonomischen Säuberung der Landwirtschaft von den Überresten der Leibeigenschaft."[7]

Die antifeudal orientierte Ideologie der Taiping, die mit egalitären Vorstellungen verknüpft war, fand ihren weitgehenden Niederschlag im „Bodengesetz der Himmelsdynastie", das 1853 in Nanking proklamiert wurde. Dieses Dokument begründete die Notwendigkeit einer auf der Gleichheit aller beruhenden Umverteilung des Bodens unter der Bevölkerung Chinas: „Die Verteilung der Bodenanteile erfolgt entsprechend der Anzahl der Esser, ungeachtet des Geschlechts. Auf eine größere Zahl von Essern kommt mehr, auf eine geringere weniger."[8]

Diese Ideen einer sozialen Gerechtigkeit, eines gesellschaftlichen Eigentums und einer Verteilung der Güter nach dem Gleichheitsprinzip suchten die Taiping durch militärische Dorfgemeinschaften zu verwirklichen. Solche Gemeinden sollten auch die Grundlage für die Organisation der Armee bilden. Die Verteilung des Bodens und die Verwaltung der Wirtschaft sollte in den Händen der Armeeführung liegen.

Auch in den Städten führten die Taiping die Reorganisation der Produktion nach militärischen Prinzipien durch. Die städtischen Handwerker wurden in militärische Abteilungen und Truppenteile gegliedert; es gab Bataillone der Tischler und Zimmerleute, der Schuhmacher, Weber, Juweliere und Seidensticker.

Ein Grundelement des ursprünglichen Programms der Taiping war die Güter-

[6] Vgl. T. T. Meadows, The Chinese ..., a. a. O., S. 165.

[7] W. I. Lenin, Stärke und Schwäche der russischen Revolution, in: Werke, Bd. 12, Berlin 1969, S. 353.

[8] Taipinskoe vosstanie 1850–1865 gg, Sbornik dokumentov, Moskva 1960.

verteilung nach dem Gleichheitsprinzip. Im „Bodengesetz der Himmelsdynastie" heißt es dazu: „Man muß erreichen, daß alle unter dem Himmel in den Nutzen der reichen Güter kommen, die der Vater des Himmels, der allerhöchste Herr, gewährt, damit die Menschen, die gemeinsam den Boden bestellen, auch gemeinsam essen, sich gemeinsam kleiden und gemeinsam das Geld ausgeben, damit alle gleich sind und keiner hungert und friert."[9] Diesem Bodengesetz zufolge sollte jede Familie über fünf Glucken und zwei Säue verfügen. In Nanking war es den Einwohnern, den Soldaten und Offizieren der Taiping untersagt, Privateigentum zu besitzen; der Besitz von Geld war begrenzt.[10]

Der Konzeption der Güterverteilung nach dem Gleichheitsprinzip entsprach auch die Askese der Taiping. Die Aufständischen schufen in Anlehnung an die biblischen Gebote des Moses ihre eigenen „10 himmlischen Gebote". Im Taipingstaat waren Glücksspiele, Wein und Tabakrauchen mit strengem Verbot belegt.[11] Eines der Taipinggesetze verbot allen, die Militärdienst leisteten, so lange die Ehe bzw. die Kontakte mit Frauen, bis das Mandschu-Reich endgültig besiegt sei. In Nanking gab es für weibliche Taiping ein von den Männern getrenntes Lager. Die Verknüpfung von Askese und Egalitarismus war ein Merkmal der Taiping.

Im „Bodengesetz der Himmelsdynastie" spielten die mit der Arbeit verbundenen Fragen eine große Rolle. Neben dem Reisanbau mußte in den Gemeinden nach dem Gesetz auch die Maulbeerbaumpflanzung betrieben werden. Den Frauen oblag das Weben. Die Männer (Kommandeure wie einfache Soldaten) hatten sich in der Freizeit mit der „Töpferei, dem Schmieden, der Zimmermannskunst und der Tischlerei" zu befassen.[12]

Die Schöpfer des Gesetzes wiesen auf die Notwendigkeit der Vergesellschaftung der Arbeit hin. „Alles Land unter dem Himmel muß von den Bewohnern unter dem Himmel gemeinsam bestellt werden"[13] heißt es dort. Die Taiping unternahmen auch praktische Schritte zur Organisation der gesellschaftlichen Arbeit (vor allem für den militärischen Bedarf und zur „Umerziehung" der Reichen). Man führte unbezahlte gesellschaftliche Arbeiten durch, zu denen man große Massen aus den verschiedensten Berufen mobilisierte. Ein Augenzeuge berichtete über diese Arbeit folgendes: „Faulheit gilt als Verbrechen, so daß jedem, auch dem reichsten vorgeschrieben ist, nicht weniger als fünf Stunden am Tag zu arbeiten". „Alle werden ganz früh geweckt", so schreibt ein aus Nanking nach Peking geflüchteter Aristokrat im Jahre 1853, „man zwingt zur Teilnahme an Haus- und Dammreparaturen, am Reistransport, an der Ausbesserung und Errichtung der Stadtmauern."[14]

9 Ebenda, S. 30. Deutscher Text aus: Weltgeschichte in zehn Bänden, Bd. 6, Berlin 1969, S. 443.

10 Vgl. V. P. Iljušečkin, Krestjanskaja voina ..., a. a. O., S. 153.

11 Vgl. Taipinskoe vosstanie ..., a. a. O., S. 133–135.

12 Ebenda, S. 30f.

13 Ebenda, S. 29.

14 Zitiert nach G. S. Kara-Mursa, Taipiny, Moskva 1950, S. 84.

Dem Bodengesetz zufolge beabsichtigte man das gesamte System der Gemeinde- und Militärverwaltung von oben bis unten so zu organisieren, daß eine möglichst große Anzahl materieller Werte in den Händen des Staates konzentriert wird.

„Nach der Einbringung der Ernte behält jede Gemeinde, die aus 25 Familien besteht, genau soviel Getreide, wie sie braucht, um ihre Mitglieder bis zur nächsten Ernte zu ernähren, während das Mehrprodukt in die staatlichen Speicher gegeben wird . . . Dieses Prinzip gilt auch für Bohnen, Hanf, Stoffe, Hühner, Hunde und Silbergeld. Die gesamte Bevölkerung unter dem Himmel ist eine große Familie unseres Himmlischen Vaters, des Herrgotts. Ihre Bewohner verfolgen keine eigennützigen Ziele und liefern alle ihre Mehrprodukte ihrem Gebieter ab, damit er Mittel für das Gemeinwohl besitzt . . . Beamte im Range eines Liänsüm sollen Geld und Getreide in Verwahrung nehmen und darüber Abrechnung führen. Über die Mengen berichten sie den höhergestellten Beamten, denen die Finanzen und die Lebensmittel, Einkünfte und Ausgaben unterstehen.“[15].

In der ersten Zeit waren die Taiping ernsthaft bemüht, diesen Grundsätzen treu zu bleiben. Kurz nach der Einnahme von Nanking durch die Taiping waren alle Industrie- und Handelsunternehmen sowie die Bauten in der Stadt zu Staatseigentum erklärt worden. In den staatlichen Speichern von Nanking konzentrierte man große Mengen von Reis, Butter, Salz, Stoffen, Waffen und anderen Waren. Einige Zeit hatten die Taiping große Mengen von Gold, Edelsteinen und Geld gehortet. Die Taipingsoldaten und die Mitglieder der militarisierten Handwerkerabteilungen erhielten ihren Sold in Naturalform aus Staatsreserven. Im Jahre 1854 schrieb ein Engländer, der Nanking besucht hatte: „Nanking ist in ein großes Kriegslager verwandelt . . . Das gesamte Eigentum gehört natürlich der Staatskasse. Das Volk ist sehr gut gekleidet und hat zweifellos genug Reis zur Deckung des eigenen Bedarfs, obwohl die Versorgung der Bevölkerung mit anderen Lebensmitteln möglicherweise einiges zu wünschen übrig läßt.“[16]

Diesen auf Ausweitung der staatlichen und Gemeindewirtschaft orientierten Kurs haben die Taiping jedoch nicht mit ausreichender Konsequenz durchgesetzt. Ihre Wirtschaftspolitik und ihre Ideologie widersprachen sich in vielem. Im Jahre 1859 ist in Nanking ein Traktat mit dem Titel „Neue Überlegungen über das Regieren“ herausgegeben worden. Sein Autor, das Haupt der Taipingregierung, Hung Shön-gan, entwickelte darin ein Reformprogramm, das die sich vor den Taiping auftürmenden Schwierigkeiten beseitigen sollte, um diesen Staat nicht nur zu festigen, sondern ihn in einen modernen Staat umzuwandeln, der über eine entwickelte Ökonomie, eine ausgebaute Verwaltung und wieder erweckte „Volkstugenden“ verfügt.

Hung Shön-gan beabsichtigte Reformen, die die Entwicklung kapitalistischer Verhältnisse im feudalen China voranbringen sollten. Er propagierte eine breitangelegte Ausbeutung der Mineralvorkommen durch private Unternehmen und

[15] Taipinskoe vosstanie . . ., a. a. O., S. 30.
[16] The North China Herald vom 24. VI. 1854.

sprach sich für die Schaffung von Handelsgesellschaften und Privatbanken mit Emissionsrecht für Wertpapiere aus. Ferner regte er die Einführung einer Lebens- und Güterversicherung an und schlug vor, Erfindungen und technische Neuerungen zu begünstigen sowie das Patentwesen zu entwickeln. Zu seinem Programm gehörten ferner die Verbesserung der Transportwege durch den Bau von einheitlichen Straßen und Eisenbahnen und durch Verbindungen zwischen der Eisenbahn und Dampfschiffahrt. In den „Neuen Überlegungen über das Regieren“ war auch die Schaffung eines staatlichen Postdienstes vorgesehen und die alte Idee der Taiping aufgegriffen worden, Staatsspeicher zur Aufbewahrung von Geld und Waren zu schaffen. Hung Shön-gan schlug vor, Informationszentren einzurichten, die die Daten über die Lage im Lande sammeln und Zeitungen herausgeben sollten. Er kämpfte entschlossen gegen Bestechung und Korruption.

Eine wesentliche Seite dieses Programms war die Orientierung auf Vertiefung und Entwicklung wirtschaftlicher, politischer und kultureller Kontakte mit den kapitalistisch stark entwickelten Ländern. Hung Shön-gan war entschieden gegen eine Isolation eingestellt und befürwortete Verbindungen zur Außenwelt. Er duldete es auch nicht, daß man die Ausländer „Barbaren“ und „Teufel“ nannte. Es ging ihm um die Stimulierung der Handelsverbindungen mit dem Ausland, er trat für eine „Konkurrenz“ der Unternehmer Westeuropas und der USA mit den Unternehmern Chinas ein, und forderte die Ausnutzung von Erfindungen der wirtschaftlich entwickelten Länder und die Zulassung von ausländischen Ingenieuren und Missionaren in China.[17]

Ein Vergleich der wichtigsten richtungweisenden Dokumente des Taipingaufstandes zeigt deutlich, daß es in der Gleichheitsideologie bei einem Teil der Taipingführung auch kapitalistische Tendenzen gab. Ein vollständiger Sieg der Taiping hätte zweifellos zu einer Beschleunigung des Anwachsens kapitalistischer Verhältnisse im Lande geführt. Das gesellschaftliche Wesen und die praktischen Folgen des Gleichheitsprogramms der bäuerlichen Bewegung einschätzend, urteilte W. I. Lenin auf dem V. Kongreß der SDAPR: So „bedeuten der volle Sieg des Bauernaufstandes, die Konfiskation des gesamten Gutsbesitzerlandes und seine gleichmäßige Aufteilung die rascheste Entwicklung des Kapitalismus, die für die Bauern vorteilhafteste Form der bürgerlich-demokratischen Umwälzung . . . , daß die bäuerlichen Ausgleichsideen – reaktionär und utopisch vom Standpunkt des Sozialismus – revolutionär sind vom Standpunkt des bürgerlichen Demokratismus.“[18]

Widersprüchlich waren die Auffassungen und die Politik der Taiping zu Fragen des Handels und der Finanzen. Kurz nach der Eroberung von Nanking untersagten sie in der Hauptstadt jeden Handel. Später entstanden dann staatliche Verkaufsläden, bald aber auch private. „. . . Die Kaufleute mögen bei ihrem Gewerbe

[17] Vgl. Taipinskoe vosstanie . . ., a. a. O., S. 36–57.

[18] W. I. Lenin, V. Parteitag der SDAPR, Referat über die Stellung zu den bürgerlichen Parteien, in: Werke, Bd. 12, Berlin 1969, S. 468.

bleiben. . ." – heißt es in einer Proklamation der Taiping aus dem Jahre 1852.[19] Für den Handel mit Ausländern stellte man den Kaufleuten einen speziellen staatlichen Bevollmächtigten zur Verfügung, den sogenannten himmlischen Komprador.[20] Nach dem Mißerfolg des Handelsverbotes in Nanking hat man solche Versuche in anderen Städten gar nicht in Angriff genommen. Viele chinesische Kaufleute nahmen an der Taipingbewegung teil, da sie sich davon eine Stärkung ihrer Macht und eine ertragreichere kommerzielle Tätigkeit erhofften, die vom feudalen Absolutismus nicht mehr eingeschränkt war.

Das Leben selbst hat gezeigt, wie illusionär und irreal die Gleichheitslosungen der Taiping sowohl auf dem Gebiet der Produktion und des Handels als auch der Finanzen waren. Vor allem im Anfangsstadium der Bewegung propagierten die Taiping die finanzielle Gleichheit aller Menschen. Es wurden Fälle beschrieben, wo die Taiping wertvolle Möbel und anderes Inventar der Reichen zerstörten und Perlen mit den Worten verschluckten: „Wir wollen uns nicht bereichern. Wenn wir diese Perle der Obrigkeit zeigen, so öffnen wir dem Stolz und dem Luxus Tür und Tor." In solchen und ähnlichen Handlungen spiegelte sich die Ideologie des „bäuerlichen Sozialismus" als ein elementarer Protest gegen soziale Ungleichheit und Reichtum wider. Die Prinzipien der finanziellen Gleichheit konnten in keiner Weise konsequent verwirklicht werden. Viele Taipingführer wurden später sehr reich, besaßen große Geldmittel und Sachwerte.

Der „bäuerliche Gleichheitssozialismus" der Taiping trug eine bestimmte religiöse Färbung; die Führer dieser Bewegung waren bestrebt, die Gemeinden nicht nur zu wirtschaftlichen und militärischen Einheiten zu gestalten, sondern sie auch zur Basis ihrer Ideologie zu machen. Dem Gesetz zufolge sollten die Landgemeinden als religiöse Organisationen dienen. In allen Gemeinden beabsichtigte man Kirchen zu errichten, die dem Haupt der Gemeinde, dem Liänsüm, unterstehen sollten. „In jeder Gemeinde . . . besuchen alle Knaben täglich die Kirche, wo sie den Liänsüm hören, der das Alte und das Neue Testament und die heiligen Schriften liest. An den Sonntagen führen die Kommandeure der Fünfertruppe die Einwohner in die Kirche, wobei Männer und Frauen getrennt gehen. Dort hören sie die Predigt, preisen den Himmel und opfern dem Himmlischen Vater, dem Herrgott."[21]

Im Verlaufe des Aufstandes, vor allem in den Jahren 1850–1856, hatte sich die Taipingbewegung als eine antifeudale bäuerliche Revolution herausgebildet. Die Taipingführer proklamierten die Idee von der Notwendigkeit der Beseitigung der Mandschu-Feudalherren. Verschiedene programmatische Dokumente des Taipingaufstandes waren verfaßt worden, um dieses Ziel zu begründen. Die Wirtschaftspolitik der Tjingdynastie ist z. B. im „Manifest zur Notwendigkeit der Vernichtung der Nordbarbaren nach himmlischem Willen" einer scharfen und kompro-

19 Zitiert nach D. M. Posdneev, Taipinskoe vosstanie v Kitae, Peterburg 1898, S. 22.
20 Vgl. Novaja istoria stran sarubežnogo vostoka, Moskva 1952, S. 491.
21 Taipinskoe vosstanie . . ., a. a. O., S. 31.

mißlosen Kritik unterzogen worden: „Das Land unter dem Himmel ist von geizigen Beamten überschwemmt, die unreine Hände haben. Sie saugen dem Volk das Blut aus. Auf allen Wegen ist ein großes Stöhnen und Jammern zu vernehmen. Sie wollen das chinesische Volk in Armut stürzen. Staatsämter sind nur noch gegen Bestechungssummen zu haben, Strafen werden gegen Geldzahlungen erlassen und das Recht auf die Macht wird durch Reichtum erworben."[22]

Die politische Tätigkeit der Taiping, die gegen die bestehende Gesellschaftsordnung Chinas, gegen den Tjing-Adel, die Gutsbesitzer und Mandarine gerichtet war, stand in engem Zusammenhang mit den Gleichheitsideen. Die Taiping hatten u. a. folgende Losungen auf ihr Banner geschrieben: „Reiche, gebt Euer Geld her!", „Ihr Menschen des Mittelstandes, erwacht!", „Einfaches Volk, folge uns!", „Wenn wir die Reichen schlagen, helfen wir den Armen!".[23] Die Taiping horteten die den Gutsherren und Reichen abgenommenen Wertgegenstände, Gelder und Lebensmittel in eigens dafür eingerichteten Staatsspeichern, gaben aber hin und wieder auch den Armen davon. In einigen Fällen konfiszierten die Taiping die Hälfte der Ernte auf den Gutsherrenfeldern, während sie die andere Hälfte den Pachtbauern beließen und diese auch von der Pachtzahlung an die Landbesitzer befreiten.[24] An anderen Orten verringerten die Taiping den Pachtzins und die Bauern zahlten die Pacht nicht dem Gutsherren, sondern den Behörden der Taiping.

Ein Zeitgenosse der Taiping beschrieb ihr Lebensmittelversorgungssystem und berichtete nicht ohne Übertreibung, daß „in den Gebieten des Aufstandes die ‚Gutsherren' gezwungen sind, sich von Kleie zu nähren".[25] Ein anderer Zeitgenosse des Aufstandes schrieb: „Die Taiping schützen die Handwerker, die Händler und das einfache Volk."[26] Die gegen die Mandschu-Dynastie, die Mandarine und das Feudaljoch gerichtete Politik der Taiping sicherte ihnen die weitgehendste Unterstützung der Bauernschaft und der untersten Schichten der Stadtbevölkerung. Ein Augenzeuge stellte fest: „Die Bauern tragen die Taiping auf Händen."[27]

Unter den Bedingungen eines rückständigen Feudallandes und ohne ein entwickeltes Proletariat konnte die großgrundbesitzerfeindliche Haltung der Taipingbewegung kaum ausreichend konsequent durchgesetzt werden. Bereits im Anfangsstadium des Aufstandes ließen die Taiping jene chinesischen Grundbesitzer und Beamte unbehelligt, die sich nicht am Kampf gegen sie beteiligten. „Wir sind gegen die Mandschu-Herrschaft und werden nur die Mandschu ausrotten. Die chinesischen Beamten, sofern sie sich nicht rechtzeitig unterwerfen, werden wir hinrichten", hieß es in einer Taipingproklamation (im November 1852). Einige chinesische Gutsbesitzer, die sich dem Aufstand angeschlossen hatten, bekleideten später einflußreiche Ämter des Taipingstaates.

[22] Ebenda, S. 21f.
[23] Ebenda, S. 176.
[24] Vgl. ebenda, S. 85.
[25] Ebenda.
[26] Ebenda, S. 67.
[27] Zitiert nach G. S. Kara-Mursa, Taipiny, a. a. O., S. 53.

Die Taiping versetzten der Feudalordnung einen schweren Schlag, vermochten sie jedoch nicht zu stürzen. Da sie die antifeudalen Ziele breiter Kreise der chinesischen Bauernschaft nicht in vollem Maße unterstützen konnten, schufen die Taipingführer ihren Staat in Form einer theokratischen Monarchie. Viele monarchische Elemente übernahmen die Taiping aus der Zeit der Dschou-Dynastie (XII. –III. Jh. v. u. Z.).

Praktisch war auch der überwiegende Teil der Gleichheitsideen des „bäuerlichen Sozialismus" nicht verwirklicht worden. Luxus und komplizierte höfische Riten kennzeichneten das Leben der Taipingoberschicht in Nanking. Hung Ssju-thüän und andere Führer der Bewegung lebten in großen und prunkvollen Palästen. Der Palast von Hung Ssju-tjüän wurde von mehr als zehntausend Menschen erbaut.[28] Selbst im Anfangsstadium waren in Nanking die Zuteilungen differenziert. Im Laufe der Zeit vertiefte sich die soziale Abstufung innerhalb des Taipingstaates in zunehmendem Maße. Die Taipingführer, die früher von der Verringerung und sogar Liquidierung der Steuern gesprochen hatten, griffen nunmehr, um die eigene Herrschaft zu erhalten, zum Mittel großer Steuererhebungen. Die Steuern trieb man oft nach den „alten Registern" ein, die noch den Beamten der Tjing-Dynastie gedient hatten. Alle diese Praktiken mußten schließlich zu wachsender Unzufriedenheit und Enttäuschung der Bauernschaft über die Taiping führen. Die fortschreitende Entartung der Taipingführung raubte ihr zusehends die Unterstützung des Volkes. Im Jahre 1864 gelang es den Armeen der Mandschu dem Taipingstaat den entscheidenden Schlag zu versetzen. Die Tjing-Soldateska nahm Nanking ein. Hung Ssju tjüän beendete sein Leben durch den Freitod. Den Tjing-Armeen halfen vor allem die Armeen des Westens. Die westlichen Regierungen waren darauf erpicht, die reaktionären Kräfte Chinas in ihren Dienst zu stellen.

Die Taipingideologie war ihrem Charakter nach recht kompliziert. Ihre ökonomischen Lehren standen in engem Zusammenhang mit den Gleichheitsideen feudalen und bürgerlichen Charakters. Die Erfahrungen des Taipingaufstandes und seine Ideologie bestätigen anschaulich die Richtigkeit der Leninschen Einschätzung der Konzeption des Gleichheitssozialismus. W. I. Lenin schrieb: „Utopisch ist der Gedanke, die ‚Ausgleichung' könnte unter der Warenproduktion aufrechterhalten werden und sogar als Ausgangspunkt eines Halbsozialismus dienen. Nicht utopisch, sondern revolutionär im vollsten, im strengsten wissenschaftlichen Sinn des Wortes ist das Bestreben der Bauern, jetzt sofort den Gutsbesitzern die Ländereien wegzunehmen und sie gleichmäßig aufzuteilen. Eine solche Wegnahme und Aufteilung würde die Grundlage schaffen für die schnellste, die breiteste, die freieste Entwicklung des Kapitalismus."[29]

Der Taipingaufstand hat in der Geschichte und Wirtschaft Chinas tiefe Spuren hinterlassen. Die mit vielen nationalen Denktraditionen angereicherte Taiping-

[28] Vgl. V. P. Iljušečkin, Krestjanskaja voina . . ., a. a. O., S. 124.
[29] W. I. Lenin, V. Parteitag der SDAPR. Referat über die Stellung . . ., a. a. O., S. 467.

ideologie beeinflußte manche ökonomischen Konzeptionen, die in diesem Land erst später zum Tragen kamen.

Die im Kampf um nationale und soziale Befreiung zu heroischen Taten fähige millionenköpfige Bauernschaft Chinas ist bis in unsere Tage hinein in ihrer überwiegenden Mehrzahl von den Illusionen eines Gleichheitskommunismus beseelt. Einige Führer, die durch die heroische Welle der Volksrevolution an die Führungsspitze gelangten, sind ein gutes Jahrhundert später, im Zeitalter des Übergangs vom Kapitalismus zum Sozialismus, im Jahrhundert der Atomenergie und der Kybernetik, ebenfalls geneigt, um sich eine Aura halbmonarchischer Größe zu schaffen, wie das in der Zeit der Taipingbewegung üblich war. Die Geschichte zeigt ferner, daß man hundert Jahre später den Versuch erneuerte, einige utopische Grundsätze des Taipinggesetzes über den Boden zu verwirklichen, nämlich die Idee der Schaffung von militarisierten Bauern-Kommunen.

Hand in Hand mit der progressiven Rolle der Taipingbewegung und einiger anderer Anti-Mandschu-Volksbewegungen bzw. antiimperialistischer Aktionen im China der zweiten Hälfte des XIX. bis Anfang des XX. Jahrhunderts geht die verstärkte Ausbreitung eines gewissen Großchan-Nationalismus und einer Xenophobie, eines Mißtrauens gegenüber allem Ausländischen. Gerade diese negativen Tendenzen in der Ideologie der nationalen Befreiungsbewegung sind es, die gegenwärtig in besonderem Maße von den maoistischen Politikern bei der Durchsetzung eines chauvinistischen Großmachtkurses in China und auch im internationalen Bereich ausgenutzt werden.[30]

Nach der Niederlage des Taipingaufstandes setzte sich die Auflösung der Feudalmonarchie fort. Die kapitalistischen Länder unterjochten China immer mehr. Gleichzeitig bildeten sich im Lande bürgerliche Verhältnisse heraus. Unter diesen Umständen waren fortschrittliche Kreise in China bemüht, einen Ausweg aus der schwierigen Situation zu finden, in die das chinesische Volk geraten war. Zu den bedeutendsten Politikern und Ideologen, die gegen Ende des XIX. und zu Beginn des XX. Jahrhunderts danach strebten, die Lage im Lande zu verändern, zählte Kang Ju-wee. Er ist der Verfasser vieler sozial-ökonomischer, philosophischer und historischer Traktate wie „Überlegungen zum japanischen Patriotismus“, „Neuer Kommentar zu den klassischen Werken“, „Größe und Hoffnungen der Weltmächte“, „Die Geschichte des Aufstiegs und Niedergangs der Türkei“. Die Auffassungen Kang Ju-wees zur zukünftigen Gesellschaft finden am klarsten ihren Ausdruck in dem „Buch über die große Vereinigung“. Kang Ju-wees Tätigkeit stieß im Lande auf eine solche Resonanz, daß man ihn in den gebildeten Schichten der Gesellschaft nur den „modernen Konfuzius“ nannte.

In den neunziger Jahren des XIX. Jahrhunderts versammelte Kang Ju-wee eine Gruppe liberal eingestellter Reformer um sich. Im Jahre 1898 gründeten er, sein Kampfgefährte Ljang Tji-tschau u. a. in Peking die „Gesellschaft zum Schutze des Staates“. Die Ideen der Reformer machten auf den jungen Kaiser Gwangssü

30 Ausführlicher dazu siehe Novaja istoria Kitaja, Moskva 1972.

Eindruck. Kang Ju-wee und einige seiner Freunde gelangten in die Regierung. In China begann die Periode der „Hundert Tage der Reformen"; man erließ eine große Anzahl von Gesetzen, die der kapitalistischen Entwicklung des Landes nutzen sollten. Die Reformen des Kang Ju-wee und seiner Gruppe trugen bürgerlichen Charakter. Den Provinzbehörden wurde aufgetragen, die Errichtung von Industrieunternehmen zu fördern, Eisenbahnen zu bauen und die Landwirtschaft mit Hilfe von Maschinen zu intensivieren. Man gründete die Universität Peking. Staatsexamen mußten von nun an auch in solchen Fächern wie politische Ökonomie und Geschichte des Westens absolviert werden. Die Reformer begünstigten die Herausgabe von Zeitungen, die vor allem die Notwendigkeit propagieren sollten, die wirtschaftliche Entwicklung zu beschleunigen.

Die Mehrzahl dieser Reformen ist nicht verwirklicht worden. Drei Monate nach Aufnahme Kang-Ju-wees in die Regierung folgte ein konterrevolutionärer Umsturz. Kang Ju-wee mußte flüchten. Viele seiner Anhänger wurden hingerichtet bzw. ins Gefängnis geworfen.

Kang Ju-wee ist der bedeutendste Vertreter des utopischen Sozialismus in China. In seinem Werk „Buch über die große Vereinigung" entwirft er ein eindrucksvolles Bild von den Leiden und Nöten des chinesischen Volkes. „In den Häusern der Reichen verdirbt aus Überfluß das Fleisch und der Wein, während auf der Straße die Knochen erfrorener Menschen liegen", – so zitiert Kang Ju-wee einen Vers des Dichters der Tang-Epoche, Du Fu.[31]

Als hochgebildeter Mensch hat sich Kang Ju-wee auch mit der Lage der kapitalistischen Länder des Westens befaßt. Im Gegensatz zu einigen seiner Landsleute, die dazu aufriefen, unkritisch die kapitalistische Ordnung zu übernehmen und auf China zu übertragen, trat Kang Ju-wee mit einer heftigen Kritik des entwickelten Kapitalismus in den USA und Westeuropa auf, wo in den Fabriken „Tausende von Menschen arbeiten, deren Leben von der Gnade des Fabrikanten abhängt", wo die Reichen reicher werden und die Armen ärmer. Kang Ju-wee sah die weitere Zuspitzung der kapitalistischen Widersprüche voraus und trat mit antiimperialistischen Ideen vor die Öffentlichkeit. Er schrieb, daß die „Kapitalisten" sich nicht um den Staat sorgen, sondern ihre Gedanken nur dem Profit gelten. Ebenso scharf kritisierte Kang Ju-wee jene bürgerlichen Ökonomen, die der kapitalistischen Ordnung und der Konkurrenz ein Loblied sangen.[32]

Er erkannte, daß das Eindringen der entwickelten kapitalistischen Großmächte in China zum Verlust der wirtschaftlichen Unabhängigkeit des Landes führen mußte. In einer seiner Petitionen an den Kaiser schrieb der Reformator: „Obwohl China nominell noch ein unabhängiges Land ist, befinden sich sein Grund und Boden, seine Eisenbahnen, die Wasserwege, der Handel und die Banken in den Händen von Ausländern, die mit alledem nach eigenem Ermessen ver-

[31] Zitiert nach S. L. Tichvinski, Dviženie za reformy v Kitae v konze XIX. veka i Kan Ju-vej, Moskva 1959, S. 303.

[32] Vgl. S. L. Tichvinski, Dviženie za reforma . . ., a. a. O., S. 306.

fahren. Obwohl China formal noch nicht tot ist, ist es faktisch bereits ein Leichnam."[33]

Vorausschauend erkannte Kang Ju-wee, daß die wirtschaftliche Abhängigkeit zur Liquidierung des Staates und zur kolonialen Knechtschaft führen muß. Er schrieb: „Es ist allen bekannt, daß die alten Staaten durch Gewalt und Krieg anderer Staaten fielen. Doch vermögen die Menschen nicht zu erkennen, daß die Staaten heute durch den Handel zerstört werden. Als ein Staat von einem anderen auf militärischem Wege vernichtet wurde, ging das Staatswesen unter, das Volk aber lebte weiter; wenn der Staat aber durch den Handel vernichtet wird, so stirbt erst das Volk, dann der Staat selbst. Von diesem Unglück ist nun China betroffen."[34]

Das Verdienst Kang Ju-wees besteht darin, daß er, die zeitgenössische Gesellschaft kritisierend, den historisch begrenzten Charakter dieser Gesellschaft aufzeigte und ein Bild der zukünftigen Gesellschaft entwarf, wobei er einige treffende Vorstellungen über den Sozialismus entwickelte. Kang Ju-wee bezeichnete die Gesellschaft der Zukunft als „Gesellschaft der großen Ruhe und Vereinigung". Er schrieb zu seinem Bild von der künftigen idealen Ordnung, in der alle Menschen glücklich und ohne Leiden leben würden, daß das Gesetz der Menschheit in der Gleichheit begründet sei.[35] Er meinte, daß die Gesellschaft der großen Vereinigung keine staatlichen Klassenunterschiede und nationalen Verschiedenheiten kenne, die nur die Entwicklung der ganzen Menschheit und der einzelnen Persönlichkeit hemmen würden. Wie die meisten europäischen utopischen Sozialisten wandte sich auch Kang Ju-wee gegen das Privateigentum. Seinen Worten zufolge „wird es unmöglich sein, den Unterschied zwischen arm und reich zu tilgen, wenn man den Bürgern erlaubt zu kaufen und zu verkaufen und privates Eigentum zu besitzen; die Gleichheit aller wird dann ein unerreichbares Ziel bleiben".[36] Produktion und Wirtschaftsführung müßten gesellschaftlichen Charakter tragen.

Kang Ju-wee schrieb in seinem „Buch über die große Vereinigung", daß alle Felder der Erde in gesellschaftlichem Besitz sein müßten und daß es einzelnen Personen nicht erlaubt sein dürfe, sie zu kaufen oder mit ihnen zu handeln. Die wirtschaftliche Grundeinheit der künftigen Gesellschaft sah er in den sogenannten landwirtschaftlichen und Industrieparzellen. Eine landwirtschaftliche Parzelle sollte einige Quadratkilometer umfassen. Jede dieser Parzellen sollte von einem Büro mit einem an dessen Spitze gesetzten Leiter verwaltet werden. Die Industrieparzellen sollten einzelnen Unternehmen entsprechen, doch kannte die Zahl der Arbeiter in mehreren Industrieparzellen eine Million überschreiten. Kang Ju-wee schlug vor, in Industrie und Landwirtschaft nach einem Plan zu arbeiten. Die

[33] Zitiert nach Chu Šen, Aggressija imperialističeskych deržav v Kitae, Moskva 1951, S. 125.

[34] Ebenda, S. 124.

[35] Vgl. S. L. Tichvinski, Driženie za reforma . . ., a. a. O., S. 297.

[36] Kan Ju-vej, Da tun šu, Peking 1956, S. 235.

Wirtschaftsführung sollte entsprechend den Prinzipien der Kollegialität und Zentralisierung aufgebaut sein.[37]

Eine große Rolle spielte in diesem Programm das Prinzip der Allgemeinheit der Arbeit. Bei der Analyse der Gesellschaft der großen Ruhe und Vereinigung schreibt er, daß durch den Umstand, daß alle Güter gesellschaftliches Eigentum werden, einige Schlauköpfe und Faulpelze auf den Gedanken verfallen könnten, auf Kosten anderer zu leben. Dieser Menschen wegen könnte die Zukunftsgesellschaft Gefahr laufen, zu Grunde zu gehen. Daher müßten alle mit Verachtung und Ekel auf die Faulpelze schauen.

Kang Ju-wee war weiterhin der Meinung, daß es nötig wäre, das Geld in der Gesellschaft der großen Ruhe und Vereinigung beizubehalten. Er begründete das Prinzip der Entlohnung nach geleisteter Arbeit, indem er ausführte, daß der Lohn aller Mitglieder der Gesellschaft unter Berücksichtigung der Kenntnisse und Arbeitserfahrungen festgesetzt werden soll. Doch sollten selbst die niedrigbezahlten Kategorien so viel Lohn bekommen, wie sie zur Befriedigung ihrer materiellen und kulturellen Bedürfnisse benötigten. Technische Neuentwicklungen und Erfindungen empfahl Kang Ju-wee kontinuierlich zu stimulieren.[38] Daraus wird offensichtlich, daß die sozialen Utopien des Kang Ju-wee insgesamt durchaus nicht auf eine vulgäre Gleichmachertheorie hinausliefen.

Die künftige Gesellschaft Kang Ju-wees sollte frei von jenen Widersprüchen sein, die den Kapitalismus unterhöhlen, es sollte keine Überproduktion an Waren geben und die Waren nicht dem Verderb ausgesetzt sein, der Naturreichtum sollte nicht vergeudet werden.

Unter den damaligen Bedingungen in China konnte man kaum über das Stadium der Utopie hinausgelangen. Auch Kang Ju-wee blieb Utopist. In methodologischer Hinsicht beharrte er auf den Positionen von Konfuzius, dessen Lehre zur allchinesischen Religion umgewandelt werden sollte. Kang Ju-wee glaubte nicht an die Kraft der Volksmassen und meinte, daß Reformen unter Mithilfe einer „aufgeklärten Monarchie“ notwendig seien. Er blieb bis zuletzt Monarchist. Was den Reformcharakter seiner Auffassung betrifft, so reiht sich Kang Ju-wee unter die Führer und Ideologen der Taipingbewegung ein. Wie die kritisch-utopischen Sozialisten betrachtete er den Sozialismus als Resultat der Aktivität eines aufgeklärten Geistes. „Die Bedeutung des kritisch-utopischen Sozialismus und Kommunismus steht im umgekehrten Verhältnis zur geschichtlichen Entwicklung“ schrieben Karl Marx und Friedrich Engels.[39]

In *Indien* sind in der zweiten Häfte des XIX. Jahrhunderts sozial-ökonomische Konzeptionen entstanden, die neben dem Protest gegen Kolonialjoch und Feudalismus auch eine Kritik der bürgerlichen Verhältnisse zum Gegenstand hatten und die die Ideen eines religiösen und eigenwilligen utopischen Sozialismus verkörperten.

[37] Vgl. Voprosy filosofii, 6/1953, S. 129.

[38] Vgl. ebenda, S. 130.

[39] Karl Marx/Friedrich Engels, Manifest der Kommunistischen Partei, in: MEW, Bd. 4, Berlin 1959, S. 491.

In gewisser Weise schlagen sich in diesen Konzeptionen Anzeichen einer wachsenden Unzufriedenheit des großen indischen Volkes mit dem grausamen Kolonialregime Englands nieder, das sich jährlich ein Fünftel des indischen Nationaleinkommens aneignete. „Das ist ein Prozeß des Ausblutens, der sich rächen muß!" rief Karl Marx aus, als er das von den Engländern geschaffene System der Ausraubung Indiens beschrieb.[40] Um die eigene Herrschaft zu stärken, konservierten die Kolonialherren die im Lande herrschenden Feudalverhältnisse. Andererseits hatte die koloniale Ausbeutung Indiens eine gewisse kapitalistische Entwicklung zur Folge. Infolgedessen sind dort schon in den sechziger bis siebziger Jahren des vorigen Jahrhunderts sozialistische Ideen aufgetreten, wovon u. a. die Aufnahme von Fragen zum Sozialismus in den Magisterkurs der Universität Kalkutta zeugt.

In der nationalen Befreiungsbewegung Indiens Ende des XIX. und Anfang des XX. Jahrhunderts trat vor allem die radikal-demokratische Richtung hervor; ihre Vertreter verurteilten entschieden das ausländische Kolonialjoch, sie betrachteten es als Ursache der sozialen Unterdrückung im Lande und für das Fortbestehen feudaler Verhältnisse.

Der wohl bedeutendste Repräsentant antibürgerlicher, radikal-demokratischer Stimmungen in Indien war der bekannte bengalische Schriftsteller Bankim Chandra Chatterji.

Bankim Chandra trat in einer Vielzahl von ökonomischen, soziologischen und belletristischen Schriften mit Protesten gegen die schwere Lage der indischen Volksmassen auf. Im Jahre 1872 schrieb er: „Wir haben gezeigt, daß das Land durchaus auf dem Wege des Fortschritts ist. Der Ackerbau entwickelt sich, der Reichtum wächst. Der Herrscher, der Gutsherr, der Händler und der Wucherer ringen miteinander um diesen Reichtum, denn er bringt ihnen Vorteile. Nur der Bauer hat nichts von alledem: Von tausend Menschen bringt er neunhundertneunundneunzig überhaupt keinen Nutzen. Wer mag, der soll mit leeren Worten solchen Fortschritt rühmen, nur nicht ich. Solange ich nicht sehe daß diese neunhundertneunundneunzig Menschen Nutzen davon beziehen, reihe ich mich nicht ein in diesen Chor der Preisenden."[41] Der Autor bezichtigt die englischen Kolonialherren (die er als die Herrscher bezeichnet), die örtlichen Gutsherren und die Vertreter des Kapitalismus (Händler und Wucherer) der grausamen Ausbeutung und Unterdrückung der indischen Bauernschaft.

Zu den starken Seiten der sozialen Anschauungen Bankim Chandras ist zweifellos die Verknüpfung der Kritik an der englischen Kolonialherrschaft mit der Verurteilung der kapitalistischen Ordnung zu rechnen. Als talentierter Ideologe der fortschrittlichen Schichten Indiens und als Repräsentant der Interessen der im Entstehen begriffenen kleinbürgerlichen Demokratie vermochte Bankim Chandra

[40] Karl Marx, Brief an Nikolai Franzewitsch Danielson vom 19. Februar 1881, in: MEW, Bd. 35, Berlin 1967, S. 154.

[41] Bonkimčondro Čottopadchai, Indira, Povest' i Roman. Moskva 1963, S. 381.

die bürgerliche Natur der Ausraubung des indischen Volkes durch die englischen Kolonisatoren darzulegen. In hervorragender und anschaulicher Weise gelang es ihm, das unmenschliche Wesen der bürgerlichen Zivilisation aufzudecken und die Macht des Geldes zu entlarven, wobei er die Konzeptionen der englischen bürgerlichen Ökonomen Adam Smith und John Stuart Mill einer scharfen Kritik unterwarf.

Der indische Denker führte jedoch seine Kritik an der englischen Kolonialherrschaft und der Allmacht des Geldes vornehmlich in moralisch-ethische, teilweise religiöse Bahnen. Bankim Chandra vermochte der kapitalistischen Ideologie keine detaillierte, exakt erarbeitete sozial-ökonomische theoretische Plattform entgegenzusetzen. In einigen Arbeiten stellte er allerdings die Forderung nach dem Gemeineigentum, vor allem an Grund und Boden, wobei er Rousseau und den utopischen Sozialisten folgte. Bankim Chandra schrieb: „Rousseau legte den Samen eines großen Baumes, als er die Worte aussprach: ‚das Land gehört allen'; dieser Baum brachte immer neue Früchte. Europa ist heute voll davon. Der Kommunismus ist eine Frucht dieses Baumes. Die Internationale ist auch eine Frucht dieses Baumes ... In unserem Land ist wie in einigen anderen das Eigentum privater Natur. ‚Mein Haus', ‚dein Land', ‚sein Baum' usw. Das aber heißt nicht, daß eine andere Art von Eigentum unmöglich ist. Anstelle des Privateigentums kann es das Eigentum des ganzen Volkes geben. Der Boden, der uns alle nährt, ist nicht für irgendjemand allein geschaffen, wie er auch nicht für zehn oder fünfzehn Landbesitzer existiert. Daher müssen alle gleiche Rechte am Grund und Boden besitzen."[42] Es ist nur natürlich daß die Errichtung des gesellschaftlichen Eigentums unter den Bedingungen der fehlenden Macht der Arbeiterklasse utopisch bleiben mußte. Doch sind solche Ideen im kolonialen Indien Ende des XIX. Jahrhunderts als äußerst progressiv zu bezeichnen, da sie die Herausbildung eines politischen Bewußtseins bei breiten gesellschaftlichen Schichten förderten.

Die Arbeiten Bankim Chandras haben für die Entstehung patriotischer Gefühle, der nationalen Selbstbesinnung und von Befreiungsideen eine nicht zu unterschätzende Rolle gespielt. Durch sie ist vielen Indern das soziale Wesen der Prozesse verständlich geworden, die sich in der indischen Gesellschaft in der zweiten Hälfte des XIX. Jahrhunderts vollzogen, durch sie haben sie die sozial-ökonomischen Hintergründe des Großgrundbesitzer- und Kolonialjoches besser erkannt. Die Folgen sowie die verschiedenen Perspektiven der Entwicklung bürgerlicher Verhältnisse sind deutlich geworden.

Doch vermochte Bankim Chandra die realen Mittel und Wege zur Errichtung einer gerechten Gesellschaftsordnung und zum gemeinschaftlichen Eigentum am Boden nicht zu erkennen. Auf dem Gebiet sozial-ökonomischer Fragen blieb er fast vollständig auf dem Boden eines abstrakten Humanismus und trat für eine sittliche Vervollkommnung der herrschenden Gesellschaftsschichten ein. Bankim

[42] Zitiert nach Ideologičeskie tečenia sovremennoi Indii, S. 52.

Chandra, der die Idee des Patriotismus und der Verringerung sozialer Antagonismen in der indischen Gesellschaft im Interesse der Durchsetzung von Befreiungsidealen verteidigte, wurde zum geistigen Wegbereiter des bürgerlichen Nationalismus demokratischer Prägung.

Sozialistisches Ideengut fand sich auch in den Werken des indischen revolutionären Demokraten Bal Gandadhar Tilak sowie bei dem größten indischen Schriftsteller Rabindranath Tagore. Wie Bankin Chandra sah Tagore im Sozialismus vor allem ein moralistisches Ideal der materiellen Gleichheit und ein Mittel, die Einheit der indischen Gesellschaft im Interesse der politischen Freiheit zu erreichen. „Der Sozialismus ist bestrebt, erneut alle Menschen durch die gleichmäßige Verteilung des Reichtums unter die Glieder der Gesellschaft zu einer Einigung zu führen, um somit die größtmögliche Freiheit für alle zu garantieren. Das Ziel des Sozialismus ist die Verwirklichung von Einheit und Freiheit in der menschlichen Gesellschaft“[43], schrieb Tagore im Jahre 1892.

Tilak sprach von der verderblichen Rolle des englischen Kolonialismus in Indien und forderte die nationale Unabhängigkeit unter Hinweis auf ökonomische Faktoren und traditionelle ethische Begriffe der indischen Religion. In seinem Programm sah er die Nationalisierung der Eisenbahnen, die Abgabe eines „gerechten Anteils“ von den Einkünften aus den kapitalistischen Unternehmen für die Arbeiter, die Einführung besserer Besteuerung u. a. vor. Tilak spielte in der ideologischen Entwicklung des nationalen Befreiungskampfes in Indien eine hervorragende Rolle.

Indiens größter Denker gegen Ausgang des XIX. Jahrhunderts, der Ideen der sozialen Gleichheit, der Demokratie und des Sozialismus teilweise auf religiöser Grundlage propagierte, war Swami Wiwekananda (sein richtiger Name ist Narendra Nath Datt).

Wiwekananda hat als einer der ersten Denker und Politiker Indiens sozialistische Ideen verbreitet. Sie waren jedoch noch nicht ausreichend wissenschaftlich begründet. „Ich bin nicht deswegen Sozialist, weil ich den Sozialismus für ein vollkommenes System halte, sondern weil irgendetwas besser als nichts ist. Wir haben viele andere Systeme erprobt und sie unpassend gefunden. Erproben wir doch auch dieses System, auch wenn es nur der Neuheit halber sein sollte“[44], äußerte Wiwekananda.

Verschiedentlich spricht sich Wiwekananda deutlich für die Idee der gleichen Verteilung aus. „Die Umverteilung von Brot und Annehmlichkeiten ist besser als jene Ordnung, wo nur ein Teil der Menschen Brot und Annehmlichkeiten besitzt. Gebt doch jedem Hund die Möglichkeit, seinen Tag in dieser jammervollen Welt zu haben!“[45], rief der indische Denker aus.

[43] Ebenda, S. 59.

[44] Zitiert nach Džavahharlal Neru, Otkrytie Indii. Moskva 1955, S. 363.

[45] J. P. Suda, Main Currents of Social and Political Thought of Modern India, Bd. 1, Meerut 1963, S. 251.

Wiwekananda kritisierte die Reichen vor allem vom Standpunkt eines Moralisten. Er hat niemals direkt zur Liquidierung des Privateigentums an den Produktionsmitteln aufgerufen. Von großer sozial-ökonomischer Bedeutung waren seine Versuche, eine Periodisierung der Menschheitsentwicklung vorzunehmen und dabei von sozialen Kriterien auszugehen. Er legte dar, daß die menschliche Gesellschaft in den verschiedenen Perioden ihrer Geschichte von einer der Kasten regiert würde: von den Priestern, den Kriegern, den Kaufleuten oder von den Werktätigen. Unter der Priesterherrschaft hätten sich die Wissenschaften entwickelt, doch wären die Kenntnisse lediglich den Priestern zugänglich gewesen; die Herrschaft der Krieger wäre grausam gewesen, doch hätte die kulturelle Entwicklung eine hohe Blüte erreicht; in der Periode der Geschäftsleute beginne der Zerfall der Kultur; auf die Händlerherrschaft folge unvermeidlich die Regierung der Schudras, der Werktätigen. „Die ersten drei Perioden hatten bereits ihren Tag. Nunmehr kommt die Zeit der letzten Periode – die Menschen müssen sie erleben und niemand vermag sich ihrem Kommen entgegenzustellen".[46]

Wiwekananda war der Auffassung, daß der Schudra-Staat wie alle vorhergehenden Gesellschaften gute und schlechte Seiten haben werde. Der Vorteil dieser Ordnung würde in der großen Ausbreitung des materiellen Komforts liegen, während ein mögliches Absinken des kulturellen Niveaus ein Nachteil sein könnte. Derartige Auffassungen von der Periode der Herrschaft der Werktätigen sprechen deutlich davon, daß Wiwekananda vulgäre bürgerliche und antisozialistische Theorien übernahm, von denen er beeinflußt war. Es soll jedoch nicht unerwähnt bleiben, daß Wiwekananda auch die Herausbildung des idealen oder „entwickelten" Staates für möglich hielt, in dem alle positiven Züge der vier Entwicklungsperioden der menschlichen Gesellschaft konzentriert wären.

Die Begründung der Möglichkeit und Notwendigkeit der künftigen Herrschaft der Werktätigen war das wichtigste Verdienst des hervorragenden Denkers. Unter Hinweis auf das Anwachsen der Arbeiterbewegung im Westen schrieb er in dem Aufsatz „Modernes Indien": „Es kommt die Zeit, da sich die Schudras erheben werden. Wobei das nicht so geschehen wird, wie jetzt in den Fällen, wo die Schudras charakteristische Eigenschaften der Waischa (der Kapitalisten, Unternehmer, Händler – d. Verf.) oder Kschatria (der Vertreter der Staatsgewalt – d. Verf.) annehmen. Es kommt der Zeitpunkt, da die Schudras aller Länder mit all ihren charakteristischen Besonderheiten und ihrem Brauchtum in jeder Gesellschaft die absolute Gewalt besitzen werden. Die ersten Anzeichen dieser neuen Macht sind in der westlichen Welt bereits sichtbar geworden ... Der Sozialismus, der Anarchismus, der Nihilismus und andere Sekten sind die Vorhut der sozialen Revolution".[47] Diese Erklärung Wiwekanandas macht seine Vorausschau der gesellschaftlichen Entwicklungsperspektiven deutlich und demonstriert seine Bekanntschaft mit der sozialistischen Literatur des Westens.

[46] The Complete Works of Swami Vivekananda, Advaita Ashrama, 1922–1951, Bd. VI, S. 343.

[47] Ebenda, Bd. 4, S. 401.

Der indische Denker ist in seiner Bewertung der verschiedenen Schichten der indischen Gesellschaft allerdings widersprüchlich gewesen. In der Arbeit „Modernes Indien" spricht Wiwekananda den niederen Schichten, die er als „unterwürfig" bezeichnet, Humanität ab[48] und bemühte sich, die reichen Schichten der Gesellschaft dazu zu bringen, die Schudras zu erziehen. Er rief die verschiedenen sozialen Schichten des indischen Volkes zu Einigkeit und Brüderlichkeit auf und appellierte an die Reichen, beim Kampf um das zukünftige Indien nicht zu vergessen, daß die Armen ihre Brüder seien.[49] Hier zeigt sich die Klassenbeschränktheit der sozial-ökonomischen Konzeption Wiwekanandas. Er wurde somit zu einem der ersten Theoretiker des nichtmarxistischen Sozialismus, der die Idee des „Klassenfriedens" und der „sozialen Partnerschaft" vertrat. Während er die „Hilfe" für die Arbeiter und Bauern durch die Reichen begründete, nannte er diese Hilfe ein Mittel zur Verhütung des Klassenkampfes.[50] Wiwekananda verteidigte die Idee der allgemeinen Liebe, der Harmonie. Er unterstrich die Vorteile des wirtschaftlichen und kulturellen Fortschritts der Länder des Westens. Wiwekananda erkannte jedoch, als er sich in den USA befand, klar und vorausschauend die Widersprüche des Kapitalismus, vor allem den Widerspruch zwischen Arbeit und Kapital. Seine Kritik der Gesellschaftsordnung in den USA trug allerdings vor allem einen moralistischen und, in gewissem Maße, nationalistischen Charakter. Wiwekananda schrieb: „Der Reichtum und der Luxus der Amerikaner kennt keine Grenzen, obwohl hier alles sehr teuer ist. In den USA gibt es den höchsten Arbeitslohn, doch währt der Kampf zwischen Arbeit und Kapital ununterbrochen ... Bei aller Kritik unseres Kastensystems durch die Europäer und die Amerikaner muß gesagt werden, daß sie ein schlechteres System haben, nämlich das des Geldes. Der allmächtige Dollar vermag alles, wie es die Amerikaner ausdrücken. Es gibt wohl kein einziges Land auf der Erde, das soviel Gesetze wie die USA besitzt, aber nirgendwo werden sie auch so ignoriert wie hier. Alles in allem haben unsere armen Inder eine unendlich höhere Moral als jeder beliebige Bewohner des Westens. In der Religion des Westens wird entweder Doppelzüngigkeit propagiert oder Fanatismus".[51]

Gegen die englische Kolonialherrschaft, die den Fortschritt von Wirtschaft und Kultur hemmte, wandte sich Wiwekananda mit schärfster Kritik. Der Raubbau und die Ausbreitung, die die Kolonialherren in seiner Heimat betrieben, und die grausamen Ausschreitungen der englischen Militärs empörten ihn aufs heftigste. Er hob hervor, daß die erste Voraussetzung zu einer wirtschaftlichen Entwicklung die Unabhängigkeit sei. „Gegenwärtig stellen einige kompakte Machtzentren", schrieb er im Hinblick auf das englische Kolonialjoch, „ein unüberwindliches Hindernis für die Besserung der Lage der Armen dar".[52] Die Auffassung Wiwekanandas von der Rolle und dem Wesen der englischen Herrschaft war allerdings

[48] Vgl. ebenda. [49] Vgl. ebenda, S. 412f.
[50] Vgl. ebenda, Bd. VI, S. 386f.
[51] Ebenda, S. 307.
[52] Ebenda, Bd. IV, S. 373.

in gewisser Weise inkonsequent. Er brachte in einigen seiner Arbeiten die Hoffnung zum Ausdruck, daß diese Herrschaft hier und da der wirtschaftlichen Entwicklung dienlich sein könnte und daß sie der Herausbildung bürgerlicher Verhältnisse in Indien Vorschub leisten würde. Indien, so sagte er, sei häufig das Opfer fremdländischer Eroberer und Eroberungen geworden, doch unterscheide sich die englische Herrschaft wesentlich von vorhergehenden. Ganz im Gegensatz zu den früheren Eroberern mit ihren Kampfelefanten, ihren prachtvollen Palästen, der Kavallerie, der Infanterie und dem Kriegsschmuck wäre „die Kriegsflagge Englands der Fabrikschornstein, seine Armeen wären die Händler und seine Schlachtfelder die Weltmärkte.“ Das alles bringe Indien eine neue Revolution, eine neue Transformation, die keineswegs von der „früheren Geschichte als Erbe übernommen werden kann“.[53] Wiwekananda hat also seine Hoffnungen auf die wirtschaftliche Modernisierung Indiens im Zusammenhang mit England gesehen.

Wiwekananda hat, wie andere Ideologen des nichtmarxistischen Sozialismus, die Gesetze der gesellschaftlichen Entwicklung nicht verstanden, sondern sah als Ursachen für die Entstehung dieser oder jener Entwicklungsrichtung die Vorherrschaft bestimmter Ideen und religiöser Vorstellungen und deren Aufnahme durch die Gesellschaften. „Das Ziel des Lebens besteht darin, die Gesetze des geistigen Fortschritts zu studieren. Die Christen können bei den Hinduisten lernen, diese wiederum bei den Christen. Alle haben ihr Scherflein zur Weltweisheit beigetragen.“[54] Im Prinzip sind die Aufrufe zum breiten Gedanken -und Kulturaustausch zwischen den Völkern zweifellos nützlich. Doch haben einige indische Aufklärer jener Zeit damit die Illusion verbunden, daß eine echte Hilfe durch die kapitalistisch entwickelten Großmächte für den materiellen Fortschritt in den Halbkolonien und Kolonien zu erreichen sei. Der Kapitalismus und Imperialismus sieht aber sein Ziel in der Ausraubung und zügellosen Ausbeutung der kolonialen und halbkolonialen Völker.

Bei seiner Kritik am kapitalistischen Westen und am Kolonialregime hat Wiwekananda auch einige feudale Einrichtungen und Ordnungen der indischen Gesellschaft verurteilt. Mit großer Bitterkeit schrieb er, daß sich Indien zwischen der Scylla der eigenen überalterten Überlieferungen und der Charybdis der modernen westlichen Zivilisation befände. Wiwekananda brachte ungeschminkt seine Unzufriedenheit mit der schweren materiellen Situation der Volksmassen und ihrer politischen Rechtlosigkeit und Unmündigkeit zum Ausdruck.[55] Sein Herz schlug für die niederen Volksschichten, die einer grausamen Ausbeutung unterworfen waren. Seinen Worten zufolge „haben die Armen in Indien keinerlei Chancen und keinerlei Mittel, um sich zu erheben. Sie besitzen keine Freunde, ihnen hilft niemand; Arme vermögen nicht einen höheren Stand zu erreichen, wie sie sich auch immer darum mühen mögen. Mit jedem neuen Tag fallen diese Menschen stets

[53] Ebenda, S. 186.
[54] Ebenda.
[55] Vgl. ebenda, S. 372.

tiefer, empfinden sie die bitteren Schläge, die ihnen die grausame Gesellschaft von allen Seiten versetzt; sie können nicht einmal verstehen, woher diese Schläge kommen. Die unteren Schichten des Volkes haben sogar vergessen, daß auch sie Menschen sind. Daher kommt die Sklaverei."[56] Es ist Wiwekananda als Verdienst anzurechnen, daß er den Volksmassen in den Plänen einer sozialen Umgestaltung die entscheidende Rolle zumaß. „Die einzige Hoffnung Indiens liegt in seinen Massen. Die oberen Klassen sind sowohl physisch wie moralisch tot."

Wiwekananda ist zweifellos ein geistiger Vorläufer der modernen Konzeptionen des nichtmarxistischen Sozialismus. Seine Tätigkeit hat den Beifall so prominenter Führer der nationalen Befreiungsbewegung wie M. Gandhi, Nehru u. a. gefunden. „Viele meiner Generation haben stark unter dem Einfluß der Lehren Wiwekanandas gestanden", schrieb Nehru, wobei er dazu aufrief, sich dem Studium seiner Werke zu widmen.[57]

In den Ansichten Wiwekanandas über nationale Probleme sind die Ideen des Nationalismus mit demokratischen Ideen von Patriotismus, den Gedanken über Zusammenarbeit und kulturellen Verbindungen sowie gegenseitiger Bereicherung der Völker verknüpft. Im Jahre 1899 schrieb er über die Notwendigkeit, „die Tore weit aufzumachen, damit das Licht aus dem Ausland unbehindert nach Indien hineinleuchten könne" und dem Land ein wirtschaftlicher Aufschwung ermöglicht werde. Andererseits warnte Wiwekananda die Inder vor der großen Gefahr, die für sie „die Woge des westlichen Geistes" sein würde, und die, wie er es ausdrückte, „die unschätzbaren geistigen Schätze" hinwegspülen könnte, die Indien „in Jahrhunderten harter Arbeit" angehäuft hat. Wiwekananda erkannte die Gebrechen, an denen der Kapitalismus litt, und schlug vor, sich unter anderem auf die geistigen, religiösen Werte Indiens zu besinnen, um sich von diesen Gebrechen freizumachen.[58] Viele Seiten der indischen Vergangenheit idealisierte er, so vor allem ihre Traditionen und ihr Brauchtum, und schlug vor, einige indische soziale Einrichtungen in anderer Gestalt zu neuem Leben zu erwecken.

Bei seinem Eintreten für eine eigenartige, sozial und national verstandene Einigung der differenzierten Schichten der indischen Gesellschaft im Interesse der Erziehung und einer Verbesserung der materiellen Lebensbedingungen der breiten Volksmassen fällte Wiwekananda manchmal einseitige Werturteile über die Lebensbedingungen der Armen in den westlichen Ländern und der ärmsten Schichten in der indischen Gesellschaft. „Die Wurzel aller Übel Indiens sind die Bedingungen, unter denen seine Armen ihr Leben fristen. Die Armen des Westens sind Teufel, im Vergleich zu ihnen sind unsere Armen Engel, deshalb werden wir sie viel leichter dazu bewegen können, sich zu erheben. Das einzige, was man für die unteren Klassen unserer Gesellschaft tun muß, ist ihnen Bildung zu ermöglichen, verlorengegangene Individualität zu entwickeln. Das ist die große Aufgabe unseres Volkes

[56] Ebenda, S. 11.
[57] Vgl. Džavacharlal Neru, Otkrytie Indii, a. a. O., S. 363.
[58] The Complete Works . . ., Bd. IV, a. a. O., S. 339.

und unserer Fürsten".[59] Diese, in vielen Briefen enthaltenen Äußerungen des Denkers belegen noch einmal die Widersprüchlichkeit seiner Weltanschauung.

Im Schaffen Wiwekanandas ist nationalistisches Gedankengut ganz eigenartig mit der Idee einer „Kultursynthese" verbunden worden. „Auch in der Politik und in der Soziologie können Probleme, die vor zwanzig Jahren nur Probleme einer bestimmten Nation waren, heute nicht mehr im nationalen Rahmen einer Lösung entgegengeführt werden. Sie nehmen ungeheure Ausmaße, ja gigantische Formen an. Gelöst werden können sie nur noch unter Berücksichtigung des breiteren Hintergrundes der internationalen Politik. Internationale Organisationen, internationale Verbände, internationale Gesetze, das ist die Losung von heute. Es ist eine Demonstration der Solidarität."[60] Es ist unschwer zu erkennen, daß Wiwekananda hier die Tendenzen zur Internationalisierung des gesellschaftlichen und wirtschaftlichen Lebens erkannt hat, die sich zur Jahrhundertwende im Zusammenhang mit dem Übergang des Kapitalismus in sein höchstes und letztes Entwicklungsstadium immer stärker ausprägte.

Bei einer Analyse der weltanschaulichen Grundlagen Wiwekanandas darf nicht außer acht gelassen werden, daß er bei der Lösung ökonomischer und sozialer Probleme methodologisch auf den Positionen des Idealismus verharrte. Davon legen auch folgende Äußerungen beredtes Zeugnis ab: „Ehe man Indien mit sozialistischem Ideengut überschwemmt, muß es von geistlichen Ideen erfüllt werden."[61] In vielen Arbeiten begründet er die Notwendigkeit einer Verbindung von westlicher Zivilisation und religiösen geistigen Werten Indiens. In seinen Reden und Predigten verteidigte Swami Wiwekananda Idealismus und Religion, indem er die „Allmacht Gottes" pries und von der „Unsterblichkeit der Seele" und vom Glauben an ein Leben im Jenseits sprach.[62] Doch seinem Idealismus fehlte es nicht an rationalistischen Elementen. Seine Proteste gegen die Überbewertung der Rolle der Religion waren keineswegs selten; heftige Kritik wurde auch an der Geistlichkeit geübt, indem er die Priester als „Feinde des Fortschritts" bezeichnete.[63]

Für Wiwekananda ist es bezeichnend, daß er im Gegensatz zu vielen anderen Predigern, die oft für ein vollkommenes Versenken in die geistige Welt oder für den passiven Widerstand gegen alle Ungerechtigkeit eintraten, ein Anhänger des aktiven Handelns, des energischen Kampfes gegen das Böse war.

Obwohl sich Wiwekananda in einigen Fragen als hervorragender Denker und Kenner gesellschaftlicher Prozesse erwiesen hat, und seine prinzipielle Haltung bei der Bewertung einiger sozial-ökonomischer Probleme Indiens und anderer Länder nicht hoch genug einzustufen ist, und obwohl er das Talent hatte, die Perspektiven der gesellschaftlichen Entwicklung und der Rolle der Schudras zu

[59] Ebenda, S. 308.
[60] Zitiert nach Džavacharlal Neru, Otkrytie Indii, a. a. O., S. 363.
[61] The Complete Works . . ., Bd. V, a. a. O., S. 25.
[62] Vgl. ebenda, Bd. IV, S. 185–187 und Bd. VI, S. 51.
[63] Ebenda, Bd. V, S. 8.

erkennen, vermochte er wie andere zeitgenössische indische Patrioten keinen Ausweg aus den Widersprüchen seiner Gesellschaft aufzuzeigen.

„Der ursprüngliche Sozialismus war ein utopischer Sozialismus. Er kritisierte die kapitalistische Gesellschaft, verurteilte und verfluchte sie, träumte von ihrer Vernichtung, phantasierte von einer besseren Ordnung und suchte die Reichen von der Unsittlichkeit der Ausbeutung zu überzeugen.

Der utopische Sozialismus war jedoch nicht imstande, einen wirklichen Ausweg zu zeigen.“[64] Diese Leninschen Worte charakterisieren keineswegs nur den europäischen utopischen Sozialismus, sondern auch die ideologischen Konstruktionen vieler Vertreter des nichtmarxistischen Sozialismus in den kolonialen und abhängigen Ländern.

Bankim Chandra Chatterji, Swami Wiwekananda und andere Ideologen haben in ihrem Schaffen die Interessen der heranwachsenden kleinbürgerlichen Demokratie zum Ausdruck gebracht. Sie entwickelten keine großartigen Programme sozialer Umwälzungen. Aber die Verbreitung ihrer Ideen, der Ideen von Demokratie und utopischem Sozialismus sowie von nationaler und sozialer Befreiung schufen die ersten geistigen Voraussetzungen, die für das Eindringen der marxistisch-leninistischen Lehre und ihre Popularisierung unter den Volksmassen Indiens erforderlich waren.

Auch in den *arabischen Ländern* haben in der zweiten Hälfte des XIX. und Anfang des XX. Jahrhunderts die Ideen des Sozialismus und des Egalitarismus an Boden gewonnen. Bei ihren Reisen in die europäischen Staaten haben die arabischen Denker sowohl die technischen und wirtschaftlichen Errungenschaften dieser Länder als auch die antagonistischen Widersprüche der kapitalistischen Welt kennengelernt. Die Unzufriedenheit mit der schweren Lage der Volksmassen im arabischen Osten und mit der in Europa vorgefundenen Wirklichkeit veranlaßte viele arabische Denker zu dem Versuch, in der Religion und den nationalen Traditionen eine Stütze für die sozialistischen Ideen zu finden.

Einer der ersten Ideologen des „arabischen Sozialismus“ mit religiösem Hintergrund war al-Afghani. Gegen Ausgang des XIX. Jahrhunderts entfaltete er in Konstantinopel und Kairo seine politischen Aktivitäten. Al-Afghani rief zum Befreiungskampf der orientalischen Länder von europäischem Einfluß und Ausbeutung auf. Sein Schaffen hat sich entscheidend auf die Entwicklung des Gesellschaftsdenkens in den arabischen Ländern ausgewirkt. Er kannte das sozialistische Ideengut Europas, er hatte Frankreich und England bereist; den „europäischen Sozialismus“ verglich al-Afghani vor allem mit dem „islamischen“. In seinem in den neunziger Jahren verfaßten Traktat zu dieser Frage unterstrich er, daß der „europäische Sozialismus“ gegen „ungerechte Herrscher“ und „ungerechte Gesetze“ gerichtet sei, gegen die Ausbeutung der Arbeiter. Nach Meinung al-Afghanis mangelte es dem „europäischen Sozialismus“ an der religiösen Grund-

[64] W. I. Lenin, Drei Quellen und drei Bestandteile des Marxismus, in: Werke, Bd. 19, Berlin 1968, S. 7.

lage, an Bescheidenheit und rechtem Maß. Die Errichtung eines so gearteten Sozialismus könnte zum Chaos führen. Al-Afghani war der Ansicht, daß der „islamische Sozialismus“ als „Teil der islamischen Religion“ frei von den genannten Mängeln sei. Die Grundprinzipien des Sozialismus sollten nach al-Afghani vom Koran bestimmt sein.[65] Im Schaffen von al-Afghani gab es sowohl fortschrittliches, antikoloniales Gedankengut, als auch reaktionäre Ideen, wie die des Panislamismus, der Wiedererrichtung des Kalifats.

Einige arabische Denker waren bestrebt, den sozialistischen Losungen einen weltlichen Charakter zu geben. So sah der Syrer Schibli Schumeil das Ziel des Sozialismus in der Sicherung des Rechtes auf Arbeit für alle Menschen, in einer gerechten Güterverteilung entsprechend der geleisteten Arbeit. Eine große Bedeutung kam nach seiner Ansicht der Wirtschaftspolitik des Staates zu.

Viele wichtige Grundsätze hat auch Salame Musa in seinen Arbeiten formuliert. Bereits zu Beginn des XX. Jahrhunderts war Musa nicht nur mit den Arbeiten der utopischen Sozialisten, sondern auch mit den Werken von Karl Marx bekannt. Musa ist Autor von mehr als 50 Büchern. Im Jahre 1913 schrieb er: „Das sozialistische System macht die Liquidierung des Privateigentums erforderlich, verbietet den Besitz von Ländereien, Unternehmen und Schächten durch einzelne, wenn die Arbeit all dieser Einrichtungen die Ausnutzung von Lohnarbeit bedingt. Andererseits gestattet der Sozialismus den Menschen den Besitz von Wohnungen, Kleidern und Geldmitteln, der nicht aus der Lohnarbeit anderer stammt.“ Neben solchen Ideen des wissenschaftlichen Sozialismus enthalten die Werke S. Musas auch Reformideen, die vor allem geäußert werden, wenn es um die Wege zur Errichtung des Sozialismus geht. So könnte man ihm zufolge „in Ägypten den Sozialismus vor allem durch Volkserziehung unter den Bedingungen einer demokratischen Regierung durchsetzen“.[66]

Besonders interessant sind die Grundsätze Musas, die der Stellung der Religion im Sozialismus gewidmet sind. Musa bestreitet, daß die Sozialisten gegen die Religion auftreten und nennt die von ihm zurückgewiesene Behauptung „eine durch nichts begründete Lüge“. Musa meint, „daß der Sozialismus zu seinen Anhängern sowohl Gläubige als auch Atheisten zählt. Der Sozialismus ist vor allem ein Finanzsystem, er mischt sich keineswegs in die Fragen der religiösen Kulte ein.“[67]

S. Musas Stärke lag in weltanschaulicher Hinsicht vor allem in der Erkenntnis der Gesetzmäßigkeit und Notwendigkeit der sozialistischen Gesellschaftsordnung. „Der Sozialismus ist das notwendige Ergebnis unserer jetzigen wirtschaftlichen Lage.“[68]

Die Verteidigung der sozialistischen und egalitaristischen Idee durch die Ideo-

[65] Vgl. S. A. Hanna, G. H. Gardner, Arab Socialism. A Documentary Survey, Leiden 1969, S. 268.
[66] Ebenda, S. 282f.
[67] Ebenda, S. 287.
[68] Ebenda, S. 284f.

logen der Länder des Orients während der zweiten Hälfte des XIX. Jahrhunderts und zu Beginn des XX. Jahrhunderts ist insgesamt als äußerst progressive Erscheinung zu betrachten; sie diente der Entwicklung jenes Gedankengutes, das später der nationalen Befreiungsbewegung zugute kam. Diese Doktrinen der ersten Anhänger des nichtmarxistischen Sozialismus sind von nachhaltiger Wirkung auf den modernen ideologischen Kampf in den Ländern der „dritten Welt" geblieben.

7. ABSCHNITT

16. KAPITEL

Die ökonomische Konzeption des Gleichheitskommunismus (Mitte des XVIII. bis Mitte des XIX. Jahrhunderts)

Das System theoretischer Anschauungen der Vertreter einer Konzeption des Gleichheitskommunismus, die sich im Rahmen des utopischen Sozialismus herausgebildet hatte, ist ein wichtiges Element der Ideologie des vorindustriellen Proletariats und der verproletarisierenden Massen. In dieser Konzeption haben sowohl Bestrebungen zur entscheidenden Umgestaltung der Gesellschaft nach kommunistischen Prinzipien als auch die vielfältigen Einflüsse kleinbürgerlicher Vorstellungen ihre Widerspiegelung gefunden.[1]

Die Analyse der Konzeption, wie sie sich in der vormarxschen kommunistischen Literatur herausgebildet hatte, ist keineswegs nur in bezug auf die Geschichte der Erkenntnistheorien von Bedeutung. Sie ist zur Herausarbeitung der sozial-ökonomischen Wurzeln und Grundprinzipien der Konzeption des Gleichheitskommunismus äußerst wichtig. Sie taucht in den folgenden Etappen der gesellschaftlichen Entwicklung auf die unterschiedlichste Weise als Form linksgerichteter Ansichten, die den kleinbürgerlichen Einfluß unter der Arbeiterklasse und die Stimmungen gewisser halbproletarischer Schichten in Stadt und Land widerspiegeln, immer wieder auf.

Der Komplex von Vorstellungen über den Gleichheitskommunismus war eine wichtige, historisch bedingte Etappe in der Entwicklung des vormarxschen sozialistischen Ideengutes. Diese Konzeption muß jedoch vom System des wissenschaftlichen Kommunismus, zu dem prinzipielle und tiefgehende Unterschiede bestehen, scharf getrennt werden. Diese Notwendigkeit ergibt sich daraus, daß die Identifizierung der Prinzipien des Marxismus mit denen des Gleichheitskommunismus zu einem traditionellen Kunstgriff der bürgerlichen Kritik am Marxismus geworden ist. Sie spielt eine wichtige Rolle bei den zunehmenden Versuchen, den Werktätigen der kapitalistischen Länder und Entwicklungsländer eine verzerrte Vorstellung vom Sozialismus und Kommunismus aufzudrängen. Darin treffen sich im wesentlichen die bürgerlichen Ideologen mit den Ideologen unterschiedlichster linksgerichteter Tendenzen, die, indem sie theoretisch und praktisch die Prinzipien einer vulgären Gleichmacherei zu vertreten suchen, zynisch von ihrer „Treue“ zum Marxismus sprechen, und auf eine „schöpferische Weiter-

[1] Die politischen Anschauungen der Theoretiker des einfachen Gleichheitskommunismus weisen eine überraschende Breite auf; sie reichen von der Konzeption der Vertreter des revolutionären Flügels (der Babouvisten, Neobabouvisten, Weitling) bis zu den einzelnen Spielarten des Reformismus (Cabet u. a.).

entwicklung" seiner Ideen Anspruch erheben. Daher ist es heute besonders aktuell, eine klare Trennung des Marxismus-Leninismus vom Gleichheitskommunismus vorzunehmen. Beide unterscheiden sich in der Interpretation der sozialökonomischen Verhältnisse der kommunistischen Gesellschaft grundlegend.

Von erstrangiger Bedeutung ist in diesem Zusammenhang die Kritik des objektiven Inhalts der Konzeption des Gleichheitskommunismus durch Karl Marx und Friedrich Engels, die sich von Anfang an bei der Ausarbeitung eines wissenschaftlichen proletarischen Weltbildes entschieden gegen die Prinzipien und Ausgangspositionen der Gleichmacherei abgegrenzt haben. Aus der Formenvielfalt des vorwissenschaftlichen, utopischen Sozialismus haben die Begründer des Marxismus das ideologische System des Gleichheitskommunismus herausgestellt, das Karl Marx als unentwickelten Kommunismus, als Kommunismus „in seiner ersten Gestalt" kennzeichnete.[2] Als Friedrich Engels den historischen Platz in der Entwicklung des Sozialismus von der Utopie zur Wissenschaft bestimmte, hob er hervor, daß er als „ein asketischer, allen Lebensgenuß verpönender, an Sparta anknüpfender Kommunismus" entstanden sei, er „also die erste Erscheinungsform der neuen Lehre war".[3]

Das in der Periode der Genesis des Kapitalismus entstandene ideologische System, das hier analysiert wurde, trug den Stempel der Unreife der kapitalistischen Produktion und aller bürgerlichen Klassenverhältnisse. Es hat die unklaren sozialen Hoffnungen des unreifen Proletariats, das erst im Entstehen begriffen und aus den vorindustriellen Produktionsformen erwachsen war und sozusagen als Frühproletariat bezeichnet werden muß, in eine theoretische Form zusammengefaßt. Die Arbeiter der handwerklichen Kleinproduktion bildeten die sozialen Schichten der „Übergangsstufe zum modernen Proletariat". Außerdem gehörten dazu die Arbeiter der zentralisierten Manufakturen und die vielen sogenannten Heimarbeiter in Stadt und Land, die von den Agenten des Handels- und Industriekapitals in den Wirkungskreis der dezentralisierten Manufakturen hineingezogen wurden. Die im Laufe der kapitalistischen Differenzierung des Dorfes entstandene Kategorie der Dorfarmen und die verschiedenen Elemente der städtischen Plebejer, die sich außerhalb ihrer traditionellen vorkapitalistischen Bindungen befanden und noch keinen Platz im neuen Wirtschaftsgefüge gefunden hatten, bildeten mit anderen die besagten sozialen Schichten der Übergangsstufe.

Das Proletariat, das sich eben erst aus der Masse der Besitzlosen als Keim einer neuen Klasse[4] herausbildete, war als Ausbeutungsobjekt des Kapitalismus noch sehr eng mit der Lebensweise und der Ideologie des Kleinbürgertums verbunden. Während des Prozesses, in dem die Kleinproduktion auf komplizierte und viel-

[2] Karl Marx, Ökonomisch-philosophische Manuskripte aus dem Jahre 1844, in: MEW, Ergänzungsband, 1. Teil, Berlin 1968, S. 534.

[3] Friedrich Engels, Die Entwicklung des Sozialismus von der Utopie zur Wissenschaft, in MEW, Bd. 19, Berlin 1962, S. 191.

[4] Vgl. ebenda, S. 194.

fältige Weise der wachsenden Macht des konzentrierten Kapitals unterworfen wurde, wirkten kleinbürgerliche Tendenzen auf das Frühproletariat nicht nur von außen ein, sondern es entwickelte auch aus sich heraus immer wieder diese Tendenzen. Das war durch den Charakter der auf handwerklicher Technik beruhenden Arbeit des Frühproletariats, also durch das System unausgereifter sozialer Bindungen in der bürgerlichen Gesellschaft bedingt. Die vielschichtigen Bindungen, durch die das Frühproletariat mit den vorindustriellen Produktionsformen und mit dem kleinbürgerlichen Wirtschaftssystem verknüpft war, sind gewissermaßen die Ursachen für die spezifischen, begrenzten und reaktionären Vorstellungen von der idealen Gesellschaftsordnung. Obwohl er der Ordnung, die auf Privateigentum beruht, feindlich gegenübersteht, ist der Gleichheitskommunismus, wie Marx hervorhob, noch vom Privateigentum „befangen und infiziert".[5] Der Gleichheitskommunismus hat zahlreiche Grundprinzipien des bäuerlichen „Gemeindekommunismus" und des kleinbürgerlichen Egalitarismus übernommen.

Jene ersten Versuche des entstehenden Proletariats, in einer Zeit allgemeiner Aufregung, in der Periode des Umsturzes der feudalen Gesellschaft „direkt sein eigenes Klasseninteresse durchzusetzen"[6], waren von theoretischen Erörterungen begleitet, die mehr oder weniger den Ideen des Gleichheitskommunismus verhaftet gewesen sind. Verschiedene Tendenzen des Gleichheitskommunismus haben in enger Verflechtung mit Gleichheitsforderungen der Bauern in den Ideen der Wiedertäufer und Müntzers während der Reformation und im großen deutschen Bauernkrieg ihre Widerspiegelung gefunden. Dasselbe gilt für die Leveller während der englischen bürgerlichen Revolution des XVII. Jahrhunderts (so für deren bedeutendsten Theoretiker Winstanley), während Campanella und Vairasse und andere Theoretiker einer utopischen Idealgesellschaft einzelne Elemente davon aufweisen. Jedoch hat der Gleichheitskommunismus erst gegen Mitte des XVIII. Jahrhunderts seinen konsequentesten Ausdruck bekommen, als sich im System der ideologischen Aktivitäten jener Klasse, die der „mehr oder weniger entwickelte Vorgänger des modernen Proletariats" war, bereits „regelrecht kommunistische Theorien" herausgebildet hatten.

Wir betrachten im folgenden den Gleichheitskommunismus, wie er in der Zeit des entstehenden Marxismus bestand. Dabei analysieren wir nur jene Ideen der vorhergehenden Entwicklung, die ihre unmittelbare Bedeutung und ihren Einfluß bis in die Mitte des XIX. Jahrhunderts bewahrt haben.

Seit Mitte des XVIII. Jahrhunderts haben sich die Ideen des Gleichheitskommunismus am stärksten in Frankreich entfaltet. Dort waren die bürgerlichen Verhältnisse ausgeprägter und deshalb auch ideologische Reaktionen auf die kapitalistische Ausbeutung eher möglich als in Deutschland und der Mehrzahl anderer europäischer Länder. Im Unterschied zu England kannte Frankreich

[5] Karl Marx, Ökonomisch-philosophische Manuskripte . . ., a. a. O., S. 536.

[6] Karl Marx/Friedrich Engels, Manifest der Kommunistischen Partei, in: MEW, Bd. 4, Berlin 1959, S. 489.

keine über das ganze Land verbreiteten „Einhegungen", die die Umwandlung der ehemaligen Bauern derart beschleunigte, daß in kürzester Zeit daraus Proletarier wurden, die über keinerlei Produktionsmittel verfügten. Die mit dem Sieg der bürgerlichen Revolution im französischen Dorf entstandene breite Schicht bäuerlicher Kleineigentümer bildete die Grundlage für die enge Verbindung zwischen den kapitalistischen Verhältnissen und den kleinbürgerlichen Produktionsformen. Der bedeutende Anteil traditioneller französischer Produktionszweige an der Struktur der Volkswirtschaft, der große manuelle Leistungen erforderte (z. B. die Herstellung von Luxusgegenständen), hat diesen Prozeß weitgehend gefördert. Schließlich hat die mächtige englische Konkurrenz die Möglichkeiten der französischen Außenhandelsexpansion stark eingeengt und den Drang zur Einführung der großen Maschinenproduktion in die Wirtschaft des Landes gedämpft. So kam es, daß trotz der entfalteten industriellen Revolution die Mehrzahl des französischen Proletariats in den vierziger Jahren des XIX. Jahrhunderts nicht aus Industriearbeitern bestand, sondern aus Arbeitern, die in den Manufakturen der handwerklichen Produktion und vom Handelskapital ausgebeutet wurden.

Auch die Besonderheit der politischen Entwicklung ist der verstärkten Verbreitung der Gleichheitsideologie in Frankreich förderlich gewesen. In den harten Klassenschlachten, die das Land seit dem Ende des XVIII. Jahrhunderts heimsuchten und die sich durch eine Formenreife auszeichneten, die auf dem Gebiet des sozial-politischen Kampfes für jene Zeit beispiellos war, hat das Proletariat als aktive politische Kraft mitgewirkt. Eine ganze historische Periode lang hat es daher energische Versuche gegeben, die Ziele der Arbeiterklasse theoretisch-ideologisch zu begründen. Die soziale Unreife dieser Klasse hat jedoch von vornherein die Schwäche und wissenschaftliche Unzulänglichkeit dieser theoretischen Versuche bestimmt, wofür das System des Gleichheitskommunismus ein Beispiel ist.

Die Prinzipien der Konzeption des Gleichheitskommunismus haben unter den Bedingungen des vorrevolutionären Frankreich in der „unmittelbar kommunistischen Theorie" von Morelly und Mably[7] einen ziemlich klaren Ausdruck gefunden. Diese Theorie war eine objektive Reaktion auf den Proletarisierungsprozeß der bäuerlichen Massen. Unter den Bedingungen einer geringen Nachfrage nach Arbeitskräften, die durch das Weiterbestehen der feudal-absolutistischen Ordnung verursacht war, führte dieser Prozeß zu einer Massenpauperisierung und

[7] Während Morelly ein konsequenter Vertreter des kommunistischen Flügels der Utopisten des XVIII. Jahrhunderts war, vermochte Mably, obwohl er seine theoretischen Konstruktionen eines idealen Gemeinwesens nach kommunistischen Prinzipien ausgerichtet hatte, keine unmittelbar realen Möglichkeiten zur Verwirklichung zu erkennen und hielt daher eine Republik kleiner Eigentümer mit einem auf Gleichheitsvorstellungen beruhenden Prinzip der Landverteilung für eine mögliche (wenn auch unvollständige) Variante der künftigen Sozialstruktur. Dabei hob Mably hervor, daß es „nicht einer einzigen menschlichen Kraft gelänge, jetzt einen Gleichheitszustand wiederherzustellen, ohne größeren Schaden anzurichten als den, welchen sie bemüht sei, zu beseitigen" (G. Mabli, Izbrannye poizvedenija, Moskva 1950, S. 176).

Verelendung der Werktätigen. In dieser Epoche herrschte eine Situation, die für die Erklärung der sozial-ökonomischen Wurzeln des vulgären Kommunismus äußerst bedeutungsvoll ist, eine Situation, die in dieser oder jener Form auch später aufgetreten ist und die Marx hundert Jahre später folgendermaßen charakterisierte. „In allen anderen Sphären quält uns (in Deutschland, d. Verf.), gleich dem ganzen übrigen kontinentalen Westeuropa, nicht nur die Entwicklung der kapitalistischen Produktion, sondern auch der Mangel ihrer Entwicklung. Neben den modernen Notständen drückt uns eine ganze Reihe vererbter Notstände, entspringend aus der Fortvegetation altertümlicher, überlebter Produktionsweisen, mit ihrem Gefolg von zeitwidrigen gesellschaftlichen und politischen Verhältnissen. Wir leiden nicht nur von den Lebenden, sondern auch von den Toten."[8]

Ihre Weiterentwicklung fand die Ideologie des Gleichheitskommunismus in den Auffassungen von Babeuf und den linken Babouvisten.

Die zuerst als Sieg des gesamten dritten Standes, also der „in der Produktion und im Handel tätigen Masse der Nation, über die bis dahin bevorrechteten müßigen Stände"[9] gefeierte Große Französische Revolution hat sich in der Tat lediglich als der Sieg der besitzenden Bourgeoisie erwiesen. Widersprüche zwischen einzelnen Schichten des dritten Standes haben bereits während der Revolution zu erbitterten Kämpfen geführt. „Jene Gesellschaftsordnung, die einst den Grundstock zum heutigen Proletariat bildete, begann den Krieg mit den ‚Reichen' die von ihr in einem Atemzuge mit der Aristokratie genannt wurden . . . In der Person des Gracchus Babeuf trat der Kommunismus immerhin im letzten Akt des großen revolutionären Dramas auf die historische Bühne."[10]

Im Gegensatz zu ihren Vorgängern (Morelly und Mably) haben die Babouvisten erstmalig den Kommunismus in eine Losung für den revolutionären politischen Kampf verwandelt, indem sie ihn mit der Notwendigkeit der Errichtung einer revolutionären Diktatur der Werktätigen verbanden. Im Babouvismus sind die Züge, die der sozialen Bewegung des Frühproletariats eigen sind, am deutlichsten und vollständigsten zutage getreten; die Vorstellungen von der sozial-ökonomischen Organisation der Gesellschaft „der Gleichen" reflektierten die Grundsätze des Gleichheitskommunismus in komprimierter Form.[11]

Die Tendenzen der groben Gleichmacherei haben die Weiterentwicklung der

[8] Karl Marx, Das Kapital, Bd. 1, in: MEW, Bd. 23, Berlin 1962, S. 12–15.

[9] Friedrich Engels, Die Entwicklung des Sozialismus . . ., a. a. O., S. 194.

[10] G. N. Plechanov, Utopičeskij socializm XIX. veka, Moskva 1959, S. 38. Die babouvistische „Verschwörung der Gleichen" ist nach Plechanovs Worten „ein Auftakt, genauer ein Auftakt des bisher nicht zu einem Ende gelangten Kampfes zwischen dem Proletariat und der Bourgeoisie" (ebenda).

[11] „Ein klareres Muster von gleichmacherischem Reglement kennt die Geschichte des Sozialismus einfach nicht", betonte das Akademiemitglied V. P. Volgin in einer Analyse des Babouvismus und seiner Rolle für die Entwicklung des vormarxschen Sozialismus (V. P. Volgin, Nasledije utopičeskogo socializma. – Ictorija socialističeskich učenij, Moskva 1962, S. 20).

französischen kommunistischen Ideen entscheidend beeinflußt. In den dreißiger und vierziger Jahren des XIX. Jahrhunderts fanden die Ideen des Kommunismus unter der Arbeiterklasse unmittelbare Verbreitung, und die kommunistische Bewegung gewann damit eine bedeutend breitere soziale Basis als zu Zeiten der babouvistischen „Verschwörung der Gleichen". Im ideologischen System des Gleichheitskommunismus, das sich in der vormarxistischen Periode herausgebildet hatte, ist es charakteristisch, daß methodologisch und theoretisch jene Prinzipien die bestimmende Rolle spielten, die von den französischen Denkern der zweiten Hälfte des XVIII. Jahrhunderts formuliert worden waren. V. P. Volgin, der die Entwicklung der kommunistischen Ideologie der dreißiger und vierziger Jahre des XIX. Jahrhunderts in Frankreich charakterisierte, schrieb, daß sich in dieser Periode „der auf die Traditionen des XVIII. Jahrhunderts zurückgehende Kommunismus, der Kommunismus von Babeuf und Morelly, sowohl in die Breite als auch in die Tiefe entfaltet."[12] Das im Jahre 1828 erschienene Buch „La conspiration pour l'égalité" („Babeuf und die Verschwörung für die Gleichheit") aus der Feder des Gefährten von Babeuf, Philippe Buonarotti, hat in vielem das ideologische Klima der folgenden zwei Jahrzehnte vorausbestimmt. Morellys 1841 neu herausgegebener (erstmalig im XIX. Jahrhundert erschienener) „Code de la nature" („Grundgesetz der Natur von Diderot") hat seinen Einfluß auf kommunistisch eingestellte Kreise erneut geltend gemacht. Große Popularität genossen in dieser Periode auch die Arbeiten von Mably.

Die Auffassungen vieler Theoretiker des französischen utopischen Kommunismus der dreißiger und vierziger Jahre, deren geistige Väter Morelly, Mably und Babeuf waren, trugen trotz realistischer Widerspiegelung bestimmter Zeiterscheinungen insgesamt einen relativ eklektischen und oberflächlichen Charakter. So war Cabet, in dessen Arbeiten die grobe Gleichmacherei die größtmöglichste theoretische Entfaltung erfuhr, um die Mitte der vierziger Jahre nach den Worten von Marx „der populärste, wenn auch flachste Repräsentant des Kommunismus".[13]

In dem wirtschaftlich rückständigen, feudalen Junkerstaat Deutschland haben die Tendenzen zur Gleichmacherei im Zusammenhang mit der Herausbildung einer revolutionären Situation in den Ansichten W. Weitlings und seiner Anhänger ihren klarsten Ausdruck gefunden. Diese Tendenzen waren die erste Etappe auf dem Wege zu einem stufenweisen Abbau der aus der Handwerkersphäre stammenden kleinbürgerlichen Elemente im Bewußtsein des deutschen Proletariats.[14]

[12] V. P. Volgin, Francuzkij utopičeskij kommunism, Moskva 1960, S. 5.

[13] Friedrich Engels/Karl Marx, Die Heilige Familie, in: MEW, Bd. 2, Berlin 1957, S. 139.

[14] Das Charakteristische an der Gleichheitsideologie läßt sich ausgezeichnet an Weitlings Tätigkeit in seinen frühen Jahren ablesen, so an der Arbeit „Die Menschheit, wie sie ist und wie sie sein sollte" (1838), vor allem aber an seinen Arbeiten in den vierziger Jahren. Er hat mit ihnen einen großen Einfluß auf die deutsche und internationale Arbeiterbewegung ausgeübt. Die Ideen des Gleichheitskommunismus sind von den Weitlingianern aktiv im Kampf mit dem Marxismus angewandt worden. Es ist aber wichtig anzumerken, daß Weitling in seinem Buch „Die Garantien der Harmonie und

Bereits in der Zeit seiner Entstehung mußte der Marxismus seine Position zum System des Gleichheitskommunismus bestimmen. Die mit der Schaffung der Grundlagen des wissenschaftlichen Kommunismus verbundenen Aufgaben machten es notwendig, daß das Verhältnis zu den vorhandenen und bereits populären Formen kommunistischer Ideologie herausgearbeitet wurde. Sie bedingten eine Antwort auf die Frage, warum die vorhandenen Formen durch ein neues ideologisches System ersetzt werden müssen. Die Klärung dieser Fragen war eine notwendige Voraussetzung und ein untrennbarer Bestandteil der Erarbeitung der Grundprinzipien des wissenschaftlichen Kommunismus. Keineswegs zufällig sind die Ideen des Gleichheitskommunismus deshalb außerordentlich tiefgründig bereits in den „Ökonomisch-philosophischen Manuskripten" von 1844 beurteilt worden, in der Periode der Arbeit an der „Heiligen Familie" und an der „Deutschen Ideologie", als es darauf ankam, wie Marx es formulierte, „zur Selbstverständigung" zu gelangen.[15]

Ein glänzendes Beispiel dialektischen Herangehens bei der Lösung des Problems des Gleichheitskommunismus und eine konzentrierte Wertung des Inhalts seiner Ideologie bietet das „Manifest der Kommunistischen Partei". Der historische Aspekt des Problems ist in vielen Arbeiten von Engels beleuchtet worden, so in den Werken „Der deutsche Bauernkrieg", „Anti-Dühring" und „Die Entwicklung des Sozialismus von der Utopie zur Wissenschaft." Während der Sitzungen des Brüsseler Korrespondenzkomitees, im Rahmen des „Bundes der Kommunisten" und in der I. Internationale ist ein konsequenter, prinzipieller Kampf mit der Ideologie des Gleichheitskommunismus ausgefochten worden. Schließlich bietet der Inhalt des Marxismus, die marxistische Konzeption der kommunistischen Gesellschaft zu den pseudowissenschaftlichen Vorstellungen der groben Gleichmacherei eine Alternative und wird zur theoretischen Grundlage einer Kritik an diesen Vorstellungen.

An dieser Stelle soll keine erschöpfende und allseitige Bewertung der theoretischen Auffassungen gegeben werden, die die Vertreter des utopischen Kommunismus entwickelt haben.[16] Es wäre allzu Simpel, wollte man die Auffassungen vie-

Freiheit" (1842), die Marx ein „maßloses und brilliantes literarisches Debut der deutschen Arbeiter" nannte (Karl Marx, Kritische Randglossen zu dem Artikel „Der König von Preußen und die Sozialreform. Von einem Preußen", in: MEW, Bd. I, Berlin 1956, S. 405), bei der Lösung vieler prinzipieller sozialökonomischer Probleme der kommunistischen Theorie (die Verteilung, die Bedürfnisse, das Verhältnis von Persönlichkeit und Gesellschaft u. a.) die Beschränktheit der groben Gleichmacherei zu überwinden wußte und eine Konzeption zu schaffen vermochte, die eine ungleich höhere und reifere Form des utopischen Gedankens darstellte.

15 Karl Marx, Zur Kritik der Politischen Ökonomie. Vorwort, in: MEW, Bd. 13, Berlin 1961, S. 10.

16 Hier hat die sowjetische Wissenschaft umfangreiches und wertvolles Material zusammengetragen. Vor allem sind die Arbeiten des Akademiemitgliedes V. P. Volgin zu nennen. Eine gute Bibliographie zu dieser Frage ist in dem Artikel V. A. Dunaevski,

ler dieser Denker lediglich auf die Ideen einer groben Gleichmacherei zurückführen. Die Aufgabe besteht vielmehr darin, aus der Vielzahl theoretischer Ansichten des utopischen Denkens, gestützt auf die von Karl Marx begründete Methode, die charakteristische Form, den Gleichheitskommunismus auszusondern, ihn als konkretes Ideensystem aufzuzeigen, das tiefe soziale Wurzeln hat, und dabei die Probleme ökonomischen Charakters in den Mittelpunkt der Forschung zu stellen.

Der wissenschaftliche Sozialismus leitet die Notwendigkeit kommunistischer Umgestaltungen aus der Analyse der allgemeinen objektiven Entwicklungsgesetze der menschlichen Gesellschaft und der konkreten Bewegungstendenzen im Kapitalismus ab. Die Vertreter des „unentwickelten Kommunismus" haben ihr Modell einer künftigen Gesellschaft lediglich als sozialen Antipoden konstruiert, als ideales Pendant zum Kapitalismus. „Die Lösung der gesellschaftlichen Aufgaben, die in den unentwickelten ökonomischen Verhältnissen noch verborgen lag, sollte aus dem Kopfe erzeugt werden."[17] Die Vertreter des „unentwickelten Kommunismus", die „sich die Elemente einer neuen Gesellschaft aus dem Kopfe konstruierten", waren „beschränkt für die Grundzüge ihres Neubaus auf den Appell an die Vernunft, weil sie eben noch nicht an die gleichzeitige Geschichte appellieren konnten".[18] Sie vermochten die Geschichte der menschlichen Gesellschaft nicht als objektiv bedingt zu erfassen, als einen in seiner ganzen Monumentalität und Widersprüchlichkeit einheitlichen Prozeß; sie erschien als Kette von Fehlern, Irrungen und Wirrungen der Menschheit, als „von Anfang bis Ende ein Räubermärchen, wo die ehrlichen Leute immer und ewig die Dummen waren".[19]

Die Ideologen des frühen Kommunismus, die die sozialen Nöte erkannten, die zur Zeit des reifenden Kapitalismus entstanden, haben die bürgerliche Gesellschaft stets als Knäuel von Widersprüchen gesehen und sprachen ihr aus Gründen der Vernunft und Moral das Recht auf Existenz ab. Das Problem der Wechselbeziehungen zwischen sozialen Widersprüchen und gesellschaftlichem Fortschritt fand im kommunistischen Gedankengut noch keine dialektische Lösung. Seine Vertreter erkannten noch nicht, daß der Kapitalismus ungeachtet aller antagonistischen Widersprüche „die normale, regelrechte, die unter den Umständen einzig mögliche Produktionsweise" war.[20] Die Trennung des Kommunismus von der gesamten vorausgehenden sozialen Entwicklung und die damit verbundene Ablehnung des Prinzips der historischen Kontinuität sowie das Fehlen der Frage nach den objektiven Voraussetzungen der kommunistischen Gesellschaft, die im Kapitalismus selbst entstehen, haben den subjektiv-idealistischen, voluntari-

B. F. Poršnev, Izučenie zapadnoevropejskogo utopičeskogo socializma v sovetskoj istoriografii, Reihe Istorija socialističeskich učenij, Moskva 1964, S. 3–91, enthalten.

17 Friedrich Engels, Die Entwicklung des Sozialismus . . ., a. a. O., S. 194.

18 Friedrich Engels, Herrn Eugen Dührings Umwälzung der Wissenschaft (Anti-Dühring), in: MEW, Bd. 20, Berlin 1962, S. 247.

19 F. Mehring, Ot utopii k nauke, Rostov-Don 1924, S. 59.

20 Friedrich Engels, Die Entwicklung des Sozialismus . . ., a. a. O., S. 197.

stischen Vorstellungen sowohl in der Sphäre der Ideologie wie auch dem Gebiet der praktischen Politik breiten Raum gewährt. Die Losung Weitlings „Die Menschheit ist für den Kommunismus immer oder niemals bereit“ spiegelte gerade diese Tendenz eindeutig und klar wider.

Der Kommunismus, der die objektiv-historische Bedingtheit nicht kannte, wandelte sich in „ein Ideal um, dem sich die Wirklichkeit anpassen sollte“. Entsprechend stellten sich die Theoretiker der „künftigen Gesellschaft“ die kommunistischen Ideen nicht als Produkt einer bestimmten historischen Epoche, sondern als Resultat genialer Vorausschau dar, die der verirrten Menschheit den Weg zur Wahrheit wies. Daher der Messianismus in den Auffassungen einiger Ideologen des grobschlächtigen Kommunismus (Morelly, Babeuf, Weitling), daher ihr Bestreben, ihren Konzeptionen den Charakter eines Unfehlbarkeitsdogmas zu verleihen. Karl Marx bezeichnete die theoretischen Systeme von Cabet und Weitling als „dogmatische Abstraktionen“. Er grenzte sich gegen sie kategorisch ab und sprach sich dagegen aus, „eine dogmatische Fahne aufzupflanzen“.[21]

Das doktrinäre System des groben, gleichmacherischen Kommunismus trug deutlich normativen Charakter. Ihm lag das Prinzip der „absoluten“, „vollkommenen“ Gleichheit zugrunde. Die Gesamtheit der sozial-ökonomischen Beziehungen der kommunistischen Gesellschaft war so konstruiert, daß eben diese Grundforderungen voll und ganz zu erfüllen waren. „In einer wahren Republik darf nichts dem Gleichheitsprinzip widersprechen, denn es ist ihr Ziel, der alles verbindende Anfang und die Kraft.“[22]

Das war die natürliche Reaktion der ausgebeuteten Massen auf die viele Jahrhunderte währende und überall herrschende soziale Ungleichheit. In welchem Entwicklungsstadium sich die antagonistische Gesellschaft auch immer befunden haben mag und welche Fetischgestalt sie sich auch zur Verschleierung dieser Verhältnisse bedienen mochte, stets war die soziale Ungleichheit die empörendste und spürbarste Form ihrer Widersprüche. Die Ideologen des grobschlächtigen Kommunismus vermochten jedoch nicht das Gleichheitsprinzip mit den realen Möglichkeiten in Einklang zu bringen, die durch den Entwicklungsstand der jeweiligen Produktionsweise gegeben waren. Sie legten dieses Prinzip im Geist der von der Bourgeoisie übernommenen Naturrechtsphilosophie als Ausdruck einer geheimnisvollen ursprünglichen Willensäußerung aus, die dem menschlichen Verstand zugänglich geworden sei. „Die Natur selbst als Mutter der Vernunft und der Gesellschaft wünscht, daß der Mensch in der Gleichheit sein Glück suche und finde.“[23]

Der marxistischen Lehre zufolge kann die Aufhebung aller Formen sozialer Ungleichheit nur auf der Grundlage einer sehr hochentwickelten vergesellschaf-

[21] Karl Marx, Briefe aus den „Deutsch-Französischen Jahrbüchern“, in: MEW, Bd. I, Berlin 1956, S. 344.

[22] Zitiert nach F. Buonarotti, Zagovor vo imja ravenctva, Bd. 1, Moskva 1948, S. 20.

[23] E. Kabe, Putešestvije v Ikariju, Bd. 2, Moskva 1948, S. 166.

teten Produktion[24] und im Rahmen der kommunistischen Formation in einem äußerst komplizierten historischen Prozeß erfolgen. Die Anhänger des grobschlächtigen Kommunismus waren dagegen bestrebt, eine „vollkommene Gleichheit" rasch auf der Grundlage der Produktivkräfte des unentwickelten Kapitalismus zu erreichen, was zweifellos eine grobe Gleichmacherei zur Folge haben und dem gesamten System den Stempel von Asketismus und strenger Reglementierung aufdrücken mußte.

Den Ideologen des Frühproletariats gebührt jedoch der historische Verdienst, daß sie der beschränkten bürgerlichen Gleichheit die formal-rechtlicher Natur war, eine Gleichheit entgegensetzten, die die Beseitigung aller sozialen Verschiedenheiten und Klassenunterschiede voraussetzte.

„Die bürgerliche Seite zuerst scharf, aber noch als allgemein menschlich formuliert durch Rousseau. Wie bei allen Forderungen der Bourgeoisie steht auch hier das Proletariat als verhängnisvoller Schatten daneben und zieht seine Konsequenzen (Babeuf)."[25] Die Proletarier begannen aus der politischen Gleichheit die soziale abzuleiten. In der Ideologie des Gleichheitskommunismus hat man den Begriff „Gleichheit" allerdings sehr breit ausgelegt. Er überschritt die Grenzen echter proletarischer Forderungen nach sozialer Gleichheit, wuchs sich als Widerspiegelung des kleinbürgerlichen Egalitarismus zu einer Tendenz der totalen Gleichmacherei aus und führte zur Nivellierung persönlicher Bedürfnisse und Neigungen der Menschen. Der wirkliche Inhalt der proletarischen Gleichheitsforderung ist „die Forderung der *Abschaffung der Klassen*. Jede Gleichheitsforderung, die darüber hinausgeht, verläuft notwendig ins Absurde", unterstrich Engels.[26]

Die von den Theoretikern des Gleichheitskommunismus gegebenen Auslegungen des Begriffes „Gleichheit" hat Marx mit dem unmittelbaren Auftauchen von Vorstellungen der Privateigentümer in Zusammenhang gebracht, und zwar mit Vorstellungen, die mit dem Gleichheitskommunismus eng verwandt sind. Er schrieb: „Der Gedanke jedes Privateigentums als eines solchen ist wenigstens gegen das reichere Privateigentum als Neid und Nivellierungssucht gekehrt ... Der rohe Kommunist ist nur die Vollendung dieses Neides und dieser Nivellierung von dem vorgestellten Minimum aus. Er hat ein bestimmtes begrenztes Maß."[27]

Den theoretischen Konzeptionen der bürgerlichen Ideologen, vor allem der

24 „Erst auf einem gewissen, für unsere Zeitverhältnisse sogar sehr hohen Entwicklungsgrad der gesellschaftlichen Produktivkräfte wird es möglich, die Produktion so hoch zu steigern, daß die Abschaffung der Klassenunterschiede ein wirklicher Fortschritt, daß sie von Dauer sein kann, ohne einen Stillstand oder gar Rückgang in der gesellschaftlichen Produktionsweise herbeizuführen", hob Friedrich Engels in den siebziger Jahren des vorigen Jahrhunderts hervor (Friedrich Engels, Flüchtlingsliteratur, V. Soziales aus Rußland, in: MEW, Bd. 18, Berlin 1962, S. 556f.).

25 Friedrich Engels, Materialien zum Anti-Dühring, in: MEW, Bd. 20, Berlin 1962, S. 580.

26 Ebenda, S. 99.

27 Karl Marx, Ökonomisch-philosophische Manuskripte ..., a. a. O., S. 534f.

englischen mit Adam Smith an der Spitze, die das System der bürgerlichen Wirtschaftsbeziehungen deduktiv aus einem dem Menschen angeborenen Egoismus ableiten, hat der Gleichheitskommunismus die Idee der Schaffung einer sozialen Organisation entgegenzusetzen, die als „Gemeinschaft der Personen, des Wohlstands und der Produktion" bezeichnet werden könnte. In der allseitigen Herrschaft des Gemeinschaftsprinzips sahen die Ideologen des Frühproletariats eine notwendige Bedingung für die Verwirklichung der „absoluten" Gleichheit.

Die unversöhnliche Kritik des Privateigentums als Grundursache für alle sozialen Übel war bereits in ihrer Entstehungsperiode ein untrennbarer Bestandteil „der unmittelbar kommunistischen Theorien". Die Forderung nach Vergesellschaftung des Eigentums im Maßstab der gesamten Volkswirtschaft wurde zu der Scheidelinie, die die Ideologen des Frühproletariats von den verschiedenen Vertretern des kleinbürgerlichen und bäuerlichen Sozialismus und Egalitarismus trennte. Die Unreife der Vorstellungen des „unentwickelten Kommunismus" über die Frage des Eigentums war eine ganz natürliche Sache. Die von ihnen gestellte Forderung nach der „Gütergemeinschaft" trug nach Friedrich Engels einen recht nebulösen Charakter und entwickelte sich nicht zum Grundsatz von der entscheidenden Rolle der Vergesellschaftung der Produktionsmittel.

Die Hauptschwäche der Theoretiker des groben Gleichheitskommunismus bei der Lösung des Eigentumsproblems bestand darin, daß sie den Zusammenhang zwischen dem Entwicklungsstand und dem Charakter der Produktivkräfte nicht begriffen. Während der Marxismus die Notwendigkeit der Errichtung des gesellschaftlichen Eigentums an den Produktionsmitteln aus dem gesellschaftlichen Charakter des Produktionsprozesses ableitet, der sich aufgrund der entwickelten Maschinenindustrie herausbildet, führt der vulgäre Kommunismus die Notwendigkeit des gesellschaftlichen Eigentums lediglich auf die Verwirklichung ewiger Postulate wie das der Vernunft und Gerechtigkeit zurück, die keine technische und ökonomische Basis haben. Friedrich Engels hob jedoch hervor, daß man „bei der Beurteilung des Kommunismus etwas mehr zu tun hat, als seinen Kern kurzweg in der Aufhebung des Privateigentums zu erblicken." Er schreibt weiter, daß der Mensch „von den *Folgen* der Aufhebung des Privateigentums nicht das mindeste wissen kann, wenn er nicht auch ihre Bedingungen kennt."[28]

Wenn auch die von den Theoretikern des Gleichheitskommunismus geübte Kritik an dem Privateigentum damals von großer prinzipieller Bedeutung war, so hat doch die Überbetonung des Negativen im kapitalistischen Eigentum sehr gefährliche Folgen heraufbeschworen. Karl Marx hat den vulgären Kommunismus deshalb scharf kritisiert, weil dieser die objektive Bedingtheit und historische Wechselbeziehung verschiedener Eigentumsformen nicht begriff und nicht in der Lage war, die Errichtung des gesellschaftlichen Eigentums mit der Assimilation aller fortschrittlichen Ergebnisse zu verbinden, die unter den Bedingungen des

[28] Friedrich Engels, Die Kommunisten und Karl Heinzen, in: MEW, Bd. 4, Berlin 1959, S. 322.

Privateigentums erreichbar sind. Er zeigte auf, daß die vom vulgären Kommunismus vorgeschlagene „Aufhebung des Privateigentums" keineswegs „eine wirkliche Aneignung ist"[29], und betonte, daß die Liquidierung der vom Privateigentum hervorgebrachten Widersprüche und die Errichtung kommunistischer Verhältnisse ohne die Aneignung „des ganzen Reichtums der bisherigen Entwicklung" unmöglich ist.[30]

Bei der Durchsetzung der „vollkommenen Gleichheit" hat die „Gemeinschaft der Arbeit" in den Theorien des frühen Kommunismus eine große Rolle gespielt. Die Ideologen des Gleichheitskommunismus haben den Inhalt dieses Begriffes vor allem als Prinzip der Allgemeinheit der Arbeit erklärt. Hier spiegelte sich die Reaktion der Werktätigen auf den Parasitismus der herrschenden Klassen wider, und zwar als ein Versuch, die Lasten der Arbeit auf breitere Schultern zu verlagern, denn in der Entstehungsperiode des Kapitalismus war der 14 bis 16-Stundentag die Regel. Die Allgemeinheit der Arbeit wurde von den Ideologen des unentwikkelten Kommunismus zur Norm des Naturrechts erhoben; die Natur garantiere einer unendlich großen Zahl von Menschen Nahrung, doch nur unter der Voraussetzung menschlicher Arbeit. Daher seien „alle dem Willen der Natur gemäß verpflichtet zu arbeiten".[32]

Die Theoretiker des Gleichheitskommunismus meinten, daß die Allgemeinheit der Arbeit in der „Gesellschaft der Gleichen" vor allem in einer Bürgerpflicht bestünde, deren Einhaltung ein besonderes Gesetz erfordere, das den Müßiggang bestraft, und daß eine ständige gesellschaftliche Kontrolle Voraussetzung sei.[32] Lenin hob unter Berufung auf Marx hervor, man dürfe „nicht annehmen, daß die Menschen sofort nach dem Sturz des Kapitalismus lernen werden, ohne alle Rechtsnormen für die Allgemeinheit zu arbeiten."[33] In den gleichmacherischen Konzeptionen erscheinen jedoch die für die Garantierung der Allgemeinheit der Arbeit notwendigen Verwaltungs- und Rechtsmethoden nicht als Übergangsmaßnahme auf dem Weg zu einer gesellschaftlichen Organisation, in der die Arbeit erstes Lebensbedürfnis wird (die Idee der qualitativen Veränderungen in der kommunistischen Formation war den Theoretikern des Vulgärkommunismus

[29] Karl Marx, Ökonomisch-philosophische Manuskripte ..., a. a. O., S. 535.

[30] Ebenda, S. 536.

[31] F. Buonarotti, Zagovor vo imja ..., a. a. O., Bd. 1, S. 38.

[32] „Niemand kann der Arbeit ausweichen, ohne ein Verbrecher zu werden", – meinte Babeuf (zitiert nach ebenda). „Die Arbeit und die Ämter sind als Steuer zu betrachten", sagte Cabet (E. Kabe, Putešestvije v Ikariju, a. a. O., Bd. 2, S. 477).

[33] W. I. Lenin, Staat und Revolution, in: Werke, Bd. 25, Berlin 1960, S. 481. Auf den Randbemerkungen zur „Kritik des Gothaer Programms" merkte Lenin an, daß die Formel „wer nicht arbeitet, soll nicht essen" ebenfalls „eine Form des Zwanges" ist. Bei einer Charakteristik der Arbeit unter den Bedingungen der höheren Phase des Kommunismus betonte er: „Die Arbeit wurde zum Bedürfnis, keinerlei Zwang ... Die Gewohnheit zu arbeiten wird Norm, ohne Zwang!" (W. I. Lenin, Polnoje sobranie sočinenij, Bd. 33, Moskva, S. 186.)

fremd), sondern als untrennbarer Bestandteil der vollkommensten und vernünftigsten Gesellschaft. Die Unfähigkeit der Theoretiker der groben Gleichmacherei, die Zusammenhänge zwischen kommunistischer Arbeit und Freiheit zu erkennen, und die Tatsache, daß sie hin und wieder diese beiden organisch miteinander verbundenen Begriffe gegenüberstellen,[34] hat den Ideologen des Antikommunismus zahlreiche Angriffspunkte geliefert.

Nach der Theorie des Gleichheitskommunismus sollte die gesellschaftliche Kontrolle der Arbeit gleichfalls mit Hilfe moralischer Normen und verschiedenartiger Formen der moralischen Stimulierung erfolgen. Die Erarbeitung dieses prinzipiell neuen Aspektes ökonomischer Tätigkeit ist zweifellos ein historisches Verdienst der Ideologen des frühen Kommunismus. Gleichzeitig haben sie aber die Rolle des moralischen Faktors beim Aufbau der kommunistischen Gesellschaft bei weitem überhöht. Das war durch die vollständige Ignorierung materieller Stimuli bedingt, erklärt sich aber auch aus den stark idealisierten Vorstellungen vom Charakter des von ihnen vorgeschlagenen Kollektivismus und hängt schließlich von der Verkennung der Rolle der Wechselbeziehungen zwischen Persönlichkeit und Gesellschaft im System des Gleichheitskommunismus ab.

Da die Ideologen des Frühkommunismus verstanden, daß die moralische Stimulierung der Arbeit als besondere und im Grunde einzige Form gesellschaftlichen Ansporns unter Umständen dem Inhalt der Arbeit nicht entsprechen könnte, der, wie die Theoretiker der groben Gleichmacherei voraussetzen, auch im Kommunismus schwere und unangenehme Arbeitsoperationen einbezieht, haben sie den Versuch unternommen, auch spezifische Stimuli ausfindig zu machen, die der Arbeit innewohnen. In diesem Zusammenhang waren die Babouvisten zum Beispiel der Ansicht, daß die moralische und rechtliche Pflicht zur Arbeit durch die Gewöhnung an die Arbeit zur Festigung des Pflichtgefühls führen kann, mit der ein Gefühl der Befriedigung verbunden ist. Die Ideologen der „absoluten Gleichheit" vertraten die Idee, daß die Arbeit im Kommunismus „so attraktiv wie möglich" sein muß, vermochten aber andererseits (vor allem in der materiellen Sphäre) keineswegs, die Grenzen ihres Verhältnisses zur Arbeit zu durchbrechen, sie als ein Existenzmittel und gleichzeitig als wichtigstes Lebensbedürfnis des Menschen zu sehen.

Die Auffassungen der Ideologen des Gleichheitskommunismus zu den Problemen der Arbeit waren insgesamt ziemlich widersprüchlich. Beherzt und weitsichtig stellten sie tatsächlich einige wichtige Prinzipien heraus, die allerdings durch den Mangel realer materieller Voraussetzungen sie zu verwirklichen oft vulgarisiert und mit primitivem Inhalt erfüllt wurden.

So proklamierten die Babouvisten vollkommen richtig den Grundsatz, daß im Kommunismus alle „ihren Kräften, Talenten und ihrem Alter gemäß" arbeiten werden, artikulierten dieses Prinzip jedoch zugleich als Notwendigkeit, jeden

[34] E. Kabe, Putešestvije v Ikariju, a. a. O., S. 99, (russ.).

arbeitsfähigen Bürger zu einer Arbeit zu „zwingen", die „seinen Fähigkeiten und Begabungen entspricht."[35]

In den Konzeptionen Morellys und der Babouvisten wurde die Idee der zentralisierten Wirtschaftsregulierung vertreten, die von prinzipieller Bedeutung für die Entstehung der kommunistischen Ideologie war. Sie sprachen sich dafür aus, daß das Recht, die Verteilung des Eigentums und der Arbeit, die es hervorbringt, zu regulieren, der Gesellschaft in der Gestalt bestimmter Wirtschaftsorgane gehöre, die die ökonomische Tätigkeit jeder einzelnen Wirtschaftseinheit lenken und kontrollieren. In ihren Bestrebungen, die Prinzipien „absoluter" Gleichheit unter den Bedingungen eines unentwickelten Systems der gesellschaftlichen Arbeitsteilung zu realisieren, ohne dabei die Notwendigkeit eines elastischen Mechanismus und der Übereinstimmung von persönlichen und gesellschaftlichen Interessen zu berücksichtigen, haben diese Theoretiker die Verteilung der Arbeitskraft zu einer strengen Reglementierung der gesamten Lebenstätigkeit des Menschen umgestaltet. Die Babouvisten zogen zum Beispiel Zwangsmaßnahmen die die Bindung der Menschen an den Wohn- und Arbeitsplatz und das Verbot der ungehinderten Bewegung im Lande in Betracht, soweit die Freizügigkeit nicht von den Behörden ausdrücklich sanktioniert war.

Ein untrennbarer Bestandteil des Programms des Gleichheitskommunismus war die Liquidierung aller Unterschiede zwischen geistiger und physischer Arbeit, obwohl dieser Grundsatz nicht ausreichend klar formuliert worden ist. Die Lösung dieses außerordentlich komplizierten Fragenkomplexes wurde von der Mehrzahl der Theoretiker des Gleichheitskommunismus nicht in der allseitigen Entwicklung der Produktivkräfte gesehen, die die unqualifizierte physische Arbeit verdrängt hätte. Sie erkannten nicht die Notwendigkeit, die Massen an den vielgestaltigen Reichtum der menschlichen Kultur heranzuführen. Sie hielten vielmehr die größtmöglichste Verbreitung und Vorherrschaft der physischen Arbeit unter der Voraussetzung einer gewissen Anhebung der Allgemeinbildung des Volkes für die richtige Lösung. Die professionelle geistige Tätigkeit war in der „Gesellschaft der Gleichen" in der Regel nur in sehr beschränktem Maße vorgesehen und sollte streng reglementiert werden. Morelly und Babeuf sahen in ihren Konzeptionen die Ausbildung einiger talentierter Jugendlicher vor, die sich auf den Gebieten Wissenschaften und Kunst unter Aufsicht von Lehrern spezialisieren durften, deren Personalbestand ebenfalls einer strengen Kontrolle unterstand. Morelly erhob dabei die Forderung, daß die wissenschaftlichen Studien nur ganz bestimmte Gebiete betreffen dürften. In der „vollkommenen Gesellschaft" der Zukunft sollten nach seiner Meinung höchstens die naturwissenschaftlich-technischen Zweige der Wissenschaft eine Entwicklung erfahren; im Bereich der Gesellschaftswissenschaften hätte es keine schöpferische, selbständige Tätigkeit zu geben. Morelly formulierte das sogenannte „Gesetz über die wissenschaftlichen Studien, das den Irrungen des menschlichen Geistes und allen transzendenten

[35] S. F. Buonarotti, Zagovor vo imja ..., a. a. O., Bd. 1, S. 39.

Träumereien entgegentreten soll". Er wies darauf hin, daß in dem zu schaffenden „Codex aller Wissenschaften" der Metaphysik und Moral niemals etwas hinzugefügt werden dürfe, das die vom Gesetz zugelassenen Grenzen überschreiten würde.

Die im Gleichheitskommunismus spürbare Tendenz, die geistige Tätigkeit in der „idealen" Gesellschaft einzugrenzen, fand ihren klarsten Ausdruck in den Gedanken und Vorschlägen einiger Babouvisten (Darthé, Debon, Leppelletier, Maréchal u. a.); sie sprachen von der Beseitigung von Wissenschaft und Kunst im Kommunismus. Unter Berufung auf Rousseau suchten sie die tödliche Wirkung nachzuweisen, die Wissenschaft und Kunst auf die gesellschaftliche Moral ausüben würden. Sie erklärten sie mit dem Gleichheitsprinzip unvereinbar, sprachen die Befürchtung aus, daß es Menschen geben könnte, die die „Wissenschaft, wirkliche und vermutete Erkenntnisse, als Grundlage zur Hervorhebung und Vorrangstellung oder zur Befreiung von der gesellschaftlichen Arbeit nutzen".[36] Somit sahen die Theoretiker des Gleichheitskommunismus in der Wissenschaft sogar einen Gegensatz zur „gesellschaftlichen Arbeit"! „Wenn nötig, mögen die Künste verderben, wenn nur die wahre Gleichheit uns bliebe!" – ruft Sylvain Maréchal im „Manifest der Gleichen" aus.[37]

Auch unter den Zeitgenossen von Marx und Engels gab es eine ganze Anzahl von Anhängern einer derartigen reaktionären Konzeption. Diese Auffassungen teilten zum Beispiel die Mitglieder der französischen Geheimgesellschaft der „Travailleurs Egalitaires", die nach den Worten von Engels beabsichtigten, „aus der Welt eine Arbeitergemeinschaft zu machen und dabei jede Verfeinerung der Kultur, Wissenschaft, schönen Künste usw. als unnützen, gefährlichen und aristokratischen Luxus abzutun."[38]

Das nihilistische Verhältnis zur geistigen Arbeit wurde auch in der Ambition Babeufs spürbar, irgendwelche Unterschiede zwischen geistiger und physischer Arbeit abzuleugnen, die aus der allgemeinen Orientierung der vulgärkommunistischen Theoretiker resultierte, alle Tätigkeiten zu nivellieren und damit das Problem von einfacher und komplizierter Arbeit aufzuheben. „Demonstriert nicht etwa der primitivste Hirt in seinem Fach bei Beachtung seiner Interessen nicht denselben feinen Geist wie Newton, als dieser die Schwerkraftgesetze entdeckte? Alles hängt vom Objekt ab, auf das sich unsere Aufmerksamkeit richtet."[39]

Wegen der schwachen oder unzureichenden Entwicklung der Produktivkräfte bleibt die unqualifizierte Arbeit über einen langen historischen Zeitraum hinweg

[36] Zitiert nach ebenda, S. 389.

[37] Zitiert nach ebenda, Bd. 2, S. 142. Im XVIII. Jahrhundert fand der Begriff „Kunst" eine außergewöhnlich breite Anwendung und konnte auch auf wissenschaftliche Disziplinen bezogen werden. G. V. Plechanov unterstrich die Losung von Maréchal „unter den Künsten hat man auch die Wissenschaften zu verstehen, darunter ebenfalls die technischen" (G. V. Plechanov, Utopičeski socializm . . ., a. a. O., S. 39).

[38] Friedrich Engels, Fortschritte der Sozialreform auf dem Kontinent, in: MEW, Bd. 1, Berlin 1956, S. 485.

[39] Zitiert nach F. Buonarotti, Zagovor vo imja . . ., a. a. O., Bd. 1, S. 69.

erhalten, so auch im Sozialismus, wo diese Art wie jede andere gesellschaftlich nützliche Tätigkeit mit Achtung behandelt wird. Ein gleichmacherisches Prinzip bei der Bewertung von qualifizierter und unqualifizierter Arbeit würde die objektiven Prinzipien eines Vergleichs der Arbeitstätigkeit verletzen, der strukturellen Vervollkommnung der gesellschaftlichen Arbeit den Stimulus nehmen, die Umwandlung der Produktion in eine „dinglich schöpferische" Wissenschaft verhindern und schließlich nur die Verewigung physisch schwerer, niedrig qualifizierter und unschöpferischer Berufe fördern.

Das diskriminierende Verhältnis zur geistigen Arbeit war auch in dem von Babeuf ausgearbeiteten sozialen Status der Intelligenz zu erkennen. Die kommunistische Gesellschaft ist bei Babeuf „eine Republik der Werktätigen, in der die Vertreter der physischen Arbeit stark überwiegen".[40] Nach seiner Konzeption berechtigt die physische Arbeit im Kommunismus unstreitig zur Erteilung der Bürgerrechte, während die geistige Arbeit keinerlei Rechte vermittelt. Personen, die sich mit einer geistigen Tätigkeit beschäftigen, sollten den Nachweis bringen müssen, daß ihre Arbeit gesellschaftlich nützlich ist. Andernfalls würde der Intellektuelle zur Kategorie der „Fremden" gezählt werden, die aller politischen Rechte ledig waren und unter ständiger administrativer Aufsicht lebten.

Diese Position unterscheidet sich gründlich von den Ideen der großen utopischen Sozialisten. Saint-Simon, der den Kommunismus als Reich der Aufklärung und der Wissenschaften betrachtete, war der Meinung, daß es gerade die „Erfolge bei der Erwerbung von Kenntnissen", das Schöpferische sei, das die höchste gesellschaftliche Anerkennung erhalten wird. „Schluß mit den Ehren für die Alexander! Vivat den Archimedes!", rief er aus.[41] Im Gegensatz zum Vulgärkommunismus, der nach Marx „gewaltsam vom Talent etc. zu abstrahieren" wolle,[42] hat es Fourier für die höchste Errungenschaft der kommunistischen Gesellschaft gehalten, daß dieses fortschrittlichste Sozialsystem eine große Anzahl genialer Menschen hervorbringen wird.

Marx hat im Verhältnis der Ideologen der „absoluten" Gleichheit zur geistigen Arbeit, der Wissenschaft und Kultur eines der Beispiele für die tiefe Kluft zwischen der Theorie des Vulgärkommunismus und den progressiven Errungenschaften der vorangehenden Entwicklung der Gesellschaft erblickt, da ohne diese Errungenschaften der Aufbau eines echten Kommunismus unmöglich ist. „Wie wenig diese (vom Vulgärkommunismus vorgeschlagene – d. Verf.) Aufhebung des Privateigentums eine wirkliche Aneignung ist, beweist eben die abstrakte Negation der ganzen Welt der Bildung und der Zivilisation."[43]

Der niedrige Entwicklungsstand der gesellschaftlichen Produktion ist die eigentliche Ursache für das nihilistische Verhältnis des gleichmacherischen Sozialismus zur geistigen Arbeit. Durch die überwiegend handwerkliche Technik, die damit

[40] Vgl. V. P. Volgin, Očerki po istorij socializma, Moskva 1923, S. 122.

[41] A. Sen-Simon, Izbrannye sočinenija, Moskva/Petrograd 1923, S. 8, (russ.).

[42] Karl Marx, Ökonomisch-philosophische Manuskripte . . ., a. a. O., S. 534.

[43] Ebenda, S. 535.

verbundene niedrige Arbeitsproduktivität und die bescheidene Masse des Mehrprodukts konzentrierte sich von vornherein die Mehrzahl der arbeitenden Bevölkerung in jener Sphäre der materiellen Produktion, in der die physische Arbeit vorherrschend war. Die Theoretiker der groben Gleichmacherei hielten die „Einführung" des Kommunismus unter den gegebenen technischen Bedingungen für möglich. Die Entwicklung der materiellen Produktion, die im Rahmen der kommunistischen Gesellschaft durchaus vorausgesetzt wird, konnte nicht anders als mit der Notwendigkeit der Heranziehung von zusätzlicher physischer Arbeit in der materiellen Sphäre verbunden sein. Unter diesen Umständen konnte die professionell ausgeübte geistige Tätigkeit von den Menschen, die physisch schwer arbeiteten, nur als kaum zu gerechtfertigender Luxus angesehen werden, also als eine Abart des Parasitismus, der scharf abgelehnt wurde.

Die Ideologie des Frühproletariats entstand unter historischen Bedingungen, die dem Maschinenzeitalter vorangingen, und war deshalb in allen Einzelpunkten ihres theoretischen Systems, so auch in den Fragen der Arbeit, den Verhältnissen der unentwickelten Produktionsformen verhaftet. Natürlich sind die mit der industriellen Revolution verbundenen Prozesse nicht spurlos an der Entwicklung der Auffassungen des Vulgärkommunismus vorübergegangen. So haben Cabet und andere Babouvisten die Anwendung von Maschinen im Kommunismus für möglich gehalten, sie sahen darin ein gewaltiges Mittel zur Erleichterung und Ökonomie der Arbeit sowie zur Vermehrung der materiellen Güter. Doch hat man die Maschinenindustrie keineswegs als einzig mögliche und notwendige technisch-wirtschaftliche Grundlage des Kommunismus betrachtet, die den Charakter der sozial-ökonomischen Verhältnisse entscheidend beeinflußt. Unter den im Kommunismus notwendigen Arbeitsarten erkannte Babeuf den landwirtschaftlichen Arbeiten die erste und führende Rolle zu. Außerdem wendete er sich gegen eine „ausgeweitete Industrie" und forderte, daß die Bevölkerung der kommunistischen Gesellschaft in ländlichen Gegenden voneinander getrennt angesiedelt werden müsse, da die großen Städte zu verschwinden hätten. Buonarotti nannte die „Republik der Gleichen" oft einen „Agrarstaat" und seine Bevölkerung eine „Agrarnation".

Es ist charakteristisch, daß einige Theoretiker des Gleichheitskommunismus (Mably, Maréchal u. a.), die außerstande waren, die Frage der Technik ungeachtet der Spezifik der sozialen Rolle der Maschinen unter den Bedingungen des Kommunismus zu betrachten, sich gegen deren Einführung wandten und meinten, daß in der idealen „Gesellschaft der Gleichen" kein Platz für Maschinen sei.

Die Marxsche Analyse der Entwicklung der gesellschaftlichen Produktion auf der Grundlage der Maschinenindustrie hat eine echte wissenschaftliche Prognostik hinsichtlich der Perspektiven der geistigen Arbeit ermöglicht, die die historische Praxis glänzend bestätigt.[44]

[44] Unter den Bedingungen der sich gegenwärtig vollziehenden wissenschaftlich-technischen Revolution ist auch die von Marx vorausgesagte zahlenmäßige Kürzung des

Das Verhältnis der Ideologen „primitiver" Gleichheitsvorstellungen zur geistigen Arbeit ist dadurch wesentlich beeinflußt worden, daß in den antagonistischen Gesellschaften die Unterschiede zwischen physischer und geistiger Arbeit zum Ausdruck von Klassenwidersprüchen geworden sind. Die Unfähigkeit, konkrete historische Formen der gesellschaftlichen Arbeitsteilung vom objektiven Inhalt der verschiedenen menschlichen Tätigkeitsarten zu trennen, hat die oberflächliche Vorstellung von der Identität der Ausbeuter mit den mit geistiger Arbeit Beschäftigten hervorgebracht. Diesen besonderen Zug des Vulgärkommunismus hat Engels in seiner Beurteilung der Anhänger Weitlings hervorgehoben. Er schrieb, daß diese Leute, die „sonst erzdemokratisch und egalitär bis aufs äußerste waren, derart, daß sie gegen jeden Schulmeister, Journalisten, überhaupt Nicht-Handwerker, als gegen einen ‚Gelehrten', der sie ausbeuten wolle, einen unauslöschlichen Verdacht hegten".[45]

Die erwähnte Auslegung der sozialen Funktionen der geistig Tätigen, die von den Begründern des Marxismus einer scharfsinnigen Kritik unterzogen wurde, hat sich mit der Entwicklung der Produktivkräfte immer offensichtlicher als unhaltbar erwiesen; ständig wuchsen die objektiven gesellschaftlichen Bedürfnisse nach vielfältigen Methoden der geistigen Arbeit und immer größere soziale Schichten wurden, häufig unter heftig ausgetragenen Klassenkonflikten, in diese Sphäre einbezogen. Das Bestreben des Vulgärkommunismus, die Rolle der geistigen Arbeit zu verringern und zu diskriminieren, um im Namen der Prinzipien der „vollkommenen" Gleichheit „gewaltsam vom Talent zu abstrahieren", trägt

Anteils der in der Sphäre der materiellen Produktion Beschäftigten zu vermerken. Es muß von einem wachsenden Anteil der geistigen Arbeit bei der produktiven Tätigkeit gesprochen werden, wo der Arbeiter „neben den Produktionsprozeß zu stehen kommt, anstelle ihr Hauptakteur zu sein"; es werden nunmehr jene realen Voraussetzungen geschaffen, auf deren Grundlage sich der Produktionsprozeß unmittelbar „in eine experimentelle Wissenschaft, in eine gegenständlich-schöpferische und in eine gegenständlich-verarbeitende Wissenschaft" umwandelt (K. Marx i F. Engels, Sočinenija, Bd. 49, Teil II, S. 221; zitiert aus dem Russischen).

45 Friedrich Engels, Zur Geschichte des Urchristentums, in: MEW, Bd. 22, Berlin 1963, S. 453. Die Unterschätzung der Rolle der Intelligenz war bei den Theoretikern der groben Gleichmacherei mit einem nihilistischen Verhältnis zur Erarbeitung von theoretischen Problemen des Kommunismus überhaupt verbunden. So erklärte Weitling, der Marx und Engels als lebensfremde Doktrinäre verunglimpfte, daß eine bescheidene praktische Arbeit zur Vorbereitung der Revolution bei weitem wichtiger wäre als „eine Kritik an irgendwelchen Lehren und eine Kabinettsanalyse derselben weit weg vom leidenden Volk". In der Polemik mit Weitling betonte Marx: „Noch niemals hat Unwissenheit jemandem geholfen" (zitiert nach P. Annenkov, Literaturnye vospominanija, Leningrad 1928, S. 482f). Unter Hinweis auf die tiefsitzenden Wurzeln der Unwissenheit wurde Marx mit den Worten zum Mahner: „Die Unwissenheit ist ein Dämon, wir fürchten, sie wird noch manche Trauerspiele aufführen" (Karl Marx, Der leitende Artikel in Nr. 179 der „Kölnischen Zeitung", in: MEW, Bd. I, Berlin 1956, S. 104).

ebenfalls, so unterstreicht Marx, den Stempel des Privateigentums. In diesem Zusammenhang erinnern wir uns der bereits zitierten Äußerung von Marx aus den „Ökonomisch-philosophischen Manuskripten“ über den sich als Macht konstituierenden Neid, der eine versteckte Form der Habsucht ist, und über die für das Privateigentum so charakteristische Nivellierungsucht.

Die Furcht vor der freien Entwicklung des menschlichen Intellekts, das Bestreben diese Entwicklung einzuengen, beherrscht den Gleichheitskommunismus deswegen, weil er im Grunde dogmatisch ist und eher an den Glauben an die eigene Unfehlbarkeit als an das Wissen und die Praxis als Kriterien der Wahrheit appelliert. Der Dogmatismus ist nach Marx „gleichbedeutend mit einem leeren, gewissenlosen Spiel mit der Propaganda, wobei einerseits ein begeisterter Apostel vorausgesetzt wird, andererseits nur Esel, die ihm mit aufgesperrten Maule zuhören“.[46]

Die vulgärkommunistischen Theoretiker zeichnen sich auch dadurch aus, daß sie den Zusammenhang zwischen individueller Arbeit und deren materieller Entlohnung negieren. Bei ihrer Analyse der Probleme der Verteilung konzentrierte sich ihre Aufmerksamkeit auf zwei Prinzipien: das der strengen Gleichheit (die Babouvisten und ihre Anhänger) und das der Verteilung nach den Bedürfnissen (Morelly, Cabet). Da sie die Bedürfnisse zu reglementieren und unter Zwang anzugleichen suchten, verbindet sich faktisch für die Theoretiker des Gleichheitskommunismus die zweite Tendenz mit der erstgenannten.

Die Anwendung des Gleichheitsprinzips ist nach Auffassung der Ideologen des Vulgärkommunismus deshalb notwendig, weil eine uneingeschränkte Herrschaft der „absoluten“ Gleichheit zu schaffen sei. Die ungleiche Beurteilung verschiedener Arbeiten ist nach Meinung der Babouvisten eine der hauptsächlichsten Ursachen für die Leiden und Nöte der Menschheit. „Der Mythos von der überragenden Rolle und Agilität der Talente ist eine reine Chimäre und ein getarntes Lockmittel, das stets den ungesetzlichen Ränkespielen der Verschwörer gegen die Gleichheit zur Hand war. Wie wertvoll und angesehen die einzelnen Arten menschlicher Tätigkeit sind, hängt stets von der *subjektiven Einschätzung* (Hervorhebung vom Verfasser) ab, die die Menschen treffen, die ihre persönlichen Anschauungen durchzusetzen vermögen.“[47]

Die Parteigänger des „unentwickelten Kommunismus (Villegardelle, Cabet) kritisierten heftig das von Saint-Simon begründete sozialistische Verteilungsprinzip „jedem nach seinen Fähigkeiten, jeder Fähigkeit nach ihren Werken“, denn man glaubte darin das Bestreben zu erkennen, eine „Hierarchie der Fähigkeiten“ in Anlehnung an das Ausbeutungssystem zu schaffen.

Natürlich ist die Verteilung nach den Bedürfnissen in dem Fall, daß „die Verschiedenheit in der Tätigkeit, in den Arbeiten, keine Ungleichheit, kein Vorrecht

[46] Karl Marx, Biographie, Berlin 1975, S. 144.
[47] F. Buonarotti, Zagovor vo imja . . ., Bd. 1, a. a. O., S. 69.

des Besitzes und Genusses begründet",[48] die höchste, wirklich kommunistische Form der Verteilung und eine derartige Formulierung dieses Prinzips ist zweifellos ein großes Verdienst der Ideologen des frühen Kommunismus. Sie vermochten allerdings nicht zu begreifen, was für ein ungeheurer Komplex kompliziertester sozial-ökonomischer Umgestaltungen nötig ist, um die Verwirklichung des Prinzips zu erreichen.

„In einer höheren Phase der kommunistischen Gesellschaft, nachdem die knechtende Unterordnung der Individuen unter die Teilung der Arbeit, damit auch der Gegensatz geistiger und körperlicher Arbeit verschwunden ist; nachdem die Arbeit nicht nur Mittel zum Leben, sondern selbst das erste Lebensbedürfnis geworden; nachdem mit der allseitigen Entwicklung der Individuen auch ihre Produktivkräfte gewachsen und alle Springquellen des genossenschaftlichen Reichtums voller fließen – erst dann kann der enge bürgerliche Rechtshorizont ganz überschritten werden und die Gesellschaft auf ihre Fahnen schreiben: Jeder nach seinen Fähigkeiten, jedem nach seinen Bedürfnissen!"[49]

Die Unterordnung des Menschen unter ein unentwickeltes System der gesellschaftlichen Arbeitsteilung, die Aufrechterhaltung tiefgehender qualitativer Unterschiede zwischen geistiger und physischer Arbeit, die Einschränkung der Möglichkeit, aufgrund eines niedrigen Produktionsniveaus und eines niedrigen Wachstums des gesellschaftlichen Reichtums eine „geistige Produktion" zu entwickeln, sind unendlich weit entfernt von den Bedingungen, die erfüllt sein müssen, wenn man das kommunistische Prinzip der Verteilung nach den Bedürfnissen Wirklichkeit werden lassen will. Während die Anhänger der „vollkommenen" Gleichheit jede Ungleichheit bei der Verteilung verfemten und die Vertreter des Saint-Simonismus ihrerseits in Abgrenzung gegen die Ideen der groben Gleichmacherei ihr Prinzip „jedem nach seiner Arbeit" verabsolutierten, vermochten die Begründer des Marxismus diese theoretische Widersprüchlichkeit zu überwinden und, indem sie die kommunistische Gesellschaft dialektisch analysierten, zu zeigen, daß die Verteilung nach den Bedürfnissen der höchsten Phase des Kommunismus entspricht, während die Verteilung nach Qualität und Quantität der Arbeit die einzig mögliche Verteilungsform unter den Bedingungen eines relativ niedrigen Entwicklungsstandes der Produktivkräfte und wenig entwickelter kommunistischer Produktionsverhältnisse ist.

Die Ignorierung des nach Qualität und Quantität der Arbeit ausgerichteten Entlohnungsprinzips im Sozialismus untergräbt die notwendige Wachstumsstimulanz der Arbeitsproduktivität und hemmt die Entwicklung der gesellschaftlichen Produktion. Die Mehrzahl der Theoretiker des Gleichheitskommunismus, eine Ausnahme ist Cabet, erwähnt die Entwicklung der Produktivkräfte mit keinem Wort und verkennt, im Gegensatz zu den Ideologen des progressiven

[48] Karl Marx/Friedrich Engels, Die deutsche Ideologie, in: MEW, Bd 3, Berlin 1958, S. 528.

[49] Karl Marx, Kritik des Gothaer Programms, in: MEW, Bd. 19, Berlin 1962, S. 21.

Bürgertums, daß der ökonomische Fortschritt die Grundlage des sozialen Fortschritts ist.

Für den Gleichheitskommunismus war es charakteristisch, daß er die Zusammenhänge zwischen individueller Arbeit und ihrer materiellen Entlohnung in einem niedrigen Stadium des Kommunismus ignorierte. Damit stand er im Widerspruch zu dem Mechanismus, der für diese Bedingungen objektiv notwendig war und der die unmittelbaren wirtschaftlichen Interessen einzelner Personen mit den Grundinteressen der Gesellschaft in Einklang bringt.

Die Verurteilung von Egoismus und Individualismus als Verkörperung privateigentümerischer Stimuli in der kapitalistischen Wirklichkeit hat sich bei den Theoretikern der „primitiven Gleichheit" zu einer kaum zu rechtfertigenden Ablehnung aller persönlichen Interessen, zum metaphysischen Gegensatz materieller und geistiger Interessen ausgewachsen.[50]

Charakteristisch ist die Polemik, die Ende der vierziger Jahre des XIX. Jahrhunderts zwischen Hermann Kriege, einem Vertreter des „wahren Sozialismus", und Karl Schapper, der nach dem Auseinanderbrechen des „Bundes der Kommunisten" zu den Führern des linken Sektierertums gehörte, ausgetragen wurde. Schapper trat mit einer Kritik an Krieges Auffassung über den Kommunismus hervor, der den Kommunismus „als höchstes persönliches Interesse des Proletariats, der nichts anderes will, als demselben Lebensunterhalt, Nahrung und Kleidung zu geben", interpretierte. Er schrieb: „Wenn der Bürger Kriege den gesamten Kommunismus auf der Grundlage materieller Interessen und Gewalt durchzuführen wünscht, so nennt man das revolutionäre Phrasendrescherei, deren Sinn in folgendem besteht: die Kommunisten wollen nichts anderes als essen und atmen. Wir kämpfen im Namen der menschlichen Freiheit, Gleichheit und Gerechtigkeit. Wie kann der Bürger Kriege das persönliche Interesse zur Grundlage der kommunistischen Revolution proklamieren? Wir wollen es ja gerade vernichten. Wir predigen Opferwilligkeit. Nein, nur im Dienst an allem sehe ich meine Befreiung."[51]

Die Beschränktheit beider polemisierender Seiten ist offensichtlich. Krieges Ansicht vom persönlichen Interesse und seiner materiellen Natur mündet schließlich in eine primitive Deutung des Endzieles der kommunistischen Gesellschaft als einer simplen Gewährleistung der allernotwendigsten Bedürfnisse des Menschen. Schapper jedoch weitet die Kritik an dem Kommunismusideal, das nur auf die Bedürfnisse zugeschnitten ist, so weit aus, daß sie zur Leugnung aller materiellen Interessen führt und keinerlei persönliches Interesse anerkennt, das als Antipode zur Freiheits- und Gleichheitsidee artikuliert wird.

Die Verwirklichung der Forderungen der „absoluten" Gleichheit in der Kon-

50 Cabet sprach zum Beispiel von der Notwendigkeit, das persönliche Interesse zu beseitigen, „es im gesellschaftlichen zu ertränken" (E. Kabe, Putešestvije v Ikariju, Bd. 2, a. a. O., S. 167, (russ.)).

51 Zitiert nach M. Michailov, Istorija sojuza kommunistov, Moskva 1968, S. 139.

sumtionssphäre unter den Bedingungen ungenügend entwickelter Produktivkräfte mußte unvermeidlich zum Asketismus führen. Zum Ideal eines „vernünftigen“ materiellen Wohlstandes wurde nicht der Überfluß materieller Güter in ihrer Vielfalt erhoben, sondern es wurde das Gegenteil gefordert: „Maß halten und sich bescheiden können“.

Die Apologeten der primitiven Gleichheit verurteilen die rasant fortschreitende Entwicklung der Bedürfnisse, die der kapitalistischen Produktionsweise geschuldet ist, als ein Übel schlimmster Sorte. Heftig greifen sie die Ideologen des Bürgertums, vor allem aber die englischen Ökonomen an, die „die Prosperität der Nation an der Anzahl ihrer Bedürfnisse messen, an der stets steigenden Vielfalt ihrer materiellen Konsumtion, an einer großen Industrie und einem uneingeschränkten Handel, am aktiven Geldumlauf und schließlich an der rastlosen und unersättlichen Gier ihrer Bürger.“[52] In der Entwicklung der Bedürfnisse sahen die den ökonomischen Erscheinungen vor allem als Moralisten gegenübertretenden vulgärkommunistischen Theoretiker eine Quelle der Entfachung verderblicher Leidenschaften: die Menschen hätten sich bereits „derartig schändliche Angewohnheiten zu eigen gemacht und haben zielgerichtet so verschiedenartige Bedürfnisse bei sich entwickelt“,[53] daß es nicht einfach sein würde, sie unter den Bedingungen des Kommunismus zu beseitigen. In diesem Zusammenhang hielten es Mably und Morelly, Babeuf und Buonarotti für notwendig, in der künftigen Gesellschaft den Handel, das Geld und jede andere Art von Tausch kategorisch zu verbieten. Diese würden nach ihrer Meinung die Entwicklung der Bedürfnisse und somit Gier und Egoismus fördern.

Die Aufforderungen des Vulgärkommunismus zur Mäßigkeit und Askese sind eine Reaktion auf den Überfluß und den Luxus im Alltag der herrschenden Klassen. Hinter ihnen verbirgt sich die Ablehnung der Lebensweise der kapitalistischen Stadt, die im Gegensatz zur traditionellen Naturalwirtschaft steht, wo sich die Bedürfnisse der Menschen praktisch im Verlauf von Generationen nicht verändert haben. Die Verabsolutierung des niedrigen Entwicklungsstandes der Bedürfnisse durch den Vulgärkommunismus, das Bestreben, dieses Niveau zu konservieren, widerspricht völlig den Gesetzmäßigkeiten des sozial-ökonomischen Fortschritts. Es ist mit den Forderungen der vorwärtsdrängenden Entwicklung der Produktivkräfte nicht zu vereinbaren und steht im Gegensatz zu den Grundinteressen der werktätigen Massen. Die vom Vulgärkommunismus geforderte künstliche Einschränkung der Bedürfnisse wäre ein Hemmschuh für die Entwicklung der gesellschaftlichen Produktion als Grundlage des gesellschaftlichen Fortschritts.

Der Vulgärkommunismus muß ganz objektiv zur Stagnation der Produktivkräfte führen, wenn er das Problem der Konsumtion durch das Prisma eines „bestimmten begrenzten Maßes“ sieht und für die „Rückkehr zur unnatürlichen

[52] F. Buonarotti, Zagovor vo imja . . ., Bd. 1, a. a. O., S. 64f.
[53] Ebenda, S. 300.

Einfachheit des armen, rohen und bedürfnislosen Menschen, der nicht über das Privateigentum hinaus, sondern noch nicht einmal bei demselben angelangt ist"[54], eintritt.

Im Bestreben, das Prinzip der „absoluten" Gleichheit auf der Grundlage der ungenügend entwickelten Produktivkräfte durchzusetzen, stellen die Ideologen des Gleichheitskommunismus vor allem das Problem der Güterumverteilung in den Vordergrund und nicht die Notwendigkeit, die gesellschaftliche Produktion beträchtlich zu erhöhen. Sie interessieren sich nicht für die Schaffung der Bedingungen, unter denen das Wachstum der Bedürfnisse möglich sein könnte, sondern treten für die strenge Kontrolle der Konsumtion ein. So hoben die Babouvisten mit ihrem Prinzip der „arithmetischen Gleichheit" die Gewährleistung des allgemeinen Existenzminimums hervor (ohne allerdings mehr zu fordern). Es besagt, daß einem Menschen nur ein Anteil entsprechend dem Durchschnitt eines Arbeitsproduktes zusteht, und es keine Wege gibt, um einen höheren Anteil zu erhalten. Jede „übermäßige" Bedürfnisbefriedigung der einen würde nach Meinung der Babouvisten andere berauben. Es ist offensichtlich, daß diese Prinzipien in bestimmtem Maße das Modell der urgemeinschaftlichen Ordnung rekonstruieren, wo das Gleichheitsverhältnis organisch mit dem niedrigen Stand der Produktion und der Konsumtion verbunden war.

Schon zur Zeit von Morus und Campanella beschäftigte die Ideologen des Kommunismus die Frage, was zu tun sei, wenn dieses oder jenes Konsumtionsmittel zu einem bestimmten Zeitpunkt nicht für alle reichen würde, die darauf Anspruch erheben. Der von Buonarotti vorgeschlagene „Ausweg" bestand darin, Gegenstände, die nicht zur gleicher Zeit allen zur Verfügung stehen können, einfach gar nicht erst zu produzieren. Dieser Vorschlag enthielt äußerst gefährliche wirtschaftliche Konsequenzen, die zur Zerstörung objektiver innerer Zusammenhänge in der Dynamik der wichtigsten Elemente der Wirtschaftsstruktur führen konnten. Jeder Prozeß der erweiterten Reproduktion stützt sich bei der Entwicklung des gesamtgesellschaftlichen Bedürfnisses unumgänglich auf die Produktionsressourcen der Gesellschaft, obwohl diese Entwicklung während der verschiedenen Etappen der sozial-ökonomischen Entwicklung unterschiedlich intensiv ist.[55]

Die Verwirklichung der Prinzipien der „vollkommenen" Gleichheit auf dem Gebiet der Konsumtion ist eng mit der Angleichung der Bedürfnisse verbunden, genaugenommen mit der Tendenz „alle in der Armut gleichzumachen". Die ökonomischen Wurzeln dieser Forderungen liegen in der gesellschaftlichen Armut, im niedrigen Entwicklungsstand der Produktion, der wiederum eine primitive Struktur der gesellschaftlichen Bedürfnisse entspricht. Die Ideologen der primitiven Gleichheit verurteilten jede Art von „Luxus", indem sie zur Vereinheitlichung der

[54] Karl Marx, Ökonomisch-philosophische Manuskripte . . ., a. a. O., S. 535.

[55] Ausführlicher dazu L. G. Superfin. Kritika universal'nogo ekonomičeskogo zakona redkosti. – Kritika buržuaznych koncepcij ėkonomiki socializma, Moskva 1971.

Bedürfnisse aufriefen, die nach ihrer Meinung naturbedingt sind.[56] Mably forderte zum Beispiel die Einführung von „Gesetzen gegen den Luxus" im Kommunismus, die „alles betreffen sollten: Möbel, Wohnungen, die Tafel, die Dienerschaft, Kleidung. Wenn ihr irgendetwas außer Acht laßt, öffnet ihr dem Mißbrauch Tür und Tor, der sich über alles ausbreitet."[57]

Dieser Konzeption der Theoretiker des Gleichheitskommunismus zufolge durfte kein Bürger dieser Gesellschaft der „vollkommenen Gleichheit" auch nur „das geringste Anzeichen von Überlegenheit, eines Wegbereiters der Herrschaft und Sklavenunterordnung" erkennen lassen.[58] Daran hielten sich nicht nur die Verkünder der „arithmetischen Gleichheit", die Babouvisten mit ihrer Anhängerschaft, sondern auch Theoretiker wie Morelly und Cabet, die an und für sich für eine Verteilung nach Bedürfnissen plädierten, die jedoch durch Einschränkungen und Reglementierungen bereits alle wesentlichen Unterschiede in den Bedürfnissen der Individuen ausgemerzt hatten.

Die Bewohner des Staates Ikarien, der der Phantasie Cabets entstammte, hatten ihr ganzes Leben lang eine Uniform zu tragen. Die Besonderheiten der Kleidung sollten die Lebensumstände des Menschen widerspiegeln. Kindheit und Jugend, Mannbarkeit und Reife, der Familienstand (ledig oder verheiratet, Witwertum), Beruf oder Beschäftigung, all dies hatte an der Kleidung ablesbar zu sein.[59]

Die Begründer des Marxismus haben bewiesen, daß das Streben nach totaler Nivellierung durch die Verhältnisse und Vorstellungen der Privateigentümer geprägt ist. Insofern ist der Kommunismus „in seiner ersten Gestalt" nach Marx „nur eine Verallgemeinerung und Vollendung" des allgemeinen Privateigentums.[60] Unter den Bedingungen des Fetischcharakters der kapitalistischen Gesellschaft, in der das Arbeitsprodukt den Menschen beherrscht und der Besitz von Sachwerten den sozialen Status eines Individuums bestimmt, bedingt dieses Produkt die wichtigsten Aspekte der Lebenstätigkeit. Der durch kleinbürgerliche Verhältnisse geprägte Vulgärkommunismus ist nicht imstande, diesen Privateigentumsaspekt zu überwinden und „der physische, unmittelbare Besitz gilt ihm als einziger Zweck des Lebens und Daseins."[61] Daher erscheint bei ihm der gleichmäßig verteilte Besitz von „allem und jedem" als unumgängliche Bedingung und wichtigstes Kennzeichen einer wahrhaft gerechten Gesellschaft.

Marx hob hervor, daß die Vorstellungen des Vulgärkommunismus vom „Sach-

[56] Den Babouvisten zufolge „ist die natürliche Gleichheit . . . die Einheitlichkeit der Bedürfnisse und Empfindungen, die uns von der Natur gegeben sind bzw. die sich zusammen mit der erstmaligen Anwendung unserer Sinne und Organe entwickeln" (F. Buonarotti, Zagovor vo imja . . ., Bd. I, a. a.O., S. 69).

[57] G. Mabli, Izbrannye proizvedenija, Bd. 1, a. a. O., S. 143.

[58] F. Buonarotti, Zagovor vo imja . . ., Bd. 1, a. a. O., S. 31.

[59] E. Kabe, Putešestije v Ikariju, Bd. 1, a a. O., S. 188, (russ.).

[60] Karl Marx, Ökonomisch-philosophische Manuskripte . . ., a. a. O., S. 534.

[61] Ebenda.

eigentum“ beherrscht werden und im Rahmen dieses Systems „das Verhältnis des Privateigentums das Verhältnis der Gemeinschaft zur Sachenwelt bleibt.“[62]

Zur Zeit der spätmittelalterlichen Bauernbewegung waren die religiös verbrämten Forderungen nach Askese und allgemeiner Gleichheit tatsächlich eine fanatische Herausforderung an die antagonistischen Verhältnisse der Ausbeutergesellschaft und eine Absage „an alles, was versöhnen könnte . . . mit der bestehenden Gesellschaftsordnung“.[63]

Die Maschinenproduktion hatte Möglichkeiten für die Herstellung von Verbrauchsgütern eröffnet, die früher unabsehbar waren und gleichzeitig die Lebensbedingungen des Proletariats immer mehr revolutioniert. Engels merkte an, daß unter diesen Bedingungen „der Asketismus dann allmählich aus der Masse verschwindet und sich bei den Sektierern verläuft, die sich auf ihn steifen, entweder direkt in die bürgerliche Knickerei oder in ein hochtrabendes Tugendrittertum, das in der Praxis ebenfalls auf eine spießbürgerliche oder zunfthandwerkermäßige Knauserwirtschaft hinauskommt.“[64]

Der Gleichheitskommunismus hat als gesetzmäßige Etappe in der Entwicklung der kommunistischen Ideologie bei der Kritik an der kapitalistischen Ordnung, bei der Formulierung einer ganzen Reihe prinzipieller Probleme der kommunistischen Theorie und für die Revolutionierung des Bewußtseins der Werktätigen eine wichtige Rolle gespielt. Dennoch war die Konzeption des Gleichheitskommunismus nach ihrem objektiven Inhalt, als System sozial-ökonomischer Beziehungen und hinsichtlich der realen Bedürfnisse der materiellen Wirklichkeit vor allem unter ökonomischem Aspekt von reaktionärem Charakter. Wie Marx und Engels im „Manifest der Kommunistischen Partei“ betonten, ist „die revolutionäre Literatur, welche die ersten Bewegungen des Proletariats begleitete, dem Inhalt nach notwendig reaktionär. Sie lehrt einen allgemeinen Asketismus und eine rohe Gleichmacherei.“[65]

Im Modell des Gleichheitskommunismus sind die notwendigen objektiven inneren Zusammenhänge des Reproduktionsprozesses, also zwischen Produktion und Konsumtion und zwischen Produktion und Verteilung, grob verletzt; die individuellen und gesellschaftlich notwendigen Stimuli des ökonomischen Wachstums wurden beseitigt, die Entwicklung der wichtigsten Elemente der Produktivkräfte (der Mensch, die Wissenschaft) sind stark behindert. Daher widerspricht die Konzeption des Vulgärkommunismus rein objektiv den wirklichen Anforderungen des gesellschaftlichen Fortschritts. Diesen Umstand hob Marx hervor, als er sagte, daß der Kommunismus vulgärer Prägung „nicht als solcher das Ziel der menschlichen Entwicklung – die Gestalt der menschlichen Gesellschaft“ ist.[66]

Die frühen Konzeptionen des Gleichheitskommunismus spiegeln die span-

62 Ebenda

63 F. Engels, Der deutsche Bauernkrieg, in: MEW, Bd. 7, Berlin 1960, S. 360.

64 Ebenda.

65 Karl Marx/Friedrich Engels, Manifest der Kommunistischen Partei, a. a. O., S. 489.

66 Karl Marx, Ökonomisch-philosophische Manuskripte . . ., a. a. O., S. 546.

nungsgeladene und quälende Suche nach dem sozialen Ideal in einer Epoche wider, als die notwendigen materiellen Voraussetzungen für eine echt wissenschaftliche proletarische Ideologie nicht gegeben waren. In der folgenden historischen Epoche hat die von den linksgerichteten Ideologen immer stärker betriebene Ignorierung der objektiven gesellschaftlichen Prozesse und ihre Absage an ein wissenschaftlich begründetes kommunistisches Weltbild (ungeachtet dessen, daß sie sich stets als Anhänger und Verteidiger des Marxismus ausgaben) der Gleichheitsideologie sehr den Rücken gestärkt, ihren reaktionären Inhalt noch vertieft und ihre kleinbürgerliche Beschränktheit unterstrichen.

In der Periode der allgemeinen Krise des kapitalistischen Systems hat die Frage nach der Organisation der sozialistischen Gesellschaft nicht mehr nur eine rein theoretische Bedeutung: sie wurde zum aktuellen praktischen Problem der Lebenstätigkeit von Millionen. Dabei war jedoch die Gefahr, den sozialistischen Aufbau in eine vulgärkommunistische Richtung zu lenken, keineswegs gering, da sich bestimmte historische Bedingungen zum Sturz des kapitalistischen Systems häufig in jenen Ländern und Gebieten herausbildeten, in denen die Voraussetzungen für die Ausbreitung dieser Ideen durchaus gegeben waren. Die vorindustriellen Produktionsformen waren hier in großem Maße erhalten geblieben, das überwiegend verarmte Bauerntum wies starke Tendenzen zur Entwicklung verproletarisierter Schichten auf, entwickelt waren auch die kleinbürgerlichen Einflüsse innerhalb der Arbeiterklasse usw. Die geschichtliche Wirklichkeit des sozialistischen Aufbaus ist die beste Bestätigung für die theoretische Schwäche der Prinzipien grober Gleichmacherei und demonstriert ihre Unvereinbarkeit mit den Grundinteressen der werktätigen Massen.

Pcrsonenregister

www.ingramcontent.com/pod-product-compliance
Lightning Source LLC
LaVergne TN
LVHW091724021026
849161LV00003BA/303